河南省社会科学院

哲学社会科学创新工程试点项目

卫绍生学术文集

卫绍生 著

中原学术文库·文集

中原出版传媒集团
中原传媒股份公司
大象出版社
·郑州·

图书在版编目(CIP)数据

卫绍生学术文集/卫绍生著.— 郑州：大象出版社，2020.6
（中原学术文库.文集）
ISBN 978-7-5711-0493-1

Ⅰ.①卫… Ⅱ.①卫… Ⅲ.①文化-文集 Ⅳ.①G-53

中国版本图书馆 CIP 数据核字(2019)第 289952 号

中原学术文库·文集

卫绍生学术文集

WEI SHAOSHENG XUESHU WENJI

卫绍生　著

出 版 人	王刘纯
责任编辑	王大卫
责任校对	安德华　倪玉秀　霍红琴　牛志远
装帧设计	王晶晶

出版发行　大象出版社(郑州市郑东新区祥盛街 27 号　邮政编码 450016)
　　　　　发行科　0371-63863551　总编室　0371-65597936
网　　址　www.daxiang.cn
印　　刷　辉县市伟业印务有限公司
经　　销　各地新华书店经销
开　　本　787 mm×1092 mm　1/16
印　　张　30.75
字　　数　502 千字
版　　次　2020 年 6 月第 1 版　2020 年 6 月第 1 次印刷
定　　价　120.00 元

若发现印、装质量问题，影响阅读，请与承印厂联系调换。
印厂地址　辉县市北环中段
邮政编码　453600　　　　　电话　0373-6217581

卷首语

现在呈现在读者面前的,是本人研究文集的第三卷《文化:传统与当下的对话》。第一卷《魏晋文学的多维观照》和第二卷《〈三国演义〉与中国古典小说研究》已经分别由河南人民出版社和大象出版社先后于2014年和2017年出版。在《〈三国演义〉与中国古典小说研究》的"卷前絮语"中,笔者已经提到了本书的编纂事宜,并且定下了这本文集的名字。这个集子收录的文章基本上属于传统文化和当代文化研究范畴,其内容既立足当下,又连通古今,传统与当下对话的意味非常明显,所以才为本书取了这样一个书名。本书现作为河南省社会科学院"中原学术文库·文集"中的一种收录,故从其例作《卫绍生学术文集》。

关于文化,中西方从来就有不同的认知和理解。西方学者把文化理解为知识和风俗构成的价值系统,广义的文化则是人类创造的物质财富和精神财富的总和。中国传统文化则更看重文化对人的影响,《周易·贲》"观乎人文,以化成天下"之语,一直以来都是人们对文化的基本理解。改革开放以来,随着优秀传统文化的进一步弘扬,西方文化的相继涌入,在中西文化的碰撞和激荡中,人们对文化的认识也有一个逐步变化和渐次深化的过程。党的十九大报告在讲到文化的时候明确指出:"文化是一个国家、一个民族的灵魂。文化兴国运兴,文化强民族强。没有高度的文化自信,没有文化的繁荣兴盛,就没有中华民族伟大复兴。"报告把文化与国家、民族、国运等紧密联系在一起,突出了文化的重要地位。对文化内涵的表述,也有了较大变化,认为文化主要包括意识形态、社会主义核心价值观、思想道德、文学艺术、文化事业和文化产业五个部分。变化最大的一点,是把文学艺术单独作为一部分,而把文化事业和文化产业作为一个整体。这不仅彰显了文学艺术在文化建设中的特殊地位,而且加重了文学艺术在文化建设中的分量。这意味着文学艺术在文化建设中地位和作用的提升,对文艺创作和文学研究都是一种福音。

诚然文化有其发生发展演进的轨迹,但文化的延续更离不开持续不断的传承创新。中华文化五千年脉络清晰,其发展趋势是一个高峰连接一个高峰,放眼望去,甚为壮阔。五千年中华文化的深厚积淀,为中国特色社会主义文化奠定了坚实基础,提供了充分滋养,同时也为文化研究者提供了驰骋才华的园地。文化连通古今,研究中国文化,既需要立足当下,也需要了解过去。唯其如此,才能做到古为今用,推陈出新,才能为文化研究找到立足点,才能突出文化研究的当代意义。所以,本人这些年来在从事古代文学专业研究的同时,有意识地从文化的视角关注古今一些文学和文化现象,出于工作需要和个人兴趣,先后撰写并发表了一些文化研究方面的文章。如今把它们汇集成册,既是个人学术研究的一种总结形式,也是为了勾勒个人文化研究的轨迹,为后继研究者提供某种借鉴。

文集收录的这些文章大抵可以分为四个板块:古代文化研究、文化视角的文学研究、当代文化研究、河南文化产业研究。前两个板块的内容,是古代文学专业研究的延伸和拓展,如对黄帝的研究,对《周易》和河图洛书的研究,对老子的研究,对先秦中原歌谣的研究,对西汉梁园之游的研究,对春节文化的研究,都是如此。其中《论〈皇极经世书〉对夏商周三代之建年代的推定》一文,是笔者整理北宋著名理学家、易学家和文学家邵雍《皇极经世书》时,依据《皇极经世书》的历史编年对夏商周三个朝代建立的时间进行考订,确定了夏商周三个朝代的建立时间,明确夏朝的建立时间为夏启癸未,即公元前2166年。这个时间比夏商周断代工程确定的时间还早了一百多年。当代文化研究板块主要是对当代文化建设一些重要问题的研究和思考。河南文化产业研究,是这本文集的重头戏。笔者自2007年参与《河南文化发展报告》的编纂工作开始,对河南文化产业发展一直比较关注。其间除了兼任《河南文化发展报告》主编外,还兼任河南省文化产业专家委员会委员和河南省公共文化服务体系建设专家委员会委员,经常参加河南文化建设的相关活动,每年都要到一些县市进行文化调研活动,见证了河南文化产业的发展历程,对河南的文化产业应该说比较了解,为《河南文化发展报告》和相关刊物撰写了一些有关河南文化产业方面的文章,收录到本书中有13篇。其中《河南文化产业10年回顾与思考》《推动河南文化产业大发展的思考与建议》《推动河南文化产业集聚发展研究》等,是从宏观角度对河南文化产业进行系统研究的文章;《河南省动漫产业发展现状、问题及对策研究》《河南省新兴文化产业发展研究》《河南发展文化旅游的几点思考》《河南省文化产业投融资现状及实践问题研究》等,则是对河南文化产业行业发展的研究;《豫北四市文化产业发展比较研究》《提升济源旅游产业发展水平的思考与建议》《巩义市文化旅游产业创新发展研究》《偃师市文化旅游产业发展研究》等,是深入部分县市调研文化产业发展现状形成的成果。当代文化和河南文化产业方面的一些文章,有的属于不同层级的课题研究成果,笔者既是课题主持人又是主要撰稿人,故而也把这些文章收录了进来。

司马迁撰写《史记》,有"究天人之际,通古今之变"的想法。其实,真正能够"究天人之际,通古今之变"的,应是包括文化在内的事物发展的规律。把握了这些发展规律,选准时代方位,才有可能"究天人之际,通古今之变",有可能成一家之言。文化发展的规律是什么?如何把握文化发展规律?这是一个亟待解决的理论问题,也是一个实践问题。文化发展的一般规律,可以表述为:在发展中传承,在传承中创新,在创新中提升,在提升中得到进一步发展。在文化的发展中,传承创新是关键:传承是基础,创新是灵魂。有了传承创新,才有文化发展质量的提升,才有文化的进一步发展。对文化现象和文化个案的研究,正是为了发现文化发展规律,增强人们的文化自信,从而为中国特色社会主义文化建设提供某种镜鉴。从这个意义上说,笔者的文化研究也算是为"通古今之变"聊尽绵薄吧。

卫绍生
2020年6月

目 录

古代文化研究

002　黄帝传说的三个系统
012　黄帝出生地、建都地、安葬地考辨
023　中原易学文化及其影响
032　河图洛书与两宋易图论略
044　论帝尧与刘姓之关系
056　姜太公名号居里考辨
065　关于老子其人的几个问题
074　老子"无为"思想的现代管理学意义
081　邹衍与阴阳学说
087　荥阳郡与郑姓考论
095　论《皇极经世书》对夏商周三代之建年代的推定
108　作为民族文化符号的春节

文化视角的文学研究

118　中原诗歌的历史回声
128　先秦时期中原歌谣研究

142　音乐之《诗》与经学化之《诗经》
153　《诗经·王风》与河洛文化精神刍议
161　梁园之游：文人群体创作活动的始足之旅
174　洛神故事源流考论
188　陶渊明《拟古诗》一首蠡测
194　《陶征士诔并序》的文化意蕴
205　从"五柳先生"到"六一居士"
　　　——中国传统文人的一种处世心态
216　范仲淹守邓诗的文化内涵与美学意蕴
227　作为基础工程的文学：从马悦然的演讲说起
233　坚持以人民为中心的创作导向
　　　——学习习近平在文艺工作座谈会上重要讲话精神
237　激发文学研究的生机与活力

当代文化研究

244　关于文化传承创新的理论思考
255　从区域分布看非物质文化遗产的保护与开发
　　　——以河南省入选国家级非物质文化遗产名录为例
263　根亲文化资源开发利用研究
269　构建中华民族共有精神家园
　　　——从黄帝故里拜祖大典谈起
276　建设优秀传统文化传承体系的路径选择
　　　——以老子文化资源的开发利用为例
279　河南省公共文化服务体系示范区建设研究
291　河南文化建设投融资体系跟踪研究
300　"两大跨越"助推中原崛起
307　对话中原：嵩山论坛的成长与使命

317 推动中原文化"走出去"的调查建议
　　——以河南杂技为中心的文化考察
330 "一带一路"背景下中原文化"走出去"研究

河南文化产业研究

338 河南文化产业10年回顾与思考
364 推动河南文化产业大发展的思考与建议
374 推动河南文化产业集聚发展研究
387 文化产业:供给侧结构性改革的发力点
392 河南省新兴文化产业发展研究
401 河南省动漫产业发展现状、问题及对策研究
411 2012年河南会展业发展态势分析
422 河南发展文化旅游的几点思考
431 河南省文化产业投融资现状及实践问题研究
444 豫北四市文化产业发展比较研究
451 提升济源旅游产业发展水平的思考与建议
459 巩义市文化旅游产业创新发展研究
468 偃师市文化旅游产业发展研究

附录

477 作者出版著作目录

古代文化研究

黄帝传说的三个系统

黄帝是一个传说式的人物。在成为中华文化的标志性符号之前,黄帝出现在各种传说中;在成为中华文化的标志性符号之后,黄帝仍然活化在各种传说中。自先秦以来,有关黄帝的传说多种多样,代代相传,形成了正史、野史和民间等不同的传说系统。认真梳理不难发现,黄帝传说有三个既相互联系又各不相同的系统,三个系统的黄帝形象各有偏重:一是作为人文始祖的黄帝,二是作为中医之祖的黄帝,三是作为道教之神的黄帝。三个系统的出现不仅有先后之分,而且在黄帝形象方面又互为补充,事迹互为印证,因而使得黄帝传说更为丰富多彩,黄帝形象更为栩栩如生,黄帝文化影响力更为巨大深远。

一、作为人文始祖的黄帝

作为人文始祖的黄帝出现最早,在传统文化中的地位也最为尊崇。在先秦文献中,黄帝虽然尚未被尊奉为人文始祖,但其对中华文化的贡献已经受到高度肯定。《周易·系辞》称"神农氏没,黄帝、尧、舜氏作,通其变,使民不倦",且有"黄帝、尧、舜垂衣裳而天下治"之说。春秋时期,辅佐齐桓公称霸诸侯的政治家管仲十分推崇黄帝之治,以为"黄帝之治天下也,其民不引而来,不推而往,不使而成,不禁而止。故黄帝之治也,置法而不变,使民安其法者也"。① 黄帝的"四不",开创了中国历史上无为而治的时代,令后世统治者对其肃然起敬。黄帝的"置法而不变"和"使民安其法",使早期华夏部落从蒙昧迈进文明,从无序走向有序。

---

① 《管子》卷十五《任法第四十五》。

在两汉文献中，黄帝进入了三皇五帝之列，确立了中华人文始祖的地位。司马迁《史记·五帝本纪》置黄帝于五帝之首，次颛顼、帝喾，再次是尧和舜。班固亦言："五帝者，何谓也？《礼》曰：黄帝、颛顼、帝喾、帝尧、帝舜五帝也。"①东汉应劭《风俗通义》钩沉先秦典籍，进一步肯定了黄帝为五帝之首说："《易传》《礼记》《春秋》《国语》《太史公记》，黄帝、颛顼、帝喾、帝尧、帝舜，是五帝也。谨按，《易》《尚书大传》：天立五帝以为相，四时施生，法度明察，春夏庆赏，秋冬刑罚。帝者，任德设刑，以则象之。言其能行天道，举错审谛。"②

约略与司马迁同时的经学家孔安国，则以黄帝为三皇之一。他说："伏犧、神农、黄帝之书，谓之《三坟》，言大道也；少昊、颛顼、高辛、唐、虞之书，谓之《五典》，言常道也。"唐代学人陆德明解释说："神农，炎帝也，姜姓，母曰女登，以火德王，三皇之二也；黄帝，轩辕也，姬姓，少典之子，母曰附宝，以土德王，三皇之三也。"③孔安国之说对后世影响深远，西晋皇甫谧《帝王世纪》即采信其说，将黄帝与伏犧、神农并称三皇。宋代苏辙撰《古史》，同样以伏犧、神农和黄帝为三皇；其《三皇本纪》首列太昊伏犧，次列炎帝神农，接下则是黄帝轩辕。④

黄帝名列三皇五帝，表明了传统文化对黄帝作为人文始祖地位的肯定和认可。从有关文献记载可以看出，黄帝对中华文化贡献至巨，是当之无愧的中华人文始祖。《史记·五帝本纪》较为全面地记述了黄帝对华夏文明的历史贡献，称黄帝"习用干戈，以征不享"，"修德振兵，治五气、艺五种，抚万民，度四方"，"置左右大监，监于万国"，"举风后、力牧、常先、大鸿以治民。顺天地之纪，幽明之占，死生之说，存亡之难。时播百谷草木，淳化鸟兽虫蛾，旁罗日月星辰，水波土石金玉，劳勤心力耳目，节用水火财物"。概括起来表现在以下十六个方面：习用干戈、修德振兵、治五气、艺五种、抚万民、度四方、教习战法、披山通道、巡视四方、会诸侯于釜山、建都邑于涿鹿、设置百官、封禅山川、推算星历、观察星象、分别姓氏。应劭《风俗通义》对黄帝的人文贡献也有描述："黄帝始制冠冕，垂衣裳，上栋下宇，以避风雨；礼文法度，兴事创业。黄者，光也，厚也，中和之

---

① 《白虎通义》卷上《号》。
② 《风俗通义》卷一《五帝》。
③ 陆德明：《经典释文》卷三《尚书音义》。
④ 参见苏辙《古史》卷一《三皇本纪》。

色,德施四季,与地同功。故先黄以别之也。"①后世文献记述黄帝的人文贡献,大多本于《史记》及两汉文献。如苏辙《古史》述及黄帝功德,基本上祖述《史记》,称黄帝"以师兵为营卫,为云师而云名。举风后、力牧、常先、大鸿以治,正名百物。书契、律历、衣服、栋宇、舟车、弧矢之利,皆本于黄帝。黄帝作《云门》《大卷》之乐"②。

概括而言,黄帝对中华文明的贡献主要表现在建国体、分疆野、明礼乐、立制度、兴百官以及种五谷、创文字、定干支、作历法、制音乐、兴嫁娶、做衣服、创医学、建屋宇、造舟楫等方面。虽然黄帝时期创造的文化尚处于文明初始阶段,但它毕竟开启了中华文明的先河,对中华文明的影响至深至巨。尤其是黄帝打败炎帝和蚩尤,征服华夏各部落,统一黄河中下游地区,奠定了中华民族的基业和古代中国的基本版图。战国时期,苏秦把黄帝伐涿鹿而擒蚩尤作为以战争来统一天下的例子,劝说秦惠王以战兴国:"昔者,神农伐补遂,黄帝伐涿鹿而禽蚩尤,尧伐驩兜,舜伐三苗,禹伐共工,汤伐有夏,文王伐崇,武王伐纣,齐桓任战而伯天下。由此观之,恶有不战者乎?"③

黄帝自即位之时起,就"未尝宁居",其足迹所至,大抵划定了远古时期中国的基本版图。他东至于海,登丸山(在今山东临朐县),控制了东方的齐鲁之地;西至于崆峒,登鸡头山(即今甘肃平凉崆峒山),控制了西方的陇右之地;南至于江,登熊湘山(在今湖南益阳市),控制了江南大部分地区;北逐荤粥,合符釜山(在今河北涿鹿县),控制了北方大部分地区。黄帝足迹所至的这一广大区域,不仅成为古代中国的基本地域,而且比人们常说的上古华夏之地还要广阔得多。

黄帝对中华文化的贡献,还表现在他为后人留下了一部充满神秘色彩的《黄帝书》。其书战国时期尚存,其言论以虚无为宗,体现了黄帝无为而治的治国理念和治国方略。《列子》一书两次引用《黄帝书》,都流露出浓厚的崇尚虚无的思想:

> 谷神不死,是谓玄牝。玄牝之门,是谓天地之根。绵绵若存,用之不

---

① 《风俗通义》卷一《五帝》。
② 苏辙:《古史》卷一《三皇本纪》。
③ 《战国策·秦策一》。

勤。故生物者不生,化物者不化。自生自化,自形自色,自智自力,自消自息,谓之生化。形色智力消息者,非也。①

形动不生形而生影,声动不生声而生响,无动不生无而生有。形必终者也,天地终乎? 与我偕终。终进乎? 不知也。道终乎本,无始进乎? 本不久有生则复于不生,有形则复于无形。……生者理之,必终者也。终者不得不终,亦如生者之不得不生,而欲恒其生。②

由于《黄帝书》中的许多思想观点与老子《道德经》相一致,互为表里,互为参证,所以,两汉时期,人们常常把黄帝和老子并称,将二人的学说称为"黄老之学"。西汉初年,黄老之学大为流行,成为"文景之治"的思想基础。从现有文献来看,《黄帝书》出自黄帝之手的可能性虽然微乎其微,但参考《史记·五帝本纪》以及其他有关黄帝的历史文献来看,《黄帝书》反映出来的思想观念与黄帝治国理政的种种作为有异曲同工之妙。魏晋以降,《黄帝书》已然不存,但两汉魏晋时期的文献却时见征引。因此可以说,《黄帝书》不仅与《道德经》一道成为黄老之学的重要内容,而且对中华文化产生了深远影响。

二、作为中医之祖的黄帝

在被尊为中华人文始祖的同时,黄帝对传统中医理论的贡献也受到了人们的重视。成书于先秦时期的《黄帝内经》,通过黄帝与岐伯、雷公等人的对话,阐述了中医病理病因与辨证施治原理,奠定了中医理论基础,成为传统中医理论的奠基之作和经典之作。此书以黄帝命名,后人遂尊黄帝为中医之祖。

黄帝的医术主要得自岐伯和雷公。岐伯是黄帝的大臣,也是黄帝师。《帝王世纪》称"黄帝使岐伯尝味草木,典医疗疾",其官职类似后来的"卫生部长"。黄帝还曾与精通医术的岐伯讨论医道。《黄帝内经·素问》这样记载:(黄帝)乃问于天师曰:"余闻上古之人,春秋皆度百岁,而动作不衰。今时之人,年半百而动作皆衰者,时世异耶?人将失之耶?"出于对百姓的关心,黄帝向岐伯求问

---

① 张湛注《列子》卷一。张湛注云:"古有此书,今已不存。"
② 同上。

今时之人与上古之人有巨大生命差异的原因所在。岐伯的回答,分析了所谓古之人与今之人的不同,指出了造成古今之人异寿的原因:"上古之人,其知道者法于阴阳,和于术数,食饮有节,起居有常,不妄作劳。故能形与神俱,而尽终其天年,度百岁乃去。今时之人不然也,以酒为浆,以妄为常,醉以入房,以欲竭其精,而耗散其真,不知持满,不时御神,务快其心,逆于生乐,起居无节,故半百而衰也。"①上古之人法阴阳,顺自然,不妄作,故得终其天年;今之人为嗜欲所累,永无厌足,竭其精而耗其真,故半百而衰。岐伯的回答,与黄老之学返璞归真的基本思想相一致,也是《黄帝内经》的精髓所在。

唐人王冰对"素问"一词的解释,可以看出《黄帝内经》与黄老之学的关系:"《素问》之名,起汉世也。所以名《素问》之义,全元起有说云:'素者,本也。问者,黄帝问岐伯也。方陈性情之源,五行之本,故曰《素问》。'元起虽有此解,义未甚明。按《乾凿度》云:夫有形者生于无形,故有太易,有太初,有太始,有太素。太易者,未见气也;太初者,气之始也;太始者,形之始也;太素者,质之始也。气形质具,而痾瘵由是萌生。故黄帝问此太素,质之始也。《素问》之名,义或由此。"②黄帝问岐伯,何以称为"素问"?问有生于无之事也,所谓"太素者,质之始也"。所以,苏辙《古史》说黄帝"其师岐伯明于方,世之为医者宗焉"。《黄帝内经·素问》涉及阴阳五行、脏腑经络、五运六气、腧穴针道、病因病机、辨证施治、配伍制方等中医方面的内容,是传统中医理论的奠基和集大成之作,对中国古代医学影响深远。东汉张仲景撰《伤寒论》,已采用《黄帝内经·素问》中的相关内容。西晋皇甫谧撰《甲乙经》、王叔和撰《针经》,也是以《黄帝内经·素问》为理论基础。

南宋张杲《医说》不仅把黄帝与伏羲、神农并称"三皇",而且记载了黄帝成为中医之祖的非凡经历。黄帝"东到青丘,见紫府先生,受三皇天文,以效万神;至具茨,而见大隗君,而受神芝图;至盖上,见中皇真人,受九茹散方;至罗霍,见黄盖童子,受金银方十九首;适崆峒,而问广成子,受以自然经;造峨眉山,并会地黄君,受以《真一经》;入金谷,问导养,而质玄素二女;著体诊,则问对雷公、岐伯。伯高少俞之论,备论经脉,傍通问难,以为经教。制九针,著内外术经十八

---

① 王冰:《黄帝内经·素问》题下注。
② 王冰:《黄帝内经·素问》题下注。

卷。陟王屋山玉阙之下,清斋三日,乃登于玉阙之上,入琼琳台。于金机之上,得玄女九鼎神丹飞香炉火之道。乃于茅山,采禹余粮,烹之,得铜。遂还荆山之下、鼎湖之上,参炉定药。"①很显然,传说中的黄帝之所以能够成为中医之祖,在于他游历万方,遍访名师,虚心求教,博采众长。黄帝内外兼修,丹药并用,执着于中医,遂成为传说中的中医之祖。

黄帝与中医的关系,北宋张君房《云笈七签》有较为详细而系统的描述:"时有仙伯出于岐山下,号岐伯,善说草木之药性味,为大医。帝请主方药。帝乃修神农所尝百草性味,以理疾者,作《内外经》。又有雷公,述炮炙方,定药性之善恶。扁鹊、俞跗二臣,定脉经,疗万姓所疾。帝以扁鹊论脉法,撰《脉书》上下经。帝问岐伯脉法,又制《素问》等书及《内经》。帝问少俞针注,乃制《针经·明堂图》灸之法。此针药之始也。"②传说神农尝百草,掌握百草的性味和疗效。黄帝不仅修神农之方药,治病疗疾,而且以岐伯为太医,以雷公述炮制方,扁鹊俞跗定脉经,少俞制针灸之法。如此一来,药性、药理、药方及脉络、针灸、炮制等传统中医的基本内容就大体具备了。所以,称黄帝为中医之祖,当之无愧。

传说黄帝还擅长养生术。庄子以为,黄帝的养生术是向广成子学来的:"黄帝立为天子十九年,令行天下。闻广成子在于空同之上,故往见之,曰:'我闻吾子达于至道,敢问至道之精?吾欲取天地之精,以佐五谷,以养民人。吾又欲官阴阳以遂群生,为之奈何?'广成子曰:'而所欲问者物之质也,而所欲官者物之残也。自而治天下,云气不待族而雨,草木不待黄而落,日月之光益以荒矣。而佞人之心翦翦者,又奚足以语至道?'黄帝退,捐天下,筑特室,席白茅,闲居三月,复往邀之。广成子南首而卧。黄帝顺下风,膝行而进,再拜稽首,而问曰:'闻吾子达于至道,敢问治身,奈何而可以长久?'广成子蹶然而起,曰:'善哉!问乎。来,吾语女至道。至道之精,窈窈冥冥;至道之极,昏昏默默。无视无听,抱神以静。形将自正,必静必清。无劳女形,无摇女精,乃可以长生;目无所见,耳无所闻,心无所知,女神将守形,形乃长生。'"③庄子所述黄帝事迹颇有神话意味。嵇康则把黄帝向广成子学养生术之事作为实有之事写进了《高士传》:"广成子

---

① 张杲:《医说》卷一。
② 张君房:《云笈七签》卷一百《轩辕本纪》。
③ 《庄子》卷四《在宥第十一》。

在崆峒之上，黄帝问曰：'吾欲取天地之精，以养万物，为之奈何？'广成子蹶然而起，曰：'至道之精，窈窈冥冥，无视无听，抱一以静。我守其一，以处其和，故千二百岁，而形未尝衰。得吾道者，上为皇而下为王；失吾道者，上见光而下为土。吾将去汝，入无穷之间，游无极之野，则日月参光，与天地为常。'"①黄帝向广成子学习养生术之事，张杲《医说》有诗言："轩辕黄帝招广成，采山饮水学长生。夜半常谈内外经，飘风骤雨迅雷霆。独骑龙去游天庭，至今山水默通灵。"②另据传说，自称黄帝师的容成公，擅长补导之术。《列仙传》云："容成公者，自称黄帝之师。见周穆王，能善补导之事，取精于玄牝。其要谷神不死，守生养精气者，发白复黑，齿堕更生。"倘如此说，则黄帝还应该向容成公学习过补导之术。其实，广成子的养生术和容成公的补导术，都是传说中的长生术，与道教主张的所谓延年益寿之术有异曲同工之妙。一些文献说黄帝精通养生术，不过是为了强化黄帝作为中医之祖的地位而已。

三、作为道教之神的黄帝

黄帝与道教渊源极深。在有关黄帝的传说中，黄帝皆非寻常之辈，而是一个被神化的人物，以至于孔子的弟子怀疑黄帝究竟是人还是神。《大戴礼》所载孔子与弟子宰我的对话，可以看出当时人们对黄帝这样一个人物的怀疑："宰我问孔子曰：'荣伊言，黄帝三百年。请问，黄帝者，人也？抑非人也？何以至于三百年乎？'孔子曰：'予，禹汤文武成王周公，可胜观邪？夫黄帝尚矣，女何以为？先生难言之。'"孔子对黄帝三百年的解释很有意思，他说："（黄帝）生而人得其利百年，死而人畏其神百年，亡而人用其教百年，故曰三百年。"孔子对"黄帝三百年"的解释虽然可通，但"死而人畏其神百年"之语，却已流露出神化黄帝的意思。《山海经》记述黄帝伐蚩尤，也流露出神化黄帝的倾向："蚩尤作兵伐黄帝。黄帝乃令应龙攻之冀州之野。应龙畜水。蚩尤请风伯、雨师，纵大风雨。黄帝

---

① 欧阳询：《艺文类聚》卷三十六引。
② 张杲：《医说》卷三《太素之妙》。

乃下天女曰魃，雨止，遂杀蚩尤。"①在《韩非子》中，黄帝具有役使鬼神之能："昔者，黄帝合鬼神于泰山之上，驾象车，而六交龙毕方并辖。蚩尤居前，风伯进扫，雨师洒道。虎狼在前，鬼神在后，腾蛇伏地，凤凰覆上，大合鬼神。"②到了秦汉时期，随着秦皇汉武对长生不老术和神仙术的企慕与追求，神仙学说大行其道，神仙故事层出不穷。黄帝逐渐由传说而进入神话，成为被神化的人物。

在《韩诗外传》中，黄帝即位，有凤凰来仪："黄帝即位，施惠承天，一道修德，惟仁是行，宇内和平。未见凤凰，惟思其象，夙寐晨兴。乃召天老而问之曰：'凤象何如？'天老对曰：'夫凤象，鸿前麟后，蛇颈而鱼尾，龙文而龟身，燕颔而鸡喙。戴德负仁，抱中挟义。小音金，大音鼓。延颈奋翼，五彩备明。举动八风，气应时雨。食有质，饮有仪。往即文始，来即嘉成。惟凤为能通天祉，应地灵，律五音，览九德。天下有道，得凤象之一，则凤过之；得凤象之二，则凤翔之；得凤象之三，则凤集之；得凤象之四，则凤春秋下之；得凤象之五，则凤没身居之。'黄帝曰：'於戏！允哉！朕何敢与焉！'于是，黄帝乃服黄衣，戴黄冕，致斋于宫。凤乃蔽日而至。黄帝降于东阶，西面再拜稽首，曰：'皇天降祉，不敢不承命。'凤乃止帝东园，集帝梧桐，食帝竹实，没身不去。《诗》曰：'凤凰于飞，翙翙其羽，亦集爰止。'"③凤凰来仪，一向被视为祥瑞之兆。黄帝即位之初，就有凤凰来仪，表明黄帝"施惠承天"，实乃上天之意。《史记》记述黄帝事迹，说他"生而神灵，弱而能言，幼而徇齐，长而敦敏，成而聪明"，也流露出天命在彼的神化倾向。

黄帝被神化的标志之一，是西汉刘向将其纳入《列仙传》："黄帝者，号曰轩辕。能劾百神，朝而使之。弱而能言，圣而预知，知物之纪。自以为云师，有龙形。自择亡日，与群臣辞。至于卒，还葬桥山。山崩，柩空无尸，唯剑舄在焉。《仙书》云：黄帝采首山之铜，铸鼎于荆山之下。鼎成，有龙垂胡髯下，迎帝，乃升天。群臣百僚悉持龙髯，从帝而升，攀帝弓。及龙髯拔而弓坠，群臣不得从，仰望帝而悲号。故后世以其处为鼎湖，名其弓为乌号焉。"刘向的许多材料虽然取自《史记》，但他毕竟把黄帝列入神仙系列。从此开始，黄帝由传说而进入神话，开始了由人而神的历程。

---

① 《山海经·大荒北经》。
② 《韩非子》卷三《十过》。
③ 《韩诗外传》卷八。

东汉时期,道教兴起。作为人文始祖的黄帝,遂成为道教之神。黄帝不仅受到道教的尊奉,而且越来越神化。西晋出现的《竹书纪年》,已经从出生、形象、执政、死亡等方面全面神化黄帝。黄帝之生,其母"见大电绕北斗枢星,光照郊野,感而孕,二十五月而生帝于寿丘";黄帝形象,"龙颜有圣德,劾百神,朝而使之";黄帝执政,"有景云之瑞。赤方气与青方气相连,赤方中有两星,青方中有一星,凡三星,皆黄色。以天清明时见于摄提,名曰景星"。黄帝身着黄色服装,斋于中宫,坐于玄扈洛水之上,"有凤凰集,不食生虫,不履生草,或止帝之东园,或巢于阿阁,或鸣于庭。其雄自歌,其雌自舞;麒麟在囿,神鸟来仪;有大蝼如羊,大螾如虹",出现了各种祥瑞。黄帝以为土气胜,遂以土德王。而且还出现了"龙图出河,龟书出洛,赤文篆字,以授轩辕,接万神于明庭"的奇观。黄帝之死,则有山崩地裂之兆。凡此种种,表明黄帝形象在魏晋时期已明显被神化。其最典型者,是葛洪《抱朴子》借鉴此前有关黄帝的传说,塑造了一个道教之神的黄帝:

> 昔黄帝生而能言,役使百灵,可谓天授自然之体者也,犹复不能端坐而得道。故陟王屋而授丹经,到鼎湖而飞流珠,登崆峒而问广成,之具茨而事大隗,适东岱而奉中黄,入金谷而咨涓子;论道养则资玄素二女,精推步则访山稽力牧;讲占候则询风后,着休诊则受雷岐;审攻战则纳五音之策,穷神奸则记白泽之辞;相地理则书青乌之说,救伤残则缀金冶之术。故能毕该秘要,穷道尽真,遂乘龙以高跻,与天地乎罔极也。

作为道教早期经典的《抱朴子》,把黄帝与道教诸神联系在一起,强化了黄帝作为道教之神的崇高地位,对黄帝的传说产生了深远影响。

魏晋以后,被神化的黄帝频繁出现于史籍和道教典籍中。南朝梁著名史学家沈约以为,"龙飞九五,配天光宅,有受命之符,天人之应。《易》曰:'河出图,洛出书,而圣人则之。'符瑞之义大矣"。其《宋书·符瑞志》有关黄帝的一段文字,则全取《竹书纪年》之语。《云笈七签》记述黄帝故事,全取刘向《列仙传》之语,显然是把黄帝作为道教之神来看。南宋胡宏《皇王大纪》述黄帝之事,大抵连缀《史记》《列仙传》和《抱朴子》等文献,而又稍加穿凿,把黄帝变成了真正意义上的道教之神:

> (黄帝)有风后、老天、五圣、知命、规纪、地典、力牧七圣为之辅,又有常先、大鸿、容光三臣为之佐。神农侵暴诸侯,轩辕兴师征之。神农氏大战于

阪泉之野，三战，神农氏败绩。黄龙负图出于河，有玺焉，章曰天皇符玺。轩辕遂践天子位，在所则有景云，若金枝玉叶荫其上，因以云纪官，春官为青云氏，夏官为缙云氏，秋官为白云氏，冬官为黑云氏，中官为黄云氏。置三公之职，以象三台侍中，风后配上台，老天配中台，五圣配下台。推五德之运，以土承火，号曰归藏氏。

在葛洪《抱朴子》基本完成了黄帝的道教化之后，后世文献也都围绕着黄帝的道教化做文章。尤其是宋代学者，在皇权尊崇道教的背景下，有意识地从经学、史学、文学、医学、道教等不同方面神化黄帝，把黄帝从一个传说中的人物变成了神话中的人物。这一变化一方面提升了黄帝的文化地位，但另一方面也使黄帝由人而神，拉大了黄帝与世人的距离，让世人在尊崇敬畏黄帝的同时，不由得减少了几分对黄帝这位人文始祖的亲近感。

中国古代有关黄帝的传说，虽然不是有意识地按照系统分类在进行，但它们几乎无一例外地在从不同方面神化着黄帝，把黄帝塑造成了人文始祖、中医之祖和道教之神。三个传说系统，不仅把黄帝从人变成了神，而且也把黄帝变成了一个具有巨大影响力的文化符号，一种具有巨大感召力的精神象征。几千年来，不论是作为文化符号还是作为精神象征，黄帝对中华民族和中华文化的发展演进都曾经发挥过不可替代的重要作用。因此，对黄帝传说的三大系统进行认真分析和深入研究，有助于进一步发掘黄帝文化的重要价值，以期推动华夏历史文明的传承创新，构建中华民族共有的精神家园。

（原刊于《寻根》2013年第5期）

黄帝出生地、建都地、安葬地考辨

关于五帝之首的黄帝，后世流传的许多事迹有很大的传说成分。有关黄帝的一些记载，尤其是关于黄帝的出生地、建都地和安葬地的记载，从先秦文献到司马迁《史记》，再到后来的一些历史文献，歧异之处颇多。人们依据不同文献，对有关黄帝的这些问题进行研究，可能得出各自不同甚至相反的结论。但是，这并不影响对黄帝有关问题的探讨。如果能够相互包容，求同存异地进行学术探讨，在这些问题上求得认同还是有可能的。这里笔者依据相关文献资料，仅就黄帝出生地、建都地、安葬地与中原的关系进行考辨，希望能够对上述三个问题有所澄清。

一、关于黄帝的出生地问题

关于黄帝，人们的认知分歧很大。而有关黄帝的出生地问题，更是多有歧见，其中影响较大的主要有姬水说、有熊说、寿丘说、轩辕丘说和轩辕谷说。今人有关黄帝出生地的一些观点，大抵是对上述诸说的阐释或延伸。

黄帝生于姬水说。此说最早见于《国语》卷十《晋语四》，其文略云："昔少典取于有蟜氏，生黄帝、炎帝。黄帝以姬水成，炎帝以姜水成。成而异德，故黄帝为姬，炎帝为姜。二帝用师以相济也，异德之故也。"韦昭注云："姬姜，水名也。成谓所生长以成功也。"姬水，一说在今陕西关中武功县或黄陵县，一说为岐水，也有学者认为姬水即济水。此说后世颇有影响，尤其是一些姓氏谱牒类著作，言及姜姓和姬姓时，多取《国语》之说。如宋人邓名世《古今姓氏书辨证》卷一《风》即采《国语》之说："异姓者，如炎帝生于姜水，黄帝生于姬水，皆以为姓。"卷四《姬》亦云："姬姓出自黄帝，生于姬水，以水为姓。"宋人高承言及山川名号之始时,认为"人皇以来,土地国邑始各有名。则山川之号疑亦从此起,故神农兴于历山,共工之触不周,炎帝以姜水,黄帝以姬水。此山川之名之始也"①。高承之说的最早依据,也是《国语》的相关记载。

黄帝生于有熊(即今河南新郑)说。此说最早出现于三国时期。《史记》卷一《五帝本纪》述黄帝之事,没有采信《国语·晋语》之说,而是不言其出生地,仅言其为"少典之子,姓公孙,名曰轩辕"。司马迁不言黄帝的出生地,仅言其为少典之子,当是从前省。少典为有熊国君,依子从父籍之例,则黄帝当生于有熊。既言黄帝为少典之子,则不必再言其出生地矣。裴骃《史记集解》即作此理解,以为黄帝"号有熊",并引谯周《古史考》为证:"有熊国君,少典之子也。"谯周是三国时期蜀人,著名史学家,有《古史考》二十五卷。黄帝为少典之子,少典为有熊国君,依此推之,则黄帝当生于有熊国。此外,裴骃《集解》引孙检《世本》注亦称黄帝"号有熊者,以其本是有熊国君之子故也"。据此可知,黄帝为有熊国君少典之子、号有熊之说,在三国时期已经出现,魏晋之后此说颇为流行。

黄帝生于寿丘说。此说最早见于西晋皇甫谧的《帝王世纪》。《史记》卷一《五帝本纪》司马贞《索隐》云:"皇甫谧云'黄帝生于寿丘,长于姬水,因以为姓。居轩辕之丘,因以为名,又以为号。是本姓公孙,长居姬水,因改姓姬'。"沈约《宋书》采皇甫谧之说,称"黄帝轩辕氏,母曰附宝,见大电光绕北斗枢星,照郊野,感而孕,二十五月而生黄帝于寿丘"②。沈约注《竹书纪年》有相同记载。《晋书》卷四《地理志》亦从此说,称"黄帝生于寿丘"。唐人李吉甫《元和郡县志》卷十《曲阜县》则明确记载了寿丘的地理方位:"寿丘在(曲阜)县东北六里。皇甫谧以为,黄帝生于寿丘,在鲁城东门之北。"宋人乐史《太平寰宇记》卷二十一《曲阜县》对寿丘的地理方位亦有记载:"寿丘高三丈,在县东北六里。按皇甫谧《帝王世纪》云:黄帝生于寿丘,长于姬水,居轩辕之丘。"由于《竹书纪年》和《帝王世纪》的深远影响,黄帝生于寿丘说在唐以后产生了较大影响。

黄帝生于轩辕丘说。此说最早见于东晋郭璞《山海经注》。《山海经·西山经》云:"轩辕之丘,无草木,洵水出焉,南流注于黑水。"郭璞有注云:"黄帝居此

---

① 高承:《事物纪原》卷七《山川名》。
② 沈约:《宋书》卷二十七《符瑞志》。

丘,娶西陵氏女,因号轩辕丘。"①《淮南子》卷四《地形训》亦云:"轩辕丘在西方。"②但这种说法曾遭到清代著名学者顾炎武的批驳,他说:"《淮南子·地形训》言轩辕丘在西方,巫咸在其北方,则益荒诞不可稽。而知古贤之名为后人所假托者多矣。"③另据《史记·五帝本纪》裴骃《集解》引皇甫谧语,轩辕丘在古有熊国(即今河南新郑市),为黄帝之都。但后世亦有以轩辕丘为黄帝出生地者,如宋潘自牧《记纂渊海》卷十九云:"轩辕丘在新郑县境,黄帝生此。"

黄帝生于轩辕谷说。此说最早见载于《水经注》。北魏郦道元《水经注》卷十七"渭水"条"又东过上邽县"下注云:"出泾谷峡又西北,轩辕谷水注之。水出南山轩辕溪。南安姚瞻以为黄帝生于天水,在上邽城东七十里轩辕谷。皇甫谧云生寿丘,丘在鲁东门北。未知孰是也。"④姚瞻,不详何时人。郦道元《水经注》引其说,是知此说在当时应该较为流行。上邽在今甘肃天水市西南,嬴秦时为陇西郡的一个县。郦道元转述姚瞻之说的同时,又转述了皇甫谧之说,并云"未知孰是",态度甚为谨慎。但后人仍有采信此说者,如清修《甘肃通志》卷六《清水县》有"轩辕谷,在县东南七十里,相传黄帝生于此"的记载。

黄帝的出生地一直有多种说法,但比较有影响的则主要是上述五种。总览以上诸说,姬水说、有熊说和寿丘说影响较大,而轩辕谷和轩辕丘两种说法,虽然也出现于魏晋南北朝时期,但对后世影响显然不及前述三种说法。比较姬水说、有熊说和寿丘说,影响较大者则是寿丘说。自皇甫谧、沈约之后,寿丘说甚为流行。在唐代,寿丘说占据绝对优势,《晋书》《初学记》和《艺文类聚》等,都采信《竹书纪年》和皇甫谧《帝王世纪》之说,使寿丘说一度广为流行。唐代以后,寿丘说仍然占有绝对优势。但是,姬水说和有熊说也有一定的影响。其中的姬水说、有熊说和轩辕丘说,和中原的联系甚为密切。而寿丘说的所在地曲阜位于鲁西南,与中原地区紧密相连。同是生于曲阜的孔子,当年周游列国,所到之地主要就是中原的一些诸侯国。作为部落首领的黄帝,在当时那种自然环境下,其活动的主要区域与其出生地、建都地应该不会很遥远。就此而论,黄帝的出生地与中原的关系应该十分紧密。虽然尚不能认定黄帝的出生地就在中

---

① 《二十二子》之《山海经·西山经》,上海古籍出版社,1986年,第1346页。
② 《二十二子》之《淮南子·地形训》,上海古籍出版社,1986年,第1223页。
③ 顾炎武:《日知录》卷二十五《巫咸》。
④ 郦道元:《水经注》卷十七《渭水》,上海人民出版社,1984年,第572页。

原区域,但黄帝的出生地与中原存在着紧密联系,应是不争的事实。

二、关于黄帝的建都地问题

黄帝作为五帝之首,到底建都在哪里,文献有不同记载,学界也有不同认识。梳理前人有关黄帝建都地之说,主要有有熊说、涿鹿说,以及黄帝先都有熊后迁涿鹿说,或先都涿鹿后迁有熊说。

黄帝建都有熊说。黄帝是远古时期华夏族的部落首领,其活动区域较为广阔,如《史记·五帝本纪》所载,曾经"东至于海,登丸山及岱宗;西至于空桐,登鸡头;南至于江,登熊、湘;北逐荤粥,合符釜山,而邑于涿鹿之阿"。但他的主要活动区域是黄河中下游地区,并建都于有熊。《竹书纪年》有载:"元年,帝即位,居有熊。"①黄帝即帝位而居于有熊,则有熊为黄帝之都当无异议。有熊乃古方国,其地在今河南新郑市。西晋杜预《春秋释例》卷七《土地名》之"帝王纪云黄帝都有熊"条下注,明言有熊即"今河南新郑县"。《史记·五帝本纪》裴骃《集解》引皇甫谧语亦称"有熊,今河南新郑是也"。杜佑《通典》卷一百七十七《郑州》亦采信此说,称新郑"祝融之墟,黄帝都于有熊亦在此也"。《史记·五帝本纪》司马贞《索隐》亦从新郑之说:"孔安国、皇甫谧《帝王代纪》及孙氏注《系本》,并以伏牺、神农、黄帝为三皇,少昊、高阳、高辛、唐、虞为五帝。注'号有熊'者,以其本是有熊国君之子故也。亦号轩辕氏。皇甫谧云:'都轩辕之丘,因以为名,又以为号。'"由此可知,黄帝都有熊,实际上是都于有熊国轩辕丘。清修《河南通志》卷五十二《新郑县》明确记载:"轩辕丘在新郑县境,古有熊氏国,轩辕黄帝居此,故名。"《大清一统志》卷一百五十《开封府》对轩辕丘也有记载:

> 轩辕丘,在新郑县西北故城。《史记》:黄帝居轩辕之丘。《后汉书·郡国志》:河南尹新郑,黄帝之所都。《通典》:新郑,祝融之墟,黄帝都于有熊亦在此也。

上述有关文献的指向非常明确,即黄帝即位于有熊国,都于有熊国轩辕丘,具体位置则在今新郑市西北原新郑故城处。

---

① 《二十二子》之《竹书纪年》卷上,上海古籍出版社,1986年,第1047页。

黄帝都于涿鹿说。此说源于《史记·五帝本纪》黄帝"邑于涿鹿之阿"的记载。"邑"本意为"国",《说文解字》云:"邑,国也。"①但此处之"邑"非"国"之意,乃是"作邑"的意思,意即黄帝在涿鹿之阿筑城邑。先秦时期的"邑"或"都",与秦汉以后的国都之意不同,天子、宗室及诸侯公卿的封地皆可称为"都"。宋人王与之《周礼订义》引郑玄《周礼注》云:"都,谓王子弟所封及公卿所食邑。"秦汉以后,则把天子诸侯所居称为邑或都。所以,后人把《史记》"邑于涿鹿之阿"说,作为黄帝都涿鹿说的最早依据。《太平御览》卷一百五十五《叙京都》引皇甫谧《帝王世纪》,称"黄帝都涿鹿于《周官》幽州之域"。《史记·五帝本纪》张守节《正义》亦采信此说,称"涿鹿故城在山下,即黄帝所都之邑于山下平地"。宋代学人王应麟对黄帝之都作过详细考证,首列《史记》"黄帝邑于涿鹿之阿"说,并举后世文献为证:"《括地志》:涿鹿山在妫州怀戎县东南五十里,涿鹿城在山侧,故城在州东南五十里,本黄帝所都也。"②

黄帝先都有熊后迁涿鹿说,或黄帝先都涿鹿后迁有熊说。据《魏书》卷十四《神元平文诸帝子孙》记载,魏孝文帝拓跋宏准备迁都河南,其大臣穆罴谏曰:"臣闻黄帝都涿鹿。以此言之,古昔圣王不必悉居中原。"孝文帝则回答说:"黄帝以天下未定,居于涿鹿。既定之后,亦迁于河南。"古有所谓"得中原者得天下"之说。孝文帝以为,黄帝在天下既定之后迁都于河南,与"得中原者得天下"之说不谋而合。徐坚《初学记》卷二十四《居处部》云:"黄帝都涿鹿,或曰都有熊。"此说的源头是被视为涿鹿说重要依据的《帝王世纪》,其在黄帝建都问题上则执两说:"黄帝都涿鹿于《周官》幽州之域……或曰黄帝都有熊,今河南新郑是也。"此说在后世有一定影响,南宋王应麟《通鉴地理通释》卷四《黄帝都》在引《括地志》和《帝王世纪》以证黄帝都涿鹿的同时,也不忘附上一句"或曰黄帝都有熊,今河南新郑是也"。而郑樵《通志》卷四十一《三皇都》则称:"黄帝都有熊,又迁涿鹿。……注:有熊,今郑州新郑。涿鹿即涿州。"黄帝究竟是先都有熊后迁涿鹿,还是先都涿鹿后迁有熊,学界没有统一的看法。清代学者朱彝尊《钦定日下旧闻考》卷二《世纪一》对这一问题的考证较有代表性:

按《帝王世纪》,黄帝都涿鹿。或以为都涿鹿,迁有熊;或以为都有熊,

---

① 许慎:《说文解字》卷六下"邑",中华书局,1963年,第131页。
② 王应麟:《通鉴地理通释》卷四《黄帝都》。

迁涿鹿。今考《史记》索隐、正义,皆以为黄帝有熊国君。皇甫谧谓有熊今河南新郑。《路史》谓有熊帝之开国。《舆地广记》云都非。据此,则黄帝初国于有熊,而与蚩尤战于涿鹿之野。为天子后迁都涿鹿之阿。《通志·都邑略》与《史记》合,似为可据。①

乾隆年间编修《四库全书》时,四库馆臣奉旨对该书作了修订,故称《钦定日下旧闻考》。原作有"黄帝都于涿鹿",依据是《帝王世纪》。修订者据《史记·五帝本纪》《舆地志》《史记正义》《通志·都邑略》,增加了"邑于涿鹿之阿""涿鹿,黄帝初都,迁有熊也""黄帝都有熊,又迁涿鹿"等文献依据,并作了必要考证,但最后结论仍然执两说,以为"黄帝初国于有熊,而与蚩尤战于涿鹿之野。为天子后迁都涿鹿之阿"。这种折中的说法,比较接近实际,在今天依然有较大影响。

关于黄帝之都的问题,拘泥于文献,纠缠于旧说,很难把问题说清楚。因为各有依据,各执一说,很难说服对方。如果换一个思路看问题,也许可以柳暗花明。顾炎武《历代帝王宅京记》谈到黄帝的一段话,很有启发意义。他说:"黄帝居轩辕之丘,邑于涿鹿之阿,迁徙来往无常处,以师兵为营卫。"②黄帝时期是部落氏族社会,没有现代意义上的国家观念,自然也就没有真正意义上的国都。出于部落发展的需要,黄帝"迁徙来往无常处,以师兵为营卫"是常态。所谓黄帝都于某处,是三代以后有了国家概念之后,人们反观黄帝时期而借用的一些概念。黄帝时期,人们逐水草而居,居无定所,部落与部落之间通常是以自然形成的山川河流来划分,没有形成严格的边界。后世所谓的黄帝之都,实际上是黄帝曾经居住的地方,于是就有了居轩辕之丘、都于有熊、邑于涿鹿之阿等说法。综合来看,黄帝活动的主要区域在黄河中下游地区,其经常居住的地方也应该在这一地区。所以,如果说黄帝时期确有所谓都城的话,那么,该都城在这一地区的可能性也比较大。都有熊之说一直较有影响,不是没有缘由的。

---

① 《钦定日下旧闻考》卷二《世纪一》,影印文渊阁四库全书本,上海古籍出版社,1987年。
② 顾炎武:《历代帝王宅京记》卷一《总序上》,中华书局,1984年,第1页。

三、关于黄帝的安葬地问题

作为传说中的人物,黄帝的归宿一直是个谜。最早记载黄帝安葬地的《史记》在谈到这一问题时,则是相互矛盾。《史记·五帝本纪》称:"黄帝崩,葬桥山。"而《史记》卷二十八《封禅书》则说黄帝升天而去:

> 黄帝采首山铜,铸鼎于荆山下。鼎既成,有龙垂胡髯下迎黄帝。黄帝上骑,群臣后宫从上者七十余人,龙乃上去。余小臣不得上,乃悉持龙髯,龙髯拔,堕,堕黄帝之弓。百姓仰望黄帝既上天,乃抱其弓与胡髯号。故后世因名其处曰鼎湖,其弓曰乌号。

汉武帝曾经问群臣:"吾闻黄帝不死,今有冢,何也?"有人回答说:"黄帝已仙上天,群臣葬其衣冠。"①《史记》有关黄帝归宿的记载,或曰葬,或曰升天,或曰是葬其衣冠,彼此相互矛盾。结合《庄子》等先秦时期有关黄帝的记载来看,黄帝是一个近似神仙的人物,而神仙在人们的观念中是可以长生不老的。张守节《史记正义》卷一引《列仙传》,对《史记》的矛盾之处进行调和,称"轩辕自择亡日,与群臣辞,还葬桥山。山崩,棺空,唯有剑舄在棺焉"。而《竹书纪年》和《帝王世纪》皆不载黄帝葬处,或是出于审慎的态度。上古时期,葬俗与后世有很大不同,《周易·系辞下》有所谓"古之葬者,厚衣之,以薪葬之中野,不封不树,丧期无数"之说;郝经《续后汉书》卷八十七《薄葬》亦云:"墓而不坟,不起陵寝。其行也不还葬,葬则择不食之地,藏之而已。"既然葬择不食之地,且"墓而不坟,不起陵寝",时间久远,去哪里寻找黄帝的安葬地?尽管如此,由于黄帝的特殊身份,后人还是想为黄帝找到一个归宿,于是就出现了一些有关黄帝葬地的记载,较有影响者主要有桥山说、长沙说、平谷说、荆山说等。

黄帝葬桥山说。此说见于《史记》,前已有述。两汉时期,黄帝葬桥山说占主导地位,史游《急就篇》卷二《桥窦阳》云:"黄帝葬于桥山。群臣追慕,守冢不去者,因为桥氏。"黄帝葬桥山说在两汉时期虽然很有影响,但是也有对此说提出质疑者。王充《论衡》卷七《道虚篇》就曾直斥其虚:"太史公记诔五帝亦云:

---

① 《史记》卷十二《孝武本纪》。

黄帝封禅已仙去,群臣朝其衣冠,因葬埋之。曰此虚言也……黄帝葬于桥山,犹曰群臣葬其衣冠。审骑龙而升天,衣不离形。如封禅已仙去,衣冠亦不宜遗。黄帝实仙不死而升天,臣子百姓所亲见也。见其升天,知其不死,必也。葬不死之衣冠,与实死者无以异。非臣子实事之心,别生于死之意也。"应劭《风俗通义》亦对此表示质疑:"太史记黄帝葬于桥山,骑龙升天,岂不怪乎?"①《史记》既称黄帝死后葬于桥山,又说黄帝升天而去,岂不自相矛盾?人们如此崇拜黄帝,黄帝升仙而去,臣子岂有葬其衣冠之理?王充、应劭质疑司马迁的记载,是很有道理的。

魏晋南北朝以迄于唐代,黄帝葬桥山说占主导地位。但桥山所在地却有不同说法。一说在罗川县(今甘肃正宁县)。《史记·五帝本纪》裴骃《集解》、司马贞《索隐》和张守节《正义》皆主此说:

《集解》:《皇览》曰:"黄帝冢在上郡桥山。"《索隐》:"《地理志》:'桥山在上郡阳周县,山有黄帝冢也。'"《正义》:"《括地志》云:'黄帝陵在宁州罗川县东八十里子午山。'《地理志》云:'上郡阳周县桥山南有黄帝冢。'案:阳周,隋改为罗川。《尔雅》云:'山锐而高曰桥也。'"

考《汉书·地理志》及《括地志》,上郡阳周县西汉初年置,其地有桥山,上有黄帝冢;隋代为宁州罗川县,县东八十里有子午山,山有黄帝陵。《太平寰宇记》卷三十四《贞宁县》载之较详:"桥山,一名子午山,在县东八十里。黄帝冢在桥山上。汉志上郡阳周县桥山有黄帝冢。《皇览·冢墓记》:'黄帝葬桥山。'《史记》:'武帝北巡朔方,勒兵十余万,还祭黄帝于桥山上曰:吾闻黄帝不死,今有冢,何也?或对曰:黄帝已仙上天,群臣葬其衣冠于此。'"马端临《文献通考》卷一百二十三《山陵》亦主阳周县说:"黄帝葬桥山。《地理志》:'桥山在上郡阳周县,山有黄帝冢。'《括地志》:'黄帝陵在宁州罗川县东八十里子午山。隋改为罗川,宋坊州。'"马端临虽然只是述说桥山所在地的地理沿革,但其采信《史记》之说,并认同裴骃、司马贞等人的解释,则是一目了然的。

桥山所在地,一说在陕西中部县(今陕西黄陵县),或说在今山西安定县。清代学者毕沅《关中胜迹图志》卷三十《鄜州》"古迹",对上述三说有较为详细的考证:

---

① 应劭:《风俗通义》卷二《封泰山禅梁父》,上海古籍出版社,1990年,第15页。

桥陵在关中者,旧志有三:一在庆阳之正宁,一在延安之安定,其一即在中部者是已。三县皆汉上郡地。《汉书·地理志》:"上郡阳周县桥山南有黄帝冢。"《水经注》:"走马水出长城北,阳周故城南桥山上有黄帝冢。"考正宁在后魏时尝侨置阳周县,后人误谓即汉之阳周,因以为有轩辕陵。雍胜略辨之颇详,而犹以魏之阳周故城为汉之阳周故城,则尚未为精审。今按,汉阳周故城在安定县北,其地有怀宁河,即走马水,出高柏山,亦即桥山,与班、郦所述为合。然中部立庙,始自唐大历中,历代祀典相沿,自当循而不改。又考桥陵所在不一,记载纷如。近世地志,如畿辅之平谷、山东之曲阜、河南之阌乡,皆有轩辕陵。至如《文选》注黄帝葬西海桥山,语涉荒渺,无从考信也已。

黄帝葬长沙说。此说见于北宋曾巩。曾巩《隆平集》卷三《祠祭》,曾言及上古三代帝王的葬地:"乾德四年诏:先代帝王各置守陵户。太皞葬长沙,黄帝葬长沙,高阳葬临河,高辛葬濮阳,尧葬城阳谷林,舜葬零陵九疑,女娲葬赵城,禹葬会稽,汤葬宝鼎,文王武王并葬咸阳。"检《宋史·太祖本纪》,乾德四年(966)十月癸亥有"诏诸郡立古帝王陵庙,置户有差"的记载,但并没有说明古帝王陵庙所在地。曾巩称"黄帝葬长沙",或是据癸亥诏而言,或是据当时立帝王陵庙地而言。但此说仅见于曾巩《隆平集》,是记载有误,还是另有所据,不得而知。

黄帝葬平谷说。此说由清代学人朱彝尊首先提出。徐乾学《读礼通考》卷八十八《葬考》对黄帝的安葬处进行过梳理,列举了一些有关黄帝安葬处的说法:"《路史》注案:《浑天记》黄帝葬南陵山;《神鉴》黄帝葬南甲山;《思玄赋》注黄帝葬西海桥山。朱彝尊曰:《史记》黄帝崩葬桥山,《皇览》谓在上郡,《地理志》谓是上郡同阳县,《括地志》谓在宁州罗川县。今平谷有黄帝陵,人多疑流传之误。然帝既都涿鹿,则葬于此,理亦有之。抑衣冠之葬,或者非一处也?"他提到了朱彝尊的平谷黄帝陵之说,该说《钦定日下旧闻考》亦引之。黄帝葬平谷说,或许源于黄帝都于涿鹿之说。既然黄帝曾经都于涿鹿,那么,黄帝死后葬于平谷,也是于理可通。朱彝尊以为,桥山黄帝陵既然是衣冠冢,那么,平谷黄帝陵也可能是黄帝的衣冠冢。所以,他提出了黄帝的衣冠冢"或者非一处也"的疑问。这是一个学者审慎的疑问,既合乎实情,亦很有道理。

黄帝葬荆山说。《史记·封禅书》和《孝武本纪》都有黄帝采首山铜、铸鼎于荆山下的记载。黄帝采铜铸鼎的荆山有二。一是怀德荆山。怀德,又作"裹德",属左冯翊。《汉书·地理志》卷二十八《左冯翊》之"裹德"下,颜师古注云:"裹德,《禹贡》北条荆山在南,下有强梁原,洛水东南入渭。"并云:"裹,亦怀字。"唐章怀太子李贤注亦云:"云阳有荆山。《帝王世纪》曰:'禹铸鼎于荆山。'在冯翊怀德之南,今其下荆渠也。"①郦道元《水经注》卷十九《渭水》述之甚详:"渭水之阳,即怀德县界也。城在渭水之北,沙苑之南,即怀德县故城也。世谓之高阳城,非矣。"②二是陕州荆山。据宋王存等《元丰九域志》卷三《陕州》记载,陕州有铸鼎原,"下湖城州西南一百一十里一乡有荆山、铸鼎原、凤林泉、鼎湖。"《河南通志》卷五十二《古迹下》亦有黄帝铸鼎原的记载:"在阌乡县城东南一十里,黄帝采首山之铜,铸鼎于此。鼎成,骑龙升天去。"陕州铸鼎原在今河南省灵宝市,其地有荆山、黄帝铸鼎原、黄帝陵和鼎湖,相传都与当年黄帝铸鼎有关。铸鼎原周围分布着三十多处仰韶文化遗址,其时间与黄帝时期相吻合。位于灵宝市荆山黄帝铸鼎原上的黄帝陵,相传比桥山黄帝陵还早。陵前始祖殿现存有唐贞元十七年(801)华州刺史袁滋、虢州刺史王颜联名所立青石碑一通,碑额有阴刻篆书"轩辕黄帝铸鼎碑铭",碑体有阴刻"轩辕黄帝铸鼎碑铭并序"。该碑是全国目前发现的唯一记载黄帝铸鼎事件的石刻,具有非常重要的文献价值。它从一个侧面证明了黄帝铸鼎于荆山,也从一个侧面证明了黄帝衣冠冢与中原的关系。

上古时期有"墓而不坟,不起陵寝。其行也不还葬,葬则择不食之地,藏之而已"之风俗。所以,三代之前的历史人物几无葬地可考。以黄帝而论,即便去世后安葬了,但由于历史久远,山陵巨变,至司马迁时,想把黄帝安葬地坐实也是不大可能的。司马迁关于黄帝归宿的记载自相矛盾,反映出当时有关黄帝葬地的传说颇为复杂,以至于司马迁无所遵循,难定取舍,只好都记载下来,让后人进行甄别。可是,后人见到的上古文献,根本无法与司马迁相提并论,于是就把相关传说坐实,各地的黄帝陵或黄帝冢就是在这种情况下出现的。实际上,它们只是人们寄托对黄帝的敬仰之情或悲悼之思的载体,与黄帝的真实安葬地没有多少关系。

---

① 李贤:《后汉书·郡国志》卷二十九《左冯翊》之"云阳"注。
② 郦道元:《水经注》卷十九《渭水》,上海人民出版社,1984年,第618页。

黄帝是远古华夏族领袖,是中华人文始祖。以现今所能见到的相关历史文献来看,黄帝的出生地与中原有密切联系,在中原地区的可能性也非常大;黄帝建都于中原、主要活动地在中原,亦应无异议;至于黄帝的安葬地,各地现存的黄帝陵或黄帝冢,大多是后人为寄托对黄帝的敬仰和追思之情而设立,主要是供祭拜黄帝之用,属于黄帝真实葬地的可能性不大。

(原刊于《中原文化研究》2016年第6期)

中原易学文化及其影响

"易"是一种知识体系或认知体系,是夏、商、周三代的文化之源,也是中国传统文化之源。三代各有其"易",夏之易曰《连山》,商之易曰《归藏》,周之易称《周易》。后人所谓的"易学",就是一门关于"三易"的学问,是中国传统文化中的一门"显学"。由于时代久远,夏之易和商之易已经不传,流传下来的只有《周易》。《周易》与夏、商之易有十分明显的文化渊源,它和《连山》《归藏》一样,都是源于中华文化的始祖伏羲。传说伏羲仰观天文,俯察地理,象天法地而作八卦。《周易》六十四卦就是周文王在伏羲八卦的基础上反复推演而成的。

《周易》是西周时期的重要文献,春秋战国时期的思想家在他们的著作中常常加以征引。清人毛奇龄把《春秋三传》和《国语》中使用《周易》占筮的例子归纳在一起,撰成《春秋占筮书》,书中引用的例子有十六处之多。由于先秦时期许多人视《周易》为占筮之书,且广泛地把它用于占筮,所以《周易》才幸运地逃过了秦始皇焚书之厄,得以保存下来。西汉时期,汉武帝罢黜百家,独尊儒术,把《周易》与《诗经》《尚书》《仪礼》《春秋》并尊为"五经",《周易》遂由周之易上升为《易经》,并成了儒家经典。两汉以后,对"五经"的解释和注疏之学成为"经学",其中以对《周易》的阐释和注疏为主要内容的"经学",对"三易"的研究,以及对《周易》思想价值、应用价值和文化功用的研究,逐渐形成一种具有渗透力和影响力的文化,这就是通常所说的易学文化。

一、中原易学文化的重要地位

中原在易学文化的形成与发展演进过程中,具有十分重要的地位。中原既是易学文化的诞生之地和形成之地,又是易学文化的繁荣之地。具体表现在以下五个方面。

其一,中原是易学文化的诞生地和最早的源头。首先,传说中的伏羲画八卦最早发生在中原,今河南淮阳有太昊陵、画卦台、画卦亭等遗迹;其次,与八卦文化紧密相连的河图、洛书产生于中原,今河南巩义、洛宁、孟津及其他一些地方,都有河出图、洛出书的遗迹及故事传说,也有权威的文献记载可以证明;再次,周文王演化伏羲八卦为六十四卦是在中原完成的,《史记》有"文王拘而演《周易》"的记载,周文王演《周易》的地方,在今河南安阳的羑里城。

其二,中原是《周易》六十四卦的演化之地。周文王被殷纣王囚于羑里城时,对伏羲八卦进行反复推演,每一卦又演化八卦,从而有了今天见到的《周易》六十四卦。而《周易》系辞、象辞、卦辞、爻辞据说也是在中原形成的。

其三,中原是《周易》完善和定型之地。我们今天看到的《周易》经历了一个漫长的完善和定型过程,从伏羲八卦到文王六十四卦,再到系辞、彖辞、象辞和爻辞的出现,时间漫长,涉及人物众多,除被称为"三圣"的伏羲、周文王和孔子外,还有周公旦等颇有影响的人物。相传文王作卦辞、周公作爻辞,孔子作十翼(彖、象、系各上下为六,另有文言、说卦、序卦和杂卦,合而为十,故名十翼),《周易》大体定型。

其四,易学作为"显学"最初形成于中原。《周易》在西汉成为《易经》之后,受到了两汉学者的高度重视。其中最有成就的易学研究者,如京房、焦赣等,都是中原人。魏晋时期,玄学大盛,《周易》与《老子》《庄子》一道并称"三玄",成为当时文士谈玄的重要内容。而何晏、阮籍等中原学人在《周易》成为"三玄"的过程中甚有力焉。

其五,易学文化的鼎盛期出现在中原。易学文化在两汉时期成形,出现了一些注释和研究《周易》的著名学者。但易学文化作为一种文化现象而达到鼎盛时期,却是在北宋。这一时期一些著名的易学研究者,如邵雍、程颐、程颢、苏轼等人,或者本来就是河南人,或者长期在河南做官治学。他们在易学文化方面的研究成果,不仅把易学文化研究推向一个新的阶段,而且使易学文化进入了鼎盛时期。

二、中原易学文化的亮点

中原是易学文化的诞生地、演化地和繁盛地,自先秦以至明清,中原易学文化熠熠生辉,有许多引人注目的亮点。这里不准备对中原易学文化的精彩之处作全面述说,仅从以下九个方面简要述之。

(一)伏羲:易学文化的创始人

易学文化是由中华民族的始祖伏羲开创的。伏羲都于宛丘(今河南淮阳),"仰则观象于天,俯则观法于地,观鸟兽之文与地之宜,近取诸身,远取诸物,于是始作八卦",目的是通过八卦"以通神明之德,以类万物之情"。这是《周易》中的说法。另一种说法是,伏羲受到"河图""洛书"的启发而作八卦。《周易·系辞上传》这样记载:"天生神物,圣人则之;天地变化,圣人效之。天垂象,见吉凶,圣人象之;河出图,洛出书,圣人则之。"这里所谓的圣人就是伏羲。相传伏羲之时,有龙马负图从黄河中出,神龟负书从洛河中出,龙马所负之图称"河图",神龟所负之书称"洛书",伏羲从中受到启发,创造出八卦。今巩义、孟津、洛宁境内尚有一些有关河图、洛书的文化遗迹。还有一种说法是,相传伏羲观八风而作八卦,西晋皇甫谧《帝王世纪》、汲冢书《竹书纪年》以及东晋王子年的《拾遗记》,对此都有记载。但不论哪一种说法,易学文化的创始人是伏羲,伏羲作八卦在中原,即在今天的河南。后人称伏羲"一画开天",道出了伏羲对易学的巨大贡献。

(二)周文王:在中原演《周易》

《周易》是易学文化的主干,它是在伏羲八卦的基础上演化而来的。将八卦演化为六十四卦者,是周文王姬昌。他演化八卦的地点,在今安阳汤阴的羑里城。殷朝末年,殷纣王帝辛因西周伯姬昌人望太高,把他召至京师朝歌,囚禁在羑里城。姬昌困居羑里城,无所事事,就推演伏羲八卦,把伏羲八卦演化为六十四卦。司马迁在《史记·周本纪》和《报任安书》中,都说到了周文王因于羑里城演化伏羲八卦为《周易》的事。周文王虽然不是中原人,但《周易》却是他被囚于羑里城时演化而成的。后来,文王之子周公旦为六十四卦作爻辞,到了春秋末年,孔子又作《上传》和《下传》,于是就有了今人所见的《周易》。唐代著名学者孔颖达另有一说,他说:"伏羲制卦,文王卦辞,周公爻辞,孔十翼也。"(《周易正义》)按照孔颖达的说法,伏羲都宛丘时不仅画八卦,而且作有六十四卦,周文王只是作了卦辞(即象辞),周公作爻辞,孔子作"十翼"。倘如其说,则《周易》产生于中原就更加毋庸置疑了。

(三)焦赣:易学文化中"占候派"的开创者

易学文化在西汉就有了易理派和象数派之分,而第一个在两大流派之外开山立派的人,就是河南人焦赣。焦赣,字延寿,梁(治今河南睢县)人。西汉元帝和成帝间,焦赣以好学而为梁王所喜爱。梁王供其资用,令其专心于学问。焦赣从孟喜学《易》,著有《焦氏易林》,是书"事本弥纶,同归简易,辞假出于经史,其意合于神明",在易学研究中自成一家之说,焦赣遂为一代易学名家。诚如四库馆臣所言:"盖《易》于象数之中别为占候一派者,实自赣始。"①

(四)京房:易学文化中"京氏之学"的开创者

易学文化中的"京氏之学"是由河南人京房创立的。京房,字君明,东郡顿丘(今河南清丰西南)人,本姓李,推律自定为京氏。京房初从焦延寿学《易》,汉元帝时,以言灾异之变多中而得幸,为权臣石显等所嫉,出为魏郡太守,后以谮被诛。京房是西汉易学名家,著有《京氏易传》,创立了今文易学。其学说以自然界的阴阳灾异附会人事吉凶,时人称为"京氏之学"。其书虽以《易传》为名,但既不诠释经文,也不附会《周易》之义,而是自创体例,自成一说。上卷、中卷以八卦分八宫,每宫一纯卦统七变卦,而注其世应、飞伏、游魂、归魂诸例。下卷论圣人作易、揲蓍布卦、纳甲法、二十四气候配卦等,以天、地、人、鬼易父母、兄弟、妻子、官鬼等爻,杂以龙德、虎形、天官、地官与五行生死所寓之类。其说为后世金钱卜之所祖,影响甚大。

(五)何晏和王弼:变易学为"显学"

易学在魏晋时期成为一种名副其实的"显学",而把易学变成"显学"者,则是正始名士中的何晏和王弼。

何晏,字平叔,南阳宛(今南阳市)人。他是"正始名士"中的领军人物。曹爽辅政时,他任吏部尚书,深受重用,后被司马懿杀害。何晏对儒家思想和道家思想都很有研究,他的《道德二论》和《无名论》《无为论》是魏晋玄学的奠基性

---

① 纪昀等:《四库全书总目提要·焦氏易林》。

作品,在魏晋玄学发展过程中有开创性意义。他精于易学文化,对《周易》已达到十分熟稔的程度。如其《无为论》,以老子"无为"之说立论,理论阐释却多借用《周易》的内容。

王弼,字辅嗣,是名列"建安七子"之一的王粲的族孙。王弼长期生活在京师洛阳,与何晏、夏侯玄并称"正始名士",是正始年间玄学的代表人物。他虽然比何晏、夏侯玄要小得多,但大器早成,声名直凌何晏和夏侯玄之上。王弼精通易学,有《周易略例》一卷和《周易注》六卷。王弼注《周易》,以忘象得意为原则建立玄学,表现出非常明显的形而上特色,"旨在发挥其一己于性道之学之真知灼见。故往往改弃旧义,另立新说"①。他的《周易注》不仅在易学发展史上有十分重要的地位,而且也是易学走向"显学"的重要标志。诚如刘大杰所说:"他(指王弼)的注《易》工作,使他在当时的学术界上,建立了一个新系统,对于后代的学术界,发生了极大的影响。他的伟大处,是能够用平实的道家义理,去说明《周易》的原理作用与变化,推倒在汉代流行的阴阳五行、灾异机祥的邪说。他大胆地把鬼神的面具剥开,将《周易》的真面目从迷信内救出来,使它成为一本哲理书,不要使它永远成为方士们的经典。"②

(六)阮籍:追求"通易"的智者

阮籍,字嗣宗,陈留尉氏(今尉氏县)人,阮瑀之子,与嵇康同为"竹林七贤"的领军人物。因曾为步兵校尉,故世称"阮步兵"。在易学研究方面,他虽然只有一篇《通易论》,但仅此一篇文章,已足以确立他在易学文化史上的地位。在这篇文章中,他首先对何为"易"作出了有异于汉儒的解释,认为易"乃昔之玄真,往古之变经也"。他接受了东汉易学大家郑玄的观点,以为六十四卦皆是伏羲所创。在他看来,《周易》本于天地,因乎阴阳,推演盛衰,出自幽微,以至明著。他视《周易》为覆载天地之道、囊括万物之情的一部大书,天地为易之主,万物为易之心,所以应虚以受之,感而和之,顺而持之,循而退之。他对各种卦象、卦义的解释,也是自出机杼,令人耳目一新。他对龙、先王、后、上、君子和大人等《周易》中经常出现的概念,作出了新的解释,既是对前儒之说的借鉴,又具有

---

① 汤用彤:《王弼之〈周易〉〈论语〉新义》,《魏晋玄学论稿》,上海古籍出版社,2001年,第84页。
② 刘大杰:《魏晋思想论》之《魏晋学术思想界的新倾向》,上海古籍出版社,1998年,第24页。

鲜明的时代色彩。在文章的最后,他指出了"通易"的目的在于顺天地、序万物、立仁义、定尊卑,以为若能"明夫天之道者不欲,审乎人之德者不忧,在上而不凌乎下,处卑而不犯乎贵",则易以通矣。

(七)陈抟:易学图书派的开山祖师

易学文化与河图、洛书有着非常深厚的渊源关系。但河图、洛书究竟是图是物还是别的什么,这个问题自汉代以来一直没有说清楚。到了五代时期,随着著名道教人物陈抟的出现,易学文化产生了一个新的学派,即以河图、洛书和太极图为依据来解释《周易》的学派。这个影响颇广的学派被后人称为"图书派",而陈抟就是图书派的创始人。

陈抟,字图南,自号扶摇子,亳州真源(今河南鹿邑)人。五代后唐长兴年间举进士不第,先后隐居武当山和华山,高卧傲视王侯,好神仙黄白之术,为当时著名道士,宋太宗赐号"希夷先生"。陈抟精通易学,宋代以后流传颇广的《无极图》《先天图》和河图、洛书,最早就是由陈抟传下来的。陈抟还有一篇《易龙图序》,对后世图书派产生了深刻影响。在这篇序文中,他肯定了河图、洛书与伏羲的关系和孔子对《周易》的解释,描述了河图、洛书的阴阳方位和数字关系,指出:"若龙图本合,则圣人不得见其象。所以天意先未合而形其象,圣人观象而明其用。是龙图者,天散而示之,伏羲合而用之,仲尼默而形之。"陈抟对河图、洛书的描述,为宋代易学研究者进一步发挥和阐释留下了广阔的空间。陈抟之后,以其所传《无极图》《先天图》和河图、洛书为论《易》之本者,从象数一派中卓然独立,形成了易学研究中的图书派,且广有影响。

(八)邵雍:易学象数派的集大成者

邵雍,字尧夫,自号安乐先生,谥康节。其先范阳(今河北涿州)人,父邵古徙居衡漳(今河南林州),又徙共城(今河南卫辉)。邵雍年三十游河南,葬其亲于伊水(今河南伊川)之上,遂为河南人。邵雍依据《周易》和陈抟所传《先天图》及河图、洛书,在易学研究中别开蹊径,著《皇极经世书》,创造出一套推演和解释自然变化、历史演进、人事兴衰、社会治乱的理念和方法,成为象数派的集大成者。

《皇极经世书》引入了元、会、运、世的概念,以元经会,以会经运,以运经世,把作者对自然、社会、历史、人事的理解和阐释,融会到数字推演和象数的关系中,在元、会、运、世的演绎中,把天道(自然之道)和人事的关系表达得十分清楚。他以天道为最高境界,跳出"以我观物"的窠臼,用"以物观物"的独特视角观察自然、社会、历史和人生。他把客观物象分为自然物象、社会现象、历史现象和人事现象,并把这四类物象置于天道的统领之下,借助象数关系的推演,勾勒出天道与自然、社会、历史、人事的关系,简约明了,一目了然。

邵雍的象数之学分为象与数两部分。象的基本范畴包括天道、太极、阴阳、动静、刚柔,以及日月星辰、水火土石等具有阴阳、动静、刚柔特性的物象。象在天为日月星辰,在地为水火土石,在物为走飞草木,在人为皇帝王伯、士农工商、性情形体,等等;数的基本范畴为元会运世、年月日时、天干地支。三十年为一世,十二世为一运,三十运为一会,十二会为一元,一元之数为十二万九千六百年。满一元则天地将发生一次大的变化,而后又生变化,生生不已,直至新的一元开始。邵雍用象与数的关系推演天道、自然、社会、人事的变化,主要依据是象数的生成与增减,用象数变化来说明问题,因而自成一家之说,对后世象数派产生了较大影响。

(九)程颐:易学义理派的代表人物

程颐,字正叔,世称伊川先生。宋太宗时,其高祖程羽为兵部侍郎、文明殿学士,赐宅京师,遂移居开封,其子孙遂为河南人。程颐与兄长程颢并称"二程",是宋代理学的代表人物。宋神宗时,程颐移居洛阳,此后多次到嵩阳书院讲学,培养出一批知名弟子,成为宋代著名教育家。在易学文化方面,程颐的《伊川易传》既是宋代理学的经典,也是宋代易学文化的代表作。程颐论《周易》虽然亦言天道,但重在借《周易》言人事,阐发人伦、人性、人情,畅言人事之理。程颐在《伊川易传序》中说得明白:"易,变易也,随时变易,以从道也。其为书也,广大悉备,将以顺性命之理,通幽明之故,尽事物之情,而示开物成务之道也。圣人之忧患后世,可谓至矣。去古虽远,遗经尚存。然而前儒失意以传言,后学诵言而忘味,自秦而下,盖无传矣。予生千载之后,悼斯文之湮晦,将俾后人沿流而求源,此传所以作也。"①在这篇序中,他提出了顺性命之理、尽事物之情的主张,并且把这一主张贯穿于整个阐发易道易理的过程中。

对于此前的易学文化,程颐有自己的取舍。他所取者,属于传统易学文化中的义理派,而象数派、占候派、图书派的东西,他则是弃而不取。这是因为他

---

① 程颐:《伊川易传》之《伊川易传序》。

阐发易理,目的是要顺性命之理、尽事物之情,而不是发明象数,推演吉凶。对前人的易学成就,他最推重的是王弼、胡瑗和王安石,而这三家都是重义理而轻象数的,所以他说:"《易》当先读王弼、胡瑗、王安石三家。"①邵雍是程颐之前很有影响的易学大家,他的象数之学在当时广有市场。程颐很景仰邵子的为人,却不信邵子之数,所以他一改邵子以数言《易》的路子,在《伊川易传》中专言义理,阐发天道人事之理,言说天理人性,巧妙地把易学文化与理学结合在一起,使《伊川易传》成为宋代程朱理学的扛鼎之作。

两宋以降,理学盛行,中原易学文化渐趋沉寂。但是,中原易学家创立的各种易学流派,如焦赣的"占候派",京房的"京氏之学",何晏、王弼的把易学玄学化,陈抟创立的"图书派",邵雍创立的"象数派",程颐为代表的"义理派"等,依然流传甚广,并渗透到明清以来的易学文化之中。明清两代的易学文化大家虽然较少中原人,但从研究角度看,这一时期的易学文化不出象数、义理、图书诸学派之范围,可以称之为对中原易学文化的进一步阐释或发扬光大。

三、中原易学文化的深远影响

中原易学文化一直比较发达,对传统易学文化贡献良多,影响深远。影响最著者,是那些易学文化研究方面的大师级人物,是那些在易学文化研究中开山立派的人物。

西汉时期的焦赣和京房,是中原易学文化同时也是整个传统易学文化研究中的大家,焦赣创立的"占候派",京房的"京氏之学",对易学文化的发展演进,尤其是把《周易》应用于预测社会变革、人事吉凶方面,影响至深至巨。

魏晋时期,王弼、何晏和阮籍在易学研究方面卓有建树,尤其是王弼《周易注》,更成为易学文化的经典。他们共同开创了易学文化中的玄言派,并把《周易》变成了当时玄言派喜谈的"三玄"之一。东晋韩康伯对于易学的贡献,主要在于对《系辞》《说卦》《序卦》《杂卦》等的注解,对《周易》的义理有所丰富。

迄于宋代,伴随着理学家对易学文化的借重,中原易学文化呈现出蓬勃发

---

① 纪昀等:《四库全书总目提要·伊川易传》。

展的局面,出现了陈抟、邵雍、程颐等很有影响的易学大家,其中陈抟是易学"图书派"的开山之祖,邵雍是象数派的集大成者,程颐则是把易学与理学紧密结合在一起,借解说《周易》来阐述其理学思想,成为理学派的代表人物。

无论占候派、京氏之学和玄言派,还是图书派、象数派和义理派,都是易学文化中的重要流派,都一定程度上促进了易学文化的发展,对后世产生了深远影响,对传统文化乃至人们的文化心理和文化行为曾经发生并将继续发生影响。

北宋以后,随着文化重心的转移,中原易学文化渐趋式微,但由于中原保存了易学文化的许多遗迹,同时也由于上述大师级人物及其学说的深远影响,中原易学文化底蕴依然十分深厚,对其他文化的影响依然不可小视。

在21世纪的今天,中原易学文化的影响不仅没有减弱,而且还随着"国学"热的兴起再度引起人们的重视。中原易学文化对中华文化的影响不言而喻,对港、澳、台文化,对东南亚文化和东亚文化,再远一点说,对汉文化所能影响到的国家和地区,都在产生着不同程度的影响。一个典型的例子,就是韩国的国旗图案,采用的就是八卦和太极图的合成图。

中国的"经学",实际上都是阐释经典或对经典加以疏证。但不同的人会根据自己的人生经验和体会,对经典作出不同的理解和解释,这就是所谓的"六经注我,我注六经"。以今天的眼光来看,《周易》是一部关于自然、社会、历史和人生的大书,包含的内容非常广泛,蕴含的哲理也非常丰富。自春秋时期开始,人们就在不断地从各个不同的角度进行阐释或解说,到了三千多年后的今天,人们对这部书的理解和把握,仍然难以说达到了准确、完备、透彻的程度。西方人评论莎士比亚有一句名言:说不尽的莎士比亚。对以《周易》研究为主要内容的中原易学文化,同样可以套用这样一句话,那就是"说不尽的易学文化"。一部至今不知究竟出自何人之手的奇书,竟然能够同时受到儒家、道家、理学家、道教及其他各色人等的共同尊崇,并在诸家文化的解读和渗透中逐渐形成一种独具特色的文化,这件事本身或许已经很能说明易学文化是如何的丰富、深奥和广博,以及如何的深入人心了。

(原载《中原文化解读》,文心出版社2007年4月)

河图洛书与两宋易图论略

河图、洛书是易图的重要源头之一。然而,不论《周易》《尚书》等先秦文献的记载,还是两汉学者及谶纬之书对河图、洛书的疏证演绎,都没有对河图、洛书的图式作明确说明。魏晋南北朝以迄于隋唐,河图、洛书一直是易学研究者着意探讨的重要内容,但其图式究竟怎样,同样语焉不详。至五代末北宋初,陈抟《易龙图》《先天图》传世,后经刘牧、邵雍等"图书派"名家的图解阐释和发挥,用形象直观的图画来解说《周易》,遂成为易学研究的一种重要方式。本文以河图、洛书为中心,着重探讨河图、洛书与两宋易图的关系及其对后世易图的影响。

一、两宋之前的河图与洛书

今所见河图、洛书,最早出自《周易·系辞上》:"天生神物,圣人则之;天地变化,圣人效之。天垂象,见吉凶,圣人象之;河出图,洛出书,圣人则之。"后人把这段话中"河出图,洛出书"解释为龙马负图出河,神龟负书出洛,于是就有了河图、洛书的说法。但河图、洛书究竟是什么东西,《周易》却没有告诉人们。《尚书·顾命》则把"河图"作为一种宝物:"越玉五重,陈宝、赤刀、大训、弘璧、琬琰在西序,大玉、夷玉、天球、河图在东序。"至于洛书,汉儒则把《尚书·洪范》中箕子与周武王的对话"初一曰五行,次二曰敬用五事,次三曰农用八政,次四曰协用五纪,次五曰建用皇极,次六曰乂用三德,次七曰明用稽疑,次八曰念用庶征,次九曰飨用五福,威用六极"六十五字,视为洛书之文。如此一来,则河图为宝物,洛书为最早的五行书。

西汉孔安国为《周易》作传,把河图、洛书与八卦、九畴联系起来,以为"河图则八卦是也,洛书则九畴是也"。刘歆接受了孔安国的观点,以为"虙羲氏继天而王,受河图,则而画之,八卦是也;禹治洪水,赐洛书,法而陈之,《洪范》是也"①。东汉班固以为"河图、洛书相为经纬,八卦、九章相为表里"。但不论孔安国还是刘歆、班固,皆以为河图乃伏羲画八卦之所本,洛书乃大禹分九畴之所原。换句话说,他们皆视河图、洛书为八卦、九畴之本源。至于河图、洛书是什么样子,是物,是图,是书,还是其他什么东西,他们同样都是语焉不详。

东汉谶纬之学大行其道,所谓"光武善谶,及显宗、肃宗因祖述焉。自中兴之后,儒者争学图纬,兼复附以妖言"②。张衡以为"图纬虚妄,非圣人之法"③,曾上书请禁之。根据张衡《上事》一文记载,当时,有关河图、洛书的纬书多达四十五种,超过了汉代谶纬图书总数八十一篇的二分之一。其他各类谶纬之书,也有许多附会河图、洛书的内容,如《礼纬·含文嘉》有"伏羲德合上下,天应以鸟兽文章,地应以河图洛书。伏羲则而象之,乃作八卦"的记载,《春秋纬》有"河以通乾出天苞,洛以流坤吐地符。河龙图发,洛龟书感。河图有九篇,洛书有六篇"的说法。④

在两汉谶纬之书中,河图、洛书被赋予了不同的内容。王永宽《河图洛书探秘》以为,两汉谶纬之书对河图、洛书内容的解释有三种说法,即河图、洛书是标示着历代帝王兴起与灭亡年代的一种图画,河图既是记载帝王次序之图,又是记载山水名称及行政区划的地理图,河图、洛书是一种祥瑞之兆。⑤ 两汉时期有关河图、洛书内容与性质的说法虽然纷繁复杂,但涉及河图、洛书具体内容的东西还不是很多,更没有具体的图式。

两汉时期,有关河图、洛书的记载,有两点最值得注意。一是孔安国所说的"河图者,伏羲氏王天下,龙马出河,遂则其文以画八卦;洛书者,禹治水时,神龟负文而列于背,有数一至九,禹遂因而第之,以成九类"⑥。孔安国以为,神龟负文出洛水,其文为一至九数,列于龟背。如此一来,就把洛书与九数联系了起

---

① 班固:《汉书》卷二十七《五行志第七上》。
② 范晔:《后汉书》卷八十九《张衡传》。
③ 范晔:《后汉书》卷八十九《张衡传》。
④ 魏了翁:《周易要义》卷七下。
⑤ 王永宽:《河图洛书探秘》,河南人民出版社,2006年,第88页。
⑥ 胡方平:《易学启蒙通释》卷上。

来。二是《大戴礼记》"明堂篇"有"二九四,七五三,六一八"诸语,东汉郑玄注云:"法龟文也。"以为明堂设置是效法"龟文"。朱熹据此以为,"汉人固以九数为洛书矣"①。

孔安国首先把九数与洛书联系在一起,郑玄又把明堂九数的设置与洛书联系在一起,而明堂九数的设置,正是后代出现的九宫算法,即"二四为肩,六八为足,左三右七,戴九履一"。如此一来,就在洛书九数、明堂九数设置和九宫算法之间建立起了一种联系。正是这种联系,给后人在河图、洛书与五行生成之数之间建立联系以极大的启迪。

首先把河图、洛书与五行生成之数联系在一起的是北魏易学家关朗。

关朗,字子明,河东解(今山西解州)人,有经济大器。或以占算示人,而不求宦达。北魏太和末,并州刺史王虬奏请孝文帝,请以关朗为记室。孝文帝以为关朗不过是精通卜筮之人,不想见他,后在王虬的再三劝说下,才召见关朗。召见之后,孝文帝以为关朗乃管、乐之器。可惜孝文帝不久就去世了,关朗遂退居临汾山,教授门人《春秋》《老子》《周易》等,号关先生学。② 在《关氏易传》一书中,关朗以为,"五行,水生乎一,成乎六;火生乎二,成乎七;木生乎三,成乎八;金生乎四,出乎九;土生乎五,出乎十。独阳不生,独阴不成,故天一必待地六而成之,地二必待天七而成之。其体虽五,而成必六。六者非他,天地生成之谓也。天数五,地数五,五者非他,三天两地之谓也。地二天三,合而为五"。③ 朱熹《易学启蒙》论及河图、洛书,则有"关子明云河图之文,七前六后,八左九右;洛书之文,九前一后,三左七右,四前左,二前右,八后左,六后右"诸语。④ 关朗之说本于《周易》和孔安国,而被朱熹称为"洛书之文"的内容,则与传统算术中的九宫算法相吻合。如此一来,河图、洛书就与五行生成之数联系在了一起。

唐代孔颖达《周易正义》对前贤的易学成果进行了总结。他以为,《周易·系辞》所说的"天一地二,天三地四,天五地六,天七地八,天九地十",就是五行生成之数,所谓"天一生水,地二生火,天三生木,地四生金,天五生土,此其生数

---

① 胡方平:《易学启蒙通释》卷上。
② 朱彝尊:《经义考》卷十三《关氏易传》下引张唏《河东先贤传》。
③ 关朗:《关氏易传·大衍第三》,清嘉庆张海鹏辑刊《学津讨原》本。
④ 胡方平:《易学启蒙通释》卷上。

也;如此,则阳无匹,阴无偶。故地六成水,天七成火,地八成木,天九成金,地十成土。于是阴阳各有匹偶,而物得成焉,故谓之成数也"①。孔颖达在关朗之后,他对五行生成之数的解释,虽然没有直接与河图、洛书联系在一起,但与关朗之说异曲同工,故而可视为对关朗之说的继承和发挥。

关朗与孔颖达是南北朝至隋唐间易学研究的代表人物,他们把五行生成之数与河图、洛书联系在一起,以五行生成之数解释河图、洛书,开启了河图、洛书研究的新途径,给其后的易学研究者以启迪,为图画式河图、洛书的出现开拓了思路并作了必要的准备。

二、陈抟对河图洛书和易图的贡献

河图、洛书图式的出现,与五代末北宋初的陈抟有直接关系。陈抟,字图南,自号扶摇子,亳州真源(今河南鹿邑)人。自幼聪明颖悟,长大成人后,博通经史百家,不喜禄仕,唯以山水为乐。初隐于武当山九家岩,修习服气辟谷之术。居九家岩二十余年,后移居华山,初隐云台观,又隐少华山石室。每居一处,辄辟谷高卧,常百日不起。周世宗闻其有长生之术,请至宫中求教。太平兴国年间,不喜介入世事的陈抟两次入朝觐见宋太宗。宋太宗以其冲淡高远,不落尘俗,赐号希夷先生。端拱二年(989)秋,卒于华山张超谷石室。陈抟一生对《易经》有特别的嗜好,经常手不释卷,著有《无极图》和《先天图》。

朱震《汉上易传》对陈抟所传河图、洛书与《先天图》的师承授受有简要介绍:"濮上陈抟以《先天图》传种放,放传穆修,修传李之才,之才传邵雍。放以河图、洛书传李溉,溉传许坚,坚传范谔昌,谔昌传刘牧。修以《太极图》传周敦颐,敦颐传程颐、程颢。是时,张载讲学于二程、邵雍之间,故雍著《皇极经世》之书,牧陈天地五十有五之数。"②朱震是两宋之际易学家,根据他的介绍,陈抟传授给种放的,只有《先天图》,而种放所传,却有两个线索:一是《先天图》,二是河图与洛书。前者传授给了穆修,穆修传李之才,李之才传邵雍;后者传授给了李

---

① 孔颖达:《尚书正义》卷十二,中华书局影印世界书局本《十三经注疏》,第76页。
② 朱震:《汉上易传》卷首《汉上易传表》,文渊阁四库全书影印本。

溉,李溉传许坚,许坚传范谔昌,范谔昌传刘牧。后人见到的《先天图》,最早出自邵雍《皇极经世书》,而非出自陈抟之手。同样,河图与洛书之图最早见载于刘牧《易象钩隐图》,同样亦非出自陈抟之手。人们把世传《先天图》与河图、洛书皆归于陈抟名下,是因邵雍和刘牧皆是陈抟再传弟子的缘故。

陈抟所传《先天图》和河图、洛书究竟是什么样子,虽然已无从得知,但陈抟留下来的一篇《易龙图序》,却为人们探讨河图提供了可靠的资料:

> 且夫龙马始负图,出于羲皇之代,在太古之先。今存已合之位或疑之,况更陈其未合之数耶?然则,何以知之?答曰:于仲尼三陈九卦之义探其旨,所以知之也。况夫天之垂象,的如贯珠,少有差则不成次序矣。故自一至于盈万,皆累累然如丝之于缕也。且夫龙图本合,则圣人不得见其象。所以天意先未合而形其象,圣人观象而明其用。是龙图者,天散而示之,伏羲合而用之,仲尼默而形之。始龙图之未合也,惟五十五数。上二十五,天数也;中贯三五九,外包十五,尽天三、天五、天九,并五十之用。后形一六无位,又显二十四之为用也,兹所谓天垂象矣;下三十,地数也,亦分五位,皆明五之用也。十分而为六,形地之象焉;六分而几四象,地六不配。在上则一不用,形二十四;在下则六不用,亦形二十四。后既合也,天一居上,为道之宗;地六居下,为气之本。天三干,地二地四为之用。三若在阳,则避孤阴,在阴则避寡阳。大矣哉!龙图之变,岐分万途,今略述其梗概焉。①

陈抟所谓龙图,就是《周易·系辞》所说的"河出图"之图。从这段论述中的"始龙图之未合也,惟五十五数",以及下面对各组数字组合的叙述来看,所谓的"龙图",就是龙马出河所负之图,即后人所说河图。其图由一至十数组成,其和为五十五。故后世学者称此图为十数图。

陈抟易图得以流传,刘牧与邵雍起到了非常关键的作用。

刘牧,字长民,一作先之,彭城(今徐州)人,官至太常博士。《宋史·艺文志》载其有《新注周易》十一卷,图一卷,晁公武《郡斋读书志》作图三卷。刘牧是易学图书派的早期代表人物,图书派的倡导者,四库馆臣称之为"在邵子之前其首倡者也"②。他以九数为河图、十数为洛书,与邵雍以十数为河图、九数为

---

① 周复俊:《全蜀艺文志》卷三十一。
② 纪昀等:《四库全书·易数钩隐图提要》。

洛书不同。其学盛行于宋仁宗时。至南宋,蔡元定以为刘牧之图与孔安国、刘歆所传不合,采邵雍之说,而以十数为河图、九数为洛书。朱熹从之,作《易学启蒙》。自此以后,论河图、洛书者多尊崇朱、蔡,刘牧之图几于不传。

刘牧《新注周易》今已不存,仅存《易数钩隐图》三卷,载图五十五幅,附《易数钩隐图遗论九事》载图九幅,合计有图六十四幅。刘牧是第一位以图论的形式解说《周易》的人,他沿袭陈抟的说法,称河图为"龙图",而把洛书称为"龟书"。在《龙图龟书论》一文中,他引经据典,对河图和洛书作了详细的论述,认为洛书非出于大禹之时,因为《尚书·洪范》说得明白:"在昔鲧陻洪水,汩陈其五行。帝乃震怒,不畀洪范九畴,彝伦攸致,鲧则殛死,禹乃嗣兴,天乃锡禹洪范九畴,彝伦攸叙。"《尚书·洪范》不载神龟负图之事,而只有孔安国注称"天与禹洛书,神龟负文而出,龟背有数,从一至九"。后人递相祖述,以为禹亲受洛书而陈九类,实乃大误。况且《周易》上经和下经都没有记载河图、洛书之事,仅《周易·系辞》有"河出图,洛出书,圣人则之"之语,这大概是孔子据此而作《易传》的理由之一。所以,在刘牧看来,河图与洛书皆出于伏羲之世,所谓"《易》者包象与器,故圣人资图、书而作之也"①。

《易数钩隐图》所载六十四幅图,是现存最早、最集中的易图。其图以《周易·系辞》"太极生两仪,两仪生四象,四象生八卦,八卦成吉凶"一段话为纲,辅以天数、地数、三才、五行、河图、洛书。其中有关河图、洛书的图有八幅。刘牧用图画的形式解说天数、地数、五行、八卦,开辟了《周易》研究的一条新路。如《太皞氏授龙马负图》,刘牧的解释涉及五行生成之数、八卦、十二地支,以及伏羲、文王、孔子等:

> 昔虙牺氏之有天下,感龙马之瑞,负天地之数出于河,是谓龙图者也,戴九履一,左三右七,二与四为肩,六与八为足,五为腹心,纵横数之皆十五。盖《易系》所谓"参伍以变,错综其数"者也。太皞乃则而象之,遂因四正,定五行之数。以阳气肇于建子为发生之源,阴气萌于建午为肃杀之基。二气交通,然后变化,所以生万物焉,杀万物焉。且天一起坎,地二生离,天三处震,地四居兑,天五由中,此五行之生数也。且孤阴不生,独阳不发,故子配地六,午配天七,卯配地八,酉配天九,中配地十。既极五行之成数,遂

---

① 刘牧:《易数钩隐图·龙图龟书论下》。

定八卦之象。因而重之，以成六十四卦，三百八十四爻。此圣人设卦观象之奥旨也。且虙牺相去文王，逾几万祀。当乎即位，乃纣之九年也。作《易》者其有忧患文王乎？文王既没五百余岁，方生孔子。孔子生而赞易道，且曰"河出图，洛出书，圣人则之"，是知龙马之瑞，非虙牺不能昭格；《河图》之数，非夫子不能衍畅。原夫错综之数，上极二仪，中括万物，天人之变，鬼神之奥，于是乎尽在。敢有非其图者，如圣人之辞何？

刘牧对河图、洛书的解释，一是考镜源流，二是辨明图像，三是以之解释五行之所起、八卦之所生。由于刘牧所传河图、洛书源出陈抟，所以，他绘制的河图、洛书及其他易图，在宋仁宗朝流行甚广，影响很大。

与刘牧约略同时的邵雍是陈抟《先天图》的传人。邵雍，字尧夫，祖先范阳人，其父邵古徙居共城（今河南卫辉）。年三十余，游学河南，葬其亲于伊水之上，遂为河南人。邵雍是宋代著名思想家、理学家和术数名家，著有《伊川击壤集》《渔樵问对》和《皇极经世书》等。

《皇极经世书》是一部被朱熹称为"自《易》以后，无人做得一物如此整齐、包括得尽"的奇书。它本乎《周易》而又不拘泥于《周易》，四库馆臣称之为"盖出于物理之学，所谓《易》外别传者是也"①。书中所言圆图、方图，即陈抟所传《先天图》。图式书中无载，今见各本《皇极经世书》卷前之图，则是南宋蔡元定原纂图及后人补入图。但邵雍在《皇极经世书》中对圆图、方图多有论述，对河图、洛书及五行生成之数亦有论及。南宋朱熹、蔡元定等人论河图、洛书与《先天图》，多以邵雍为宗，且以邵雍之语为证。可以说，自朱熹、蔡元定以后，邵雍对河图、洛书和《先天图》的解释，很快在易学研究中占据了上风，南宋以后论易图者多以九数为洛书，十数为河图，表明了邵雍在易图发展方面的重要影响。

三、河图洛书与两宋易图的兴盛

陈抟、刘牧、邵雍之后，易学图书派得到了迅速发展，易图的数量迅速增加。这不仅得益于陈抟等人所绘河图、洛书等易图的影响，更得益于两宋之际朱震

---

① 纪昀等：《四库全书·皇极经世书提要》。

和南宋杨甲、朱熹等人在易图方面的持续不懈努力。可以说,两宋易图的兴盛,是由陈抟肇其端,刘牧、邵雍振其绪,朱震、朱熹、蔡元定等扬其波。自此以下,易图大行于世,余绪绵延近千年。

刘牧、邵雍之后,第一个把易图发扬光大的是两宋之际的朱震。朱震,字子发,荆门(今湖北荆州)人。北宋政和中进士。南渡后,得赵鼎举荐为祠部员外郎,官至翰林学士。事迹具《宋史》本传。自政和丙申(1116)至绍兴甲寅(1134),朱震历十八年之功撰成的《汉上易传》,"以象数为宗,推本源流,包括异同,以救庄老虚无之失"①。是书有卦图三卷,载图五十一幅。朱震作这些易图,目的在于"解剥象象,推广《说卦》,断古今之疑,发不尽之意,弥缝易传之阙者也"②。

朱震易图首列河图、洛书和《伏羲八卦图》(即《先天图》)。从其对河图、洛书源流的介绍来看,《汉上易传》所载河图、洛书皆出于刘牧。从朱震的解释可以看出,他接受了刘牧以九数为河图、十数为洛书的观点,并结合前人之说,对河图、洛书作了简要论述。是书所收《先天图》,朱震则以为是王豫传于邵雍,而邵雍《先天图》的最早传人则是陈抟。

值得注意的是,后人易图,通常是依《周易·系辞》"太极生两仪,两仪生四象,四象生八卦,八卦成吉凶"之序,先列《太极图》,而后是两仪、四象、八卦,之后才是河图和洛书。而朱震易图把周敦颐《太极图》置于河图、洛书和《伏羲八卦图》之后,是大有深意的。首先,河图、洛书和《先天图》是陈抟所传,周敦颐的《太极图》则是穆修所传,而穆修则是陈抟的再传弟子,以这些易图出现的时间先后而论,《太极图》理当在后。其次,河图和洛书是伏羲画八卦之所本,而太极、两仪等则属于解释八卦生成的理论。以实践的观点而论,理论出现在实践之后,是对实践的总结。最后,把河图、洛书和《先天图》置于诸图之首,突出了三图对于《周易》的作用,实际上有以三图统领诸易图之意。

稍后于朱震的杨甲著有《六经图》十卷,其中《周易图》有图七十幅。杨甲字鼎卿,昌州(今重庆大足)人,南宋孝宗乾道二年(1166)进士,曾任蜀中县令。所著《六经图》成书于宋高宗绍兴中,其中《周易图》尝勒之于昌州郡学。宋孝

---

① 纪昀等:《四库全书·汉上易传提要》。
② 朱震:《汉上易传·卦图》卷上。

宗乾道中,抚州(今属江西)教授毛邦翰对《六经图》加以增补。

杨甲《周易图》是继刘牧、朱震之后又一部较有影响的易图。它不仅载图比《易数钩隐图》和《汉上易传》都要多,而且其图更为系统,更加学理化。依其表现内容而论,《周易图》大抵可以分为五个系列:一是以周敦颐《太极图》为首的太极、两仪、四象、八卦系列;二是以刘牧河图、洛书为主的河图、洛书系列;三是以邵雍《先天图》为主的卦图系列;四是以邵雍卦变图为主的卦变图系列;五是前贤与《周易》相关的卦图系列,如李溉《卦气图》、扬雄《太玄准易》图、邵雍《皇极经世》图、司马光《潜虚》图,等等。这些易图皆是以图画的形式来解释《周易》,形象直观,一目了然。如杨甲称之为"旧有此图"的《古太极图》,由内外五圆构成,最内一小圆为"气",即所谓"太极",所以,在第二圆内标有"太极"二字;气轻清者上为天,重浊者下为地,是为两仪,即第三圆;两仪既分,遂生金木水火四象,四象位列四方,即第四圆;四象各有生成之数,是为八卦,即最外一圆。杨甲解释说:

> 太极未有象数,惟一气耳。一气既分,轻清者上为天,重浊者下为地,太极生两仪也。两仪既分,则金木水火四方之位列,两仪生四象也。水数六,居坎而生乾;金数九,居兑而生坤;火数七,居离而生巽;木数八,居震而生艮,四象生八卦也。

杨甲《周易图》所载河图、洛书,是在刘牧、朱震之图基础上加以改进而成的。河图由小圆点组成,一、三、五、七、九为奇数,二、四、六、八、十为偶数,依"戴九履一,左三右七,二四为肩,六八为足,五为腹心"之序排列。整个图的结构与刘牧河图完全相同,所不同者,是杨甲在各圆点组成的数字之旁,标明了对应的色彩,一数白居北方,二数黑居西南,三数绿居东方,四数碧居东南,五数黄居中央,六数白居西北,七数赤居西方,八数白居东北,九数紫居南方。洛书图式的差异,主要表现在中央五与十之数的变化上,十黑点居于五白点上,分为三行,中间四,上下各三。四方和中央各有文字说明,北方"太玄曰一与六共宗",南方"二与七为朋",东方"三与八成友",西方"四与九同道",中央"五与十相守。范望曰重言五者,十可知也"。对于河图、洛书,杨甲解释说:"河图之数四十五,盖圣人损去天一、地二、天三、地四,凡十数,独天五居中而主乎土。至洛书则有土十之成数,故水火金木成形矣。"杨甲虽然只是把河图、洛书的黑白变成了与五行之色相对应的绿、赤、白、黑、黄,但这种变化却流露出宋人对河图、洛书数字新的理解,为此后术士借用河图、洛书打开了一扇方便之门。

从刘牧到朱震再到杨甲,易图的数量在增加,图式也在变化,但其最基本、最重要的易图,却是刘牧所绘河图、洛书和邵雍传下来的《先天图》。杨甲的《周易图》就是对刘牧、邵雍和朱震之图的总结。杨甲之后,随着朱熹《周易本义》和《易学启蒙》的流行,出于邵雍《皇极经世书》系统的河图、洛书逐渐取代了刘牧所绘之图,尽管其图式并没有根本性变化。

宋刊朱熹《周易本义》原有图九幅,首列河图、洛书。朱熹解释说:"《系传》曰:河出图,洛出书,圣人则之。又曰:天一地二,天三地四,天五地六,天七地八,天九地十,天数五,地数五,五位相得,而各有合。天数二十有五,地数三十,凡天地之数五十有五。此所以成变化而行鬼神也。此河图之数也。洛书盖取龟象,故其数戴九履一,左三右七,二四为肩,六八为足。"朱熹以十数为河图,九数为洛书,不是凭空而言,而是有其所本。他引蔡元定之语来证明己说:"图书之象,自汉孔安国、刘歆、魏关朗子明,又有宋康节先生邵雍尧夫,皆谓如此。至刘牧始两易其名,而诸家因之。故今复之,悉从其旧。"①

朱熹所说的蔡元定,与南宋图书派的发展有很大关系。蔡元定,字季通,建阳(今属福建)人,尝游学于朱子之门。庆元中,坐党籍流放道州(今湖南道县),卒于谪所。朱熹《周易本义》卷首所附易图,实际上是蔡元定从西蜀隐者手中购得。元代学者袁桷《易三图序》对蔡元定易图源流考证甚详:

> 谢先生遁于建安,番阳吴生蟾往受《易》焉,后出其图曰:建安之学为彭翁,彭翁之传为武夷君,而莫知所受。或曰托以隐秘,故谓之武夷君焉。……始晁以道纪传《易》统绪,截立疆理,俾后无以伪。至荆州袁溉道洁,始受于薛翁,而《易》复传。袁乃以授永嘉薛季宣士龙。始薛授袁时,尝言"河洛遗学,多在蜀汉间",故士大夫闻是说者,争阴购之。后有二张,曰"行成精象数",曰"演通于玄"。最后,朱文公属其友蔡季通如荆州,复入峡,始得其三图焉。或言《洛书》之传,文公不得而见。今蔡氏所传书,讫不著图,藏其孙抗,秘不复出。临邛魏了翁氏尝疑之,欲经纬而卒不可得。季通家武夷,今彭翁所图,疑出蔡氏,惜彭不具本始。谢先生名字,今不著其

---

① 朱熹:《周易本义·图目》"河图·洛书"注释,中国书店影印世界书局本《四书五经》,1985年。

终也,世能道之。①

北宋袁溉曾学易于周敦颐,他向薛季宣传授易学时,曾有"河洛遗学,多在蜀汉间"之语。此语既出,不少士大夫就悄悄地前往蜀汉之地,采购易学图书。迄于南宋,朱熹嘱托蔡元定到荆州,再由荆州入川,寻求蜀汉河洛遗学。蔡西山不虚此行,得到三幅图,即《先天太极图》《九宫图》和《五行生成图》。这三幅图后为其孙蔡抗所收藏,遂秘不示人。西山之学传于彭翁,故而袁桷认为"彭翁所图,疑出蔡氏"。

蔡元定详考古今传记,认为自西汉孔安国、刘向父子,以及东汉班固,皆以为河图是授予伏羲,洛书是赐予大禹。北魏关子明(朗)和北宋邵康节(雍),皆以十数为河图,九数为洛书。这主要是因为《易传》有"天地五十有五之数"诸语,《尚书·洪范》明言天乃锡禹《洪范》九畴,而九宫之数,正是传说中神龟之背呈现的图像。刘牧以九数为河图,十数为洛书,并假托其所绘之图出于陈抟。其所绘之图既与诸儒旧说不合,又引《易传》,以为河图、洛书皆出于伏羲之世,结果造成两易其名,把河图与洛书颠倒了位置。蔡元定所绘河图、洛书,把刘牧颠倒了的东西重新颠倒过来,所谓"故今复之,悉从其旧"。他在《纂图指要》中指出:"龙马负图,伏羲因之以画八卦,重之为六十四卦。初未有文字,但阳奇阴偶,卦画次序而已。今世所传伏羲八卦图,以圆函方者是也。康节曰:'上古圣人皆有《易》,但作用不同。今之《易》,文王之《易》也,故谓之《周易》。'若然,则所谓三易者,皆本乎伏羲之图而取象,系辞以定吉凶者,各不同耳。然作用虽异,其为道则同一太极也。《皇极经世》之书命数定象,自为一家,古所未有,学者所未见,然亦皆出于伏羲卦画奇偶之序,其为道亦同一太极也。今以伏羲卦图列之于前,而以《皇极经世》疏之于后,则大略可见矣。"②

朱熹《周易本义》列蔡元定原纂易图于卷首,表明了朱熹对这些易图的认可态度。由于朱熹的影响,同时又由于朱熹、蔡元定借重邵雍在易学研究中的崇高声望,《周易本义》卷首所载九幅易图,则成为后世易图的基本图式,其影响远远超过了刘牧、朱震和杨甲之图。尤其是河图和洛书,朱熹之图一出,很快为人们所接受,而刘牧、朱震、杨甲之河图、洛书则逐渐失去了市场。

---

① 袁桷:《清容居士集》卷二十一,文渊阁四库全书影印本。
② 王植:《皇极经世书解》引,文渊阁四库全书影印本。

北宋以后,河图、洛书出现了许许多多新的图形,有称为古河图、古洛书的,有用波浪线表示的,有用黑白点加波浪线组合而成的,有方形的,有圆形的,也有不规则图形的。还出现了与河图、洛书相互搭配各种不同内容的图形,有与四象、五行、八卦、九宫搭配的,也有与干支、九州、星宿等相配合的。但万变不离其宗,不论怎样变化,其源头都是刘牧和邵雍远承陈抟的易图,其目的都是要借用河图、洛书,用图画的形式来说明河图、洛书与《周易》的关系,说明五行生成之数与八卦、阴阳、天地、人事、五行、四时等诸多物象的对应关系。南宋王湜、税与权、丁易东、朱元昇等人所绘易图,大抵皆属此类。

两宋以后,易学研究者对河图、洛书同样给予了较多的关注,并在宋代各种河图、洛书图式的基础上对易图又有新的发展,比较有代表性的是元代张理,明代来知德、章潢,清代胡渭、江永等。他们对易图倾注了如此之多的热情,既是要穷究《周易》与河图、洛书的精蕴和深意,同时也是受到了刘牧、邵雍、朱震、杨甲、朱熹等人的影响。即使在今天,这种影响仍然在持续着。

(原载《河洛文化与闽台文化》,河南人民出版社 2008 年 10 月)

论帝尧与刘姓之关系

尧是中国历史上著名的圣贤之君,司马迁称赞他"其仁如天,其智如神,就之如日,望之如云,富而不骄,贵而不舒"①。尧即位之后,广施仁政,天下太平,百姓乐业。后禅位于舜,开中国历史上帝王禅让之先例。西晋皇甫谧《帝王世纪》述尧之生平,说他"以甲申岁生,甲辰即帝位,甲午征舜,甲寅舜代行天子事。辛巳崩,年百十八,在位九十八年"②。作为五帝之一和备受儒家推崇的贤君,尧的足迹遍布黄河中下游广大地区,在今河南、河北、山东、山西等地,留下了许多有关尧的故事传说,也留下了许多文物古迹,其中以尧都、尧陵和尧山为多,而尧山则和刘姓的起源有密切关系。

一、尧都:诸说扑朔迷离

尧父帝喾辅佐颛顼三十二年而即大位,都于亳(今河南偃师),死后葬于东郡濮阳顿丘(今河南内黄)。据皇甫谧《帝王世纪》记载,帝喾有四个妃子,尧是其第三个妃子陈锋氏所生。帝喾为其取名放勋,是希望尧能够像前代那些有功于民的圣贤那样,做一番事业。帝喾既然都于亳,则亳很有可能就是尧的出生地。但是,尧即位之后,却没有像他的父亲那样继续都亳,而是另择他地为都。据有关史料记载,尧都有五,分别是太原晋阳、河东平阳、中山唐县、河东永安和山东定陶。

司马迁《史记·五帝本纪》并没有言及尧都。而所谓尧都之说,则始于西汉

---

① 司马迁:《史记》卷一《五帝本纪》。
② 司马迁:《史记》卷一《五帝本纪》裴骃《集解》引。

孔安国,其《尚书·禹贡》"冀州既载"传云:"尧所都也。"《尚书·夏书》"惟彼陶唐"传云:"陶唐帝尧氏,都冀州,统天下四方。今失厥道,乱其纪纲,乃厎灭亡。"①这是最早的有关尧都的记载。不过,孔安国仅称尧在冀州建都,并没有说明尧都建于冀州何地。到了东汉时期,尧都则出现了不同的说法。班固《汉书·地理志》以为尧都河东:"河东土地平易,有盐铁之饶,本唐尧所居。《诗》风唐魏之国也。"②从"土地平易,有盐铁之饶"二句来看,班固所说尧都应是指平阳,即今山西临汾市。迄于东汉,应劭则直言平阳为尧都,有"平阳,尧都,在平水之阳"之说。郑玄则提出尧先都于唐、后迁平阳之说。《初学记》载:"昔高辛氏子实沉及金天氏子台骀之所居也,又为唐国。帝尧为唐侯所都。郑玄《诗谱》曰:'唐者,帝尧旧都地,后徙平阳。'"③如此,则尧都已有二说。西晋皇甫谧《帝王世纪》则以唐为尧之封地:"尧封唐。尧山在北,唐水西入河,南有望都山,即尧母庆都所居,相去五十里。都山,一名豆山。"④后人引皇甫谧语作为尧建都于唐的证据,而对其自相矛盾之处则习焉不察。

尧为陶唐之说,《尚书》最早提出,但尧为何称陶唐,却一直存有争议。孔颖达《尚书注疏》对此有辨析:

> 《世本》云:"帝尧为陶唐氏。"韦昭云:"陶唐皆国名,犹汤称殷商矣。"案:《书》《传》皆言尧以唐侯升为天子,不言封于陶唐。陶唐二字,或共为地名,未必如昭言也。以天子王有天下,非独冀州一方,故以冀方为都,冀州统天下四方。尧都平阳,舜都蒲坂,禹都安邑。相去不盈二百里,皆在冀州。自尧以来,其都不出此地。故举陶唐以言之。

论者虽然皆认为陶唐是地名,但陶唐究竟在何处,是二地还是一地,却没有一致的看法。晋人张晏以为,"尧为唐侯,国于中山唐县是也"⑤。以唐为尧之封国。宋人王应麟《诗地理考》云:"曹州,定陶故城,尧所居也。尧先居唐。故曰陶唐氏。"⑥按照王应麟的解释,尧先居于唐,后居于陶,所以称为陶唐氏。蔡沈为

---

① 孔颖达:《尚书注疏》卷六《夏书》。
② 班固:《汉书》卷二十八《地理志》。
③ 徐坚:《初学记》卷八《河东道第四》。
④ 班固:《后汉书·郡国志》"中山国"李贤注引。
⑤ 裴骃:《史记集解》卷一《五帝本纪》。
⑥ 王应麟:《诗地理考》卷六《陶唐》。

《尚书》作注,以为"尧初为唐侯,后为天子,都陶,故曰陶唐"①。是则尧先封于唐,后定都于陶,因此则称陶唐。于是,尧都又有了第三种说法,即蔡沈的定陶说。这种说法在《竹书纪年》中可以找到依据。据载,帝尧在位八十九年作游宫于陶,九十年游居于陶,一百年帝陟于陶。② 尧在陶作游宫,游居于陶,且又登陶丘,蔡沈据此以为尧定都于陶。对于蔡沈的说法,清人阎若璩大不以为然,他说:"按蔡传,尧初为唐侯,后为天子,都陶,故曰陶唐。尧为天子,实先都吾晋阳,后迁平阳府,从不闻有都陶之事,真属臆语。即《书》疏、《左氏》杜注、孔疏亦不确。惟《汉书》臣瓒注:尧初居于唐,后居陶,故曰陶唐。师古曰:瓒说非也。许慎《说文解字》云:陶邱,再成也,在济阴。《夏书》曰:东至陶邱。陶邱有尧城,尧尝居之,后居于唐,故尧号陶唐氏,斯得其解矣。吾欲取以易蔡传。"③

其实,史家不仅对陶唐之说有争议,对于尧所居之唐地亦有争议。按照皇甫谧《帝王世纪》的说法,唐为古中山国属地,其北有尧山,南有望都山,唐水西流入河。一些学者依其所说,以为尧之封地唐,即今河北省唐县。但皇甫谧之说颇多矛盾之处,譬如"唐水西流入河"就是一种矛盾的说法。唐县西为太行山,唐水如何西流,怎么能够流入黄河?《史记·五帝本纪》张守节《正义》引徐才《宗国都城记》对唐地的解释比较可信:"唐国,帝尧之裔子所封,其北帝夏禹都,汉曰太原郡,在古冀州,太行、恒山之西,其南有晋水。《括地志》云:'今晋州所理平阳故城是也。'平阳,河水,一名晋水也。"④据此可以推断,帝尧之子封地唐国,唐朝属晋阳,即今山西太原市,而非所谓中山属地。

宋人严粲《诗缉》综合前人有关尧都的说法,第一次提出了"尧都有四"之说,其文略云:"《地理志》太原晋阳(太原郡平阳县)。注云:故《诗》唐国,晋水所出,一也。河东平阳(河东郡平阳县)。注云:尧都也,在平河之阳,二也;中山唐县(中山国)。张晏注云:尧为唐侯,国于此,三也。河东虒县,顺帝改曰永安。臣瓒于晋阳下注云:所谓唐,今河东永安是也,去晋四百里。师古云:瓒说是也。四也。"⑤关于尧都的四种说法,除中山唐县外,其余三说,都在今山西境内。

---

① 陈师凯:《书蔡氏传旁通》卷二。
② 《竹书纪年》卷上。
③ 阎若璩:《尚书古文疏证》卷七。
④ 司马迁:《史记·五帝本纪》张守节《正义》引。
⑤ 严粲:《诗缉》卷十一《唐风》。

清代学人胡渭对尧所居之地作了较为详细的考证,指出"唐尧所居者三":

> 古书言,唐尧所居者三。一为帝都。《汉志》云"河东本唐尧所居",应劭曰"平阳尧都,在平水之阳"是也;二为始封之国。一在太原晋阳县,《汉志》云"故《诗》唐国,周成王灭唐,封弟叔虞,晋水所出"是也;一在中山唐县,《汉志》云"尧山在南",应劭曰"故尧国",张晏曰"尧为唐侯国于此"是也。郑康成《诗谱》云:"唐者,帝尧旧都。今日太原晋阳,是尧始居,此后乃迁河东平阳。"皇甫谧《帝王世纪》云:"尧始封于唐,今中山唐县,后徙晋阳。及为天子,都平阳。"此皆在冀州之域,故曰"惟彼陶唐,有此冀方也"。济阴定陶县,《后汉郡国志》亦云:"古陶尧所居。"此则在兖州之域。《水经注》:永安本彘县,汾水自县西历庑城东。瓒注《汉书》云:尧所都,东去彘十里。按:永安,今霍州,太山在其东。①

实际上,胡渭说到的"唐尧所居者",不仅有平阳、晋阳和中山唐县三处,而且还说到了定陶和永安,而定陶和永安在前人的有关记载中,也都是尧都。文献记载中的尧都,事实上则包括胡渭提到的五处。

古代文献关于尧都的记载,大多属于一家之说,而且传说的成分居多,缺少令人信服的证据,所以很难认定究竟哪一说更为可靠。不过,从源头上来讲,平阳说似乎更为接近事实一些。

二、尧陵:哪个更为可信

尧都一直存有争议,迄无定论。尧陵同样也是自古以来就有多种说法。自《山海经》以来,有关尧陵之地,就众说纷纭。迄于东汉,尧陵之说才逐渐趋于一致,形成了比较有影响的成阳说。

关于尧的葬地,最早的记载是《山海经》:"狄山,帝尧葬于阳,帝喾葬于阴。"②山南为阳,山北为阴。所谓"帝尧葬于阳",是指尧葬在狄山之南;"帝喾

---

① 胡渭:《禹贡锥指》卷二《冀州》。
② 《山海经》卷六《海外南经》。

葬于阴",是指帝喾葬在狄山之北。狄山,又作秋山,在顿丘县西北三十五里处。①《太平寰宇记》则云:"秋山在县西北三十五里。《山海经》云帝喾葬于秋山阴。今陵见存。"②是则帝尧所葬之秋山,在顿丘县境。《墨子》也提到了尧的葬地:"昔者,尧北教乎八狄,道死,葬蛩山之阴,衣衾三领,穀木之棺,葛以缄之。"③但墨子所说蛩山,不详在何处。《吕氏春秋》则称"尧葬于谷林,通树之"④。西汉著名学者刘向则提出了"尧葬济阴丘垅"之说。⑤ 显而易见,东汉之前,关于尧的葬地问题,已有狄山说、蛩山说、谷林说和济阴说四种,各种说法都是各说各话。

东汉以后,尧陵所在地问题,逐渐有了较为一致的说法。虽然王充《论衡》在尧的葬地问题上依然执"尧葬于冀州,或言葬于崇山"两说⑥,但具有导向性的观点开始出现,这就是高诱《吕氏春秋》注中的一段话:"通林以为树也。传曰:尧葬成阳。此云谷林,成阳山下有谷林。"值得注意的是,高诱注中首次提到了"成阳"。虽然他所说的"传曰尧葬成阳",不知出自何书之传,但他提出的成阳说,却引起了后人注意,并逐渐成为占主导性的说法。东晋郭璞《山海经》注云:"《吕氏春秋》曰:'尧葬谷林。'今城阳县西。东阿县城次乡中、赭阳县湘亭南,皆有尧冢。"郭璞不仅把谷林的方位具体化为"今城阳县西",而且还指出东阿县和赭阳县也有尧冢。

检索有关文献,郭璞把尧之葬地谷林定位于成阳县西,主要依据应是曹丕《皇览》和西晋皇甫谧的《帝王世纪》。《史记》裴骃《集解》云:"《皇览》曰:尧冢在济阴城阳。刘向曰:尧冢,济阴丘垅山。《吕氏春秋》曰:尧葬谷林。皇甫谧曰:谷林即城阳。"⑦《艺文类聚》引皇甫谧《帝王世纪》亦称,尧"葬于济阴之成阳西北,是为谷林"⑧。据记载,尧在位时曾游成阳,死后即葬于此。汉章帝元和二年(85)东巡,曾命使者以太牢礼赴成阳祭祀尧帝。另据宋人赵明诚《金石

---

① 李吉甫:《元和郡县志》卷六《澶州》。
② 乐史:《太平寰宇记》卷五十七《顿丘县》。
③ 墨子:《墨子》卷六《节葬》。
④ 吕不韦:《吕氏春秋》卷十《安死》。
⑤ 班固:《汉书》卷三十六《刘向传》。
⑥ 王充:《论衡》卷四《书虚篇》。
⑦ 司马迁:《史记》卷一《五帝本纪》裴骃《集解》引。
⑧ 欧阳询:《艺文类聚》卷十一引《帝王世纪》。

录》,东汉《成阳灵台碑》载尧陵在成阳:

> 右汉成阳灵台碑。成阳属今雷泽。碑略云:尧母庆都,庆都仙殁,盖葬于兹。欲人不知,名曰灵台。欧阳公《集古录》以谓自《史记》《地志》及《水经》诸书,皆无尧母葬处。余按:班固《西汉》、刘昭《东汉书》地理志,皆曰成阳有尧冢灵台。而东汉志,章帝元和二年东巡狩,将至泰山,道使使者奉一太牢,祠帝尧于济阴成阳灵台,与《章帝纪》所载正同。帝纪章怀太子注引郭缘生《述征记》云:成阳县东南有尧母庆都墓,上有祠庙。尧母陵,俗亦名灵台文母。《水经注》:今成阳城西二里有尧陵,陵南一里有尧母庆都陵,于城为西南,称曰灵台。盖两汉史所载,似以灵台为尧冢。惟此碑与《述征记》《水经》乃直指为尧母冢尔。然《水经》云在成阳西南,而述《征云》在东南,未知孰是。

赵明诚怀疑成阳灵台为尧冢,是有道理的。成阳尧冢,当地人称为灵台。正是因此,汉章帝东巡,才以太牢之礼,往成阳灵台祭之。汉安帝延光三年(124)又遣使祭祀。汉灵帝建宁五年(172),成阳令管遵立成阳灵台碑,碑文有云"尧陵北,仲山甫墓南,二冢间有伍员祠"。这表明,至迟在东汉时期,成阳尧冢已经得到官方的正式认可。

据有关文献记载,成阳尧冢碑刻,除建宁五年(172)成阳令管遵所立外,尚有汉桓帝永康元年(167)济阴太守孟郁《修尧庙碑》,汉灵帝熹平四年(175)《帝尧碑》。此二碑惜已不存。① 东汉以后,成阳尧冢的地位得到进一步巩固。西晋怀帝永嘉三年(309),又立碑记之。唐太宗贞观十一年(637),颁诏禁止人们在尧陵刍牧,并令春秋奠酹。② 宋神宗熙宁元年(1068)七月,濮州知州韩铎上书言,尧陵在雷泽县东谷林,山陵南有尧母庆都灵台庙,请敕本州春秋致祭,置守陵五户,免其租,奉洒扫。宋神宗从其请,诏给守陵五户。③ 由于官方的认可,成阳尧陵不仅得到确认,而且其地位似乎已经不可动摇。正如明代王道所说,虽然帝尧陵见于山东郡邑者就有三处,但"史牒事证的然可据者,惟濮之竹林寺为最著","竹林寺本谷林遗址,其为尧陵也,益无疑矣"。④

---

① 参见赵一清《水经注释》卷二十四《瓠河》。
② 李吉甫:《元和郡县志》卷十二《雷泽县》。
③ 参见马端临《文献通考》卷一百三《有司享先代帝王仪》。
④ 《山东通志》卷三十五之九引王道《濮州帝尧陵祠碑》。

成阳尧陵之说虽然一直为官方所认可,并且许多文人深信不疑,但尧作为中国远古传说中的人物,其生平事迹大多是口口相传,故而在传说中不免会有新的说法出现。尧陵同样如此。清代学人顾炎武就曾对成阳尧陵表示怀疑。他说:"墨子曰:尧北教乎八狄,道死,葬蛩山之阴。舜西教乎七戎,道死,葬南己之市。禹东教乎九夷,道死,葬会稽之山。此战国时人之说也。自此以后,《吕氏春秋》则曰尧葬于谷林,太史公则曰尧作游成阳,刘向则曰尧葬济阴,《竹书纪年》则曰帝尧八十九年作游宫于陶,九十年帝游居于陶,一百年帝陟于陶。《说文》:陶,再成邱也。在济阴有尧城,尧尝所居,故尧号陶唐氏,而尧之冢始定于成阳矣。但尧都平阳,相去甚远。耄期之年,禅位之后,岂复有巡游之事哉?囚尧偃朱之说,并出于《竹书》,而鄄城之迹亦复相近。《诗》《书》所不载,千世之远,其安能信之?《山海经·海外南经》:狄山,帝尧葬于阳。注:《吕氏春秋》曰:尧葬谷林,今成阳县西、东阿县城次乡中、赭阳县湘亭南,皆有尧冢。"①事实上,除成阳尧陵外,不仅东阿县和赭阳县有尧冢,其他地方也有尧冢。顾炎武《尧冢灵台》云:

> 《临汾县志》曰:尧陵在城东七十里,俗谓之神林,高一百五十尺,广二百余步,旁皆山石,惟此地为平,土深丈余。其庙正殿三间,庑十间,山后有河一道。有金泰和二年碑记。窃考舜陟方乃死,其陵在九疑;禹会诸侯于江南,计功而崩,其陵在会稽。惟尧之巡狩,不见经传。而此其国都之地,则此陵为尧陵无疑也。按志所论,似为近理。但自汉以来,皆云尧葬济阴成阳,未敢以后人之言为信。②

顾炎武虽然没有公开否定成阳尧陵,但他列举其他地方的尧陵,已经表明了自己的态度。尤其是临汾尧陵,他认为此地原是尧都,则此陵为尧陵,"似为近理"。顾炎武的推论是很有说服力的。

三、尧山:寄托对尧的崇敬

尧都也好,尧陵也罢,都应该具有唯一性。尤其是尧陵,只能有一个,其他

---

① 顾炎武:《日知录》卷二十二《尧冢灵台》。
② 顾炎武:《日知录》卷二十二《尧冢灵台》。

地方即使理由很充分,充其量只能算作衣冠冢罢了。尧山就不同了。尧是五帝之一,其活动区域虽然主要在北方,但其足迹所至,今人很难说清楚。再加上人们出于对尧的敬仰之情,有意以尧名山,所以,尧山遍布祖国各地。其中最有代表性的,是《水经注》所载五处尧山。兹略而论之。

《水经注》提到的尧山有五处。其一是山西蒲坂(今永济市)之尧山:

> 河水南径雷首山西,山临大河,北去蒲坂三十里,《尚书》所谓壶口。雷首者也,俗亦谓之尧山。山上有故城,世又曰尧城。阚骃曰:蒲坂,尧都。按《地理志》曰:县有尧山首山祠。①

雷首山,俗谓之尧山,传说为尧之故城。北宋乐史《太平寰宇记》载:"尧山在县南二十八里。《注水经》云:河东有尧山,上有尧城,即尧所理处。"②

其二是今河北唐县之尧山:

> 俗谓之都山,即是尧山,在唐东北望都界。皇甫谧曰:"尧山,一名豆山。"今山于城北如来,嶄绝孤峙,虎牙桀立。山南有尧庙。是即尧所登之山者也。③

《太平御览》对唐县尧山之地理方位述之甚详:"帝尧氏始封于唐,今中山唐县是也。尧山在北,唐水在西,北入河。南有望都县,有都山,即尧母庆都之所居也,相去五十里。都山,一名豆山。北登尧山,南望都山,故名其县曰望都。"④唐县之尧山虽然颇为人关注,但郦道元《水经注》却提出了质疑,他说:"《地理志》曰,尧山在南。今考此城之南,又无山以应之。是故,先后论者,咸以《地理》记之说为失。又,即俗说以唐城为望都城者,自北无城以拟之。假复有之,途程纡远,山河之状全乖,古证传为疏罔。"《汉书·地理志》所记既与当地地貌不符,也就难怪郦道元要提出异议了。

其三是今河南鲁山之尧山。《水经注》在记汝水和滍水时,两次提到鲁山县之尧山:

> (汝水)又东,届尧山西岭下,水流两分。一水东径尧山南,为滍水也,

---

① 郦道元:《水经注》卷四《河水》。
② 乐史:《太平寰宇记》卷四十六《蒲州》。
③ 郦道元:《水经注》卷十一《滱水》。
④ 李昉等:《太平御览》卷八十《帝尧陶唐氏》引《帝王世纪》。

即经所言滍水出尧山矣。①

滍水出南阳鲁阳县西之尧山。尧之末孙刘累,以龙食帝孔甲,孔甲又求之不得。累惧而迁于鲁县,立尧祠于西山,谓之尧山。故张衡《南都赋》曰:奉先帝而追孝,立唐祠于尧山。尧山在太和川。太和城东北,滍水出焉。②

据《太平寰宇记》记载,鲁山之尧山,俗名大柏山:"尧山,俗名大柏山。《水经》云:尧孙刘累迁此,故立尧祠于西山焉。今山亦号大龙山,因扰龙见称。"③鲁阳县和鲁县,即今鲁山县。鲁山之尧山,是因尧之裔孙刘累迁居于此,立祠于山而得名。由此可见,鲁山之尧山与尧渊源甚深。

其四是今山东青州之尧山:

浊水东北流,径尧山东。《从征记》曰:广固城北三里有尧山祠。尧因巡狩登此山,后人遂以名山。④

在有关尧的传说中,山西、山东、河南、河北是其主要活动之地。山东有尧都、尧陵,也有尧山。但有关青州尧山的记载却有不同。《三齐略记》云:"尧山在广固城西七里,尧巡狩所登,遂以为名。山顶立祠,祠边有柏树,枯而复生,不知几代树也。又,石上有尧迹,于今犹存。"⑤尧祠在尧山之上,一说在广固城北三里,一说在广固城西七里,矛盾显然可见。

其五是今广东英德之尧山:

洭水又东南,左合陶水。水东出尧山,山盘纡数百里,有赭岩迭起,冠以青林与云霞乱采。山上有白石英,山下有平陵,有大堂基。耆旧云尧行宫所。⑥

广东英德之尧山,《太平寰宇记》记之较详:"尧山在旧番禺县西四十里,四面瀑布悬流,倾泻万丈。王韶之《始兴记》:尧山下有平陵,陵上有基,云是尧故亭。父老相传,尧南巡时登此。又云,尧山在沧洭县三十里。盛弘之《荆州记》云:尧

---

① 郦道元:《水经注》卷二十一《汝水》。
② 郦道元:《水经注》卷三十一《滍水》。
③ 乐史:《太平寰宇记》卷八《汝州》。
④ 郦道元:《水经注》卷二十六《淄水》。
⑤ 秦蕙田:《五礼通考》卷一百七十八引《三齐略记》。
⑥ 郦道元:《水经注》卷三十九《洭水》。

山赭岩迭起,冠以青林。《郡国志》云:广州尧山,高四千丈,起自番禺,迄交趾。见之有巨风发屋,折树翻潮焉。"①

除《水经注》所载尧山外,江西鄱阳之尧山和广西灵川之尧山,亦较为著名。鄱阳尧山,《太平寰宇记》有记载:"尧山在县西,路三十里。《鄱阳记》云:尧山,尧九年大水,人居避水,因以名。或遇大水,此不没,时人云此山浮。"②广西之尧山,在今桂林灵川县境。据《太平寰宇记》,灵川尧山,是因当地人慕尧之名,而称其山为尧山:"灵川县尧山,在府城东北四十四里。按史传,尧封履不到苍梧。以其西与舜祠相对,邑人慕尧之风,遂名为尧山。"③

四、帝尧:刘姓最早的姓源

尧都、尧陵与河南关系不大,但尧山与河南却有密切关系。河南鲁山县今有尧山(原作石人山),是尧之裔孙刘累居于鲁山时,于西山立尧祠,因名其山为尧山。这一历史渊源不仅使河南与尧之间建立了联系,而且为中国的刘姓找到了最早的根。

据文献记载,尧居于伊祁山,遂以山为姓。④ 尧禅位给舜之后,其后裔受封于刘,遂以封国为氏。林宝《元和姓纂》载:"帝尧陶唐之后,受封于刘。裔孙刘累,事夏后孔甲,在夏后为御龙氏,在商为豕韦氏,在周为唐杜氏。"⑤宋人罗泌《路史》载:"尧之子十,其长考监明先死而不得立,故尧有煞长之诬。监明之嗣式,封于刘,其后有刘累。事存汉纪。"⑥传说尧之长子监明死,而监明生子曰式,生而有文在手,曰"刘",遂被封于刘。⑦ 郑樵《通志》云:"刘氏祁姓,帝尧陶唐氏之后,受封于刘,其地今定州唐县也。裔孙刘氏,以能扰龙,事夏后孔甲,为御龙氏。在商为豕韦氏,在周为唐杜氏,亦为杜伯,以成王灭唐,而迁之于杜也。

---

① 乐史:《太平寰宇记》卷一百五十七。
② 乐史:《太平寰宇记》卷一百七。
③ 乐史:《太平寰宇记》卷一百六十二。
④ 乐史:《太平寰宇记》卷六十二载:"伊祁山,尧住此山,后因作姓。"
⑤ 林宝:《元和姓纂》卷五《刘》。
⑥ 罗泌:《路史》卷二十七《上唐》。
⑦ 参见明李贽《疑曜》卷五《生而有文在手》。

今永兴长安县南十里下杜城是也。至宣王灭其国,杜伯之子隰叔奔晋,为士师,故为士氏。孙士会适秦,后归晋。其处于秦者为刘氏。此祁姓之刘也,以国为氏。"①尧是刘姓得姓之源,尧之孙式,生而有手文曰"刘",遂被封于刘,其子孙遂以封国为氏,因此刘地成为刘姓的姓源之一。

据林宝《元和姓纂》,刘亦是西周时期大夫采邑之地:"周大夫食采于刘,亦为刘氏,康公献公其后。"②此刘氏显然是以邑为氏。郑樵《通志》也载有刘氏以邑为姓事:"成王封王季之子于刘邑,因以为氏。杜预云:缑氏西北,旧有刘亭。按,缑氏,熙宁中省入河南偃师,此姬姓之刘也,以邑为氏。姬姓之刘,世为周卿士,康公献公其后也。"③西周初期,刘邑成为王季之子的采邑,遂出现了以邑为氏之刘姓,以邑为氏因此也成为刘姓的姓源之一。

刘姓不仅以国为氏,以邑为氏,而且还以人为氏。这个人就是刘累。刘累是尧之裔孙,刘姓的得姓始祖。刘累生于夏朝孔甲时期,以善于御龙而被赐为御龙氏。关于此事,《左传·昭公二十九年》有载:"有陶唐氏既衰,其后有刘累,学扰龙于豢龙氏,以事孔甲,能饮食之。夏后嘉之,赐氏曰御龙,以更豕韦之后。龙一雌死,潜醢以食夏后。夏后飨之,既而使求之,惧而迁于鲁县。范氏其后也。"司马迁《史记·夏本纪》有关刘累的记载,与此略同。其后有关刘累的记载,多是祖述《左传》或《史记》,或又稍加演绎。如《新唐书》载刘姓事云:"刘氏出自祁姓,帝尧陶唐氏子孙,生子有文在手,曰刘累,因以为名,能扰龙,事夏为御龙氏,在商为豕韦氏,在周封为杜伯,亦称唐杜氏。"④很显然,尧之子孙封于刘之事,在传说中发生了变化。在《新唐书》中,手文由"刘"变成了"刘累","刘"也从封地变成了刘累之名。不过,这一变化却让刘累成了名符其实的刘姓始祖。刘累因善于驯龙,而成为夏后孔甲的驯龙师,所以,孔甲赐刘累为御龙氏。不料,后来一条雌龙死了,刘累怕孔甲追究他的责任,就悄悄地逃到鲁县(今河南鲁山)。为了不忘先祖帝尧,刘累在鲁县西山修建了尧祠,以供祭奠。西山因此而称为尧山。刘累成为中国历史上有文献记载以来以刘为姓的第一人,刘累也因此成为刘姓的得姓始祖。尧山成就了刘累,刘累光大了刘姓,也光

---

① 郑樵:《通志》卷二十七《氏族略》之《以邑为氏》。
② 林宝:《元和姓纂》卷五《刘》。
③ 郑樵:《通志》卷二十七《氏族略》之《以邑为氏》。
④ 欧阳修等:《新唐书》卷七十一《宰相世系表》。

大了尧山。

综上所述,刘姓的姓源主要有四:一是尧之伊祁氏,二是尧之裔孙所封之国刘地,三是西周初年诸侯的采邑之地刘,四是居于尧山的刘累。尧之伊祁氏是最早的姓源,封国之刘与采邑之刘,则是以国为氏或以邑为氏,而真正的得姓之祖,则是刘累。

明代学人宋濂有《题金溪刘氏族谱序》,文中讲到刘氏之别有五。兹录之于后,以广视听:

> 予窃闻之,刘氏之别有五。帝尧陶唐之后,受封于刘者,此为祁姓,以国为氏也;定王封母弟康公于刘者,此为姬姓,以邑为氏也;项伯、娄敬之后而皆为刘者,此汉之所赐姓也。他若雕阴、东郡等族,或称刘者,此亦汉以宗女妻冒顿,冒其母姓以为氏也。大抵雕阴、东郡之裔多居恒代,项娄之宗盛于山东,姬氏之传至汉末而无闻,唯祁姓之分为士会,士会后昆周末迁于魏,又自魏家于丰,至刘端执嘉子孙,极为贵盛,而布列于南北矣。然而江左之刘,则祖于散骑常侍弼之后,江右之刘则出于游击将军握之胄。此皆见诸记载而无疑者,但其世次难明,不知从握至宗元,实为几传也。姑附其说于此,或可以为修谱者之一助云。①

宋濂所说刘氏之别有五,实际上说的是刘姓的五个源头。其中西汉时期的赐姓和冒姓,也是刘姓的重要源头。但从刘姓得姓始祖这一角度来看,唯有避居鲁县之尧山的刘累,才堪称此任。

(此文为提交给2014年海峡两岸刘氏宗亲交流会的主旨演讲稿)

---

① 宋濂:《文宪集》卷十二。

姜太公名号居里考辨

姜太公,司马迁称之为齐太公。以其辅佐周文王、周武王有功,封于齐地营丘,遂为周朝齐国开国之祖。《史记·齐太公世家》对姜太公有简略记载。但是,仔细梳理一下,有关姜太公的历史文献并不是很多,以至于人们对其名讳居里等多语焉不详。兹据有限的文献资料,对姜太公名讳居里考述于后。不当之处,尚祈方家教正。

一、关于姜太公的姓氏

姜太公的姓氏本来不应该成为一个问题。既称姜太公,则其姓出于炎帝本无可疑。《国语·晋语》载:"昔少典娶于有蟜氏,生黄帝、炎帝。黄帝以姬水成,炎帝以姜水成。成而异德,故黄帝为姬,炎帝为姜。二帝用师以相济也,异德之故也。"①炎帝生于姜水,因以为氏。大禹之时,姜姓祖先为尧四岳之官,因辅佐大禹有功而赐姓姜。而此支姜姓,则属于赐姓姜。从姓源上讲,姜太公姓姜也是无可争辩之事。然而,《史记·齐太公世家》则称姜太公为"太公望吕尚",是则姜太公又为吕姓也。姜太公为何又姓吕呢?是因为姜氏祖先为四岳之官时,因辅佐大禹有功,封于吕地,其中一支封于申地。吕与申皆在今河南南阳市境,吕在今南阳市西(《新唐书·宰相世系表》以为在今新蔡),申在今南阳市。此时姜姓祖先虽封于吕地和申地,但仍姓姜氏。夏商之时,姜姓枝繁叶茂,出现了非嫡长封于吕申之地的情况。再往后繁衍,其子孙多数已非贵族,有的则降为庶人。姜太公就是封于吕地的姜氏后人。所以,司马迁说齐太公"本姓姜氏,从

---

① 《国语》卷十《晋语四》。

其封姓,故曰吕尚"①。三国谯周《古史考》对姜太公由姜姓而为吕姓,也有简略记载:"(太公望)姓姜名牙,炎帝之裔,伯夷之后。掌四岳有功,封于吕。子孙从其封,姓吕。尚其后也。"②据此可知,称姜太公,是就姓源而言;而后人称姜太公为吕尚,是就其以封地为姓而言。

《新唐书·宰相世系》对姜姓源流世系有清晰的描述:"姜姓本炎帝,生于姜水,因以为姓。其后子孙变易他姓。尧遭洪水,共工之从孙佐禹治水,为四岳之官。以其主四岳之祭尊之,故称曰大岳,命为侯伯,复赐以祖姓曰姜,以绍炎帝之后。裔孙太公望封齐,为田和所灭,子孙分散。汉初,姜氏以关东大族徙关中,遂居天水。蜀大将军平襄侯维裔孙明,世居上邽。"③宋人邓名世《古今姓氏书辩证》承袭《新唐书》之说而又有所补充:

> 出自炎帝,生于姜水,因以为姓。裔孙佐禹治水,为尧四岳之官,以其主山岳之祭尊之,谓之太岳,命为侯伯,复赐祖姓,以绍炎帝之后。夏商以来,分为齐、许、申、甫四国,世有显诸侯。其居戎狄者,为姜戎氏。田和灭齐,子孙分散。④

这里简略地介绍了姜姓源流支系,却没有言及姜姓先祖封于吕地。姜氏先祖封于吕地,是姜姓发展演变中一件非常重要的事件。可以说,正是由于姜姓封于吕地,才有了以国为姓的吕姓,而周初封于齐地的吕尚,其姓氏正是从封于吕地的姜姓而来。一些述说姜姓起源的文献,不言姜姓封于吕地,情有可原。但若论及吕尚姓氏之所出,就不能不涉及封于吕地的姜姓了,不然的话,就无法解释姜尚即吕尚了。

吕姓虽出自姜氏,但根据记载,吕氏有五支,而只有封于吕地且以国为姓的吕姓为姜姓之后。明人凌迪知《万姓统谱·氏族博考》载:"吕氏有五。姜姓之后,以国为氏。又,晋有吕氏,出于魏氏;又,叱丘氏、副吕氏、叱吕氏,并改为吕。"⑤诸吕之中,只有"姜姓之后,以国为氏"之吕与姜太公有关;而出于魏氏之吕氏,应是出现于战国初年韩、赵、魏三家分晋之后的吕姓;至于其他几家吕姓,

---

① 《史记》卷三十二《齐太公世家》。
② 《史记》卷三十二《齐太公世家》司马贞《索隐》引。
③ 欧阳修等:《新唐书》卷七十三下《宰相世系》。
④ 邓名世:《古今姓氏书辩证》卷十三《姜》。
⑤ 凌迪知:《万姓统谱·氏族博考》卷二《同源异派第一》。

则属于由他姓改为姓吕,与姜姓就没有任何关系了。

二、姜太公的名号问题

说起名号,姜太公的名号也许是中国古代名号最多最复杂的一个。粗略统计一下,竟然有二十多个,如师尚父、太公尚、太公、太公渭、太公望、吕太公望、周望、姜望、吕望、师望、姜尚、姜公、姜牙、姜老、姜子牙、姜太公、吕尚、吕牙、吕渭、飞熊等。这些名号虽然复杂,但细分一下,主要出自三个系统:一是由周文王、周武王对姜太公的尊称或赐号而来。如太公望、师尚父、飞熊。太公尚、太公望、吕太公望,以及周望、师望、姜望、吕望等,系从师尚父和太公望演化而来。二是从姜太公为炎帝后裔的姓源而来,如姜尚、姜公、姜牙、姜老、姜子牙、姜太公等。三是因姜氏在夏商两代曾经封于吕地,以封地为姓,如吕尚、吕望、吕牙、吕渭、吕太公等。兹按三个系统,对其中最具代表性的名号约略而论之。

太公望。此说最早见载于《史记·齐太公世家》,该文开篇便是"太公望吕尚者"。从司马迁的记述中可以看出,太公望是号,吕尚则是名字。太公望之号是周文王所赐:

> 西伯将出猎,卜之曰:"所获非龙非彲,非虎非熊。所获霸王之辅。"于是周西伯猎,果遇太公于渭之阳,与语,大说,曰:"自吾先君太公曰,当有圣人适周,周以兴。子真是邪!吾太公望子久矣。"故号之曰太公望,载与俱归,立为师。

按照司马迁的解释,周文王准备出猎,夜有所梦,将遇霸王之辅。周文王在渭水之阳遇到了姜太公,通过与之交谈,以为遇到了先君太公所希望的人物,可以让周朝振兴,于是就同车载回,赐其号为太公望。这一称号中的"太公",是指姬昌之父季历;"太公望"之号,是说吕尚就是姬昌之父所希望得到的盖世奇才。后人把"太公望"之"太公"理解为齐太公,把"望"理解为齐太公之名,于是就有了吕望、姜望、周望、师望、吕太公望等称呼。这些称呼都和"望"字相联系,以至于许多人都以为"望"是吕尚的又一名号。而司马迁所说的"太公望吕尚者",指的是有太公望称号的吕尚这个人,而不是说齐太公吕望。如果说"太公望"指的是齐太公吕望,那就与下文所说的周文王"故号之曰太公望"自相矛盾了。所以,除"太公望"外,其他各种与"望"相联系的一些称呼虽然也在一定程度上流传,但实际上大多属于讹传或传讹。至于飞熊,则与"非虎非熊"之卜辞相关。

师尚父。在先秦文献中,姜太公又称为师尚父。《诗经·大雅·大明》讲到武王伐纣之事时写道:"牧野洋洋,檀车煌煌。驷騵彭彭,维师尚父。时维鹰扬,凉彼武王。肆伐大商,会朝清明。"这里所说的"师尚父",是周武王对姜太公的尊称。西汉刘向以为,师尚父就是师之、尚之、父之的意思。《史记·齐太公世家》在讲到周武王九年欲东伐以观诸侯之事时,也称齐太公为师尚父。唐人司马贞以为尚父是官名,他说:"武王号为师尚父,则尚父官名。"①此说与刘向《别录》解释的师之、尚之、父之大相径庭。倘如此说,姜太公就仅仅是所谓的帝王师了,这样就大大降低了姜太公的历史文化地位,与姜太公在西周初年的历史贡献不符。司马贞之说值得商榷。尚父亦作尚甫,是君主尊礼大臣的一种称号。《诗经》毛亨传云:"尚父,可尚可父。"郑玄笺:"尚父,吕望也,尊称焉。"②在中国古代,大臣有尚父称号者,前有姜太公,后有董卓、郭子仪、李辅国等。《新唐书·郭子仪传》:"德宗嗣位,诏还朝,摄冢宰,充山陵使,赐号尚父。"此外,还有亚父、仲父等尊号,也是君主对大臣的尊称。苏轼以为,"阿衡伊尹之号,犹曰师尚父云尔,师其官也,尚父其号也"③,亦可为一说。

吕尚。先秦文献已多有称吕尚者,如《荀子》中曾两次提到吕尚,《战国策·齐策》有"周文王得吕尚,以为太公;齐桓公得管夷吾,以为仲父"之说。④ 在《秦策》中,范雎对秦王也提到了吕尚。⑤ 司马迁《史记·齐太公世家》继承前人之说,称之为吕尚,并言:"其先祖尝为四岳,佐禹平水土甚有功。虞夏之际封于吕,或封于申,姓姜氏。夏商之时,申吕或封枝庶,子孙或为庶人。尚,其后苗裔也,本姓姜氏,从其封姓,故曰吕尚。"刘向《说苑》有"吕尚聘,而天下知商将亡,而周之王也"之说。⑥ 是则先秦两汉时期,吕尚之名较为流行。由于吕尚本姓姜,故又称姜尚。又由于吕尚乃齐国开国之君,故又称太公尚。⑦ 一说"尚名

---

① 《史记·齐太公世家》司马贞《索隐》。
② 《毛诗注疏》卷二十三《诗经·大雅·大明》。
③ 苏轼:《书传》卷七《汤誓第一》。
④ 《战国策》卷十三《齐策六》。
⑤ 详《战国策》卷五《秦策三》。
⑥ 刘向:《说苑》卷八《尊贤》。
⑦ 详《史记·三代世表》之"齐"。

也,变名为望。是太公本名尚,因望久而改名望也"①。吕尚又称吕望,是自"太公望"之号而来,并非吕尚期待有所作为太久而改名为望。

吕牙。此说最早见载于《孙子》,其文云:"昔殷之兴也,伊挚在夏;周之兴也,吕牙在商。故明君贤将,能以上智为间者,必成大功。此兵之要,三军之所恃而动也。"②谯周《古史考》则称姜牙:"(太公望)姓姜名牙,炎帝之裔,伯夷之后。"司马贞对谯周之说作了进一步解释:"按,后文王得之渭滨,云吾先君太公望子久矣,故号太公望。盖牙是字,尚是其名。"③考前代文献,多有称姜太公为姜牙者。初唐陈子昂有"姜牙皓眉,实逢其良。投剑指挥,奄有八荒。周有天下,七百余年"之语④,孟郊有"姜牙佐周武,世业永巍巍"之句⑤。唐代以后,也有称姜牙为姜子牙者,如唐代诗人方干有诗云"姓名未及陶弘景,髭鬓白于姜子牙"⑥,李咸用诗有"不知姜子牙,何处钓流水"之句⑦。欧阳修等《新唐书·宰相世系表》亦称:"吕尚,字子牙,号太公望。"明人凌迪知《万姓统谱》于"姜"姓下首列"周姜子牙"。而在明人许仲琳的神魔小说《封神演义》中,姜太公则是姓姜名尚字子牙,为昆仑山玉虚宫阐教元始天尊的徒弟,受师尊之重托,下山辅佐明主,代为封神。从第十五回"昆仑山子牙下山"开始,至第九十九回"姜子牙归国封神",姜子牙始终在践行师尊之托,代为斩将封神。所以,一部《封神演义》,实际上就是姜子牙斩将封神的故事。由于《封神演义》在民间广有影响,所以民间多称姜太公为姜子牙,而吕牙或姜牙则很少有人知道。

姜太公。此说在民间广为流行,如讲述姜尚垂钓渭滨的歇后语"姜太公钓鱼——愿者上钩",就以姜太公来称姜尚。检索文献,姜太公之称最早出自东汉末年徐幹的《中论》:

> 又有不因众誉而获大贤,其文王乎?畋于渭水边,道遇姜太公,皤然皓首,方秉竿而钓。文王石而与之言,则帝王之佐也,乃载之归,以为太师。姜太公当此时贫且贱矣,年又老矣,非有贵显之举也。其言诚当乎贤君之

---

① 黄中松:《诗疑辨证》卷五《维师尚父》。
② 《孙子·用间第十三》。
③ 《史记·齐太公世家》司马贞《索隐》。
④ 《唐文萃》卷六十七陈子昂《昭夷子赵氏碣颂并序》。
⑤ 《全唐诗》卷三百七十三孟郊《感怀》。
⑥ 《全唐诗》卷八百八十五方干《山中》。
⑦ 《全唐诗》卷六百四十四李咸用《寓意》。

心,其术诚合乎致平之道。文王之识也,灼然若披云而见日,霍然若开雾而观天。斯岂假之于众人哉?①

名列建安七子之一的徐幹长于书论。他这段话是说周文王善于识才,他不需要假借众人之誉,却能够在言谈之间发现姜太公的过人之处,且不因姜太公老迈贫贱而以之为帝王师。比较而言,在比较正式的文献中,称姜尚为姜太公或姜子牙者较少,而在民间,称师尚父、太公望、姜尚、吕尚者较少,而称姜太公或姜子牙的情况则比较普遍。

三、姜太公居里在何处

姜太公的居里,自战国以来,就有不同说法。概括起来,主要有东夷之士说、东海上人说、琅琊海曲说和河内汲人说。

东夷之士说。此说见载于《吕氏春秋》:"太公望,东夷之士也。"②先秦时期,人们习惯上称黄河流域下游地区的居民为东夷。但夏商周三代都邑经常发生变化,而所谓的"东夷",往往是相对于都邑所在地而言。西周都邑为丰镐(今西安市长安区),故亦有以崤函之东为东夷者。所以,东汉高诱在为《吕氏春秋》作注时,这样解释"东夷之士":"太公望,河内人也。于周丰镐为东,故曰东夷之士。"③河内在丰镐之东,姜太公为河内人,故称"东夷之士"。按照高诱的解释,所谓"东夷之士"说,实为河内说。河内即河内郡,两汉时期辖怀、汲、河阳、山阳等十八县。遗憾的是,高诱仅说姜太公为河内人,而没有具体说明是河内某县人。这就为后人留下了诸多想象空间。

东海上人说。此说见载于《史记·齐太公世家》:"太公望者吕尚,东海上人。"此处所称东海,当是东海郡。查《汉书·地理志》,东海郡辖三十八县,并无"上"这个地方。按照司马迁叙述人物籍贯的惯例,通常是直接称县名,如"陈胜者,阳城人也"。如果县下有乡或里,则径直言及乡里,如"老子者,楚苦县厉乡

---

① 俞绍初辑校:《建安七子集》附录徐幹《中论》之《审大臣第十六》,中华书局,1989年,第304—305页。
② 《吕氏春秋》卷十四《孝览行》之《首时》。
③ 《吕氏春秋》卷十四《孝览行》之《首时》高诱注。

曲仁里人也"。如果人物籍贯在郡国治所,则径称郡国,如"孙子武者,齐人也"。既然"东海"后有"上"字,则"上"或是地名。但如前所说,东海郡当时没有"上"这个地方。所以,可能的解释是,"上"作"海上"讲,"东海上人"则可解释为"东海郡海上的人",也就是东海海滨或海岛上的人。但据《孟子》所言,伯夷辟纣,居北海之滨;太公辟纣,居东海之滨。① 若如此说,则姜太公曾经为躲避纣王居于东海之滨。既然是姜太公为躲避纣王而避居东海之滨,只能说明姜太公在东海之滨居住过,而不能说明姜太公是东海人。所以,"东海上人"当与孟子所说的"居东海之滨"相同或相近,而不是指姜太公就是东海"上"那个地方的人。

琅琊海曲说。宋代地理学家乐史在《太平寰宇记》中写道:"汉曲海县城在县东北六十里,属琅琊郡,有盐官。《博物志》曰:此地有东吕乡东吕里,太公望所出也。"②此说为海曲说最有力的证据。元代学人梁益《诗传旁通》直接引乐史说:"《博物志》:曲海城有东吕乡东吕里,太公望所出也。"③于钦《齐乘》亦引乐史说为证,持海曲东吕说:"海曲城。莒州东百六十里地有东吕乡,太公望所出。"④其实,海曲东吕说并非出自张华《博物志》,而是出自唐人李吉甫的《元和郡县志》:

> 汉海曲县,在县东一百六十里,属琅琊郡。有盐官地,有东吕乡东吕里,太公望所出也。⑤

对比宋元人所引《博物志》,大多是从《元和郡县志》中节录或转录而来。有关节录或转录则是各取所需,甚至出现了转录错误的情况,如乐史《太平寰宇记》把海曲城误为"曲海城","东一百六十里"转录成"东北六十里";梁益转录《太平寰宇记》随乐史之误,亦把海曲城误为"曲海城"。这些失误不仅把本来清楚的事情给搞糊涂了,而且表明有些学者根本没有做过实地考察,只是以讹传讹。海曲东吕说的出现,是为了把司马迁的"东海上人"说坐实。但司马迁说得太模糊,又无可依凭,于是就在所谓的"东海"之地找到了海曲城东吕乡。姜姓先祖曾经封于吕地,其后人以封地为姓。东吕虽非姜姓先祖封地之吕,但毕竟有个

---

① 《孟子·离娄上》。
② 乐史:《太平寰宇记》卷二十四《莒县》。
③ 梁益:《诗传旁通》卷三。
④ 于钦:《齐乘》卷四。
⑤ 李吉甫:《元和郡县志》卷十二《密州·莒县》。

吕字可以附会上去。殊不知,姜姓先祖所封之吕地,皆在今河南境内,与东海郡、琅琊郡都没有什么关系。东吕乡既与姜姓先祖的封地没有关系,则其作为姜太公出生地的可能性也就微乎其微了。

河内汲人说。东汉学人高诱在《吕氏春秋》"东夷之士"注中,仅说姜太公河内人,而没有说明姜太公是河内什么地方人。而在《淮南鸿烈》"太公之鼓刀"注中则明言"太公,河内汲人"①,直接点明了姜太公是河内汲人。而据北朝郦道元《水经注》,至迟在东汉顺帝时,姜太公为河内汲人说已经广为流行。其"清水"注云:

> 城东门北侧有太公庙,庙前有碑,碑云:太公望者,河内汲人也。县民故会稽太守杜宣白令崔瑗曰:太公本生于汲,旧居犹存。君与高国同宗,太公载在经传。今临此国,宜正其位,以明尊祖之义。于是,国老王喜、廷掾郑笃、功曹邠勤等咸曰:"宜之。"遂立坛祀,为之位主。城北三十里有太公泉,泉上又有太公庙,庙侧高林秀木,翘楚竞茂,相传云太公之故居也。晋太康中,范阳卢无忌为汲令,立碑于其上。②

这段记载透露出几个非常重要的信息。其一,姜太公为汲人,汉顺帝时,汲县令崔瑗已立太公庙碑记之。崔瑗,字子玉,崔骃之子,汉顺帝时为汲县令。当时,姜太公故居犹存,故曾任会稽太守的县民杜宣以"太公本生于汲,旧居犹存",且崔瑗与"高国同宗"为由,建议崔瑗"宜正其位,以明尊祖之义"。炎帝为姜姓,崔姓源出炎帝,与姜太公同宗。而国老王喜、廷掾郑笃、功曹邠勤也认为应该立碑。于是,崔瑗就建立太公庙,并立碑记之。其二,姜太公旧居在汲县城北三十里,位于太公泉之上,那里有太公庙,庙旁高林秀木,郁郁葱葱。其三,汲县太公庙东汉时有二,一在县城东门北侧,一在城北三十里姜太公旧居处。东门北侧太公庙前有崔瑗所立太公碑。其四,西晋太康年间,范阳人卢无忌为汲县令时,在那里立碑记之。由此可以得出这样的结论:至迟在东汉顺帝时,姜太公为汲人在当时已经成为一种共识,且已在其故居和县城立碑记之。

卢无忌《晋太公碑》,立于西晋太康十年(289)三月。据宋赵明诚《金石录》记载,其文略云:"太公望者,此县人。大晋受命,四海一统。太康二年,县之西偏有盗发冢,而得竹策之书。书藏之年,当秦坑儒之前八十六岁。今以《晋书·

---

① 参见刘安《淮南鸿烈》卷十三《泛论训》注。
② 郦道元:《水经注》卷九《清水》。

武帝纪》考之,云咸宁五年,汲郡人不准掘魏襄王冢,得竹简小篆古书十余万言,藏于秘府。与此碑年月不同。……碑又云:其纪年曰康王六年,齐太公望卒。参考年数,盖寿一百一十余岁,而《史记》亦不载。"①此碑据汲冢书对姜太公卒年作了补正,明确记载姜太公卒于周康王六年,享年110多岁,弥补了《史记》之缺憾。赵明诚是著名的金石学家,密州诸城(今山东诸城)人。倘其对汉顺帝时《太公庙碑》和《晋太公碑》所记姜太公为汲人有不同看法,当有所辨之。既无辨识,当是对姜太公汲人说无异议。

高诱虽曾明言姜太公是河内汲人,但不言何据。结合东汉顺帝时汲县令崔瑗所立太公庙碑,可以推断,高诱"太公,河内汲人"的记载不是凿空之论,而是有所依凭。他否定司马迁的"东海上人"说,而力主河内说,依据之一可能就是汉顺帝时崔瑗所立《太公庙碑》。而晋武帝太康十年(289)汲县令卢无忌所立《晋太公碑》,不仅进一步肯定了姜太公是河内汲县人,而且还据汲冢书明确记载了姜太公的卒年和享年之数。此外,三国谯周"吕望常屠牛于朝歌,卖饭于孟津"之说②,也可间接证明姜太公是汲县人之说。汲县位于朝歌和孟津之间,距离朝歌更近一些。居于汲县的姜太公在潦倒之时,为生存计而奔波于朝歌和孟津之间,在当时的交通条件下也是可能的。

姜太公是汲人说,在后世广有影响。宋人罗泌《路史》采《水经注》之说,称"太公望,河内汲人也"。他综采前人之说,指出:"其为人也,博闻而内智。盖亦尝事纣矣,纣之不道,去而游于诸侯,退居东海之滨。闻文王作兴,翻然起曰:'吾道信矣。'或曰傺七十余主而不遇,人皆曰狂丈夫也。文王猎而得之。嗟夫!风云之会,不约而合,岂繁俗所窥哉?"③明人凌迪知《万姓统谱》于姜姓姜子牙下明言"汲人"。④ 清代著名学人顾炎武也主张姜太公为汲县人,他说:"太公,汲人也。闻文王作,然后归周。"⑤从后世影响来看,姜太公是汲人说,是最具影响力也最为可信的一种说法。

(原载《中华姜姓起源与太公文化研究》,大象出版社2015年9月)

---

① 赵明诚:《金石录》卷二十《跋尾十》。
② 见《史记》卷三十二《齐太公世家》司马贞《索隐》。
③ 罗泌:《路史》卷三十三《太公舟人说》。
④ 凌迪知:《万姓统谱》卷五十《七阳·姜》。
⑤ 顾炎武:《日知录》卷六《太公五世反葬于周》。

关于老子其人的几个问题

关于老子其人,除《史记》和其他一些文献的简略记载外,可以全面系统勾画老子一生及其文化贡献的翔实材料并不多,以至于关于老子其人的许多问题都存在争议,有些争议甚至针锋相对,相互否定。其中争议较大者,有"老子"之称的由来、老子接受孔子问礼的时间、老子答孔子问礼的具体内容,等等。这些问题都涉及对老子的认识和评价,有必要作进一步的辨证和澄清。

一、"老子"之称缘何而来

老子之称,先秦文献已时常可见。《战国策·齐策》记颜斶见齐宣王事,就引用了老子"虽贵必以贱为本,虽高必以下为基"一段话。先秦文献还将老子与其他诸子并论,如《荀子·天论》将老子与慎子、墨子等并列,称"慎子有见于后,无见于先;老子有见于诎,无见于信;墨子有见于齐,无见于畸;宋子有见于少,无见于多",认为老子有诎无信是贵贱不分。《吕氏春秋》不称"老子"而称"老聃",且将老子与孔子等并论,以为"老耽贵柔,孔子贵仁,墨翟贵廉,关尹贵清,子列子贵虚,陈骈贵齐,阳生贵己,孙膑贵势,王廖贵先,睨良贵后"。司马迁《史记》为老子立传,则称老子"姓李氏,名耳,字伯阳,谥曰聃"。可以说,到了司马迁这里,老子才有了姓、名、字和谥号。这样一来,问题就出来了。对一个有姓有名、有字有谥的人物,人们为何不称其姓名字谥,而称为"老子"呢?其中究竟有哪些缘故?

对于这一问题,从正史中找不到答案。但是,道教和佛教文献中却有一些似是而非且比较流行的说法。在道教文献中,"老子"之称较为流行的说法是:老子生而白首,所以称为老子。《艺文类聚》引《神仙传》载:"其母怀之八十一岁乃生,生时剖其母左腋出,出而白首,故谓之老子。"①《太平广记》引《神仙传》载:"或云,母怀之七十二年乃生,生时剖其母左腋出,出而白首,故谓之老子。"②现存神仙类书籍,年代较早且较为可信者有二:一是西汉刘向的《列仙传》,二是东晋葛洪的《神仙传》。翻检二书,皆无类似记载。《列仙传》有老子之目,但所述故事与此无涉;《神仙传》载录八十四人,老子不在其列。但是,非常有意思的是,一些有关老子生而白首的记载,多追根溯源至二书。如宋人祝穆《古今事文类聚》记老子之生,就有"老子姓李名耳,字伯阳。其母怀之八十一岁乃生,生时剖其母左腋而出,出而白首,故谓之老子"的记载,并云出自《列仙传》。其他道教类文献记述"老子"之称的由来,与上述神仙之书有相似之处。马永易《宾实录》引《玄妙内篇经》之说云:"老子之母曰无妙玉女,娠老子凡八十一岁,逍遥李树之下,启左腋生,生而白首,故号老子,以李为姓。"③佛教文献对"老子"之称的由来也有记载。如唐代释道世《法苑珠林》述老子故事云:"或云其母怀之七十岁乃生,生时剖其母左腋出,出而白首,故谓之老子。"④其与道教文献记载不同者,唯老子之母生老子的年龄,前者或云八十一岁,或云七十二岁,而此则云七十岁。

此外,"老子"之称的由来还有五种说法。一是"老子"为李耳之号说。《史记》张守节《正义》引张君相之说云:"老子者,是号,非名。老,考也;子,孳也。考教众理,达成圣孳,乃孳生万物,善化济物无遗也。"⑤二是"老子"乃是从母姓说。《太平广记》"老子"条云:"或云其母无夫,老子是母家之姓。"⑥三是因老子长寿说。《艺文类聚》引《神仙传》云:"(老子)以周武王时为柱下史,时俗见其久寿,故号老子。"⑦马永易《宾实录》引葛洪《神仙传》与此略异:"老子当文王时为藏史,至宣王时为柱下史。时俗见其久寿,故号为老子。"⑧四是老子无衰老之期说。葛洪《道德经序》云:"老子之号,因玄而出,在天地之先,无衰老之

---

① 欧阳询:《艺文类聚》卷七十八引《神仙传》。
② 李昉等:《太平广记》卷一《老子》。
③ 马永易:《宾实录》卷十三"老子"条。
④ 释道世:《法苑珠林》卷四十一。
⑤ 《史记》卷六十三《老子韩非列传》。
⑥ 李昉等:《太平广记》卷一《老子》。
⑦ 欧阳询:《艺文类聚》卷七十八。
⑧ 马永易:《宾实录》卷十三《老子》。

期,故曰老子。世人谓老子,当始于周代。老子之号,始于无数之劫,其窈窈冥冥,眇邈久远矣。"①五是老子因惊怪而吐舌说。《宾实录》载:"或云老子欲西出关,关尹知其非常,从之问道术。老子惊怪,故吐舌聃然,遂有老聃之云。"此说虽然说明的是老子被称为"老聃"之由,但与流行的老子名李耳之说有根本不同,故而可将"老聃"视为老子的另一称呼。

"老子"非名非姓,却代替了"李耳""李聃""李伯阳"等,成为人们认可和流行的称呼。但这一称呼究竟从何而来,却有多种说法。仔细分析一下,所谓老子"生而白首,故谓之老子"之说虽然十分流行,但此说出自道教和佛教文献,有故意神化老子之嫌,不仅不合情理,而且颇为荒诞,没有多大可信性。而老子从母姓说、长寿说、无衰老之期说和因惊怪而吐舌说,同样是传说的成分居多,而且亦不大合情理,难以让人信服。较为可信的,则是"老子"乃李耳之号说。老子的《道德经》虽然只有五千言,却是沾溉百代,普济众生,所谓"考教众理,达成圣挚,乃挚生万物,善化济物无遗也"。人们不称李耳而尊称为老子,是敬重他对中华传统文化作出的杰出贡献。正如同人们称孔子、孟子、荀子等先秦诸子一样,后人看重的是他们的文化贡献,故以"子"称之。

二、孔子何时适周向老子问礼

孔子问礼于老子,司马迁言之凿凿。《孔子世家》载:"孔子适周,鲁君与之一乘车,两马,一竖子,俱适周问礼,盖见老子云。"②《老子传》亦载:"孔子适周,将问礼于老子。"但孔子何时入周向老子问礼,《史记》没有明确记载,由此引起了后人对这一问题的诸多争议。

清人阎若璩论及这一问题时说:"《孔子世家》载适周问礼在昭公之二十年,而孔子年三十。《庄子》:孔子年五十一,南见老聃。是为定公九年。《水经注》:孔子年十七适周。是为昭公七年。《索隐》谓'僖子卒,南宫敬叔始事孔子',实敬叔言于鲁君而得适周,则又为昭公二十四年。是四说者宜何从?余

---

① 葛洪:《老子道德经原序》,载河上公《老子道德经》。
② 《史记》卷四十七《孔子世家》。

曰:其昭公二十四年乎?案,《曾子问》:孔子曰:'昔者,吾从老聃助葬于巷党,及堩,日有食之。'惟昭公二十四年夏五月乙未朔,日有食之,见《春秋》。此即孔子从老聃问礼时也。他若昭七年,虽曾日食入食限,而敬叔尚未曾从孔子游,何由适周?"①阎若璩列举了四种说法,最后以"日有食之"和敬叔从孔子游为证,认为孔子入周问礼在鲁昭公二十四年(前518)。

清代著名学者毛奇龄对昭公七年说、昭公二十年说、定公九年说则逐一予以驳斥,认为这些说法皆是不善读书所致:

《史记·世家》不曾云孔子适周在昭公二十年也。《世家》谓孔子年十七,孟僖子病且死,使其子懿子、南宫敬叔学礼于孔子。是年,季武子卒,为昭公七年,然未尝谓是年适周问礼。凡后之谓孔子年十七问礼,与驳《史记》之十七问礼,皆误读《史记》者也。乃《史记》又云:已而,孔子去鲁斥齐,逐宋卫,困陈蔡,于是反鲁。而南宫敬叔言于鲁君,请与孔子适周。鲁君与之一乘车两马,俱适周问礼老子。则其距年十七孟僖子病时,相去何等,实不知在何年。其又曰"鲁昭公二十年,而孔子年三十五"者,此记夫子反周后,齐鲁构伐之年,并非记孔子适周年也。而阎氏谓《史记》载昭公二十年适周,则已误读《史记》矣。至谓庄子云"孔子年五十一南见老聃,是定公九年",则亦有误。据《公羊传》,孔子生于襄之二十一年,而《史记》作二十二年,《史记》袭《公羊》而讹一为二,则当是八年,不是九年。郦道元《水经注》作年十七,此正误读《史记》。而《索隐》又引《家语》孔子见老聃,有"甚矣,道之难行"语,谓非十七之人所能言,以驳《史记》。此皆已不善读书,而诬坐人者。②

此外,尚有孔子二十七岁入周向老子问礼说。此说见载于《太平广记》:"老子问孔子曰:'亦得道乎?'孔子曰:'求二十七年而不得也。'老子曰:'使道可献人,则人莫不献之其君;使道而可进人,则人莫不进之其亲矣;使道可告人,则人莫不告之兄弟矣;使道可传人,则人莫不传之其子矣。然而不可者无他也,中无主而道不可居也。'"③孔子问礼于老子,自言求道二十七年而不得,是则孔子向

---

① 阎若璩:《尚书古文疏证》卷八。
② 毛奇龄:《经问》卷十二。
③ 《太平广记》卷一《老子》。

老子问礼时二十七岁矣,其时为鲁昭公十七年(前525)。宋人则多取司马贞《索隐》之说,把孔子入周问礼系于鲁昭公二十四年,如胡仔《孔子编年》和胡弘《皇王大纪》,皆将孔子适周问礼系于鲁昭公二十四年。此说为清代学人阎若璩所申说,有较大影响。毛奇龄力驳其他三说,对此说则未置可否,已可见其态度。

《史记》叙孔子适周之事,在孔子周游列国返回鲁国之后,所谓"斥乎齐,逐乎宋卫,困于陈蔡之间,于是反鲁"。① 孔子周游列国到处碰壁,返回鲁国之后,决定到周朝去,向老子寻求答案。而《史记》接下所述齐侵鲁之事,则发生在鲁昭公二十年(前522),即孔子三十岁时。按照《史记》的叙事逻辑,孔子问礼应发生在鲁昭公七年(前535)至二十年间。但此说与《礼记·曾子问》所载孔子之语有矛盾:"孔子曰:昔者吾从老聃助葬于巷党,及堩,日有食之。老聃曰:'丘,止柩。就道右,止哭以听变。'既明,反而后行,曰礼也。"②在孔子可能适周的时间内,曾经发生过两次日食,一次在鲁昭公七年,一次在鲁昭公二十四年。昭公七年,孔子十七岁。此年适周问礼,有学者已证其非。所以,不少学者认为,第二次日食发生的时间就是孔子适周问礼的时间。所谓昭公二十四年说,主要依据就是《礼记·曾子问》中孔子的这一段话。

昭公二十四年说,不仅可以从《礼记·曾子问》中找到依据,而且可以从《史记》中找到证据。据《史记·孔子世家》载,孔子周游列国返回鲁国,南宫敬叔向鲁君请求:"请与孔子适周。"鲁昭公七年,孔子十七岁时,南宫敬叔拜孔子为师。假定此时南宫敬叔在垂髫之年,在六七岁间,则其时应在鲁昭公元年至二年间,亦即公元前541年至公元前540年。南宫敬叔是鲁国贵族,假定其二十四五岁间为鲁国大夫,那么,他向鲁君请求与孔子适周问礼的时间,应在拜孔子为师之后二十年前后,亦即鲁昭公二十四年至二十五年间。这一年,孔子在三十四至三十五岁之间。与《礼记·曾子问》相互参照,孔子于鲁昭公二十四年适周问礼,是比较可信的。

---

① 《史记》卷四十七《孔子世家》。
② 《礼记》卷十九《曾子问》。

三、老子答孔子问礼的主要内容

老子答孔子问礼的主要内容究竟是什么,《史记·孔子世家》和《老子列传》都没有说清楚。《孔子世家》仅有孔子问礼完毕,老子送孔子回鲁时说的几句话:"吾闻富贵者送人以财,仁人者送人以言。吾不能富贵,窃仁人之号,送子以言。曰聪明深察而近于死者,好议人者也;博辩广大危其身者,发人之恶者也;为人子者毋以有己,为人臣者毋以有己。"这段话既是在宣讲礼仪,更像是在传授为人之道。《老子列传》同样没有记载孔子问礼的内容,仅有老子的答词和孔子对老子的评价:

> 孔子适周,将问礼于老子。老子曰:"子所言者,其人与骨皆已朽矣,独其言在耳。且君子得其时则驾,不得其时则蓬累而行。吾闻之,良贾深藏若虚,君子盛德容貌若愚。去子之骄气与多欲,态色与淫志,是皆无益于子之身。吾所以告子,若是而已。"孔子去,谓弟子曰:"鸟,吾知其能飞;鱼,吾知其能游;兽,吾知其能走。走者可以为网,游者可以为纶,飞者可以为矰。至于龙,吾不能知其乘风云而上天。吾今日见老子,其犹龙邪?"

《史记》虽然两次提到孔子问礼,但都没有言及孔子问礼的内容。孔子问礼是春秋末年的一件大事,也是中国文化史上有深远影响的一件大事,有必要搞清楚弄明白。关于这一问题,《孔子家语》有简略记载:"孔子谓南宫敬叔曰:吾闻老聃博古知今,通礼乐之原,明道德之归,则吾师也。今将往矣。"①很显然,孔子适周,准备向老子学习的是"礼乐之原"和"道德之归"。这可以视为孔子问礼的主要内容。南宫敬叔在向鲁君报告时,则用"观先王之遗制,考礼乐之所极"②来概括孔子适周问礼的主要内容。孔子适周问礼,包括礼乐和道德,其内容自然就很宽泛了。

但是,现今可见文献在言及孔子问礼时,都比较简略,唯《礼记·曾子问》较为详细。但其所言内容,皆是关于丧葬之礼的,而有关周朝的其他礼仪则概未

---

① 《孔子家语》卷三《观周》第十一。
② 《孔子家语》卷三《观周》第十一。

涉及：

> 孔子曰："昔者，吾从老聃助葬于巷党，及堩，日有食之。老聃：'丘，止柩，就道右，止哭以听变。'既明，反而后行，曰礼也。"

> 反葬，而丘问之曰："夫柩不可以反者也。日有食之，不知其已之迟数，则岂如行哉？"老聃曰："诸侯朝天子，见日而行，逮日而舍；奠大夫，使见日而行，逮日而舍。夫柩不蚤出，不莫宿，见星而行者，惟罪人与奔父母之丧者乎？日有食之，安知其不见星也？且君子行礼，不以人之亲痁患。"

> 孔子曰："吾闻诸老聃曰：昔者，史佚有子而死，下殇也，墓远。召公谓之曰：'何以不棺敛于宫中？'史佚曰：'吾敢乎哉？'召公言于周公。周公曰：'岂不可？'史佚行之，下殇，用棺衣。棺，自史佚始也。"

> 孔子曰："吾闻诸老聃曰：'昔者，鲁公伯禽有为为之也。今以三年之丧，从其利者，吾弗知也。'"

孔子适周，与周游列国不同。周游列国，是为了推销其政治主张和治国理念；到洛阳去，则兼有访学与考察两种性质。所以，孔子问礼涉及的内容显然不会局限于丧葬之礼，而应更为宽泛。关于这一点，可以从《孔子家语》得到证明。孔子与南宫敬叔等适周，"问礼于老聃，访乐于苌弘，历郊社之所，考明堂之则，察庙朝之度，于是喟然曰：'吾乃今知周公之圣，与周之所以王也！'"孔子适周，不仅向老子问礼，向苌弘访乐，而且还考察了周朝的郊社、明堂、宗庙等。孔子考察明堂，"睹四门墉，有尧舜之容、桀纣之象，而各有善恶之状、兴废之诫焉。又有周公相成王，抱之负斧扆，南面以朝诸侯之图焉。孔子徘徊而望之，谓从者曰：'此周之所以盛也！夫明镜所以察形，往古者所以知今。人主不务袭迹于其所以安存，而忽忽所以危亡，是犹未有以异于却走而欲求及前人也，岂不惑哉？'"孔子考察周太祖后稷之庙，见庙堂右阶之前有金人，多次欲言又止，最后在金人背铭曰："古之慎言人也！戒之哉！无多言，多言多败；无多事，多事多患。安乐必戒，无所行悔。勿谓何伤，其祸将长；勿谓何害，其祸将大；勿谓不闻，神将伺人。焰焰不灭，炎炎若何。涓涓不壅，终为江河。绵绵不绝，或成网罗。毫末不札，将寻斧柯。诚能慎之，福之根也。"孔子考察郊社、明堂、宗庙等，是要实地看一看周朝的礼制，看一看经历了数百年的周朝礼制在当时的状况。至于他考察明堂后的感慨和考察太庙之后在金人背后的铭文，或言兴废之理，或言为人之道，与礼乐则没有多大关系。

在《文子》中,孔子问礼则变成了向老子问道:"孔子问道,老子曰:'正汝形,一汝视,天和将至;摄汝知,正汝度,神将来舍,德将为汝容,道将为汝居,瞳兮若新生之犊,而无求其故。形若枯木,心若死灰,真其实知,而不以曲。故自持恢恢,无心可谋,明白四达,能无知乎?'"①孔子向老子问道,老子的回答属于"道"的范畴,与礼仪关系不大。老子是道家学说的创始人,孔子适周向老子问礼,自然也应包含"道"的内容。这与《史记》记载的老子对孔子教诲之语的精神是一致的,即言人生之道和处世之道,而不是言礼制。据此而言,孔子入周向老子问礼,不仅包含礼仪的内容,而且包含着更多的问道成分。

孔子向老子问礼事,《太平广记》的记载又有不同,增加了"先使子贡观焉"这样一个细节:"孔子常往问礼,先使子贡观焉。子贡至,老子告之曰:'子之师名丘,相从三年,而后可教焉。'"②不仅如此,《太平广记》还记载了老子与孔子的几段对话,亦可视为孔子向老子问礼的内容。但其内容多涉及"道",而很少涉及礼制。如老子见孔子读书时的对话:

> 孔子读书。老子见而问之曰:"何书?"曰:"《易》也。圣人亦读之。"老子曰:"圣人读之可也,汝曷为读之?其要何说?"孔子曰:"要在仁义。"老子曰:"蚊虻嗜肤,通夕不得眠。今仁义惨然而汩人心,乱莫大焉。夫鹄不日浴而白,乌不日染而黑。天之自高矣,地之自厚矣,日月自明矣,星辰固自列矣,草木固有区矣。夫子修道而趋,则以至矣,又何用仁义?若击鼓以求亡羊乎?夫子乃乱人之性也!"

孔子问礼,载诸史籍,般般可证。但纵观现有文献,所谓孔子向老子问礼,其问礼的内容比较少,更多的则属于问道的范畴。不论是《史记》所载,还是《孔子家语》《文子》等其他文献的记载,孔子问礼的内容主要应属于老子所说的"道"的范畴,而很少涉及礼。之所以会出现这种情况,主要原因是受道教崇道抑儒情结的影响。所以,除《史记》之外,其他正史皆不载此事,儒家文献也很少记载。相反,道家、道教及佛教文献对此事都津津乐道。尤其是道家和道教著作,更是乐此不疲,有的甚至是添枝加叶大肆宣扬,借此事来表明道尊于儒。如

---

① 《文子》卷上。此外,《庄子·知北游》有类似记载,但不是老子对孔子语,而是被衣对啮缺语。
② 《太平广记》卷一《老子》。

《太平广记》所载老子和孔子关于六经的对话,很能说明问题:

> 孔子曰:"丘治《诗》《书》《礼》《乐》《易》《春秋》,诵先王之道,明周召之迹,以干七十余君,而不见用。甚矣,人之难说也!"老子曰:"夫六艺,先王之陈迹也,岂其所陈哉?今子所修者,皆因陈迹也。迹者,履之出。而迹岂异哉?"孔子归,三日不谈。①

这则记载出自《神仙传》,而《神仙传》相传出自东晋葛洪之手。葛洪是中国道教史上的著名人物,其所撰《抱朴子》是道教经典,其所著《神仙传》崇道抑儒的倾向非常明显,他置老子于孔子之上,自是情理之中的事情。至于《法苑珠林》等佛教文献尊崇老子,则是因为佛教与道教有着很深的渊源。三国时期已是如此。诚如陈寿《三国志》所说:"浮屠所载临蒲塞、桑门、伯闻、疏问、白疏间、比丘、晨门,皆弟子号也。浮屠所载与中国老子经相出入,盖以为老子西出关,过西域之天竺,教胡。浮屠属弟子别号,合有二十九,不能详载,故略之如此。"②西晋时期出现的《老子化胡经》,对传说中的老子化胡故事大肆渲染,老子遂与佛教结下不解之缘。一些佛教文献言及老子与孔子时,同样采取了崇道抑儒的态度。当然,最主要的还是道教人士的自矜其说。老子由道家学说创始人,演变为道教"三清"之一,被尊为道德天尊,受到道教的推崇。道教为了与儒家和佛教争取"国教"地位,自然要抬高老子,而先秦文献和《史记》中有关老子的记载,又提供了一些抬高老子的理由。道教人士在此基础上加以想象和演绎,也是情理之中的事情。

(此文为提交给2014年第四届洛阳老子文化国际论坛的会议论文)

---

① 《太平广记》卷一《老子》。
② 《三国志·魏志》卷三十《乌丸鲜卑东夷传》。

老子"无为"思想的现代管理学意义

在《老子》一书的话语体系中,"自然"与"无为"是居于核心地位的两个关键词。老子主张尊重自然,顺应自然,故而把"无为"作为人们对待自然和社会的基本态度。老子主张"无为",反对违背自然与社会规律的行为,反对逆事物发展的规律而动,所以老子高扬自然的旗帜,主张无为而无不为。"自然"与"无为"像一枚硬币的两面,既合而为一,又互为存在之条件。所以,探讨老子思想的现代管理学价值,应紧密联系老子思想的核心内容,从"自然"与"无为"入手,深入分析老子思想对现代管理的镜鉴意义。

一、顺应自然,彰显现代管理要义

现代管理是规律管理和系统管理。所谓规律管理,是指所有的管理行为符合管理学的基本规律,而不能违背其规律。管理学的规律是什么?学术界有不同的看法,而且有些看法分歧还比较大。有的学者总结管理学规律,多达几十种,如蝴蝶效应、青蛙效应、马太效应、羊群效应、鲇鱼效应、鳄鱼法则、木桶理论、帕金森定律,等等。其实,这些只是管理学现象反映出来的一些规律性问题,而不是管理学的基本规律。管理学的基本规律,是由管理的性质、对象、目标和任务决定的。所谓管理,说直白点就是管人理事。事情是人做的,人在管理过程中居于核心地位,既是管理对象,同时也是管理主体。所以,管理学的基本规律就是在管理过程中调动和发挥人的最大潜能应遵守的基本法则,管理的基本宗旨就是在一定的时空条件下用合适的人去做合适的事。

人在管理过程中的特殊地位,决定了所有的管理活动都必须紧紧围绕调动和发挥人的最大潜能这一核心问题去展开。在这一问题上,老子尊重自然、顺应自然的思想,对人们很有启示意义。《老子》第二十五章云:"有物混成,先天地生。寂兮寥兮,独立而不改,周行而不殆,可以为天下母。吾不知其名,字之曰道,强为之名曰大。大曰逝,逝曰远,远曰反。故道大,天大,地大,人亦大。域中有四大,而人居其一焉。人法地,地法天,天法道,道法自然。"老子视道、天、地、人为域中"四大",并以人为基础,形成了人→地→天→道→自然五个递进层级,人是五个层级的基础,"自然"则是最高境界。五者之间,由低向高,形成了一种相互仿效取法的关系。这样一种相互仿效取法的关系,实际上是管理和控制关系。只有通过有效的管理和控制,由低向高逐级仿效,才有可能达至自然无为之最高境界。这种以人为中心的思想,对现代管理有积极的启示意义。在整个管理链条中,人是管理的基础,也是管理的核心。要最大限度地调动和发挥人的潜能,就要顺应由低向高逐级仿效的自然规律,尊重自然,顺应自然,而不是违背自然规律,纯粹把人作为管理对象。在现代管理中,要坚持人本原则,把人放在最核心的位置,对人给予最大的尊重、最大的信任,使之处于可以自由发挥的最佳状态。只有这样,才能发挥由低向高逐级仿效的层递效应,才有可能达至现代管理学所要求的最大效益。

顺应自然,尊重规律,是管理的最高境界。顺应自然,就是要尊重规律,按规律办事,不违规律而动,不逆趋势而行,不乱作为,不瞎折腾。这就是《老子》第五章所说的"天地不仁,以万物为刍狗;圣人不仁,以百姓为刍狗。天地之间,其犹橐籥乎?虚而不屈,动而愈出。多言数穷,不如守中"。天地无私,大自然对任何人都没有偏爱,而是任由万物自由生长。"圣人"对百姓没有偏爱,而是任凭百姓自己发展。人们如果明白这个道理,做到顺应自然,尊重规律,那么,不论世间万物还是百姓,就会处于自然发展的和谐状态,世间就少了许多争斗和烦恼。倘能如此,所谓的管理也就不是什么难事了。所以,老子说"多言数穷,不如守中",其启示意义在于:告诫管理者不要经常不断地出台各种繁苛的政令,让人们无所适从,疲于奔命,因为这样做必然导致结果与预期相反,无法收到应有的效果。所以,与其不断地发号施令,强化管理,还不如执中守虚,顺应自然,遵守自然规律,让自然规律去发挥其应有的调适和纠偏功能。

老子的核心思想是尊重规律,顺应自然。老子说:"希言自然。"意思是说,要少发号施令,少把自己作为管理者,才符合自然的本真状态。管理学的要义也是尊重规律,顺应自然。从这个意义上说,老子尊重规律、顺应自然的思想,与现代管理学遥相呼应,灵犀相通。因此,无论研究还是从事现代管理,都应善于发现老子思想与现代管理学要义的契合点和相通之处,从而加以吸收和借鉴,努力提升现代管理水平。

二、无为而治,反映现代管理实质

现代管理学的本质,就是在一定时空条件下选择合适的人做合适的事。这一点说起来容易,做起来非常之难。首先,对特定的时空条件要有准确的把握和判断;其次,要明确所做事情的难易程度、重要性及所要达到的目的;最后也是最关键的,要善于发现和选择合适的人去做合适的事。在整个管理过程中,人是管理的核心,也是实现管理目标的关键。有鉴于此,有学者把人本原理列为管理学的第一原理,认为所谓人本原理,主要包括:职工是企业的主体,职工参与是有效管理的关键,使人性得到最完美的发展是现代管理的核心,服务于人是管理的根本目的等观点。[①] 现代管理学把企业或单位员工作为中心,强调以人为本,深得管理学之要义。但是,许多人在强调以人为本的时候,并没有把员工置于中心地位,没有把他们作为自主、自在、自为的人去看待,而是以高高在上的姿态去俯视员工,颐指气使地去指挥员工,毫无顾忌地去训斥员工。这样的管理行为已经严重偏离了管理学人本原理的基本要求。

管理学中的人本原理,与老子"无为"思想有相通之处。老子说:"道常无为而无不为。侯王若能守之,万物将自化。化而欲作,吾将镇之以无名之朴。无名之朴,亦将不欲。不欲以静,天下将自定。"(《老子》第三十七章)"道"(即自然规律)看起来总是无所作为,但世间万物却无一不是它的作为。统治者如果能够遵守自然规律,按自然规律办事,那么,世间万事万物将会自然化生,社会将会无为而治。假如有不能自然化生的情况发生,就要用"道"(无名之朴)来镇抚之。老子所说的"无为而无不为",蕴含着深奥的哲理。"无为"不是无所作为,更不是无所事事,而是强调遵循规律;"无不为"不是包打天下,什么事都要做,而是强调"道"对万事万物的规范与化生作用。这种思想对现代管理具有

---

① 参见周三多、陈传明、鲁明泓编著《管理学——原理与方法》,复旦大学出版社,2005年。

很强的指导意义。管理不是万能的,放任自流,听之任之,不进行管理也是不行的。如何实行有效的管理呢？老子"无为而无不为"的思想可以提供某些借鉴。在进行管理的时候,要充分尊重被管理者,相信被管理者,给予他们最大的信任,尽可能多地赋予他们最大的自主权,以此来调动和发挥他们的积极性和创造性,从而达到管理效益的最大化,所谓"用人不疑,疑人不用"。这样做看似"无为",实际上则是最有效的管理。从管理学的角度而言,"无为"就是最大的作为,就是最好的管理。翻一翻中国历史,著名的西汉"文景之治"和唐初的"贞观之治",统治者采取的都是无为而治,还权于民,还利于民,还信任于民,最大限度地调动和发挥百姓的积极性、主动性和创造力,这才造就了中国历史上的两大盛世。

"无为"就是给被管理者最大的自由、最大的信任,以此来调动和发挥被管理者的积极性和创造性。从这个意义上说,"无为"就是最大的作为。但是,老子所说的"无为",对管理者而言,不是无所作为,而是"居无为之事,行不言之教"。《老子》第二章云:"天下皆知美之为美,斯恶已;皆知善之为善,斯不善已。故有无相生,难易相成,长短相形,高下相倾,音声相和,前后相随。是以圣人居无为之事,行不言之教。万物作而不辞,为而不恃,功成而弗居。夫唯弗居,是以弗去。"面对纷繁复杂的社会,管理者要想通过管理行为收到预期的管理效果,就不能束手待之,不能无所作为,而应像老子所说的那样"居无为之事,行不言之教",用自身的行动来示范和引导,也就是河上公所说的"以道治之","以身师导之"。①

老子"无为"思想对现代管理学有重要的启示意义。其一,管理要遵循管理规律,不能乱拍脑袋,胡乱作为。遵循规律,就是像老子说的那样"居无为之事",按照事物发展的内在规律和内在逻辑实施管理,以调动和发挥被管理者的积极性和创造性,使之达到应有的自然状态。这是对现代管理的基本要求。其二,管理者在管理过程中不能高高在上,俯视众生,而是要融入管理之中,身先士卒,率先垂范,要求别人做到的自己首先做到,禁止他人去做的自己首先不做。马克思说过:"一个行动胜过一打纲领。"身教胜过言教,行动是最好的老师。管理者如果想要最大限度地调动和发挥被管理者的积极性和创造力,最好

---

① 河上公注《老子道德经》卷上。

的方法不是训导斥责,不是激励和惩罚,甚至不是建章立制,而是自身的行动或行为,即老子所说的"行不言之教"。

三、不争思想,体现现代管理原则

"不争"是"无为"思想的另一种表述,它与顺应自然、无为而治一样,是老子思想的重要组成部分,反映出老子对待自然和社会的基本态度。老子说:"上善若水。水善利万物而不争,处众人之所恶,故几于道。居善地,心善渊,与善仁,言善信,正善治,事善能,动善时。夫唯不争,故无尤。"(《老子》第八章)在老子看来,上善之人,其性如水,像水那样善于滋润万物,却不与万物争高下。正因为这样的人具有不争之品格,所以他才不会有过失,才没有人能够与之相争。老子把这样一种品德称为"不争之德":"善为士者不武,善战者不怒,善胜敌者不与,善用人者为之下。是谓不争之德,是谓用人之力,是谓配天,古之极。"(《老子》第六十八章)清人徐大椿以为,"不武不怒不与,乃不争之至德。为之下,乃用人之力量"①。在老子看来,人如果能够做到"不争",就将无往而不胜。他说:"夫唯不争,故天下莫与之争。"(《老子》第二十二章)河上公以为"此言天下贤与不肖,无能与不争者争也"②。第六十六章云:"江海所以能为百谷王者,以其善下之,故能为百谷王。是以圣人欲上民,必以言下之;欲先民,必以身后之。是以圣人处上而民不重,处前而民不害。是以天下乐推而不厌。以其不争,故天下莫能与之争。"以谦虚卑下之态度对待百姓,不与百姓争名利,不与百姓争先后,百姓就会尊敬你、拥戴你、支持你,就没有人能够与你竞争。所以,河上公说:"圣人在民上为主,不以尊贵虚下,故民戴而不为重;圣人在民前,不以光明蔽后,民亲之若父母,无有欲害之心也。圣人恩深爱厚,视民如赤子,故天下乐推进以为主,无有厌也。"③

老子所说的"不争",就是任其自然,有各守其分、各尽其责、不抢位、不越

---

① 徐大椿:《道德经注》卷下。
② 河上公注《老子道德经》卷上。
③ 河上公注《老子道德经》卷下。

位、不竞争、不倾轧之意。老子说:"不尚贤,使民不争;不贵难得之货,使民不为盗;不见可欲,使心不乱。是以圣人治,虚其心,实其腹,弱其志,强其骨,常使民无知无欲。使夫知者不敢为也,为无为,则无不治。"(《老子》第三章)河上公对"不争"的解释是:"不争功名,使返自然也。"①苏轼的解释更明白:"尚贤则民耻于不若而至于争;贵难得之货,则民病于无有而至于盗;见可欲,则民患于不得而至于乱。虽然天下知三者之为患,而欲举而废之,则惑矣!圣人不然,未尝不用贤也,独不尚之耳;未尝弃难得之货也,独不贵之耳;未尝去可欲也,独不见之耳。夫是以贤者用,而民不争难得之货,可欲之事,毕效于前,而盗贼祸乱不起。是不亦虚其心而不害腹之实,弱其志而不害骨之强也哉?"②圣人的"无为",主要表现为"不争",就是所谓的不尚贤、不贵难得之货、不见可欲。老子所说的"行不言之教",主要表现在这三个方面:不崇尚贤才,不授予他们高官厚禄,百姓就不会为此而争斗;不把金玉珠宝当作宝物,百姓就不会去珍重它;不喜好声色犬马,百姓就会少了很多欲望。在这种情况下,天下之治就是可以期待的了。

老子的"不争"思想,对现代管理学具有以下两个方面的启示意义。

一是现代管理要慎用激励手段。现代管理把激励作为一条重要原则,认为通过激励措施能够激发人的内在潜力,使每个人都能做到尽其所能,展其所长,自觉地努力工作。这只是看到了问题的一个方面,而没有看到激励措施所造成的负面影响。为了鼓励工作出色、业绩突出的员工,给他们以必要的激励是可以的。但是如果把激励作为一条重要原则,迷信"重赏之下必有勇夫",大搞物质刺激,动辄以重金搞重奖,则未必能够收到应有的效果。应该清楚,不是所有的人都那么看重名利等身外之物,更何况激励还可能带来许许多多的负面效应。所以,现代管理最重要的就是要在最大限度调动和发挥员工的积极性和创造力的前提下,让合适的人去做合适的事情。从这个意义上说,老子"无为"思想蕴含的"不争"原则,恰巧与现代管理原则相吻合。

二是现代管理引入竞争机制要慎之又慎。竞争机制是市场经济的产物。在强调市场竞争的时候,人们似乎忽略了竞争的负面作用。尤其是在市场经济还不充分的当下,缺少诚信,不守规则,追名逐利,几乎成了通病。这就要求管

---

① 河上公注《老子道德经》卷上。
② 苏轼:《老子解》卷上。

理者能够遵从事物发展的内在规律,以自然的态度去管理事务,不要让被管理者相互竞争,更不要让他们为了某种利益而钩心斗角,相互倾轧。因为那样做的结果不仅不会强化管理、提高效率,反而会诱发被管理者心理中的负面因素,以至于为了获得所谓的竞争优势,而丧失道德底线和心理底线,为了追逐利益而蝇营狗苟,甚至无所不用其极。所以,在现代管理中,要有"不争"意识,遵从规律管理,以自然的态度和手段进行管理,倘能做到这一点,员工焉有不尽职尽责之理?员工的积极性和创造性调动起来了,还有什么样的管理目标和任务不能实现呢?

(原载《老子思想与现代管理》,社会科学文献出版社2013年1月)

邹衍与阴阳学说

"阴阳"一词最早出自《周易》,"一阴一阳之谓道""阴阳不测之谓神"等说法,让人们对阴阳有了初步的认识。它和"道""神"等抽象概念紧密相连,毫无疑问属于形而上的范畴,或者说属于抽象的理论或理念;"五行"之说最早见于《尚书·洪范》,为洪范九畴之首,所谓"初一曰五行",指的是水、火、木、金、土这五种构成世间万事万物的基本要素,它同样是对社会与自然的一种抽象概括。到了战国时期,邹衍、邹奭总结此前出现的阴阳学说和五行学说,将阴阳与五行合而为一,创立了阴阳学派,成为中国文化史上最具影响的学说之一。

根据东汉史学家班固的说法,阴阳家不仅渊源有自,而且大有来头,认为阴阳家"出于羲和之官,敬顺昊天,历象日月星辰,敬授民时"。传说尧即位之后,命令大臣羲和按照日月星辰的运转规律,制定历法,传授给老百姓,让老百姓根据历法安排生产和生活。既然是制定历法、敬授民时,就必然会有时间与事件的适宜与禁忌,某件事情什么时间可以做,什么时间不可以做,都有所规定。譬如,春天阴气下降,阳气上升,天气转暖,适宜播种;夏天阳气正盛,天气炎热,适宜万物生长;秋天阳气下降,阴气上升,天气转冷,适宜收割;冬天阴气正盛,天气寒冷,适宜冬藏。春播、夏长、秋收、冬藏,一切都要根据季节变化进行,只需按照节令去做就可以了。到了战国时期,邹衍、邹奭把这种"敬授民时"的阴阳学说和诸侯争霸结合在一起,变成了一种"取合诸侯"的理论。

一般以为,邹衍和邹奭是阴阳家的代表人物,但事实上,邹衍和邹奭经历不同,学说也有所不同。邹衍生活于齐威王和齐宣王年间,曾经在稷下学宫讲学,宣扬他的阴阳五行思想。他还游于燕、赵,受到隆重的礼遇。他的学说气势宏大,偏重于探讨天道和社会运行规律,故被称为"谈天衍";邹奭是齐国"三邹"之一,他的学说着眼于细微之事,偏重于微观,故被称为"雕龙奭"。二人的学说,一重宏观,一重微观,宏观与微观的结合,成就了战国时期最有影响的学派——阴阳学派。他们依据阴阳运行变化和五行的生克关系来推论社会治乱和历史变化,把社会和历史的变革归之于阴阳五行的生克变化,在百家争鸣的时代独树一帜。

如同阴阳学派始终给人雾里看花、水中望月之感一样,邹衍也是一个若隐若现、若虚若实的人物,一个缥缈无际、充满神秘感的人物。邹衍不像孔子、孟子那样为后人所景仰,也不像老子、庄子那样名震百代,但他在战国诸子中的地位和孔子、孟子、老子、庄子一样,也是开山立派的人物,是诸子百家中的翘楚,而且,在当时,他远比孔子、孟子、庄子等人要风光得多。

邹衍是邹国人,和孟子是老乡,生活年代约略与孟子同时或稍后一点,但他在列国所受到的礼遇却远在孟子之上。他在齐国时,受到齐国君臣的高度重视,虽然不至于像前辈邹忌那样位居一人之下万人之上,享封侯之荣耀,但也是名重当时。至于在齐国之外,邹衍受到的礼遇就更加隆重了。有三事为证。

其一,梁惠王以国君之尊,听说邹衍要到梁国来,亲自出城到郊外迎接。司马迁叙及此事时说:"(邹衍)适梁,(梁)惠王郊迎,执宾主之礼。"古制,都城百里之外为"郊",后来把城邑之外泛称为"郊"。"郊迎"是一种十分隆重的礼遇,只有接待上宾时才有。如此隆重的礼遇,孟子何尝有机会享受?

其二,邹衍到赵国,平原君赵胜"侧行避席"。平原君出身于赵国贵族,是当时鼎鼎有名的人物,与齐国孟尝君田文、信陵君魏公子无忌、春申君黄歇并称"战国四君子",以善于养士而闻名于世。就是这样一个人物,在赵国见到邹衍,却是行不走中道,席不入主位,小心翼翼,恭敬至极。

第三件事就更是孟子不能企及的了。燕昭王修筑黄金台,礼聘天下才俊。邹衍得知这个消息,自齐而入。燕昭王不仅亲自前往迎接,还"拥彗先驱",手持一把扫帚,在前面开道,见路上有不洁之物,即亲自扫除之。人们常用"礼贤下士"来称赞那些尊重人才、爱护人才的人,燕昭王为邹衍"拥彗先驱",岂止是"礼贤下士",简直是奉若神明了。燕昭王拜邹衍为师,执弟子之礼,还为他修筑了碣石宫,亲自前往碣石宫中听邹衍讲解阴阳之学。邹衍在碣石宫写出了他的第三部著作《主运》。

邹衍和同时代有社会良知的学人、有意改变纷乱世象的政治家一样,有着强烈的社会责任感。他目睹当时各国君主奢侈无度,穷兵黩武,不修道德,不恤百姓,自然是痛心疾首。他要通过自己的实际行动挽世道于危卵,救百姓于水火。他游说诸侯,和孔子、孟子一样,也是想把自己那一套治理天下的学说推销出去。他得到了这样的机会,并且曾以帝王师的身份在燕国待了很长一段时间。但世道如此,非一人之力所能改变。明白这个道理,邹衍就在游说诸侯的同时,注意观察阴阳消息之理、世事变化之由,试图找到阴阳消息、世事变化的规律,进而整治世事乱象,消除奢华之风。他创立了属于自己的取合诸侯的学说,先后写下了《终始》《大圣》和《主运》三部著作,其中《终始》一书则被后人称为阴阳学派的奠基之作。

邹衍的三部著作都已经失传了。这是邹衍的不幸,也是中国文化的不幸。对这三部书的基本面貌,从司马迁的记载中可以窥知一二,知道它们大体有这么三个特点。其一是"其语闳大不经",用今天的话说,就是好说大话,却缺少证据,经不起推敲;其二是"因载其禨祥度制,推而远之",就是把各种异常事变作为推论社会治乱盛衰的表征;其三是把"五德终始"视为社会变革、朝代更迭的一般规律,所谓"五德转移,治各有宜"。以今天的观点来看,这些理论即使不是荒诞不经,也是很值得怀疑的,因为邹衍所说的各种现象既无法证伪,也无法证实。无法证伪或证实的东西,是最令人琢磨不透的。

往事越千年,邹衍究竟是怎样一个人物,今天已经无法复原了。我们只能够从前人点点滴滴的介绍中,对邹衍其人其事作一粗疏描述。而且,就是这些点点滴滴的东西,有时还相互抵牾,相互矛盾,令人难辨真伪。譬如,邹衍和公孙龙之辩,就有人怀疑其真实性。

有一种说法是,邹衍在赵国的时候,曾在平原君赵胜府与名家的代表人物公孙龙进行过辩论。公孙龙是有名的辩士,他有一个很著名的辩题"白马非马"。邹衍也很善于辩论。平原君想看一看两个能言善辩的人究竟谁更胜一筹,让邹衍就"白马非马"这一辩题和公孙龙辩论一番。

邹衍是何等人,面对以善辩著称的公孙龙,他不是被公孙龙牵着鼻子走,陷入那无休无止的逻辑争论中,而是高屋建瓴,以一种俯视群侪的姿态,居高临下地和公孙龙对话。他对平原君说,没有必要和公孙龙辩论什么"白马非马"的问题,那是不值得一辩的。西汉刘向《别录》这样记载其事:

> 齐使邹衍过赵,平原君见公孙龙及其徒綦母子之属论白马非马之辩,以问邹子。邹子曰:"不可。彼天下之辩有五胜三至,而辞正为下辩者,别殊类使不相害,序异端使不相乱,抒意通指,明其所谓,使人与知焉,不务相

迷也。故胜者不失其所守,不胜者得其所求。若是故,辩可为也。及至烦文以相假,饰辞以相悖,巧譬以相移,引人声使不得及其意,如此害大道。夫缴纷争言而竞,后息不能,无害君子。"①

辩论的目的是要区别不同类型的事物,使它们不至于相互抵牾,相互冲突,是要把不一样的东西条理化,而不是让它们杂乱无章。通过辩论,应该让人们明白,哪些是相同的,哪些是不同的,各有什么用途和价值。论辩双方最后不论是胜是败,都会各有所得,胜者不失其所守之道理,败者也能从中得到他所想得到的。在他看来,这样的辩论才是有价值的。至于那些表面上看起来花里胡哨,而实际上没有什么意义的命题,或是在华丽言辞掩饰之下的假命题、伪命题,或是偷换概念、转移命题,或是言不及意、辞不达意,这样的辩论只会危害正道,而不会对人们有什么益处。他严正指出,类似这样的辩论,"衍不为也"。

从邹衍的一番话中可以看出,他是一个很善辩的人。对公孙龙"白马非马"的论题,他一眼就看出了症结所在,但并不道破,而是从正反两个方面发表自己的看法。如果是有意义有价值的命题,而人们又有不同的认识或看法,那么,可以通过辩论来促进交流;如果命题本身就是假命题或伪命题,那只会混淆视听,惑人心志,这样的命题根本不值得一辩。如此一正一反,令人信服,于是在座的人都齐声叫好。论辩还没有开始,公孙龙就已经先输掉了。

"衍不为也",是一种态度,也是一种宣言。非不能也,实不为也。擅长辩论的人还怕论辩吗?非也。擅长辩论,也要看辩题有无价值,是否值得辩论。如果对方的辩题本身就是假命题或伪命题,你还去和他争论不休,岂不是自贬身份?邹衍还未和公孙龙进行正面交锋,就已经令公孙龙自觉理亏。

然而,早就有人指出,邹衍和公孙龙根本不是同时代人,怎么可能发生正面交锋呢?这同样是一个很有意思的问题。但没必要拘泥于文献的考证,一定要搞清楚谁在前,谁在后,搞清楚二人究竟是不是同时代人。通过这个事例,我们只要明白一个事实就够了,那就是邹衍不仅是阴阳学说的开山祖师,还是一个能言善辩的人。不然的话,他何以能够在高手如林的战国时期出入各国,进退自如?何以能够受到如此之高的礼遇?

邹衍的著作虽然已经不存,但其阴阳思想却在其后的一些著作中时时可

---

① 《史记》卷七十六《平原君虞卿列传》裴骃《集解》引刘向《别录》。

见,如秦朝吕不韦门人所著《吕氏春秋》、西汉董仲舒《春秋繁露》、东汉班固等编撰的《白虎通义》等,都充斥着阴阳五行思想。迄于隋唐,萧吉《五行大义》和唐人吕才等编纂的《阴阳书》传世,阴阳五行思想才得以系统化。在阴阳家看来,万事万物都依据其所属阴阳五行的生克关系自然发生变化。譬如地球的自转形成昼夜,昼为阳,夜为阴;地球围绕太阳公转形成寒暑,寒为阴,暑为阳。阳盛则衰,衰则阴继,阴盛则阳衰,衰则阳继,周而复始,以至无穷。阴阳家在解释万事万物的生成变化时,不仅依据阴阳的强弱盛衰的转化,而且依据阴阳之间相生相克的关系。他们把万事万物分为金、木、水、火、土五行,五行皆有阴阳,五行之间也存在着相生相克、相互制约和相互转化的关系。阴阳五行之间的这种内在关系,决定了万事万物的发展变化。

阴阳家对阴阳五行之间内在关系的界定,无疑属于先验性的,至于他们为何作出这样的界定,由于其著作早已不存,人们已无从推测。后人只好根据自己的理解作出解释。譬如阴阳,有人以为是"气",阴气与阳气交相运行,其运行之理就是"道";再譬如五行,有人以为五行就是构成世界万物的五种元素,有人以为是金、木、水、火、土五星;有人以为天一生水,地二生火,天三生木,地四生金,天五生土,所以一、二、三、四、五是五行之生数,六、七、八、九、十是五行之成数,生数与成数相对应,才有所谓五行。另有一种说法,数是由小到大,万物也是由小到大,水最微小为一,火是由一点点火星而逐渐变大为二,木形坚实为三,金属坚固为四,土最大为五。但不论怎样解释,都是试图为阴阳五行说寻找一个理论根据,毕竟它是一种曾经十分流行的学说,一种有深远影响的学说,况且这种学说毕竟早已失传。不论怎样解释,只要能够自圆其说,都有可能成一家之言。

如今知道阴阳学说的人已不是很多,但作为一种"取合诸侯"的学说,阴阳学说也曾扬眉吐气过。司马谈《论六家要旨》把阴阳家列为六家之首,以为"阴阳、儒、墨、名、法、道德,此务为治者也,直所从言之异路,有省不省耳"。他对阴阳学说有一段很精彩的评论:"阴阳之术,大祥而众忌讳,使人拘而多所畏。然其序四时之大顺,不可失也。"在他看来,阴阳学说对阴阳、四时、八位、十二度、二十四节令的规定,都合乎自然规律,符合王者教化天下的需要。至于春生夏长、秋收冬藏,则体现了天道运行的规律,必须顺应,必须遵从,不顺应这些,就无法治理天下,无法教化民众,无法振起纲纪。但他同时也指出了阴阳学说的致命弱点所在,那就是忌讳太多,让人感到各种限制无所不在,一举一动都会有所畏惧。这样就势必束缚人们的主观能动性,限制人们的想象力和创造力。汉武帝罢黜百家,独尊儒术,阴阳家的地位有所下降,从六家之首降到十家的第三位。尽管如此,阴阳家的地位比法、墨、名、纵横、兵、农等家还是要重要得多。

阴阳五行说在战国以后广为流布,尤其是在阴阳五行演变成"牵于禁忌,泥于小数,舍人事而任鬼神"的末学之后,在民间获得了很大的市场,几乎达到了家喻户晓的程度。一些人丢弃了阴阳家"序四时之大顺"以教化世风、整饬世教的大旨,而是拘泥于细枝末节,专注于各种禁忌,"舍人事而任鬼神",把阴阳五行学说变成了一种神乎其神的神秘之术,出现了许多依据阴阳五行推算各种宜忌的方术,一些江湖术士更是借此招摇撞骗,欺蒙无知。一种曾经是"取合诸侯"的学说和理论,最后竟然沦落到如此地步,既是无奈,也是不幸。

阴阳家虽然曾经风云一时,但他们的著作一部也没有流传下来。很有意思的是,典籍的缺失不仅丝毫没有影响到阴阳学说的流行,相反,在民间,在人们的日常生活中,时时处处都可以看到阴阳五行思想的遗迹和影响,感受到阴阳五行思想所具有的魔力。它是那样地顽强,那样地无孔不入,以至于你在不知不觉中为之感染,为之影响。甚至于你不得不感慨,在这个为阴阳所包容的世界,阴阳无所不在,无所不是阴阳。

(原刊于《寻根》2009 年第 4 期)

荥阳郡与郑姓考论

荥阳为古虢国,又称东虢,是郑姓的发源地之一,也是郑姓的郡望。秦始皇统一天下,实行郡县制,在东虢置敖仓县,属三川郡。西汉初年改三川郡为河南郡,敖仓更名荥阳,此为荥阳县之所始。后来又设置荥阳郡,但荥阳开始设郡的时间,一直有不同的说法。据今所见文献记载,有三种说法较有影响:一是郦道元《水经注》的魏正始三年(242)说,二是《晋书》的西晋泰始二年(266)说,三是唐杜佑《通典》的后汉说。三种说法都是出自很有影响的权威性文献,似乎都难以怀疑,但三说之中毕竟只有一种说法属实。那么,究竟哪一种说法更合乎史实呢?且容逐一辨之。

一、魏正始三年说

郦道元《水经注》卷七载:"魏正始三年,岁在甲子,被癸丑诏书,割河南郡县,自巩阙以东创建荥阳郡,并户二万五千,以南乡筑阳乡亭侯李胜,字公昭,为郡守。故原武典农校尉,政有遗惠,民为立祠于城北五里,号曰李君祠。"魏齐王正始三年为公元242年。李胜是三国魏人,字公昭。少年时期游于京师,以雅有才智而为曹爽所赏识,却因好浮华而遭到魏明帝曹叡禁锢。曹爽辅政后,李胜受到重用。《三国志·魏志·曹爽传》裴松之注引鱼豢《魏略》载其事云:"胜少游京师,雅有才智,与曹爽善。明帝禁浮华,而人白胜堂有四窗八达,各有主名,用是被收。以其所连引者多,故得原,禁锢数岁。帝崩,曹爽辅政,胜为洛阳令。夏侯玄为征西将军,以胜为长史。玄亦宿与胜厚,骆谷之役,议从胜出。由是司马宣王不悦于胜。累迁荥阳太守、河南尹。胜前后所宰守,未尝不称职。为尹岁余,厅事前屠苏坏,令人更治之,小材一枚激堕,正挝受符吏石虎头,断之。后旬日,迁为荆州刺史,未及之官而败也。"既称李胜为荥阳太守,则荥阳当已为郡。但荥阳何时设郡,《魏略》未曾言及。

考诸文献,郦道元魏正始三年说颇多矛盾和讹误。其所言"割河南郡县,自巩阙以东创建荥阳郡",仅见于《水经注》,不见于正史《地理志》或《郡国志》,只是孤证。且"正始三年,岁在甲子",则系明显失误。魏正始三年为壬戌,后二年,即魏正始五年(244)为甲子。"正始三年,岁在甲子",时间错误,此其一。李胜曾经为夏侯玄长史,不仅随夏侯玄参与骆谷之役,而且骆谷之役的提出,也是李胜的首谋。骆谷之役发生在正始五年,而此时李胜为征西将军夏侯玄长史,其迁荥阳太守,应在正始五年之后,而非正始三年,此其二。由于司马懿对李胜谋划骆谷之役甚是不满,曹爽专擅朝政之前,李胜升任荥阳太守或河南尹都不太可能,而只能在曹爽专擅朝政之后。据《三国志》和《晋书》有关记载,魏明帝曹叡临终前,司马懿与曹爽同受遗诏,辅佐齐王曹芳。《晋书·宣帝纪》载:"(司马懿)与大将军曹爽并受遗诏辅少主。及齐王即帝位,迁侍中,持节都督中外诸军,录尚书事。与爽各统兵三千人,共执朝政。"而曹爽专擅朝政,据《晋书·宣帝纪》则在正始八年(247):"八年夏四月,夫人张氏薨。曹爽用何晏、邓飏、丁谧之谋,迁太后于永宁宫,专擅朝政。"所以,李胜为荥阳太守,应在正始八年曹爽专擅朝政之后,此其三。郦道元的"魏正始三年"说,虽然没有说明出处,但从上述考论中可以看出,其依据当是西晋史学家鱼豢《魏略》有关李胜的记载。遗憾的是,郦道元之说既与鱼豢《魏略》相关记载相矛盾,又与陈寿《三国志》及房玄龄等《晋书》的有关记载相抵牾。如此一来,郦道元"魏正始三年"之说的可信度就要大打折扣了。一些学者采信郦道元魏正始三年说,或系习焉不察,致使以讹传讹。

二、西晋泰始二年说

此说见载于《晋书》卷十四《地理志》:"荥阳郡,泰始二年置,统县八,户三万四千。"公元265年,司马炎废魏元帝曹奂而称帝,改元泰始。泰始二年,割原属河南郡的荥阳、京、密、卷、阳武、苑陵、中牟、开封八县,设置荥阳郡,郡治为敖仓,乃秦故县所在地。自晋武帝泰始二年始设荥阳郡,此后地名区划时有变更。

唐人李吉甫《元和郡县志》对唐宪宗元和之前荥阳郡的历史沿革作了系统的勾勒：

> 《禹贡》豫州之域，春秋时为郑国，本高辛氏火正祝融之墟也。周宣王母弟友为周司徒，食采于郑，是为郑桓公。后幽王为犬戎所杀，桓公死之。其子武公与平王东迁，平定虢郐之地，故《左传》曰"我周之东迁，晋郑焉依"是也。自武公后二十二公，至六国时，郑为韩哀侯所灭。哀侯二年，韩自平阳徙都郑。秦并天下，属三川郡。汉高祖改三川为河南郡，荥阳属焉。晋武帝分河南，置荥阳郡。东魏孝静帝分荥阳，置成皋郡。高齐文宣帝又改为荥阳郡。周改为荥州。隋开皇三年改荥州为郑州，十六年分置管州，大业二年废郑州，改管州为郑州。隋末陷贼，武德四年五月擒建德、王世充，东都平，其月置郑州，理虎牢。其年又于今郑州理置管州。贞观元年废管州，七年自虎牢移郑州于今理。①

李吉甫虽然明言"晋武帝分河南，置荥阳郡"，但是没有说明分置的时间。也许是因为《晋书》已载，无需多言。宋人乐史《太平寰宇记》言及郑州荥阳郡，亦是从《晋书》之说：

> 郑州荥阳郡，今理管城县。《禹贡》为豫州之域，星分氐宿，古轩辕所都之地，高辛氏火正祝融之墟。周初封管叔于此，故《周礼注》寿星为郑州之分，实豫州之北境也。《国语》：郑桓公为平王司徒，问于史伯，寄孥与贿于虢郐十邑。注云：十邑谓虢、郐、鄢、蔽、补、丹、依、㽥、历、莘也。此即莘地。后郑为韩所灭，韩又徙都之。其东境又属魏。秦并天下，属三川郡。汉属河南郡。后汉至魏因之。晋泰始二年，分河南郡地，置荥阳郡，理古荥阳城。

从以上所引文献来看，晋武帝泰始二年（266）分河南郡地置荥阳郡之说，是较为可信的。理由有四。其一，此说出于《晋书·地理志》，而《晋书》是较为可信的正史。其二，改朝换代之后，定正朔、易国名、改年号、明区划是常有的事。晋武帝即位之后，曾经对京畿及其他地方的区划进行过较大规模的调整。从《晋书·地理志》的记载来看，泰始二年同时设郡的有荥阳郡、上洛郡、汲郡、顿丘郡、襄城郡等。而三国魏设置的郡，《晋书·地理志》也有记载，如广平郡、阳平

---

① 李吉甫：《元和郡县志》卷九《河南道·郑州》。

郡、谯郡、弋阳郡、汝阴郡等。其三，《元和郡县志》《太平寰宇记》等广有影响的舆地文献，都从《晋书·地理志》之说，支持晋武帝分河南郡地置荥阳郡的说法。其四，晋武帝分河南郡地置荥阳郡，后世几成定论。如林宝《元和姓纂》有"晋置荥阳郡，开封隶焉"之说。①《新唐书·宰相世系表》述及郑姓宰相源系时亦云"晋置荥阳郡"。② 唐人颜师古为《汉书》作注，其于"攻开封未拔"下注云"开封县名属荥阳"，四库馆臣《汉书考证》则明言："注非也。汉时开封县属河南郡，其荥阳郡至晋始置。"③纠正了颜师古的错误，坚持晋置荥阳郡之说。

三、后汉分置荥阳郡说

此说仅见于杜佑《通典》。其述郑州沿革时称"秦属三川郡，汉属河南郡，后汉因之，分置荥阳郡"④。杜佑《通典》一向深受推崇，评价很高。但这段话却很有问题。首先，"后汉因之"是承前而言还是启后而言，难以分别。其次，若是承前而言，则"后汉因之"，仍当为河南郡，何来的"分置荥阳郡"？再次，若是启后而言，则语义自相矛盾。既是"因之"，为何"分置"？如果是"分置"，就不是"因之"。所以，如果是启后而言，"分置荥阳郡"前虽然缺失了是谁分置、何时分置这样的词语，但仍不免给人后汉分置荥阳郡的印象。

杜佑所说"后汉"，即通常所说的东汉，起于光武帝刘秀建武元年（25），止于汉献帝建安二十五年（220）。东汉是否曾经分置荥阳郡呢？最权威的证据是范晔《后汉书》。披检《后汉书·郡国志》，其"司隶"下有"河南尹"，而无荥阳郡。荥阳仅在"河南尹"下述及。范晔撰写《后汉书·郡国志》的标准是"但录中兴以来郡县改异，及《春秋》三史会同征伐地名"⑤。比照这一标准可以发现，东汉时期，仅建武十五年（39）改河南郡为河南尹，而没有荥阳郡。当时的荥阳仅是河南尹的一个属县，属于河南尹二十一城之一。

---

① 林宝：《元和姓纂》卷九"郑"姓。
② 《新唐书》卷七十五上《宰相世系表》。
③ 《前汉书》卷一上考证。
④ 杜佑：《通典》卷一百七十七《郑州》。
⑤ 《后汉书》卷二十九《郡国志》。

杜佑所说"后汉因之",是承前还是启后,语义不明,容易引起歧义。但如前所说,不论承前而言,还是启后而言,都容易给人后汉分置荥阳郡的印象。还有一种可能,是"后汉因之"后,在传抄中或有脱文。对比一下乐史《太平寰宇记》的相关记载,便一目了然:

> 秦属三川郡,汉属河南郡,后汉因之,分置荥阳郡。(《通典》卷一百七十七)

> 秦并天下,属三川郡。汉属河南郡。后汉至魏因之。晋泰始二年,分河南郡地,置荥阳郡。(《太平寰宇记》卷九)

从对比中不难发现,"后汉因之"属于承前之语的可能性非常大。如此一来,"分置荥阳郡"之前就缺少了时间主语。由于这两段话的近似度非常高,所以,有可能是缺少了"晋泰始二年"几字。理由之一,是《太平寰宇记》多是据前代文献而成,且"采摭繁富,惟取赅博"(《太平寰宇记提要》),其采于杜佑《通典》之文颇多。上述文字采于《通典》的可能性很大。理由之二,杜佑是中唐人,《晋书》成书于初唐,以杜佑之渊博,对《晋书》有关荥阳郡的记载应该熟悉,所以,其上述文字脱落"晋泰始二年"的可能性非常大。当然,这仅是推测之词,尚需可靠的证据来证明之。

综上所述,晋武帝泰始二年分河南郡地置荥阳郡之说最为可信。有了荥阳郡,才可能有荥阳郡望。所以,荥阳郡作为郑姓的郡望,应是西晋以后的事情。西晋之前,荥阳只是一个县,尚未设郡,若把荥阳作为郑姓的郡望,是不合适的。至于荥阳堂的出现,则是远在荥阳郡望出现之后。此为另一话题,姑置不论。

四、荥阳郡与郑姓

郡望是门阀士族时代的产物,具体些说是魏晋时期实行九品中正制以后的事情。魏晋时期举荐官员,要先由被举荐人所在地的大中正对被举荐人的家世、门第以及个人操守、品行、能力等给予品鉴,然后始得备选。所谓"州郡皆置中正,以定其选。择州郡之贤有识鉴者,为之区别人物,第其高下"[①]。这样选

---

① 杜佑:《通典》卷十四《选举》。

择的结果是,在州郡无家族背景者,则几乎没有备选的机会。而出身世家大族,或出身某地望族者,晋身仕途的机会就会很多。所以,魏晋时期名门望族世代为高官者颇多。正如马端临所言:"自魏晋以来,始以九品中正为取人之法。而九品所取,大概多以世家为主,所谓'上品无寒门,下品无世族'。故自魏晋以来,仕者多世家。逮南北分裂凡三百年,而用人之法多取之世族,如南之王谢,北之崔卢。虽朝代推移,鼎迁物改,犹卬然以门地自负。"①而所谓"郡望",实际上就是郡中望族。魏晋南北朝时期,一些望族绵延十数代,如南之王谢,北之崔卢,甚至到了隋唐,仍有很大的影响力。正是因此,天宝八载(749),宰相李林甫受唐玄宗之命编纂的《天下郡望氏族谱》,就把"郡望"作为氏族谱的重要内容之一。元和年间,林宝编纂《元和姓纂》,起因就是唐宪宗封赏边帅,有司把朔方别帅阁者的郡望弄错了。如此庄重的事情,因一件小事惹得边帅不高兴。所以,唐宪宗令宰相李吉甫编纂姓纂,以免再出类似的错误。于是,李吉甫令林宝编纂《元和姓纂》,"综修姓纂,署之省阁,始使条其源系,考其郡望,子孙职位,并宜总辑。每加爵邑,则令阅视,庶无遗谬者矣"②。"考其郡望"与"条其源系"一样,成了《元和姓纂》的重要内容之一。由此可见,在唐代,郡望已经成了人们非常看重的事情,尤其是世家大族,更不能把他们的郡望搞错了,否则会被视为有意冒犯。

《元和姓纂》叙郑姓,遵循的就是"条其源系,考其郡望,子孙职位,并宜总辑"之原则。其叙郑姓源系云:"郑。周厉王少子支封于郑,是为桓公,在畿内,今华州郑县是也。威公生武公,与晋文公夹辅平王,东迁于洛,郑徙溱渭之间,谓之新郑。传封十三代至幽公,为韩所灭。子孙播于陈宋,以国为氏。"自郑桓公封于郑(今陕西华县东),到郑武公迁于新郑,再到郑国至幽公时被韩哀侯所灭,源系十分清晰。其叙郑姓郡望,则称"荥阳开封":

  荥阳开封。当时六代孙穉,汉末自陈徙河南开封。晋置荥阳郡,开封隶焉,遂为郡人。穉生兴,兴生众,后汉大司农。曾孙熙生泰、浑。浑魏少府,生崇,晋荆州刺史。曾孙略,前赵侍中,生豁、楚。楚生温,燕太子詹事。生三子晔、恬、简。晔号北祖,恬号中祖,简号南祖。晔七子白麟、小白、叔

---

① 《文献通考》卷三十四《选举》。
② 《元和姓纂》之林宝《自序》。

夜、洞林、归藏、连山、幼麟,因号七房郑氏。

林宝述郑姓郡望从郑穉自陈移居荥阳郡开封县始。由于荥阳郑氏自郑穉开始世居荥阳,魏晋南北朝时期世代为官,名人辈出,故林宝以荥阳郡为郑姓郡望。迄于唐代,荥阳郑氏依然很显赫。据《新唐书》卷七十五《宰相世系表》,郑姓北祖和南祖共有宰相九人:"郑氏定著二房:一曰北祖,二曰南祖。宰相九人。北祖有珣瑜、覃、朗、余庆、从谠、延昌;南祖有絪;荥阳郑氏有畋;沧州郑氏有愔。"唐代郑姓虽然由于各种原因广为播迁,许多人已经不在荥阳郡居住,但其远祖皆是由陈地迁居开封的郑穉,近祖则是北祖郑晔和南祖郑简。唐代以还,郑姓播迁更为广泛,甚至远播东南亚,但荥阳依然是郑姓心目中的"圣地",荥阳郡依然有着非常重要的地位。

荥阳郡的设立在西晋初年,郑姓荥阳郡望的形成在魏晋南北朝时期。从时间关系上来看,荥阳郡设立在前,荥阳郡望形成在后,有其内在的因果关系。从荥阳郡的区划变动来看,荥阳郡从西晋的荥阳、京、密、卷、阳武、苑陵、中牟、开封八县,到隋唐的管城、汜水、荥泽、原武、阳武、圃田、浚仪、酸枣、新郑、荥阳、开封十一县,其间荥阳郡虽然有过短暂的名称变化,区划也不断变化,但荥阳郡一直存在,这就为郑姓荥阳郡望的形成提供了必要条件。据杜佑《通典》记载,唐朝荥阳郡,东至陈留郡一百四十四里,南至颍川郡二百八十里,西至河南府二百七十里,北至河内郡获嘉县界黄河中流九十六里,东南到陈留郡尉氏县一百三十二里,西南到河南府密县一百七里,西北到河内郡一百五十六里,东北到灵昌郡二百八十四里。去西京一千一百五里,去东京二百六十里,面积比现在的郑州还要大,近一万平方公里。再从荥阳郡的人口变化来看,西晋时期荥阳郡共有三万四千户,隋朝十六万九百六十四户,唐朝贞观年间七万六千六百九十四户、开元年间六万四千六百一十九户。后经"安史之乱"的洗劫,作为四战之地的荥阳郡人口锐减至元和时的一万三千九百四十四户。从魏晋至隋唐,荥阳郡户口最多的是隋朝,最少的是唐朝元和年间。如果与户口最多的隋朝相比,元和年间尚不及隋朝的十分之一,减少幅度超过90%。即使是与贞观年间相比,也减少了六万二千七百五十户,减少幅度接近82%。"安史之乱"对荥阳郡造成的灾难,于此可见一斑。即便如此,自魏晋至隋唐,荥阳郡还是产生了一批享有盛誉的郑姓历史文化名人。而荥阳之所以能够成为天下郑姓的景仰之地,很大程度上是荥阳给了在这里出生或从这里走出去的众多郑姓人以深刻的记忆和无限的荣光。

结合上述有关文献,对荥阳与郑姓的关系,大抵可以作出这样的判断:其一,西汉初年设立的荥阳县,西周时期属东虢国,周宣王时与郐等地曾经是郑桓公的"寄孥"之地。郑桓公死难之前,其子郑武公应已经在包括今荥阳在内的"寄孥"十邑生活。郑武公辅佐平王东迁后,在今新郑建立了新的郑国,其辖境包括今荥阳市。从这个意义上说,荥阳县与郑姓三公有着非常密切的联系。后世郑姓把"荥阳堂"作为堂号,则寄托着怀念先祖的深厚感情。其二,西晋武帝泰始二年,分河南郡地置荥阳郡。在魏晋南北朝和隋唐时期,荥阳郡产生了许多在中国历史上有重要影响的文化名人,他们不仅光大了荥阳郡郑姓,使郑姓成为荥阳郡的望族,而且也让其后的郑姓人引以为豪,把荥阳郡作为郡望。隋唐及以后以迄于今,荥阳郡作为郑姓的郡望,已经为谱牒学家和分枝散叶到各地的郑姓人所认可。

(原载《中华郑姓源流与荥阳堂研究》,大象出版社 2015 年 11 月)

论《皇极经世书》对夏商周三代之建年代的推定

北宋理学家邵雍是一个具有浓厚传奇色彩的人物,他依据《周易》和世传《河图》《洛书》撰写的《皇极经世书》,创造出一套推演和解释自然变化、历史演进、社会治乱、人事兴衰的理念和方法。史家称之为"观夫天地之运化,阴阳之消长,远而古今世变,微而走飞草木之性情,深造曲畅,庶几所谓不惑,而非依仿象类、亿则屡中者。遂衍宓羲先天之旨,著书十余万言行于世,然世之知其道者鲜矣"①。在这部书中,邵雍提出了许多值得重视的见解,如纪年始于唐尧甲辰,夏朝之建在"经世之子二千一百六十一"癸未,即公元前2166年,都是最为值得关注的。

人们常说中国是一个有着五千年历史的文明古国。但中国有纪年可考的历史究竟从什么时候开始,中国最早的朝代夏朝始建于何时,学术界一直存有争议。"九五"国家重点科技攻关项目"夏商周断代工程",于2000年推出这一工程最为主要的成果《夏商周年表》,推断夏朝起始年代为公元前2070年,商朝为公元前1600年,周朝为公元前1046年。按照这一结论,中国历史有纪年可考者,始于公元前2070年。再加上公元纪年以后的二千年,中国历史有纪年可考者也就是四千年多一点。这与我们通常所说的五千年文明史相去甚远。当然,这一结论是否可靠,学术界还有不同看法。作者曾应出版社之约,对邵雍的《皇极经世书》进行过整理,发现这部颇有影响的著作对中国有纪年可考的历史有较为详细的记述,其纪年始于唐尧甲辰,夏商周三代之建的年代亦班班可考,更为重要的是,邵雍的详细推算,皆有翔实可靠的文献依据。

---

① 脱脱等:《宋史》卷四百二十七《道学一·邵雍传》,引自《二十五史》,上海古籍出版社、上海书店影印武英殿本四库全书,1986年,第1443页。下引《二十五史》版本与此同,不再一一注明。

一、历史纪年始于唐尧

人们追溯中华文明的起源,通常要追溯到三皇五帝时期,亦即三代之前。但由于年代久远,同时又缺少文献依据,故而后人述三代之前的历史,多是直叙其事,而不纪年。司马迁依《世本》和《帝系》编制的《史记·三代世表》,仅述帝王世系而无纪年,被称为"有世无年",就是很好的例证。西晋太康年间出土的《竹书纪年》叙三代之前事,纪年自黄帝始。邵雍《皇极经世书》按干支纪年的方式,记录自唐尧甲辰至后周世宗显德六年(959)的中国历史,纪年则起于唐尧甲辰。

邵雍记述中国历史,纪年始于唐尧,有充足的文献依据,其最主要者有二。简略述之如次。

(一)唐尧之前已经出现了历纪和纪年法

我国古代有三种纪年法,即岁星纪年法、太岁纪年法和干支纪年法。其中干支纪年法应该是出现最早的一种纪年法,因为它早在殷墟甲骨文中就已经出现了。一种文字流行并被广泛使用,往往要经过数百年甚至数千年。所以,殷墟甲骨文中的象形文字,应该早在三代之前就已经出现了。黄帝的史官仓颉造字,虽然至今仍被视为传说,但这个传说应是可信的。有了文字,纪年法就具备了产生的基础。

检索有关三代之前的历史文献可以发现,历纪和纪年法产生甚早,且有伏羲说、黄帝说、炎帝说、颛顼说和唐尧说等诸多说法,其中真正有影响者是黄帝说、颛顼说和唐尧说。

其一是黄帝说。此说最早见载于战国时期赵国史官撰写的《世本》:"容成作历,大挠作甲子。"[1]唐孔颖达认为,容成和大挠皆是黄帝之臣,指出:"盖自黄帝已来始用甲子纪日,每六十日而甲子一周。"[2]《史记·历书》有"黄帝考定星

---

[1] 孔颖达:《尚书正义》卷三《舜典第二》,引自《十三经注疏》,中华书局,1980年,第128页。
[2] 孔颖达:《尚书正义》卷三《舜典第二》,引自《十三经注疏》,中华书局,1980年,第128页。

历,建立五行,起消息,正闰余"的记载。① 唐代司马贞为《史记》作《索隐》亦持此说。②《晋书·律历志》亦云:"轩辕纪三纲而阐书契,乃使羲和占日,常仪占月,臾区占星气,伶伦造律吕,大挠造甲子,隶首作算数,容成综斯六术,考定气象,建五行,察发敛,起消息,正闰余,述而著焉,谓之《调历》。"③

西晋皇甫谧《帝王世纪》和汲冢书《竹书纪年》,既没有采信《世本》"大挠作甲子"说,也没有采信司马迁的"黄帝考定星历"说。东晋王嘉叙黄帝事迹,没有采用《帝王世纪》和《竹书纪年》,却采用了司马迁的说法,说黄帝"考定历纪,始造书契"。④《后汉书·律历志》亦采黄帝说:"记称大挠作甲子,隶首作数。"刘昭注云:"《吕氏春秋》曰:黄帝师大挠。《博物志》曰:容成氏造历,黄帝臣也。《月令章句》:大挠探五行之情,占斗纲所建,于是始作甲乙以名日,谓之干;作子丑以名日,谓之枝。枝干相配,以成六旬。"⑤

黄帝大臣大挠作甲子,仅见于《世本》。《后汉书》和《晋书》对《世本》之说又有所发明。唐代孔颖达和司马贞皆博学之士,他们几乎不约而同地采信"大挠作甲子"说,其文献依据除《世本》外,《后汉书·律历志》刘昭注所引《月令章句》当是另一重要依据。《月令章句》出自蔡邕之手。蔡邕是东汉末年的大文豪,对古代文献十分熟悉。《月令章句》中"大挠作甲子"之语不仅不是无根之谈,而且可佐证《世本》之说。

其二颛顼说。颛顼作历是一种很古老的说法,颛顼历也是最为古老的历书。但颛顼作历之说见诸文献记载,已是汉代的事了。司马迁以为,黄帝定历纪,颛顼受之,"乃命南正重司天以属神,命火正黎司地以属民"。⑥ 班固《汉书·律历志》则祖其说,称"历数之起上矣。传述颛顼命南正重司天,火正黎司地"。⑦

三国魏文帝时,董巴上书请求修订历法,以颛顼为"历宗":"昔伏羲始造八卦,作三画,以象二十四气。黄帝因之,初作《调历》。历代十一,更年五千,凡有

---

① 《史记·历书》,上海古籍出版社、上海书店,1986年,第163页。
② 《史记·历书》司马贞《索隐》,上海古籍出版社、上海书店,1986年,第163页。
③ 《晋书·律历中》,上海古籍出版社、上海书店,1986年,第1299页。
④ 王子年:《拾遗记》卷一,北京,中华书局,1981年,第8页。
⑤ 《后汉书·律历上》刘昭注,上海古籍出版社、上海书店,1986年,第799页。
⑥ 《史记·历书》,上海古籍出版社、上海书店,1986年,第163页。
⑦ 《汉书·律历志上》,上海古籍出版社、上海书店,1986年,第461页。

七历。颛顼以今之孟春正月为元,其时正月朔旦,立春,五星会于天,历营室也,冰冻始泮,蛰虫始发,鸡始三号,天曰作时,地曰作昌,人曰作乐,鸟兽万物莫不应和,故颛顼圣人为历宗也。汤作《殷历》,弗复以正月朔旦立春为节也,更以十一月朔旦冬至为元首。下至周、鲁及汉,皆从其节,据正四时。夏为得天,以承尧舜,从颛顼故也。《礼记》大戴曰'虞夏之历,建正于孟春',此之谓也。"①颛顼作历既以孟春正月朔为元旦,则其历必有纪年之法,唯以何种方式纪年不得而知。

《竹书纪年》有颛顼作历的记载,但很简略,仅"十三年初作历象"数语。② 不过,清人徐文靖所作的笺却能帮助人们弄明白一些问题:"《传》曰历始于颛顼,上元太始,阏蒙摄提格之岁,毕陬之月,朔日己巳,立春,日月俱在营室五度是也。"太岁在甲为阏蒙,在寅为摄提格;月在甲为毕,正月为陬(对应地支为寅)。③ 颛顼历始于甲寅之岁、甲寅之月、朔日己巳、立春日。据此可知,颛顼历采用的是太岁纪年法,并且已经使用干支纪年。

其三唐尧说。据《尚书·尧典》记载,尧即位之后,"乃命羲和钦若昊天,历象日月星辰,敬授人时"。④ 羲和作历象,"期三百有六旬有六日,以闰月定四时成岁,允厘百工,庶绩咸熙"⑤,确定一年为 366 天,并有闰月。《史记·五帝本纪》叙唐尧之事,采《尚书·尧典》之说,称尧"乃命羲和,敬顺昊天,数法日月星辰,敬授民时",其语不涉干支纪年事。不过,唐代张守节《正义》却透露出一些消息:"历数之法,日之甲乙,月之大小,昏明递中之星,日月所会之辰,定其天数,以为一岁之历。"⑥由此可知,羲氏、和氏作历,已经使用干支,则其历以干支纪年自然是情理之中的事。

黄帝、颛顼和唐尧,司马迁都归入《五帝本纪》,后人一般认为属于中国历史的传说时代。这一时期,虽然已有文字出现,但中国的文字属于象形字,在简易书写工具(主要是纸张和笔)出现之前,书写是一件十分困难的事情。殷墟甲骨

---

① 《晋书·律历志中》,上海古籍出版社、上海书店,1986 年,第 1299 页。
② 《竹书纪年》卷一,引自《二十二子》,上海古籍出版社,1986 年,第 1049 页。
③ 郝懿行:《尔雅义疏·释天》,上海古籍出版社,1983 年,第 741—743 页。
④ 《尚书正义·尧典》,引自《十三经注疏》,中华书局,1980 年,第 119 页。
⑤ 《尚书正义·尧典》,引自《十三经注疏》,中华书局,1980 年,第 119—120 页。
⑥ 《史记·五帝本纪》张守节《正义》,上海古籍出版社、上海书店,1986 年,第 7 页。

文已经向人们昭示了这一点。三代之前的历史基本上属于口述史,其流传也是靠口口相传来实现的。所以,对《五帝本纪》记述的中国远古历史不能轻易否定。同时,由于三代之前已经出现了文字和历法,许多文献都明确记述了这一点,所以应该承认,远在三代之前,中国就已经出现了干支纪年法。上述三种说法,都可以支持这种推论。

(二)邵雍记述三代之前的历史皆有权威的文献依据

北宋之前,记述三代之前历史的著作,除《尧典》《舜典》和《史记·五帝本纪》之外,其余多为子书或逸书,主要有战国时期赵国史官所撰《世本》,三国吴徐整所撰《三五历记》,西晋皇甫谧《帝王世纪》和汲冢书《竹书纪年》。先秦诸子和《尚书》《左传》《史记》《汉书》等的注释,也间或涉及三代之前的中国历史。这些都是邵雍记述三代之前中国历史的重要文献依据。

《皇极经世书》纪年始于唐尧甲辰,依据的主要文献就是《尧典》《舜典》,另辅以《世本》《史记·五帝本纪》和《帝王世纪》等。如"以运经世一"之"经世之未二千一百五十六"甲辰述唐尧事云:

> 唐帝尧肇位于平阳,号陶唐氏。命羲和钦若昊天,历象日月星辰,敬授人时,期三百六旬有六日,以闰月定四时,成岁曰载,建寅月为始。允厘百工,庶绩咸熙。

这段话基本上是从《尧典》搬过来的,但又增加了四个方面的内容:唐尧肇位于平阳,号陶唐氏,成岁曰载,以寅月为岁首。这些内容不是凭空加上去的,而是皆有文献依据。其一、其二出自皇甫谧《帝王世纪》:"帝尧陶唐氏……年十五而佐帝挚,受封于唐;年二十而登帝位。以火承木,都平阳。"《史记·五帝本纪》张守节《正义》亦云:"徐广云:'号陶唐。'《帝王纪》云:'尧都平阳,于《诗》为唐国。'"①其三出自《尔雅·释天》:"夏曰岁,商曰祀,周曰年,唐虞曰载。"②蔡邕亦云:"唐虞曰载。载,岁也,言一岁莫不覆载,故曰载也。夏曰岁,一曰稔;商曰祀,周曰年。"③其四出自"三正"之说。《史记·历书》载:"(尧)年耆禅舜,申戒文祖云:'天之历数在尔躬。'舜亦以命禹。由是观之,王者所重也。夏正以正

---

① 《史记·五帝本纪》张守节《正义》,上海古籍出版社、上海书店,1986年,第7页。
② 郝懿行:《尔雅正义·释天》,上海古籍出版社,1983年,第748页。
③ 蔡邕:《独断》卷上,影印文渊阁四库全书本。

月,殷正以十二月,周正以十一月。盖三王之正若循环,穷则反本。"①夏之建正,循五帝之制,故以正月为岁首。正月为寅月,故称以寅月为岁始。

他如尧征舜、试舜、禅位于舜等史实,亦皆有充足的文献依据。限于篇幅,不再一一加以考订。

二、编年始于唐尧甲辰

《皇极经世书》编年始于唐尧甲辰,亦有充足的文献依据。其最直接的依据,是西晋皇甫谧《帝王世纪》:"尧以甲申岁生,甲辰即帝位,甲午征舜,甲寅舜代行天子事。辛巳崩,年百一十八,在位九十八年。"②皇甫谧对尧的生年、即位之年、征舜之年及卒年,都以干支纪年的方式作了标示。皇甫谧据何作出这样的记载呢?让我们先看一看《尚书·尧典》和有关传注,然后再回答这个问题。

据《尚书·尧典》记载,尧在位 70 年:"帝(尧)曰:'咨!四岳。朕在位七十载,汝能庸命,巽朕位!'"孔安国《传》云:"尧年十六,以唐侯升为天子,在位七十年,则时年八十六,老将求代。"孔《传》补充了尧即位之时和欲逊位之时的年龄。尧 16 岁即位为天子,在位 70 年,则此时已是 86 岁高龄,故而想找一个合适的人,以便禅位于他。孔《传》只是补充了有关的史事,同样没有说明材料来源。但正如孔颖达《尚书正义》所说:"遍检今之书传,无尧即位之年。孔氏博考群书作为此传,言尧年十六以唐侯升为天子,必当有所案据,未知出何书。计十六为天子,其岁称元年,在位七十载,应年八十五。孔云八十六者,《史记》诸书皆言尧帝喾之子、帝挚之弟,喾崩挚立,挚崩乃传位于尧,然则尧以弟代兄,盖逾年改元,据其改元年则七十载,数其立年故八十六。"③应当承认,孔《传》言尧 16 岁即位"必当有所案据",只是由于许多文献早已湮没,以至于孔颖达等人也无法考知孔氏所据文献究竟为何了。

尧在位 70 年后,欲禅位于舜。经过 3 年考察,发现舜足以当此重任,尧才

---

① 《史记·历书》,上海古籍出版社、上海书店,1986 年,第 163 页。
② 《史记·五帝本纪》裴骃《集解》引,上海古籍出版社、上海书店,1986 年,第 7 页。
③ 孔颖达:《尚书正义》卷二《尧典第一》,引自《十三经注疏》,中华书局,1980 年,第 123 页。

正式禅位于舜。舜为帝时,尧又活了28年。这就是《舜典》所载:"帝曰:'格汝舜,询事考言,乃言底可绩,三载。汝陟帝位。'舜让于德,弗嗣。正月上日,受终于文祖。……二十有八载,帝乃殂落。"①

结合《尧典》和《舜典》的有关记载,尧的生平轮廓就比较清楚了:16岁即位,在位70年时欲禅位于舜,试舜三载,于正月上日(元日)正式传位于舜。然后又活了28年才去世,卒时117岁。这与孔《传》所说基本吻合:"尧年十六即位,即位七十载求禅,试舜三载,自正月上日至崩二十八载,尧死,寿一百一十七岁。"②

唐徐坚《初学记》"帝尧陶唐氏"引《帝王世纪》,对尧生平事迹的记载,可证《尚书》、孔《传》及《尚书正义》的有关记载:

> 尧,伊祁姓也。母曰庆都,孕十四月而生尧于丹陵,名曰放勋。鸟庭荷胜,眉有八采,丰下锐上。或从母姓伊祁氏。年十五而佐帝挚,受封于唐;年二十而登帝位。以火承木,都平阳。景星耀于天,甘露降于地,朱草生于郊,凤凰止于庭。厨中自生肉脯,其薄如形;摇鼓则生风,使食物寒而不臭。又有草夹阶生,随月而生死,名曰蓂荚。始尧在位五十年登舜。二十年始老,使摄政。二十八年而崩。即位九十八年,寿一百一十八岁。③

《太平御览》所引《帝王世纪》述"帝尧陶唐氏"事迹,与《初学记》略异,但对尧生平主要阶段的记述基本一致:尧15岁辅佐帝挚,受封于唐,20岁登帝位。在位50年,以舜为辅政大臣。又过了20年,尧感到自己老了,命舜摄政。28年后辞世,卒年118岁。

《初学记》和《太平御览》所引《帝王世纪》述唐尧事,与《尚书》、孔《传》及《尚书正义》的相关内容基本相符,但亦有三点不同。

一是尧即帝位之年。前者记尧20岁即位,后者记尧16岁即位,次年为元年,与前者的时间相差了3年。但根据后者的记载,尧试舜3年。如果加上这3年,则后者与前者所说的时间则基本相同。

二是尧在位的年数。前者说尧在位50年以舜为辅政大臣,又过了20年,

---

① 孔颖达:《尚书正义》卷二《舜典第二》,引自《十三经注疏》,中华书局,1980年,第126页。
② 孔颖达:《尚书正义》卷三《舜典第二》,引自《十三经注疏》,中华书局,1980年,第129页。
③ 徐坚:《初学记》卷九《帝王部》,影印文渊阁四库全书本。

尧感到自己老了，命舜摄政。两者相加，亦为70年，与孔《传》及《尚书正义》所记相符。唯最后28年，前者以为是尧在位，舜摄政，故而把这28年亦看作是尧在位的年数，所以说尧即位98年；孔《传》和《尚书正义》则以为尧在位70年正式禅位于舜，故而后28年当为舜在位。二者的分歧在于尧禅位后的28年是舜摄政还是舜在位。从先秦诸多文献都有尧禅位于舜的记载来看，《舜典》所载尧试舜三年后即正式禅位于舜，是完全可信的。既然已经正式禅位，则此后的28年，不能认为是尧在位而舜摄政，而应是舜在位。所以，尧在位98年之说与事实不符。尧在位的准确时间仍然应该是《尧典》所说的70年。

三是尧的年龄问题。尧的年龄，两说有1年之差，一说118岁，一说117岁。这个问题是由两个原因造成的。一是对尧称元年的不同理解，即尧是即位之年称元年，还是即位的次年称元年。关于这个问题，前引《尚书正义》已有辨正，其所言"尧以弟代兄，盖逾年改元"应属可信。二是对尧试舜3年后正式禅位于舜的不同理解。孔《传》说尧活了117岁，是按尧试舜3年期满即正式禅位于舜来理解的。《舜典》说得也很明确，尧试舜3年后，于正月上日正式禅位于舜，如此算来，尧应该是在试舜3年之后的次年正月上日禅位于舜的，这一年也是舜正式即位的一年，尧禅位之后又活了28年，应该是从这一年算起。所以，尧应该是16岁即位，17岁称元年，在位70年，为86岁。试舜3年，为89岁，禅位于舜，之后又活了28年。如此，则尧应是117岁。《帝王世纪》以为尧活了118岁，是把尧禅位于舜和舜即位这件本当同年发生的事，当作两年来处理了，这就多出了一年，尧的年龄也就由117岁变成118岁了。

综上所述不难看出，皇甫谧《帝王世纪》有关尧生平行实的记载，与《尚书》、孔《传》及孔颖达《正义》是基本吻合的，因而也是基本可信的。在尧的生平行实问题上，如果相信《尧典》和《舜典》的有关记述是可信的，就没有理由怀疑孔《传》及《尚书正义》等书的相关记载。

弄清楚上述史实之后，再看《帝王世纪》对尧生年、即位之年、在位年数、禅位之年等干支的推定，就与事实有一定出入了。其一，尧甲申岁生，至甲辰即帝位，刚好20年，符合20岁即位之说，但与孔《传》尧16岁即帝位之说不合；其二，甲午征舜，尧在位51年，甲寅舜代行天子事，尧在位71年，二者比孔《传》所言多出1年。实际情况则如《尚书正义·尧典》所言："尧以十六即位，明年乃为元年。七十载求禅，求禅之时八十六也。试舜三年，自正月上日至崩二十八载，总计其数,凡寿一百一十七岁。案《尧典》求禅之年即得舜而试之,求禅试舜共在一年也。更得二年,即为历试三年,故下传云'历试二年'。与摄位二十八年,合得为'三十在位'。故王肃云:'征用三载,其一在征用之年,其余二载与摄位二十八年,凡三十岁也。'故孔传云:'历试二年。'明其一年在征用之限。"①所以,尧征舜之年应前推1年,即甲辰后数70年为癸丑;试舜3年,即自癸丑后数3年为丙辰。自丙辰后数28年为癸未,所以尧去世之年应为癸未。

邵雍《皇极经世书》编年自尧始,对尧即位之年、在位之年、试舜之年和禅位之年等干支的推定,虽以《尧典》和《舜典》有关尧的记载为主,但同时又参考了孔《传》、《帝王世纪》和《尚书正义》等文献,择其善而从之。在即位之年上,取《帝王世纪》的说法,以尧即位之年为甲辰,因为这是尧即位之年最早的文献记载。而对尧在位之年、试舜之年和禅位之年等干支的推定,则主要依据《尧典》、《舜典》、《五帝本纪》、孔《传》及《尚书正义》等文献。应该说,这是一种既合乎实际又比较慎重的选择。尧在位之年、试舜之年和禅位之年,《尧典》等权威文献已有明确记载,而孔《传》又是《尚书》所有传注中最为权威的。所以,只要是《尧典》《舜典》和孔《传》中有记载的,都应遵从。这是一种尊重历史的态度,也是一种科学的态度。

《皇极经世书》取《帝王世纪》尧"甲辰即帝位"说,但尧即位之时的年龄却不取《帝王世纪》20岁即位说,而是依孔《传》为16岁。这也就是说,邵雍以尧16岁即位之年为甲辰,然后再推算尧一生重要时段的干支:尧在位70年而舜登庸,其年为癸丑。3年后,禅位于舜,其年为丙辰;28年后去世,其年为癸未。这些年份的干支,皆是据《尧典》、《舜典》、孔《传》等权威文献的有关记载推定的,因而应是可信的。

稍后于《帝王世纪》而出现的《竹书纪年》述尧行实,则称"元年丙子帝即位"。此说与《帝王世纪》所记不同,故而与《皇极经世书》所记亦不同。清徐文靖以《竹书纪年》考之,以为"尧元年不得为甲辰":

> (司马光)又作《稽古录》,始自上古,然共和已上之年,已不能推矣。独邵康节却推至尧元年,《皇极经世书》中可见。今考《皇极经世书》,尧元

---

① 孔颖达:《尚书正义》卷三《舜典第二》,引自《十三经注疏》,中华书局,1980年,第129—130页。

年甲辰,又历甲辰至乙卯,在位七十二年。以《竹书纪年》校之,尧元年丙子,则九年甲申,十九年甲午,二十九年甲辰。尧元年不得为甲辰也。①

皇甫谧卒于晋武帝太康三年(282),而《竹书纪年》是西晋太康初年从汲冢出土的古代文献,故《帝王世纪》成书当在《竹书纪年》出土之前,从文献角度来看,它比《竹书纪年》更为可信,更何况学术界对《竹书纪年》的真伪还存有很大争议。所以,作为一个治学严肃的学者,邵雍自然不会采信《竹书纪年》的说法。徐文靖以《竹书纪年》来否定邵雍《皇极经世书》,理由并不充分,因而也是站不住脚的。

三、夏商周三代之建年代的推定

邵雍《皇极经世书》记述中国古代历史,纪年起于唐尧,编年始于唐尧甲辰,都有充足的文献依据。唐尧是见诸文献记载最早有编年的,邵雍详考各种文献资料,仔细甄别,去粗存精,去伪存真,进而作出自己的判断,对唐尧一生的主要事迹进行编年,与《尧典》、《舜典》、《五帝本纪》、孔《传》、《尚书正义》等文献的记载基本吻合。邵雍撰写《皇极经世书》时所能见到的古代文献,比今天我们所能见到的要多得多。他对每一时代历史事件的考订,都是慎之又慎。他对上起唐尧甲辰、下讫后周世宗显德六年(959)的中国历史进行编年,既十分慎重,又都有充足的文献依据,只是有些文献今天已经无法看到而已。

基于对《皇极经世书》的这样一种认识,笔者以为,邵雍对夏商周三代之建年代的推断,不仅应予重视,而且对确定夏商周三代起讫年代具有重要的借鉴意义。

《皇极经世书》在"以会经运"和"以运经世"中,对中国历史的发展演进历程有详细的推演,每一朝代都有明确的起止年代,每一帝都有即位之年和传国之数。以"以运经世"论之,其纪年始于"经世之未二千一百五十六"甲辰唐尧即位之年,终于"经世之子二千二百六十六"己未周世宗显德六年(959),历110世。唐尧甲辰为2156世第二个10年(此前10年为甲午),后周世宗显德六年

---

① 徐文靖:《竹书纪年统笺》卷之二,引自《二十二子》,上海古籍出版社,1986年,第1050页。

己未为2266世少4年。以110世即3300年减去959年,再减去14年,可知唐尧甲辰是公元前2327年,而这一年正是唐尧即位之年。

确定了唐尧甲辰是公元前2327年,夏、商、周三代的断代问题就比较容易推算了。夏朝之前有尧和舜,只要把尧和舜在位的时间推算出来,夏朝建立的时间也就明确了。

(一)夏朝之建在公元前2166年

已如前述,尧16岁即位,在位70年,3年后禅位于舜,又经28年辞世,总计在位73年。以公元前2327年减去73年,即是舜即位之年,则舜即位之年是公元前2254年,这一年是"经世之酉二千一百五十八"丙辰。

《舜典》载:"舜生三十征庸,三十在位,五十载陟方,乃死。"①孔《传》亦云:"舜即位五十年,升道南方巡守,死于苍梧之野而葬焉。三十征庸,三十在位,服丧三年,其一在三十之数。为天子五十年,凡寿百一十二岁。"②据此可知,舜32岁继尧之位,尧去世时舜60岁。为尧服丧3年(跨年计算为3年,实际为2年),正式即天子位,又过了50年,南巡苍梧,死于道。这与孔颖达《尚书正义》所言基本吻合。

大禹是夏朝的建立者,只要弄清楚舜是何时禅位于禹的,就可以明确夏朝建立的年代了。这个问题,《大禹谟》有交代:"(舜)曰:'格汝禹。朕宅帝位三十有三载,耄期倦于勤。汝惟不怠,总朕师。"③禹虽固辞,但舜禅位之意已决,遂于正月朔旦禅位于禹。舜这里所说的"朕宅帝位三十有三载",是从他正式即天子位算起的。舜62岁正式即天子位,在位33年,已是95岁高龄,所以说是"耄期"。以舜在位的33年加上此前代尧摄政的28年,舜在位总计61年。如此一来,舜禅位于禹的时间就清楚了,那就是以公元前2254年减去61年,为公元前2193年,这一年是"经世之亥二千一百六十"丁巳。

据《史记·三代世表》,夏朝从禹至桀17世。这是一个约数,是说夏朝从禹至桀前后跨17世,而并非说夏朝存在17世。禹即位之年是"经世之亥二千一百六十"丁巳,成汤放夏桀于南巢之年是"经世之卯二千一百七十六"乙未,前后

---

① 《尚书·舜典》,引自《十三经注疏》,中华书局,1980年,第132页。
② 孔颖达:《尚书正义》卷三《舜典第二》,引自《十三经注疏》,中华书局,1980年,第132页。
③ 《尚书·大禹谟》,引自《十三经注疏》,中华书局,1980年,第135页。

跨17世,而实际是前后两世总计只有9年。所以,从禹至桀实际上仅15世又9年,即459年。夏朝之建如果从禹算起,应是公元前2193年。但夏朝之建通常是从夏启废禅让行世袭之时开始的,所以还要减去禹在位的27年,夏朝之建应为"经世之子二千一百六十一"癸未,这一年即公元前2166年。如此一来,夏朝存在的时间就可以推算出来了,即用459年减去禹在位的27年,刚好是432年,这个数字与《帝王世纪》的说法是一致的。①

(二)商朝之建在公元前1734年

夏朝的存在时间既已确定,则商朝之建也就容易确定了。以夏朝建立之年减去夏朝存在的时间,即用公元前2166年减去432年,则商朝之建应在公元前1734年,这一年是"经世之卯二千一百七十六"乙未,成汤放夏桀于南巢,建立商朝。

《史记·三代世表》有"从汤至纣二十九世,从黄帝至纣四十六世"之说。此说有误。《三代世表》前已有"从黄帝至桀二十世"的记载,而终桀之世也就是始汤之世,所以,《三代世表》说"从汤至纣二十九世,从黄帝至纣四十六世"必有一误。若"从汤至纣二十九世"成立,则从黄帝至纣不是46世,而是49世;若"从黄帝至纣四十六世"成立,则从汤至纣不是29世,而是26世。事实上,从汤至纣不论是26世还是29世,都是值得怀疑的。

商朝存在年数,司马迁之前已有不同说法,《左传》有"鼎迁于商,载祀六百"之说②,孟子说"由汤至于文王,五百有余岁"③。司马迁之后,史家也是各持其说。《史记》裴骃《集解》也记载了商朝存在年数上的分歧:"谯周曰:'殷凡三(作者按:"三"当为"二"之误)十一世,六百余年。'《汲冢纪年》曰:'汤灭夏,以至于受,二十九王,用岁四百九十六年也。'"④谯周之说与《左传》接近,《竹书纪年》之说则与孟子之说相近。

以《皇极经世书》推之,成汤灭夏之年为"经世之卯二千一百七十六"乙未,武王伐纣建立周朝之年在"经世之子二千一百九十七"己卯,前后历22世635

---

① 徐文靖《竹书纪年统笺》卷四终篇引《帝王世纪》云:"自禹至桀,并数有穷,凡十九王,合四百三十二年。"
② 《左传·宣公三年》,引自《十三经注疏》,中华书局,1980年,第1866页。
③ 《孟子·尽心下》,引自《五经四书》(上),中国书店,1985年,第117页。
④ 《史记·殷本纪》裴骃《集解》,上海古籍出版社、上海书店,1986年,第16页。

年,与《左传》和谯周之说基本相符,与《汉书·律历志下》所说"殷世继嗣三十一王,六百二十九岁"之说亦大致相若。① 邵雍取《左传》和谯周之说,是很有见地的。《三代世表》所载自相矛盾,《竹书纪年》之说虽出于《孟子》,但与实际情况出入太大。所以,邵雍选择了《左传》和谯周之说,并结合有关文献详加考订,推算出商朝存在的年数为 635 年。

(三)周朝之建为公元前 1099 年

商朝存在的年数既已明确,周朝之建的年代随之也就可以明确了。即以商朝始建之年公元前 1734 年,减去商朝存在的年数 635 年,可知周朝之建在公元前 1099 年。根据《皇极经世书》推算,周朝之建为"经世之子二千一百九十七"己卯,这一年是公元前 1099 年,与现在通行的各种历史年表所载西周始建于公元前 11 世纪的推算基本吻合。

综上所述,夏、商、周三代之建的年代就清楚了:夏朝始建于"经世之子二千一百六十一"癸未,即公元前 2166 年,存在 432 年;商朝始建于"经世之卯二千一百七十六"乙未,即公元前 1734 年,存在 635 年;周朝始建于"经世之子二千一百九十七"己卯,即公元前 1099 年。

如前所述,邵雍记述中国历朝历代的历史,都有充足的文献依据。因此,我们有理由相信,邵雍在为自唐尧以来的中国历史编年的时候,决不是靠所谓的卦象来推演,而是建立在他对所掌握的历史文献进行考订与甄别的基础之上。既然如此,邵雍《皇极经世书》对夏商周三代之建年代的推算,即使不是完全可信的,也足以自成一说。如果我们把《皇极经世书》推定的夏商周三代始建之年,和"夏商周断代工程"推断的夏商周三代的建立年代作一比较,就会发现,邵雍的推算把中国有纪年可考的历史提早了将近一百年。这一百年,对于我们探寻夏商周三代的历史踪迹,或许是至关重要的。

(原刊于《河南教育学院学报》2007 年第 5 期,收录时作了必要订正)

---

① 《汉书·律历志下》,上海古籍出版社、上海书店,1986 年,第 466 页。

作为民族文化符号的春节

春节是中华民族的传统节日。它的产生源于先人对"年"的朴素认识。古代谷物一年一熟,所以,把谷物的成熟称为"年"。① 上古三代对"年"有不同的叫法,夏朝称岁,殷商称祀,周朝称年。夏朝以寅月为岁首,称为建寅,时在孟春;商朝以丑月为岁首,称为建丑,时在季冬;周朝以子月为岁首,称为建子,时在仲冬。如今所说的春节,沿用夏历,以寅月为正月,以寅月之始正月初一为春节。春节在古代又称元日、元旦、岁朝、三元日等。四千多年来,春节一直是中华民族最为重要的节日,它已经由最初的中华民间风俗,逐渐积淀为民族文化记忆,进而转化为丰富炽热的民族情感,成为中华民族最为重要的文化符号之一。

一、作为民族习俗的春节

作为民俗的春节,已经成为最具生命力和影响力的鲜活的文化化石。不论城乡,不论老幼,不论在中国,还是在海外华人圈,说到春节,许多人都能说出个一二三来。春节习俗虽然因地域的不同而表现出很大的差异,但传统民俗的力量是强大的,其生存与延续的能力是非常顽强的,民族文化记忆一旦被唤起,其影响力和渗透力也是超乎想象的。作为民俗的春节,其最基本的内容,并没有因为时空变换和社会文化环境的改变而发生质的变异。

看一看有关春节习俗的文献记载,从遥远的传说时期一直到近现代,我们会惊奇地发现,作为中华民族最为盛大的传统节日,春节最基本、最主要的内容,代代相传,历久不变,相沿至今。譬如贴春联、贴门神、守岁、燃爆竹、拜大年,等等,

---

① 关于这一点,从东汉许慎《说文解字》对"年"的解释可以得到证明:"年,谷熟也。"

都是在沿袭或继承着古老而悠久的传统习俗。《山海经》记载的神荼、郁垒以苇索缚恶鬼执以食虎的故事①，在汉代已经演化为春节习俗，成为春节辞旧迎新、悬挂门神、张贴春联的民俗源头。东汉应劭《风俗通义》明确记载："上古之时，有荼与郁垒昆弟二人，性能执鬼，度朔山上章桃树下简阅百鬼，无道理妄为人祸害，荼与郁垒缚以苇索，执以食虎。于是县官常以腊除夕，饰桃人，乘苇茭，画虎于门。皆追效于前事，冀以卫凶也。"②两汉以降，春节民俗更为丰富多彩。南朝梁宗懔所著《荆楚岁时记》，第一次较为详细地记载了南北朝时期荆楚大地的春节习俗："正月一日，是三元之日也，谓之端月。鸡鸣而起，先于庭前爆竹，以辟山臊、恶鬼。帖画鸡，或斫镂五采及土鸡于户上。造桃板著户，谓之仙木。绘二神，贴户左右，左神荼，右郁垒，俗谓之门神。于是长幼悉正衣冠，以次拜贺。进椒柏酒，饮桃汤。进屠苏酒、胶牙饧。下五辛盘，进敷于散，服却鬼丸。各进一鸡子。凡饮酒，次第从小起。"③从宗懔所记正月初一过春节的民间习俗可以看出，早在南北朝时期，春节习俗最为基本的内容就已经基本具备了，诸如起五更、燃放爆竹、贴门神、贴窗花、悬桃板、拜大年、饮椒柏酒和屠苏酒等习俗，至今仍是春节习俗的重要内容。

对比一下《荆楚岁时记》所记春节习俗和其后文人笔下的春节，可以看出春节习俗的强大生命力和影响力。北宋著名政治家、文学家王安石的《元日》诗，是描写春节习俗的名作："爆竹声中一岁除，春风送暖入屠苏。千门万户曈曈日，总把新桃换旧符。"诗歌抓住燃放爆竹、饮屠苏酒、贴门神等春节习俗的典型事件，表现了北宋时期辞旧迎新、欢度春节的景象。明人沈明德的《蝶恋花·元旦》词，描写杭州的春节景象，声情并茂，惟妙惟肖："接得灶神天未晓，爆竹喧喧，催要开门早。新画钟馗先挂了，大红春帖销金好。　炉烧苍术香缭绕，黄纸神牌，上写天尊号。烧得纸灰都不扫，斜日半街人醉倒。"④自宗懔第一次较为详细地记载春节习俗迄于清代末年，春节已历1300多年，其间朝代更迭如走马灯，社会变革此起彼伏，各种文化的碰撞、交流与融合从未间断，而春节传统习俗却历代相承，一如既往。由此，人们不得不感慨春节文化的生命力之顽强，感慨春节习俗的影响力之强大。

---

① 参见王充《论衡》卷二十二。
② 应劭：《风俗通义》卷八《桃梗、苇茭、画虎》。
③ 宗懔：《荆楚岁时记》。
④ 郎瑛：《七修类稿》卷三十《除夕元旦词》。

中国幅员辽阔,疆域广大,南北风俗不尽相同,南北春节习俗一直存在着很大差异。把明人刘侗、于奕正《帝京景物略》所记北京春节民俗和清人袁景澜《吴郡岁华纪丽》所载苏州春节习俗作一比较,不难发现南北春节习俗的差异:

> 正月元旦……夙兴盥漱,啖黍糕,曰年年糕。家长少毕拜,姻友投笺互拜,曰拜年也。烧香东岳庙,赛放炮仗,纸且寸。东之琉璃厂店,西之白塔寺,卖琉璃瓶,盛朱鱼,转侧其影,大小俄忽。别有衔而嘘吸者,大声诛诛,小声啧啧,曰倒掖气。旦至三日,男女于白塔寺绕塔。旦至晦日,家家竿标楼阁,松柏枝荫之,夜灯之,曰天灯。①

> 元旦为岁之朝,月之朝,日之朝,《尚书传》谓之三朝,《荆楚岁时记》谓之三元日,《春秋》谓之端月,今吴俗谓之岁朝。民间悬百神画轴于厅事,设香案灯烛,展拜肃肃。即人间第一日,祈一岁安。俗忌扫地、乞火、汲水并针黹。出门必迎喜神方。妇女簪松虎、彩胜,男女曳新衣洁履,相见举百果相授,道吉谶语,谓之开口果子。或进敷于散,服却鬼丸,吞熟鸡子,谓之炼形。②

就地理方位而言,苏州与荆楚同处江南,故而其春节习俗自南北朝迄于清代,变化不是很大。北京就不同了,自金代开始就是帝京所在,故而春节习俗表现出明显的帝王气象,如投笺拜年、赛放炮仗、夜燃天灯等,都显示出帝京的尊贵与奢华,与江南春节习俗大不相同。即使到了近现代,南北春节习俗仍表现出很大的差异性。读一读近人胡朴安的《中华全国风俗志》,就会发现南北春节习俗的较大差异。

南北春节习俗同中有异,异中有同。如春节博彩习俗,地不分南北,时不论古今,人不分老幼,到处都甚为流行。北宋时期,汴京的春节,除了守岁、燃放爆竹、贴门神、穿新衣、拜大年等活动外,还破例允许"关扑"(一种博彩游戏)三日。孟元老《东京梦华录》记载了这样一种习俗:"正月一日年节,开封府放关扑三日。士庶自早互相庆贺。坊巷以食物、动使、果实、柴炭之类,歌叫关扑。如马行、潘楼街,州东宋门外,州西梁门外踊路,州北封邱门外,及州南一带,皆结彩棚,铺陈冠梳、珠翠、头面、衣着、花朵、领抹、靴鞋、玩好之类,间列舞场歌馆,车马交驰。向晚,贵家妇女纵赏关赌,入场观看,入市店饮宴,惯习成风,不相笑

---

① 刘侗、于奕正:《帝京景物略》卷之二《城东内外·春场》,北京古籍出版社,1980年,第66页。
② 袁景澜:《吴郡岁华纪丽》卷一《正月》,江苏古籍出版社,1998年,第5页。

讶。"①博彩游戏是春节习俗的重要内容，南北皆有之，其习俗一直流行到今天。

此外，庙会作为春节习俗的延伸，一直颇为盛行。如北京的厂甸庙会、东岳庙庙会、白云观庙会、龙潭庙会，天津的鼓楼庙会，郑州的城隍庙庙会，浚县大伾山春节庙会，等等，都是当代很有影响的春节庙会。由于众所周知的原因，一些庙会曾经停办。改革开放之后，尤其是党的十六大以来，文化建设成为中国特色社会主义建设的重要内容，各地曾经长期停办的庙会开始复兴。如始于后赵的浚县古庙会，至今已有1600年的历史，它与山东泰山庙会、山西白云山庙会、北京妙峰山庙会并称华北地区四大庙会。浚县正月庙会近年来举办得红红火火，尤其是在2008年浚县民间社火被列入第一批国家级非物质文化遗产扩展名录之后，浚县古庙会更是名声在外，大有再次担纲"华北第一古庙会"之势。

二、作为民族记忆的春节

随着历史的演进、时间的推移和社会的变革，春节民俗逐渐形成了相对固定的文化模式，进而积淀为民族的文化记忆。其显著标志，就是春节已经成为一种文化符号，而附着于这一文化符号之上的许许多多有形的和无形的内容，都已经固化为民族记忆。不论身在何处，不论时空如何转换，也不论所处环境发生怎样的变化，作为民族记忆的春节始终沉淀在人们的心灵深处，时时都会被触动，时刻都会被唤醒，随时都会以反射或映画的形式出现在人们的记忆中或脑海里，挥之不去，抚之难平。

记忆是对曾经认识的事物的一种回忆，也是对既往经历的再现和再认识。从心理学角度讲，记忆是指人们对经历或经验的一种反映，它包括对当前事物的认识和默记，对已经发生的事情的重现或回想，对再次出现的人或事物的识别和再认识。从这个意义上说，记忆都是以既往和当下作为时态参照的，而其主体则是单个的人或某一群体。我们说春节是一种民族记忆，也是以既往和当下作为时态参照，其记忆主体则是全体中华民族。

春节作为民族记忆，最为典型的就是人们常说的"比过春节还热闹"。在生

---

① 孟元老：《东京梦华录》卷六《正月》。

活中,每当遇到盛大而隆重的活动,许多人挂在嘴边的一句话就是"比过春节还热闹"。这看似一句简单的评语,实际上却反映出人们对春节的一种历史记忆。首先,在人们的记忆中,春节是热闹的节日,换句话说,热闹是春节的显著标志,买年货、贴春联、燃炮仗、拜大年、串亲戚、赶庙会等活动,无一不是热热闹闹,熙熙攘攘,红红火火。其次,盛大而隆重的活动唤醒了人们的春节记忆,许多人不由自主地把现实中的活动与春节进行比较,而且把比较聚焦在"热闹"二字上,这自然使人们联想到盛大的场面和攒动的人群,联想到此起彼伏的喧嚣和百技杂陈的竞技。再次,这句话既反映出人们的春节记忆,又在与春节的对比中表明了人们对生活中某一事件的主观评价,其关键词则是有内在联系的"春节"和"热闹"。

与"比过春节还热闹"相类似的,是人们常说的"像过年似的"。如果说前者偏重于春节的热闹,那么,后者则是侧重于春节的喜庆。春节是一个热闹的节日,更是一个喜庆的节日。尽管在一些地方的民俗中,"年"被妖魔化,说它头长触角,凶猛异常,平时潜居海底,每到除夕之夜就要爬上岸来作祟,危害百姓,但过年仍是喜庆的事,因为人们通过贴门神、点蜡烛、放爆竹等活动,驱除了危害百姓的妖魔,开始了新的喜庆生活。所以,无论在南方还是在北方,过年都是一种喜庆活动,并已经固化为一种民族记忆。正是因此,每当人们遇有喜庆之事,常常会把记忆中的春节和当下的喜庆之事进行比较,如果其喜庆够级别、够分量、够欢乐,人们就会毫不吝惜地夸赞说:"像过年似的!"

作为一种文化记忆,春节留给人们的最为突出的是一个"新"字。春节被称为"三朝"或"三元",最直接的理由就是一个"新"字。春节是对过去一年的告别,是新的一年的开始。辞旧岁、迎新春的一切活动都鲜明地体现出一个"新"字,新年新春,新人新事,新景物、新气象、新期盼、新祝愿、新开端,等等,春节期间发生的所有的事情几乎都和"新"字有关。在长期的生活实践中,春节习俗年复一年地重复着,春节的各种新鲜活动和新鲜事物逐渐积淀为民族的文化记忆,提起春节,人们马上会联想到春节最为明显的特征——新,以至于看到生活中的新人新事,人们就会很自然地将其与春节的各种新事物、新气象联系在一起。春节,新春,成为一种永远的民族记忆。正如南朝梁代诗人沈炯咏叹的那样:"故年花落今复新,新年一故成故人。那得长绳系白日,年年日月但如春。"①

---

① 李昉等:《艺文类聚》卷六十四。

除了热闹、喜庆、新鲜之外,春节的许多习俗都已经固化在人们的记忆中,遇到相同或相似的事情,都会唤起人们的春节记忆。从腊八开始直到二月二,有关春节的许多习俗,作为文化符号早已沉淀在人们的记忆中,在日常生活中时常被一次次唤起。在一次次的唤起中,春节习俗作为民族记忆则反复被强化,譬如结婚、乔迁等喜庆之事贴对联,让人想起春节的贴春联;奠基、开业等活动燃放鞭炮,让人们联想到春节放爆竹;久别的朋友相聚施礼拜贺,让人们想起春节的拜大年……都与春节记忆密不可分。此外,日常生活的贫困与富裕,也很容易唤起人们的春节记忆。在艰难岁月中,在困窘情况下,人们会感慨"度日如年";如今生活富裕了,每天的饮食不仅有酒有肉,而且不乏山珍海味,让人们很自然地联想起过春节时的山吃海喝,以至于许多人感慨"天天都在过年"。

作为民族记忆的春节,不仅仅是在过年的时候才被唤起,日常工作生活的些许小事都会唤起人们的春节记忆。从这个意义上说,春节不仅仅是春节习俗的延续,春节记忆的唤起,也不仅仅是那几天人潮涌动的假期,而是一种时常被唤起的民族记忆,是固化在人们的记忆中、活化在人们的日常工作和生活中的文化符号。这是一种永远铭刻在中华民族记忆和心灵中的符号,一种不会随着时间的流逝而消弭的符号,一种兼具历久性和生命力的鲜活的文化符号。

三、作为民族情感的春节

不论作为民族习俗还是作为民族记忆,春节都是中华民族情感的一种载体和寄托。虽然春节最初仅仅是一种礼俗和仪式,但随着时空转换和政治、社会、文化背景的变化,春节逐渐演变为一种蕴含着丰富民族情感的习俗,进而积淀为民族记忆。从此以后,春节就不仅仅是一种习俗了,而是承载着深沉、厚重、丰富民族情感的文化符号,是中华民族认同感与归属感最为重要的符号和表征。春节所蕴含的民族情感非常丰富,其最主要者大抵表现在以下五个方面。

春节是一种团圆的期盼。团圆是中国人过春节最大的主题。有钱没钱,回家过年。不论身份高低贵贱,家庭是贫是富,年成是丰是歉,辛苦一年的人都要回家过个团圆年。就像通俗歌曲《常回家看看》所唱的那样:"老人不图儿女为家做多大贡献呀,一辈子不容易就图个团团圆圆。"正是有了团圆的心理、团圆的期盼,在外工作的儿女,不论多累多忙,也不论春节期间归程是多么艰难,都一定要想尽一切办法,回去和父母一起过春节,和家人过个团圆年。这既是一种行动,更是一种期盼,期盼通过这样一种形式,能够让一家人和和美美,团团圆圆。期盼团圆,是因为在乱多治少的古代社会,家人团圆和人们期盼自由一样,常常成为一种奢望。正像元代诗人赵汸《除夕》诗所写的那样:"守岁虽名岁不留,停杯谩与数更筹。艰危作客岂今夕,隐约依人非昔游。乱后亲交难会合,春来书札莫沈浮。开怀预卜风光好,随处莺花得自由。"①正因为团圆难得,才越发显得团圆之珍贵。白居易《岁日家宴戏示弟侄等》对家人的春节团圆格外珍惜:"弟妹妻孥小侄甥,娇痴弄我助欢情。岁盏后堆蓝尾酒,春盘先劝胶牙饧。形骸潦倒虽堪叹,骨肉团圆亦可荣。犹有夸张少年处,笑呼张丈唤殷兄。"②如今,春节期间,海外华人华侨和港澳台同胞回大陆与家人团聚,同样也表现出对春节所蕴含的团圆情感的继承。

春节是一种思乡的情感。春节这一文化符号包含着太多的民族情感,而对家乡的思念,则是游子最为强烈的情感。许多人长年在外求学、打工、经商、为宦、垦田、戍边,每至春节,因交通不便或是其他原因,不能回到故乡,与家人一起欢度新春佳节就成了一种奢望。这个时候,故乡之思犹如初春的嫩芽,在不经意中顽强生出,而且往往是情不自禁。隋代诗人薛道衡的《人日思归》诗道尽了这样一种情感:"入春才七日,离家已二年。人归落雁后,思发在花前。"人日是正月初七,古俗是曰"以七种菜为羹,剪彩为人,或镂金箔为人,以贴屏风,亦戴之头鬓。又造华胜以相遗,登高赋诗"③。薛道衡是隋朝大名鼎鼎的文人,他奉命出使南朝,在南朝梁过春节。南朝文人为试其文采,请其作诗。薛道衡刚吟出"入春才七日,离家已二年"二句时,梁朝文人都觉平淡无奇,嗤之以鼻,以为薛道衡浪得虚名。可是,当薛道衡吟出"人归落雁后,思发在花前"二句之后,在场文人无不赞叹,咸曰"名下无虚士"。④ 薛道衡在诗中以雁和花为喻,表达了自己的思乡情感。春节已过,大雁已经北飞,而他还滞留在南方,落在了大雁的后面。春天来了,南方的花还没有开放,但诗人思乡的情怀早在花开之前就

---

① 赵汸:《东山存稿》卷一。
② 白居易:《白香山诗集》卷二十七。
③ 宗懔:《荆楚岁时记》。
④ 曾慥:《类说》卷五十四引《隋唐嘉话》。

已经油然而生了。北宋著名文人宋祁的《途中新岁忆三城兄长相公》,同样让人们感受到了这样一种浓浓的情感:"马上逢元朔,匆匆记物华。趁盘呈柏叶,偷笔弄椒花。腊暝残晨炬,春辉上早霞。三城今日酒,知我独思家。"①

春节是一种迎新的喜悦。春节最基本的文化意义就是辞旧迎新。辞旧是对既往的礼仪式告别,迎新是对未来的最热诚期盼。人们通过春节的各种习俗和仪式,淋漓尽致地展示出对新年的祝愿,对新生活的向往。"初唐四杰"之一的卢照邻有《元日述怀》诗,让人们看到了当时人们迎接新年的喜悦:"筮仕无中秩,归耕有外臣。人歌小岁酒,花发大唐春。草色薰三径,风光动四邻。愿得常如此,年年物候新。"②唐代薛逢的《元日田家》诗,字里行间洋溢着对新生活的祝福:"南村晴雪北村梅,树里茅檐晓尽开。蛮榼出门儿妇去,乌龙迎路女郎来。相逢但祝新正寿,对酒那愁暮景催。长笑士林因宦别,一官轻是十年回。"③不论贫富贵贱,到了过大年的时候,都会很自然地流露出迎新的喜悦。歌剧《白毛女》中的杨白劳贫困如斯,还要置办一点可怜的年货,和女儿喜儿一起欢欢喜喜过大年,寄托他们对新生活的向往和对新景象的期盼。时至今日,春节迎新的喜悦依然是那么热烈,那么富有激情。从人们过年置新装、办年货、贺新春等系列活动中洋溢在脸上的笑容,每个人都可以切身感受到这样一种迎新的喜悦。

春节是一种趋吉的祝愿。春节习俗有许多都与人们趋吉避凶的文化心理相联系,趋吉避凶自然而然地成为春节最基本的文化意义。古人咏元旦(春节)的诗歌,有许多都是表达趋吉祝愿的。如北宋晏殊《奉和圣制元日》诗:"夏正标吉朔,尧历载初辰。柏叶清樽举,椒花绮颂陈。年芳随律盛,皇泽与时均。共有华封意,升平亿兆民。"借欢欢喜喜过春节来歌颂升平,表达对国家的良好祝愿。其《御阁》诗通过对春节景物的描写,表达长寿的祝愿:"习习条风拂曙来,清香犹绽雪中梅。屠苏酒绿炉烟动,共献宜城万寿杯。"④这些诗歌虽然属于歌功颂德一类,但它们通过对春节景物的吟咏,表达出对未来生活的美好祝愿。明代著名画家唐寅《元日诗》表达出来的这样一种情感更为浓烈:"海日开晴生紫烟,门前处处揭红笺。鸠车竹马儿童市,椒酒辛盘姊妹筵。鬓插梅花人踏鞠,架垂

---

① 宋祁:《景文集》卷八。
② 蒲积中:《岁时杂咏》卷一。
③ 蒲积中:《岁时杂咏》卷一。
④ 蒲积中:《岁时杂咏》卷二。

绒线院秋千。康衢共祝尧天寿,一个苍生借一年。"①如今过春节,同样蕴含着浓浓的趋吉祝愿,诚如冯骥才先生指出的那样:"生活中有欣喜满足,也有苦恼失落;有福从天降,也有灾难横生。年时,站在旧的一年的终点上,面对一片未知的生活,人人都怀着这样的愿望:祈盼福气与惧怕灾祸。于是,百年来有一句话,把这种'年文化心理'表现得简练又明确,便是:驱邪降福。"②

春节是一种民族认同感。中华文化是一种有很强认同感的文化,只要是中国人,不论你走到哪里,都会对儒家的中庸仁爱、道家的自然无为有强烈的认同。对于作为民间习俗的春节,同样也是这样,不论人在何处,身在何方,只要看到贴春联、放炮仗、拜大年等习俗,用不着任何对话和交流,就会自然而然地产生强烈的民族认同感。即使在海外,只要有华人居住的地方,每逢新春佳节,中国春节的传统元素就会表现得非常突出。哪怕是移居海外多年且已经深深地融入到当地社会的华侨,在春节来临之际,也会在所在国以各自特殊的形式欢度春节,通过各种礼仪性的习俗,来表明他们与中华民族的血肉联系,表达对祖国的深切思念和美好祝福。海外华侨的春节活动,对所在国也产生了显著影响,在潜移默化中使所在国民众对中国的传统春节产生了某种程度的认同感。正如2010年春节前夕在德国柏林中央火车站举行的"欢乐中国春节活动"上,一位名叫克里斯蒂娜的德国老人所说,一说到春节,她立刻就会想到爆竹声声、绚丽的焰火,特别是好吃的食物。她说她每年都来参加火车站庆祝中国新年的活动,每次都觉得很兴奋。当天的表演很精彩,舞蹈,变脸,还有民乐演奏,她都非常喜欢。③

看来,春节习俗随着华人华侨在海外的继承和延续,在不远的将来会得到世界上更多国家民众的认同。这不是一种期待,而是正在发生并将更多发生的事情。

(原载《亚细亚民俗研究》第八辑,学苑出版社2001年1月。文稿第三部分《春节:中华民族的厚重情感》发表于《中国社会科学报》2011年2月1日"后海"版)

---

① 袁景澜:《吴郡岁华纪丽》卷一《正月》,江苏古籍出版社,1998年,第5页。
② 冯骥才:《冯骥才分类文集·文化批评》,中州古籍出版社,2005年,第378页。
③ 《海外华人华侨以多种形式欢度新春佳节》,新华网2010年2月13日。

文化视角的文学研究

中原诗歌的历史回声

中国是诗的国度,而以河南为中心的中原地区则是中国古典诗歌的发生地。中原位于华夏文明的核心区域,是华夏文明的发祥地,有正史记载以来,就长期是中国政治、经济、文化、社会的中心区域。《史记·五帝本纪》所载黄帝、颛顼、帝喾、尧、舜五帝的主要活动区域,就在以今河南为主要区域的黄河中下游地区。根据文献记载,五帝时期,中原地区已经有歌谣产生,但今天所见最早且较为可信者是尧时壤父的《击壤歌》。进入夏商周三代,中原诗歌逐渐显示出不俗的姿态,出现了许多很有影响的诗歌。而自《诗经》开始,中原诗歌就迎来了第一个繁荣时期,并在此后漫长而持久的诗歌之旅中,不断发展创新,从一个辉煌走向另一个辉煌。

先秦时期,中原诗歌从始足之旅就开始了向第一个诗歌创作高峰《诗经》中的中原民歌的演变。先秦中原民间歌谣总量不是很多,但自尧舜而至三代持续不断,不仅数量不断增加,而且思想文化内容逐渐丰富,表现方法也从最初的以写实和白描为主的直抒胸臆式,逐渐向具有较高艺术性的赋比兴过渡。从尧时的《击壤歌》《尧戒》《伊耆氏蜡辞》,舜时的《赓歌》《南风歌》,到夏朝的《五子之歌》《夏人歌》,夏商之际的《采薇歌》《麦秀歌》,周朝的《周易》古歌,春秋战国时期中原诸侯国的民歌,如《城者讴》《野人歌》《泽门之皙讴》《乌鹊歌》等,清楚地反映出先秦时期中原诗歌的发展轨迹和成长历史。这一时期出现的《赓歌》这样的和诗与《五子之歌》这样的联句,为后世中国古典诗歌中的和诗与联句创作提供了借鉴。而作为我国第一部诗歌总集的《诗经》的出现,则标志着中国古典诗歌的四言诗创作达到了第一个高峰,也标志着中原诗歌形成了第一个高峰。《诗经》中最有价值的是国风,而在《诗经》的十五国风中,属于今河南域内的有九个,分别是周南、召南、邶、鄘、卫、王、郑、陈、桧,占国风总数的60%;九国国风共有诗歌109首,占国风诗歌总数的70%。而《关雎》《溱洧》《桃夭》《静女》《氓》《黍离》等名篇,都出自属于今河南域内的国风。至于颇有争议的"郑卫之音",则是先秦诗歌史上一个十分独特的现象,对中国古典诗歌创作影响深远。

进入两汉,随着乐府诗的兴起,中原诗歌在民间乐府和文人乐府两方面都展现出不俗的姿态,尤其是文人乐府诗,可以说代表了两汉乐府诗的创作成就。西汉武帝时设置乐府官署,负责采集民间歌谣,配乐之后供朝廷宴飨时使用。乐府诗既然最初是来自民间,所以,两汉乐府诗实际上也是民歌。这些民歌的作者大多数已经不可考,但从诗歌内容来看,有一些乐府诗与河南有密切关系,描写的是河南的风物,展示的是河南的景象,表现的是河南的社会生活,抒发的是河南百姓的情怀。如《战城南》《东门行》《孤儿行》等,不仅具有鲜明的中原特色,而且都是汉乐府的代表作。乐府诗的流行,使得一些中原诗人也借用乐府诗的形式进行创作,产生了一批文人乐府诗。相比较而言,中原诗人的乐府诗具有更为丰富的思想文化含量,艺术性也比较高,如宋子侯的《董娇娆》。这一时期,中原文人诗歌创作取得了显著成就,张衡、蔡邕、蔡琰等人的诗歌卓然不俗。张衡的《四愁诗》和《思玄诗》以七言的形式写成,对七言诗的形成有重要影响,在七言诗发展史上有重要地位;张衡的五言《同声歌》在两汉五言诗发展史上有一定的地位;蔡琰的五言《悲愤诗》、骚体《悲愤诗》以及归属尚有争议的《胡笳十八拍》,形象地反映了汉末大乱给国家与百姓带来的巨大灾难,诗家有"《悲愤诗》缠绵哀怨,立言称情有体,实开曹杜一派绝作也"之评。① 这一时期出现的《古诗十九首》,是两汉五言诗的经典,也是中国古典诗歌的经典。其中一些诗歌与河南有密切联系,对当时河南的社会生活有所反映。两汉中原诗歌另一值得注意的是民间歌谣。两汉时期,尤其是东汉时期,中原民间歌谣甚为流行,如《顺阳吏民为刘陶歌》《洛阳人为祝良歌》《汲县长老为崔瑗歌》《六县吏人为爱珍歌》《河内谣》《顺帝末京都童谣》《桓帝初天下童谣》《桓帝初城上乌童谣》《桓帝时京都童谣》《桓帝末京都童谣》《二郡谣》《太学中谣》《灵帝末京都童谣》《献帝初京都童谣》《献帝初童谣》等。这些民间歌谣有的讽刺贪官污吏,有的歌咏正直之士,有的反映世风民情,有的表达民情民意,与当时的政治、经济、社会、文化有着十分密切的关系,也是观察两汉社会和民情民意的重

---

① 李光地:《榕村语录》卷三十。

要参考。

汉献帝建安时期,是中国历史上一个特殊的时期。它虽然名义上仍属于东汉,但实际上是中国社会由大一统趋于分裂的前奏期,是战国之后又一个"合久必分"的时期。中原在汉末大乱中即饱受兵燹战乱之苦,经历了空前的浩劫,出现了"白骨露于野,千里无鸡鸣"①那样惨绝人寰的局面。而曹操奉汉献帝都许,挟天子以令诸侯,开始了他的统一大业。当此之时,活跃于中原诗坛的诗人除被称为"三曹"的曹操、曹丕和曹植父子外,还有"建安七子"以及繁钦、应璩等。"三曹"长期生活在中原,中原这片沃土不仅为他们的诗歌创作提供了灵感和素材,而且滋润了他们"雅好慷慨"和"志深而笔长""梗概而多气"的诗风。②他们的诗歌对中原政治、经济、社会、文化及民风民俗多有反映,如曹操的《蒿里行》《薤露行》,对汉末大乱的表现形象而深刻,殊为令人警醒;曹植的《白马篇》《名都篇》《美女篇》《送应氏》等,气势磅礴,激情澎湃,皆是"雅好慷慨"之作,为这一时期的河南诗坛增添了亮丽色彩;"建安七子"是这一时期诗歌创作的重要力量,其中河南籍作者阮瑀、应玚与孔融、王粲、刘桢、陈琳、徐幹等一道,积极用手中的笔表现社会现实,抒发个人情怀,创作出一些反映汉末社会生活的诗歌,推动形成了"雅好慷慨"和"志深而笔长""梗概而多气"的建安诗风;繁钦和应璩等河南籍诗人的诗歌创作进一步丰富了这一时期的河南诗歌,为建安时期河南诗坛的繁荣作出了应有的贡献。建安时期是中国古典诗歌五言诗的第一个繁荣期,也是中原诗歌五言诗的繁荣期。这一时期诗歌创作形成的"建安风骨",对中国古典诗歌产生了深远影响。在诗歌艺术方面,曹操用乐府诗古题写时事,赋予乐府诗新的生命,促使乐府诗发生了新变,为乐府诗创作拓展了道路。曹丕和曹植兄弟在乐府诗创作上也有创新,曹丕的《燕歌行》、曹植的《妾薄命》都是自创乐府诗题,丰富了乐府诗的文化内涵。曹丕《燕歌行》是继张衡《四愁诗》和《思玄诗》之后一首比较规整的七言诗,是七言正式形成的标志性之作。而公宴诗和从军诗在建安时期的流行,则形成了中国古典诗歌最早的诗歌流派。

中原诗歌在经历了先秦时期《诗经》四言诗的繁荣、建安时期五言诗的繁荣

---

① 曹操:《魏武帝集》之《蒿里行》。
② 刘勰:《文心雕龙》卷九《时序第四十五》。

之后,在魏晋时期进入迅速发展阶段。魏晋时期,社会动荡,玄学兴盛,受其影响,这一时期的许多诗歌不仅染上了玄学色彩,而且形成了玄学诗派;而魏晋时期极为特殊的社会政治环境,则促成了游仙诗的流行。在诗歌体式上,不仅四言诗、五言诗和乐府诗延续着强劲的发展势头,而且六言诗、七言诗及杂言诗都有不同的表现。这一时期,中原出现了一批有影响力的诗人。正始名士中的何晏,"竹林七贤"中的阮籍,寓居河南山阳(在今焦作市修武县境)的嵇康,被称为"二潘"的西晋元康时期的潘岳、潘尼叔侄,南渡中原诗人庾阐、袁宏等,在魏晋诗歌史上都享有盛名。阮籍生当魏晋易代之际,当时曹魏阵营与司马氏集团的党争十分激烈,文人常常有生命之虞。他的《咏怀诗》就是在这种严酷的社会现实下创作出来的,故而辞多隐晦,诗家有"厥旨渊放,归趣难求"①之评。嵇康长期生活在河南,因不与司马氏合作,被司马昭杀害于洛阳。他的诗歌与河南有密切关系,是这一时期河南诗坛的重要收获。进入西晋,晋武帝时期短暂的承平,为西晋诗歌的繁荣奠定了基础。被钟嵘称为"三张二陆两潘一左"的张载、张协、张亢、陆机、陆云、潘岳、潘尼和左思,②是西晋太康时期代表性诗人。"两潘"是荥阳(今河南省中牟县)人,其他诗人则长期生活在当时的都城洛阳。他们的诗歌内容上与河南有很大关系,题材上也有新的拓展,游仙诗、公宴诗、赠答诗、送别诗、山水诗等都出现了不少佳作。尤其是潘岳的悼亡诗,哀婉悲切,深入心扉,影响深远,诗家有"安仁情深之子,每一涉笔,淋漓倾注,宛转侧折,旁写曲诉,刺刺不能自休"③之评。潘岳之后,悼亡诗则逐渐成为一种诗派。迄于东晋,庾阐、袁宏等南渡中原诗人身居异乡,虽有恢复中原之想,但由于不在其位,难以有恢复中原之实,故其诗歌多为吟咏性情和直抒胸臆之作。东晋玄风大盛,玄言诗占据诗坛主流。受此影响,南渡中原诗人的诗歌创作具有浓厚的玄学色彩,对东晋玄言诗的兴盛发挥了推波助澜的作用。这一时期,庾阐的六言组诗值得特别关注,在六言诗发展史上有一定地位。而南渡中原诗人殷仲文、谢混的诗歌,则在玄言诗大盛的时代革除玄言之弊,别开生面,对东晋诗风的转变具有重要意义。南朝梁史学家沈约称"仲文始革孙(绰)、许(询)之

---

① 钟嵘:《诗品》卷一。
② 钟嵘:《诗品》卷一《总论》。
③ 陈祚明:《采菽堂古诗选》卷十一。

风,叔源大变太元之气"①,对中原诗人在改变东晋玄言诗风中发挥的重要作用,作了恰如其分的概括和评价。

南北朝时期是玄言诗向山水诗转变的时期,也是中国古典诗歌由近体诗向格律诗过渡的时期。这一时期,在中原诗人谢灵运、谢朓等人的大力示范下,山水诗很快趋于兴盛,刘勰所谓"庄老告退,而山水方滋"②。而领山水诗风骚者,则是出身中原谢氏家族的著名诗人谢灵运。陈郡阳夏(今河南省太康县)谢氏家族是东晋大族,曾经出现了谢安、谢玄等著名政治家、军事家。谢灵运是谢玄之孙,南朝宋著名山水诗人,他吟咏南朝山水景物的诗歌,为山水诗开山立派,使山水诗成为继公宴诗、游仙诗、玄言诗、田园诗之后又一重要的诗歌流派。他创作的山水诗颇多名句,深受后人称道。与谢灵运约略同时的谢朓是南朝谢氏又一著名诗人,其山水诗创作亦很有特色。齐梁时期的江淹,出身济阳考城(今河南省兰考县)江氏家族,是江氏家族的代表性诗人,他有感于前代诗人之作"各具美兼善"而效其体所作的杂体诗三十首,在南朝独树一帜,对后世亦有深远影响。北朝中原诗人最著名者是新野人庾信。庾信青少年时期生活在南朝,随父亲庾肩吾出入梁朝宫掖,创作了不少宫体诗,与徐陵同为梁朝宫体诗的代表性诗人。梁元帝承圣三年(554),庾信出使西魏,因西魏攻破江陵,梁元帝被杀,庾信遂滞留在北朝,成为北朝著名诗人。庾信经历了家国之变,因而他在北朝的诗歌颇多家国之思和故国之恋,诗风则表现为苍凉枯涩,杜甫评之为"庾信平生最萧瑟,暮年诗赋动江关"③。这一时期特别值得一提的是开中国古典诗歌专题评论之先河的诗歌理论家钟嵘。钟嵘祖籍颍川长社(今河南省长葛市),南朝梁人。他把齐梁之前的五言诗人分为上中下三品,进行系统评论。他的评论以品论人,以品论诗,对中国古典文艺评论影响深远。

隋唐时期是中国各体古典诗歌的成熟期与繁荣期。经历了南北朝时期的发展完善,尤其是齐梁时期沈约"永明声律说"和"四声八病说"的出现,使中国古典诗歌完成了从古诗向近体诗的转变,并为律诗和绝句在初唐时期的定型作了声律方面的充分准备。进入初唐,中国古典诗歌中最具影响力的律诗和绝句

---

① 沈约:《宋书》卷六十七《谢灵运传论》。
② 刘勰:《文心雕龙》卷二《明诗第六》。
③ 杜甫:《咏怀古迹五首·其一》。

完成了华丽的蜕变,正式登上了古典诗坛。而在唐代律诗的定型过程中,中原诗人沈佺期、宋之问发挥了重要作用,可以说厥功至伟。沈佺期是相州内黄(今河南省内黄县)人,宋之问是虢州弘农(今河南省灵宝市)人。他们在"永明体"的基础上,发现了诗歌平仄规律,注重全诗的平仄粘对,以及中间二联上下句属对,使近体诗演变为严整的格律诗,为唐代诗歌的繁荣作出了杰出贡献。对于他们在律诗形成方面的贡献,中唐古文家独孤及评价说:"至沈詹事、宋考功,始裁成六律,彰施五色,使言之而中伦,歌之而成声,缘情绮靡之功,至是乃备。"①中唐诗人元稹充分肯定了他们在律诗方面的贡献:"沈宋之流,研练精切,稳顺声势,谓之为律诗。由是而后,文体之变极焉。"②整个唐代,河南诗家辈出,初唐时期有杜审言、沈佺期、宋之问、上官仪和上官婉儿。盛唐时期中原诗人最为风光,被称为"诗圣"的中原诗人杜甫,是盛唐的经历者和见证者。他用如椽之笔形象地展现了唐玄宗开元、天宝年间的历史变迁,创作出"三吏三别"、《北征》、《兵车行》、《丽人行》、《自京赴奉先县咏怀五百字》、《茅屋为秋风所破歌》、《秋兴八首》等不朽诗章,成为千古传诵的盛唐之音。这一时期的中原诗人还有崔颢、岑参、刘长卿等,诗歌创作各具面目,多有佳作传世。中唐时期,中原诗人可以布阵成军。高举新乐府运动大旗的白居易,主张"文章合为时而著,歌诗合为事而作",创作出《长恨歌》《琵琶行》《卖炭翁》《观刈麦》等传世佳作。他的闲适诗和讽喻诗,徘徊于"独善"与"兼济"之间,让人们看到了白居易这位伟大诗人内心的天人交战。这一时期的元稹、韩愈、刘禹锡、李贺等诗歌大家,也都奉献出各自的佳作名篇。以李商隐为代表的晚唐中原诗人,反映现实,书写情怀,有不少传世佳作,如李商隐的《无题》《锦瑟》《马嵬二首》等。有研究者做过统计,在唐代知名诗人中,河南籍诗人占了三分之一还要多。以杜甫、白居易这两位诗坛巨匠为核心,唐代中原诗人形成了梯次结构。他们逞才使气,表现生活,反映现实,不仅推动中原诗歌攀上了前所未有的高峰,而且极大地促进了唐代中国古典诗歌的繁荣,使以唐诗为代表的"唐音"成为中国传统文化中令人敬仰和向往的文化圣殿。

经历了唐诗的繁荣之后,整个宋辽金时期,中原诗歌虽然无力再现唐代的

---

① 独孤及:《昆陵集》卷十三《唐故左补阙安定皇甫公集序》。
② 元稹:《元氏长庆集》卷五十六《唐故工部员外郎杜君墓系铭并序》。

繁荣,但随着宋词的流行,这一时期的中原诗歌依然精彩纷呈。词兴起于五代,至两宋大盛。河南作为北宋都城汴京的所在地,也是北宋文人的集聚地。北宋时期的著名诗人和词人如欧阳修、王安石、"三苏"、晏殊、柳永等,都在汴京生活过,有的长期在京城为官。尽管两宋时期中原文化最著名的在于理学,尽管两宋最著名的诗人和词人如欧阳修、王安石、苏轼、柳永、陆游、辛弃疾等都不是河南人,但两宋时期中原诗歌和词的创作并不寂寞,以苏舜钦、邵雍、曾几为代表的两宋河南诗人,驰骋诗坛,创作出许多有影响的诗作。苏舜钦的《庆州败》《吴越大旱》《大风》等,用写实手法表现了北宋时期尖锐的社会矛盾;邵雍的诗歌《林下五吟》《安乐窝中自诵吟》等,"以道观性,以性观心,以心观身,以身观物"①,虽不乏理学意味,却充满人生哲理。以贺铸、陈与义、史达祖为代表的两宋河南词人,在宋词创作方面各有千秋,贺铸的《青玉案·凌波不过横塘路》《六州歌头·少年侠气》《木兰花·嫣然何啻千金价》,陈与义的《虞美人·张帆欲去仍搔首》《临江仙·忆昔午桥桥上饮》,史达祖的《鹧鸪天·卫县道中有怀其人》等,都是宋词中的佳作。此外,南宋中原学人王应麟的《诗经》研究,侧重《诗经》内容和地理的考证,在《诗经》研究中别具特色。中原诗人元好问在金代的崛起,则使金代河南诗歌为之一振,让人们看到河南诗歌在刚刚呈现衰微迹象的时候即重新振作,保持了河南诗歌基本的发展趋势。元好问能诗擅词,同时又是一位诗歌批评家。他的《论诗三十首》效法杜甫的《戏为六绝句》,以诗论诗,在中国古代诗歌批评史上有重要地位。

元代享国时间不长,前后不足百年,但元代却在唐诗、宋词之后出现了属于这个时代所特有的诗歌形式——散曲,并使散曲成为这个时代标志性的文化符号。说到散曲,人们常常要把它和它繁荣的时代元代联系在一起,称之为"元曲"。在元曲的形成和繁荣过程中,中原散曲家姚燧、王恽、薛昂夫、钟嗣成等发挥了非常重要的作用。他们的一些散曲作品,被周德清《中原音韵》作为某些散曲曲牌的"定格"。如姚燧的【普天乐·别友】被作为【中吕·普天乐】定格,他的【越调·凭栏人·寄征衣】"欲寄君衣君不还,不寄君衣君又寒。寄与不寄间,妾身千万难",表现思妇的两难心理,入木三分;薛昂夫有小令60余首,其中【正宫·塞鸿秋·功名万里忙如燕】和【双调·湘妃怨·集句】等,都是元代散曲中

---

① 邵雍:《伊川击壤集·自序》。

的名作。元代中原诗人往往是一身而兼诗人、词人和散曲家,在诗词曲创作上都取得了不俗的成就。如姚枢、姚燧、王恽、薛昂夫等都是著名诗人和词人,他们的诗歌创作延续了中原诗歌的文脉,使得中原诗歌在杂剧和散曲创作大行其道的时代能够展现出独特的风貌,也让人们对这一时期的中原诗坛投以赞许的目光。大梁(今河南省开封市)人钟嗣成,既是杂剧家和散曲作家,也是戏曲评论家。他的《录鬼簿》记录了元代杂剧和散曲作家的生平履历及创作情况,为元杂剧和散曲保存了可贵的史料。这一时期,襄城人杨士宏的《唐音》是最受称道的元代唐诗选集。该书尊崇李白、杜甫和韩愈,把唐诗分作"始音""正音""遗响"三个部分,按照"审其音律之正变,而择其精粹"的选诗原则,①在李、杜、韩三人之外,选取唐代诗歌1341首,成为较早的选择颇精的唐诗选集。由于其选择精严,被四库馆臣称为"去取颇为不苟"。《唐音》对其后的唐诗选集和总集的编纂有深刻影响。

  明清时期,随着政治、经济、文化中心的南下北上,一向强势的中原文化受到了严重影响,呈现出衰微之势。中原诗歌同样也是如此。经历了先秦的发生发展,两汉的继续完善,到了建安时期,中原诗歌出现了继《诗经》之后的又一繁荣局面。魏晋南北朝时期,中原诗坛不仅涌现出一批在中国诗歌史上享有盛誉的诗人,而且除律诗外的各体诗歌基本成熟。迄于唐代,中原诗歌伴随着唐诗的繁荣再次出现繁荣局面,产生了杜甫、白居易、韩愈、李贺、李商隐等诗歌大家。宋金元时期,中原诗歌创作延续了唐代的势头,诗词曲创作大家频出,名作相继,河南依然是中国古典诗歌的重镇。而到了明清时期,河南丧失了中国政治、经济和文化的中心地位,受此影响,同时也受新的文学样式戏曲、小说迅速崛起的影响,中原诗歌已无力再现昔日的辉煌。但是,这一时期中原诗歌并不沉寂,而是代有才人,时有亮色。如明代"前七子"的领袖人物李梦阳和何景明,明朝中期名将兼诗人的王越,以及何塘等中原诗人,在诗歌创作方面都有重要收获。李梦阳有《乐府古诗》三十六卷,其边塞诗《秋望》、古风《石将军战场歌》、绝句《汴京元夕》等,都是脍炙人口的佳作;何景明的《雨夜》《瑶瑟怨》《竹枝词》亦堪称佳作;王越和何塘等中原诗人也为后人留下了不少诗作。出身明代皇族的朱载堉是著名音乐家和数学家,诗歌创作亦有特色,他的《醒世词》,以

---

① 杨士宏:《唐音自序》。

教化世人为目的，明白晓畅，通俗易懂，是明代中原诗歌的重要收获。至于清代，中原诗人辈出，宝丰人杨淮编纂的《国朝中州诗钞》收录清代中原诗人500余家，由此可见清代中原诗人之盛。周亮工、侯方域、宋荦等清初诗歌大家，在清代诗坛上享有较高声誉。宋荦的诗歌理论著作《漫堂说诗》尊崇杜甫，论诗以杜诗为标杆，在清代诗论中有其独特地位。孙奇峰、汤斌、汤斌之子汤淮及钱九韶、刘青黎等清代中原诗人的诗歌创作，也值得关注。吕履恒等清代中原词作家，继承了宋词的传统，留下了许多独具特色的作品，为清代河南诗坛增添了一抹亮色。

近现代以来，河南诗坛稍嫌沉寂，诗歌创作已无力再现昔日的辉煌。即便如此，中原诗坛在近现代依然是代不乏人，并且不乏知名诗人。祥符（今河南省开封市）人周之琦在近代中原词作趋于沉寂之时别树一帜，他的《心日斋词》让人们看到了中原词作家非凡的实力。他编纂的《心日斋十六家词选》，精选五代温庭筠至元代张翥等十六位词人的117首词作，对人们了解中国词学发展史有一定帮助。汲县人李敏修编纂的《中州诗征》三十卷，部分吸收了杨淮《国朝中州诗钞》的成果，把近代之前中原诗人的诗歌汇为一集，为人们了解近代之前中原诗歌的基本面貌提供了方便。进入现代，中原诗人堪可布阵成军，而领军人物如徐玉诺、于赓虞、李季、苏金伞等，在现代诗歌创作园地挥洒才情，驰骋才华，创作出一系列有广泛影响的现代诗歌，让人们看到了中原诗人的不俗实力。徐玉诺的《将来之花园》和《雪朝》广受好评，叶圣陶为之撰写了评论《玉诺的诗》。于赓虞的自由诗感情色彩十分浓厚，雕琢的痕迹也比较明显。李季的长诗《王贵与李香香》《杨高传》及诗集《玉门诗抄》，在中国现代诗歌史上有其重要地位。苏金伞自称"三生修来是诗人"，执着于诗歌创作。他的诗歌洋溢着时代热情，充满生活气息。"民国四公子"之一的项城人张伯驹擅长词作，他的词作既与时代同频共振，又是其人生及心路历程的艺术写照，具有较高的思想和艺术价值。

中原是中华民族的发祥地，也是中华文化的起源地。自上古三代以至北宋，河南独特的地理区位优势，使其长期处于中国政治、经济、文化的中心地位，所以自古以来就有"逐鹿中原""定鼎中原""问鼎中原""得中原者得天下"等说法。而自南宋开始，随着中国的政治、经济、文化中心的南下北上，古老的中原开始逐渐褪去昔日的繁华，并日益显示出被边缘化的趋势。在这种情况下，落寞乃至落后似乎都是不可避免的了。中原诗歌发展历程与中原这种历史地位十分吻合。自上古开始,中原就是中国古典诗歌的发祥地,到了《诗经》,中原诗歌出现了第一次繁荣景象。此后,无论是两汉乐府诗,还是魏晋文人诗歌创作;无论是南北朝诗歌的发展成熟,还是唐诗的繁荣兴盛;无论是宋代词的兴起,还是元代散曲的流行,中原诗歌都是得风气之先者,中原诗人都是贡献最多最大者,也是领中国古典诗歌发展之风骚者。南宋以后,中原诗歌虽然渐呈衰微之势,但风光依旧,亮点纷呈,其地位和影响依然不容小觑。即使在戏曲、小说占据文坛主导地位的明清两代,中原诗人依然无限风光,李梦阳、何景明、朱载堉、侯方域、宋荦、孙奇峰、汤斌等,都是有广泛影响的诗歌大家,巩固了中原诗歌的历史地位。到了近现代,中原诗人植根于有数千年深厚文化积淀的中原大地,挟时代风雷,栉风沐雨,激荡情怀,创作出一系列具有鲜明时代印痕的诗歌,使中原诗歌呈现出重振雄风之势。

以史为镜,可以知兴替。梳理中原诗歌的发展脉络,总结中原诗歌的创作成就,分析中原诗歌的时代风貌与艺术特色,探讨中原诗歌在中国古典诗歌发展史上的地位与作用,不仅仅是要写一部河南诗歌发展史,更重要的是总结文学发展的历史经验,从而发现文学繁荣发展的规律,厘清中原诗歌兴起、发展、繁荣以及衰微的内在原因,为当下河南文学创作尤其是诗歌创作提供某种历史镜鉴,为河南打造文化高地提供历史镜鉴。王国维在总结文学发展规律的时候,有一段话说得很经典,他说:"凡一代有一代之文学:楚之骚,汉之赋,六代之骈语,唐之诗,宋之词,元之曲,皆所谓一代之文学,而后世莫能继焉者也。"①两汉辞赋,六朝骈文,唐诗,宋词,元曲,明清小说,都是不可再现也不可复制的文学繁荣时代。"五四"新文化运动以来兴起的现代自由体诗歌,也已经走过了它的繁荣时代。在传承弘扬中华优秀传统文化的当下,在各种文学艺术样式竞相绽放的今天,在互联网、数字化、融媒体大发展的时代,包括诗歌在内的各种文学样式都迎来了发展的春天。期待中原诗歌在不远的将来能够迎来新的兴盛繁荣局面。

(本文是作者为《河南诗歌史》撰写的绪论)

---

① 王国维:《宋元戏曲史序》。

先秦时期中原歌谣研究

对于先秦文学,人们的关注点往往在《诗经》、诸子散文和以《左传》为代表的历史散文。先秦民间歌谣,研究者虽有关注,但由于对现存先秦民间歌谣的真伪问题很难弄清楚,故而往往略而不论。以今河南为中心的古代中原地区是先秦民间歌谣的主要发生地,也是中国文学的主要发生地。先秦时期的中原民间歌谣不仅对中国文学的发生发展产生了重要影响,而且成为后世文学创作的重要滋养,是中原文学乃至整个中华文学最为宝贵的财富,因而有必要予以深入分析探讨。

一、先秦时期中原歌谣概述

中国是诗的国度。早在先秦时期,诗歌作为人们表现个人情感和社会文化生活的一种文学样式就已经出现。只不过这一时期的诗歌体式还不规整,篇幅也不长,而且还不太讲究用韵,更无所谓用典之说。上古三代,生产力水平比较低下,语言文字也不够发达。所以,这一时期所谓的诗歌,基本上属于人们情感的直接抒发或社会生活的简单记录,语言比较质朴古拙。鲁迅曾经说过:"我们的祖先的原始人,原是连话也不会说的,为了共同劳作,必需发表意见,才渐渐的练出复杂的声音来,假如那时大家抬木头,都觉得吃力了,却想不到发表,其中有一个叫道'杭育杭育',那么,这就是创作:大家也要佩服,应用的,这就等于出版;倘若用什么记号留存下来,这就是文学;他当然就是作家,也是文学家,是'杭育杭育派'。"①鲁迅所说的"杭育杭育",就是人们劳动时为求动作整齐划一

---

① 鲁迅:《门外文谈》,引自《魏晋风度及其他》,上海古籍出版社,2000年,第513—514页。

发出的号子。当然,这样的劳动号子还不能算真正的诗歌。真正的诗歌则是见诸相关文献记载,且大多是以歌、谣、辞等形式出现的。中原地区是华夏文明的发祥地,也是中国古典诗歌的发祥地。最早的歌谣就出现在中原,如尧时的《击壤歌》是以歌的形式出现的,《伊耆氏蜡辞》是以辞的形式出现的,《尧戒》是以戒的形式出现的;春秋时期的《城者讴》是以讴的形式出现的。从尧时的《击壤歌》,到舜时的《赓歌》和《南风歌》,到夏商周三代的《五子之歌》《采薇歌》《麦秀歌》,再到春秋战国时期的《城者讴》《泽门之皙讴》《野人歌》《乌鹊歌》等,不仅大抵可以看出先秦时期中原诗歌的发展脉络,而且可以看出中国古典诗歌最初的发展面貌。探讨先秦时期的中原诗歌,需要厘清从《击壤歌》到《诗经》的中原民歌的发展线索,分析总结先秦时期中原诗歌的思想内容和文化内涵,探讨其表现手法、语言风格和艺术特点,分析其对后世诗歌创作的影响,从而对中原歌谣在先秦时期中国古典诗歌发展史上的作用作出基本评价,对其在中国古典诗歌发展史上的地位给予科学评判。

  先秦中原歌谣散见于各种文献记载,后人称之为古逸诗或古歌辞。《尚书》《周易》《左传》及先秦诸子都有一些记载,《史记》及稍后的文献也有记载。宋人郭茂倩《乐府诗集》,明人冯惟讷《古诗纪》、梅鼎祚《古乐苑》,清人沈德潜《古诗源》等,把先秦歌谣从前代文献中辑录出来,作为"古逸诗"或"古歌辞",为人们了解先秦时期的诗歌提供了方便。冯惟讷《古诗纪》收"古逸诗"90首,梅鼎祚《古乐苑》收"古歌辞"50首,沈德潜《古诗源》收"古逸诗"103首。三种诗歌集所收"古逸诗"或"古歌辞",有一些是先秦时期的歌谣,其中有些诗歌作者为中原人,有些诗歌产生于中原,有些诗歌则与中原有密切联系。它们一定程度上反映出当时中原的社会状况和生产生活面貌,对人们了解先秦时期中原的政治、经济、社会、文化以及民风民俗有一定帮助。从诗歌反映的内容来看,有尧时民歌,有舜时民歌,也有夏商周三代民歌。这些民歌寄托着中原人民的浓厚情感,表达了中原人民的喜怒哀乐,反映出先秦时期中原人民的社会文化生活,是《诗经》之前中原诗歌的滥觞,也是中国古典诗歌的滥觞。从艺术表现来看,除白描和直叙等基本手法外,赋比兴手法也开始有所运用。另外,这一时期出现的和诗和联句的形式,对后世诗歌创作也产生了深远影响。

二、尧舜时期的中原歌谣

尧时中原民间歌谣,较为可信者有四首。其最早者,元人陈元子《文选补遗》"歌"类首列壤父《击壤歌》:"日出而作,日入而息。凿井而饮,耕田而食。帝力于我有哉!"陈元子认为"放情为歌",指出"歌之可见,始于《击壤》",①肯定了《击壤歌》为先秦第一首歌谣的地位。清代学者沈德潜以为古典诗歌以《击壤歌》为始:"帝尧以前,近于荒渺,虽有《皇娥》《白帝》二歌,系王嘉撰,其事近诬。故以《击壤歌》为始。"晋代皇甫谧《高士传》载有壤父故事:"壤父者,尧时人也。帝尧之世,天下太和,百姓无事。壤父年八十余,而击壤于道中。观者曰:'大哉!帝之德也。'壤父曰:'日出而作,日入而息。凿井而饮,耕田而食。帝何德于我哉!'"这是一首反映上古尧时百姓生活的民间歌谣。当时,天下太平,百姓自给自足,自得其乐,太阳出来下田劳作,太阳落山回家休息。他们喝的是自己开凿的井水,吃的是自己种植的粮食。他们自食其力,怡然自乐。他们这种生活是自己挣来的,与尧没有任何关系。据皇甫谧《帝王世纪》记载,尧时天下太平,百姓安居乐业,有八九十岁的老人,一边敲击着"壤"这种娱乐工具,一边唱着歌,悠闲自得。《太平御览》引东晋周处《风土记》有类似的记载:"尧时有八九十老人击而歌曰:'日出而作,日入而息。凿井而饮,耕田而食。帝力何有于我哉!'"《风土记》对"壤"也有记载:"壤者,以木作之,前广后锐,长一寸余,其形如履节。僮少以为戏也。"②宋人葛立方《韵语阳秋》所引《观艺经》有类似的记载:"(壤)以木为之,前广后锐,长尺四寸,阔三寸。其形如履。将戏,先侧一壤于地,远三四十步,以手中壤击之,中者为上。盖古戏也。"③可见,尧时民风朴素,社会太平,百姓与世无争。到了年节的时候,孩子们玩击壤这种游戏,以庆祝年节的到来。这首民歌肯定了百姓在社会发展中的作用,感情真挚,朴素无华,具有早期中原民歌的特征。陈元子、沈德潜把《击壤歌》确定为中国

---

① 陈元子:《文选补遗》卷三十五《歌》。
② 《太平御览》卷五百八十四引。
③ 葛立方:《韵语阳秋》卷十七。

最早的歌谣,是很有见识的。

诞生于尧时的中原歌谣,尚有《被衣歌》和《箕山歌》。《被衣歌》见载于《庄子·知北游》:"啮缺问道乎被衣。被衣曰:'若正汝形,一汝视,天和将至,摄汝知一。汝度神将来,舍神将为汝,美道将为汝。居汝瞳焉,如新生之犊,而无求其故。'其言未卒,啮缺睡寐。被衣大说,行歌而去之。"被衣之歌云:"形若槁骸,心若死灰。真其实知,不以故自持。媒媒晦晦,无心而不可与谋。彼何人哉?"①据《庄子》记载,尧之师曰许由,许由之师曰啮缺,啮缺之师曰王倪,王倪之师曰被衣。如此说来,啮缺是被衣的徒孙。他向被衣问道,被衣向他讲了一番大道理,要他"正汝形,一汝视",如此则"天和将至"。然而,被衣的话还没有说完,啮缺就睡着了。被衣见之,不但不怒,反而很高兴,遂高歌而去。被衣之歌的内容,实际上可视为对啮缺的评价。那么,啮缺是什么样的人呢?他"形若槁骸,心若死灰",待人很真诚,不故作高深,也没有心机。乍一看浑浑噩噩,似乎很难和人沟通。这难道就是真实的啮缺吗?他到底是一个什么样的人呢?像被衣这样高明的人,竟然看不透其徒孙是什么样的人。这实际上是借被衣之口赞美啮缺,只不过其赞美很有艺术。被衣以师爷的身份,竟然说看不透啮缺是什么样的人,则啮缺之高,又在被衣之上。啮缺是许由的老师,许由则是阳城槐里(今河南登封)人。由此可知,啮缺当时应在中原一带活动。从被衣评价他"形若槁骸,心若死灰"来看,啮缺是一个任情自然、不假雕饰的人。从他身上可以看出当时中原淳朴的民风。

出自啮缺门下的许由也是当时的高士。他早年师从啮缺,清心寡欲,朴素节俭,以布衣之身而享有高名。尧知其高名,想把天下禅让给他。许由得知后,喟然长叹:"匹夫结志,固如磐石。采山饮河,所以养性,非以贪天下也。"因此拒绝了尧的禅让。后来,尧还想让他出来为天下效力,许由坚辞不就,遂隐居箕山,洗耳颍滨,做起了隐士。人们寻踪中国最早的隐士,往往要追寻到许由这里。许由没有接受尧禅让天下,隐居于箕山,但他并非独善其身之人。许由人在箕山,心里却放不下尧这位明君。尧去世后,许由作《箕山歌》,表达了自己高蹈箕山的情怀和对尧为天下操劳的感慨:"登彼箕山兮,瞻望天下。山川丽崎,万物还普。日月运照,靡不记睹。游放其间,何所却虑?叹彼唐尧,独自愁苦,

---

① 《庄子·知北游第二十二》。

劳心九州,忧勤后土。谓予钦明,传禅易祖。我乐何如,盖不盼顾。河水流兮缘高山,甘瓜施兮叶绵蛮,高林肃兮相错连,居此之处傲尧君。"诗歌前八句写诗人隐居箕山的快乐。而"叹彼唐尧,独自愁苦,劳心九州,忧勤后土"四句,则是感慨尧治理天下的辛苦;"谓予钦明,传禅易祖。我乐何如,盖不盼顾"四句,表达的是许由对尧禅让天下不屑一顾的态度。最后四句再次咏叹隐居箕山的快乐,表达了傲视天下、乐山乐水的情怀。

《尧戒》见载于《淮南子·人间训》,仅有四句:"颤颤栗栗,日谨一日。人莫踬于山,而踬于垤。"垤是蚂蚁做窝时堆在洞口的土,这里比喻很小很小的土堆。尧治理天下的时候,告诫自己要战战兢兢,如履薄冰,要一天比一天更谨慎。他认为,人不会被山绊倒,但可能会被小小的土堆绊倒。为什么呢?因为人们对细小的东西不太注意,很容易忽略掉。《淮南子》引用《尧戒》,意在提醒人们要格外谨慎,不要在很细小的事情上摔跟头,所谓"事者难成而易败也,名者难立而易废也。千里之堤,以蝼蚁之穴漏;百寻之屋,以突隙之烟焚"①是也。《尧戒》语言质朴,口语化倾向比较明显。这也是先秦歌谣的共同特征。

《伊耆氏蜡辞》,一说为炎帝所作,一说为尧所作。从现有文献来看,炎黄之时虽然可能也有歌谣,但可证实者不多,流传下来的可能性也不是很大。尧舜时代是传说中的清平时代,海晏河清,天下太平,孔子和孟子对这样的时代都很怀念。所以《伊耆氏蜡辞》为尧所作,当更为可信。其辞云:"土反其宅,水归其壑,昆虫勿作,草木归其泽。"这是尧祈祷皇天的祝词,其意为让土地得安,没有崩塌之害;让水回归沟壑,不要泛滥成灾;不要发生虫灾;草木各归根于泽薮,不要影响庄稼的生长。从其祈祷的内容来看,显然是典型的原始农业社会。当时生产力低下,人们抗击自然灾害的能力还很弱,无力应对水旱虫灾等自然灾害的侵袭。尧对天下百姓怀有赤子之心,希望百姓能够生活得好一些,在腊八这天祭祀皇天,为天下百姓祈福。后来,天子在腊八这天祭祀皇天,就成为一种固定的礼仪活动。《礼记·郊特牲》记载:"天子大蜡八。伊耆氏始为蜡。蜡也者,索也。岁十二月,合聚万物而索飨之也。"对于《伊耆氏蜡辞》,郑玄解释说:"土反其宅至归其泽,蜡祝辞也。若辞同,则祭同处可知矣。壑犹坑也。昆虫暑生

---

① 《淮南子·人间训》。

寒死,螟蝝之属,为害者也。"①《伊耆氏蜡辞》反映出当时人们希望消除各种自然灾害的祈吉心理,表达了人们向往温饱生活的普遍愿望。

舜时有《赓歌》和《南风歌》。《尚书·虞书》记载:"帝庸作歌曰:'敕天之命,惟时惟几。'乃歌曰:'股肱喜哉,元首起哉,百工熙哉。'"皋陶则歌曰:"元首明哉,股肱良哉,庶事康哉。"又歌曰:"元首丛脞哉,股肱惰哉,万事堕哉。"舜作歌后,皋陶接着作歌,故后人把此歌称为《赓歌》。皋陶是舜之大臣,即舜所说的"股肱"。"股肱"原指大腿和胳膊,都是身体的重要组成部分,肩负着重要职能。这里借指辅佐君主的大臣。舜和皋陶之歌,犹如后来诗人之间的唱和,舜为主,皋陶为宾,舜先歌,皋陶奉和。舜之歌着眼于股肱大臣,是说大臣如果都能够尽心竭力,恪尽职守,那么,君主就可以实现天下大治,百姓就会安居乐业。皋陶的奉和之歌,则是着眼于元首,认为只要君主圣明,大臣都能够为天下着想,那么,各种事情都会平安顺利;如果君主只是关注细小之事,而不去关心天下大事,大臣们就会懒惰懈怠,那么,各种事情很难办好,天下就很危险了。他们从各自不同的立场,看待天下之事。两者联系起来看,可知天下治理之要,在于君主圣贤开明,大臣尽心竭力。二者勠力同心,则天下无不治者。《尚书》所载舜和皋陶之歌,都是直言其事,直抒情怀。他们之间的唱和是最早的君臣唱和之歌,开中国诗歌唱和之先河。

《南风歌》亦是舜的作品,其歌云:"南风之薰兮,可以解吾民之愠兮。南风之时兮,可以阜吾民之财兮。"《礼记·乐记》记载:"昔者,舜作五弦之琴,以歌南风。"西汉初年陆贾的《新语》亦载有舜歌南风之事:"夫道莫大于无为,行莫大于谨敬。何以言之?昔虞舜治天下,弹五弦之琴,歌南风之诗,寂若无治国之意,漠若无忧民之心,然天下治。"②《史记·乐书》亦称:"舜弹五弦之琴,歌南风之诗而天下治。"③宋人卫湜《礼记集说》引郑玄注云:"南风,长养之风。以言父母之长养己。其辞未闻。"④他认为,今传舜《南风歌》,见于三国魏王肃《孔子家语》,进而指出舜《南风歌》是"王肃所增加,非郑所见,故注云其辞未闻也"。但既然《礼记》《新语》和《史记》都有舜歌南风之诗的记载,则舜有《南

---

① 郑玄注,孔颖达疏:《礼记注疏》卷二十六。
② 陆贾:《新语》卷上。
③ 《史记》卷二十四《乐书第二》。
④ 卫湜:《礼记集说》卷九十四。

风歌》当属无可疑,只是其诗歌未见记载而已。至三国魏王肃《孔子家语》,始见《南风歌》歌词,故卫湜怀疑是王肃所增加。其怀疑不能说没有道理,但《孔子家语》中的许多故事都为后人接受或认可,而独将《南风歌》排除在外,似乎也不太合乎情理。舜以无为而治闻名于世,但无为而治并不意味着就不关心百姓疾苦。舜的《南风歌》希望百姓快乐富有,表达的正是对百姓的关心和爱护。

三、夏商周三代的中原歌谣

禹建立的夏朝是建都于中原的第一个王朝,也是中国第一个王朝。禹改变了其前的禅让制,传位于子启,启传其子太康。然而,太康却是一个昏君,《尚书·夏书》载:"太康尸位以逸豫,灭厥德,黎民咸贰。乃盘游无度,畋于有洛之表,十旬弗反。"太康当国时,尸位素餐,游乐无度,荒废了国家大事。启的其他五个儿子由此心生怨恨,述大禹之训,以告诫太康,所谓"太康失邦,昆弟五人须于洛汭,作五子之歌"。其一曰:"皇祖有训,民可近不可下。民惟邦本,本固邦宁。予视天下,愚夫愚妇。一能胜予,一人三失。怨岂在明,不见是图。予临兆民,懔乎若朽。索之驭六马,为人上者,奈何不敬!"其二曰:"训有之:内作色荒,外作禽荒。甘酒嗜音,峻宇雕墙。有一于此,未或不亡。"其三曰:"惟彼陶唐,有此冀方。今失厥道,乱其纪纲,乃底灭亡。"其四曰:"明明我祖,万邦之君。有典有则,贻厥子孙。关石和钧,王府则有。荒坠厥绪,覆宗绝祀。"其五曰:"呜呼曷归,予怀之悲。万姓仇予,予将畴依?郁陶乎予心,颜厚有忸怩。弗慎厥德,虽悔可追。"①《五子之歌》与中原有着十分密切的关系。首先,它的作者是夏王朝的建立者大禹之孙;其次,它的创作之地在洛汭,即今河南省巩义市境内;再次,它所告诫的太康是夏朝第三位君主,其建都之地亦在中原。从《尚书·夏书》所载"盘游无度,畋于有洛之表,十旬弗反"可知,太康之都当在今洛阳或洛阳附近。但太康游乐无度,竟然在"有洛之表"即洛之外围的山野狩猎长达百日。作为一国君主,竟然如此荒废国事,难怪五子要在洛汭等待他,作歌劝诫他。有学

---

① 孔安国传,孔颖达疏:《尚书注疏》卷六《夏书》。

者以为,《五子之歌》是五子先后连吟,每人一首。倘如此,《五子之歌》则可视为中国古代最早的联句。

夏朝的最后一个君主桀昏庸无道,荒淫无度,曾为酒池肉林,又喜好靡靡之乐。《韩诗外传》记载:"桀为酒池,可以运舟。糟丘足以望十里,而牛饮者三千人。"桀之大臣相互拉着手,高唱《夏人歌》。其歌云:"江水沛兮,舟楫败兮,我王废兮。趣归于亳,亳亦大兮。"又歌云:"乐兮乐兮,四牡跷兮,六辔沃兮。去不善而从善,何不乐兮?"①前一首说夏桀酒池之大,酒水之多像江水那样丰沛,夏桀想泛舟的话,用不着舟楫那些东西了。后一首是对夏桀的阿谀之辞,写众人高兴之状,赞美夏桀去不善而从善,与众人同乐。夏桀不仅荒淫无道,而且还听不进逆耳忠言,对敢于劝谏的大臣,常常是动辄杀之。关龙逄就是因为劝谏夏桀不要搞酒池肉林这样劳民伤财的事而被杀。可是,有些大臣对此视而不见,还赞美夏桀"去不善而从善"。这样的人真是典型的佞臣。

商周易代之际,有伯夷《采薇歌》和微子《麦秀歌》。《采薇歌》见载于《史记·伯夷列传》:"武王已平殷乱,天下宗周。而伯夷、叔齐耻之,义不食周粟,隐于首阳山,采薇而食之。及饿且死,作歌。其辞曰:'登彼西山兮,采其薇矣。以暴易暴兮,不知其非矣。神农虞夏,忽焉殁兮,我适安归矣?吁嗟徂兮,命之衰矣。'遂饿死于首阳山。"伯夷和叔齐原是孤竹君之子,他们皆不愿意接受国君之位,逃往西伯侯姬昌那里。姬昌去世后,武王姬发出兵伐纣。伯夷扣马而谏:"父死不葬,爰及干戈,可谓孝乎?以臣弑君,可谓仁乎?"②姬发以为伯夷是有义气的人,没有追究他。后来,武王伐纣,灭了殷朝,建立了周朝。伯夷耻食周粟,隐居首阳山,采薇而食,最后竟然饿死在首阳山。首阳山在今洛阳偃师市境内,属于北邙山的一部分。伯夷在首阳山所作的《采薇歌》,叙述了自己在西山采薇为生的生活,对武王伐纣以暴易暴进行了谴责,表达了对神农虞夏时代的向往,对自己生于这样一个以暴易暴时代而无所归依流露出无奈之情。与伯夷约略同时的箕子,原是殷纣王之臣,因见纣王奢靡无度,极言进谏。殷纣王不听,箕子遂被发佯狂而为奴,后则隐居起来。周武王时,箕子被封于朝鲜。箕子朝周,过殷之旧墟,见麦秀之渐渐,想到这里原是父母之国,是殷朝宗庙社稷之

---

① 韩婴:《韩诗外传》卷二。
② 《史记》卷六十一《伯夷列传》。

所在,如今却长满了绿油油的麦子,不由得悲从心来,遂作《麦秀歌》,其歌云:"麦秀渐渐兮,禾黍油油。彼狡童兮,不我好仇。"①原属殷朝的百姓闻之,无不垂泪。殷纣王都朝歌(今河南淇县),其宗庙社稷皆在朝歌。箕子路过朝歌,作《麦秀歌》,抒发了自己的故国之情,表达了对故国的思念,对殷纣王豪奢无度进行了批判。诗歌中的"狡童"指殷纣王,"不我好仇",意为不是我们的好伙伴。两句联系起来,对殷纣王荒淫无道、豪奢靡无度进行了批判,表达了殷朝遗民的心声,故有"殷民闻之皆为流涕"之说。

　　《周易》中有不少古诗歌。有学者以为,《周易》中的彖辞、爻辞有不少都是古歌。有学者甚至以为,《周易》六十四卦和六十四卦中的爻辞,有许多都征引古歌。② 如《周易》之明夷卦九五爻辞"明夷于飞,垂其翼。君子于行,三日不食";中孚卦九五爻辞"鸣鹤在阴,其子和之。我有好爵,吾与尔靡之";屯卦六二爻辞"屯如邅如,乘马班如,匪寇婚媾";贲卦六四爻辞"贲如皤如,白马翰如,匪寇婚媾";同人卦九三爻辞"伏戎于莽,升其高陵。三岁不兴";渐卦九三爻辞"鸿渐于陆,夫征不复,妇孕不育,凶利御寇";等等,都属于古歌。黄玉顺《易经古歌考释》为《周易》六十四卦的古歌都命名了歌名,如乾卦为《群龙之歌》,坤卦为《大地之歌》,屯卦为《婚礼之歌》,等等。虽然现在已经无法判断《周易》中的古歌究竟有哪些产生于中原、描写或表现中原,但从《周易》的形成来看,周文王拘于羑里而演《周易》,周公居洛邑时对《周易》的形成亦有重大贡献。《周易》的形成和中原有着密不可分的关系,所以,《周易》中的古歌与中原的关系也至为密切。只是由于被淹没在《周易》中,人们缺少对它们应有的关注而已。

四、春秋战国时期中原歌谣

　　中原是四战之地,也是春秋战国时期诸侯争夺的主战场。这一时期产生的许多歌谣,有不少都与中原有直接关系。如《左传·成公十七年》所载鲁国公孙

---

① 参见《史记》卷三十八《宋微子世家》。
② 参见黄玉顺《易经古歌考释》之《绪论》,上海古籍出版社,2014年。

婴齐(即子叔声伯)的《梦歌》:"济洹之水,赠我以琼瑰。归乎归乎,琼瑰盈吾怀乎?"春秋时期,占梦术已经十分流行。声伯梦到自己涉洹水,有人给他琼瑰,他吃下后痛哭流涕,于是琼瑰满怀。琼瑰即玉珠。声伯略通占梦之术,以为玉珠就是泪珠,意味着此行不吉利,所以就不敢让人给他占梦。等从郑国回到鲁国后,声伯到了狸脤这个地方时,他以为事情已经过去很久了,才敢对原来的梦进行占卜。占卜之后,他对众人说:"余恐死,故不敢占也。今众繁而从余三年矣,无伤也言之。"①可是,到了这天傍晚,声伯就去世了。声伯出使郑国,其《梦歌》是在郑国国都(今河南新郑)所作,而其梦中所涉之洹水,则发源于太行山东麓的林虑山(在今河南林州市境)。《梦歌》的作者声伯虽然是鲁国人,但他创作《梦歌》在中原,其梦所涉之洹水也在中原。因此可以说,《梦歌》是鲁人声伯在中原的伤心之歌、断魂之歌。

春秋时期,宋国(今河南省商丘市一带)产生了一些古歌,如《城者讴》《野人歌》《泽门之皙讴》等。《城者讴》又称《华元歌》。鲁宣公二年(前607),宋国与郑国发生了战争,宋国将领华元被郑国俘虏。宋国用兵车百乘、文马百驷以赎华元,交换的物品刚送给郑国一半,华元就逃了回来。宋文公非常信任华元,任命他为守城主将。守城士兵于是作歌讽刺华元:"睅其目,皤其腹,弃甲而复。于思于思,弃甲复来。"为华元驾车的士兵针对守城士兵的讽刺,作歌回答:"牛则有皮,犀兕尚多,弃甲则那。"意思是宋国可以做盔甲的牛皮多的是,宋国可用的动物皮还很多,打了败仗,丢盔卸甲又怎么样?有人认为这是在为华元辩护,其实这是一种反讽。守城士兵又歌曰:"从其有皮,丹漆若何?"纵使有再多的皮子,怎么才能够把它漆得坚固一些,不再丢弃呢?这是讽刺华元打了败仗,还需要宋国用那么多马匹来赎回他。从宋国的《城者讴》和《骖乘答歌》《役人歌》可以看出,宋国人对于华元打了败仗,而逃回之后不仅不受惩罚,反而继续领兵,表示了极大的愤慨。由于华元仍然身居高位,故而他们只好用讽刺的方式表达对这种不合理现象的强烈不满。《野人歌》为宋国野人所歌,其歌云:"既定尔娄猪,盍归吾艾豭。"据《左传·成公十四年》记载,卫侯为夫人南子召宋国公子朝会于洮。卫太子蒯聩献盂于齐,从宋国没有人居住的地方经过,野人歌之曰:"既定尔娄猪,盍归吾艾豭。"太子明白野人之歌的意思,感到非常羞愧,对戏阳

---

① 《左传·成公十七年》。

速曰:"从我而朝少君。少君见我,我顾乃杀之。"速曰:"诺。"乃朝夫人。野人之歌意在讽刺南子荒淫。南子是宋国公主,嫁给了比她大得多的卫灵公,暗中与宋国公子朝私通。《野人歌》用娄猪(母猪)比喻荒淫的卫侯夫人南子,用艾豭(小公猪)暗喻宋国公子朝。杜预注曰:"娄猪求子猪,以喻南子;艾豭,喻宋朝。"①野人讽刺南子与宋朝荒淫,让太子感到羞耻,遂决计利用会面的机会杀掉南子,并让家臣戏阳速执行这一任务。可是,见到南子之后,太子多次向戏阳速示意,戏阳速都不敢进去行刺。南子看出了苗头,和卫侯一起急忙逃走了。太子见计谋败露,逃奔到宋国避难。《野人歌》是宋国野人所歌,借野人之口对南子和宋朝的淫乱进行了讽刺。

宋国另有《泽门之皙讴》,又作《筑者歌》。襄公十七年(前556),宋国的皇国父为太宰,替宋平公在泽门(东城南门)筑台。因此举将会影响农民的收成,子罕请求等到农民收割完毕再筑台,可是,宋平公却不答应。于是,筑台的人就创作了这首《泽门之皙讴》,以表达对泽门筑台的不满。其歌曰:"泽门之皙,实兴我役;邑中之黔,实慰我心。"意为在泽门筑台,是无端兴起徭役;而城中的子罕,才真正了解百姓的想法,让百姓感到欣慰。然而,颇有戏剧性的是,歌中歌颂的子罕似乎并不领情,他不仅严厉教训了歌者,而且还对他们施以刑罚。子罕这样做或许是为了撇清与歌者的关系,以免引起宋平公的怀疑,但他这样做更进一步说明宋平公不是一个明君。百姓作歌讽刺宋平公,表达了对宋平公不顾百姓利益的强烈不满。

宋康王时,韩凭妻子所作的《答夫歌》和《乌鹊歌》,是这一时期比较著名的歌谣。韩凭是战国时期宋康王舍人,其妻何氏非常美丽。宋康王荒淫无道,想把韩凭妻占为己有,就把韩凭抓了起来,让他去修筑青陵台,以此逼迫何氏答应他的无理要求。韩凭修筑青陵台时,把自己艰难的处境告诉何氏,何氏作歌答之,其歌云:"其雨淫淫,河大水深。日出当心。"何氏又作《乌鹊歌》,以明己志,然后自缢而死。其歌云:"南山有鸟,北山张罗。乌自高飞,罗当奈何?乌鹊双飞,不乐凤凰。妾是庶人,不乐宋王。"诗歌以乌鹊和罗网为喻,形象地描述了韩凭夫妇的危险处境,表达了对爱情的矢志不渝,对宋康王的厌恶之情、谴责之意溢于言表。东晋干宝对此故事稍加改造,使之成为一个凄婉动人的爱情故事,

---

① 杜预注,孔颖达疏:《春秋左传注疏》卷五十六《成公十四年》。

收录在其编纂的志怪小说《搜神记》中,其文云:"宋康王舍人韩凭,娶妻何氏,美。康王夺之。凭怨,王囚之,论为城旦。妻密遗凭书,谬其辞曰:'其雨淫淫,河大水深。日出当心。'既而,王得其书,以示左右,左右莫解其意。臣苏贺对曰:'其雨淫淫',言愁且思也;'河大水深',不得往来也;'日出当心',心有死志也。俄而,凭乃自杀。其妻乃阴腐其衣。王与之登台,妻遂自投台;左右揽之,衣不中手而死。遗书于带曰:'王利其生,妾利其死,愿以尸骨,赐凭合葬!'王怒,弗听,使里人埋之,冢相望也。王曰:'尔夫妇相爱不已,若能使冢合,则吾弗阻也。'宿昔之间,便有大梓木生于二冢之端,旬日而大盈抱。屈体相就,根交于下,枝错于上。又有鸳鸯,雌雄各一,恒栖树上,晨夕不去,交颈悲鸣,音声感人。宋人哀之,遂号其木曰相思树。相思之名,起于此也。南人谓此禽即韩凭夫妇之精魂。今睢阳有韩凭城,其歌谣至今犹存。"由于干宝《搜神记》在后世具有广泛影响,何氏的《答夫歌》和《乌鹊歌》流传甚广。

五、先秦中原歌谣的思想艺术价值

自尧时《击壤歌》开始,中原大地就歌声不断。虽然其歌声远不及《诗经》出现之后那样兴盛,但此起彼伏,连绵不绝,让人们看到了自尧至《诗经》出现这一历史时期中原诗歌的基本面貌。《击壤歌》表现的怡然自得的太平景象,《被衣歌》和《箕山歌》抒发的高蹈尘世、洁身自好的情怀,《尧戒》表达的对百姓的关切爱护,《赓歌》和《南风歌》表达的舜对大臣、对家国、对百姓的关爱,都让人们感受到尧舜时代的无为而治,感受到中原的太平安乐,从而对孔子和孟子极力推崇的尧舜时代有了更为深刻的理解;迄于夏朝,中原歌谣就开始表现出较多的忧患意识,《五子之歌》对夏朝太康的警戒,《夏人歌》对夏桀荒淫误国的强烈批判,都表现出浓厚的忧患意识;殷商以迄春秋时期,创作于中原或表现中原的诗歌逐渐多了起来。《采薇歌》和《麦秀歌》作为殷周之际的代表性诗歌,前者表现出浓浓的爱国情怀,后者表现出强烈的故国之思;《周易》卦辞和爻辞采用了许多古歌,表示某卦或某爻代表的运势或发展趋势。今天虽然已经无法断定这些古歌中有哪些作于中原,或与中原有怎样的联系,但从《周易》成书于中原可以断定,《周易》中的古歌皆与中原有着十分密切的联系;春秋战国时期,属于中原的宋国诞生了《城者讴》《野人歌》《泽门之皙讴》《答夫歌》《乌鹊歌》等古歌谣,这不仅表明古宋国是一个盛产歌谣的地方,而且这些歌谣大多具有现实批判性,讽刺时政和当权者的意味十分浓厚。韩凭妻何氏所作的《答夫歌》和《乌鹊歌》,对昏庸的宋康王具有强烈批判性,表达了社会底层人们的痛苦和无奈。韩凭妻的故事被后人演绎为凄婉动人的爱情故事,对后世文学创作深有影响。

简要梳理先秦时期的中原歌谣可以发现,这一时期的中原歌谣在思想内容上表现出以下四个鲜明特点:一是以《击壤歌》《被衣歌》和《箕山歌》为代表的尧时诗歌,与传说中的尧之时代相一致,表现出上古朴素之民不慕权贵、高蹈尘世、独善其身的怡然自得之情;二是舜时的《赓歌》和《南风歌》,表现出舜时君臣对天下百姓的关爱,流露出强烈的忧患意识;三是夏商周三代的诗歌,以《五子之歌》为代表,不仅继承了舜时《赓歌》和《南风歌》的忧患意识,而且表现出强烈的批判精神,开启了中国古典诗歌批判现实的先河,而《采薇歌》和《麦秀歌》则表现出浓厚的爱国情怀和故国之思,是中国古典诗歌爱国主义的先声;四是春秋战国时期的中原歌谣以宋国诗歌为代表,《城者讴》《泽门之皙讴》《野人歌》等,继承了自《五子之歌》以来的现实主义精神,对不合理的社会现象表现出强烈的批判态度,而《答夫歌》和《乌鹊歌》表现的则是对爱情的坚贞,对强权的蔑视,对生死的无畏,不仅可以与《诗经·鄘风》中的《柏舟》相媲美,而且较《柏舟》有更丰富的文化容量,现实批判意义也更为明显。

在艺术创作上,中原歌谣表现出非常明显的特色。其一,每句字数多少不拘,一般都是三字句、四字句或五字句,偶尔可见七字句(如"帝力于我何有哉")。其二,每首歌谣句数多少不拘,有两句的(如《野人歌》),有三句的如(《答夫歌》和《周易》中的古歌),相比较而言,每首四句的歌谣较多。其三,在韵律使用方面,这些歌谣多用古韵,有不少甚至根本不讲究韵律,而是率性歌咏,如《击壤歌》完全就是歌咏的形式,十分随意,根本不能用后世的音韵去框范。其四,在情感表达上,大多是直抒胸臆,如《击壤歌》《伊耆氏蜡辞》《南风歌》《城者讴》《泽门之皙讴》等。其五,比兴手法已有所运用。如《五子之歌》《采薇歌》《麦秀歌》《答夫歌》等,开篇都采用起兴方式;有用比兴手法的,如《野人歌》《乌鹊歌》等。值得注意的是,这一时期开始出现了和诗与联句。舜有《赓歌》,其大臣皋陶则有奉和之歌;《五子之歌》是夏启的五个儿子见太康无道,用联句的形式作歌,意图规劝太康。后世出现的各种和诗与联句,则是对《赓歌》和《五子之歌》的继承和发展。由于这一时期尚属于中国古典诗歌的滥觞期和发生期,这些中原歌谣还显得较为稚嫩,但它们表现出的朴素无华、质朴自然的风格,却对中原诗风影响深远,它们的艺术表现手法,对中原诗歌和中国古典诗歌的影响至深至巨。

(原刊于《中州学刊》2018年第9期)

音乐之《诗》与经学化之《诗经》

很多教科书都把《诗经》定义为中国文学史上最伟大的文学作品,大学中文系的古代文学史课程,大多也是从《诗经》讲起。不少家长为了培养孩子的文学兴趣,在孩子们牙牙学语的时候,就开始教他们背诵"关关雎鸠,在河之洲。窈窕淑女,君子好逑"。人们似乎已经习惯于这样一种认识:《诗经》是中国文学的源头,也是最好的文学范本。可是,如果有人说:你们误会了,《诗经》最初并不是文学作品。那该会引起怎样的惊愕?甚至会遭到来自许多方面的反驳。自《诗经》出现以来,不知它哺育了多少文学大家,赢得了多少赞美之词,怎么能说它不是文学作品呢?

我们现在看到的《诗经》,的确应该称之为文学作品。但是,《诗经》最初并不是以文学作品的面目出现的,尤其是在孔子删《诗》使其成为具有教化作用的音乐之前,《诗经》距人们现在所说的文学作品之间还有很大的距离。就其本来属性而言,不论是孔子之前的《诗》,还是被汉儒尊为儒家经典之一的《诗经》,都不能称为严格意义上的文学作品。之所以这样说,主要是基于以下两个理由:一是它的音乐属性,二是它的经学化。兹略陈管见如次,就教于方家。

一、作为音乐的《诗》

不论是就职业还是就感情而言,都很想维护《诗经》的文学圣典地位,但是,我们不能不正视《诗经》最初的艺术形式。在《诗》成为《诗经》之前,它只是供周天子、朝中大臣和各封国诸侯享用的庙堂之乐,是流行于各个诸侯国的民间歌曲。它最基本的属性是音乐,供人们祭祖、祭天和宴会时演奏,是人们高兴、激动、悲伤、苦闷或闲暇时歌唱的,是先民"原始情绪"的表现。毫无疑问,音乐和包括文学在内的其他各种艺术一样,都是起源于劳动,但它表现的是"原始情绪",属于"本原性的艺术"。正如有人在评价尼采的音乐思想时所说:"尼采早期从叔本华的音乐观点出发,认为音乐是纯粹的酒神艺术,是'世界意志的一面普遍镜子',直接表现了世界的原始情绪。音乐整个就是情绪,丝毫不沾染形象。但是,音乐有唤起形象的能力。悲剧是音乐情绪的现象显现。民歌和抒情诗是语言对音乐的模仿。即使是日神艺术,包括希腊雕塑和荷马史诗,在某种意义上也是对由音乐情绪唤起的形象的描绘。所以,音乐是本原性的艺术,在一切艺术类别中处于中心地位。"①作为"本原性的艺术",音乐具有两种最基本的属性,一是对现实生活的模仿,二是对原始情绪的表现。它"丝毫不沾染形象",却具有"唤起形象的能力"。音乐歌词的出现,是"语言对于音乐的模仿"。这一特征决定了作曲的一般原则,即往往先谱写曲子然后再按曲填词。所以,在歌曲中,歌谱是第一位的。正是因此,同一曲谱,可以填入不同的歌词。这种现状在当代乐坛上司空见惯,可以从一个方面说明歌词对于曲谱的倚重。

春秋时期,音乐在各个诸侯国的普及程度,远远出乎人们的想象。宫廷贵族经常可以享受音乐舞蹈自不必说,就是平民百姓也常常用音乐自娱,或浅吟低唱,或引吭高歌。他们在歌唱中唱出了自己的喜怒哀乐,唱出了对社会民情的关切,唱出了对生活的向往,唱出了各自的心声。诸侯卿相为了体察民情,了解民意,以便于治国安民,就派出官员到各地采风,通过采风来观察民情。流传于民间的各种音乐被搜集起来,集中于宫廷。这就是文学史家常说的"采诗"。需要特别指出的是,这一时期所谓的"采诗",和后来的"采风"很相似,搜集的不是今天所说的诗歌,而是民间音乐或民歌。

到了春秋末年,主张仁爱的孔子为了净化和纯洁当时流行的音乐,用所谓的"正音"教化民众,使民众懂得礼义廉耻,服从圣化,就大刀阔斧地对宫廷音乐和搜集上来的民间音乐进行删削,文学史家称之为"孔子删诗"。

孔子删诗无疑有他自己的取舍标准,前贤对此曾经发表了不少高见。这里仅提出两点疑问。其一,孔子所删的是朝廷官员从各地采集来的民歌,这些民歌有曲有词,不仅可以口口传唱,而且可以舞之蹈之。可是,后人为何不称孔子

---

① 周国平:《悲剧的诞生·译序》,[德]尼采:《悲剧的诞生》,生活·读书·新知三联书店,1986年。

删乐,而是说删诗呢？其二,孔子删诗究竟是出于什么样的动机,遵照的又是什么原则呢？顾炎武说:"孔子删诗,所以存列国之风也。有善有不善,兼而存之。"①既然孔子删过之后仍然是善与不善"兼而存之",那么,孔子删诗的动机和原则又是什么呢？

众所周知,《诗经》有《颂》,有《大雅》《小雅》,有《国风》。《颂》是用来祭祖和祭神用的,《大雅》和《小雅》则主要是宴会喜庆时用的,只有《国风》是从民间采集来的,属于民歌范畴。但不论是《颂》《雅》还是《国风》,都是音乐。它们最大的区别不在于表现形式,而在于它们的内容和功能,在于它们分别适用于不同的场合,所谓"《二南》正风,房中之乐也,乡乐也;《二雅》之正雅,朝廷之乐也;商周之《颂》,宗庙之乐也。至变雅则衰周卿士之作,以言时政之得失。而《邶》《鄘》以下,则太师所陈,以观民风者耳,非宗庙燕享之所用也"②。

《诗》的内容与功能,决定了它是一种有着严格等级区别的音乐。同是宴会上所用的《雅》《颂》之乐,其使用场合却因参加宴会的人不同而有所不同。《仪礼·乡饮酒礼》对何种场合使用何种音乐,有明确而严格的规定。正如汉儒郑玄指出的那样:"乡乐者,风也。《小雅》为诸侯之乐,《大雅》《颂》为天子之乐。乡饮酒升歌《小雅》,礼盛者可以进取也。燕合乡乐,礼轻者可逮下也。《春秋传》曰:'肆《夏繁》《遏渠》,天子所以享元侯也。《文王》《大明》《绵》,两君相见之乐也。'然则诸侯相与燕,升歌《大雅》,合《小雅》,天子与次国小君燕,亦如之。与大国之君燕,升歌《颂》,合《大雅》。"③

这些音乐既具有不同的内容和功能,又具有严格的等级区别,其作用自然也就不完全是教化方面的。尤其是《国风》,都是从诸侯国采集来的民间音乐,其中相当一部分内容,在孔子这位主张礼义仁爱且又等级观念极强的人看来,未必都适宜于教化,所以他才狠下心来大刀阔斧地砍削。正如顾炎武所说:"《桑中》之篇,《溱洧》之作,夫子不删,志淫风也;《叔于田》为誉段之辞,《扬之水》《椒聊》为从沃之语,夫子不删,著乱本也;淫奔之诗录之,不一而止者,所以志其风之甚也。一国皆淫,而中有不变者焉,则亟录之。《将仲子》,畏人言也;

---

① 顾炎武:《日知录》卷三《孔子删诗》。
② 顾炎武:《日知录》卷三《诗有入乐不入乐之分》。
③ 阮元校刻:《十三经注疏·仪礼注疏》,中华书局1980年影印本,第986页。

《女曰鸡鸣》,相警以勤生也;《出其东门》,不慕乎色也;《衡门》,不顾外也。选其辞,去其烦且滥者,此夫子之所谓删诗也。"①

孔子删诗有其一定不移的标准,是功是过姑且不去理论。但是,既然他删削的明明是口口传唱的音乐,为何要说是删诗呢?既是有曲有辞可以舞之蹈之的民歌,本就属于音乐的范畴,理应视之为音乐,为何不说删乐呢?这究竟是一种误解,还是一种习惯呢?

的确,由于口口传唱的原因,《诗经》的曲调在孔子删诗之后恐怕就已经失传了。既无曲调,也就失去歌唱的功能。流传下来的,只有和曲调相配的歌词了。歌词大都是有韵的,既然曲调已失,后人就把它称作诗,并非全无道理。但是,在孔子的时代,《诗》的曲调和歌词是同时存在且不可分割的,不论能否入孔子的法眼,曲调和歌词都不可能分而存之。经过孔子删削而侥幸保留下来的民歌,仍然是用来歌唱的。所以,说孔子删诗,而不说孔子删乐,至少在概念上是不准确的,或者说犯了概念错误。

诗和音乐是两个完全不同的概念。虽然诗和歌词都押韵,都有韵律,都可以吟唱,但诗是一种文体,音乐是一种艺术,诗和音乐是不能等量齐观的。如果说诗有韵律,可以配上曲谱演唱,那就不是诗,而是音乐了。如《大风歌》《胡笳十八拍》《阳关三叠》等,其歌词原都属于诗歌,但配上曲谱之后,就成了古典名曲。这种把诗歌配上曲谱加以演唱的情况,在古今乐坛上十分常见。但是,诗只要一配上曲,就成了歌曲,就不再是诗歌了。由诗而为曲,是质的变化。君不见,当代乐坛上的歌王乐后,在演唱名诗名作时,有几人说是"唱一首诗"呢?

孔子删诗的本意,是要把那些他以为可以传之后世的音乐保存下来。可是,由于当时传抄书写的工具只有刻刀和竹片木简,抄写记录乐谱是相当困难的,传抄过程中,乐谱常常被省略,所以,《诗》在流传过程中就出现了只有歌词而没有乐谱的情况。到了战国时期,经孔子删削过的《诗》基本上就是今天所能见到的这个样子了。

---

① 顾炎武:《日知录》卷三《孔子删诗》。

二、《诗》的音乐属性

考察一下先秦时期人们对《诗》的认识，可以帮助我们正确认识《诗》的音乐属性。季札观乐是春秋时期一件很有影响的事情。公元前544年，季札出使鲁国，鲁国君臣请其观赏周乐。《左传·襄公二十九年》载其事云：

> 吴公子札来聘，请观于周乐。使工为之歌《周南》《召南》，曰："美哉！始基之矣，犹未也，然勤而不怨矣。"为之歌《邶》《鄘》《卫》，曰："美哉！渊乎，忧而不困者也。吾闻卫康叔武公之德如是，是其卫风乎？"为之歌《王》，曰："美哉！思而不惧，其周之东乎？"为之歌《郑》，曰："美哉！其细已甚，民弗堪也，是其先亡乎？"为之歌《齐》，曰："美哉！泱泱乎大风也哉！表东海者，其太公乎？国未可量也。"为之歌《豳》，曰："美哉！荡乎乐而不淫，其周公之东乎？"为之歌《秦》，曰："此之谓夏声，夫能夏则大，大之至也，其周之旧乎？"为之歌《魏》，曰："美哉！飒飒乎大而婉，险而易行，以德辅此，则明主也。"为之歌《唐》，曰："思深哉！其有陶唐氏之遗民乎？不然，何忧之远也？非令德之后，谁能若是？"为之歌《陈》，曰："国无主，其能久乎？"自《郐》以下无讥焉。为之歌《小雅》，曰："美哉！思而不贰，怨而不言，其周德之衰乎？犹有先王之遗民焉。"为之歌《大雅》，曰："广哉！熙熙乎曲而有直，体其文王之德乎？"为之歌《颂》，曰："至矣哉！直而不倨，曲而不屈，迩而不逼，远而不携，迁而不淫，复而不厌，哀而不愁，乐而不荒。五声和，八风平，节有度，守有序，盛德之所同也。"①

季札出使鲁国，鲁国君臣请季札观赏周朝及诸侯国之音乐。而这些音乐实际上都是《诗》中的篇章。鲁国的乐工逐一"为之歌"，季札逐一进行评价。从《左传》季札观乐的相关记载来看，这一时期，不论是各诸侯国的《国风》，还是用于周朝庙堂之上的《雅》《颂》之乐，都是用来演奏或歌咏的。因此可以说，在春秋时期，《诗》的音乐属性是无可争议的。

《诗经·小雅》计有《南陔》《白华》《华黍》《由庚》《崇丘》《由仪》六篇有题

---

① 《左传·襄公二十九年》。

无辞,宴会时由艺人用笙来演奏,因此被称为"笙诗"。《仪礼·乡饮酒礼》记载了演奏笙诗的情形:"笙入堂下,磬南北立,乐《南陔》《白华》《华黍》……乃间歌《鱼丽》,笙《由庚》;歌《南有嘉鱼》,笙《崇丘》;歌《南山有台》,笙《由仪》。乃合乐。"①朱熹则认为笙诗"必有谱焉":

> 乡饮酒礼,鼓瑟而歌《鹿鸣》《四牡》《皇皇者华》,然后笙入堂下,磬南北面立,乐《南陔》《白华》《华黍》。燕礼,亦鼓瑟而歌《鹿鸣》《四牡》《皇华》,然后笙入立于县中,奏《南陔》《白华》《华黍》。《南陔》以下今无以考其名篇之义,然曰笙、曰乐、曰奏,而不言歌,则有声而无辞明矣。所以知其篇第在此者,意古经篇题之下,必有谱焉,如投壶,鲁鼓、薛鼓之节而亡之耳。

既然这些篇章可以用笙和鼓瑟来演奏,"曰笙、曰乐、曰奏",那么,它们一定是有乐谱的。这说明,在《诗》仍然被人们作为音乐来演奏的时候,《诗》的本来属性并没有消失。对《诗经·小雅》中这些有题无辞的笙诗,前人曾有多种解释。《诗经小序》以为是有其义而无其辞,子夏序《诗》以为是诗虽亡而义犹在,郑玄注以为是"以笙吹此诗以为乐",唐人陆德明则以为《南陔》诸诗,在孔子删定的篇什之内,在战国和秦时之乱中亡佚了。②朱熹根据《仪礼》中"乡饮酒礼"和"燕礼"的有关记载,提出了"古经篇题之下,必有谱焉"之说。其说有理有据,较前人之说更具说服力。不仅如此,他还把整部《诗经》都视为音乐。他认为,《国风》"多出于里巷歌谣之作,所谓男女相与咏歌,各言其情者也"③。至于《雅》《颂》,他同样视之为音乐,以为"皆成周之世朝廷郊庙乐歌之辞"④,所谓"雅者,正也,正乐之歌也。其篇本有大小之殊,而先儒说又各有正变之别。以今考之,正小雅,燕飨之乐也;正大雅,朝会之乐,受釐陈戒之辞也"⑤,"颂者,宗庙之乐歌,《大序》所谓'美盛德之形容',以其成功告于神明者也"⑥。

朱熹之言虽然言之有据,言之成理,但由于其说有可能颠覆《诗经》的基础,

---

① 阮元校刻:《十三经注疏·仪礼注疏》,中华书局1980年影印本,第986页。
② 陆德明:《经典释文》卷六《毛诗音义》。
③ 朱熹:《诗经集传·序》。
④ 朱熹:《诗经集传·序》。
⑤ 朱熹:《诗经集传》卷四。
⑥ 朱熹:《诗经集传》卷八。

所以，不少人不能接受他这种论断。即使是顾炎武这样的大学者，也很难接受朱熹的观点，而是采取折中的办法，认为《诗》有入乐和不入乐之分，指出："夫《二南》也，《豳》之《七月》也，《小雅》正十六篇，《大雅》正十八篇，《颂》也，《诗》之入乐者也。《邶》以下十二国之附于《二南》之后，而谓之《风》。《鸱鸮》以下六篇之附于《豳》，而亦谓之《豳》；《六月》以下五十八篇之附于《小雅》，《民劳》以下十三篇之附于《大雅》，而谓之变雅，《诗》之不入乐者也。《乐记》子夏对魏文侯曰：郑音好滥淫志，宋音燕女溺志，卫音趋数烦志，齐音敖辟乔志。此四者皆淫于色，而害于德，是以祭祀弗用也。"

一向被论者视为古代诗论大纲的《诗大序》，实际上也是把诗与音乐等而视之的："诗者，志之所之也。在心为志，发言为诗。情动于中而形于言，言之不足，故嗟叹之；嗟叹之不足，故永歌之；永歌之不足，不知手之舞之，足之蹈之也。情发于声，声成文谓之音。治世之音安以乐，其政和；乱世之音怨以怒，其政乖；亡国之音哀以思，其民困。故正得失，动天地，感鬼神，莫近乎诗。先王以是经夫妇，成孝敬，厚人伦，美教化，移风俗。"这里所说的治世之音、乱世之音、亡国之音，指的是不同内容、不同曲调的音乐，而不是后人所说的诗。今人把缠绵悱恻、美艳哀怨的言情音乐称为"靡靡之音"，把它们等同于乱世之音和亡国之音，实际上是无意中接受了《诗大序》的观点。

既然《大雅》《小雅》是朝廷之乐，《颂》是庙堂之乐，《二南》为房中之乐，《国风》又是从各诸侯国采集来的民间歌谣，既然《诗》最初实际上是有曲谱曲调的音乐，那么有什么理由否定《诗》的音乐属性呢？尽管在流传过程中《诗》的曲谱曲调已经遗失了，只保存下来曲词，但这并不足以否定《诗》的本来属性。不过，由于流传下来的曲词字数大体一致，讲究抑扬顿挫，也注意押韵，符合作为文体的诗歌的基本特征，因而造成了人们对《诗》的误解，以至于很少有人对《诗经》的本来属性提出质疑，而是循循相因，把作为音乐的《诗》和作为一种文体的诗歌都一概称为诗了。

三、经学化之《诗经》

如果说《诗》的音乐属性是被集体无意识地忽略了，那么，《诗》的经学化则是西汉以后统治者和许许多多儒生有意识地尊崇的结果。先秦时期，人们简单地称《诗经》为《诗》，随便打开一部先秦典籍，便可以发现"诗云""诗曰"这样的字眼。到了春秋末年，孔子从维护纲常伦理的需要出发删定《诗》，《诗》的地位便开始越来越重要，影响越来越深远。

孔子推崇《诗》，主要基于对《诗》"思无邪"的基本要求，基于对《诗》的教化作用和社会功能的基本评价。他说："不学诗，无以言。"①他认为，《诗》可以教导人们如何安身立命。他曾经对伯鱼说："女为《周南》《召南》矣乎？人而不为《周南》《召南》，其犹正墙面而立也与？"②他认为，《诗》具有强大的社会教化功能，他曾经对弟子说："小子何莫学夫《诗》？《诗》可以兴，可以观，可以群，可以怨。迩之事父，远之事君，多识于鸟兽草木之名。"③尽管孔子在当时并不走运，其学说也没有太大的市场，但后来经过孟子等儒家宗师的发扬光大，孔子创立的儒家学说影响越来越大。深受孔子推崇并经其删定的《诗》，也随着儒家影响的扩大而越来越受到人们的重视。

到了西汉，董仲舒"罢黜百家，独尊儒术"的主张赢得了汉武帝的欢心，朝廷开始设置五经博士，《诗》与《周易》《尚书》《礼记》《春秋》一道，第一次被抬到了经坛上，成为受人们尊敬的《诗经》。自此而下，《诗经》代替了原本作为音乐的《诗》，人们自觉不自觉地数典忘祖，只知有《诗经》，而不知原本属于音乐范畴的《诗》了。

人们通常是在两种意义上把某种书籍称为"经"：一是把它作为思想道德行为的标准或规范，二是宗教的教义。作为宗教教义，《圣经》《古兰经》《可兰经》和众多的佛经，备受教众的礼拜和尊重。对这一类宗教经典，用不着多加解释，人们就很容易理解。而对于某一本书或某些著作，若是将其定位为"经"，虽然可示尊崇之意，但也不可避免地会把它推向教条化一面。既然是"经"，就是不可更易的，就是必须遵守或效法的，刘勰所谓"经也者，恒久之至道，不刊之鸿教也"④，说的就是这个意思。

《诗经》不是宗教经典，自然应该归入思想道德行为的标准或规范，属于"恒

---

① 《论语·季氏》。
② 《论语·阳货》。
③ 《论语·阳货》。
④ 刘勰：《文心雕龙》卷一《宗经第三》。

久之至道,不刊之鸿教"一类。如此一来,问题就出来了:《诗经》的内容有多少可以作为人们的思想道德行为标准或规范呢?它原本是音乐,是歌曲,是当时人们思想情感的自然流露,反映出春秋战国之前人们对自然、社会、人生、历史的认识和评价。可是,汉代大儒们却把它尊为经典,视作思想道德行为的标准或规范。这样一来,《诗经》就被赋予了特殊的意义和价值,而它的本来属性被有意识地剥夺了。

汉儒尊《诗》为《诗经》,固然是因为以孔子为代表的儒家对《诗》的推崇,对《诗》的社会教化作用的强化和张扬。他们尊《诗》为《诗经》,看重的是《诗》具有以下几个方面的作用和价值。其一,作为音乐的《诗》是等级制度的一种标志,是用来区别尊卑贵贱的,有利于维护封建等级制度,维护当权者的正统地位。其二,《诗》是统治者治理国家必须学习和掌握的知识,所谓"诵《诗》三百,授之以政,不达;使于四方,不能专对。虽多,亦奚以为?"[①]其三,《诗》是修身养性的教科书。孔子说:"兴于诗,立于礼,成于乐。"[②]孔子以为,人们修身养性,应当先学《诗》。而孔子所谓"迩之事父,远之事君",实际上等于把《诗》作为人们的一种行为规范。其四,《诗》可以兴观群怨,即可以通过《诗》观察风俗之盛衰,社会之更替,百姓之疾苦,民心之向背,可以教化下民,怨刺上政。其五,《诗》还是人们进行交际的一种手段和艺术。孔子所说的"不学诗,无以言",就是从这个意义上讲的。

以孔子为代表的儒家既然把《诗》抬到如此之高的地位,董仲舒等汉儒则心领神会,在向汉文帝建议"罢黜百家,独尊儒术"的同时,把《诗》和《周易》等一同抬到了经坛上。汉文帝设置"五经博士",开了以"五经"取士的先河。如此一来,深得孔子推崇并由孔子删定的《诗》和儒家思想一道,不仅成为当时人们的思想行为规范,而且成了士人晋身仕途的重要途径。《诗》被尊为《诗经》之后,其社会文化地位提高了,作用加强了,重要性也逐渐被人们认识了,但其音乐属性却彻底被人们淡忘了。

本来属于音乐的《诗》,在流传过程中丧失了曲谱曲调而仅余歌词,已经是一件十分令人惋惜的事情了。但如果仅仅如此,《诗》的遭遇也许不算太过尴

---

① 《论语·子路》。
② 《论语·泰伯》。

尬。最为尴尬的是,经过汉代统治者的尊崇,《诗》变成了《诗经》,成为人们必须严格遵守的一种思想行为规范,成为具有教化作用的经典。《诗》的地位看起来似乎提高了,但它那极富文学性和文学价值的歌词却被有意识地经典化了,《诗》的文学属性也因此而被悄无声息地消解了。作为音乐的《诗》,在先秦时期就已经受到了社会的广泛关注,虽然它后来仅余下歌词,但在人们的观念中,它仍然是等级社会的载体,是事父事君的规范,是修身养性的信条,是为人处世的原则。汉儒尊《诗》为《诗经》,实际上只是把以孔子为代表的先秦儒家思想道德规范具体化、规范化的一种措施和手段。这种情况的出现,反映出西汉初年统治者在确立治国理政指导思想方面的种种努力和探讨。《诗》被尊为《诗经》固然有董仲舒等儒生的功劳,但最终起决定作用的还是汉武帝,只不过董仲舒等汉儒的建议迎合了汉武帝的需要而已。

东汉以后,儒家思想的正统地位虽然经常受到挑战,但以《诗经》为首的儒家经典地位却十分稳固,不论是统治者还是儒生,都把《诗经》作为治国安邦、修身养性、协调人际关系的"经书"。即使是在文学从经学、史学中独立出来的魏晋时期之后,很多人仍然首先视《诗经》为儒家经典,而后才把它当作文学作品来看。刘勰就是一个代表人物。他说:"夫《易》惟谈天,入神致用,故《系》称旨远辞文,言中事隐。韦编三绝,固哲人之骊渊也。《书》实记言,而诂训茫昧;通乎《尔雅》,则文章晓然。故子夏叹《书》:昭昭若日月之明,离离如星辰之行。"言昭灼也。《诗》主言志,诂训同《书》,摛风裁兴,藻辞谲喻,温柔在诵,故最附深衷矣。《礼》以立体,据事剬范,章条纤曲,一字见义,五石六鹢,以详略成文;雉门两观,以先后显旨。其婉章志晦,谅以邃矣。"刘勰论文,首倡宗经,认为为文必须以儒家经典为宗,所谓"论说辞序,则《易》统其首;诏策章奏,则《书》发其源;赋颂歌赞,则《诗》立其本;铭诔箴祝,则《礼》总其端;纪传铭檄,则《春秋》为根"。① 在刘勰看来,《诗》"摛风裁兴,藻辞谲喻,温柔在诵",发自内心深处;而类似《诗》的那些文学样式,如赋颂歌赞等,则都要以《诗》为本,因为《诗》是儒家经典,是"恒久之至道,不刊之鸿教",能够"象天地,效鬼神,参物序,制人纪,洞性灵之奥区,极文章之骨髓"。②《诗》的本来属性,《诗》的耀人光彩,则被

---

① 刘勰:《文心雕龙》卷一《宗经第三》。
② 刘勰:《文心雕龙》卷一《宗经第三》。

儒家披之于其上的一层神圣外衣所遮蔽。

在魏晋时期文学走向自觉之后，中国文学批评史上最为重要的理论家刘勰尚如此看待和评价《诗经》，固然与汉儒论《诗》的影响有关，但他对《诗》的经典地位的论述，却也对其后的文学批评产生了十分深远的影响。《诗》一直高居于经坛之上，不要说其本来具有的音乐属性，就是其歌词的文学属性，也都因为笼罩在"经典"这一神圣的光环之下而黯然失色。古今许多学人都习惯上把《诗经》归于"经部"，作为传统文化中"恒久之至道，不刊之鸿教"来看待，而很少考虑它的音乐属性。即使是在《诗经》的文学性和文学价值得到人们的普遍认可之后，在人们把《诗经》作为文学作品看待之后，也很少有人考虑这种文学作品本来具有的音乐属性。看来，把《诗经》从经坛请下来，还其本来面目，正确认识其音乐属性和文学属性，只有从《诗》的本源入手了。

（原载《中国古典文学与文献学研究》第 2 辑，学苑出版社 2002 年 11 月）

《诗经·王风》与河洛文化精神刍议

《诗经·王风》是东周时期王畿所在之地的民歌。朱熹有言:"王,谓周东都洛邑王城,畿内方六百里之地,在《禹贡》豫州大华、外方之间。北得河阳,渐冀州之南也……(平王)徙居东都王城,于是王室遂卑,与诸侯无异。故其诗不为《雅》而为《风》。然其王号未替也,故不曰周而曰王。其地则今河南府及怀孟等州是也。"①东周之王畿,包括今洛阳的偃师、孟津、伊川、新安、宜阳、洛宁、嵩县,郑州的巩义、登封,三门峡的渑池,以及黄河之阳的今济源和焦作部分地区。这一区域与河洛地区约略相同。因此可以说,《诗经·王风》表现出来的文化精神,正是这一时期的河洛文化精神。

按照毛诗对《王风》的解释,《王风》10首基本上属于"闵周"和"刺平王"之作。如其释《黍离》:"《黍离》,闵宗周也。周大夫行役,至于宗周,过故宗庙宫室,尽为禾黍,闵周室之颠覆,彷徨不忍去,而作是诗也。"②释《君子于役》:"《君子于役》,刺平王也。君子行役无期度,大夫思其危难以讽焉。"③毛苌对其他各诗的解释也大抵如此。毛苌注、郑玄笺在《诗经》阐释中占主导地位,影响很大。但是,《国风》是采自各诸侯国的民间歌谣,民歌成分居多。既然如此,把《王风》都解释为"闵周"或"刺平王",虽然可为一说,恐亦未可遽为定论。从《王风》10首表现的内容来看是非常丰富的,大者有行役、征戍、战乱,小者有家庭、婚姻、爱情。这既是河洛文化的重要内容,也蕴含着丰富的河洛文化精神,其中既有故国之思、忧患意识、和平愿望,也有对政治清明的呼唤,对美好爱情的期盼。这些文化精神既孕育了早期河洛文化精神的内核,又与后世逐渐形成的河

---

① 朱熹:《诗经集传》卷四。
② 郑玄笺,孔颖达疏:《毛诗注疏》卷六。
③ 郑玄笺,孔颖达疏:《毛诗注疏》卷六。

洛文化精神高度契合,对河洛文化精神的形成具有不容忽视的作用。

一是浓郁的爱国情怀。爱国主义是华夏文明和中华文化的重要内容,也是河洛文化的重要精神标志。这种精神在《王风·黍离》中有鲜明表现:

> 彼黍离离,彼稷之苗。行迈靡靡,中心摇摇。知我者,谓我心忧;不知我者,谓我何求。悠悠苍天,此何人哉?彼黍离离,彼稷之穗。行迈靡靡,中心如醉。知我者,谓我心忧;不知我者,谓我何求。悠悠苍天,此何人哉!

从诗歌所写内容来看,诗人曾经两赴宗周镐京。第一次赴镐京,见到宗庙社稷已是面目全非,昔日巍峨的宫殿,如今已经满是绿油油的黍稷之苗。黍稷通常在初夏或仲夏播种。黍稷之苗正是生长茂盛之时,则诗人赴镐京的时间应该是在盛夏或初秋。此时虽然天气炎热,但诗人目睹镐京景象,心中却是阵阵寒意,不由得悲从心来,故国之思油然而生。诗人第二次赴镐京,黍稷已经吐穗,其时当是仲秋或稍晚一些。悲秋的时节,再次见到故国景象,诗人更是难掩悲痛,对故国的情思更为浓烈。诗人在不太长的一段时间内两赴镐京,难道仅仅是为了凭吊故国,发思古之幽情吗?显然不是。诗人是要用这种方式表达对故国难舍难分的情怀,以及对故国的眷恋和热爱。在那些不理解诗人两赴镐京深意的人看来,诗人可能只是两次行旅而已,并无什么欲求。但能够读懂诗人内心独白的人,会深切感受到诗人无尽的忧思和悲伤。此正是诗人所谓"知我者,谓我心忧;不知我者,谓我何求"。

《黍离》表达的故国之思和亡国之叹,被后人称为"黍离之悲"或"黍离之叹"。杨衒之《洛阳伽蓝记》在写到东魏孝静帝武定五年(547)洛阳城的凋敝景象时,直言"城郭崩毁,宫室倾覆,寺观灰烬,庙塔丘墟,墙被蒿艾,巷罗荆棘。野兽穴于荒阶,山鸟巢于庭树;游儿牧竖踯躅于九逵,农夫耕稼艺黍于双阙。《麦秀》之感,非独殷墟;《黍离》之悲,信哉洛阳!"①徐陵言及南朝陈宫之乱,有"胡服缦缨,咸为戎俗;高冠厚履,希复华风。宋微子《麦穟》之歌,周大夫《黍离》之叹,方之于斯,未足为悲矣"之语。② 可见,"黍离之悲"在传统文化中已经成为悲悯故国的一种符号。但是,在"黍离之悲"的后面,隐藏的却是对故国深深的思念和眷恋,是炽热的爱国情怀,是真正的爱国主义精神。

---

① 杨衒之:《洛阳伽蓝记·自叙》。
② 徐陵:《徐陵集》之《陈公九锡文》。

二是深深的忧患意识。河洛文化是富有忧患意识的文化。与河洛文化有密切关系的《周易》,曾表现出强烈的忧患意识:"《易》之兴也,其于中古乎?作《易》者,其有忧患乎?"①《诗经·王风》也表现出强烈的忧患意识。如《君子于役》,表面上看是写妻子对长期征戍在外的丈夫的思念,实际上表现的却是妻子对丈夫的担心和眷恋。"君子于役,不知其期。曷其至哉?"丈夫什么时候才能回家呢?妻子盼望着,期待着。在这里,诗人用鸡栖于埘、羊牛入圈,隐晦地写出了妻子对丈夫归来的期盼。妻子思念丈夫,同时也为丈夫担心,担心丈夫在长期的戍役中免不了会忍饥挨饿。一句"君子于役,苟无饥渴?"道出了对丈夫深深的担忧,也曲折地表达了对未来生活的忧患意识。

比较而言,《兔爰》表达的则是对人生的忧患。诗歌以柔缓之兔和耿介之雉作对比描写,表达了对人生的恐惧和忧患。兔子由于柔缓之性而免于被宰杀,而野雉由于耿介好动而被人捕杀。兔子之所以能够幸免于难,不仅在于其生之初的无为、无造、无庸,而且在于其生之后,能够以静制动,所谓"尚寐无吡""尚寐无觉""尚寐无聪"。诗歌以兔子和野雉为喻,写出了两种截然不同的命运,流露出强烈的忧患意识。值得注意的是,《兔爰》不仅流露出强烈的忧患意识,而且还非常艺术地表达了全生之道,这就是幼小时期的无为、无造、无庸,成长起来之后仍然需要经常处于"尚寐"状态,即对身外之事听而不闻,闻而不动,以此来免除外界的关注,进而得以全生。这与老子的"无为""不争"和"柔弱胜刚强"的思想高度一致。老子说:"夫唯不争,故无尤。"②不争,所以就不会受到责难,也不会有什么过失。老子又说:"夫唯不争,故天下莫能与之争。"③示人柔弱,与人无争,与世无争,才可以免除忧患,才能得以全生。出自中原的老庄哲学,可以在《王风·兔爰》中找到其源头。

三是热切的和平向往。向往国家和平,反对战争和社会动乱,是中华文化的精华,也是河洛文化的精髓。曾经在洛阳为官的老子对战争持反对态度,他说:"以道佐人主者,不以兵强天下,其事好还。师之所处,荆棘生焉;大军之后,必有凶年。"④想取胜于天下,不能依靠战争,如果依靠战争,哪怕是暂时取得了

---

① 韩伯注,孔颖达疏:《周易注疏》卷十二《系辞下》。
② 《道德经》第八章。
③ 《道德经》第二十二章。
④ 《道德经》第三十章。

胜利,最终必将遭到战争的报复。一场大的战争下来,生灵涂炭,田野荒芜,荆棘丛生,哪里还会有好年成?没有粮食,百姓怎么生活?靠什么支撑战争?老子鲜明的反战态度,不是突发奇想,而是有着深厚的文化渊源。《王风》中的《扬之水》和《葛藟》应是其渊源之一。

《扬之水》是写东周初年那场保卫平王之母申后家乡的场战争:

> 扬之水,不流束薪。彼其之子,不与我戍申。怀哉怀哉,曷月予还归哉!扬之水,不流束楚。彼其之子,不与我戍甫。怀哉怀哉,曷月予还归哉!扬之水,不流束蒲。彼其之子,不与我戍许。怀哉怀哉,曷月予还归哉?

东周初年,周平王为了保护其母亲的家乡申(今南阳市),派兵戍守。而甫(今新蔡县)与许(今许昌市)因与周平王之母申后有亲谊,故周平王也派兵戍守。对此,范处义解释说:"申,平王之母申后之家,在陈、郑之南,迫近于楚,故戍守之也。尧命姜氏为四伯,掌四岳之祀,于周有甫、有申、有齐、有许。然则甫也、许也,与申同为姜氏,亦平王之母党也。"①周平王名义上为周王,但此时已经是威令难行于天下,所以只好派出自己的军队和子民去戍守申、甫和许三地。然而,正如朱熹所说:"今平王不能行其威令于天下,无以保其母家,乃劳天子之民,远为诸侯戍守。故周人之戍申者,又以非其职而怨思焉,则其衰懦微弱而得罪于民,又可见矣。呜呼!《诗》亡而后《春秋》作,其不以此也哉?"②诗歌对周平王不恤百姓表示怨恨,同时也表达了对战争的不满和抗议,委婉地表达了对和平的渴望。

《葛藟》则是悲悯乱离之作。由于战争和动乱,兄弟被迫分离,远离父母,天各一方。他们既不能相聚,亦不能相互照顾,更不能在父母膝前承欢。只身在外,孤苦伶仃,无依无靠,认人作父,认人作母,认人作兄弟,却得不到任何的回应,别人对他们不管不顾,不理不睬,这就是诗歌所说的"谓他人父,亦莫我顾""谓他人母,亦莫我有""谓他人昆,亦莫我闻"。古人有云:"宁为太平犬,莫做乱离人。"③生于战争和社会动乱的时代,许多人为了生存不得不背井离乡,甚

---

① 范处义:《诗传补》卷六。
② 朱熹:《诗经集传》卷二。
③ 罗洪先:《念庵文集》卷四之《答周讷溪》。

至不得不摧眉折腰,伏低做小。对于身处乱世的人来说,不仅不能奢望安享太平,甚至连最基本的人格和尊严都要舍弃。这是怎样一种生活?生活在这样的社会,哪一个不热切地盼望和平,盼望社会安定?《葛藟》虽然不像《扬之水》那样直接描写战争,但却通过叙写身处乱世之人的悲惨遭遇,曲折地表达了对和平生活的向往,对社会安定的祈盼。

四是呼唤政治清明。中国传统文化一向推崇政治清明,也最向往政治清明。人们常常用"政通人和""近悦远来"等洋溢赞美之情的词语来形容政治清明的时代。唐虞之世作为政治清明时代的标志,曾经受到孔子、孟子等儒家先师的高度赞美。之所以会出现这样的情况,一方面是因为传说中的唐虞之世确实极少贪污腐败、尔虞我诈、钩心斗角等社会现象,也极少为后人诟病的恶政;另一方面则是在漫长的中国古代社会中,乱日常多,而治日甚少,因而人们热切期盼政治清明,河清海晏。《诗经·王风》虽然没有正面表现政治清明的诗章,但是通过对荒政、乱政、恶政的讽刺,曲折地表达了对政治清明的向往和期盼。《中谷有蓷》就是这样的诗章。诗歌通过一个被离弃女子的悲惨遭遇,表达了对不幸女子的深深同情,对社会不公的强烈抗议。该女子之所以遭到离弃,是因为"遇人之艰难"和"遇人之不淑"。该女子的不幸命运,首先是因为嫁给了一个艰难困厄的丈夫。如果其丈夫能够正确面对艰难的日子和悲惨的境遇,能够穷且益坚,于艰难中奋起,该女子或许还有一线希望。但是,非常不幸,她遇到的是一个没有德行和志气的丈夫,所谓"遇人之不淑"。这是造成她不幸命运的另一原因。如果仅仅停留在这一层面,显然无法理解这首诗歌的深刻内涵。还必须向深处追问:是什么原因造成了该女丈夫的艰难困窘和无德无行?很显然,是社会,是恶政。朱熹评论此诗时引范氏语曰:"世治则室家相保者,上之所养也;世乱则室家相弃者,上之所残也。其使之也勤,其取之也厚,则夫妇日以衰薄,而凶年不免于离散矣。伊尹曰:'匹夫匹妇,不获自尽,民主罔与成厥功。'故读诗者于一物失所,而知王政之恶;一女见弃,而知人民之困。周之政荒民散,而将无以为国,于此亦可见矣。"①范氏把此诗界定为讽刺荒政之作,甚有见地,深得为诗者之心。

如果说《中谷有蓷》是通过离弃女子的不幸遭遇来抗议恶政,那么,《丘中有

---

① 朱熹:《诗经集传》卷二。

麻》则是对贤者的呼唤:"丘中有麻,彼留子嗟。彼留子嗟,将其来施施。丘中有麦,彼留子国。彼留子国,将其来食。丘中有李,彼留之子。彼留之子,贻我佩玖。"苏辙以为此诗"思贤也",即表达的是对贤者的思念。他说:"子嗟,当时贤者;留,其氏也。隐居于丘陵之间,而殖麻麦果实以为生者。子嗟也,民思其贤,而庶其肯徐来从之,故曰将其来施施。"①诗歌通过对子嗟、子国的咏叹,表达了人们对贤者的赞美和渴望。人们为何渴望贤者?其原因不仅如诗歌中所写的那样,是贤者"贻我佩玖",即可以给人们带来善和美德,而且因为贤者可以教人以善,进而改变世风,促进社会风气好转。诗歌通过呼唤贤者,委婉地喊出了人们渴望政治清明的呼声。

五是歌颂美好爱情。爱情是伴随着婚姻和家庭而出现的。美好爱情始终是生活的原动力。所以,从古至今,美好爱情都是文艺作品热情讴歌的对象。《诗经》在这方面更是不遑多让,《关雎》《子衿》《桃夭》《将仲子》等,无不脍炙人口。《王风》中的《采葛》同样是爱情诗中的华章:"彼采葛兮,一日不见,如三月兮!彼采萧兮,一日不见,如三秋兮!彼采艾兮,一日不见,如三岁兮!"自毛苌以来对此诗的解释,都定义为"惧谗"之作,故有所谓"事虽小,忧惧于谗。一日不得见君,如三月不见君兮。日久情疏,为惧益甚,故以多时况少时也"之说。② 但后世许多阐释者都把这首诗歌当作爱情诗来看,元代学者刘玉汝认为,此诗"淫奔者托以行,彼指其地而言,不见则指其人而言。托言往彼采葛,因其人不见而思念之"③。明代学者梁寅径称此诗为"淫奔之诗",指出:"葛可为布,萧可爇以降神,艾干之可以炙。其采者,淫奔而托此以行也。一日不见,其始如三月,其中如三秋,其后如三岁。思之愈切,而愿见之速也。"④许多文人骚客更是把"一日三秋"当作夫妇或爱人小别的浓情之词。如南朝梁何逊《为衡山侯与妇书》云:"路迩人遐,音尘寂绝。一日三秋,不足为喻。"⑤唐代诗人李商隐有"任重道远,方怀骥坂之长鸣;一日三秋,空咏马嵬之清什"⑥之句。在现实生活

---

① 苏辙:《诗集传》卷四。
② 郑玄笺,孔颖达疏:《毛诗注疏》卷六。
③ 刘玉汝:《诗缵绪》卷五。
④ 梁寅:《诗演义》卷四。
⑤ 欧阳询:《艺文类聚》卷三十二引。
⑥ 李昉等:《文苑英华》卷六百五十七引李商隐《为举人献韩郎中琮启》。

中,人们也常常用"一日三秋"形容爱人或情侣间短暂分别的浓情蜜意。所以,对《采葛》一诗的解释,应该跳出传统释义的框范,根据诗歌表达的强烈时间意识和自我色彩,来分析诗歌所表达的真情实感。由此不难看出,后人把出自《采葛》的"一日三秋"当作情侣和爱人之间表达短暂分离的浓情蜜意,是有其道理的。

与《采葛》呼唤美好爱情相呼应,《大车》则表达了对爱情的忠贞与坚守。卫道者一向视此诗为男女淫奔之诗,以为"礼义凌迟,男女淫奔"①,并认为这是周大夫不能听男女之讼所导致的,所以,该诗有讽刺周大夫之意。细味此诗,所谓"刺周大夫"之说,乃是曲为之解。诗歌以"大车""毳衣"作为男子身份地位的象征,并通过"岂不尔思?畏子不敢""岂不尔思?畏子不奔"这样的对比描写,写女子对爱情的执着追求,以及对男子在爱情方面畏首畏尾的不满。女子为了追求爱情,不惜放弃尊严和名誉,表示要和男子私奔,而男子却始终不敢迈出那关键的一步。虽然如此,女子仍然不肯放弃,并且表达了对爱情的矢志不渝:"谷则异室,死则同穴。谓予不信,有如皦日。"虽然深爱的男子畏缩不前,不敢追求自己的爱情,但女子并没有放弃,她坚定地表示:既然生时不能成为夫妻,死后也要像夫妻那样同穴安葬。为此,她对天发誓,立下重愿。女子痴情如此,坚贞如此,令读者无不动容,不由得为她祈祷,愿她好梦成真!

昂扬向上的精神状态也是《王风》的重要内容。如《君子阳阳》,通篇洋溢着昂扬向上的快乐情感:"君子阳阳,左执簧,右招我由房,其乐只且!君子陶陶,左执翿,右招我由敖,其乐只且。"刘玉汝认为,"阳阳,志之得乐,则心之乐,其乐只且,咏叹之也。古者十三学乐诵诗,成童舞象,二十舞大夏乐,无间于贵贱,人皆得习而用之"。② 这种欢快之乐虽然不能在宗庙和公庭演奏,但在私室和遨游之所演奏,仍然无法掩饰其欢快之情。诗歌流露出来的昂扬向上精神,具有很强的艺术感染力,读之令人感奋。

《诗经·王风》虽然只有10首,但内容丰富,具有很高的思想性和艺术性,是东周时期河洛文化的精彩华章。《王风》反映出来的文化精神,既有浓郁的爱国情怀、深深的忧患意识、热切的和平向往,又有对政治清明的呼唤、对美好爱

---

① 郑玄笺,孔颖达疏:《毛诗注疏》卷六。
② 刘玉汝:《诗缵绪》卷五。

情的歌颂,同时又有积极向上的乐观情怀。所有这些,既与这一时期的河洛文化精神相一致,又对河洛文化精神的形成具有积极作用。可以说,《诗经·王风》表现出来的文化精神,与河洛文化精神的核心内容高度契合。不仅如此,《王风》蕴含的文化精神对其后的河洛文化也产生了深远影响。如《兔爰》表现出来的忧患意识,既与自《周易》而来的忧患意识灵犀相通,又对其后的老庄思想产生了一定的影响。至于《兔爰》反映出来的全生之道,对老子的"无为""不争"等学说则具有较为强烈的启示意义。而《丘中有麻》对贤者的呼唤,则反映出河洛文化对贤明政治的期盼。从这个意义上说,《王风》作为当时京畿之地的民歌,确实一定程度上反映出京畿之地百姓的生活状况、精神面貌、道德情操和文化修养,反映出他们的喜怒哀乐和思想境界,对河洛文化精神的形成具有重要意义。

元代学者刘玉汝对《诗经·王风》有这样的评价:"《国风》以修身齐家为主。《王风》二篇(指《君子于役》和《君子阳阳》)之妇人,其贤如此,叹美其夫又如此。则此君子其亦有得于修齐之道者欤?以此而观,《王风》之始何尝不美?文王后妃之余化,周公治洛之余泽,何尝不存?故传谓岂非先王之泽,而说者乃谓王风之变乃商顽余俗,是徒见《王风》之末,而不究《王风》之始。使先王之泽人莫知之,而欲修身齐家治国者,谓世已衰,而不复用其力,岂足与论《诗》哉!卫、郑、齐、唐之风,皆当以是观之。"①《国风》之始为《周南·关雎》,孔子以为《关雎》"乐而不淫,哀而不伤"②,符合儒家温柔敦厚的规范。刘玉汝以为《王风》"有得于修齐之道",虽是用理学家的眼光看待和评价《王风》,但亦不能不说其见解之独到。所谓"有得于修齐之道",不仅与儒家思想道德规范相一致,而且与宋代洛学合之若契。是则《诗经·王风》反映出来的文化精神与河洛文化精神相契合,自是不待言之矣。

(此文是提交给2017年10月在洛阳召开的河洛文化论坛的会议论文)

---

① 刘玉汝:《诗缵绪》卷五。
② 《论语·八佾》。

梁园之游：文人群体创作活动的始足之旅

文人的群体活动，在西汉梁王刘武聚集文士为梁园之游前，是战国时期齐桓公在其都城临淄稷门附近举办的稷下学宫。稷下学宫的学子主要是研讨和交流思想学术观点，为治国理政者提供参考。稷下学宫的出现，客观上推动了诸子百家学术争鸣局面的形成。而以梁王为中心的梁园之游，其规模虽不及稷下学宫，但其主要参与者，除梁王外，大多是当时文坛的佼佼者。所以，参与梁园之游的人不仅是为了观赏梁园风景，而且还在梁园之游中为文作赋，开启了中国文人群体创作活动的先河。

一、梁园之游的文化背景

汉文帝刘恒即位后，立长子刘启为太子，封次子刘武为代王，三子刘参为太原王，四子刘胜为梁王。两年后，徙代王刘武为淮阳王。文帝前元十二年（前168），梁王刘胜卒。次年，徙淮阳王刘武为梁王。梁王刘武去世后，谥曰孝，故称梁孝王。景帝前元四年（前153）春正月，吴王刘濞与楚、赵、胶东、胶西、济南、淄川等七国以清君侧、诛晁错为名，发动叛乱。梁孝王以韩安国、张羽为大将军，坚守睢阳，与吴楚大军相持，使吴楚大军不能越梁地而向京师，为汉景帝平定吴楚七国之乱赢得了宝贵的时间。吴楚七国之乱平定后，梁孝王倚恃景帝的信任和窦太后的宠爱，大兴土木，"筑东苑，方三百余里，广睢阳城七十里。大治宫室，为复道，自宫连属于平台五十余里"①。梁园就是梁王兴建的东苑中的苑囿之一。梁孝王还广为延揽四方豪杰和游说之士，以至于梁国出现了"自山

---

① 司马迁：《史记》卷五十八《梁孝王世家》。

以东,游说之士,莫不毕至"的局面。自此以后直至去世,梁孝王和诸文学游说之士常为梁园之游,宴饮游猎,为文作赋,使梁园之游成为中国文学史上的一件盛事。

梁园之游出现于吴楚七国之乱后的梁国,有其特殊的文化背景,具体言之有以下四点。

其一是梁孝王所具有的政治优势。西汉初年,诸侯势力十分强大。晁错曾经描述为"昔高帝初定天下,昆弟少,诸子弱,大封同姓,故孽子悼惠王王齐七十二城,庶弟元王王楚四十城,兄子王吴五十余城。封三庶孽,分天下半"①。汉文帝时,贾谊针对诸侯王尾大不掉的现状,提出了"众建诸侯而少其力"的政治主张,试图削弱诸侯的势力。此建议虽然深得汉文帝嘉许,但限于当时的政治局势而未能实施。景帝即位之初,御史大夫晁错建议削藩,遭到了诸侯的强烈反对。直到景帝初年,各地诸侯王的势力依然很强大。吴楚七国之乱前,吴国势力最为强大,刘濞曾自夸"敝国虽狭,地方千里;人虽少,精兵可具五十万"②。此时的梁国,无论在领地大小还是在经济、军事实力上,都不能与吴、楚等国相提并论。吴楚七国之乱时,梁孝王坚定地支持汉景帝所代表的中央政权,坚守睢阳,与吴楚大军相拒三个月,为汉景帝平定叛乱赢得了时间。正是因此,汉景帝对他非常信任,曾经萌生过传位于梁孝王的念头。窦太后也十分溺爱梁孝王,也曾想让景帝立梁孝王为太子。此事由于遭到窦婴、袁盎等大臣的强烈反对而作罢。但梁孝王所享受的恩宠却非其他诸侯王所能比,他"得赐天子旌旗,出从千乘万骑,东西驰猎拟于天子,出言跸,入言警"③,入京朝觐时,景帝使持节乘舆迎至阙下,入宫时与景帝同辇,出则同车,还一起在天子上林苑游猎射禽。梁孝王虽然只是一个藩王,却享受着与天子同等的待遇。这样的恩宠和礼遇,在西汉初年的诸侯王中尚无先例。

其二,梁国乃当时大国,居天下膏腴之地,有财力和余力大兴土木。吴楚七国之乱后,梁孝王所得赏赐无数,"府库金钱且百巨万,珠玉宝器多于京师",梁国成为当时最强大的诸侯国。关于这一点,只要看一看梁国都城睢阳和梁孝王

---

① 司马迁:《史记》卷一百六《吴王濞列传》。
② 司马迁:《史记》卷一百六《吴王濞列传》。
③ 司马迁:《史记》卷五十八《梁孝王世家》。

的"上林苑"东苑的规模,就可以一目了然。另外,从葛洪《西京杂记》亦可见梁国繁华之一斑:"梁孝王好营宫室苑囿之乐,作曜华之宫,筑兔园。园中有百灵山,山有肤寸石,落猿岩,栖龙岫。又有雁池,池间有鹤洲凫渚。其诸宫观相连,延亘数十里。奇果异树,瑰禽怪兽毕备。王日与宫人宾客弋钓其中。"①

其三是梁孝王性喜结交四方豪杰和游说之士。有权势的人养士,在战国时期是司空见惯的事情,号称"战国四公子"的信陵君魏无忌、春申君黄歇、孟尝君田文、平原君赵胜以及秦相吕不韦,都养有很多食客,其中有不少敢死之士。秦始皇统一中国后,权豪养士之风有所收敛。西汉初年,仅有少数诸侯王(如吴王刘濞)私下还养有一些食客外,养士的情况已不多见。吴楚七国之乱后,梁孝王拥有其他诸侯王无可比拟的政治优势,又具有养士的物质条件,于是就广为延揽天下豪杰和游说之士,使梁国一时成为天下豪杰和游说之士的集聚之地。史家说他"招揽四方豪杰,自山东游士羊胜、公孙诡、邹阳之属,莫不毕至"②。

其四是吴楚七国之乱造成的文士流离失所。吴楚七国之乱是一次大规模的叛乱,梁国南面、东面和北面的诸侯国大部分都卷入了进去。而当时的吴、楚和今山东之地的一些诸侯国,都是人才集聚之地。吴楚七国之乱后,梁国成为天下最大的诸侯国,北界泰山,西至高阳(古乡名,在今河南杞县东南),拥四十余城,且多为大县,其地富庶,未遭吴楚七国之乱的战火兵燹。吴楚七国之乱平定后,经历了战乱的吴、楚等地的文士,纷纷择地而居。此时的梁孝王不失时机地广为延揽四方豪杰和游说之士,于是许多文士先后拥向梁国,在梁孝王的周围聚集起来。

二、梁园之游的主要参与者

梁园之游的参与者,除作为领袖人物的梁孝王外,其余主要有枚乘、司马相如、邹阳、庄忌、公孙诡、公孙乘、羊胜、路乔如及韩安国等人。其中司马相如是从京城长安而来,枚乘、邹阳、庄忌是从吴国而来,公孙诡、公孙乘、羊胜是所谓

① 葛洪:《西京杂记》卷二。
② 王益之:《西汉年纪》卷九。

的"山东之士",韩安国是土生土长的梁国人。

司马相如,字长卿,蜀郡成都(今四川成都)人。原名犬子。少好读书,学击剑,慕蔺相如之为人,遂改名相如。景帝时为武骑常侍,非其所好。又因景帝不好辞赋,司马相如于是就来到梁国,投至梁孝王麾下。《史记》本传载:"是时,梁孝王来朝,从游说之士:齐人邹阳、淮阴枚乘、吴庄忌夫子之徒。相如见而说之,因病免,客游梁。梁孝王令与诸生同舍。相如得与诸生游士居数岁,乃著《子虚》之赋。"①

枚乘,字叔,淮阴(今江苏淮阴)人。初为吴王刘濞郎中。吴王阴谋叛乱,枚乘上书谏之,不为所用,遂离开吴国来到梁国,从梁孝王游。景帝前元四年,吴王联合其他六国以诛晁错为名发动叛乱,枚乘念其是旧主,又致书劝谏。吴王不纳,卒见擒灭。七国之乱后,枚乘因两次上书吴王而声名大噪,授官弘农都尉。但是,枚乘"久为大国上宾,与英俊并游,得其所好,不乐郡吏,以病去官,复游梁"。② 当时在梁国的诸多游士皆善辞赋,而枚乘的辞赋最受称赏。梁孝王死后,枚乘回到了故乡淮阴。汉武帝即位,安车蒲轮征枚乘至京师,此时枚乘年事已高,竟死于来京的途中。

邹阳,齐(今山东东部)人。吴王刘濞初就封国,招四方之士。邹阳与吴人庄忌、淮阴枚乘等俱至吴,皆以善文章、能辩论而闻名于时。文帝时,吴王因太子入京被时为皇太子的刘启所杀而怀恨在心,称疾不朝,阴谋叛乱。邹阳上书谏之。吴王不纳。于是,邹阳与枚乘、庄忌等一起来到梁国。邹阳为人有智略,慷慨任气,不苟合于人,受到羊胜、公孙诡的谗害,被投入狱。邹阳于狱中上书梁王,结果是"孝王立出之,卒为上客"。③ 梁孝王在羊胜和公孙诡的怂恿下谋求太子之位,只有邹阳敢于直言劝谏,枚乘和庄忌皆不敢谏阻。由于遭到大臣袁盎等人的反对,梁孝王谋求太子之位事未能如愿,于是归罪袁盎等人,派刺客刺杀之。景帝怀疑是梁孝王指使人所为,严令缉拿,羊胜、公孙诡被迫自杀谢罪。事已至此,梁孝王后悔莫及,向邹阳致歉,并以千金向其求计,以消除皇上对他的猜忌。邹阳入齐,向年过八十的王长者求计,得王长者指点,悄悄进京,

---

① 司马迁:《史记》卷一百一十七《司马相如列传》。
② 班固:《汉书》卷五十一《贾邹枚路传》。
③ 班固:《汉书》卷五十一《贾邹枚路传》。

见景帝王美人之兄,劝王美人用离间之计,向景帝说袁盎的坏话。与此同时,韩安国亦进京,面见长公主,向长公主求情。在长公主和王美人的劝说下,景帝答应不再追究此事。邹阳在梁国,不仅是一个文士,还是一个曾经发挥过重要作用的谋士。

庄忌,后人为避汉明帝刘庄讳而改称为严忌,人称严夫子,会稽吴(今江苏苏州)人。初与邹阳、枚乘同在吴王刘濞手下为官,后因吴王阴谋叛乱,遂一同投奔好豪杰游说之士的梁孝王。其生平事迹,史书不载,仅散见于《史记》《汉书》的有关注释及晋葛洪的《西京杂记》等书。

韩安国,字长孺,梁国成安(今河南临汝)人,后徙睢阳。初事梁孝王,为中大夫。吴楚七国之乱时,韩安国临危受命,与张羽同为大将军,坚守睢阳,抗击吴楚联军,使吴楚联军不能过梁而西向京洛。韩安国一战成名,贵显于梁,任梁国内史。后来,梁孝王因指使刺客刺杀大臣袁盎之事而惹怒了景帝,韩安国亲至京师游说长公主和窦太后,使景帝不再追究梁孝王之责。韩安国虽为武将,但自幼习韩子《杂说》,颇通文墨。梁孝王与诸儒生游于梁园,韩安国曾预其事。

公孙诡、羊胜是吴楚七国之乱后投奔梁孝王的。《史记·梁孝王世家》记其事云:"(梁孝王)招延四方豪杰,自山以东,游说之士,莫不毕至,齐人羊胜、公孙诡、邹阳之属。公孙诡多奇邪计,初见王,赐千金,官至中尉,梁号之曰公孙将军。……夏四月,上立胶东王为太子。梁王怨袁盎及议臣,乃与羊胜、公孙诡之属阴使人刺杀袁盎及他议臣十余人,逐其贼未得也。于是天子意梁王,逐贼,果梁使之,乃遣使冠盖相望于道,覆按梁捕公孙诡、羊胜。公孙诡、羊胜匿王后宫。使者责二千石急,梁相轩丘豹、内史韩安国进谏王。王乃命胜、诡皆自杀,出之。上由此怨望于梁王。"①

公孙乘、路乔如事仅见晋葛洪《西京杂记》卷四所记,余事不详。

以上诸人来梁国的时间先后不一。韩安国是梁国人,最早在梁,梁孝王死后,坐法失官而家居。汉武帝即位,才重新被起用。枚乘、邹阳、庄忌于景帝初年谏阻吴王阴谋叛乱不被采纳而同时来到梁国,他们离开梁国的时间,当皆在梁孝王死后。司马相如是继枚乘等人之后来到梁国的。枚乘等人随梁孝王入京,司马相如见他们皆是游说之士,有意从之游,遂称病辞官,来到了梁国,直到

---

① 司马迁:《史记》卷五十八《梁孝王世家》。

梁孝王死后才离开梁国。羊胜、公孙诡二人最晚来梁国,却因行刺大臣袁盎等朝臣,被迫自杀谢罪。除羊胜、公孙诡外,其他客居梁国的游士,大都是在梁孝王去世后离开梁国的。

三、梁园之游的起止时间

梁园之游的时间,史无明载。若以梁园建成的时间而论,梁园之游应在吴楚七国之乱平定之后,梁孝王招揽四方豪杰之士为起始,其时为汉景帝前元四年夏。

在吴楚七国之乱前,枚乘、邹阳、庄忌、司马相如等人已来到梁国。枚乘等人去吴入梁的时间,宋王益之《西汉年纪》系于景帝前元三年(前154)冬十月:"三年冬十月,楚王戊、梁王武、河间王德、广川王彭祖来朝。御史大夫晁错言楚王戊往年为薄太后服,私奸服舍,请诛之。诏赦,削东海郡。戊乃与吴通谋。邹阳书奏吴王,吴王不纳其言。是时,帝少弟梁王贵盛,亦待士。于是,邹阳、枚乘、严忌知吴不可说,皆去,之梁。"①景帝前元四年春,吴楚七国发动叛乱,大军围梁睢阳。此时已在梁国的枚乘献书谏吴王,其书略云:"昔秦西距胡戎,北备榆中之关,南距羌笮之塞,东当六国之从。六国并力一心以备秦,然卒灭六国,而并天下,是何也?地利不同,而民轻重不等也。今汉据全秦之地,兼六国之众,此其地与秦相什而民相百,大王所明知也。今佞谀之臣不论骨肉之义,民之轻重,国之大小,以为吴祸。此臣所以为大王患也。"吴王不纳。三月,吴王南逃东越,被东越王所杀,其子子华、子驹逃入闽越。楚王戊兵败自杀。吴楚七国之乱遂被平定。吴楚七国之乱后,梁孝王因平乱有功,所得赏赐无数。梁王筑东苑、广睢阳城、大治宫室等事,皆应在此后。王益之《西汉年纪》系此事于景帝前元四年四月和六月间②,有一定道理。但是,依当时的建筑条件和水平,三个月内建成方圆三百里的东园,扩大睢阳城至方圆七十里,又建有那么多的宫室复道,显然是不大可能的。东园的修建和睢阳城的扩建可能是一个旷日持久的工

---

① 王益之:《西汉年纪》卷九《景帝》。
② 王益之:《西汉年纪》卷九《景帝》。

程。不过,这并不影响梁孝王和诸文学游说之士的梁园之游,因为此时在梁国的不仅有吴楚七国之乱前已在梁国的枚乘、邹阳、庄忌、司马相如等人,还有吴楚七国之乱后才来到梁国的羊胜、公孙诡等人,而他们正是梁园之游的主要参与者。所以,梁园之游的时间,最迟不应迟于景帝前元四年夏。

另一个需要澄清的问题,是司马相如何时来梁。《史记·司马相如列传》载其事云:"是时,梁孝王来朝,从游说之士:齐人邹阳、淮阴枚乘、吴庄忌夫子之徒。相如见而说之,因病免,客游梁。"景帝前元三年冬十月,诸王入朝,楚王戊因遭御史大夫晁错弹劾被削去东海郡而怀恨在心,串通吴王,阴谋叛乱。枚乘、邹阳、庄忌三人因谏阻吴王谋反不成而离吴至梁。景帝前元四年正月,吴楚七国之乱爆发。那么,《史记》司马相如本传所说的"是时"具体指的是什么时间呢?司马相如因见梁孝王的从游之士有邹阳、枚乘、庄忌等人而"说之",才称病去官游梁的,这也就是说司马相如游梁的时间应在景帝前元三年冬十月之后,前元四年春正月之前。在这一段时间里,梁孝王是否再一次入朝呢?如果梁孝王再一次入朝,具体是什么时间?

汉高祖刘邦初即位,因袭秦制,以十月为岁首。汉高祖七年(前200)长乐宫建成后,诸侯群臣朝见天子,则用夏朝历法,即以寅月(正月)为岁首,而天子每月朔朝以至于十月朔朝,则仍袭秦制。① 由此可知,西汉初年诸侯王朝觐天子遵循的是夏历,时间也有严格的规定。班固《白虎通义》曰:"诸侯时朝于天子。朝用何月?皆以夏之孟四月,因留助祭朝礼。"②诸侯朝觐在四孟之月,即四季的第一个月,按月而论为正月、四月、七月和十月。景帝前元三年冬十月,是这一年诸侯最后一次朝觐天子。枚乘等三人去吴赴梁既然在诸侯朝觐之后,则不可能随梁孝王赴京。所以,枚乘等人随梁孝王赴京,应是在景帝前元四年春正月诸侯朝觐天子之时。也就是在梁孝王这一次朝觐天子时,司马相如得以与枚乘等人会面,并产生了东游梁国的念头。所以,司马相如游梁的时间最早应在景帝前元四年春正月。

综上所述,大体可以确定梁园之游的起始时间在景帝前元四年春。鉴于羊胜、公孙诡等人是在吴楚七国之乱后来梁的事实,其起始时间的下限最迟不会

---

① 王益之:《西汉年纪》卷十六《武帝》。
② 引自《太平御览》卷五三八《礼仪部·朝聘》。

迟于景帝前元四年夏。

梁园之游结束的时间,应以梁孝王病逝为标志。参加梁园之游的诸文士,除羊胜、公孙诡二人于景帝中元二年(前148)九月因刺杀大臣袁盎及其他议臣未遂而被迫自杀外,其余诸文士多是在梁孝王病逝后离开梁国的。梁孝王病逝的时间,《史记·梁孝王世家》有记载:"三十五年冬,复朝,上疏欲留。上弗许。归国,意忽忽不乐。北猎良山,有献牛足出背上。孝王恶之。六月中,病热。六日,卒,谥孝王。"这里所说的"三十五年",是指梁孝王被封为王的时间。梁孝王于汉文帝前元二年(前178)被封为代王,两年后徙封淮阳王,汉文帝前元十二年(前168)改封梁王。此后,梁孝王一直在梁,直至病逝。从汉文帝前元二年往后数35年,为汉景帝后元元年(前143)。这一年冬十月,梁孝王入朝,上疏景帝,想留在京城,却没有得到允许,只好又回到梁国。次年六月,也就是景帝后元二年(前142)六月,梁孝王因患热病而薨,葬于砀山。所以,梁园之游结束的时间,应是汉景帝后元二年六月。

这样一来,梁园之游的时间也就很清楚了。梁园之游最早有可能是在汉景帝前元四年春,但因接下来就发生了吴楚七国之乱,而在吴楚七国之乱平定之前,梁孝王没心情也没条件带着一帮文士在梁园寻欢作乐,为文作赋。所以,梁园之游应以吴楚七国之乱平定之后公孙诡、羊胜等人来到梁国为标志,时间则在景帝前元四年夏,结束的时间在景帝后元二年六月,梁孝王病逝之后,前后历时12年之久。

四、梁园之游的主要作品

梁园之游前后历时达12年之久,参与者又皆是当时文坛名宿,本来应该有很多作品流传下来。但十分遗憾的是,梁园之游留存下来的作品却不是很多。兹以人物为序,略述于次。

司马相如。《汉书·艺文志》赋类著录"司马相如赋二十九篇"。其中可确定为梁园之游时的作品,仅《子虚赋》一篇。另有《美人赋》,《西京杂记》说司马相如"素有消渴疾,及还成都,悦文君之色,遂发痼疾,乃作《美人赋》,欲以自刺,而终不能改"。据此,《美人赋》当作于成都。但《古文苑》所载《美人赋》前有小序,言司马相如游于梁王,梁王悦之,邹阳谗之,于是司马相如以美人为状,以对梁王。假如此赋是司马相如所作,则当是写于梁园之游时。

庄忌。《汉书·艺文志》赋类著录"庄夫子赋二十四篇"。存世者仅为哀屈原忠贞不遇而作的《哀时命》一篇,其余各赋皆已亡佚,其中当有梁园之游时所作,但因其赋不存,姑置不论。

枚乘。《汉书·艺文志》赋类著录"枚乘赋九篇",其中《梁王菟园赋》《柳赋》为梁园之游时的作品。《重上吴王书》作于枚乘初至梁国不久吴王率大军围困睢阳时。此外,南朝梁徐陵所编《玉台新咏》收有枚乘杂诗九首,实即《古诗十九首》中的《西北有高楼》《东城高且长》《行行重行行》《涉江采芙蓉》《青青河畔草》《兰若生春阳》《庭前有奇树》《迢迢牵牛星》和《明月何皎皎》。鲁迅《汉文学史纲要》论及枚乘时云:"《文选》有《古诗十九首》,皆五言,无撰人名。唐李善曰:并云古诗,盖不知作者;或云枚乘,疑不能明也。然徐陵所集《玉台新咏》,则其中九首,明题乘名。审如是,乘乃不特始创七体,且亦肇开五古者矣。"①

邹阳。《汉书·艺文志》将其归入纵横家,在"纵横家类"著录"邹阳七篇"。其中《狱中上梁王书》写于寄居梁国时。另有《酒赋》《几赋》,亦为梁园之游时的作品。

此外,羊胜有《屏风赋》,公孙诡有《文鹿赋》,公孙乘有《月赋》,路乔如有《鹤赋》。上述各赋并见于晋葛洪《西京杂记》卷四:

> 梁孝王游于忘忧之馆,集诸游士,各使为赋。枚乘为《柳赋》,其辞曰:"忘忧之馆,垂条之木。枝逶迟而含紫,叶萋萋而吐绿。出入风云,去来羽族。既上下而好音,亦黄衣而绛足。蜩螗厉响,蜘蛛吐丝。阶草漠漠,白日迟迟。于嗟细柳,流乱轻丝。君王渊穆其度,御群英而玩之。小臣䓕瞶,与此陈词。于嗟乐兮! 于是樽盈缥玉之酒,爵献金浆之醪。庶羞千族,盈满六庖。弱丝清管,与风霜而共雕。枪锽啾唧,萧条寂寥。俊乂英旄,列襟联袍。小臣莫效于鸿毛,空衔鲜而嗽醪。虽复河清海竭,终无增景于边橑。"
> 路乔如为《鹤赋》,其辞曰:"白鸟朱冠,鼓翼池干。举修距而跃跃,奋皓翅之

---

① 鲁迅:《汉文学史纲要》第八篇《藩国之文术》,引自《魏晋风度及其他》,上海古籍出版社,2000年,第167页。

猗猗。宛修颈而顾步，啄沙碛而相欢。岂忘赤霄之上，忽池籞而盘桓。饮清流而不举，食稻粱而未安。故知野禽野性，未脱笼樊。赖吾王之广爱，虽禽鸟兮抱恩。方腾骧而鸣舞，凭朱槛而为欢。"公孙诡为《文鹿赋》，其词曰："麀鹿濯濯，来我槐庭。食我槐叶，怀我德声。质如细缛，文如素綦。呦呦相召，《小雅》之诗。叹丘山之比岁，逢梁王于一时。"邹阳为《酒赋》，其词曰："清者为酒，浊者为醴。清者圣明，浊者顽骏。皆曲洱丘之麦，酿野田之米。仓风莫预，方金未启。嗟同物而异味，叹殊才而共侍。流光醳醳，甘滋泥泥。清醪既成，绿瓷既启。且筐且漉，载篚载齐。庶民以为欢，君子以为礼。其品类，则沙洛渌酃，程乡若下，高公之清。关中白薄，青渚萦停。凝醒醇酎，千日一醒。哲王临国，绰矣多暇。召蹒蹒之臣，聚肃肃之宾。安广坐，列雕屏，绡绮为广，犀璩为镇。曳长裾，飞广袖，奋长缨。英伟之士，莞尔而即之。君王凭玉几，倚玉屏。举手一劳，四座之士皆若哺粱肉焉。乃纵酒作倡，倾碗覆觞。右曰宫申，旁亦徵扬。乐只之深，不吴不狂。于是锡名饵，祛夕醉，遣朝酲。吾君寿亿万岁，常与日月争光。"公孙乘为《月赋》，其辞曰："月出皦兮，君子之光。鹍鸡舞于兰渚，蟋蟀鸣于西堂。君有礼乐，我有衣裳。猗嗟明月，当心而出。隐员岩而似钩，蔽修堞而分镜。既少进以增辉，遂临庭而高映。炎日匪明，皓璧非净。躔度运行，阴阳以正。文林辩囿，小臣不佞。"羊胜为《屏风赋》，其辞曰："屏风鞈匝，蔽我君王。重葩累绣，沓璧连璋。饰以文锦，映以流黄。画以古列，颙颙昂昂。藩后宜之，寿考无疆。"韩安国作《几赋》不成，邹阳代作，其辞曰："高树凌云，蟠纡烦冤，旁生附枝。王尔公输之徒，荷斧斤，援葛藟，攀乔枝。上不测之绝顶，伐之以归。眇者督直，聋者磨砻。齐贡金斧，楚入名工，乃成斯几。离奇仿佛，似龙盘马回，凤去鸾归。君王凭之，圣德日跻。"邹阳、安国，罚酒三升，赐枚乘、路乔如绢，人五匹。

梁孝王在忘忧馆聚集众文士，令各人为文作赋，使梁园之游具有了典型的群体创作活动性质。在这次群体创作活动中，枚乘等文士奉梁孝王之命为文作赋，创作出了《柳赋》《鹤赋》《文鹿赋》《酒赋》《月赋》《屏风赋》和《几赋》，使梁园之游的创作活动达到了高潮。

综上所述，梁园之游的主要作品存于今者，可略得而知。辞赋类有 10 篇：司马相如《子虚赋》《美人赋》，枚乘《梁王菟园赋》《柳赋》，邹阳《酒赋》《几赋》，公孙乘《月赋》,公孙诡《文鹿赋》,羊胜《屏风赋》,路乔如《鹤赋》。文章2篇:邹阳的《狱中上梁王书》和枚乘的《重上吴王书》。上述作品影响较大者,主要有司马相如的《子虚赋》《美人赋》和枚乘的《重上吴王书》及邹阳的《狱中上梁王书》等。

五、梁园之游的文化意义

梁园之游前,有一定规模的文人群体活动,应推战国时期齐宣王扩大稷下学宫规模,招揽四方文学游说之士,在稷下(即齐国都城临淄稷门附近地区)讲学议论。当此之时,稷下学派云集,名家荟萃,对战国时期百家争鸣局面的形成起到了十分重要的推动作用。聚集稷下的著名人物,有淳于髡、邹衍、田骈、接子、慎到、宋钘、尹文、环渊、田巴、鲁仲连、荀况等人。稷下学宫最为兴盛的时候,人数多达数千。这次文人群体活动虽然规模很大,也是由当权者组织的,但活动的主要内容是讲学和思想学术交流,不是进行文学创作,因此与梁园之游有根本的不同。梁园之游是中国历史上第一次由官方组织和领导的文人群体创作活动,在中国文学史和文化史上都具有非常重要的意义。

首先,梁园之游第一次表明官方开始对文学创作予以应有的重视,并且有意识地加以组织和引导。梁园之游前,当权者比较重视文士,是因为他们精通经邦治国之学,能够帮助当权者治国安邦平天下。从战国时期的诸子百家到汉初的贾谊、晁错,许多文士都是以所谓的经邦治世之学而赢得当权者的信任,进而获得重用的。梁园之游的许多文士,如司马相如、枚乘、邹阳等人,则都是文学之士,他们擅长的是为文作赋,对经邦治世之学虽然也略为知晓一些,却不及贾谊、晁错那样精通。尽管如此,他们还是受到了梁孝王的礼遇,不少人被待为上宾。

其次,梁园之游是中国文学史上第一次由当权者组织和领导的群体创作活动。此前的文学创作,不论《诗经》、楚辞还是贾谊的辞赋创作,基本上都是个体行为,有组织有领导的群体创作活动尚未出现过。梁园之游则是梁孝王招揽四方文学和游说之士来梁国之后,一种以文学创作为主要活动的群体性活动,它把以个体活动为主的文学创作变成一种群体创作活动,并通过这种活动繁荣藩国之文学。这一活动的主持者和领导者就是梁孝王,其他诸人(包括在吴楚七国之乱时被任命为大将军的韩安国在内)都是参与者。

再次,梁园之游的参与者虽然类似战国时期诸侯门下的食客,但他们的身份以及他们所从事的事业,与战国时期的食客或游士有本质的不同。司马相如、枚乘、邹阳等文士是因梁孝王好文学之士而来梁国的,他们从梁孝王游于梁园,身份类似建安时期曹丕、曹植的文学侍从之士,主要是为文作赋,吟风弄月,诗酒唱和,可以充分发挥自身的特长。除羊胜、公孙诡像战国时期的食客那样随时准备做谋士或死士外,其他诸文士都希望能够在自己擅长的方面有所表现,有所作为。司马相如、枚乘等人既受到了梁孝王的礼遇,又能发挥擅长辞赋的特长,在自己所喜爱的文学园地一展身手,创作出不少传世佳作。

又次,梁园之游有力地促进了西汉初年的文学创作,使梁国成为当时文学创作活动的中心,形成了彬彬之盛的文学创作局面。梁园之游前,西汉较有成就的作家仅贾谊一人而已。晁错虽然也是著名的散文家,可惜的是他在梁园之游前几个月被斩于东市。所以,汉初的文学创作在梁园之游时形成了一个小小的高潮,产生了一些传世佳作,故论者有天下文学之盛尽在于梁之说。鲁迅在论及这一时期的梁国之文术时指出:"传《易》者有丁宽,以授田王孙,田授施仇、孟喜、梁丘贺,由是《易》有施孟梁丘三家之学。又有羊胜、公孙诡、韩安国,各以辩智著称。吴败,吴客又皆游梁;司马相如亦尝游梁,皆词赋高手。天下文学之盛,当时盖未有如梁者也。"①

最后,梁园之游在中国文学史上产生了深远影响。汉初诸帝重经术而轻辞人,故刘勰有"施及孝惠,迄于文景,经术颇兴,而辞人勿用,贾谊抑而邹枚沉,亦可知已"②之说。梁园之游虽非意在褒奖文士,但这种有组织有领导的文学创作活动却为文士逞才使气提供了一个十分难得的文化环境。在这里,文士可以润色鸿业,竞骛辞藻,充分展示自己的才华。后世帝王或权贵有意识地效法梁园之游,延揽天下文士,为名园之游,并通过诗酒唱和、为文作赋等形式润色鸿

---

① 鲁迅:《汉文学史纲要》第八篇《藩国之文术》,引自《魏晋风度及其他》,上海古籍出版社,2000年,第165页。其中"吴败,吴客又皆游梁"中的"吴客",显然是指枚乘、邹阳、庄忌等人。考《史记·梁孝王世家》,枚乘等人是在吴王刘濞准备发动叛乱前游梁,邹阳等人是在劝阻无果的情况下离吴赴梁的。所以,枚乘等人游梁,是在吴败之前。前文已有论及,可参见。

② 刘勰:《文心雕龙》卷第九《时序》。

业,张扬伟功,争取社会和舆论支持。建安时期,曹丕、曹植和王粲、刘桢等文士的邺下之游,就是十分典型的例证。此后正始名士的竹林之游、西晋文士的金谷园之游,虽然近承邺下之游,实则是梁园之游的变化和延续。至于后世文人因兴趣、爱好或文学主张的相同或相近而主动接近,形成一种较有影响的创作群体,通过群体的力量来影响当时的文学、文化乃至政治,与西汉初年的梁园之游也有某种渊源。

(原刊于《河南教育学院学报》2006年第2期)

洛神故事源流考论

洛神是一个起源甚早、流传久远的神话故事。既称洛神,则其就与洛水有密不可分的关系。因此可以说,洛神故事既是中原文化的内容,又是河洛文化的内容。就现今看到的文献资料而论,洛神故事至迟在春秋时期就已经出现了,至曹植《洛神赋》问世,洛神故事从神话传说进入文学园地,成为中国文学的创作素材,以洛神为主要人物的文学作品,不仅有诗词歌赋,而且有戏曲小说。洛神形象通过文学作品逐渐定型,走进了人们的视野,并对文学创作及人们的审美观念产生了重要影响。

一、洛神故事的胚胎期

洛神形象在先秦时期已具雏形。先秦时期的一些文献,如《国语》《归藏》《竹书纪年》以及屈原的诗歌,都涉及洛神形象。其中最早也是最可信的,是出现于春秋末期的《国语》。传为左丘明所撰的《国语》,载有周灵王二十二年(前550)太子晋谏周灵王事,其中首次提到了洛水之神。其文略云:

> 灵王二十二年,谷、洛斗,将毁王宫。王欲壅之,太子晋谏曰:"不可。晋闻古之长民者,不堕山,不崇薮,不防川,不窦泽。夫山,土之聚也;薮,物之归也;川,气之导也;泽,水之钟也。夫天地成而聚于高,归物于下。疏为川谷,以导其气;陂塘污庳,以钟其美。……度于天地而顺于时动,和于民神而仪于物则,故高朗令终,显融昭明,命姓受氏,而附之以令名。若启先王之遗训,省其典图刑法,而观其废兴者,皆可知也。其兴者,必有夏、吕之功焉;其废者,必有共、鲧之败焉。今吾执政无乃实有所避,而滑夫二川之

神,使至于争明,以妨王宫。王而饰之,无乃不可乎!"①

谷水即今渑池县南渑水及其下游涧水。东周时期,谷水东流至洛阳市西折而南下入洛水,东周王城在谷、洛二水合流处东北岸。周灵王二十二年,谷、洛二水暴涨,谷水入洛处二水相激,使谷水水流变缓,对王宫西南部造成很大损害。这就是三国吴人韦昭所说的"灵王时,谷水盛出于王城西,而南流合于洛。两水相格,有似于斗,而毁王城西南也"②。为免除水患,周灵王想在上游把谷水截断。太子晋于是说了上面一番话,劝周灵王"启先王之遗训,省其典图刑法",而不要堵塞谷水,乱了二川之神的次序,让他们争个不休。太子晋所说的"二川之神",指的就是谷水之神和洛水之神。不过,这里只是提到了洛神,而没有对洛神形象作进一步的描述。洛神形象究竟是什么样子,洛神与谷神或是与其他神祇之间曾经发生过怎样的故事,人们皆不得而知。

著名诗人屈原在他的诗歌中两次提到洛神。一次是《离骚》中的"吾令丰隆乘云兮,求宓妃之所在"。东汉王逸注云:"宓妃,神女也。"宋洪兴祖引《洛神赋》注云:"宓妃,伏羲氏女,溺洛水而死,遂为河神。"③一次是《天问》中的"帝降夷羿革孽夏民,胡射夫河伯而妻彼雒嫔",这里所说的"雒嫔",即洛神。王逸注曰:"雒嫔,水神,谓宓妃也。"④夷羿奉天帝之命来到人间,荒淫无道,为害万民,射瞎了河神的一只眼睛,强娶洛神宓妃为妻。在屈原的诗歌中,洛神被赋予了新的文化意义。《离骚》中的"求宓妃之所在",是把宓妃作为一种清幽高洁的精神象征来歌颂的。而在《天问》中,洛神却成了受侮辱受损害者的形象。

在先秦其他文献中也偶尔可见洛神的身影。传为"三易"之一的《归藏》,载有河伯筮与洛伯战之事:"昔者,河伯筮与洛战,而枚卜。昆吾占之,不吉。"⑤《竹书纪年》将此事系于夏帝芒十六年,有"洛伯用与河伯冯夷斗"之语。⑥

---

① 《国语》卷三《周语下》。
② 韦昭:《国语·周语下》注。
③ 洪兴祖:《楚辞补注》卷一。
④ 洪兴祖:《楚辞补注》卷三。
⑤ 徐文靖:《竹书纪年注笺》卷三引。
⑥ 《竹书纪年》卷三。

"伯"又作神解。① 所以,洛伯、河伯指的应是洛水之神和黄河之神。北朝郦道元《水经注》引《竹书纪年》之语,以为洛伯"盖洛水之神也"②。据《归藏》所记,河伯与洛伯有宿怨,准备征伐之。临战之前,先占吉凶。颛顼之后昆吾为其占解,以为不吉利。虽然如此,河伯最终还是决定征伐洛伯,这才有了《竹书纪年》中"洛伯用与河伯冯夷斗"的记载。

先秦时期,洛水之神作为一个神话形象,已经在当时的文献中有所反映。但是,在不同的文献中,洛神形象所代表的文化意义是不同的。《国语》中的洛水之神是和谷水之神同时出现的,从太子晋谏周灵王的话中,似乎可以感受到他们的出现和西周的政治有某种内在联系。在《归藏》和《竹书纪年》中,洛神又被称为洛伯,而且曾被迫与河伯进行过一场战斗。在屈原的诗歌中,洛神一会儿被称为宓妃,一会儿又被称为雒嫔;一会儿是诗人追求的理想化身,一会儿又是受侮辱受损害的形象,但不管怎么说,洛神在屈原这里开始有了姓氏,有了名字。这是洛神形象从胚胎期向形成期转变的一个重要标志。

二、洛神故事的形成期

洛神形象虽然在先秦时期已经出现,但这个形象零乱无序,既无整体形象,又无完整的故事,更缺少一种文化精神一以贯之。进入汉代以后,洛神形象渐具雏形。西汉著名辞赋家司马相如的《上林赋》,第一次对洛神作了形象的描绘:

若夫青琴宓妃之徒,绝殊离俗,姣冶娴都,靓庄刻饬,便嬛绰约;柔桡嬛嬛,妩媚姌袅;曳独茧之褕袘,眇阎易以戍削。媥姺徶徶,与世殊服;芬香沤郁,酷烈淑郁。皓齿粲烂,宜笑的砾;长眉连娟,微睇绵藐。色授魂与,心愉于侧。

唐司马贞《史记索隐》引三国魏如淳《汉书注》曰:"宓妃,伏羲女。溺死洛

---

① 可举二例为证:《诗经·小雅·吉日》有"既伯既祷"语,"伯"即是神名;《史记·滑稽列传》载:西门豹为邺令,访诸长老,长老曰:"苦为河伯娶妇,以故贫。"这里的"河伯"指的是漳河水神。

② 郦道元:《水经注》卷十五《洛水》。

水,遂为洛水之神。"①司马相如赋中的宓妃,超凡脱俗,娇媚娴雅,丰姿绰约,灿烂逼人,令人望之而"色授魂与,心愉于侧"。在司马相如的这篇赋里,洛神的形象已经丰富起来,成为一个令人"色授魂与"的绝世美女形象。

西汉刘向则把洛神宓妃描绘成贤淑之女。他为"追念屈原忠信之节"而作《九叹》,"言屈原放在山泽,犹伤念君,叹息无已,所谓赞贤以辅志,骋词以曜德者也"。② 在《九叹·愍命》章中,他感慨屈原遭谗被放,怀忧含戚,写下了"逐下袟于后堂兮,迎宓妃于伊雒"的诗句。王逸于此处注云:"宓妃,神女,盖伊雒水之精也。言己愿令君推逐妾御,出之勿令乱政。迎宓妃贤女于伊雒之水,以配于君,则化行也。"③楚国君主后宫的妾御嫔妃,都是乱政之源,应逐出后宫,宓妃是贤淑之女,应至伊雒之滨将其迎入后宫,主后宫之政,这样才能化行天下。在这里,宓妃不仅是贤女,而且还是实现天下大治的一种精神象征。在刘向的笔下,洛神的文化意义得到了进一步的升华。

扬雄在《甘泉赋》中将宓妃与玉女相提并论,并且第一次把"红颜祸水"和玉女、宓妃联系起来:"想西王母欣然而上寿兮,屏玉女而却宓妃。玉女亡所眺其清眸兮,宓妃曾不得施其蛾眉。"宓妃是一个非常美丽的女神,从司马相如《上林赋》那传神写意的描述中,人们已经领略了宓妃那超凡脱俗的美丽。但是,君王好色则易败德,所以,为了保持高洁的德行,必须远离女色。这就是李善所说的"言既臻西极,故想王母而上寿。乃悟好色之败德,故屏除玉女而及宓妃,亦以此微谏也"④。扬雄创作《甘泉赋》意存讽谏,而好色败德则是其讽谏的内容之一,故而以美色著称的宓妃首次被赋予负面的文化意义。

张衡对宓妃的故事十分熟悉,他在《东京赋》和《思玄赋》中都提到了作为女神形象的宓妃。在《东京赋》中,他这样写道:"宓妃攸馆,神用挺纪。龙图授羲,龟书畀姒。召伯相宅,卜惟洛食。"这里叙述的是周武王迁九鼎于洛邑之事。周武王灭商,建立西周,都于镐(旧址在今西安市长安区沣河东)。曾辅佐武王灭商的召公奭为周民选择居住之地,选中了洛邑。"宓妃攸馆,神用挺纪。龙图授羲,龟书畀姒"四句,说的都是召公选定洛邑的理由,其中"宓妃攸馆"句是说

---

① 《史记》卷一百一十七《司马相如列传》司马贞《索隐》。
② 王逸:《楚辞章句》第十六《九叹》。
③ 王逸:《楚辞章句》第十六《愍命》。
④ 李善:《文选注》卷七《甘泉赋注》。

洛邑这个地方是洛神宓妃的居住之地。在《思玄赋》中,张衡则反扬雄之意而用之,把玉女和宓妃作为怀才不遇的象征:

> 载太华之玉女兮,召洛浦之宓妃。咸姣丽以蛊媚兮,增嫮眼而蛾眉。妙婧之纤腰兮,扬杂错之袿徽。离朱唇而微笑兮,颜的砾以遗光。献环琨与琚缡兮,申厥好以玄黄。虽色艳而赂美兮,志浩荡而不嘉。双材悲于不纳兮,并咏诗而清歌。

扬雄在《甘泉赋》中把玉女和宓妃视为祸水,表示要"屏玉女而却宓妃"。张衡却对玉女和宓妃的美色大加颂扬,并把这两个神女形象作为怀才不遇的象征。"虽色艳而赂美兮,志浩荡而不嘉"是写玉女和宓妃,也是诗人自况之语。张衡借助这两个神女形象,来抒发自己忠而见谤、为阉竖所谗的愤恨与不平。

东汉末年著名文学家、书法家蔡邕在他作品中对洛神也有描写。在《述行赋》中,他这样写道:"乘舫舟而溯湍流兮,浮清波以横厉。想宓妃之灵光兮,神幽隐以潜翳。实熊耳之泉液兮,总伊瀍与涧瀍。"蔡邕乘舟溯洛水而上,不由得想起了光彩照人的洛神宓妃,可是宓妃却是"神幽隐以潜翳",无缘一睹其芳姿艳容。

在两汉作家的笔下,洛神形象逐渐开始丰富和丰满起来。不论是在西汉司马相如、刘向笔下,还是在东汉扬雄、张衡、蔡邕的笔下,洛神都是以美女形象出现的。尤其是司马相如和张衡对洛神形象的描绘,着重表现洛神超凡脱俗、美艳动人的一面,把洛神塑造成了一个绝世美女的形象,为曹植那传世名作《洛神赋》的出现作了必要的铺垫和准备。

两汉时期的诗人和辞赋家都把洛神当作一个女性形象来塑造或歌颂,却很少有人述及洛神故事的原型。为《楚辞》作注的东汉学者王逸,以及《史记》《汉书》《后汉书》注释中所引汉代人关于洛神宓妃的材料,仅仅提供了洛神最为基本的内容,譬如说她是伏羲之女、溺水而死、馆于洛邑,至于有关洛神的故事情节,在两汉文献中却很难看到。所以,两汉时期,洛神形象虽然得到了很大丰富,但也仅仅是在洛神的容貌和洛神形象所蕴含的文化意义等方面,而有关洛神的故事情节依然是一片空白。

到了曹植的《洛神赋》,洛神故事才有了完整的情节,洛神才从神话传说进入文学园地,成为一个鲜活生动的文学形象而广为流传。《洛神赋》下有一小序,叙述写作动因:"黄初三年,余朝京师,还济洛川。古人有言,斯水之神,名曰宓妃。感宋玉对楚王神女之事,遂作斯赋。"直接诱因,辞赋的第一段有交代:曹植自京师回封地鄄城,于"日既西倾"之时到达洛水边,"精移神骇,忽焉思散",隐隐约约"睹一丽人,于岩之畔",就问赶车人是否看见那位绝色女子。赶车人说:"臣闻河洛之神,名曰宓妃。然则君王所见,无乃是乎?其状若何?臣愿闻之。"接下来,曹植就用他那生花之妙笔,施展铺张扬厉之手段,描绘洛神的音声笑貌、姿态容装,把一个美貌多情、纯洁端庄的洛神形象呈现于读者面前:

> 其形也,翩若惊鸿,婉若游龙。荣曜秋菊,华茂春松。仿佛兮若轻云之蔽月,飘摇兮若流风之回雪。远而望之,皎若太阳升朝霞;迫而察之,灼若芙蕖出渌波。秾纤得衷,修短合度。肩若削成,腰如束素。延颈秀项,皓质呈露。芳泽无加,铅华弗御。云髻峨峨,修眉联娟。丹唇外朗,皓齿内鲜,明眸善睐,靥辅承权。瑰姿艳逸,仪静体闲。柔情绰态,媚于语言。奇服旷世,骨像应图。披罗衣之璀粲兮,珥瑶碧之华琚。戴金翠之首饰,缀明珠以耀躯。践远游之文履,曳雾绡之轻裾。微幽兰之芳蔼兮,步踟蹰于山隅。于是忽焉纵体,以遨以嬉。左倚采旄,右荫桂旗。攘皓腕于神浒兮,采湍濑之玄芝。

这段对洛神仪态、容貌、行止、装束的描写,美轮美奂,堪称经典。但仔细分析一下,它只不过是在司马相如、张衡等人对洛神形象描绘基础上的扩展,使得洛神形象更为丰满更具可视性而已。

曹植对洛神形象的贡献,主要在于他借助丰富的想象勾画了洛神故事的基本轮廓。他以人神之恋为切入点,讲述了一个人神之恋的神奇故事。曹植为宓妃的美貌所吸引,不由得生出爱恋之情:"余情悦其淑美兮,心振荡而不怡。无良媒以接欢兮,托微波而通辞。愿诚素之先达兮,解玉佩以要之。"曹植爱恋宓妃,不仅因为她美貌绝伦,而且更因为宓妃"羌习礼而明诗",有很高的文化修养,有美好的品德。这就使得这场人神之恋获得了重要的社会文化基础,排除了"好色败德"的嫌疑。洛神对曹植亦有爱恋之心,举起手中的美玉来酬答,并且"指潜渊而为期",向曹植发誓,约定后会之期。可是,曹植担心洛神欺骗他,怕郑交甫遇仙女的故事在他身上重演,因而显得犹豫狐疑。洛神却是"收和颜而静志兮,申礼防以自持",态度严肃,端庄自持,严守礼教之大防,表现得十分得体。接下来则是洛神与诸神歌舞欢会的描写,让人们目睹了五彩斑斓的神仙生活:

> 于是洛灵感焉,徙倚彷徨。神光离合,乍阴乍阳。竦轻躯以鹤立,若将飞而未翔。践椒涂之郁烈,步蘅薄而流芳。超长吟以永慕兮,声哀厉而弥长。尔乃众灵杂遝,命俦啸侣,或戏清流,或翔神渚,或采明珠,或拾翠羽。从南湘之二妃,携汉滨之游女。叹匏瓜之无匹兮,咏牵牛之独处。扬轻袿之猗靡兮,翳修袖以延伫。休迅飞凫,飘忽若神,陵波微步,罗袜生尘。动无常则,若危若安。进止难期,若往若还。转眄流精,光润玉颜。含辞未吐,气若幽兰。华容婀娜,令我忘餐。于是屏翳收风,川后静波。冯夷鸣鼓,女娲清歌。腾文鱼以警乘,鸣玉鸾以偕逝。六龙俨其齐首,载云车之容裔;鲸鲵踊而夹毂,水禽翔而为卫。

曹植形象地描绘了与洛神结伴而来的诸神在洛水之上嬉戏歌舞的场景,绘声绘色,读之如在眼前。结伴而来的诸神有南湘二妃、汉滨游女、风师屏翳、河伯冯夷、人祖女娲及川后等神灵,还有簇拥在这些神灵前后的文鱼、六龙、鲸鲵、水禽等灵异之物。正是有了这一大段有关诸神的描写,洛神故事才丰富起来,也才更像是一个神话故事。

曹植花费如此之多的笔墨描写诸神在洛水之上歌舞嬉戏的场景,既是为了渲染神仙生活,把这场人神之恋推向高潮,同时也是为了表现"人神之道殊",为这场不可能真正有结果的人神之恋作铺垫。接着,作者笔锋一转,写洛神与诗人诀别:"于是越北沚,过南冈。纡素领,回清阳。动朱唇以徐言,陈交接之大纲。恨人神之道殊兮,怨盛年之莫当。抗罗袂以掩涕兮,泪流襟之浪浪。悼良会之永绝兮,哀一逝而异乡。无微情以效爱兮,献江南之明珰。虽潜处于太阴,长寄心于君王。"由于"人神之道殊""盛年之莫当",洛神果断地结束了这场刚刚开始的人神之恋,并赠江南之明珰作为纪念,表示"虽潜处于太阴,长寄心于君王",把这场刚刚开始就匆匆结束的人神之恋永远铭记在心。

洛神离去了,可曹植对这场开始即是结束的人神之恋却是难以忘怀,他"遗情想像,顾望怀愁。冀灵体之复形,御轻舟而上溯。浮长川而忘反,思绵绵而增慕。夜耿耿而不寐,沾繁霜而至曙",辗转反侧,夜不能寐。但他也十分清楚,这场已经结束的人神之恋只是他人生旅途上的一次奇遇,一个永远值得回味的幻想。于是"命仆夫而就驾,吾将归乎东路。揽騑辔以抗策,怅盘桓而不能去"。

此外,曹植在乐府《妾薄命二首》其一中,对洛神宓妃也有歌吟:"仰泛龙舟绿波,俯擢神草枝柯。想彼宓妃洛河,退咏汉女湘娥。"诗中的宓妃、汉女、湘娥,都是诸神洛水嬉戏时出现过的形象。两相印证,可知在当时的洛神故事传说中,或有诸水神相聚于洛水的情节。

曹植之前,有关洛神宓妃的各种记载多是只言片语,很少有故事性。在司马相如、张衡等人的笔下,洛神虽然被描绘成一个绝色美女,却无故事。王逸为《楚辞》作注,对"宓妃"和"洛神"的注释,也是三言两语,很难看出洛神故事的基本面貌。曹植在继承前人有关洛神传说的基础上,对洛神故事加以丰富和改造,对洛神故事的丰富与发展作出了突出贡献。首先是进一步丰富了洛神形象,让人们目睹了"翩若惊鸿,婉若游龙"的洛神之美;其次是讲述了一个人神之恋的故事,尤其是"恨人神之道殊兮,怨盛年之莫当"二句,给后人解读洛神故事留下了无限遐想的空间;最后是描绘了洛神与诸神歌舞嬉戏的场景,充实了洛神故事的神话内容,使洛神故事变成了一个真正的神话故事。

曹植《洛神赋》以文学笔法对传说中的洛神故事进行充实、丰富和改造,使洛神故事初步具备了人物、故事和情节。但是,曹植《洛神赋》序和正文中两处有关洛神的记载,却值得引起注意。在题下小序中,曹植写道:"古人有言,斯水之神,名曰宓妃。"这里所说的"斯水",指的是洛水。这句话的意思是古人说过这样的话,洛水之神名叫宓妃。但赋文中御者却说:"臣闻河洛之神,名曰宓妃。"一说宓妃是洛水之神,一说宓妃是河洛之神,显然相互矛盾。宓妃为何又称河洛之神,赋文中没有提及,但可以肯定的是,三国之前宓妃形象在民间应该还有另外一些说法,只是没有流传下来而已。

三、洛神故事的演绎期

魏晋南北朝时期,洛神作为一个神话传说中的艺术形象,经常出现在文学作品中。但这一时期的洛神故事却没有大的变化。如西晋陆机的"庆云郁嵯峨,宓妃兴洛浦。王韩起太华,北征瑶台女"[1],南朝宋谢灵运的"招魂定情,洛

---

[1] 逯钦立:《先秦汉魏晋南北朝诗·晋诗》卷五《前缓声歌》。

神清思"①,南齐邱巨源的"画作景山树,图为河洛神"②,南朝梁江淹的"行人咸息驾,争拟洛川神"③,梁武帝的"宓妃生洛浦,游女出汉阳。妖闲逾下蔡,神妙绝高唐"④,费昶的"洛阳远如日,何由见宓妃"⑤,刘缓的"不信巫山女,不信洛川神。何关别有物,还是倾城人。经共陈王戏,曾与宋家邻"⑥,都是把洛神作为一个神话传说中的美女来吟咏的,洛神形象的基本内容没有大的变化,洛神故事也没有新的发展。

洛神故事的变化和演绎,是从初唐李善开始的。李善为《文选·洛神赋》作注,在其题下补缀一篇《记》,把洛神和魏文帝后甄妃扯在了一起。其文云:

> 魏东阿王(植)汉末求甄逸女,既不遂。太祖回,与五官中郎将(丕)。植殊不平,昼思夜想,废寝与食。黄初中入朝,帝示植甄后玉镂金带枕,植见之不觉泣。时已为郭后谮死,帝意亦寻悟,因令太子留宴饮,仍以枕赉植。植还,度轘辕。少许时,将息洛水上,思甄后,忽见女来,自云:"我本托心君王,其心不遂。此枕是我在家时从嫁。前与五官中郎将,今与君王。遂用荐枕席,欢情交集,岂常辞能具?为郭后以糠塞口,今被发,羞将此形貌重睹君王耳。"言讫,遂不复见所在。遣人献珠于王,王答以玉佩。悲喜不能自胜,遂作《感甄赋》。后明帝见之,改为《洛神赋》。

此文又称《感甄记》,最早见于南宋尤袤刻本《文选》,而"六臣注"《文选》却不载此记,故而有不少人对其真伪表示怀疑。清人胡克家以为"此二百七字,袁本茶陵本无。案二本是也。此因世传小说有《感甄记》,或以载于简中,而尤延之误取之耳"。詹瑛《曹植〈洛神赋〉本事说》引前人之说以证此记之伪:"人习焉不察,信以为真。明人张燮疑而辩之曰:'植在黄初时,猜疑方剧,安敢于帝前思甄泣下,帝又何至以甄枕赐植?此国章家典所无也。若事因感甄而托名洛神,间有之耳,岂待明帝始改?皆附会者之过耳。'(见张溥本《曹子建集》引)张溥曰:'黄初二令,省愆悔过,诗文怫郁,音成于心。当此时而犹泣金枕,赋感甄,必非

---

① 欧阳询:《艺文类聚·灵异部下》卷七十九《江妃赋》。
② 徐陵:《玉台新咏》卷四《咏七宝扇》。
③ 徐陵:《玉台新咏》卷五《咏美人春游》。
④ 徐陵:《玉台新咏》卷七《七夕》。
⑤ 徐陵:《玉台新咏》卷六《和萧记室春旦有所思》。
⑥ 徐陵:《玉台新咏》卷八《敬酬刘长史咏名士悦倾城》。

人情。'入清姜宸英氏亦以感甄之说为诬妄,何焯义门复为之说曰:'《离骚经》云:吾令丰隆乘云兮,求宓妃之所在。植既不得于君,因济洛川以作为此赋。托辞宓妃,以寄心文帝,其亦屈子之志也。自好事者造为感甄无稽之说,萧统未辨,遂类分于情赋。于是植既为名教之所弃,而后世大儒如朱子者,亦不加察于众恶之余,以附于楚人之辞之后,而尤为可悲也已。不揆狂简,稍为发明其意,盖孤臣孽子所以操心而虑患者,犹若接于目而听于耳也。'(见于光华《文选集评》)其后方伯海、潘四农、于晏诸家多本何氏言递相发明。"①不过,"六臣注"《文选》虽无此记,却在赋文"怨盛年之莫当"句下有"此言微感甄后之情"注语。詹锳指出:"按《四部丛刊》影印宋本《六臣注文选·洛神赋》题下无此二百七字,与胡说合。然其后'怨盛年之莫当'句下注,仍有'此言微感甄后之情'八字。窃疑'记曰'以下二百七字,非尤延之所误加也。"②此记是否为尤袤所误加,姑且可以置之不论,但此记所表达的观点即"感甄说",在唐代甚为流行却是事实。

唐代一些诗人把曹植《洛神赋》之洛神作为吟咏对象,且多有将其和"感甄"联系在一起的。聊举数例于后:

> 班女恩移赵,思王赋感甄。辉光随顾步,生死属摇唇。(元稹《代曲江老人百韵》)

> 贾氏窥帘韩掾少,宓妃留枕魏王才。春心莫共花争发,一寸相思一寸灰。(李商隐《无题》之二)

> 国事分明属灌均,西陵魂断夜来人。君王不得为天子,半为当时赋洛神。(李商隐《东阿王》)

> 多情多感自难忘,只有风流共古长。座上不遗金枕带,陈王词赋为谁伤?(陆龟蒙《自遣诗三十首》其三)

这些诗歌不仅涉及曹丕遗曹植金带枕之事,而且有"思王赋感甄"之说。由此可知,李善注所引《感甄记》绝非空穴来风。

唐人裴铏《传奇》有一篇题为《萧旷》的小说,述萧旷遇洛神事,反复申言曹植《洛神赋》为感甄之作。其文较长,兹节录相关内容于后:

---

① 詹锳:《语言文学与心理学论集》,齐鲁书社,1989年,第1—2页。
② 詹锳:《语言文学与心理学论集》,齐鲁书社,1989年,第4页。

太和中,处士萧旷自洛东游,至孝义馆,夜憩于双美亭。时月朗风清。旷善琴,遂取琴弹之。夜半,调甚苦。俄闻洛水之上有长叹者,渐相逼,乃一美人。旷因舍琴而揖之,曰:"彼何人耶?"女曰:"洛浦神女也。昔陈思王有赋,子不忆?"旷曰:"然。"旷又问曰:"或闻洛神即甄皇后,谢世,陈思王遇其魄于洛滨,遂为《感甄赋》。后觉事之不正,改为《洛神赋》,托意于宓妃,有之乎?"女曰:"有之。妾即甄后也。为慕陈思王之才调,文帝怒而幽死。后精魄遇王洛水之上,叙其怨抑,因感而赋之。觉事不典,易其题。乃不谬矣。"俄有双鬟持茵席,具酒肴而至。谓旷曰:"妾为袁家新妇时,性好鼓琴。每弹至《悲风》及《三峡流泉》,未尝不尽夕而止。适闻君琴韵清雅,愿一听之。"旷乃弹《别鹤操》及《悲风》。神女长叹曰:"真蔡中郎之俦也!"问旷曰:"陈思王《洛神赋》如何?"旷曰:"真体物浏亮,为梁昭明之精选尔。"女微笑曰:"状妾之举止,云'翩若惊鸿,婉若游龙',得无疏矣。"旷曰:"陈思王之精魄今何在?"女曰:"见为遮须国王。"旷曰:"何为遮须国?"女曰:"刘聪子死而复生,语其父曰:'有人告某云,遮须国久无主,待汝父来作主。'即此国是也。"俄有一青衣,引一女曰:"织绡娘子至矣。"神女曰:"洛浦龙王之处女,善织绡于水府,适令召之尔。"……旷曰:"遇二仙娥于此,真所谓双美亭也。"忽闻鸡鸣,神女乃留诗曰:"玉箸凝腮忆魏宫,朱丝一弄洗清风。明晨追赏应愁寂,沙渚烟销翠羽空。"织绡诗曰:"织绡泉底少欢娱,更劝萧郎尽酒壶。愁见玉琴弹《别鹤》,又将清泪滴真珠。"旷答二女诗曰:"红兰吐艳间天桃,自喜寻芳数已遭。珠佩鹊桥从此断,遥天空恨碧云高。"神女遂出明珠、翠羽二物赠旷,曰:"此乃陈思王赋云'或采明珠,或拾翠羽',故有斯赠,以成《洛神赋》之咏也。"龙女出轻绡一匹赠旷,曰:"若有胡人购之,非万金不可。"神女曰:"君奇骨异相,当出世。但淡味薄俗,清襟养真。妾当为阴助。"言讫,超然蹑虚而去,无所睹矣。①

这篇小说把传说中比较隐晦的曹植与甄氏的关系说得十分明白,并把《洛神赋》为"感甄"之作一事坐实,对"感甄说"在以后各代的流行起到了推波助澜的作用。

唐人诗歌和传奇对洛神故事的演绎,主要集中在曹植和甄妃的关系上,不

---

① 李昉等:《太平广记》卷三百一十一。

论是李善注引《感甄记》、裴铏《传奇·萧旷》,还是一些吟咏洛神的诗歌,都从洛神形象解读和品味出曹植与甄妃的一些故事,视《洛神赋》为"感甄"之作;《感甄记》和《萧旷》还在洛神与甄妃之间直接画上了等号,把洛神与曹植的故事描绘得惟妙惟肖,切合人物声貌口吻。不少人以史实为依据,找出了许多理由,对唐代普遍流行的"感甄说"进行驳斥。但是,如果我们能够换一个角度,真正把洛神故事当作一个神话来看,就没有必要拘泥于细节真实的问题了。洛神自其出现之时起就是一个神话,在两汉文人和曹植的笔下,洛神仍然是一个神话人物形象。所以,唐代出现的各种洛神故事,只是对洛神神话的丰富和发展,仍然应该作为神话来看。任何拘泥于细节真实或从细节真实入手去探求洛神故事真相的做法,都是试图把神话史实化,结果即使不是痴人说梦,也是离题万里。

唐代以后,洛神故事在戏曲中得到了充分表现。宋元戏文《甄皇后》是最早表现洛神故事的戏曲,但其剧仅存残曲一支,无法窥其全貌。有论者以为,"后之戏剧取材,皆以曹植《洛神赋》为主题,本事出《文选·洛神赋注》"。的确,《甄皇后》之后的洛神剧目,大多是以表现曹植与甄妃的恋情为主旨,曹植《洛神赋》所表现的人神之恋因之而演变成了曹植与甄妃的阴阳之恋或人鬼之恋。其中较有代表性的是《大雅堂杂剧》之一的《陈思王悲生洛水》。

《陈思王悲生洛水》又作《洛水悲》,明嘉靖、万历年间人汪道昆作。汪道昆,字伯玉,一字玉卿,号南溟,又号太函,歙县(今属安徽)人。明世宗嘉靖二十六年(1547)进士。初为义乌令,累官至兵部侍郎。著有杂剧四种,俱见载于《大雅堂杂剧》。此剧叙甄妃被郭氏谗害至死后,欲与意中人曹植一会,倾诉幽怀,便自托名为洛神宓妃,在洛浦相候。曹植自京师返封地,见一女子在洛浦相候,形容面貌与甄氏十分相似,不禁悲从心来。双方互通款曲,恋恋不舍,又互赠佩玉、明珰,珍重道别。当夜,曹植以与甄氏相会为内容,创作出了传世名作《洛神赋》,借此寄托忧思。此剧仅一折,依据《文选》李善注引《感甄记》加以演绎,对洛神故事没有太多的展开。但它以戏曲的形式来演绎洛神故事,丰富了洛神故事的表现形式,对此后的戏剧有一定影响。京剧大师梅兰芳主演的《洛神》,就是根据曹植《洛神赋》,同时又参考汪南溟《洛水悲》改编而成的。从该剧第三场洛神的两段念白,可以看出此剧基本情节仍然沿袭的是李善《文选》注引《感甄记》的路子:

> 看他怀抱之中,乃是玉镂金带枕。睹物伤情,益增悲感,待要将他唤醒,怎奈难以为情。这……这便怎处!哦!有了。不免梦中约他明日在川上相会便了。
>
> 子建哪!子建!我与你未了三生,尚须一面,来日洛川之上,专待君临,牢牢紧记。小仙去也!

此剧20世纪20年代曾在北京开明剧场演出,中华人民共和国成立后还演出过多次,后来又被改编为电影,在现代社会影响颇广,对洛神故事在现代社会的流传有一定的促进作用。

四、结束语

从春秋时期有洛神传说之时起,洛神故事已经流传了2500多年。在整个流传过程中,洛神故事可以明显地分为三个发展时期。其一是故事的发生期,大致时间是从周灵王二十二年(前550)到屈原《离骚》《天问》的出现,前后二三百年。这一时期,洛神从洛水之神演变为伏羲之女,被称为宓妃。在《离骚》《天问》中,洛神被赋予了不同的文化意义。《离骚》中的宓妃是理想的化身,是屈原努力追求的终极目标之一;在《天问》中,洛神则被暴虐之君夷羿强娶为妻,是一个受侮辱受损害的形象;但在《竹书纪年》中,洛神似乎又是一个很有血性的神灵,曾与河伯发生过激烈的战争。其二是故事的形成期,大致时间是从西汉初年到曹植《洛神赋》问世,前后约430年。这一时期,洛神从一个神话形象演变为一个具有感人情节的故事,洛神形象的文化意义也得到了极大的提升。在这一过程中,司马相如、刘向、扬雄、张衡、蔡邕等人,都在他们的文学作品中对洛神形象有过生动的描述,对洛神故事的形成起到了重要的促进作用。曹植《洛神赋》的出现,则是洛神故事形成的显著标志,因为从这个时候开始,洛神故事才具备了作为神话故事所必备的时间、地点、人物和情节。值得注意的是,洛神形象在这一时期不仅得到了很大的丰富,而且还被赋予了新的文化意义。首先是洛神成了具有可视性的美女形象,司马相如、扬雄、张衡、蔡邕对洛神的美貌都有描写,曹植有关洛神形象的描写,则完成了洛神形象的最后定型。其次是由美女形象生发出来的新的文化意义,具体表现为两个方面:一是理想的寄托和贤者的化身,二是红颜祸水和乱政之源。作为前者,洛神受到了礼赞和歌颂;作为后者,洛神则成为一个女色败德的形象,而且这一意象在其后的洛神故事中不断地被文人们重复着。再次是洛神故事的演绎期,《洛神赋》问世之后的1000多年,都可以划归这一时期。《洛神赋》出现之后,曹植所描绘的人神之恋故事深深地打动了人们,不少人试图对这一美丽动人的人神之恋故事进行新的诠释和演绎,把洛神故事推向了一个全新的演绎期,出现了以《感甄记》《萧旷》《洛水悲》等为代表的小说、戏曲。在这些全新的演绎中,人们把南北朝时期流行的曹丕与甄氏的故事移嫁到曹植头上,又使遭郭后谮害而死的甄氏假借洛神之名,于是有了曹植与甄氏的恋情,有了曹植和甄氏的人鬼之恋。这些演绎想象奇特,别开生面,虽然似乎有些荒诞不经,但作为对洛神神话故事的演绎,不仅于理可通,而且使洛神故事更具神奇色彩,更符合神话故事的基本特征。

(原载《河洛文化与汉民族散论》,河南人民出版社 2006 年 4 月)

陶渊明《拟古诗》一首蠡测

拟古诗是杂拟诗之一种,兴起于两晋,南北朝以后日见繁盛。两晋时期的拟古诗比较特殊,主要是以模拟两汉之前的古诗为主,如《文选》卷三十《杂拟上》收录陆机、张载和陶渊明的拟古诗 14 首,陆机《拟古诗》12 首是拟《古诗十九首》,张载 1 首是拟张衡的《四愁诗》。陶渊明《拟古诗》今存 9 首,《文选》仅录"日暮天无云"1 首,且模拟对象不明。宋本《玉台新咏》亦收有此诗,作《拟古诗》。清纪容舒《玉台新咏考异》则作《效古》,与《文选》及宋本《玉台新咏》不符。从《文选》及宋本《玉台新咏》的记载来看,"日暮天无云"一诗当属陶渊明《拟古诗》9 首之一,故当以《拟古诗》为是。

此诗虽云"拟古",但所拟对象不明,古今论者亦少言及。清代学者吴淇《六朝选诗定论》,论述《文选》所收诗家诗作,通常要述其渊源,论及流变,但论及陶渊明及此诗时,以为"六朝诗,其作者圣贤之徒甚少,相类者仅陶靖节一人。其所为诗,每合乎圣贤之道"[①],虽然道出了陶诗与儒家思想的联系,却没有涉及陶诗艺术上的渊源与传承。结合陶渊明《拟古诗》9 首来看,其作不像陆机和张载的《拟古诗》那样,模拟的对象明确而固定。《文选》收录陆机《拟古诗》12 首,皆是模拟《古诗十九首》之作,分别是《拟行行重行行》《拟今日良宴会》《拟迢迢牵牛星》《拟涉江采芙蓉》《拟青青河畔草》《拟明月何皎皎》《拟兰若生朝阳》《拟青青陵上柏》《拟东城一何高》《拟西北有高楼》《拟庭中有奇树》和《拟明月皎夜光》;张载的 1 首《拟四愁诗》,所拟对象亦非常明确。而陶渊明的《拟古诗》既为拟古,依照这一时期拟古诗的惯例,其所拟之作亦应是魏晋之前的诗歌。那么,陶渊明"日暮天无云"一诗所拟对象或主体为何呢?

---

① 吴淇著,汪俊、黄进德点校:《六朝选诗定论》卷之十一《陶潜》,广陵书社,2009 年,第 292 页。

为探寻陶渊明《拟古诗》的模拟主体,有必要对陶渊明此诗略作分析。其诗云:"日暮天无云,春风扇微和。佳人美清夜,达曙酣且歌。歌竟长叹息,持此感人多。皎皎云间月,灼灼叶中华。岂无一时好,不久当如何。"清人吴淇对此诗的主旨有一段颇为精彩的评价:"此诗的是怨情。首四句全部露怨意,关要虚字只一'美'字。若非后六句,何由知其为怨,且怨之深也!'日暮'二句,以云静风和,写清夜之美。佳人既以为美,当不负此清夜矣。于是且酣且歌,以为庶几不负此清夜。及且酣且歌,自夕达旦,亦只是自酣自歌耳。歌阑更思不空负此酣此歌乎?既空负此酣此歌,即空负此清夜,觉彻夜酣歌,皆自夕至曙之愁闷矣,那得不长叹!乃见前之美清夜,正是怨清夜耳。"他还进一步指出:"天'明明'句,从'无云'生,'灼灼'又从'月'看出,然非实境,借以喻年华易逝,以见良时不可空负。美人之所叹者在此,旁人之所感者亦在此。"①诗歌展示出一幅春夜美景图,令人神往,令人留恋,但同时又流露出欢乐易逝、人生苦短的惜时之意。这样的主旨自《诗经》以来就已经成为文人的一种创作传统。屈原《离骚》"日月忽其不淹兮,春与秋其代序。唯草木之零落兮,恐美人之迟暮",《古诗十九首》中"人生天地间,忽如远行客""人生寄一世,奄忽若飙尘""四时更变化,岁暮一何速""人生忽如寄,寿无金石固""生年不满百,常怀千岁忧。昼短苦夜长,何不秉烛游。为乐当及时,何能待来兹"等诗句,表达的惜时感怀的思想情绪一脉相承。"惜时"是中国文学古老的主题,自《诗经》以下,迄于两汉,"惜时"作为一种文学母题一直被沿用承袭,且从未间断。可以说,从诗歌立意方面看,陶渊明这首《拟古诗》不是拟某首或某句古诗,而是承袭了传统的惜时主题,是在拟古诗惜时之意旨。

明确了陶渊明《拟古诗》的主旨,再来探讨此诗模拟的对象或主体,就可以缩小范围了。循着"惜时"这条线索,检索魏晋之前的古诗,除主旨相近或相似者外,陶渊明《拟古诗》并无模拟古诗之句。陶渊明诗歌崇尚自然,独出机杼,其对古诗则是师其意而不师其辞,其诗虽云"拟古",实则羚羊挂角,无迹可寻,以至于何焯有"《拟古》'日暮天无云'首似咏怀"②之评。这就为探究陶渊明《拟

---

① 吴淇著,汪俊、黄进德点校:《六朝选诗定论》卷之十一《陶潜》,广陵书社,2009年,第292—293页。
② 何焯:《义门读书记》卷四十七。

古诗》的模拟对象或主体带来了很大困难。钟嵘《诗品》论陶渊明诗，以为其诗源出于应璩："宋征士陶潜诗，其源出于应璩，又协左思风力，文体省净，殆无长语。笃意真古，辞兴婉惬。每观其文，想其人德，世叹其质直。至如'欢言酌春酒''日暮天无云'，风华清靡，岂直为田家语耶？古今隐逸诗人之宗也。"①虽然钟嵘以为陶渊明诗源出于应璩，但因应璩诗存世者甚少，人们无法看出陶渊明诗与应璩诗的内在联系。所以，宋人叶梦得明确指出钟嵘此论存在问题："梁钟嵘作《诗品》，皆云某人诗出于某人，亦以此。然论陶渊明，乃以为出于应璩。此语不知其所据。应璩诗不多见，惟《文选》载其《百一诗》一篇，所谓'下流不可处，君子慎厥初'者，与陶诗了不相类。"②就现存应璩诗歌来看，与陶渊明诗歌的确"了不相类"。虽然如此，钟嵘这段话还是为我们探寻陶渊明《拟古诗》的模拟对象或主体提供了一条思路。应璩是汉末人，左思是西晋人，陶渊明可以向他们学习，也可以向与他们同时代的人学习。

　　曹魏与西晋时期的诗人，在诗歌创作上既学古人，又不拘泥成法，故多有创新，如曹操以乐府古题咏新事和自拟乐府题目作诗，曹丕作七言诗，孔融创六言诗，以及建安七子的公宴诗、军旅诗、游仙诗等，在中国古代诗歌史上都具有拓荒性质，其筚路蓝缕之功已为后人所认可。魏晋之际，阮籍则首创《咏怀诗》，并给后人留下了82首诗作。陶渊明《拟古诗》诗意可以承袭远自《诗经》以来的惜时主题，在形式和方法等方面向曹魏和西晋诗人学习，应当是情理之中的事情。如果把《文选》所录陶渊明《拟古诗》扩大至陶渊明《拟古诗》9首，再与曹魏和西晋时期的诗歌进行比较分析，可以发现，陶渊明《拟古诗》和阮籍《咏怀诗》多有相同或相似之处。请看下面几个例子：

　　　　驱车出门去，意欲远征行。征行安所如，背弃夸与名。（《咏怀》其三十）

　　　　少年学击刺，妙伎过曲城。英风截云霓，超世发奇声。挥剑临沙漠，饮马九野垧。（《咏怀》其六十一）

　　　　河上有丈人，纬萧弃明珠。甘彼藜藿食，乐是蓬蒿庐。（《咏怀》其五十九）

---

① 钟嵘：《诗品》卷二。
② 叶梦得：《石林诗话》。

辞家夙严驾,当往志无终。问君今何行,非商复非戎。(《拟古诗》其二)

少时壮且厉,仗剑独行游。谁言行游近?张掖至幽州。饥食首阳薇,渴饮易水流。(《拟古诗》其八)

东方有一士,被服常不完。三旬九遇食,十年著一冠。(《拟古诗》其五)

比较一下这些诗歌不难发现,它们在主旨、意象、句式、句法等方面,都有许多相同或相似之处,何焯"《拟古》'日暮天无云'首似咏怀"之评,确是有感而发。由此可以判断,陶渊明的诗歌创作对阮籍诗歌多所借鉴。但是,非常遗憾的是,阮籍《咏怀诗》虽然有82首之多,却没有一首描写春天景物的,也没有与陶渊明"日暮天无云,春风扇微和"相近或类似的诗句。所以,陶渊明《拟古诗》一首模拟的主体,不可能是阮籍的诗歌。不过,惜时之旨在阮籍的诗歌中却有不同表现,如"人言愿延年,延年欲焉之?黄鹄呼子安,千秋未可欺"(《咏怀》其五十五)、"存亡有长短,慷慨将焉如?忽忽朝日隤,行行将何之"(《咏怀》其八十)、"人生乐长久,百年自言辽。白日陨隅谷,一夕不再朝"(《咏怀》其八十一),都流露出惜时之意。陶渊明《拟古诗》"日暮天无云"以惜时为主旨,虽然不能说直接来源于阮籍,但从陶渊明的诗歌与阮籍的诗歌有诸多相似或相近之处来看,阮籍《咏怀诗》表现的惜时主旨对陶渊明《拟古诗》应有一定的影响。

陶渊明诗一如其人,崇尚自然,不事雕琢,给人以大巧若拙之感。诚如黄山谷所言:"至于渊明,则所谓不烦绳削而自合者,虽然巧于斧斤者多疑其拙,窘于检括者辄病其放。孔子曰:'宁武子其智可及也,其愚不可及也。'渊明之拙与放,岂可为不智者道哉?"① 阮籍诗亦是自然流出,不事雕琢。他远承屈骚,虽满怀愤懑之情,却言辞隐晦,真实意旨如羚羊挂角无迹可求。所以,乍一看来,二者似乎有很大不同。但是,从文学创作的角度看,陶渊明不仅像阮籍的诗歌那样崇尚自然,而且对阮籍之前的古诗,陶渊明能够"师其意而不师其词",独出机杼。比如,同是表现惜时主旨,陶渊明的诗歌就是另一番景象。如"世短意常多,斯人乐久生"(《九日闲居》)、"中觞纵遥情,忘彼千载忧。且极今朝乐,明日复所求"(《游斜川》)、"我今不为乐,知有来岁不"(《酬刘柴桑》)、"千载非所

---

① 引自《陶渊明集》"总论",文渊阁四库全书本。

知,聊以永今朝"(《己酉岁九月九日》)。与阮籍的惜时诗歌相比较,陶渊明表现得更为自然、豁达、潇洒,更为无拘无束。据此而论,陶渊明《拟古诗》所表现的惜时主旨,虽然可能受到阮籍诗歌的影响,但最主要的还是继承了《古诗十九首》,这从陶渊明惜时诗歌中可以明显地看出来。比较一下前面引述的《古诗十九首》诗句,不难看出陶渊明的惜时之作,不论意旨、意境和意象,还是句式、句法和遣词造句,都非常明显地受到了《古诗十九首》的影响。从这个意义上说,《古诗十九首》则更可能是陶渊明《拟古诗》"日暮天无云"的模拟对象和主体。

不过,非常有意思的是,后人论陶渊明《拟古诗》,大多重视的是陶渊明《拟古诗》表达的思想、意境和影响,而较少注意此诗模拟的对象和主体。何焯曾这样感慨:"陶渊明《拟古诗》'岂无一时好,不久当如何',傅谢惜不早闻斯言。"①"傅谢"指傅亮和谢晦,都是宋武帝刘裕时的托孤重臣。二人受托孤之重任,与徐羡之擅行废立,立宜都王刘义隆为帝,结果却被刘义隆杀害。谢晦之侄谢世基亦受牵累,与谢晦同日受诛。临刑时,谢世基赋诗云:"伟哉横海鳞,壮矣垂天翼。一旦失风水,翻为蝼蚁食。"谢晦应声续云:"功遂侔昔人,保退无智力。既涉太行险,斯路信难陟。"②流露出悔恨之意。何焯此评,盖惜傅亮、谢晦贪恋权位之好,而不能早闻陶渊明"岂无一时好,不久当如何"之句,而幡然悔悟。倘能明白其中的道理,当其于功成名就之时,学习前代名臣谋士范蠡、张良的榜样,急流勇退,或许可以"一时好"成"千古好",不至于盛极而衰,身首异处。何焯之言颇值得玩味。

对于陶渊明《拟古诗》"日暮天无云",不能仅仅从消极的角度去理解。惜时本身就具有双重意义。从积极的角度去理解,"一寸光阴一寸金,寸金难买寸光阴",珍惜时间、爱惜光阴,就会明白"少壮不努力,老大徒伤悲"的道理,就不会蹉跎岁月,"莫等闲,白了少年头",而会积极进取,努力奋斗;即使到了老年,也会"老牛自知夕阳晚,不用扬鞭自奋蹄"。即便从消极的角度理解,惜时主旨也是让人不要虚度光阴,而是要利用有限的时间去享受良辰美景,享受人生的美好。从社会发展的角度讲,创造价值是对社会发展的贡献,消费产品同样是

---

① 何焯:《义门读书记》卷四十七。
② 沈约:《宋书》卷四十四《谢晦传》。

对社会发展的贡献。按照流行的经济学理论,生产决定消费,消费反而促进生产;消费是生产的目的,也是生产的动力。春宵美景,既酣且歌,自娱自乐,以不负清夜之美。这种娱乐活动必然要产生消费,对生产必然会产生积极的促进作用。所以,这种对人生美景的享受,这种不损害别人利益的"惜时",并非全是消极意义。如果能够从积极的角度去理解,"惜时"何尝不是对人生与生命的珍惜呢?

(原载《文选与汉唐文化》,中华书局 2018 年 8 月)

《陶征士诔并序》的文化意蕴

《文选》所录颜延之《陶征士诔并序》，是一篇极富特色的诔文。说其极富特色，是因它不像其他诔文那样就人说人、就事论事，而是在说人论事的同时掺入了更多的主观因素，包含了更多的文化内容，让读者从中感受到了诔文所具有的文化厚度。在诔文中，不仅陶渊明的形象栩栩如生，跃然纸上，而且传统的隐逸文化和晋宋之际的社会政治文化生活，以及诔文作者颜延之的性格特征等，都有鲜活表现和直接反映。探讨该文的文化意蕴，有助于人们深入认识陶渊明和颜延之，也有助于深入认识二人所处的时代。

一、从刘宋之前的隐逸文化说起

颜延之在序文中没有一上来就说陶渊明，而是先从刘宋之前的隐逸文化说起。这是很值得玩味的。颜延之之前，隐逸文化现象广受世人重视。嵇康、皇甫谧各自创作的《高士传》，在当时社会有很大影响。嵇康《高士传》"撰录上古以来圣贤、隐逸、遁心、遗名者，集为传赞。自混沌至于管宁，凡百一十有九人"[①]，把曹魏之前的隐士搜罗殆尽。魏晋时期特殊的社会政治现实，又造就了大量的隐士。所以，西晋皇甫谧在嵇康《高士传》的基础上，又撰写了《高士传》。是书除收录的隐士与嵇康《高士传》多寡有差异外，没有像嵇康那样为每一位隐士作赞。些许的不同，已经表明了皇甫谧与嵇康对隐士看法的差异。颜延之出身名门，生当隐逸之风风流弥繁之际，对刘宋之前的隐逸文化非常熟悉，所以，在对陶渊明的生平事迹进行叙写和评价之前，先对传统的隐逸文化作了

---

① 《三国志·魏志》卷二十一《王粲传》裴松之注引嵇喜《嵇氏谱》。

一番梳理,并对隐逸之风的演变给予了评价。

首先,颜延之认为真正的隐士非"深而好远",而是"殊性而已"。对于隐士,颜延之与嵇康、皇甫谧的看法不同。他虽然以"璇玉""桂椒"来比喻隐士,以为他们与世人不同,皆非俗物,但他并不认为隐士就像"璇玉""桂椒"那样喜欢遁迹山水,远离人世,而是他们的质性使然,所谓"岂其深而好远哉?盖云殊性而已"。"殊性"是指隐士区别于世人的自然天性,道出了隐士产生的个性化原因。正是因为他们具有高洁不俗的自然天性,不与世沉浮,迥异于世人,人们才高看他们,敬仰他们。颜延之强调了隐士的"殊性",看重隐士的品格与质性,表明他是从隐士的自然禀赋出发来看待隐逸文化现象的。

其次,颜延之对秦汉之前"不事王侯,高尚其事"的隐士给予礼赞。颜延之对自巢父以来的隐逸文化作了简要梳理,以平常心态对巢父、子高、伯夷、四皓等深得后人推许的前代隐士作出了评价,认为"若乃巢高之抗行,夷皓之峻节,故已父老尧禹,锱铢周汉"。在他看来,巢父、子高、伯夷、四皓等隐士具有高尚的品行和节操,他们对于尧、禹和周武王、汉高祖等所谓的明君并不是抱以仰视的态度,而是"不事王侯,高尚其事"。他们并不因君主要把江山社稷让给他们、以隆重的礼仪迎接他们而心存感激,而是把君主之位和江山社稷看得很轻。君主禅让也好,封官许愿也罢,皆云淡风轻,一切都看得很淡。所谓"父老尧禹,锱铢周汉",显示出他们对君主、对天下、对权位的淡然,以及对世俗所追求的富贵利达的鄙视心态。

再次,颜延之对"今之作者,人自为量"的现象进行尖锐批评。伯夷和四皓之后,隐逸之风绵延不绝,但是,他们那种高尚的品行和节操却没有延续下来,他们那种蔑视权贵的精神、高洁不俗的风范,在颜延之所处的时代已经隐没和绝迹了,出现了"今之作者,人自为量,而首路同尘,辍涂殊规者多矣"的现象。"今之作者",指的是晋宋之际的隐士。"作者"泛指隐逸之士。孔子尝言:"贤者辟世,其次辟地,其次辟色,其次辟言。"又曰:"作者七人矣。"[①]"作者七人"究竟指的是哪七个人,虽然学界有不同看法,但这些人都属于辟世、辟地、辟色、辟言之类的古之先贤应是无争议的。和他们比起来,当时那些所谓的隐士,虽然选择了隐居这条路,却是"人自为量",各有各的想法,各打各的算盘。开始走上

---

① 《论语·宪问》。

隐逸之路的时候,他们与古之隐者的精神追求也许是一致的,但过上隐居生活之后,许多人往往是半途而废,不少人甚至把隐逸当作"终南捷径",借隐逸来邀名邀功。从这些人身上,颜延之看到的是隐逸之风的末路,是传统隐逸精神的衰微,以至于让颜延之感慨"菁华隐没,芳流歇绝,不其惜乎!"

上古时期,人们日出而作,日入而息,民风淳朴,社会安定,故有所谓"圣人垂衣裳而天下治"之说。虽然如此,治理天下仍然是一件费心劳神的事,所以才有了《庄子·让王篇》中诸多辞天下而不受的高士,也出现了一些遁世而居的隐士。这时的隐士避世而居大多是性格使然,即颜延之所谓的"殊性"。三代以后,尤其是两汉以后,隐逸之风愈煽愈炽,隐逸的形式和性质也发生了变化。正如魏徵《隐逸传论》所说:"魏晋以降,其流逾广。其大者则轻天下细万物,其小者则安苦节甘贱贫。或与世同尘,随波澜以俱逝;或违时矫俗,望江湖而独往。狎玩鱼鸟,左右琴书,拾遗粒而织落毛,饮石泉而荫松柏。放情宇宙之外,自足怀抱之中。然皆欣欣于独善,鲜汲汲于兼济。"①那些"与世同尘,随波澜以俱逝"者,则是假隐逸之途,行邀名邀功之实,与上古隐士的精神实质已经完全背道而驰。颜延之在序文中对当时的隐士"人自为量""辍涂殊规"提出批评,也是看到了隐逸之风在魏晋以后发生的这样一种变化,反映出颜延之对隐逸现象有着清醒认识。

二、真正的隐者应当安贫乐道

也许因为魏晋以降"人自为量""辍涂殊规"的隐士越来越多,颜延之才特别推崇那些安贫乐道的真隐士。这样一种情感倾向,通过对陶渊明生平的描述清楚地表现出来。

传统文化中的"道",分道家之"道"和儒家之"道"。道家之"道"偏重自然天性,儒家之"道"偏重伦理纲常。颜延之写陶渊明,既写他"弱不好弄",又写他"长实素心",表明成年的陶渊明具有道家的朴素情怀。他称赞陶渊明"在众不失其寡,处言愈见其默",表明陶渊明对道家的服膺。隐居之前,陶渊明身居

---

① 魏徵等:《隋书》卷七十七《隐逸传论》。

尘世,面对社会的喧嚣浮躁,面对名缰利锁的诱惑,仍然能够保持素心,始终能够清心寡欲;隐居之后,陶渊明"结庐在人境",少了许多诱惑和烦恼,恪守道家尊奉的自然之理、静默之道。结合陶渊明的诗文,再去理解颜延之所说的"在众不失其寡,处言愈见其默",就可以更加清晰地看到陶渊明对道家思想的服膺。陶渊明"少无适俗韵,性本爱丘山"①,热爱大自然,张扬自我天性,对道家思想有天然的亲近感。虽然陶渊明曾表示"少年罕人事,游好在六经"②,但从他的诗文及其最终选择隐居来看,陶渊明的思想更多地倾向于道家。所以,颜延之的评价也偏重于表现陶渊明的自然天性,说他"道不偶物,弃官从好","解体世纷,结志区外;定迹深栖,于是乎远",赞扬他"简弃烦促,就成省旷",让读者从中看到了一个服膺道家思想的隐者形象。

陶渊明自幼接受儒家和道家思想教育,进入社会之后,经历了许许多多的坎坷,终于幡然悔悟,选择了"结庐在人境"的隐居方式,在家乡浔阳柴桑隐居下来。但是,不论隐居前还是隐居后,其生活长期处于拮据贫困状态。颜延之对其生活有生动形象的描述,说他"少而贫病,居无仆妾。井臼弗任,藜菽不给。母老子幼,就养勤匮"。陶渊明自幼体弱多病,家中缺少帮手,许多活计都需要陶渊明亲自来做,但生活上并不充裕,难以奉养老母,养育儿子。为生活所迫,陶渊明曾经出去为官,这就是颜延之所说的"远惟田生致亲之议,追悟毛子捧檄之怀。初辞州府三命,后为彭泽令"。对比《晋书·陶潜传》,这里把陶渊明前三次出仕的经历都省略了,独独点出陶渊明最后一次出仕为彭泽令的事。这样做是为了突出陶渊明对道家思想的皈依。沈约《宋书·陶潜传》记载,"郡遣督邮至县,吏曰应束带见之。潜叹曰:'我不能为五斗米,折腰向乡里小人!'即日解绶去职"。萧统《陶渊明传》和《南史·陶潜传》采其说。陶渊明不愿接受官场的繁文缛节,更不愿让它来束缚自己的自然天性,所以毅然挂冠而去。颜延之所谓"道不偶物",是说陶渊明的自然天性难以与世俗相融合,与《陶潜传》的记载相一致。隐居之初,陶渊明就曾表示过"忧道不忧贫"。在《癸卯岁始春怀古田舍二首》其二中,开篇就是"先师有遗训,忧道不忧贫"③。这里所说的"道",

---

① 《陶渊明集》卷二《归园田居》其一。
② 《陶渊明集》卷三《饮酒》其十六。
③ 《陶渊明集》卷三《癸卯岁始春怀古田舍二首》。

不是儒家的纲常伦理,而是道家的自然天性。为了所守之"道",陶渊明宁愿儿子们忍饥挨饿,宁愿自己无酒可饮,甚至不惜乞食。这是一种精神,也是一种坚守。

隐居之后,尤其是家中遭遇大火之后,陶渊明的生活状况急转直下。正如他在诗中写的那样:"弱年逢家乏,老至更长饥。菽麦实所羡,孰敢慕甘肥。怒如亚九饭,当暑厌寒衣。岁月将欲暮,如何辛苦悲。"①虽然如此穷困潦倒,但陶渊明却始终能够安贫乐道,他明确表示:"常善粥者心,深恨蒙袂非。嗟来何足吝,徒没空自遗。斯滥岂彼志,固穷夙所归。馁也已矣夫,在昔余多师。"②他借咏古之贤士黔娄,表示"岂不知其极,非道故无忧"③。身处如此困窘的状态,面对如此贫困的生活,陶渊明却能安贫乐道,君子固穷,表现出高洁的情怀。而这些也正是颜延之试图通过陶渊明对待穷苦生活的态度所要表达的安贫乐道的情怀。隐居之后,陶渊明的生活虽然十分窘迫,但人生态度一直非常乐观,正像颜延之在诔文中写的那样:"赋诗归来,高蹈独善。亦既超旷,无适非心。汲流旧巘,葺宇家林。晨烟暮霭,春煦秋阴。陈书辍卷,置酒置琴。"物质生活虽然贫困潦倒,但由于在精神生活方面一切皆能随心适意,所以,陶渊明依然能够安贫乐道。读到"晨烟暮霭,春煦秋阴。陈书辍卷,置酒置琴"时,能有几人不对这种生活产生向往之情呢?从这个意义上说,颜延之所表现的陶渊明隐居生活,对安贫乐道者有莫大的吸引力。

三、"晋征士"暗喻的文化密码

陶渊明卒于宋文帝元嘉四年(427),此时刘宋王朝已经建立 8 年。按流行的说法,陶渊明 63 岁病逝,在长达 55 年的时间里生活在东晋时期。同时,陶渊明自辞彭泽令在东晋末年,而后来被朝廷征辟亦在东晋末年,所以,颜延之在序文中称其为"晋征士",于情于理似乎皆可圆通。

---

① 《陶渊明集》卷三《有会而作》。
② 《陶渊明集》卷三《有会而作》。
③ 《陶渊明集》卷四《咏贫士》其四。

所谓征士,是指不应朝廷征辟的士人。"晋征士"是颜延之为陶渊明确定的政治符号。陶渊明虽然入宋,但以"晋征士"称之,显而易见的原因,是陶渊明曾经"初辞州府三命",隐居后又"诏征为著作郎,称疾不到",意即以身体有恙为名辞著作郎而不就。有了这些缘由,称陶渊明为"晋征士",可谓言之有据。然观颜延之诔文,其中似乎又有一些未可与人道的原因。

其一,颜延之在序文中开篇就讲古之隐士,述古今隐逸之风的变化。按照常理,这样的文字应是为下文叙写陶渊明作铺垫。然而,下文写到陶渊明时,上来就是"有晋征士陶渊明,南岳之幽居者也"。先称"晋征士",再称"幽居者"。关于征士,张铣解释说:"陶潜隐居,有诏礼征为著作郎,不就,故谓征士。"①可见,所谓征士,是指不就朝廷征召的人。至于"幽居者",李善《文选注》称"儒有幽居而不淫"②。孟子曰:"富贵不能淫,威武不能屈。"按照李善的解释,所谓"幽居者"是指那些远离朝廷而居又不受富贵诱惑的人。所以,不论称陶渊明为"晋征士",还是称陶渊明为"幽居者",都与上文所说那些避世而居的隐士有本质区别。以颜延之之见识,不至于产生这样的疏忽,因为,在讲到陶渊明辞官之后的事情时,颜延之显然是把陶渊明当作一个隐士来看待的,这就是他在序文中所说的陶渊明"解体世纷,结志区外,定迹深栖,于是乎远"。既把陶渊明当作一个隐士来写,又不称陶渊明为隐士,反而以"晋征士""幽居者"称之,岂不怪哉?

其二,陶渊明由晋入宋,是为晋之遗民。当时与陶渊明、周续之同称为"浔阳三隐"的刘遗民,同样是由晋入宋,则被称为"遗民"。刘遗民,即刘程之,字仲思,彭城人,曾为柴桑令,后辞官上庐山,入慧远所创莲社,为莲社十八高贤之一。据陶宗仪《说郛》记载,"遗民"乃刘裕赐给刘程之的旌号:

> 刘程之,字仲思,彭城人。汉楚元王之后。妙善老庄,旁通百氏。少孤,事母以孝闻。自负才,不预时俗。初,解褐为府参军。谢安、刘裕嘉其贤,相推荐,皆力辞。性好佛理,乃之庐山,倾心自托。远公曰:"官禄巍巍,何不为?"答曰:"君臣相疑,吾何为之!"刘裕以其不屈,乃旌其号曰"遗民"。及雷次宗、周续之、宗炳、张诠、毕颖之等同来庐山,远公谓曰:"请君

---

① 《六臣注文选》卷五十七《陶征士诔并序》题下注。
② 李善:《文选注》卷五十七《陶征士诔并序》注。

之来,岂宜思净土之游乎?"程之乃镌石为誓文,以志其事。①

陶渊明与刘程之的情况很相似,一个曾为柴桑令,一个曾为彭泽令,后来都辞官不做,上了庐山,与周续之同被称为"浔阳三隐"。周续之后来又出山为刘宋政权效力,而刘程之则与陶渊明一样成为东晋之遗民。不同的是,刘程之得刘裕旌封,以"遗民"之号称之,而陶渊明却被颜延之以"晋征士""幽居者"称之。陶渊明与刘程之经历相似,境遇相似,差异何其之大!

其三,陶渊明谥曰"靖节"的名与实。序文在讲到陶渊明的谥号时,称"询诸友好,宜谥曰靖节征士"。是则陶渊明谥靖节,是其生前"友好"为其定的谥号。郑樵《通志》载:"古无谥,谥起于周人……以讳事神者,周道也。周人卒,哭而讳,将葬而谥。有讳则有谥,无讳则谥不立。盖名不可名已,则后王之语前王,后代之及前代。所以为昭穆之次者,将何以别哉?生有名,死有谥。名乃生者之辨,谥乃死者之辨。"②谥号因避讳而起,故有"字有不可避讳者,谥法是也"③之说。谥法是为了避讳死者之名字而立,而谥号则皆有一定的内涵。苏洵《谥法》收入168谥,311条。其中"靖"和"节"二字,皆在《谥法》之列。"节"有二解,其一"好廉自克曰节",其二"谨行节度曰节"。"靖"亦有二解,其一"宽乐令终曰靖",其二"恭仁鲜言曰靖"。④ 其中"宽乐令终曰靖""好廉自克曰节",与颜延之序文"若其宽乐令终之美,好廉克己之操"正相吻合。"宽乐令终"是对陶渊明一生的高度概括,"好廉克己"是对陶渊明操守的高度赞美。对比陶渊明的《五柳先生传》等诗文,以及沈约等人《陶潜传》,不论是用"宽乐令终"概括陶渊明的一生,还是用"好廉克己"形容陶渊明的操守,都有很大的出入。不论是沈约、萧统所说的陶渊明"不堪吏职""不肯为五斗米折腰向乡里小儿",还是陶渊明自言"性刚才拙,与物多忤",⑤都很难与"宽乐""克己"对上号。即便如此,颜延之等人还是为陶渊明选定了"靖节征士"这样的谥号,其中究竟有何原因,不能不令人生疑。

有鉴于此,对颜延之所说的"晋征士",应该透过文章表面,来发掘其背后的

---

① 陶宗仪:《说郛》卷五十七下《东林莲社十八高贤传》引《庐山集》。
② 郑樵:《通志》卷四十六《谥略》之《序论第一》。
③ 郑樵:《通志》卷四十六《谥略》。
④ 苏洵:《谥法》卷二。
⑤ 《陶渊明集》卷七《与子俨等疏》。

话语密码。在传统文化中,有所谓"危邦不入,乱邦不居;天下有道则见,无道则隐"①之说。称刘程之为"遗民",与"有道""无道"无关,所以,刘裕很乐于那样做。至于"征士",则是指那些不应朝廷征召的士人,尽管他们不应征召的原因可能多种多样,甚至也包括不与统治者合作,但毕竟"征士"不同于隐士。因为,一说到隐士,人们一定会联系到当朝统治者,联系到当时的社会。野无遗贤,是统治者追求的社会效果。《尚书》有言:"野无遗贤,万邦咸宁。"②不论统治者心里怎么想,至少表面上还是要做做文章,征聘那些真正有才能而隐居山间林下的人出来做官。所以,魏晋之前有不少统治者安车蒲轮征聘隐士的例子。如果某个朝代山野有很多隐士,统治者是会很介意的,即便不被视为"天下无道",至少说明有不少人不愿意与他们合作,那么,当权者在面子上就不是很好看。陶渊明虽然入刘宋只有8年就去世了,但他的身份比较特殊,东晋时期他曾经出仕,但在晋宋之际辞官归隐做起了隐士。是巧合也好,是有意也罢,反正陶渊明在刘裕取晋恭帝而代之之前就归隐了。颜延之虽然与陶渊明是忘年之交,但他毕竟是刘宋的臣子。是臣子就要为君主着想,就要顾及君主的面子,怎么好意思称陶渊明为隐士或高士呢?所以,他不称陶渊明为隐士、高士,甚至也不称他为遗民,而是以"征士"或"幽居者"称之。至于谥号"靖节征士",是要与陶渊明"征士"或"幽居者"的身份相吻合,对于"靖节"二字是否能够概括陶渊明的一生及其性格特征,则就不那么重要了。

四、称陶渊明为"晋征士"原因臆测

颜延之在序文中先叙晋宋之前的隐逸之风,但他在写到陶渊明的时候,却称陶渊明为"晋征士"或"幽居者",而不肯把嵇康、皇甫谧所说的"高士"给予陶渊明,背后的原因是非常值得探讨的。联系到颜延之之后沈约和萧统对陶渊明的评价,就可以更为清晰地感受到颜延之称陶渊明为"晋征士"的良苦用心了。

沈约《陶潜传》载:"(陶渊明)自以曾祖晋世宰辅,耻复屈身后代。自高祖

---

① 《论语·泰伯》。
② 孔颖达:《尚书注疏》卷三。

王业渐隆,不复肯仕。所著文章皆题其年月,义熙以前则书晋氏年号,自永初以来,唯云甲子而已。"①萧统《陶渊明传》则取沈约之说:"(陶渊明)自以曾祖晋世宰辅,耻复屈身后代。自宋高祖王业渐隆,不复肯仕。"②唐代李善《文选注》和《文选五臣注》,以及宋代苏轼、秦观、黄庭坚等,都接受了沈约的观点,对陶渊明"耻复屈身后代"之说作了进一步阐发。其中苏轼的《次韵谢子高读渊明传》广有影响:"枯木嵌空微黯淡,古器虽在无古弦。袖中正有南风手,谁为听之谁为传?风流岂落正始后,甲子不数义熙前。一山黄菊平生事,无酒令人意缺然。"③一句"甲子不数义熙前",亮明了陶渊明的政治态度。但宋代以后,有不少论者对沈约之说提出异议,如"诗中又无标晋年号者,其所题甲子,盖偶记一时之事耳。后人类而次之,亦非渊明本意"④。王观国亦指出:"考渊明所著,自《庚子从都还》至《丙辰岁下㰅田舍获稻》,其诗乃晋时所撰,亦止用甲子,未尝须用年号也。盖萧统一时契勘之误,后人遂以为诚然。"⑤考诸后人的驳论,多是据所见《陶渊明集》来驳斥沈约和萧统之说。这些以后溯前的论证方法,是很有问题的。

沈约和萧统既然有相似的说法,说明他们当时见到的《陶渊明集》确实是"所著文章皆题其年月,义熙以前则书晋氏年号,自永初以来,唯云甲子而已"。以二人之才学识见,当不至于有如此"契勘之误"。甚至可以说,在李善等人为《文选》作注的时候,他们见到的《陶渊明集》仍然是沈约所说的那种情况,所以,李善等人才会征引,才没有像宋代以后的学者那样提出诸多疑问。假如此时的《陶渊明集》已如宋人所见,李善等人不会不提出疑问。后人以当时所见《陶渊明集》作为立论或驳论的依据,甚至否定沈约和萧统的说法,缺乏有力的证据。

参诸《陶征士诔并序》,亦可证宋代以后的质疑缺乏依据。颜延之与陶渊明是忘年交,也是与陶渊明时代最接近的人。他对陶渊明的描述和评价,应该是比较接近事实的。陶渊明自辞彭泽县令之后,走的是以耕为隐之路,是居于乡

---

① 沈约:《宋书》卷九十三《陶潜传》。
② 萧统:《昭明太子集》卷四《陶渊明传》。
③ 苏轼:《东坡全集》卷二十六。按:《山谷集外集》卷一亦收录有此诗,故或作黄庭坚诗。
④ 文渊阁四库全书本《陶渊明集》卷三《五言诗》题下注。
⑤ 王观国:《学林》卷八《蹈袭》。

野的隐士。颜延之明知此种情况,却不把陶渊明当作隐士或高士来看,而是在《陶征士诔并序》中称之为"晋征士"或"幽居者",且友人为陶渊明议定的谥号"靖节",与陶渊明的生平行实、个性特征也不那么吻合。这其中应该有时代的和颜延之个人的因素。这些因素,从颜延之自述与陶渊明的交往中可以看出一些端倪:

> 念昔宴私,举觞相诲:独正者危,至方则碍。哲人卷舒,布在前载。取鉴不远,吾规子佩。尔实愀然,中言而发。违众速尤,迕风先蹶。身才非实,荣声有歇。睿音永矣,谁箴余阙?

举行私宴的时候,陶渊明与颜延之相互教诲。他们都明白"独正者危,至方则碍"的道理,对前代隐士流露出向往之情。"哲人卷舒"句透露出二人的心曲。孔子曾经称赞蘧伯玉:"君子哉,蘧伯玉! 邦有道则仕,邦无道则可卷而怀之。"① 皇侃以为:"云'君子哉蘧伯玉'者,又美蘧瑗也。进退随时,合时之变,故曰君子哉也。云'邦有道则仕'者,出其君子之事也。国若有道,则肆其聪明以佐时也;云'邦无'云云者,国若无道,则韬光匿智而怀藏,以避世之害也。"② 颜延之向陶渊明讲解"独正者危,至方则碍"的道理,并用"哲人卷舒"的典故来规劝陶渊明,有以陶渊明比春秋末年高士蘧伯玉的意思。

从颜延之诔文来看,陶渊明对颜延之的规劝表示信服,意味着认可这样的比喻,认可自己的隐士身份。非常有意思的是,颜延之认可陶渊明的隐士身份,却就是不愿意把"隐士"或"高士"这样的词给予陶渊明。为什么? 陶渊明曾经用"违众速尤,迕风先蹶。身才非实,荣声有歇"这样的话来劝说颜延之,颜延之同样非常认可。反过来,如果把这四句话套用到陶渊明身上,何尝不是如此? 陶渊明三辞州府征聘,又辞著作郎之召,给人"绝世而独立"之感,岂不是"违众速尤,迕风先蹶"? 对于这样一个"违众迕风"的人物,一个不愿与当权者合作的人物,在当时的情况下,颜延之还能够把那些带有政治色彩的词语,比如"隐士""高士"之类的称谓用到陶渊明身上吗? 在宋文帝刘义隆执政初期,徐羡之、傅亮、谢晦等托孤大臣一个个先后被除掉,政坛乌云密布,杀气腾腾,稍有不慎就可能招来杀身之祸。颜延之恃才使气,陶渊明去世前一年(元嘉三年,即426

---

① 《论语·卫灵公》。
② 何晏集解,皇侃义疏:《论语集解义疏》卷八。

年),因得罪权贵刘湛、殷景仁等,由太子中庶子贬为永嘉太守。在这种情况下,颜延之只能用"晋征士""幽居者"这样的词语称呼陶渊明,哪里还敢惹权臣们不高兴?如果不是陶渊明"违众迕风",曾经令当权者不愉快,以颜延之的个性,当不至于如此谨慎。入刘宋之前,陶渊明已经隐居了,他还有什么事情能够令当权者不高兴呢?可能的解释,就是陶渊明可能确如沈约、萧统所说,其诗文"义熙以前则书晋氏年号,自永初以来,唯云甲子而已"。这在当时也是犯忌的。颜延之为陶渊明这样一个犯忌的人物作诔文,谨慎再谨慎,其不可为人道的原因,也就可想而知了。

(本文为提交给第十二届"文选学"国际学术研讨会的论文)

从"五柳先生"到"六一居士"
——中国传统文人的一种处世心态

如果把仕途比作一座"围城"的话,中国传统文人都有一种纠结不已、挥之不去的"围城"心态:没有进入围城的人,千方百计要跻身其内。学成文武艺,货与帝王家。没进入围城,怎么证明你是学优之人?怎么担当匹夫之责?已入围城的文人,不论自觉不自觉,情愿不情愿,总是有意无意地向人诉说着逃出围城的心愿。在传统文人的笔下,官场龌龊黑暗,泯灭人性,若留恋官场,如何证明你是清白之身?传统文人的"至圣先师"孔子就曾表示过"凤鸟不至,河不出图,吾已矣夫!"[①]孔子尚且如此,何况尊奉其学说的后世儒生呢!

在中国文学中,传统文人的处世心态有各种各样的表现形式,以传记形式出现者亦不少,其中最有代表性的,是陶渊明的《五柳先生传》和欧阳修的《六一居士传》。陶渊明年轻时曾多次流露出进入官场这座围城的愿望,而且确实也曾多次进入了这座围城,但他终于还是又冲出了这座围城。《五柳先生传》就是他冲出围城之后的感悟之作。欧阳修的仕途经历与陶渊明迥异,他24岁步入仕途,前后历40年,官至参知政事,算是仕途得意者。他不仅已经进入城内,而且可以说已经站在城楼上,有登高临远之便利,但他却在晚年创作了《六一居士传》,表示要辟地而居,做一名远离官场喧嚣的居士。从陶渊明到欧阳修,时间跨越600余年,但他们却同样怀有走出围城的心态。究竟是什么原因促使他们殊途而同归呢?这里结合中国传统文人的文化心态和陶渊明、欧阳修的特殊经历,略陈管见于后,以就教于方家。

---

① 《论语·子罕》。

一、"身闲爱物外,趣远谐心赏"

宋仁宗天圣八年(1030)三月,欧阳修以贡举第一的身份参加殿试,取得甲科第十四名的好成绩,五月出任西京留守推官。这一年,欧阳修24岁。次年,迎娶恩师之女胥氏为妻。正可谓是"洞房花烛夜,金榜题名时",得享快意人生。更为值得庆幸的是,在西京留守钱惟演幕府,他结识了尹洙、梅尧臣等名士,"日为古文歌诗,遂以文章名冠天下"。① 欧阳修幼年坎坷,经历了诸多磨难,如今名扬天下,恰当风帆正举之时。可是,读一读欧阳修此时的诗作,不仅看不到诗人鹏程万里的壮志,反而看到了诗人寄心物外的远趣。

欧阳修在西京洛阳为官,前后四年。这四年,正是欧阳修声誉鹊起的四年。从他留下的诗作来看,多是描写西京的自然风物。让我们看一看下面几首小诗:

北阙望南山,明岚杂紫烟。归云向嵩岭,残雨过伊川。树绕芳堤外,桥横落照前。依依半荒苑,行处独闻蝉。(《雨后独行洛北》)

一雨郊圻迥,新秋榆枣繁。田荒溪溜入,禾熟雀声喧。烧出空槎腹,人耕废庙垣。闲追向城客,落日隐高原。(《陪府中诸官游城南》)

秋色满郊原,人行禾黍间。雉飞横断涧,烧响入空山。野水苍烟起,平林夕鸟还。嵩岚久不见,寒碧更屡颜。(《又行次作》)

诗人笔下的山川景物不仅给人荒芜孤凄之感,而且还隐然流露出诗人的孤寂之意。此时是诗人刚刚走上仕途之时,又是新婚燕尔,心情理当阳光明媚,灿若朝霞,笔下的自然风物亦当清新明丽,秀美可人。可是,诗人笔下的景物,除"树绕芳堤外,桥横落照前"和"野水苍烟起,平林夕鸟还"外,其余多属残、荒、独、废、断、寒之景。读到这些诗,人们不禁要问:这是洞房花烛夜、金榜题名时的欧阳修所写之诗吗? 的确,这些残败荒凉的景物,与诗人此时志得意满的境遇是很不相称的。

---

① 周必大编《文忠集》卷前载《文忠集年谱》,影印文渊阁四库全书本。下引欧阳修诗文俱见《文忠集》。

不仅如此,诗人此时的诗作还流露出浓浓的寄情物外之意。如《缑氏县作》:"亭侯彻郊畿,人家岭坂西。青山临古县,绿竹绕寒溪。道上行收穗,桑间晚溉畦。东皋有深趣,便拟卜幽栖。"缑氏县,秦时所置,在今河南偃师东南,因山而得名。缑氏山传为王子乔升仙之地,有"传王子晋控鹤斯阜,灵王望而不得近,举手谢去"①之说。另据《嵩高山记》,西汉初年有一个名叫王彦的人隐居缑氏山,汉景帝多次征召,王彦皆不出仕,景帝就亲自来缑氏山封其为侯。②"亭侯彻郊畿"句,说的就是这件事。尾二句则流露出超然物外、绝迹尘世之想。既然"东皋有深趣",诗人萌生卜居幽栖之想,不也是很正常的吗?

欧阳修风帆正满之时,为何会萌生超尘绝世之想呢?《巩县陪祭献懿二后回孝义桥道中作》透露了其中的消息:

> 落日汉陵道,初寒惨暮飙。遥看山口火,暗渡洛川桥。不见新园树,空闻引葬箫。林鸦栖已定,犹此倦征镳。

宋仁宗明道二年(1033)九月,庄献刘皇后、庄懿李皇后祔葬巩县定陵,欧阳修至巩县陪祭。然而,在参加了这一重大活动返回洛阳的途中,欧阳修却流露出已倦仕途之意。生前再显赫、再辉煌又如何?最后不是同样要成为一抔黄土吗?"落日汉陵道,初寒惨暮飙",所绘之景已经是凄凄惨惨了,而"不见新园树,空闻引葬箫",就更可见诗人心境的悲凄了。再看林中鸦,根本不理会世间的烦恼,悠然栖息于树丫之上。人鸟对比,诗人"倦征镳"之情油然而生。

欧阳修厌倦仕途,萌生尘外之想,如是在仕途屡遭挫折之后,尚可理解,但此时此刻,欧阳修竟然生出这种念头,就有点不合情理了。不过,如果读一读下面这首诗,就不难发现诗人为何会在风华正茂之际、风帆正满之时萌生超然尘外之想了:

> 东郊渐微绿,驱马忻独往。梅繁野渡晴,泉落春山响。身闲爱物外,趣远谐心赏。归路逐樵歌,落日寒川上。(《伊川独游》)

早春时节,诗人策马独游伊川,入眼而来的皆是初春充满生机的景象。尤其是"梅繁野渡晴,泉落春山响"二句,一静一动,既给人美的享受,又引人无限遐想。

---

① 景日昣:《说嵩》卷八《少室阴》,《嵩岳文献丛书》(三),中州古籍出版社,2003年,第149页。

② 景日昣:《说嵩》卷二《太室阴》,《嵩岳文献丛书》(三),中州古籍出版社,2003年,第38页。

当此之时,诗人真切地感受到"身闲爱物外,趣远谐心赏"的美妙。可以说,正是出于对自然美的热爱和对自然生活的向往,同时也是出于对凡尘琐事的懈怠,欧阳修才在刚刚步入仕途之时,就情不自禁地时时流露出超然尘外的想法。

二、逃身、逃心与逃名

　　超然尘外之想,不是欧阳修一人所独有,而是中国文士由来已久的传统。《庄子·让王》中的巢父、许由等远古高士窜身山林,隐居岩穴,"不事王侯,高尚其事"①,受到了后世文人的称赞。他们虽然算不上文人,但他们以逃身的方式拒绝尘世的烦扰,深得文人的嘉许。春秋战国以降,传统文人大都信奉"天下有道则仕,无道则隐"的处世原则。可是,即使是在出仕之时,许多人仍然是外儒而内道,以进取之心处世,以守恒之心修己。至于生逢乱世,不少人则选择避地而居,或栖身山林,或窜身海滨,做起了隐士。晋皇甫谧《高士传》就记载了不少这样的隐士。

　　真正以文人身份而"逃身"的,陶渊明可称第一。他自辞彭泽县令,高歌"归去来兮",挂冠而去,回故乡柴桑做起了隐士。他和巢父、许由等远古高士不同,没有选择穴处岩栖,而是"结庐在人境",开创了文人隐居的一条新路。

　　中国古代的隐士大抵可以分为三类,即所谓大隐、中隐和小隐。"小隐隐陵薮,大隐隐朝市"②,说的是大隐和小隐;"大隐住朝市,小隐入丘樊。丘樊太冷落,朝市太嚣喧。不如作中隐,隐在留司官。似出复似处,非忙亦非闲"③,说的是中隐。可是,陶渊明"结庐在人境"式的隐居,不仅无朝市的喧嚣,又无丘樊的孤寂,同时亦无"似出复似处"而免不了的俗务。这种隐居是通过"逃身"而达到"逃心"。逃离龌龊的官场,远离是非之地,官场的钩心斗角、尔虞我诈不入眼入心,便会眼不见,心不烦。从积极方面来说,这是不愿随波逐流,更不屑同流合污,欲以此保持自己高洁的人格;从消极方面来说,是退让,是逃避。但不论

---

① 朱熹注《周易本义》卷之一"蛊"卦上九爻辞,北京书店 1985 年据世界书局影印本影印。
② 王康琚:《反招隐诗》,萧统《文选》第二十二卷,中华书局 1977 年影印清嘉庆十四年胡克家刻本。
③ 白居易:《白氏长庆集》卷二十二《中隐》。

怎样,其结果是一样的,那就是"逃身"。但陶渊明的"逃身"不是栖身山林、窜身海滨,而是在"而无车马喧"的乡村。但仅仅"逃身"是不够的,还必须做到"心远地自偏",使自己的思想、情怀、意趣远离名利场,挣脱名缰利锁的束缚,真正摆脱功名利禄的诱惑,回归自然,回归心的宁静。这就是"逃心"。

正因为陶渊明能够由"逃身"而至"逃心",才能像他在《五柳先生传》所描写的那样,达至"环堵萧然,不蔽风日。短褐穿结,箪瓢屡空,晏如也"的境界,才能像前代高士黔娄那样"不戚戚于贫贱,不汲汲于富贵",才能真正"忘怀得失,以此自终"。

陶渊明之后,文士"逃身"而为隐士者甚多,但真正能够做到由"逃身"而至"逃心"者鲜矣。其中不少人是身在江海之上,心存魏阙之下,以隐逸为终南捷径,名为隐逸,实则是借隐逸来邀求功名。孔稚圭的《北山移文》,就是为声讨这类沽名钓誉的假隐士而作。这类隐士形式上做到了"逃身",但他们把"逃身"当作终南捷径,以此沽名钓誉。这些人依然"心存魏阙",未能做到"逃心"。与此相反,不少身在官场的文人虽然未能"逃身",却是身系尘世,心存物外,试图"逃心"。两晋之际那些身居高位而热衷谈玄清议的人,有不少都是试图"逃心"者。其最为典型者是名列"中朝名士"之首的王衍。他位居台辅之重,却是不婴世务,仕不事事,终日与所谓的"中朝名士"侈谈玄理,信口雌黄。王衍这样做虽然有明哲保身的意图,但他也是以此作为"逃心"的一种方式。

隋唐以后,随着科举制的实行,文人进入官场者越来越多,但受儒、道、佛等文化的影响,进入官场的文人在生活或仕途遭遇挫折之时,纵然没有选择"逃身",通常也会采取"逃心"或"逃名"的方式来进行自我排遣,自我调节。这种情况在北宋文人中表现得十分突出。北宋是文人最受重视的时期,同时也是文人之间相互倾轧最为严重的时期。这一时期的文人不仅要防备来自政敌的攻击和暗算,也要防备来自政见或派系不同的文人的攻击和暗算。北宋时期许多文人深陷党争的旋涡不能自拔,就深刻地说明了这一点。

作为北宋曾经叱咤一时的文坛领袖,欧阳修同样也曾深陷"逃身""逃心"与"逃名"的痛苦选择之中。景祐三年(1036),天章阁待制权知开封府范仲淹因言事忤宰相,被贬为饶州知府。时任大理评事兼监察御史的欧阳修刚满30岁,他仗义执言,致书司谏高若讷,严辞切责,信中有"足下犹能以面目见士大夫,出入朝中称谏官,是足下不复知人间有羞耻事尔"①之语,论者称为"口舌之诛,严于斧钺"。高若讷以其书示宰相吕夷简,欧阳修因此被划入范仲淹一党,贬为夷陵县令。庆历五年(1045),欧阳修因再次为范仲淹、富弼等人辩解而被贬知滁州。欧阳修屡屡不由自主地身陷朝廷党争的旋涡,身心都经历了巨大痛苦和折磨。然而,欧阳修毕竟是一个有着极强政治责任感的文人,他既不能像陶渊明那样借"逃身"来实现"逃心",只好是虽不能之,心向往之,所以其诗文常常不自觉地流露出超然尘世、寄情物外之想:

> 伊川不到十年间,鱼鸟今应怪我还。浪得浮名销壮节,羞将白发见青山。野花向客开如笑,芳草留人意自闲。却到谢公题壁处,向风清泪独潺潺。(《再至西都》)

此诗写于庆历三年(1043),欧阳修从西京留守推官任上已离职十年。十年之后,欧阳修再至洛阳,已然生出"浪得浮名销壮节,羞将白发见青山"之慨。游宦十余年,欧阳修经历了许多人生坎坷和官场风波,对"浮名"已然兴趣索然,而面对"野花向客开如笑,芳草留人意自闲",却表现出无限爱怜之意,其超然物外之情表露无遗。

在经历了更多的人生磨难和官场挫折之后,欧阳修退居颍水之上,终于能够像陶渊明那样由"逃身"而"逃心"。述及此事,他不无释重之感:"俯仰二十年间,历事三朝,窃位二府,宠荣已至,而忧患随之。心志索然,而筋骸惫矣。其思颍之念,未尝少怠于心,而意之所存,亦时时见于文字也。今者幸蒙宽恩,获解重任,使得待罪于亳。既释危机之虑,而就闲旷之优,其进退出处,顾无所系于事矣。谓可以偿夙志者,此其时哉!"②官场荣宠固然令人羡慕,但伴随而来的忧患灾祸,同样令人战战兢兢,如履薄冰。所以,即使是荣宠之事,亦是令人心志索然。如今终得"释危机之虑,而就闲旷之优,其进退出处,顾无所系于事矣",欧阳修怎能不大快于心呢!

---

① 欧阳修:《文忠集》卷六十七《与高司谏书》。
② 欧阳修:《文忠集》卷四十四《思颍诗后序》。

三、借"逃身"以"逃心"

陶渊明自辞彭泽县令,回归园田后,实现了"逃身"。他"逃心"的主要方式是诗酒文章。他写了许多咏酒诗,以至于有人怀疑他"篇篇有酒,吾观其意不在酒,亦寄酒为迹者也"①。陶渊明"结庐在人境",终日以诗酒自娱,有暇便"奇文共欣赏,疑义相与析"②。对于陶渊明来说,为文赋诗和饮酒只是他"逃心"的一种手段或寄托,正像他在《五柳先生传》中写的那样:"好读书,不求甚解,每有会意,便欣然忘食;性嗜酒,家贫不能常得。亲旧知其如此,或置酒而招之。造饮辄尽,期在必醉。既醉而退,曾不吝情去留。"中国传统文人超然物外,寻求心灵港湾的方式有很多种。陶渊明借"逃身"而至"逃心",并在"逃身"之后,通过诗酒文章来实现"逃心",为传统文人超然尘世之外、寻求心灵的宁静开启了一条新路,对传统文人产生了深远影响。

欧阳修之"逃心",既远承陶渊明之神韵,又根据个人的兴趣、爱好与习惯,形成了独具个性特色的"逃心"方式。欧阳修被贬谪滁州时,曾自号"醉翁"。退居颍水之上,则又更号"六一居士"。他的《六一居士传》对"六一"作了这样的解释:

> 六一居士初谪滁山,自号醉翁。既老而衰且病,将退休于颍水之上,则又更号六一居士。客有问曰:"六一何谓也?"居士曰:"吾家藏书一万卷,集录三代以来金石遗文一千卷,有琴一张,有棋一局,而常置酒一壶。"客曰:"是为五一尔,奈何?"居士曰:"以吾一翁,老于此五物之间,是岂不为六一乎?"

藏书一万卷,金石录一千卷,琴一张,棋一局,酒一壶,再加上优游乎此五物之间的一老翁,刚好是六个一,所以称为"六一居士"。其中的五物,都是欧阳修这位"既老而衰且病"的老翁忘情人世、超然物外的道具,是欧阳修"逃心"借用的工

---

① 萧统:《陶渊明集序》,引自俞绍初《昭明太子集校注》,中州古籍出版社,2001年,第200页。
② 陶渊明:《陶渊明集》卷二《移居二首》其一。

具和选择的方式。

传统文人超然尘外的方式有很多,有的放情山水,有的寄意园田,有的优游世外,有的沉湎醉乡,有的以琴棋书画为伴,有的以松竹梅菊为友。欧阳修超然尘外的方式很特别,藏书一万卷、金石录一千卷,表现出他对古代文献和文物的特别嗜好,同时也表明他对文化知识和学术文章的执着与热爱;琴和棋则是文人雅士的必备之物。陶渊明蓄素琴一张,曾言"但识琴中趣,何劳弦上声"。他追求的是一种高情雅趣,至于素琴能否弹出声音,弹出怎样的声音,都不重要。围棋最讲究阴阳相生,追求的是均衡与和谐,是中国人智慧的体现,所以传统文人非常喜爱对弈手谈。东晋谢安在淝水之战打得不可开交的时候,仍手谈不辍,足见文人对围棋的钟爱程度是如何之高了。欧阳修琴一张,棋一局,既是为了与文友切磋琴艺和棋艺,同时也是为了在研讨古文化之时进行必要的自我消遣。至于酒一壶,那就更是传统文人必不可少之物了。传统文人不论是嗜饮、喜饮者,还是不胜酒力者与根本不能饮者,对酒都有特殊的感情,这不仅因为"酒能祛百虑"①,可以消除各种烦恼,也不仅因为酒是诗朋文友交际之物,更因为酒至微醺能够让人达至一种非常独特的审美境界,故宋代文人邵雍有"美酒饮教微醉后,好花看到半开时"②之说。欧阳修的"酒一壶",与琴一张、棋一局一样,都是他摆脱世俗缠绕、超然物外、寻求心之宁静所必不可少之物。

也许正是因此,有人以为欧阳修屡易其号、以此五物为伴,是为了"逃名",以为"此庄生所诮畏影而走乎日中者也,予将见子疾走大喘渴死,而名不得逃也"。但在欧阳修看来,名不可逃,亦不必逃。他之所以对这五物情有独钟,则是因为它们是"志吾之乐"罢了。正如欧阳修在《六一居士传》中所写的那样:

> 吾之乐可胜道哉!方其得意于五物也,太山在前而不见,疾雷破柱而不惊,虽响九奏于洞庭之野,阅大战于涿鹿之原,未足喻其乐且适也。然常患不得极吾乐于其间者,世事之为吾累者众也。其大者有二焉:轩裳珪组劳吾形于外,忧患思虑劳吾心于内,使吾形不病而已瘁,心未老而先衰。尚何暇于五物哉?虽然吾自乞其身于朝者三年矣,一日,天子恻然哀之,赐其

---

① 陶渊明:《陶渊明集》卷二《九日闲居》其一。
② 邵雍:《伊川击壤集》卷十《安乐窝中吟》,文渊阁四库全书影印本。

骸骨,使得与此五物皆返于田庐,庶几偿其夙愿焉。此吾之所以志也。①

欧阳修在官场,前后达40年,对官场有深刻体会和感受。在他看来,不能让他极乐于五物之间的原因虽然很多,但最主要的却只有两点:一是官服冠带让他劳形于外,忙于官场各种应酬,这和嵇康不堪于"危坐一时,痹不得摇。性复多虱,把搔无已,而当裹以章服,揖拜上官"②,有所相似;二是职责所在使他不得不在其位而谋其政,忧患思虑,劳心于内。内外交困,致使他"形不病而已瘁,心未老而先衰"。仕途的悲喜,职责的要求,使每一个进入官场的传统文人都不免劳形劳心,因为他们不是政客,而是有社会责任感的文人,充当社会脊梁、保持做人良知的基本教育,使他们不可能像某些政客那样违心地去为政与为人。所以才有了陶渊明的挂冠而去,有了范仲淹等人的一次次被贬谪。尝遍了仕途的酸甜苦辣,经历了宦海的起伏坎坷,欧阳修越发感到"极吾乐于其间"之可贵,于是决定以五物为伴,老于其间。

欧阳修作出这样的选择,固然是因为在他的观念中应该是"士少而仕,老而休",他已是年过花甲之人,可以"老而休",颐养天年了,更主要的是他认为有"三宜去":"盖有不待七十者矣,吾素慕之,宜去一也;吾尝用于时矣,而讫无称焉,宜去二也;壮犹如此,今既老且病矣,乃以难强之筋骸,贪过分之荣禄,是将违其素志,而自食其言,宜去三也。吾负三宜去,虽无五物,其宜去矣。"欧阳修是一个有自知之明的人。他一向仰慕那些不到七十就告老还乡的人,所以他不想已是古稀之年仍滞留在官场,这是其一;其二,为官已经多年,迄今为止没有多好的名声,所以,也应该离开了;其三,如今老而且病,若仍然恋栈,便有贪图荣禄之嫌,也违背自己的志向,是自食其言,所以也必须离开了。因为这三个原因,即使没有那五种可以"逃心"的东西,也是要离开的。可见,欧阳修是非常明智的,是真正的知进退之人。

陶渊明"不能为五斗米折腰向乡里小人"而自解印绶去职,似乎是外在因素更多一些,但实际上却是他不慕荣利、质性自然的性格使然。可以说,陶渊明由"逃身"而至"逃心",是由其自身性格决定的。而欧阳修的"三宜去",不论是"素慕之""讫无称焉",还是"将违其素志,而自食其言",都是出于自省,是对自

---

① 欧阳修:《文忠集》卷四十四。
② 嵇康:《嵇康集》卷二《与山巨源绝交书》。

己人生志向与经历的反思。其中虽不乏客观因素的作用，但主要还是欧阳修深刻的自省。两相比较不难看出，陶渊明选择归隐，通过"逃身"来实现"逃心"，是一种非常直接的感性行为，而欧阳修借五物以"逃心"，则更多的是理性选择的结果。

从陶渊明到欧阳修，由感性行为到理性选择，折射出中国传统文人心态演进的轨迹。应该说，自巢父、许由而来的隐逸行为，都经过了隐居者的理性思考。巢父和许由等远古隐士不愿受天下之累，辞天下之尊而不受，虽是理性选择的结果，但实际上则是他们欲逍遥于天地之间的性格使然。三代以降，尤其是春秋战国以后，随着儒家与道家文化的形成，传统文人或服膺道家，或笃信儒家。道家文化本来就是以出世为特征的，道家所提倡的任情自然和返璞归真，为传统文人的隐居提供了思想理论依据；同时，儒家主张的"邦有道则仕，邦无道则可卷而怀之"①，"隐居以求其志，行义以达其道"②，以及"贤者辟世，其次辟地，其次辟色，其次辟言"③等，实际上对隐逸也持肯定态度。尤其是"隐居以求其志"，更成为后世文人隐居求志所高扬的一面旗帜。

魏晋之前，文士隐居的具体原因虽然多种多样，各不相同，但总体来说多是性格使然。正如范晔所说：

> 《易》称"遁之时义大矣哉"，又曰"不事王侯，高尚其事"。是以尧称则天，不屈颍阳之高；武尽美矣，终全孤竹之洁。自兹以降，风流弥繁，长往之轨未殊，而感致之数匪一：或隐居以求其志，或回避以全其道，或静己以镇其躁，或去危以图其安，或垢俗以动其概，或疵物以激其清。然观其甘心畎亩之中，憔悴江海之上，岂必亲鱼鸟乐林草哉！亦云性分所至而已。故蒙耻之宾屡黜不去其国，蹈海之节千乘莫移其情。适使矫易去就，则不能相为矣。④

"性分所至"四字，道出了文士隐逸的深层文化原因。正是因为包括个人性格、人生态度、处世原则等在内的"性分"不同，不少文人才选择了隐居这条道

---

① 《论语·卫灵公》，中华书局 1980 年影印《十三经注疏》本。
② 《论语·季氏》，中华书局 1980 年影印《十三经注疏》本。
③ 《论语·微子》，中华书局 1980 年影印《十三经注疏》本。
④ 范晔：《后汉书·逸民传序》，上海古籍出版社、上海书店 1986 年影印清乾隆四年武英殿本。

路。这是"性分"使然,也是一种感性行为。魏晋以后,尤其是到了北宋,许多文人常常徘徊于"独善己身"与"兼济天下"之间,但不论选择兼济还是选择独善,大都跻身仕途。"学成文武艺,货与帝王家"。不然的话,空有一身本领,岂不可惜!所以,北宋时期的文人,如魏野、林逋者少,如范仲淹、欧阳修者多。他们身在官场,虽向往隐居求志,却难以割舍社会责任,无法丢弃知识分子的良知,故而也就难以真正远离官场。即使最终像欧阳修这样离开了官场,也多是理性的选择,而非感性行为。可以说,在实行文人治国的北宋,文人获得的厚爱已经无可复加了。但不论官场还是人生,文人总有失意的时候,总免不了坎坷与挫折。当此之时,经过理性思考而选择急流勇退,也是完全可以理解的。从这个意义上说,欧阳修最后的选择,实际上反映出当时文人的一种心态,这就是与其劳形劳心而无益于国家和百姓,不如隐居以求其志,通过隐居来独善其身,实现个人性格与心灵的自我完善。

  从陶渊明到欧阳修,传统文人的人生态度和处世原则并没有发生太大的变化,但他们的处世心态却发生了重要变化,表现之一就是他们对待隐逸的态度以及选择隐逸的方式发生了重要转变——由感性行为到理性选择。这既是选择的变化,同时也是心态的变化。这种变化从一个方面揭示出中国传统文人的心路历程,反映出中国传统文人处世心态演进的轨迹。

(本文为提交给第十三届"文选学"国际学术研讨会的论文)

范仲淹守邓诗的文化内涵与美学意蕴

范仲淹是北宋著名政治家、军事家,同时也是很有成就的文学家。但长期以来,人们对范仲淹的文学成就知之甚少,除了那篇脍炙人口的《岳阳楼记》和《江上渔者》等少数几首诗,能够说出范仲淹其他诗篇名称的人还不是很多。之所以会出现这种情况,主要是因为人们都把注意力集中到了作为政治家和军事家的范仲淹身上,而作为文学家的范仲淹却较少有人留意。譬如清人张景星等人所选编的《宋诗别裁集》,收有宋代诗人137人,诗歌645首,而范仲淹的诗歌仅收录了3首。其实,范仲淹诗、文、赋、词皆独擅其场,风格高标。限于篇幅,本文不准备对范仲淹的文学成就作全面论述,而仅以范仲淹出任邓州太守时所作的诗歌为例,对范仲淹守邓诗的文化内涵与美学意蕴进行探讨。

一、范仲淹守邓诗考略

宋仁宗庆历五年(1045)正月,范仲淹以右谏议大夫、资政殿学士的身份出任邠州太守兼陕西四路安抚使。上任仅半年,他就因肺病上书仁宗,请求到一个地理环境好一些的州郡为官,以便治疗肺病痼疾:"臣则宿患肺疾,每至秋冬发动。若当国有急难之时,臣不敢自求便安,且当勤力。今朝廷宣示西事已定,况邠州元系武臣知州。伏望圣慈恕臣之无功,察臣之多病,许从善地,就访良医于河中府同州,或京西、襄、邓之间,就移一知州,取便路赴任。示君亲之至仁,从臣子之所望,实系圣造。得养天年,臣无任瞻天仰圣。"①朝廷从其请,命其到

---

① 范仲淹:《范文正集》卷十九《陈乞邓州状》,影印文渊阁四库全书本。下引范仲淹诗文皆出自此书。

荆南就职。在朝廷使者路过邓州时，当地人请求使者回奏朝廷，留范仲淹为邓州太守，范仲淹本人也愿意留在邓州。朝廷答应了邓州人的请求。① 于是，自庆历五年七月起，范仲淹在邓州度过了他晚年最为愉快的一段时光。

范仲淹在邓州不仅写下了千古名篇《岳阳楼记》，而且还留下了不少诗章。其中可以确定写于邓州的，有《中元夜百花洲作》《览秀亭诗》《依韵和安陆孙司谏见寄》《依韵答提刑张太博尝新酝》《送河东提刑张太博》《依韵和提刑太博嘉雪》《依韵和提刑张太博寄梅》《依韵酬太傅张相公见赠》《依韵酬李光化见寄》《和李光化秋咏四首》《依韵答王源叔忆百花洲见寄》《献百花洲图上陈州晏相公》《寄安素高处士》等16首。除前两首外，其余多属赠答送别之作。

《中元夜百花洲作》和《览秀亭诗》属于先后之作。中元即农历七月十五，所以，从题目来看，可以肯定前一首是写于农历七月十五夜。范仲淹于庆历五年七月出任邓州太守，因此这首诗很可能是他刚刚到任之后所作。"南阳太守清狂发，未到中秋先赏月"二句，已透露出此诗写作时间之先机。《览秀亭诗》写于重阳登高节，诗中有"九日重登临，凉空氛气收"之句可证。诗中提到的"谢公"，即范仲淹同时代的名士谢绛，名希深。欧阳修《归田录》记有谢希深事："谢希深为奉礼郎，大年尤喜其文，每见则欣然延接，既去则叹息不已。郑天休在公门下，见其如此，怪而问之，大年曰：'此子官亦清要，但年不及中寿尔。'希深官至兵部员外郎、知制诰，卒年四十六，皆如其言。希深初以奉礼郎锁厅应进士举，以启事谒见大年，有云：'曳铃其空，上念无君子者；解组不顾，公其如苍生何！'大年自书此四句于扇，曰：'此文中虎也。'由是知名。"②谢绛曾知邓州，览秀亭就是谢绛知邓州时所建，诗中"谢公创危亭"句即指此事。范仲淹另有《和谢希深学士见寄》："天地久开泰，过言防结括。谁怜多出处，自省有本末。心焉介如石，可裂不可夺。尽室得江行，君恩与全活。回头谏诤路，尚愿无壅遏。岂独世所非，千载成迂阔。"为叙谊言志之作。是否写于守邓时，不得而知。

范仲淹守邓时，与河东提刑张太博的唱和赠答诗有四首之多。除《依韵和提刑张太博寄梅》诗为两地唱和外，其余三首皆是张太博至邓州，范仲淹尽地主之宜时所作。张太博，名方，邓州人。"太博"乃太常博士之省称。宋张师正《括

---

① 参见脱脱等《宋史·宰辅表》和范仲淹本传。
② 欧阳修：《归田录》卷一。

异志》云:"治平三年,太常博士张知兖州奉符县,太山庙据县之中,令兼主庙事,岁三月,天下奉神者悉持奇器珍玩来献。"①当时一些文人如王安石、苏颂等都与张太博有诗词赠答唱和,魏了翁有《水调歌头·过凌云和张太博方》和《水调歌头·张太博方送别壁津楼再赋即席和》。据范仲淹《依韵答提刑张太博尝新酝》诗"南阳本佳处,偶得作守臣。地与汝坟近,古来风化纯"之句,可知张太博当为邓州人。张太博至邓州或当是省亲,其时应在冬季,而且很可能是在年底,《依韵和提刑太博嘉雪》诗有"今秋与冬数月旱"句可证。《依韵和提刑张太博寄梅》诗是张太博离开邓州之后赠范仲淹梅花,范仲淹答谢之作。其诗云:"数枝梅寄寂寥人,多谢韶华次第均。穰下此花留未发,待君同赏后池春。"从"穰下此花留未发"之句可知,张太博这次赠送的梅花没有移栽成功。不过,当时邓州百花洲上却有梅花,而且其花期比襄阳要晚一个月左右,故范仲淹诗有"菊分潭上近,梅比汉南迟"之句。

李光化即李宗易,字简夫,宛丘(今河南南阳)人。真宗天禧三年(1019)进士。因李宗易于宋仁宗庆历间以尚书屯田员外郎知光化军,故以官衔称之。范仲淹对李宗易十分赏识,有《举李宗易向约堪任清要状》,称赞他"素负词雅,居常清慎,有静理之才,无躁进之迹","堪充清要任使",并表示"如朝廷擢用,后犯入已赃,臣甘当同罪"。② 范仲淹与李宗易为至交,唱和之作达9首之多。其中可以确定写于守邓时的有5首,即《依韵酬李光化见寄》和《和李光化秋咏四首》。前一首有"南阳偃息养衰颜,天暖风和近楚关"之句,作于守邓时无疑。《和李光化秋咏四首》为同时之作,从其三《晚》可以看出,此诗亦当作于守邓时:"晚色动边思,去年犹未归。戍楼人已冷,目断望征衣。"秋天的晚色触动了诗人的边关情思,使诗人不由得思念起戍边的将士和城楼。一句"去年犹未归"透露出这四首诗作于范仲淹守邓的当年,具体时间当为宋仁宗庆历五年秋。范仲淹另有四首与李宗易的唱和诗,是否写于守邓时,未敢便下结论。

《依韵答王源叔忆百花洲见寄》是与王洙的赠答诗。王洙,字源叔,有文名。累官侍讲学士。因事黜知濠州,迁调知襄州(即襄阳)。范仲淹与其是多年的知交,《依韵和襄阳王源叔龙图见寄》称二人"布素情相好",言二人之交往"屈指

---

① 张师正:《括异志》卷五《张太博》。
② 范仲淹:《范文正集》卷十九。

四十秋,于今寒岁保"。能交往四十年,且不因政治上的风波坎坷而有所改变,可见二人之交绝非泛泛。

《献百花洲图上陈州晏相公》是写给晏殊的。晏殊,字同叔,抚州临川(今属江西)人。宋仁宗庆历中官至集贤殿学士、同平章事兼枢密使。晏殊为北宋名臣,又是著名词人。他为宰相时,务进贤才,当时名士范仲淹、韩琦、富弼等皆出其门下。庆历四年(1044),孙甫、蔡襄上书弹劾晏殊,晏殊被贬为工部尚书、知颍州。时议以为孙、蔡所奏非晏殊之罪,于是晏殊又被徙知陈州。范仲淹对晏殊始终执弟子礼,故而虽然同为太守,但他写给晏殊的诗却非常谦恭,既称"晏相公",又用了一个"献"字,清楚地表明了他对晏殊的尊敬之意。

《依韵和安陆孙司谏见寄》是与孙甫的赠答诗。孙甫,安陆(今属湖北)人。其时与蔡襄同任司谏之职。从此诗"孙公顷以清净化,我来代之惭二天"二句来看,孙甫当在范仲淹之前出任过邓州太守。《寄安素高处士》中的安素高,应是当地较为著名的高士,不然恐无缘成为范仲淹的座上客。范仲淹在诗中说自己"吏隐南阳",显然是在"隐逸"二字上与安素高找到了共同语言。

二、范仲淹守邓诗的文化内涵

范仲淹患有严重的肺病,每到秋冬季节就要复发。任邠州太守兼陕西四路安抚使时,因边患未宁,他一直勉力与敌周旋。宋仁宗庆历五年,西北边陲相安无事,"朝廷宣示西事已定"。范仲淹于是上书朝廷,请求"就访良医于河中府同州,或京西、襄、邓之间",并得从所愿来到了邓州。在范仲淹看来,邓州是一个好地方,是"善地"。在《邓州谢上表》中,他称"穰都善地,处之甚重,惴然若惊"。正是出于对邓州的这样一种认知,这样一种感情,范仲淹在守邓诗中深情地描绘了邓州的自然风物、地理形势、风土人情和深厚而丰富的人文积淀。

首先,范仲淹笔下的邓州自然风物是那样的美丽动人,充满活力。"日色清如照,前林叶未零。海东新隼至,一点在青冥。"(《和李光化秋咏四首·昼》)邓州的秋天,日色澄净如照,从尚未凋零的树叶间透下来。湛湛蓝天之上,远来的鹰隼在高高的碧空中盘旋,远远望去仅有那么一点点。本来只是平平常常的秋天,可是,在范仲淹的笔下却变得如此美丽而又富有活力。秋日如此,秋夜何尝不是如此："春色人皆醉,秋光独不眠。君看明月下,何似落花前。"(《和李光化秋咏四首·夜》)人人皆道春光美,秋色更能惹人醉。仔细欣赏一下秋月之下的景色,比落红无数的春景如何?一句"何似落花前",无意间流露出诗人对邓州秋色的赞美和爱恋。

  其次,范仲淹对邓州胜景百花洲和览秀亭倾注了满腔热情,使这两处地方景物成为天下名胜。范仲淹守邓诗以百花洲为吟咏对象的有三首:《中元夜百花洲作》《依韵答王源叔忆百花洲见寄》和《献百花洲图上陈州晏相公》。《中元夜百花洲作》是范仲淹刚刚莅任之作,此时对百花洲仅是一种感性认知,同时这首诗重在写中元之月,所以对洲上景物极少着墨。不过,"百花洲里夜忘归,绿梧无声露光滑。天学碧海吐明珠,寒辉射空星斗疏"四句所描写的百花洲中元夜景却是清新宜人。《依韵答王源叔忆百花洲见寄》对百花洲的描绘,显然已经倾注了诗人的感情:"芳洲名冠古南都,最惜尘埃一点无。楼阁春深来海燕,池塘人静下仙凫。花情柳意凭谁问,月彩波光岂易图?汉上山公发新咏,许昌何必诧申湖?"范仲淹之所以把百花洲称为南都景物之冠,不仅因为最喜爱这里"尘埃一点无",而且因为这里清新幽静,物我为一。"楼阁春深来海燕,池塘人静下仙凫。花情柳意凭谁问,月彩波光岂易图"四句,流露出诗人对淳朴自然生活的赞美和追求。当然,令百花洲广为人知的,还是那首《献百花洲图上陈州晏相公》。它对百花洲景物的描绘,令人啧啧称赞,无限神往:

  穰下胜游少,此洲聊入诗。百花争窈窕,一水自涟漪。洁白怜翘鹭,优游美戏龟。阑干红屈曲,亭宇碧参差。倒影澄波底,横烟落照时。月明鱼竞跃,春静柳闲垂。万竹排霜仗,千荷卷翠旗。菊分潭上近,梅比汉南迟。岸鹊依人喜,汀鸥不我疑。彩丝穿石节,罗袜踏青期。素发频来醉,沧浪减去思。步随芳草远,歌逐画船移。绘写求真赏,缄藏献已知。相君那肯爱,家有凤凰池。

开篇两句"穰下胜游少,此洲聊入诗"是自谦之词,与结句"相君那肯爱,家有凤凰池"相照应。自"百花争窈窕"以下直至"歌逐画船移"二十余句,皆是描写百花洲春天的美景。这里百花盛开,河水涟漪,白鹭飞舞,潜龟嬉戏,月明鱼跃,汀鸥驻足,景物如画,美不胜收。更有"阑干红屈曲,亭宇碧参差""万竹排霜仗,千荷卷翠旗"穿插其间,自然景物与人文景观交相辉映,令人欣然神往。清代学人张景星编选《宋诗别裁集》,虽然仅选录范仲淹诗3首,但是却把这首诗选入宋代五言排律之中。尽管我们无法推测张景星是不是为范仲淹描绘的百花洲美景所折服,但我们却不能不佩服他选诗的眼光。

《览秀亭诗》是范仲淹重阳节与客人登临观景时所作。在这首诗中,他不仅再次对百花洲给予极高的赞美,而且描绘了重阳节时百花洲乃至整个邓州城的美丽景象:

> 南阳有绝胜,城下百花洲。谢公创危亭,屹在高城头。尽览洲中秀,历历销人忧。作诗刻金石,意垂千载休。我来亭早坏,何以待英游?试观荆棘繁,欲步瓦砾稠。嗟嗟命良工,美材肆尔求。日基复日构,落成会中秋。开樽揖明月,席上皆应刘。敏速迭唱和,醺酣争献酬。老子素不浅,预兹年少俦。九日重登临,凉空氛气收。风来雁声度,云去山色留。西郊有潭菊,满以金船浮。雅为君子寿,物外真悠悠。过则与春期,春时良更优。焰焰众卉明,衮衮新泉流。箫鼓动地喧,罗绮倾城游。五马不行乐,州人为之羞。亭焉讵可废,愿此多贤侯。

览秀亭原是邓州太守谢希深在任时所建。范仲淹守邓时,见这座屹立在城头的亭子早已经损坏,于是下令修缮,八月中秋落成,九月重阳登临览胜,四面景物美不胜收。远处"风来雁声度,云去山色留",城外"西郊有潭菊,满以金船浮"。诗人由眼前之景联想到春天百花洲的景象"焰焰众卉明,衮衮新泉流。箫鼓动地喧,罗绮倾城游",令人对春天百花洲的景象产生无限的遐想。

再次,范仲淹的守邓诗具有浓厚的人文色彩,具体表现为三个方面。其一,是对邓州历史文化的赞美。在《依韵和安陆孙司谏见寄》一诗中,范仲淹对这里的历史文化和故事传说给予了热情的礼赞:"穰下故都今善藩,沃衍千里多丰年。……人物高传卧龙里,神仙近接弄珠川。汉光旧烈山河在,徘徊吊古良依然。二十八将固不朽,风云一代皆忠贤。"邓州所在的南阳,是东汉光武帝刘秀的发迹之地,光武帝"云台二十八将"中的邓禹、吴汉、马武等,都是南阳人。他们为东汉中兴立下了汗马功劳。这些曾经叱咤一时的风云人物虽然早已作古,但遗迹胜景尚在,山河仍存。有"卧龙"之誉的诸葛亮出山辅佐刘备之前,也曾在这里隐居。他出将入相,在三国历史上发挥了重要作用。其二,是对邓州风土民俗的赞美。这里春天有踏青之游,"箫鼓动地喧,罗绮倾城游。五马不行乐,州人为之羞"(《览秀亭诗》)。踏青之时,士女"彩丝穿石节,罗袜踏青期"。这里所说的"彩丝穿石节",指的是当时的一种民俗,范仲淹自注云:"襄邓间旧俗,正月二十二日,士女游河,取小石通中者,用彩丝穿之,带以为祥。"这里有祈雨之俗:"龙遁云藏不肯起,荒祠巫鼓徒轰轰。"(《依韵和提刑太博嘉雪》)天旱无雨,民间自发举行祈雨仪式,荒敝破败的祠堂外,巫祝擂鼓祈雨,场面煞是热闹。这里有劝酒之风:"礼俗重三爵,今乃不记巡。"(《依韵答提刑张太博尝新酝》)招待客人,先敬三杯,这是必不可少的礼节和程序,故称"礼俗重三爵"。三杯过后,才可以行酒令。范仲淹不是邓州人,故而对饮酒是否已过三巡一直记不清,所谓"今乃不记巡",说的就是这种情况。其三,是对邓州淳厚民风的赞美。邓州民风淳厚,是吸引范仲淹来此地的重要原因之一。他认为,"穰下故都今善藩",自古民风淳厚,所谓"古来风化纯"。在一个以农耕为主的社会,耕田种地是最为基本的农事活动。尽管"南阳风俗常苦耕",但人们还是在日复一日、年复一年地辛苦劳作着,"长戴尧舜主,尽作羲黄民。耕田与凿井,熙熙千万春"(《依韵答提刑张太博尝新酝》)。

最后一点,也是最为重要的一点,是范仲淹在守邓诗中袒露了一个有社会良知的知识分子的情怀。范仲淹既是一个有责任心和报国情的政治家,又是一个有社会良知的知识分子。他以"先天下之忧而忧,后天下之乐而乐"为人生信条,心里时刻想着国家、社会和百姓。这样一种思想境界,在守邓诗中也有所表现。当南阳秋冬数月无雨遭受大旱之时,范仲淹心忧如焚,表示"南阳风俗常苦耕,太守忧民敢不诚"。数月无雨,百姓着急,身为太守的范仲淹同样着急,他在其位就要谋其政,就要为百姓想办法。忽然天降大雪,范仲淹欣喜异常,他不仅用生花妙笔描绘了邓州如诗如画的雪景,而且由大雪的均施无私想到了为官者公平、公正的责任,表示"共君学取雪好处,平施万物如权衡"。为官者要像大雪那样均施无私,心中要有一杆秤,公平公正地对待每一个百姓。这是怎样的一种思想境界啊!

范仲淹心里时刻想着百姓,想着天下之人。在朋友相聚、其乐融融之时,他"但愿天下乐,一若樽前身"(《依韵答提刑张太博尝新酝》),希望天下的百姓都像他们这样快快乐乐,无忧无虑。尽管这种想法有些不切实际,但他毕竟能够想到百姓,能够把他们的苦乐放在心上。虽然他曾自谦地说"当官一无术,易易复循循",表示自己没有什么能耐,只是因循前人偶尔变化一下而已,但他却十分清楚畅通言路的重要性,认为应该"长使下情达",经常能够听到下面的声音,听到百姓的心声。为了下情上达,为了反映百姓的疾苦与心声,应该直言相争,犯颜而谏,哪怕因为直言相争而使自己受了委屈也再所不惜,这就是他在与孙司谏的诗中所说的"相其直道了无悔,宁争蟪屈与鹏鶱"(《依韵和安陆孙司谏见寄》)。

当然,范仲淹请求为邓州太守本来就有"吏隐"的意思。在《寄安素高处士》中,他曾明确表达过这种意思:"吏隐南阳味日新,幕中文雅尽交宾。满轩明月清谭夜,共忆诗书万卷人。"范仲淹之所以离开边关,是因为患有肺病,秋冬之季就要复发。他选择到邓州做官,因为这是一块"古来风化纯"的"善地",而且"卧龙乡曲多贤达",适宜"吏隐"。前有卧龙诸葛亮,近有处士安素高,都是隐逸之士。在这样一个地方为官,本有"吏隐"之心的范仲淹自然不免时时生出遁世隐居的念头:"我亦明时得君者,出处十载功不前。尚得州麾养衰疾,优游岂减居林泉。"(《依韵和安陆孙司谏见寄》)在他看来,能在邓州这样一个好地方养病,心情畅快,其乐趣比隐居山间林下差不到哪里。这种思想倾向,在下面两首诗中得到了鲜明的表现:

  南阳偃息养衰颜,天暖风和近楚关。欲少祸时当止足,得无权处始安闲。心怜好鸟来幽院,目送微云过别山。此景此情聊自慰,是非何极任循环。(《依韵酬李光化见寄》)

  出处曾无致主功,南阳为守地犹雄。醉醒往日惭渔父,得失今朝贺塞翁。七里河边归带月,百花洲上啸生风。卧龙乡曲多贤达,愿预逍遥九老中。(《依韵酬太傅张相公见赠》)

欲少祸少,知足常乐,无权安闲,无欲则刚。如果能够做到这些,何惧天道循环?再者说,得失福祸本来就是辩证的,所谓"塞翁失马,安知非福?"对这种思想倾向,与其视为消极处世,不如视为对人生的豁达态度。

三、范仲淹守邓诗的美学意蕴

有论者评论范仲淹诗歌,拈出一个"清"字。的确,范仲淹诗歌具有"清新"的风格,在以议论为诗、以才情为诗、以学问为诗的宋代诗坛,出现这样一种诗风,读之确实令人耳目一新,本应引起人们更多的注意。但是,由于范仲淹主要的成就和贡献不在诗歌创作,研究者对范仲淹诗歌的美学意蕴少有留意。事实上,范仲淹的诗歌不仅以"清新"见长,而且冲淡高古、飘逸旷达,与范仲淹高洁的人格和崇高的境界相映成趣。范仲淹任邓州太守时创作的诗歌,也鲜明地表现出这样一种艺术风格。

唐代诗歌评论家司空图把诗歌分为二十四品,冲淡、高古、飘逸、旷达为其中的四品。冲淡和高古分列第二品和第五品。其论冲淡,以"素处以默,妙机其微。饮之太和,独鹤与飞"解之;①论高古,以"畸人乘真,手把芙蓉。泛彼浩劫,窅然空踪"解之。② 司空图的解释文雅而艰深,比较而言,清人杨庭芝《诗品浅解》说的就直白一些,他以为,冲淡就是"冲而弥高,淡而弥旨",高古就是"高则俯视一切,古则抗怀千载"。冲淡和高古是相互联系的两种美学风格,是一个问题的两个方面。"冲而弥高"自然可以"俯视一切","淡而弥旨"则就容易"抗怀千载"。范仲淹的守邓诗虽然只有十几首,但这些诗歌却表现出冲淡高古的美学风格。如"天学碧海吐明珠,寒辉射空星斗疏。西楼下看人间世,莹然都在青玉壶"(《中元夜百花洲作》),诗人把自己置于精神与心灵的制高点,来俯视中元夜的景色,朗朗明月和寒辉下的月夜,在诗人看来,不过是一颗碧海明珠和一把青玉壶罢了。这样的描写既匠心独运,又卓尔不俗,给人冲淡高古之感。类似的诗句,在《送河东提刑张太博》中也能看到。在这首送别诗中,诗人描绘了西北边陲惨烈的战斗场面,颇有悲壮之意。但在诗的结尾,诗人笔锋一转,变悲壮为冲淡,变深沉为高古:"长河出紫塞,太行入青云。天然作雄屏,览者怀忠勋。行府在平阳,山川秀氤氲。"有此一变,整首诗的基本格调陡然得到了提升。尤其是"长河出紫塞,太行入青云"二句,堪与唐代诗人王维《使至塞上》中的名句"大漠孤烟直,长河落日圆"媲美。

范仲淹出任邓州太守本来就有"吏隐"之意,所以,他在邓州所写的诗虽然时而表现出冲淡高古之风,但总体而言却是以飘逸旷达为特色。读范仲淹的守邓诗,人们常常可以感受到诗人潇洒豁达的人生态度,感受到诗人对身外之物的恬淡,对功名利禄的淡薄,对是是非非的超然。读着"大言出物表,本性还天真。或落孟嘉帽,或抛陶令巾。吾非葛天氏,谁为刘伯伦?"(《依韵答提刑张太博尝新酝》)人们不难体味到诗人的自然纯真之情,感受到诗人对世事人生的豁

---

① 司空图撰,郭绍虞集解:《诗品集解》,人民文学出版社,1981年,第5页。
② 司空图撰,郭绍虞集解:《诗品集解》,人民文学出版社,1981年,第11页。

达,为诗人的旷达所感染和折服。范仲淹疾病缠身,又已老迈,但他却十分达观,该饮则饮,需歌则歌。"一笛吹销万里云,主人高歌客大醉。客醉起舞逐我歌,弗舞弗歌如老何?"(《中元夜百花洲作》)从这些充满豪气的诗句中,读者隐然看到了范仲淹"南阳太守清狂发"之时的老顽童形象。这些艺术形象以及诗人通过这些艺术形象所营造的意境,既实实在在又空灵飘逸,给人"落落欲往,矫矫不群。缑山之鹤,华顶之云"①的感觉,真正是飘洒闲逸,卓尔不群。

范仲淹的守邓诗不仅表现出冲淡高古、飘逸旷达的艺术风格,而且极富艺术性。描摹山水景物,甚见诗人的艺术功力。如《依韵和提刑太博嘉雪》对邓州雪景的描绘,堪称惊世绝伦:

> 昨宵天意骤回复,繁阴一布飘寒英。裁成片片尽六出,化工造物何其精!散乱狂飞若倚势,徘徊缓舞如含情。千门竞扫明月色,万木都折寒梅英。天上风流忽尔在,人间险阻无不平。因松偶作琴瑟调,过竹徐闻环佩声。江天鸣雁畏相失,龙庭奔马豪如惊。丞相沙堤初踏练,将军紫髯浑缀璎。岩前饥杀啸风虎,海上冻死吞舟鲸。

古人咏雪诗很多,如梁昭明太子萧统的《貌雪诗》"既同摽梅英散,复似太谷花飞。密如公超所起,皎如渊客所挥。无羡昆岩列素,岂匹振鹭群归",唐代边塞诗人岑参的《白雪歌送武判官归京》等,都是咏雪诗中的名篇。比较而言,范仲淹这首咏雪诗既有萧统《貌雪诗》的淡静和细腻,又有岑参《白雪歌送武判官归京》的雄浑和大气。其诗观察细致,想象奇特,描写出神入化,尤其是"江天鸣雁畏相失,龙庭奔马豪如惊"和"岩前饥杀啸风虎,海上冻死吞舟鲸",气象雄伟,大气磅礴,极富艺术想象力。

即使是同一描写对象,由于时间、场合、心境的不同,出现在诗人笔下的景物也是各具面目,特色鲜明。譬如百花洲,范仲淹守邓诗多次涉及,但每一次描写都绝不重复,而是有新内容、新景象、新构思。让我们比较一下下面两首诗中的相关描写:

> 况有百花洲,水木长时新。烟姿藏碧坞,柳杪见朱阑。两两凫雁侣,依依江海濒。晚光倒晚影,一川无一尘。悠悠乘画舸,坦坦解朝绅。绿荫承作盖,芳草就为茵。(《依韵答提刑张太博尝新酝》)

---

① 司空图撰,郭绍虞集解:《诗品集解》,人民文学出版社,1981年,第39页。

> 百花争窈窕，一水自涟漪。洁白怜翘鹭，优游羡戏龟。阑干红屈曲，亭宇碧参差。倒影澄波底，横烟落照时。月明鱼竞跃，春静柳闲垂。万竹排霜仗，千荷卷翠旗。(《献百花洲图上陈州晏相公》)

同是描写百花洲春天的景色，前者采取的是平面视角，进入视线的各种景物，不论是碧坞朱阐、凫雁画舸，还是芳草绿荫，皆在同一平面上，后者因是对百花洲图的介绍和描绘，故而采取的是全知视角，既有"百花争窈窕，一水自涟漪"和"倒影澄波底，横烟落照时"的远景，又有"阑干红屈曲，亭宇碧参差"和"万竹排霜仗，千荷卷翠旗"的俯视，同时又有"洁白怜翘鹭，优游羡戏龟"和"月明鱼竞跃，春静柳闲垂"的特写镜头，高低参差，远近结合，在浑然不知的时空转换中，将一幅美丽绝伦的百花洲图呈现给人们。这些诗歌虽不免有以才情入诗的痕迹，但绝少议论，更无"掉书袋"之嫌。其中一些诗句，如"烟姿藏碧坞，柳杪见朱阐。两两凫雁侣，依依江海濒""绿荫承作盖，芳草就为茵""阑干红屈曲，亭宇碧参差""万竹排霜仗，千荷卷翠旗"看似信手拈来，实则独具匠心，对仗甚工，堪称千古佳对。

范仲淹守邓诗只有十几首，在范仲淹近三百首诗歌中不及百分之六，但它们却从不同侧面反映出范仲淹在邓州时的喜怒哀乐和所思所想，具有丰富的文化内涵和美学意蕴。研究范仲淹的守邓诗，可以窥一斑而知全豹，有助于人们全面认识和了解范仲淹的诗歌创作和文学成就，进而全面认识和了解具有崇高思想境界和伟大人格魅力的范仲淹其人。

(原载《范仲淹文化研究》，中国文史出版社 2006 年 10 月)

作为基础工程的文学:从马悦然的演讲说起

今天的演讲之所以选择这个题目,是受到了瑞典皇家学院终身院士、诺贝尔文学奖18位评委中的终身评委马悦然教授的启发。他于今年11月29日在新加坡举行了一场有关诺贝尔文学奖和华文文学的讲座。他在演讲中说:"中国现在的文化走向世界,文学这个基础工程才是最重要的功臣之一。而且,这种文化不仅体现在性情的陶冶上,也已经成为实实在在的经济动力。"

马悦然曾任斯德哥尔摩大学东方语言学院中文系汉学教授和系主任,欧洲汉学会会长,也是诺贝尔文学奖评委中唯一深谙中国文化、精通汉语言的汉学家。马悦然这段话的重点显然是要突出文学的基础作用,他把文学看作中国当代文化走向世界的非常重要的功臣之一。关于这一点,用不着作更多的解释,只要看一看翻译到国外的中国文化典籍就清楚了。翻译最早的和最多的,都是文学作品。可以说,外国人尤其是西方人最早是从中国的文学作品中认识了中国。改革开放以来,封闭已久的国门突然打开,伴随着西方文化的强势进入,新时期许多有重要影响的中国文学作品也陆续被翻译到国外,向外国人展示着新时期中国焕然一新的精神面貌。文学作品的翻译,属于文化交流。从这个意义上说,文学最早充当并一直充当着中外文化交流的使者。这一使命,文学至今仍在肩负着。

坦白地讲,看到有关马悦然教授的演讲报道时,我首先注意到的不是他对中国文学的评价,而是他使用的"基础工程"这么一个词语。过去我们常说文学属于"基础学科",这是不错的。但事实上,文学还是一项人们不曾意识到的"基础工程",是一项在"基础学科"中被逐渐边缘化而在现实生活中却不可能真正边缘化的"基础工程"。

"基础学科"和"基础工程",虽然仅是一词之差,但其所属范畴、适用对象、评价标准和评价体系却大不相同。学科是无形的,工程是有形的;学科属于理论或学术范畴,工程属于应用或实用范畴。说文学是"基础工程",主要是强调它的现实应用价值或实用价值。作为基础学科的文学,在当代文化建设中发挥着不可替代的"基础工程"作用,其应用价值或实用价值在多方的刻意追求中发挥得淋漓尽致。由于时间的关系,这里仅提出三个问题,与大家进行交流。

一、文学在边缘化过程中却被"工程化"

说起文学的作用和价值,大学中文系毕业的学生都能说出个一二三来,诸如认识功能、教育功能、审美功能,诸如移风易俗、陶冶情操、修身养性,诸如载道、弘道、美刺、言志、抒怀、审美等。这些作用和价值,文学始终未曾消解或卸载。许多人包括非文学专业的人也承认文学的作用和价值。但遗憾的是,在一个躁动不安、人心浮躁的社会里,在一个更加注重产品的实用价值的社会里,在一个许多人都梦想着一觉醒来成为比尔·盖茨或索罗斯的社会里,文学这种一向被视为象牙塔里的高雅艺术,在许多人的眼里不过是镜花水月,是闲暇时的消遣、郁闷时的排遣和高兴时的点缀,甚至是无病呻吟和"为赋新诗强说愁"。面对如此境况,文学被边缘化也就是不可避免的了。

一个很有意思的现象是,文学一边被边缘化,一边却在浑然不觉中被"工程化"。人们通常在以下两种意义上使用"工程"一词:一是指把自然科学原理和在生产实践中积累的经验运用到工业生产中而形成的系统化生产模式,如车辆工程、土木工程等;二是指具体的基础建设项目,如某一城市的环城快速路工程、地铁工程等。在科学技术高度发达、系统工程成为时髦选择、基础理论向应用科学(或技术)靠拢的大文化背景下,文学的"工程化"就成为一种必然了。

文学的工程化,既指文学创作在一些"作家"那里已经转换为系统化生产模式,又指文学成了一些单位或部门的"基础建设项目"。最为典型的是大家熟知的"五个一工程",即一部好的戏剧作品,一部好的电视剧(片)作品,一部好的图书(限社会科学方面),一篇好的理论文章(限社会科学方面),一首好歌和一部好的广播剧。其中的戏剧、电视剧、音乐和广播剧都属于文艺节目。随着这些文艺节目的工程化,作为基础的文学也就不知不觉地被工程化了。对于文学来说,它虽然从一门"学科"摇身而变为一项"工程",但这未尝不是好事。文学借助类似的工程,受到了工程主办方的重视。因为,要搞好这些工程,必须打好文学这个基础工程,譬如戏剧、电视剧、广播剧的剧本和音乐的歌词,都是以文学为基础的,需要精雕细刻,精益求精。文学这个基础工程打不好,整个工程就不可能创优争先,跻身"五个一工程"。这种现象的出现,不仅促进了文学创作,而且也为文学赢得了发展空间。诸如此类的文艺精品工程、文艺献礼工程、文艺汇演工程,也都是以文学作为基础工程。至于那些借文学之名而兴建的实体工程,如文艺中心、艺术中心之类,同样也是以文学为基础工程的。这方面的例子很多,稍稍留心一下传媒的相关报道,就会发现很多。

熟悉改革开放以来文学发展历程的人都知道,在改革开放之初,文学不仅充当了先锋角色,而且在社会上产生了很大影响。一个很能说明问题的现象,就是当时文学青年非常多,很多人都有文学梦,文学刊物发行量都比较大,《十月》《收获》《花城》《中篇小说选刊》等大型文学期刊,每期都有数万甚至数十万的发行量。然而,好景不长,伴随着拨乱反正的完成和工作重心的转移,文学的角色开始淡化,文学逐渐被边缘化。但是,在作为基础学科的文学被边缘化的同时,作为基础工程的文学却受到了重视。这对文学来说,也许是一件幸事。因为它毕竟延缓了文学被边缘化的过程。

二、文学在各类文化工程中承载了不能承载之重

文化实力是综合国力的重要组成部分。文化虽然被称为软实力,但经过适当的转化尤其是"工程化"之后,文化也可变为硬实力。作为基础工程的文学同样如此,它一旦成为"工程",也就变成了可触可感的、可以根据需求进行塑造或创造的、可以进行转换或交换的有形物了。国家重点图书出版工程中的文学图书就是很好的例子。河南省投巨资打造的《中原文化大典》也是一例,它是河南出版集团承担的一项重大出版工程,也是国家"十五"重点出版工程。其中"文学艺术典"六卷,与文学的关系自不待言。至于其他各典各卷,也都离不开文学这一基础。事实上,我们现在所做的许多工作,正是要把文化软实力转化为硬实力。所以,有学者认为文化也是硬实力。

反思一下我们已经进行或正在进行的文化工程,文学已成为各类文化建设

工程的基础工程。以河南为例,近年声势颇大、效果颇佳、收获颇丰的中原文化港澳行、宝岛行、沿海行,是中原文化走出河南、借中原文化重塑河南形象的一项系统工程。在这项工程中,出现在舞台上接受观众掌声与喝彩的,是戏剧、音乐、舞蹈和其他各种艺术形式的表演。而文学作为基础工程,它虽然承载了不能承载之重,却默默无闻,悄无声息。从事文学艺术的人都清楚这样一个道理:剧本剧本,一剧之本。这个"本"字,既说明了文学的基础地位,又说明了文学的重要性。离开了文学这一基础工程,许多文化建设工程,都将成为无本之木,无源之水。

正是因为文学太"基础"了,许许多多的文化工程都压在了文学之上,在文学的承载下构筑各种各样令人目眩的文化工程。这或许可以看作对文学的偏爱,但对作为基础工程的文学来说,则更多的是承受,是无奈,是奉献,而不是鲜花、掌声和荣耀。因为文学是基础,无论文学承载了怎样的不能承载之重,都是理所当然的。当然,如果换个角度来说,也可以说是非文学莫属。角色的转换,也许可以给文学一些安慰,但并不能消解文学的不能承载之重。

看一看已经实行的一些文化工程,如许多省份在推行的文化精品和文学精品工程,文化走出去工程,等等,有不少都需要文学这一基础。这种情况的出现本来非常有利于文学的发展与繁荣,但是,由于不少工程功利性目的太过明显,而且常常是时间紧、任务重,拿奖项尤其是拿大奖的压力太大,创作中就难免出现浮躁现象,因而文学的审美价值和审美功能无意中被削弱,文学的艺术性,甚至包括文学以文化人的教育功能,都一定程度上被削弱了。有些作品虽然在各类评奖中拿到了奖项,甚至拿了大奖,但社会影响和反响如何呢?不客气地说,有些作品是为了拿奖而拿奖,在创作的时候很少考虑文学的属性及其价值,更没有把人民群众作为文学作品的最高评判者。所以,有的作品虽然拿了大奖,却很少有人愿意去读它。就像有些工程,做的时候可能还有一些人关注它,而工程竣工之后,由于该项工程与人民的生产生活没有太多的联系,人民就很少关注它了。文学的不能承受之重,从某种意义上说与这种现象有很大关系。因为,各种各样的工程一方面似乎强化了文学的基础地位,而另一方面通过各种工程生产出来的作品,却难以让人民群众满意,影响了人们对文学的观感。

三、文学为改善人们生活质量作出巨大贡献

马悦然说文学是"经济动力",固然是说文学作为一种精神动力对经济的推动作用,所谓精神变物质,但文学作品一旦进入市场,它就像其他产品一样具有商品价值,可以转换为真金白银,因而可以转换为经济动力。看一看这些年中国作家收入排行榜,位居三甲的作家,收入几乎都在千万元以上,如郭敬明、韩寒、于丹、易中天、郑渊洁、余秋雨等人,都曾榜上有名。以其千万元以上的版税收入来计算,他们每人创造的经济价值差不多都在亿元以上。这个数字乍一看很惊人,但是,若和文学对其他经济形式的贡献来看,不过是小巫见大巫。

让我们先看一看电影、电视。张艺谋执导的电影《英雄》,投放市场的当年就达到了 2.5 亿元的票房收入,占了当年全国电影票房总收入的 50% 还要多;《满城尽带黄金甲》票房收入超过 3 亿元。而美国迪斯尼制作的动画片《花木兰》,梦工厂动画和派拉蒙影业制作的动画片《功夫熊猫》,票房收入更高达数亿美元。至于张艺谋执导的北京奥运会开幕式创造的经济价值,更是难以准确估计。人们看到的是这些电影、电视或开幕式带来的可观经济效益和辉煌,却没有意识到,在这些可观的经济效益和辉煌的底层,却是作为基础的文学在承载和奉献。

从文学对网络游戏和信息技术行业的贡献,更可以看出文学这一基础工程的巨大作用。2007 年,中国游戏总收入达 300 亿元,而网络游戏总收入首次突破 100 亿元。新投入到中国网络游戏市场公测的网络游戏产品总计 76 款,中国自主研发的网络游戏达到 53 款,占新投入公测的网络游戏的 69.7%。2007 年,中国自主研发的民族网络游戏市场实际销售收入达 68.8 亿元,占网络游戏市场实际销售总收入的 65.1%,比 2006 年的 42.4 亿元增长了 62.3%;NDC(诺达咨询)预计 2008 年中国网络游戏的运营商收入规模将达 123 亿元;有资料显示,2008 年第三季度,中国仅网络游戏的收入就高达 55 亿元。而盛大互动娱乐公司第三季度的网络游戏收入竟达 8.92 亿元之巨。现在经常上网的人,已经很少有人不知道网络游戏,许多青少年都是《征途》《梦幻西游》《热血江湖》《魔兽世界》《反恐精英》《魔兽争霸》等网络游戏的玩家。对网络游戏,很多人都知道

是信息技术在支撑。但实际上,信息技术仅是提供了路径、虚拟空间和游戏方式,而真正支撑网络游戏的,还是文学,确切些说是文学编剧为网络游戏提供了游戏互动者所需要的基本文学要素。3D(三维图形)和数字化等科技要素,仅是网络游戏的技术支撑,而其基础工程则是文学,是文学(剧本或脚本)对人物、故事、情节乃至人性的不同表现作互动性描述,才使得网络游戏具有了如此非凡的魅力。正如有评论者指出的那样:"在网络游戏的经营中,对于人性的了解及利用,将是决定这款游戏市场胜负的关键,而这种人性的开拓,并非普通的商战理论所能涵盖,而已经上升到了文学的层次。"[1]

文学在电影、电视、网络游戏等方面的突出贡献,已经雄辩地证明了作为基础工程的文学蕴藏着非常巨大的经济能量。只要善于发现,善于挖掘,善于开发,善于利用,文学将源源不断地、无怨无悔地继续作为基础工程来支撑一切建筑于其上的物质大厦和精神殿堂。

现在,请允许我用一句话作为这次学术交流的结束语:愿人们善待文学,既善待作为基础工程的文学,又善待作为基础学科的文学。

(本文是作者在 2008 年一次学术年会上的发言稿)

---

[1] 张港:《文学是一项基础工程——由马悦然讲座想到》,联合早报网 2008 年 12 月 2 日。

坚持以人民为中心的创作导向
——学习习近平在文艺工作座谈会上重要讲话精神

习近平总书记在文艺工作座谈会上的重要讲话强调,社会主义文艺,从本质上讲,就是人民的文艺。文艺要反映好人民心声,就要坚持为人民服务、为社会主义服务这个根本方向。讲话鲜明地回答了文艺为什么人的问题,澄清了一些人对文艺工作的模糊认识,阐明了党对文艺工作的基本要求,指明了我国文艺事业发展的根本方向,具有很强的现实指导意义。学习习近平总书记在文艺工作座谈会上的重要讲话精神,就要坚持"二为"方向和"双百"方针,坚持以人民为中心的创作导向,在思想上和创作上解决文艺为什么人的问题。

为什么人的问题,从来就是文艺创作无法回避的问题,也是重要的文艺理论问题,更是我们党领导文艺工作必须面对的重大理论问题和现实问题。早在72年前,在中国共产党人领导全国人民进行新民主主义革命的关键时刻,毛泽东同志在著名的《在延安文艺座谈会上的讲话》中就明确提出,我们的文学艺术都是为人民大众的,代表中国共产党人第一次鲜明地回答了文艺为什么人的问题。新中国成立之后,党领导的文艺事业伴随着社会主义革命和建设的脚步,在表现中国革命和建设方面取得了显著成就,涌现出一大批优秀的文艺作品。然而,"文化大革命"10年,文艺战线沦为重灾区,文艺工作亦步亦趋地从属于政治,文艺百花园充斥着"高大全"式的文艺形象,千人一面的现象使文艺沦为政治斗争的工具。改革开放之后,邓小平在全国四次文代会上的祝词提出了"我们的文艺属于人民",在文艺为什么人的问题上具有拨乱反正的指导意义,推动新时期文艺走上了健康发展之路,带来了改革开放新时期文艺的繁荣发展。新世纪以来,文艺园地百花齐放,硕果累累,呈现出一派繁荣发展的新景象。党的十八届三中全会《中共中央关于全面深化改革若干重大问题的决定》把"坚持以人民为中心的工作导向"作为文化改革的根本原则,也是对文艺发展提出的明确要求。然而,曾几何时,文艺向"钱"看,成为文艺界和社会上司空见惯的现象,少数文艺作品为博取观众的眼球,追求收视率、点击率和票房价值,自觉或不自觉地沦为市场的奴隶,满是铜臭,一些低俗、庸俗、媚俗的"三俗"作品在锈蚀着大众的心灵,销蚀着实现中华民族伟大复兴中国梦的正能量。文艺为什么人的问题,这个原本不成问题的问题,在一些人那里似乎又成了问题。深入学习习近平总书记的重要讲话精神,应重点解决文艺为什么人的问题,真正从理论上和实践中弄清楚为什么要坚持以人民为中心的创作导向,怎样坚持以人民为中心的创作导向。

坚持以人民为中心的创作导向,就要始终把人民群众作为文艺创作的源头活水。人民是社会生活的主体,人民群众改造世界、创造生活的丰富实践,为社会生活增添了许多亮色,创造了人间一道道亮丽的风景线,使我们这个社会充实而富有活力;人民群众丰富饱满的感情世界,如同多彩调色板,赋予了这个世界更多的色调,形成了一幅幅美丽的画卷;人民群众多姿多彩的生活,如同美妙的七彩音符,演奏出一曲曲动人的乐章。所有这些,都是文艺创作的源头活水,是作家、艺术家取之不尽用之不竭的灵感之泉。文艺工作者只有深入人民,深入生活,融入社会,才能文思泉涌,灵感丰沛。而文艺一旦离开了人民,就会成为无源之水,无本之木,像习近平总书记指出的那样,"变成无根的浮萍、无病的呻吟、无魂的躯壳",就不会有永久的生命力。文艺是社会生活的艺术表现,人民是文艺创作的活水源头。只有深深植根于人民,向人民学习,从人民群众丰富多彩的社会实践汲取营养,文艺创作才能生动活泼,才能保持旺盛的生命活力。

坚持以人民为中心的创作导向,就要始终把人民群众作为文艺作品的永恒主角。人民群众是历史的创造者,是新时期改革开放动人画卷的描绘者,是实现中华民族伟大复兴中国梦的"筑梦人"。不论是在漫长而艰辛的遥远过去,还是在创建新中国艰苦卓绝的伟大斗争中;不论是在改革开放的新时代,还是在实现中华民族伟大复兴的征程中,中华民族不畏艰险,不屈不挠,前仆后继,英勇奋斗,谱写了中华民族自立于世界民族之林的壮丽篇章。正如邓小平在四次文代会祝词中指出的那样,我们的人民勤劳勇敢,坚忍不拔,"几千年来,特别是五四运动以后的半个多世纪来,他们满怀信心,艰苦奋斗,排除一切阻力,一次又一次地写下了我国历史上光辉灿烂的篇章。任何强大的敌人都没有把他们压倒。任何严重的困难都没有把他们挡住。文艺创作必须充分表现我们人民的优秀品质,赞美人民在革命和建设中、在同各种敌人和各种困难的斗争中所取得的伟大胜利"。文艺应该而且必须以人民为永恒主角,塑造人民群众的艺术形象,表现人民的优秀品质、丰富情感、博大情怀、英雄气概和丰功伟绩。

坚持以人民为中心的创作导向,就要始终把人民群众作为文艺创作的服务对象。古今中外有成就、有影响的文艺作品,无一不是深入社会生活、植根人民群众的成功之作。植根于人民群众,深入人民生活,心中想着人民,真心热爱人民,与人民同呼吸,共命运,"欢乐着人民的欢乐,忧患着人民的忧患",就能获得无限的创作灵感和创作素材,就能激发澎湃的创作热情和创作活力;只有把为人民服务作为不懈追求,把满足人民群众多样化、多层次的精神文化需求作为文艺工作者的天职,才能自觉地把人民群众作为描写、塑造和讴歌的对象,才能创作出人民群众所需要的文艺作品。文艺为人民服务,不是一句空话,而是真真切切的感情,实实在在的行动,踏踏实实的创作。只有真正地热爱人民,热爱生活,扎根人民,扎根生活,才能真正把人民群众作为文艺创作的出发点和落脚点,自觉地为人民服务,才能激发艺术创作的灵感,放飞艺术想象的翅膀,展示艺术创作的才华,创作出无愧于时代、无愧于人民的伟大作品。

坚持以人民为中心的创作导向,就要始终把人民群众作为文艺作品的欣赏主体。人民需要文艺,文艺更需要人民。人民是文艺作品的欣赏者和鉴别者,也是文艺作品的需求者和消费者。任何文艺作品,只有接受了人民群众的检阅和鉴赏,获得了人民群众的认同,为人民群众喜闻乐见,才有可能成为伟大的作品。应牢记人民群众是文艺作品的欣赏主体,始终把不断满足人民群众多样化的精神文化需求放在第一位,用文艺创作的实绩不断丰富和改善人民群众的精神文化生活,用丰富多样的文艺作品接受人民群众的检阅。正如习近平总书记所指出的:"随着人民生活水平不断提高,人民对包括文艺作品在内的文化产品的质量、品位、风格等的要求也更高了。文学、戏剧、电影、电视、音乐、舞蹈、美术、摄影、书法、曲艺、杂技以及民间文艺、群众文艺等各领域都要跟上时代发展、把握人民需求,以充沛的激情、生动的笔触、优美的旋律、感人的形象创作生产出人民喜闻乐见的优秀作品,让人民精神文化生活不断迈上新台阶。"

坚持以人民为中心的创作导向,就要始终把为人民提供最好的精神产品作为自觉追求。人民群众需要最好的文艺作品,需要形式多样的文艺作品。文艺创作应该坚持把社会效益放在首位,坚持社会效益和经济效益相统一,注重弘扬清风正气,为社会增加正能量。应始终坚持思想与艺术的统一、内容与形式的统一、继承与创新的统一,通过富有感染力的文艺作品和生动感人的艺术形象,表现人民群众中蕴藏的大善、大爱、大美,讴歌真善美,抨击假恶丑;应始终坚持以人民为中心的创作导向,注重涵养情操,砥砺精神、启迪智慧、陶冶人生,通过栩栩如生的艺术形象表达鲜明的爱憎,向人们传递积极向上的正能量;应注重弘扬主旋律与坚持多样性相统一,把弘扬社会主义核心价值观,弘扬以爱国主义为核心的民族精神,以改革创新为核心的时代精神,作为文艺创作的主旋律;应注重发挥作家、艺术家的创作个性,提倡不同观点和学派的充分讨论,提倡不同形式和风格的充分发展,推动观念、内容、风格、流派创新,推动体裁、形式、方法、手段创新,以文艺创作的多样性推动社会主义文艺大发展大繁荣。

(原刊于《河南日报》2014年11月5日理论版)

激发文学研究的生机与活力

党的十八届三中全会通过的《中共中央关于全面深化改革若干重大问题的决定》,吹响了全面深化改革的号角。新一轮改革大潮波翻浪涌,气势磅礴,让人震撼,令人憧憬。在全面深化改革的背景下,文学如何寻找自身定位,激发创造活力,展现自身风采,发挥自身价值,是一个需要进一步深入研究的课题。这里仅从文学创作和文学研究的角度,谈几点认识和感受。

从文学创作的角度看,激发文学创造的生机与活力,应注重全方位拓展,使文学创作与伟大时代同频共振,与改革发展保持同步,与人民群众喜闻乐见的社会生活紧密相连,真正做到"三贴近",而不能滞后时代,不能缺位错位,不能庸俗媚俗,不能妄自菲薄。

文学创作不能滞后时代。文学是时代生活的反映,文学创作理应与时代同步,艺术地表现时代与社会,赋予作品强烈的时代感。不少作家深入生活,感受现实社会的脉动,创作出一些富有时代感的好作品。但是,也应该看到,一些作家也许是满足于光怪陆离的城市生活的缘故,对现实生活感受不深,对现实题材拿捏不准,转而热衷古老叙事,留恋古道西风,笔触长期停留在与人们的现实生活有很大隔膜的过去。看一看那些有影响的文学作品,看一看荧屏视屏的那些影视作品,人们恍惚置身于那久远而又陌生的过去。即使是一些反映现实生活的作品,也多是家长里短、杯水风波,很难见到反映重大社会现实问题的好作品。经历了30多年的改革开放,许多人对发生在身边的改革开放已经习以为常,缺少了应有的激情和感动,改革开放之初出现的《乔厂长上任记》《陈焕生进城》之类的作品,在全面深化改革的今天,反而看不到了。有的作家一方面在抱怨和忍受文学的寂寞,一方面却又不愿意主动拥抱时代,拥抱现实,拥抱生活。文学创作要有生机,就要有动力、有活力,就要拉近与现实生活的距离,就要与时代同步,而不能沉湎于过去,滞后于时代。

文学创作不能缺位错位。文学是社会生活的艺术再现,是人们工作、生活、情感、经验以及奋斗历程、未来愿景的艺术反映。改革开放以来的文学,在反映和表现社会生活方面从来不曾缺位,不论是"伤痕文学""知青文学",还是"寻根文学""改革文学",都忠实地反映出作家对社会生活的观察、认识、体悟和理解,表现出作家复杂多样的心路历程。改革开放30多年文学创作的成就,鲁迅文学奖的获奖作品大抵都有反映。莫言获得诺贝尔文学奖,更是对这一时期文学创作的肯定和褒奖。然而,客观地说,获奖作品既不能掩饰文学的落寞,也不能遮蔽文学创作的缺位和错位。虽然都是反映社会生活,但作家的关注点却不同,夫妻关系、婆媳矛盾、邻里纠纷、官场暗斗等题材以及古老叙事,充斥于文学作品之中。当下人们期待看到的东西,现实社会的丰富多彩,以及充满正能量的贴近生活、贴近现实、贴近群众的好作品,却是难以寻觅。文学创作在作家有意无意地与现实疏离中发生了错位,在许多重大题材上造成了缺位。在全面深化改革的新时期,文学创作不能继续缺位错位,而应深情地关注现实生活,表现现实生活,反映现实生活;作家应深入改革开放第一线,从深化改革的多彩生活中获取创作素材,获得创作灵感,激发创作活力。

文学创作不能庸俗媚俗。文学创作从来就有雅与俗的问题。雅与俗并不表现在题材和内容上,而是更多地表现在呈现方式和叙述语言等方面。而且,雅与俗从来没有明确的界限,所谓俗中有雅,雅中有俗,大俗大雅,都可能产生伟大的作品。所以,雅与俗从来不是评价作品优劣好坏的标准。但是,庸俗和媚俗决不是所谓的雅俗之争的问题。由于对雅与俗的理解不同,同时也由于作家审美情趣和创作倾向的偏差,长期以来,在文学创作中始终存在着庸俗和媚俗的现象。一些文学作品编织离奇的情节、庸俗的细节,用情色、凶杀、迷信、穿越等来吸引眼球,取悦部分审美趣味偏好庸俗的读者。尤其是充斥于网络的一些网络小说,为满足部分读者的猎奇心理和情色之需,罔顾道德底线,无视法律法规,一味迎合少数网民的低级趣味和庸俗需求,使文学创作走入了庸俗媚俗之途。一些作品对伟大时代的鲜活实践视而不见,满足于杯水风波,沉湎于情色凶杀,制造一些低级趣味的文字游戏。类似的情况,在一些文学期刊和都市类小报中,也不时可以看到。这是一种应予警惕的创作倾向。在文化需求越来越多样化的当下,文学创作应该更加丰富多彩,满足人们不同的精神文化需求。但这并不意味着庸俗媚俗,并不意味着无视法律法规和道德底线。在全面深化改革背景下,文学要获得更大的发展,就不能陷入庸俗媚俗之途,而应直面既激动人心又丰富多彩的改革开放新时代。

文学创作不能妄自菲薄。在全面深化改革的背景下,人们的关注点、社会的聚焦点都不在文学,文学被边缘化也不是近些年才发生的事情。文学青年越来越少,文学刊物步履维艰,文学作品缺少读者,文学作家得不到重视。正是因此,有的作者感慨文学步入了末路。一个时期以来,文学创作虽然看起来似乎并不寂寞,但就全社会对文学的关注度来说,文学基本上属于自娱自乐,愿意从文学作品尤其是从当代文学作品中获得审美愉悦或自我救赎的人,已经越来越少,文学作品的读者日见稀少。虽然莫言获得诺贝尔文学奖曾经让文学界兴奋了一阵子,但热闹过后,一切又很快归于平静,人们对文学又重归于兴味索然,文学的沉寂似乎已经是不可逆转之势。而一些曾经很有影响力的文学刊物停刊,一些有较高知名度的作家长期封笔,或是另行他途,让人们更加感受到了文学正行走在沉寂之途。在这种状况下,清高自许虽然可以获得些许慰藉,但更多的人感受到的是落寞和无奈。一些人怀疑文学创作的价值,甚至是妄自菲薄。这丝毫无益于改变文学的窘况。伟大的时代需要伟大的作品。作家、艺术家应该庆幸赶上了这个伟大的时代,应主动投入到时代潮流之中,张开臂膀拥抱这个伟大的时代,创作出无愧于时代的伟大作品,重新赢得读者,找回文学的自信和自豪,以此来回报这个伟大的时代,回报民众和社会。文学是要靠作品说话的。有了伟大的作品,有了更多的创作伟大作品的作家,文学自然会获得社会的认可和赞誉,文学的地位自然会得到提升。如仅仅停留在抱怨和颓废上,而不能够靠有分量有价值的作品说话,即使不妄自菲薄,也很难赢得社会的尊重。

从文学研究的角度看,激发文学创造的生机与活力,应该在五个"需要"上下功夫。文学研究尤其是经院式的研究,在当下逐渐变成了新的八股文。而各种各样的考核考评,使得不少研究成果在走完了写作、发表、考核、评奖、评职称的程序之后,就很少有人再去注意它。文学研究在功利化、庸俗化、量产化的驱动下,失去了生机与活力,也失去了本来的意义和价值。这为一些人贬低文学研究找到了口实。学术乃天下公器。文学研究作为学术研究的一种,在文学的传承创新,作品的阐释发扬,乃至在塑造国人品格、弘扬人文精神、思考与追寻真理等方面,都有其不可替代的价值。文学研究不能随那些短视者的指手画脚而起舞,而应笑对冷漠,不惧落寞,耐得住寂寞,做文学研究的坚守者,做真理的探寻者与追求者。

一是文学研究需要自觉适应。这些年使用频率比较高的一个词就是"与时俱进"。文学研究要摆脱寂寞,走出被边缘化的困境,首先需要与时俱进,自我调适,主动适应变化万千的社会,适应丰富多彩的生活。面对文学研究被边缘化的尴尬,文学研究者不能老是怨天尤人,怪别人不重视,也不能自怨自艾,自暴自弃。文学研究不能老是以清高自许,而应与时俱进,自觉适应,主动融入。尤其是地方社科院的文学研究,需要用两条腿走路:一方面要坚守文学研究的目标系统和价值系统,不断在专业研究方面勤奋耕耘,推出精品力作;一方面还要自觉适应社会需求,主动融入到深化改革的大潮中,锻炼本领,搏击风浪,创造价值,赢得尊重。现在,一些地方社科院的文学研究所先后更名为文化研究所,既反映出文学研究的无奈与尴尬,同时也是主动适应社会变革的结果,是适应为地方经济社会发展大局服务的结果。对于这样的变革,如果能够主动适应,不仅会少了许多烦恼,而且会赢得更多尊重,产生一种自我价值得以实现的快乐。

二是文学研究需要主动拓展。对文学研究目标系统与价值系统的坚守,是许多文学研究者的自许和心结,也是促进文学研究不断获得最新成果的内生动力。但同时也必须看到,在服务于地方经济社会发展大局这一明确导向下,文学研究的拓展也是必然之势。与其被动转型,别别扭扭,不如主动拓展,顺顺利利。从各地方社科院文学研究所的转型来看,所谓的主动拓展,实际上都是立足本专业研究的拓展,都是在文学研究的基础和边界上再向外跨几步,进入人们所说的文化研究领域。从传统学科分类看,文化主要是指精神文化,即以文史哲为主的人文学科和艺术,也就是人们通常所说的文化艺术。所以,文学研究向外拓展并不难,而且从某种意义上说还是必须的。在古代,文史哲没有严格的界域,研究文学的人必须熟悉或精通史学和哲学,否则许多问题就无法下手,研究就很难深入。同时,文学和艺术又有天然的联系,尤其是与音乐、戏曲、书法、绘画等艺术门类,往往是浑然一体。而这些实际上也是当下文化研究的主体。从这个意义上说,主动拓展既是时代的要求,也是丰富和深化文学研究的必然选择。

三是文学研究需要积极融入。地方社科院的文学研究,需要积极融入地方经济社会发展大局,为地方经济社会文化发展服务。在"五位一体"的中国特色社会主义建设中,经济、政治、社会、生态文明都有对应的学科和专业,而包括文学在内的人文学科对应的则是文化。而按照学科分类,可以与经济、政治、社会、生态文明并列的文化是一个大概念,但它并不是一级学科,这在各级各类课题的申报中可以看出来。包含内容甚为丰富的文化,在社会科学研究项目申报中,往往被置于哲学学科之下。文化一方面与经济、政治、社会、生态文明同属于"五位一体"中国特色社会主义的重要组成部分,是如此的重要,一方面却被置于很低的学科层级,以至于让从事文化研究的人找不到归属感,这不免让人觉得有点荒谬。按照当下流行的解释,文化具有两种属性、两种业态、两种效益。文化的两种属性是指文化的意识形态属性和商品属性,文化的两种业态是指文化事业和文化产业,文化的两种效益是指社会效益和经济效益。文学研究只是文化事业中的一小部分。因此,在全面深化改革背景下,文学研究要获得更大的发展,赢得更大的空间,就必须积极融入当代文化建设之中,融入文学研究之外的文化事业和文化产业研究之中。对文学研究来说,这不是越位或错位,而是应有的担当。失去这种担当,文学研究之路不仅会越走越窄,而且会越来越坎坷。勇于面对这种担当,自觉挑起这副担子,文学研究之路将会越走越宽广。

四是文学研究需要生机活力。当下的文学研究,和其他人文研究一样,如同厌倦了旅途的归雁,漂泊于大海的孤舟,虽倦怠困顿,无所依傍,却又不得不勉力而为,自我救赎。造成这种现象的原因很复杂,有来自社会的误解和增压,有来自科研管理的量化,也有文学研究自身的萎靡不振,缺少创新。尤其是量化的科研管理,虽然有其不得已而为之的理由,但对于学术创新创造来说,量化不仅不能带来由量变而引起的质变,反而抑制或限制了学术创新创造,造成了大量的学术垃圾。虽然如此,仍有一些文学研究者迫于压力或其他原因,不得不改弦易辙,甚或是另投他门。省级社会科学院文学研究的科研人员在减少,规模在压缩,有的研究所甚至只有三五个人,不要说布阵成军了,就连起码的科研任务都难以担当。当然,这不仅仅是文学研究领域的事情,整个人文研究都存在着类似的问题。全面深化改革为文学研究的自我救赎提供了难得的机遇。文学研究只有抓住这个机遇,主动拓展研究领域,积极融入全面深化改革大局,向改革要动力,向改革要活力,才能不断注入生机与活力,才能赢得更大的发展空间,才能回归正常的发展轨道,重振曾经的雄风。

五是文学研究需要深化改革。文学研究的改革,首先是对文学研究目标系统的重新定位和价值系统的重新评估,这是文学研究改革的根本性任务。文学研究如果依然固守作家作品、文学现象、文学流派和文学史研究,而罔顾影响和制约文学发展演变的各种社会文化因素的作用,文学研究的目标系统就很难改变;同样,文学研究的价值系统如果依然固守思想内容、艺术特点、文学成就、艺术成就等框范,文学研究的价值系统也很难突破。就此而言,文学研究的改革,很大程度上是文学研究观念的更新和思想的突破。其次是对文学研究方法和研究手段的改革。毫无疑问,传统的经院式研究已经不受欢迎。而随着网络化、数字化、信息化时代的到来,传统的研究方法和研究手段已经不能适应文学研究的需要。因此,方式方法的创新,也是文学研究重新焕发生机与活力的关键之举。当然,最能激发文学研究生机与活力的,则是伴随着全面深化改革的进程而出现的文学生态的变化。文学研究应该尽快适应文学生态的变化,根据文学生态的变化重构文学研究的目标系统与价值系统,创新研究方法、研究手段和研究平台,建立与网络化、数字化、信息化相适应的研究话语体系。这是激发文学研究生机与活力的必然选择。最后是文学研究管理方式的改革。应尊重学术研究规律,尊重研究者的创新创造,彻底改革以量化为主的功利性管理体制和管理方式,注重同行评价和专家评价,为文学研究营造宽松和谐的氛围和环境。

全面深化改革是文学研究重新焕发生机与活力的历史性机遇。如果错失这一机遇,文学研究恐怕还要继续遭受冷漠、面对落寞、忍受寂寞,继续被边缘化的尴尬。在全面深化改革的当下,文学研究者不应置身事外,而应积极投身改革大潮中,通过思想观念创新、方式方法创新、载体平台创新、话语体系创新,激发文学研究的生机与活力,推动文学研究繁荣与发展。

愿文学研究之树常青,愿文学研究事业兴旺发达。

(本文原载《骆越根祖　岩画花山》,广西人民出版社 2017 年 6 月)

当代文化研究

关于文化传承创新的理论思考

文化传承创新是一个老问题。之所以在当下再度被提出,成为一个新话题,主要有两个方面的原因:一是在党的十六大报告中,文化建设成为中国特色社会主义事业总体布局的重要组成部分。党的十八大报告则鲜明提出扎实推进社会主义文化强国建设,文化传承创新体系成为建设文化强国的重要内容。二是2011年9月28日颁布的《关于支持河南省加快建设中原经济区的指导意见》(以下简称《指导意见》)把华夏历史文明传承创新区作为中原经济区的五大战略定位之一,向人们提出了华夏历史文明传承创新的重大课题,文化的传承创新问题再一次受到了人们的高度关注。

《指导意见》的颁布,标志着中原经济区正式上升为国家战略。而华夏历史文明传承创新区成为五大战略定位之一,不仅是国家赋予中原经济区的文化发展战略任务,而且事关国家文化安全和文化强国战略,事关中华文脉的发展延续,事关中华民族的文化复兴。正是因为任务艰巨、责任重大,从国务院《指导意见》颁布之时起,华夏历史文明传承创新区建设就在中原经济区范围内引起了广泛关注。河南有关方面和学术界、文化界更是积极行动,在对华夏历史文明传承创新进行理论探讨的同时,对华夏历史文明传承创新区建设进行科学论证,编制建设规划。各地市积极寻求本地区在华夏历史文明传承创新区建设中的角色定位,争取先行先试。华夏历史文明传承创新区建设已是风生水起。

建设华夏历史文明传承创新区,重点在于通过文化传承和创新,弘扬中原大文化,建设具有中原风貌、中国特色、时代特征和广泛影响力的新文化,提升中原文化软实力,推进文化强省和文化强国建设。要完成这一历史使命,就必须围绕文化传承创新做文章,高度重视传承创新在文化发展中的重要作用,以传承创新为手段,寻找传承创新的新路径,打造传承创新的新平台,积极推进华夏历史文明传承创新区建设。

一、如何认识文化传承创新

　　文化是民族的血脉,是人民的精神家园。时至今日,人们已经不再怀疑文化的功能和价值。所谓文化,有各种各样的理解和定义。按照传统的理解,就是以文化人。这是一个动态过程,其特点是潜移默化,润物无声。按照通行的文化学定义,文化的概念有广义和狭义之分。广义的文化是指人类社会创造的物质财富和精神财富的总和。但是,如今人们说起文化,更倾向于狭义的文化。在这方面,19世纪英国著名文化学家泰勒在《原始文化》一书中对狭义文化的表述比较经典,他认为,文化是包括知识、信仰、艺术、道德、法律、习俗和任何人作为一名社会成员而获得的能力和习惯在内的复杂整体。"五位一体"的中国特色社会主义事业所说的文化建设,使用的"文化"概念,与泰勒这种狭义的文化定义比较接近。

　　这样一个"复杂整体",无论是发展演变,还是繁荣提升,都无法回避传承创新的问题。如何认识文化的传承创新呢?有四个角度应予注意:一是发展的视角,二是传承的视角,三是时代的视角,四是创新的视角。

　　首先,从文化发展的视角看,传承创新是文化发展的内在规律。不论是古希腊文化和古罗马文化,还是诞生于两河流域的古巴比伦文明,都曾经在持续的传承创新中发展着。发展脉络清晰可见的华夏历史文明更是如此,文化的传承创新一直在进行着。从史前文明到传说中的三皇五帝,从上古三代到春秋战国,华夏历史文明走过了从肇始到奠基的发展历程。汉代以后,已经趋于成熟的华夏历史文明,一直在传承创新中发展着。以学术思想而论,从两汉经学到魏晋玄学,进而到宋明理学和清代朴学,中国的学术思想一直是在传承中创新,在创新中发展,在发展中提升。从文学形态来看,传承创新的发展轨迹更为明显,从《诗经》到楚辞,从先秦散文到汉代辞赋,从唐诗、宋词、元曲到明清小说,每一时代之文学,无一不是在传承中创新,在创新中发展,在发展中提升。可以说,从未间断的传承创新,推动了华夏历史文明的发展延续,奠定了中华文化实现伟大复兴的坚实基础。

　　其次,从文化传承的视角看,传承创新是文化发展的内在机理。相对于文化发展来说,传承与创新如车之双轮、鸟之两翼。传承是对既有文化成果的传承,而既有文化成果则是对过去时期文化创新的结果;创新是在传承基础上的创新,今天创新的成果,则是未来传承的对象。今天的传承,是昨天的创新;今天的创新,是明天的传承。从文化创造的角度看,传承与创新是很难截然分开的。传承中有创新,创新中有传承。传承与创新相辅相成,相得益彰。譬如对优秀传统文化,对儒释道等思想文化,今天的学习和接受,就是对昨天的传承。正是世世代代对优秀传统文化的传承,才使得中华文脉千百年来持续相传,得以延续。当今的中华文化虽然是从传统文化传承而来,但它已经不是传统文化最初的样子,因为它已经融入了今人的理解、阐释和创新。从这个意义上说,传承是文化延续的基础,也是文化创新的基础。

再次,从时代的视角来看,传承创新是建设社会主义文化强国的必由之路。十七届六中全会第一次提出了建设社会主义文化强国的战略目标。党的十八大报告发出了"扎实推进社会主义文化强国建设"的号召,提出了建设社会主义文化强国的基本原则,指出了建设社会主义文化强国的基本路径,明确了建设社会主义文化强国的关键就是增强全民族文化创造活力。要实现这一战略目标,必须更加重视华夏历史文明和中华文化的传承创新,调动全民族进行文化创造的积极性和主动性。中外文化发展的历史经验表明,只有注重文化传承创新,文化才会有大的发展;只有全社会都注重文化传承创新,文化才会迎来发展繁荣的春天。文艺复兴时期,是西方文化发展的一个高峰期。这一时期,以意大利佛罗伦萨为中心,诞生了许多著名的思想家和艺术家,如文学三杰——但丁、彼得拉克和薄伽丘,绘画天才达·芬奇、拉斐尔,著名雕塑家米开朗琪罗,此外还有英国的莎士比亚、西班牙的塞万提斯、法国的拉伯雷等。他们用富有创新性的文化创作,共同支撑起西方文艺复兴的大厦,创造了无与伦比的艺术辉煌,极大地丰富了世界艺术殿堂。他们的作品迄今仍是人类最为珍贵的财富。中国文化发展史也向人们昭示,文化传承创新程度越高,文化发展就越快,文化就越繁荣,国家的文化实力就越强大。汉代注重传承先秦诸子文化和历史文化,不仅经学和史学非常发达,达到了前所未有的高度,而且整个汉代文化都成为中国文化史上的一道风景。以史学而论,《史记》和《汉书》两部史学巨著,彪炳千秋,迄今无有逾越者。鲁迅称《史记》是"史家之绝唱,无韵之《离骚》",绝非溢美之辞。汉代辞赋和乐府,在继承《诗经》和楚辞的基础上进行艺术创新,成为一代之文学,后世鲜有可及者。汉代的综合国力,在经过"文景之治"之后,到汉武帝时达到了空前的高度,令人千载之后依然对"汉风"多有赞叹之辞。中国历史上有汉唐盛世,也有文化上的"汉风唐韵"。然而,曾几何时,中国的文化与中国的综合国力一样,随着西方列强的侵入而渐趋式微,进而衰落。改革开放之后,中国的综合国力和国际地位迅速提升,迎来了实现中华民族伟大复兴的历史机遇。而文化复兴则是中华民族伟大复兴的题中应有之义。我们应借鉴中外文化发展的历史经验,在文化传承创新上下大功夫,做大文章,以文化传承创新的实绩推动文化强国建设,助推中华民族伟大复兴。

最后,从创新的视角来看,传承创新是推动文化大发展大繁荣的必然要求。古为今用,洋为中用,百花齐放,推陈出新,是我国一以贯之的文化政策。其中的"推陈出新",包含着文化传承创新的内容。党的十六大以来,文化建设逐渐纳入中国特色社会主义体系,并成为中国特色社会主义事业的重要组成部分,文化传承创新成为社会主义文化建设的重要内容。《中共中央关于进一步繁荣发展哲学社会科学的意见》明确了哲学社会科学的五大功能:"认识世界,传承文明,创新理论,咨政育人,服务社会",体现了传承创新的精神。党的十七大报告在论及推动社会主义文化大发展大繁荣、建设社会主义文化强国时,把推进学科体系、学术观点、科研方法创新作为发展繁荣哲学社会科学的重要内容,明确提出要推动文化内容形式、体制机制、传播手段创新,增强文化发展活力。十七届六中全会通过的《中共中央关于深化文化体制改革推动社会主义文化大发展大繁荣若干重大问题的决定》,高度重视文化传承创新,不仅指出要建设优秀传统文化传承体系,而且指出要把创新精神贯穿文化创作生产全过程,对文学艺术、哲学社会科学、新闻传媒及文化事业、文化产业的创新,都提出了具体要求。党的十八大报告指出"建设社会主义文化强国,关键是增强全民族文化创造活力",提出要深化文化体制改革,解放和发展文化生产力,发扬学术民主、艺术民主,为人民提供广阔的文化舞台,让一切文化创造源泉充分涌流,开创全民族文化创造活力持续迸发的新局面。文化传承创新成为全社会的共识,反映出推动文化大发展大繁荣的必然要求,体现出中国共产党人高度的文化自觉和文化自信。

二、正确理解文化传承创新

讲文化传承创新,首先要弄清楚传承创新的对象是什么,内容有哪些,而不应泛泛地讲传承创新。譬如一说起华夏历史文明传承创新,总是有人要问传承什么,创新什么。这是一种习惯性思维。既然要传承,就要有传承的对象。同样,既然要创新,就应明白在哪些方面需要创新。但是,文化包含的内容相当复杂,即使按狭义的文化概念而论,也是一个"复杂整体",而且,文化具有鲜明的时代性,文化传承创新需要与时俱进,而不是一一罗列,照单全收。所以,有必要对传承创新的对象和内容进行界定。按照泰勒对文化的狭义定义,传承创新的对象和内容,主要包括知识、信仰、艺术、道德、法律、习俗和任何人作为一名社会成员而获得的能力和习惯。这些内容可以分为精神理念、规则习俗和知识技艺三个层次,其中信仰、道德属于精神理念层面,法律、习俗和习惯属于规则习俗层面,知识、艺术和能力属于知识技艺层面。三个层面自上而下形成宝塔结构,构成狭义文化的基本形态。我们讲文化传承创新,就是要按照新的时代需要,对这样一种基本文化形态进行传承创新。换句话说,这种基本文化形态既是传承的对象,也是创新的内容。

需要特别指出的是,文化传承与创新是一个问题的两个方面。说它是一个问题,是因为按照文化发展的规律,文化的传承与创新往往是同时进行的,很多情况下是不可截然分开的。说它包括两个方面,是因为文化传承更多地在于传授和接受,而文化创新则是在传承的基础上进行的,是以对既有文化形式和内容的传承为前提的,是在新的时代条件下按照新的文化观念进行的新的文化产品的生产与创造。

如同文化是一个"复杂整体"一样,文化传承创新也是一个复杂过程。文化的复杂性,决定了传承创新的复杂性。对文化传承创新不能作简单的理解,不能把文化观念和文化产品的一些新变化等同于传承创新,也不能把一些新出现的文化现象等同于传承创新。文化传承创新是一个动态的过程,需要在实践中不断探索,不断总结,不断提升,不断创造,才能实现文化的传承创新。

以文学形式的创新而论,从初民简单的劳动号子,到《诗经》以四言为主的诗歌形式的出现,经历了漫长的发展历程。而从《诗经》到楚辞再到汉代以五言为主要形式的乐府诗,同样经历了漫长的发展历程。从五言诗到七言诗,时间相对短一些,但从五言诗到五言、七言诗歌的成熟和繁荣,则跨越了魏晋南北朝将近四百年的时间。即使是词和曲,从出现到成熟,也都跨越了几百年。

再看小说样式,从先秦时期的街谈巷议、丛残小语和诸子寓言,到魏晋志怪志人小说的出现,经历了四五百年。而从魏晋志怪志人小说到唐代传奇,又经历了四五百年。从唐代传奇到宋元话本,再到第一部章回体长篇历史小说《三国演义》问世,也是长则数百年,短则百余年。文学形式的创新尚且如此,其他文化形式的创新就可见一斑了。相对于形式创新而言,内容创新相对容易一些,但也不是一蹴而就的事情。看一看中国哲学史、文学史就可以发现,内容的创新同样是一个复杂过程。所以,对文化传承创新,不能有急躁情绪和急功近利的念头。

传承创新包括内容、形式、观念、载体、方法等方面,而这些都不是立马能做的事情,都需要循序渐进的过程。譬如实景演出,从2004年张艺谋执导的《印象·刘三姐》开始,此后不到十年,实景演出已是遍地开花,《印象·丽江》《印象·西湖》《印象·井冈山》《印象·海南岛》《印象·野三坡》等"印象"系列陆续推出,一时也都很叫好(至少在媒体上看到的是这样),不少人以为找到了一条文化传承创新的路子。但根据《小康》杂志《实景演出遍地开花 政府主导市场运作》一文介绍,张艺谋制造的"印象"系列中,目前只有《印象·刘三姐》能够保证盈利,其他几个演出虽然也是每天常态上演,但基本处于不赚不赔甚至亏损状态。再过若干年,这种大投入、大制作的实景演出会是什么样子,很难作出预测。也许会有个别剧目能够坚持下去,也许不远的将来这些实景演出悄无声息地消失,只有人们在恢复当地的自然环境和生态时,才会想起那些场地曾经有过的光影和喧嚣。之所以讲到上述一些情况,主要是想说明,文化传承创新是一个过程,甚至是一个持久而漫长的过程。在文化传承创新方面,任何急功近利的想法和做法,都可能适得其反,带来相反的效果甚至是环境灾难。文化传承创新,关键在于明确目标,确定方向,选准路径,持之以恒,不懈努力。

从文化发展的实际情况来看,传承与创新是不可分割的。其一,文化传承总是与时俱进的,总是要融入传承者的个人因素,融入新的时代因素,融入新的科技因素,因此总是有新的东西不断融入传承对象,在传承对象中形成文化积淀,产生新的内容和形式。从这个意义上说,传承本身就具有创新的性质。其二,文化的内容与形式是统一的,而传承从来都是内容与形式相统一,不可能把内容和形式剥离开来。从这个意义上说,文化传承从来就不可能复制的。文化在传承中创新,在创新中发展,在发展中提升。这是文化发展的一般规律。任何一个时代、一个民族、一个国家的文化,都是在传承中不断创新和发展的,都是在不断创新和发展中提升的。创新是在原有文化基础上的创新,是在不断传承中的创新,是融入了新的时代内容的创新,也是借鉴和利用最新科技成果的创新。因此可以说,传承是创新的前提,创新是传承的关键。文化发展的基础是传承,文化的生命活力在于创新,文化建设的实质是文化传承创新。只有积极推进文化传承创新,把创新精神贯穿文化创作生产全过程,才能促进文化发展,保持文化先进性,提升中华文化在世界范围内的竞争力和影响力。

三、文化传承创新的基本路径

创新是一个国家、一个民族持续发展的不竭动力,也是传承和弘扬民族优秀文化的必由之路。党的十八届五中全会提出了创新、协调、绿色、开放和共享的发展理念,指出:"坚持创新发展,必须把创新摆在国家发展的核心位置,不断推进理论创新、制度创新、科技创新、文化创新等各方面创新,让创新贯穿党和国家一切工作,让创新在全社会蔚然成风。"文化创新上升到国家创新发展的核心位置,这不仅是对文化创新重要作用的充分肯定,而且对广大文化工作者提出了新的课题和要求,即如何在经济社会发展新常态下实现文化创新。要回答这一问题,就必须明确文化创新的基本路径。从中外文化发展史和国内外文化发展的成功经验来看,文化创新主要有以下五大基本路径。

一是在发展中创新。就广义的文化而言,在经济社会发展进程中,人们进行的创新创造活动以及由此形成的各种成果,都属于文化创新的范畴。发展离不开创新,创新是发展的题中应有之义。举个简单的例子,农民为了取得好收成,对劳动工具、肥料及种子等都要进行改造或改良,于是,劳动工具便有了创新,从最初的石器,到简单的劳动工具,到制作相对精良的劳动工具,再到现代化的农业机械,劳动工具在发展中进步,同时也在发展中创新。所以,要发展就要有创新,就要有理论、制度、内容、形式、平台、载体、渠道等方面的创新,就要不断创造新的物质文化、精神文化和制度文化。从狭义的文化来看,文化同样也是在发展中创新。比如中国文学,从最早的劳动号子,到《诗经》《楚辞》,诗歌的形式发生了很大变化。而自两汉乐府以降,诗歌的形式渐趋严整,每句的字数也从《诗经》的以四言为主,发展到两汉以后以五言和七言为主。至于文学体裁变化更大,除各体文章外,还有诗词、歌赋、戏曲、小说等,都是文学创新的结果。近代国学大师王国维说:"凡一代有一代之文学:楚之骚、汉之赋、六代之骈语、唐之诗、宋之词、元之曲,皆所谓一代之文学,而后世莫能继焉者也。"王国维所说的"一代之文学",就是中国文学在发展中进行的创新。从这个意义上说,发展是创新的内驱动力,也是最好的动力。

二是在传承中创新。在人类社会的发展进程中,任何一个时代的文化,都是在对前人创造的文化成果进行传承的基础上创造的,它不仅深深打上了前人文化成果的印痕,而且又具有新的时代文化内涵与新的表现形式,成为一种既与前代文化成果有诸多内在联系,又具有新的时代特质的文化。新的内涵,新的形式,新的特质,决定了该时代的文化必然是在传承中实现创新的文化。这是中外文化发展史证明了的文化发展的一般规律。文化不是空中楼阁,不是无本之木,它的创新发展,必须深深植根于广大民众对民族文化自觉传承的基础上。不论是有意识的、自觉的传承,还是无意识的、不自觉的传承,文化总会在传承中不断地发生新变,从而实现文化创新。文化只有在持续不断的传承中才能创新,才能发展。一种民族文化的传承一旦中断,其文化创新也就中止了,这也就意味着该民族文化发展的终结。古巴比伦文化、希伯来文化的终结,很大原因就在于其文化传承的中断。中华文化五千年一脉相承,能够不断从繁荣走向新的繁荣,最为重要的原因就是中华文化能够在传承中持续创新。以制度文化为例,从禹分九州到三代的分封制,从嬴秦郡县制再到今天的五级政权结构,制度文化在传承中持续创新;精神文化方面,从先秦诸子百家到两汉经学、魏晋玄学再到宋明理学,思想文化也在传承中不断地创新;至于物质文化,从仰韶文化到龙山文化,从汉风唐韵到东京梦华,中华物质文化不仅日渐丰富,而且在传承中创造出更为灿烂的文化。中华文化延续着千年永续的辉煌,持续着传承创新的佳话。

三是在改革中创新。改革是人类社会发展的重要动力。在社会历史发展中,随着生产方式和生活方式的变化,必然引起生产力的变革和生产关系的变化,进而引发经济基础和上层建筑的变化。从这个意义上说,改革是社会发展的必然要求。尤其是当人们的生产方式和生活方式发生变化之后,改革也就成为推动社会发展的必然要求。不论人们是否意识到,也不论人们是否愿意,改革总会如期而至。顺应生产方式和生活方式变化而出现的改革,不仅会推动经济社会发展,而且会促进包括文化创新在内的方方面面的创新。这是马克思主义的基本原理,也是社会发展的基本规律。回顾中国社会发展史,改革从未间断,而伴随着改革出现的文化创新也从未间断。比如,秦汉之前,中国实行的是分封制,各诸侯国和分封国因此而分别形成了各自的文化。看一看《诗经》中的风雅颂,就会深刻感受到各诸侯国和分封国文化的差异。秦始皇统一中国,废除分封制,实行郡县制,加之车同轨、书同文等措施的实行,一些郡县虽然比过去的方国面积还要大,但由于郡县已经失去了独立性,因而其文化就很难独立。但是,这一重大改革带来了文化创新,催生了以铺张扬厉为主要特色的两汉辞赋,使辞赋成为两汉代表性的文体。两汉独尊儒术,则促使了经学的盛行。汉魏之际,儒家思想统治崩塌,统治者奉行实用主义,学界矫枉过正,导致魏晋玄学盛行。由此可见,文化创新与政治、经济、社会等方面的改革有天然的内在联系。改革促进文化发展,改革推动文化创新,这同样是文化发展的一般规律。

四是在融合中创新。中国是一个多民族国家,不同时期民族文化的相互融合,是推动文化创新的重要方式。从中华文化发展历程来看,华夏族早期主要集中在黄河中下游地区。上古三代,华夏族文化与周边地区的文化持续着漫长的融合交流进程,所谓的"四夷"文化在与华夏文化的"夷夏之争"和"夷夏之辨"中相互交流,相互融合,形成了《诗》《书》《礼》《易》《春秋》等中华文化的经典,中华文化的人文精神与基本形态初步形成。其后,伴随着持续不断的文化交流融合,中华文化的创新也在持续着。春秋战国时期的百家争鸣,魏晋时期的玄学兴盛,宋明理学的大行其道,以及许许多多的发明创造,都与文化的融合发展有内在联系,尤其是中国历史上几次大的民族融合,如战国时期的胡服骑射,北魏时期孝文帝迁都洛阳,南北朝时期的南北文化交流,宋辽金元和清代多民族文化的融合,都对中华文化的创新发展产生了非常重要的影响。中华文化能够在汉代、唐代和北宋时期形成几个发展高峰,能够傲视当时世界文化,民族文化的融合发展是非常重要的因素。此外,中国历史上几次大的战乱如永嘉之乱、唐末之乱、宋室南渡和明末大乱等造成的人口大迁徙,客观上也促成了不同地区和民族的文化融合,形成了新的文化。如中国南方的客家文化,就是中原士族在永嘉之乱等历代战乱中南迁并在江西、福建、广东等地客居之后形成的一种新文化,它既来源于中原文化,却又不同于中原文化,并在长期的发展中与岭南文化、八闽文化等相融合,成为中国南方文化的一部分。当今社会,文化融合发展更是一种趋势。文化与现代科技尤其是与互联网和数字技术融合发展创造的文化新业态,彰显着文化融合发展的成就。

五是在开放中创新。开放是文化创新的重要动力。古代中国的对外开放是通过文化交流展开的。早在传说中的古史时代,穆天子西巡,开启了与中亚交往的先例。汉武帝时期,张骞出使西域,开辟了中国通往西域的丝绸之路,使之成为中西交流的重要陆上通道。东汉时期,班超出使西域,进一步增加了中国与西域的交往。此后,中国与世界各国的交往逐渐增多,中亚、西亚以及欧洲、非洲的部分国家,在通过丝绸之路与中国进行商贸往来的同时,也与中国持续进行着文化交流。随着中西商贸往来与文化交流,中亚、西亚及西方国家的文化开始传入中国,一些新的文化开始出现。最为典型者是佛教,东汉时期传入中国之后,经过南北朝时期的迅速发展,逐渐开始本土化,出现了各种本土佛教支派,形成了具有中国特色的佛教,进而成为中华传统文化的三大支柱之一。近代以来中华文化的沉寂,与清朝奉行的闭关锁国政策有很大关系,而闭关锁国又导致积弱积贫,以至于西方人用"东亚病夫"来形容中国人。党的十一届三中全会确立了改革开放的基本国策,中国再次打开了与世界交往的大门,从此中国与世界各国文化交流互鉴的活动日益频繁,交流互鉴的广度和深度持续提升。西方发达国家先进的管理理念、科学技术、学术思想、文化成果等通过交流互鉴的方式进入中国,与此同时,以孔子学院、少林功夫和太极拳为代表的中华优秀传统文化也通过不同渠道走出了国门,在世界各地落地生根。当下,国家提出的"一带一路"倡议,则是一次更高层次、更大范围的对外开放,在促进沿线国家政治、经济、文化等方面的深度交流合作的同时,必将进一步促进文化创新,对文化创新发展产生深远影响。我们应抓住实施"一带一路"建设的重大历史机遇,进一步加大文化创新力度,推动文化大发展大繁荣,为实现中华民族伟大复兴的中国梦提供坚强有力的文化支撑。

"潮平两岸阔,风正一帆悬。"华夏历史文明传承创新区作为中原经济区五大战略定位之一写进国务院《指导意见》之后,党的十七届六中全会、河南省第九次党代会、河南省委九届二次全会和党的十八大先后召开,文化建设的大政方针更加明确,政策支持更加到位,河南的文化建设赶上了千载难逢的历史机遇,华夏历史文明传承创新区建设也赶上了千载难逢的历史机遇。只要我们能够敏锐地抓住机遇,抓住传承创新这一关键,勇于改革创新,勇于积极进取,勇于攻坚克难,河南的文化建设就一定会迎来生机无限的美好春天,华夏历史文明传承创新区建设也一定会迎来硕果累累的收获季节。

(此文是作者2013年在一次学术报告会上的演讲稿)

从区域分布看非物质文化遗产的保护与开发
——以河南省入选国家级非物质文化遗产名录为例

非物质文化遗产是人类文化遗产的重要组成部分,是人类社会发展历程的见证和情感记忆,是民族精神、民族情感、民族习俗的鲜活表现,是民族文化的重要载体与传承形式。鉴于非物质文化遗产在人类文明发展史上的重要作用与特殊地位,2003年10月联合国教科文组织通过了《保护非物质文化遗产公约》;2005年通过了《保护和促进文化表现形式多样性公约》,公约认为文化多样性是人类的一项基本特性,是人类的共同遗产,"应当为了全人类的利益对其加以珍爱和维护,意识到文化多样性创造了一个多姿多彩的世界,它使人类有了更多的选择,得以提高自己的能力和形成价值观,并因此成为各社区、各民族和各国可持续发展的一股主要推动力",呼吁对人类非物质文化遗产加以保护。2004年8月28日,十届全国人大常委会第十一次会议表决通过了我国加入《保护非物质文化遗产公约》的决定;2006年5月20日,国务院公布了第一批国家级非物质文化遗产名录518项;2008年6月7日,国务院公布了第二批国家级非物质文化遗产名录510项,以及第一批国家级非物质文化遗产扩展项目名录147项。这标志着我国不仅已经正式融入世界性的保护非物质文化遗产的大潮中,而且已经承担起保护作为中华文化重要载体的非物质文化遗产的重任。

河南省一向重视文化遗产的保护与申报工作。在非物质文化遗产的保护与申报方面,河南动作迅速,态度积极,成果显著。在已公布的两批1175项国家级非物质文化遗产项目中,河南省共有65项入选,其中第一批入选项目22项,扩展项目11项,第二批入选项目32项,若把同一项目分属不同区域者计算在内,总计77项,涉及民间传说、传统戏曲和曲艺、杂技和竞技、民间传统音乐、民间美术和工艺、民间习俗和信仰、民间知识等多个门类。从区域分布来看,河南省18个地级市拥有的国家级非物质文化遗产项目的数量多寡不均:最多的是焦作市,有9项之多;并列第二的是洛阳、濮阳和南阳,各有7项;周口和开封并列第三,各有6项;郑州、安阳和驻马店各5项;平顶山3项;新乡、许昌、商丘、信阳、鹤壁、三门峡各2项;济源、漯河各1项;归属河南省的有3项。(详见附表)

国家级非物质文化遗产项目都是从已有的文化资源中遴选出来的,反映出中原文化的多样性特征,具有很高的文化传承价值。然而,分析一下这些项目的区域分布状况,可以发现其分布具有明显的非对等性和非均衡性。具体表现在如下三个方面:

第一,国家级非物质文化遗产项目的区域分布与文化资源的分布状况不相一致。

从理论上讲,国家级非物质文化遗产项目的多寡,与现有文化资源的数量、知名度、重要性、传承状况应该成正相关。但是,国家级非物质文化遗产项目的区域分布并非如此,至少河南省是这样。根据河南省第一次文化资源普查提供的数据,拥有文化资源最多的地市主要是洛阳、开封、郑州和安阳四大古都,其次是南阳、焦作等市。但国家级非物质文化遗产项目位居前四的却是焦作、洛阳、濮阳和南阳,四大古都仅有洛阳位居前四位,郑州、安阳和开封皆在前四名之外,而一向并不被看好的焦作,则位居第一。至于商丘、许昌、信阳三市,拥有的文化资源亦相当丰富,但国家级非物质文化遗产项目仅各有2项,不仅远远落后于濮阳和周口,而且落后于驻马店。

第二,非物质文化遗产项目的多少与各地市的经济发展实力不相一致。

申报国家级非物质文化遗产项目,不仅需要有价值有影响有特色的文化资源,而且需要地市政府高度重视,对非物质文化遗产项目进行发掘、保护和整合,同时也需要一定的资金支持和投入。从这个意义上说,各地市政府的重视程度和经济实力的强弱及投入多少,与非物质文化遗产项目的申报有一定关系。但是,各地市现有国家级非物质文化遗产项目的多少,与其经济实力强弱并不一致。以经济总量而论,多年来,河南省位居三甲的一直是郑州、洛阳和南阳,许昌、周口、焦作、平顶山等地市则长期稳居第二集团。尤其是郑州,经济总量一直稳居河南省第一,2007年已达2400亿元。但郑州拥有的国家级非物质文化遗产项目仅有5项,在全省范围内算是中等靠前。而国家级非物质文化遗产项目多达9项的焦作市,经济总量2004年在全省仅排第十位,2007年才上升到第五位。

第三,非物质文化遗产项目的多少与各地市人口数量不相一致。

《保护非物质文化遗产公约》颁布之前,联合国教科文组织曾把非物质文化遗产称之为"人类口述和非物质遗产",主要包括六个方面的内容:一是口头传统,以及作为文化载体的语言;二是传统表演艺术(含戏曲、音乐、舞蹈、曲艺、杂技等);三是民俗活动、礼仪、节庆;四是有关自然界和宇宙的民间传统知识和实践;五是传统手工艺技能;六是与上述表现形式相关的文化空间。上述六个方面的内容,都是非物质的、无形的,其唯一的传承者就是人。因此,人口数量对口述和非物质遗产的传承有直接而重要的影响。但是,从河南省现有国家级非物质文化遗产的区域分布来看,其项目的多少与人口多少并不一致。按2006年的统计数字,河南人口最多的是周口和南阳,其次是商丘、驻马店和信阳。5市的总人口占全省人口总数的47.2%。国家级非物质文化遗产项目,周口仅有6项,南阳也只有7项,驻马店只有4项,商丘和信阳则各只有2项,合计仅有21项,占总数的32.2%。而郑州、开封、洛阳、安阳、焦作、濮阳6市,人口总数不足3200万,占全省人口总数的30%多一些,拥有国家级非物质文化遗产项目则多达39项,占总数的60%。显而易见,国家级非物质文化遗产项目的数量与各地市的人口总数也不成正比。

对于非物质文化遗产的保护与开发,人们的注意力往往集中在制度层面,不少人以为只要制度层面的问题解决了,再加上有关部门的认真落实,非物质文化遗产的保护与开发等问题就迎刃而解了,但实际上并非如此简单。非物质文化遗产的存续现状不同,表现形式不同,各地的情况又是千差万别,再加上相关部门的重视程度、认可度和实施力度不同,以及民众对非物质文化遗产的认知程度和保护意识等也不同,都会制约非物质文化遗产的保护与开发。同时,国家级非物质文化遗产在区域分布方面表现出的非对等性特征,也对非物质文化遗产的保护与开发提出了新的要求和新的课题。这就要求我们在做好制度安排、落实相关政策的同时,有针对性地做好相应的工作,真正做到有的放矢,对症下药,以期使非物质文化遗产的保护与开发收到更大的成效。因此,应加强以下四个方面的工作。

一是强化对非物质文化遗产的保护意识,做到发掘、保护与申报相结合。如果说申报世界非物质文化遗产受每次只能申报1项的限制,文化资源数量再多,价值再高,濒危程度再严重,传承状况再恶劣,也不能突破限制的话,那么,申报国家级非物质文化遗产则完全不受这一限制。只要符合申报条件,足以显示民族文化的多样性,具有突出的历史、文化和科学价值,具有展现中华民族文化创造力的典型性、代表性,具有在一定群体中世代传承、活态存在的特点,具有鲜明特色,在当地有较大影响且具备较高的文化价值,就可以申报。河南省是文化大省,文化积淀深厚,文化资源丰富,非物质文化遗产比比皆是。具体到各个地市,同样也是如此。可是,从已经公布的两批国家级非物质文化遗产名录来看,河南的文化资源优势并没有得到充分展示。

譬如四大民间传说,其发生、发展与演变都与河南有密切关系,河南仅有汝南申报的"梁祝传说"和武陟申报的"董永传说"入选国家级非物质文化遗产名录,而"白蛇传传说"和"孟姜女传说",虽然与河南的关系至为密切,却没有申报。"白蛇传传说",仅是由鹤壁淇滨区申报为河南省第一批非物质文化遗产,而"孟姜女传说"则干脆没有地方组织申报。再如岁时节令,许多都起源于中原,除去那些重要的民间节日如春节、中秋节、重阳节等已经成为全国性的节日,河南不便再去申报者外,另有一些具有广泛影响的节日,如农历"二月二""三月三"等,都是既具有广泛影响又富有文化价值、可以代表中原文化多样性的节日,同样没有地市组织申报。

这种现象的出现,不是地方文化部门不重视,而是有关方面并没有意识到这些非物质文化遗产的重要价值。由此可以看出,对非物质文化遗产的保护意识确实有待加强。只有保护非物质文化遗产的意识得到了强化,有关方面才会自觉地、积极主动地去发掘和保护当地的非物质文化遗产,才会强化责任意识,真正做到守土有责,积极组织申报,认真负责地履行保护与开发职责。

二是从保护与传承民族文化的高度,按照建设文化强省的要求,加大对非物质文化遗产保护与开发的资金支持与投入。2005年颁布的《国务院关于加强文化遗产保护的通知》明确指出,对入选国家级非物质文化遗产名录的项目给予必要的经费资助。根据国务院有关文件精神,文化部制定了《国家级非物质文化遗产保护与管理暂行办法》,文件规定:"国务院文化行政部门对国家级非物质文化遗产项目保护给予必要的经费资助。县级以上人民政府文化行政部门应当积极争取当地政府的财政支持,对在本行政区域内的国家级非物质文化遗产项目的保护给予资助。"非物质文化遗产的保护资金,来源自国家、省、地市和项目拥有单位。国家给予资金资助,地方给予资金配套,项目拥有单位给予资金支持,以确保非物质文化遗产项目保护资金的投入。

非物质文化遗产的发掘、保护和必要的开发,都需要资金投入,而投入的多少不仅取决于相关部门是否重视,而且还与所在地市的经济实力强弱有直接关系。但现实情况是,经济实力排名靠前的城市,如郑州、洛阳、许昌、平顶山,拥有国家级非物质文化遗产项目则分别为5项、7项、2项和3项,而经济实力相对较弱的开封、周口、南阳、濮阳,则分别拥有6项、6项、7项和5项。这就不可避免地造成了有项目却无必要的资金支持,有资金却无足够多的项目的情况。这种情况的出现,对非物质文化遗产的保护与开发来说,则是一种隐忧,应该引起政府职能部门和有关方面的重视。

三是要从保护民族文化多样性的高度,调动社会各方面的积极性,以获得更多的资金支持,强化非物质文化遗产保护。非物质文化遗产的保护与开发,要深入贯彻国务院提出的16字方针:"保护为主、抢救第一、合理利用、传承发展"。所谓"保护",按照《保护非物质文化遗产公约》的要求,是指"采取措施,确保非物质文化遗产的生命力,包括这种遗产各个方面的确认、立档、研究、保存、保护、宣传、弘扬、承传(主要通过正规和非正规教育)和振兴"。非物质文化遗产的保护,有三点值得特别注意:一是尽可能地保护其原有形态,二是保护其原有形态所具有的生命力,三是保护性创新。第一点是"保护为主、抢救第一"的题中应有之义,第二点是非物质文化遗产"合理利用、传承发展"的基础,第三点是保证非物质文化遗产"合理利用、传承发展"的关键。

在非物质文化遗产的保护实践过程中,曾经出现过一些令人啼笑皆非的事情。如某些属于"文化空间"类的非物质文化遗产,有关单位在谈到已经采取的保护措施和相关开发利用计划时,说要修多少路,砌多少围墙,栽多少树,建多少相关设施,引多少客商。这样的"保护",不仅不能保护其原有形态,反而严重破坏了现有形态,结果却是免不了好心办坏事,动机与效果根本无法统一。

保护非物质文化遗产的原生态,就是保护民族文化的多样性。在保护非物质文化遗产的工作中,要切实贯彻"保护为主,抢救第一"方针,保护其原有形态、生命力和创新性。为此,除政府和相关部门与单位的资金支持外,必须调动社会各方面的积极性,让有志于非物质文化遗产保护的有识之士,真正认识到保护非物质文化遗产的重要性,积极主动地加入到保护队伍中来,为非物质文化遗产的保护提供资金支持,弥补政府和保护单位投入不足,强化非物质文化遗产保护。

四是真正把非物质文化遗产作为文化软实力,贯彻"合理利用、传承发展"方针,以合理开发促保护、促发展。文化是软实力,文化资源是软实力之本之源,作为文化资源的非物质文化遗产同样也是软实力之源。在物质经济的发展受到方方面面的制约和掣肘的今天,在物质经济的发展给人居环境和生态环境带来很大负面影响的今天,文化软实力越来越多地受到人们的关注。一个典型的例子,就是美国迪斯尼公司制作的《花木兰》系列动画片。1998年,他们把中国文学作品中的传奇女英雄花木兰这个文化符号拿过去,制成系列动画片,在包括中国在内的世界各地上映后,赚取了超过20亿美元的票房收入。迪斯尼是世界知名公司,在经营文化方面长袖善舞,笑看同侪,令世界上许多从事影视制作的知名大公司自叹弗如。这对我们也是一种启示。

文化软实力,虽然看不见摸不着,但是它一旦通过某种方式转化为文化经济,其力量自然不可小觑。河南有如此丰富的文化资源,有那么多的非物质文化遗产,只要解放思想,开阔思路,找准目标,选准路子,完全可以把以非物质文化遗产为代表的各种文化资源加以合理利用,把软实力变成硬实力。

找准目标,选准路子,不是一句空话。它要求对以非物质文化遗产为代表的各种现有文化资源的品位、价值、开发前景、市场运作等问题进行认真分析和深入研究。通过深入研究,从已有的非物质文化遗产项目中发现那些有品位、有价值、有市场需求、有开发前景的项目;通过认真调研,对现有文化资源进行分级分类,在此基础上编制开发计划,把最有价值的和亟待开发的文化资源筛选出来,以便进行深度开发。当然,这还有一个不容忽视的前提,那就是要把以非物质文化遗产为代表的现有文化资源保护好,不能为了开发而破坏了非物质文化遗产的原有形态,损毁其内在文化价值和生存环境,减弱其文化多样性特征。对于非物质文化遗产的保护与开发来说,这一点也至关重要。

附表：河南省国家级非物质文化遗产项目表

所属地市	项目名称
郑州市(5项)	少林功夫·登封市(1)　小相狮舞·巩义市(1+)　新郑黄帝拜祖祭典·新郑市(1+)　笙管乐·新密市(2)　苌家拳·荥阳市(2)
洛阳市(7项)	河洛大鼓·洛阳市(1)　洛阳宫灯·洛阳市(1+)　中医正骨疗法·洛阳市(1+)　唐三彩烧制技艺·洛阳市(2)　真不同洛阳水席制作技艺·洛阳市(2)　关公信俗·洛阳市(2)　洛阳牡丹花会·洛阳市(2)
开封市(6项)	朱仙镇木版年画·开封市(1)　汴京灯笼张·开封市(1+)　锣鼓艺术·开封市(2)　大相国寺梵乐·开封市(2)　麒麟舞·兰考县(2)　二夹弦·开封市(2)　汴绣·开封市(2)
安阳市(5项)	大弦戏·滑县(1)　大平调·滑县(1)　跑帏子·汤阴(2)　二夹弦·滑县(2)　木版年画·滑县(2)
焦作市(9项)	董永传说·武陟(1)　太极拳·焦作市(1)　怀梆·沁阳市(1)　唢呐艺术·沁阳市(1)　高跷·沁阳市(1+)　四大怀药种植与炮制·焦作市(1+)　灯舞·博爱(2)　二股弦·武陟(2)　八极拳·博爱(2)
濮阳市(7项)	目连戏·南乐县(1)　柳子戏·清丰县(1)　四平调·濮阳市(1)　大弦戏·濮阳县(1)　大平调·濮阳县(1)　罗卷戏·范县(2)　东北庄杂技·濮阳市(2)
鹤壁市(2项)	浚县泥咕咕·浚县(1)　民间社火·浚县(1+)
新乡市(2项)	大平调·延津县(1)　剪纸·卫辉市(1+)
三门峡市(2项)	灵宝剪纸·灵宝县(1+)　卢氏剪纸·卢氏县(1+)
济源市(1项)	邵原神话群·济源市(2)
许昌市(2项)	越调·许昌市(1+)　钧瓷烧制技艺·禹州市(2)
商丘市(2项)	四平调·商丘市(1)　木兰传说·虞城县(2)
周口市(6项)	太昊伏羲祭典·淮阳县(1)　道情戏·太康县(1)　越调·周口市(1)　沈丘狮舞·沈丘县(1+)　官会响锣·项城市(2)　心意六合拳·周口市(2)
平顶山市(3项)	马街书会·宝丰县(1)　锣鼓艺术·郏县(2)　宝丰酒传统酿制技艺·宝丰县(2)

续表

所属地市	项目名称
驻马店市(5项)	梁祝传说·汝南县(1)　锣鼓艺术·西平县(2)　罗卷戏·汝南县(2)　盘古神话·泌阳县(2)　大铁花·确山县(2)
漯河市(1项)	心意六合拳·漯河市(2)
信阳市(2项)	皮影戏·罗山县(1+)　信阳民歌·信阳市(2)
南阳市(7项)	宛梆·内乡县(1)　板头曲·南阳市(1)　盘古神话·桐柏县(2)　西坪民歌·西峡县(2)　南阳三弦书·南阳市(2)　方城石猴·方城县(2)　镇平玉雕·镇平县(2)
河南省属(3项)	河南坠子(1)　曲剧(1)　豫剧(1)

备注：表中(1)为第一批项目；(1+)为第一批拓展项目；(2)为第二批项目。

(原载《河南文化发展报告(2009)》,社会科学文献出版社2009年1月)

根亲文化资源开发利用研究

河南是中华民族的发祥地、华夏文明的起源地、中华文化的诞生地，拥有非常丰富的根亲文化资源。根亲文化是传统文化的重要组成部分，是民族、姓氏、文字、元典等具有延续性特征的文化之根，是无法割舍的血缘之情。根亲文化的基础是"根"，关键是"亲"。根亲文化是中原文化的独特优势，是建设华夏历史文明传承创新区的重要依托。充分发挥根亲文化优势，弘扬中原大文化，提升文化软实力，扩大中原文化影响力，着力构建中华民族共有精神家园，是贯彻落实国务院《关于支持河南省加快建设中原经济区的指导意见》的必然要求，也是进一步提升中原文化影响力的必然要求。因此，应注重挖掘根亲文化资源的内在价值，注重根亲文化资源与文化旅游的融合发展，并以姓氏文化资源为重点，加强根亲文化资源的开发利用。

一、发掘提升根亲文化资源的内在价值

发掘提升根亲文化的内在价值，是开发利用根亲文化资源的基础和前提。河南拥有的根亲文化资源非常丰富，其内在价值还有许多未被人们认知，即便是那些平时为人们津津乐道的根亲文化资源，如伏羲文化、炎黄文化、文字沿革以及道家文化、禅宗文化、少林文化、太极文化等，其内在价值也没有完全为人们所认知。这对开发利用根亲文化造成了严重制约。因此，有必要组织相关部门和专业研究机构，对根亲文化资源进行系统梳理，发掘其内在文化价值，提升其文化品位，赋予其当代意义。这是开发利用根亲文化资源的基础性工作。只有对根亲文化资源的内在文化价值有了准确的把握，对其进行准确定位，才可能进行深度挖掘，才能提升其文化品位，也才能结合现实需要赋予其当代价值

和意义,进而更好地加以开发利用,更好地发挥其在华夏历史文明传承创新区建设中的重要作用。

河南的根亲文化资源非常丰富,各地市结合其独特的文化优势,在开发利用根亲文化资源方面已经做了许多卓有成效的工作,有些已经产生了广泛的社会影响。如新郑黄帝故里拜祖大典、淮阳伏羲姓氏文化节、固始根亲文化节、郑州国际少林武术节、焦作国际太极拳年会等,在利用节会这种形式开发利用根亲文化资源方面,进行了积极探索,有的已经形成了自己的特色,初步形成了品牌效应。但是可以看到,在根亲文化内在价值的发掘方面,还有不少工作要做。比如姓氏文化,河南是许多大姓的发源地,姓氏文化自然就成了中原文化的优势资源,姓氏文化活动一直比较热闹。除淮阳伏羲姓氏文化节和固始根亲文化节之外,陈、刘、张、林、黄、许等单个姓氏起源地,也都在搞相关的姓氏文化活动。一些地方还在谋划建设姓氏文化园和姓氏博物馆,但是姓氏文化资源的开发利用,目前仅止于此,富有文化创意的开发利用还不多。出现这种局面,最主要的原因是对根亲文化资源的内在文化价值缺少深度发掘,找不到开发利用的突破口。此外,由于对根亲文化资源缺少深入研究,尤其是姓氏文化资源,有的地方不作深入研究,就匆忙宣布某地是某姓的祖根地,造成了不必要的困扰。

根亲文化资源的开发利用应以其内在文化价值的发掘和社会影响为基础。在尚未搞清楚某种根亲文化的内在文化价值的情况下,就匆忙进行开发,不仅会造成不必要的困扰,而且可能造成不必要的损失。遗憾的是,在根亲文化资源的开发利用方面,目前各自为政、各自为战的现象比较普遍,这不仅造成了包括人、财、物等在内的资源浪费,而且造成了"内争",甚至是互挖墙脚的"内耗"。有鉴于此,建议有关部门对姓氏文化资源的开发利用加强指导,强化根亲文化资源内在价值的发掘和研究,对相关的开发利用进行科学合理的统筹规划。要打破条块限制和区域限制,对相同或相近的根亲文化资源加强整合,对可以进行开发利用的根亲文化资源进行合理布局,统筹规划,科学开发,系统开发。如果仍旧是各自为政,各自为战,就无法消弭"内争"和"内耗",很难避免资源浪费,很难实现效益最大化。

二、根亲文化资源的开发利用要做加法

根亲文化资源的开发利用,有多种选择、多条路径,但是就河南的实际情况而言,做好加法是关键。

其一是根亲文化资源与旅游相结合,通过根亲文化丰富和提升旅游景区的文化内涵,扩大景区的知名度和认知度。国内外的成功经验表明,文化与旅游相结合,开发文化旅游,是文化资源实现产业化的最佳选择。河南的根亲文化资源,有的处于旅游景区,有的距离景区不远,有的在通往景区的线路上,这为根亲文化与旅游相结合创造了可能。仍以姓氏文化资源为例,假如能够对现有姓氏文化资源进行有效整合,依托淮阳太昊陵景区或新郑黄帝故里拜祖大典景区,建设中华姓氏文化园和中华姓氏博物馆,以之为载体,把中华姓氏的起源、流变、迁徙、传播、影响,单一姓氏的起源、流变、迁徙、郡望、堂号、族谱、家谱、名人,辅以生动感人的传说故事,通过现代科技进行形象化展演,不仅可以使之成为景区最具视觉冲击和情感萦系的重要景点,而且可以进一步扩大景区的知名度、认知度和影响力,为景区带来更大的经济效益和社会效益。

其二是根亲文化资源与打造文化品牌相结合。文化的软实力和影响力,很大程度上是通过文化品牌来实现的。因此,要开发利用根亲文化,扩大根亲文化的海内外影响力,就应在挖掘和提升根亲文化内在价值的基础上,发现那些最具利用价值、最具开发潜力的根亲文化形象资源,通过文化与旅游的结合,文化创意与现代科技的结合,传统根亲文化与当代人文精神的结合,对其进行深度开发,将其全力打造成为具有知名度和影响力的根亲文化形象品牌。这是开发利用根亲文化、发挥根亲文化当代价值的重要路径。淮阳伏羲姓氏文化节、新郑黄帝故里拜祖大典等以根亲文化为主要内容的节会,通过文化与旅游的结合,在打造根亲文化形象品牌方面已经作了有益的探索。深入总结相关经验,对于借助根亲文化资源打造文化品牌,将具有一定的借鉴意义和推广价值。

其三是根亲文化资源与现代科技相结合。借助文化创意,把根亲文化资源与现代科技结合起来,推出富有创意的文化产品,进一步扩大根亲文化的影响。大型实景演出《禅宗少林·音乐大典》表现的是禅武文化之根,《大宋·东京梦

华》展示的是大宋文化,这两台节目都是文化创意与现代科技相结合的典范,其成功经验值得深入系统地加以总结。但是,仅有这些还远远不够,还必须在文化创意与现代科技、根亲文化与当代人文精神相结合等方面,加强文化创意,凝练根亲文化符号,推出根亲文化产品,打造根亲文化形象品牌,以进一步展示中原文化的魅力,扩大中原文化的影响力,增强中原文化的凝聚力,使根亲文化资源在构建华夏历史文明传承创新区、共建中华民族共有精神家园的伟大事业中发挥更大的作用。

三、充分发挥姓氏文化的重要作用

中原是中华民族的发祥地,也是华夏民族的姓氏祖地。有两个数字很能说明问题:一是按人口多少排名的 100 个大姓中,有 78 个姓氏起源或部分起源于河南;二是按人口多少排名的前 300 个姓氏中,有 171 个姓氏起源或部分起源于河南。这些起源于中原的姓氏在中国社会发展中不断播迁,从中原走向四面八方,远徙海外,成为中原文化的使者,为中华文化的发展作出了重要贡献。姓氏文化是根亲文化的重要组成部分,在华夏历史文明传承创新区建设中,姓氏文化应该继续发挥其独特而重要的作用。

从历史发展看,中国历史上的历代帝王,其出生地或祖籍有许多都在今天中原经济区范围内。传说中的三皇五帝和上古三代之君自不必说,即使从秦始皇算起,有 8 个朝代的帝王祖籍或出生地属于中原经济区范围。秦始皇是甘肃人,但其出生地在邯郸,汉光武帝刘秀是南阳蔡阳(今河南南阳)人,魏武帝曹操是沛国谯(今安徽亳州)人,开创两晋基业的司马懿是河内温县(今河南温县)人,后梁开国君主朱温是今安徽砀山人,后周郭威及其内侄柴荣是河北邢台隆尧人,北宋开国帝王赵匡胤是河北涿郡人,但他出生在洛阳夹马营,明朝的建立者朱元璋是安徽凤阳人。这些帝王或出生于河南,或其祖籍属于中原经济区范围。这些朝代曾经存在一千多年,差不多占了两千多年中国封建社会的一半时间。

从历史文化名人的作用看,中国历史上许多文化名人要么祖籍在中原,要么出生地在中原。如诸子中的老子、庄子、墨子、荀子、韩非子,汉代的贾谊、晁错、桑弘羊、许慎、张衡、张仲景,魏晋南北朝时期的司马懿、阮籍、山涛、向秀、干宝、谢灵运、范晔,隋唐时期的吴道子、杜甫、韩愈、白居易、元稹、李贺、李商隐,宋代以后则有邵雍、二程、许衡、钟嗣成、朱载堉、何景明、吕坤、周亮工等,其中有不少文化名人可以入圣贤之列。据统计,仅汉、唐、宋、明四个朝代,河南籍名人就达912人,占这四个朝代正史列传总人数的15.8%。其中,东汉时期河南籍名人为170人,占全国总数的37%;北宋时期,河南籍名人为324人,占全国总数的32%。帝王家族和文化名人在文化发展与传播中发挥着非常重要的作用。他们不仅继承和弘扬着中原文化,创造发展着华夏文明,而且在华夏文明的传承创新中往往领风气之先,对中华文化的发展贡献至巨。此外,由于中原长期是中国政治经济文化中心,许多有影响的文化名人长期生活在中原,在中原读书为官。他们在把其他地域文化带入中原的同时,也把中原文化传播到他们原来生活的地区,对中原文化的传播发展和中华文化的形成起到了重要作用。那些很早就因各种原因离开故土中原的名门大族,在很快融入当地文化之后,把中原文化融入他们的生活地,成为当地文化的创造者。改革开放之后,尤其是新世纪以来,这些名门大族的后人虽然远离故土,生活在异国他乡,但仍然对中原怀有很深的感情,不仅来河南寻根谒祖,而且很多人乐意为家乡的经济社会发展贡献一份力量。寻根拜祖热的兴起,很大程度上就是这样一种故乡之思、乡土之念和家国之恋引起的。

应积极鼓励和引导海内外炎黄子孙对家乡故土的这份热情,充分挖掘中原根亲文化特别是姓氏文化的深厚内涵,积极发挥姓氏文化优势,通过姓氏宗亲联谊、海外华人寻根谒祖等形式,推动华夏历史文明传承创新区建设。

一要明确发展方向。姓氏宗亲联谊也好,姓氏文化研究也好,都不是为联谊而联谊,为研究而研究,而应是通过这些形式,发掘姓氏文化内涵,凝聚人心,聚合人力,为经济社会发展积聚正能量,助推中原经济区和华夏历史文明传承创新区建设。明确了这一方向,姓氏宗亲联谊和姓氏文化研究才能健康发展,才能把积聚的正能量很好地发挥出来。

二要选好发展路径。方向决定路径。明确了姓氏宗亲联谊和姓氏文化研究的方向,那么,发挥姓氏文化在华夏历史文明传承创新区建设中的作用所应选择的路径也就清楚了,这就是要以姓氏文化研究为支撑,以姓氏宗亲联谊为渠道,以内引外联为主要形式,通过以姓氏文化为主要内容的根亲文化,在海内外华人之间建立起一条高效便捷的沟通渠道,使之成为连接海内外华人的纽带,共同构建全球华人共有精神家园,促进祖国统一大业。

三要搞好相关对接。姓氏文化研究和姓氏宗亲联谊,应做好两个方面的对接。一是姓氏文化研究和姓氏宗亲联谊与当地经济社会发展大局的对接,自觉主动地服从服务于当地经济社会发展大局,积极围绕大局开展工作。二是姓氏文化研究和姓氏宗亲联谊组织应做好与当地政府、社会组织和民间团体的对接,主动接受政府指导,做好与社会组织和民间团体的沟通协作,明确分工,各守分际,各司其职,各负其责,以更好地发挥姓氏文化研究和姓氏宗亲联谊组织的作用。

四要做好社会宣传。姓氏文化研究和姓氏宗亲联谊,无论是在华夏历史文明传承创新区建设中还是在中原经济区建设中,都有其不可替代的地位和作用。但是,就目前而言,一些人对姓氏文化研究和姓氏宗亲联谊还有不同认识,个别姓氏宗亲联谊组织或活动片面强调宗亲联谊,有意无意地偏离了宗亲联谊的目的和方向,加深了人们对宗亲联谊的不同认识。因此,有必要在做好姓氏文化研究和姓氏宗亲联谊的同时,加大对姓氏文化研究和姓氏宗亲联谊活动的宣传力度,尤其是要加大对姓氏文化地位与作用的宣传力度,让人们充分认识姓氏文化在华夏历史文明传承创新区建设和构建中华民族共有精神家园中的独特作用,以更好地保护和科学利用全球华人根亲文化资源,使之发扬光大,更好地为当地经济社会文化建设服务。

五要搞好开发利用。姓氏文化研究不是发思古之幽情,而是要结合当下,服务现实。要发挥姓氏文化优势,搞好姓氏文化开发利用,就要充分挖掘姓氏文化这一宝藏,科学选取具有开发利用价值的姓氏文化,进行深度开发。尤其是要注重姓氏文化与旅游资源的结合,要跳出单纯的招商引资模式,通过姓氏文化与旅游、科技的结合与深度融合,寻找新的开发模式,让姓氏文化活起来,动起来。要注重利用戏曲、影视、动漫、数字技术等,通过再现故事和活化场景,做好姓氏文化的深度开发。有条件的地方,可以通过建设姓氏文化园和姓氏文化实景演出等形式,促进姓氏文化的开发利用,扩大姓氏文化在海内外的影响,更好地服务于中原经济区建设,服务于华夏历史文明传承创新区建设。

(本文是作者 2014 年在一次姓氏文化活动大会上的演讲稿)

构建中华民族共有精神家园
——从黄帝故里拜祖大典谈起

2008年农历三月初三的郑州,和风习习,细雨霏霏,杨柳吐翠,春意盎然。在这样一个景色宜人的日子里,河南人民与全国人民一道迎来了全球华人的盛大节日——戊子年新郑黄帝故里拜祖大典。中央电视台新闻频道和中文国际频道对这次盛典进行了全程直播。大典规模宏大,内容丰富,精彩迭现,再次在全球华人中引起了强烈的震撼。

中华儿女是炎黄子孙。炎黄二帝中的黄帝在中原大地开创了华夏文明。据历史文献记载,今河南新郑市曾经是黄帝出生、创业和建都之地。充分利用这一独特而珍贵的历史文化资源,构建中华民族共有精神家园,与党的十七大报告提出的"弘扬中华文化,建设中华民族共有精神家园"的伟大号召相契合。黄帝是海内外中华儿女的共同祖先,是海内外中华儿女心相印、气相通、神相聚的历史见证。黄帝已经成为海内外炎黄子孙共同尊奉的精神偶像,黄帝文化已经成为一种寄托着中华民族美好记忆的文化符号,成为构建中华民族共有精神家园的重要载体。黄帝故里拜祖大典,就是利用黄帝和黄帝文化这一重要载体弘扬中华文化、构建中华民族共有精神家园的有效形式。

一、探索建设精神家园的有效途径

弘扬中华文化,建设中华民族共有精神家园,需要形式多样的承载平台,需要有关方面的共同努力,更需要有切实可行的措施和行动。为了寻找这样的平台和载体,各地在弘扬中华文化的同时,都在努力探索建设中华民族共有精神家园的表现形式和承载主体,于是有了许许多多的寻根祭祖节会。这些活动以传统文化精神为纽带,以弘扬中华文化、建设中华民族共有精神家园为指归,以新的形式进行跨越时空的连接,赋予寻根祭祖等大型文化活动新的时代意义,深受海内外中华儿女的欢迎。如今,一些广有影响的寻根祭祖节会,已经成为弘扬中华文化、建设中华民族共有精神家园的有效途径之一。

河南新郑市是中华民族的人文始祖黄帝出生、创业和建都之地,在这里,黄帝带领先民们观天文、创文字、造舟车、播五谷、建宫室,奠定了中华民族之基,开创了华夏文明之源,书写了中华民族的辉煌开篇。早在春秋时期,为了让后人铭记黄帝对中华民族作出的伟大贡献,郑国相子产就曾主持过拜祭黄帝的活动。几千年来,中华民族历经沧桑和忧患,经历了分分合合,但对炎黄文化的认同感却有增无减。

随着时代的推移,中华民族日益强大,海内外炎黄子孙对中华民族人文始祖黄帝及以黄帝为代表的中华文化的认同感越发强烈。为了充分发挥黄帝和黄帝文化在构建中华民族共有精神家园中的特殊作用,经河南省人民政府批准,新郑市于1992年农历三月三日举办首届炎黄文化节。此后每年一次的炎黄文化节吸引了港、澳、台地区以及美国、日本、韩国、加拿大等国家的炎黄子孙前来寻根问祖。自2006年开始,炎黄文化节更名为黄帝故里拜祖大典,并于这一年的农历三月三日,在新郑举办了中华首届黄帝故里拜祖大典。如今,黄帝故里拜祖大典已举办三届,并以其规格高、规模大、影响广、主题新、亮点多、效果显等特色,赢得了社会各界的关注和海内外炎黄子孙的广泛赞誉。

举办黄帝故里拜祖大典,不是发思古之幽情,不是崇古好古,而是为了延续中华民族文化之脉,弘扬中华民族之精神,更好地继承以黄帝文化为代表的优秀传统文化,为中华文化培根固土,使之根繁叶茂,万古长青。举办黄帝故里拜祖大典,不仅可以更好地弘扬中华民族的优秀文化,而且更重要的在于通过这种形式,增强全球华人的民族认同感和自豪感,正如一位与会学者所说:"黄帝文化值得我们深入汲取,黄帝文化创造了一个文明的开端,创造了一个统一的秩序,完成了创造文明源头的伟大任务,中华民族的认同就是从这儿开始的,黄帝文化开拓了我们的认同。"

黄帝故里拜祖大典之所以能够成为弘扬中华文化、建设中华民族共有精神家园的有效形式,首先在于它让人们重新认识了中华民族的人文始祖黄帝,认识了黄帝在中华民族形成过程中所发挥的重要作用,以及黄帝文化的重要价值;其次,黄帝故里拜祖大典唤起了海内外炎黄子孙的情感记忆,加深了他们对黄帝和黄帝文化的认同感,增强了他们的文化归属感,为海内外炎黄子孙找到了共有的情感归宿和精神寄托。

二、在创新承载形式上做文章

弘扬中华文化,建设中华民族共有精神家园,是一项长期的工作,也是一项伟大而艰巨的任务,不可能毕其功于一役。因此,首先必须在创新承载形式上做文章,通过不同的、具有生命活力的承载形式,吸引和凝聚人心,以期形成共识,达至最大的和谐。

祭祀是传统礼制,"三礼"对各种祭祀都有严格的礼仪规定。如《礼记》对祭法、祭义、祭统都有严格规定和说明。"凡治人之道,莫急于礼。礼有五经,莫重于祭。夫祭者,非物自外至者也,自中出生于心也,心怵而奉之以礼。是故,唯贤者能尽祭之义"①,说明了祭祀的基本意义;"祭不欲数,数则烦,烦则不敬。祭不欲疏,疏则怠,怠则忘"②,指出了祭祀应遵循的基本原则。随着时代的发展与文明的进步,祭祀的内容和形式都已经发生了很大的变化。在许多时候和场所,祭祀仅仅是一种表达生者对死者的怀念之情和寄托哀思的形式。黄帝故里拜祖大典借助祭祀这样一种古老的形式,同时进行了多种形式的创新。

黄帝作为中华民族的人文始祖而享受祭祀,是非常久远的事情了。即使到了今天,人们仍在以各种不同的形式,表达或寄托对黄帝的追思祭奠之情。新郑市祭祀黄帝的仪式就是在这种背景下出现的。自丙戌年(2006年)开始,新郑市的炎黄文化节改为黄帝故里拜祖大典,每年举办一次,如何坚持形式上的创新就成了有关各方共同关注的问题。黄帝故里拜祖大典于每年的农历三月初三在新郑具茨山下举行,时间、空间、景物乃至人物的相同或相似,给拜祖大典的创新带来了不小的困难。要使拜祖大典持续葆有其魅力和吸引力,就必须在创新承载形式方面做文章,避免给人老套路、老模式、老面孔的印象,要给人

---

① 郑玄注,孔颖达疏:《礼记注疏》卷四十九《祭统》。
② 郑玄注,孔颖达疏:《礼记注疏》卷四十七《祭义》。

常见常新之感。从连续三届的拜祖大典来看,创新承载形式已成为主办者的一种自觉追求。

丙戌年(2006年)的拜祖大典仪式,充分突出了中原文化和黄河文化的特色,其明显标志就是"五个一千",即千人少林表演、千人盘鼓、千人太极表演、千人舞狮、千人百家旗阵。拜祖大典的同一天,还举行了经贸旅游洽谈推介会。拜祖大典取得了精神文明与物质文明双丰收,被世界华侨华人社团联合总会称之为"是历年以来国内所有拜祖活动中最精彩、最震撼、最成功的一次世纪经典"。

丁亥年(2007年)的拜祖大典仪式虽然和丙戌年基本相同,但形式有所创新。黄帝故里景区前中华姓氏广场的东西南三侧,新建有高10米、长516米的大型姓氏拜祖背景墙,以满足各地炎黄子孙拜祖寻根的心愿;拜祖大典现场,增加了圣火台和点燃圣火仪式。在拜祖大典举行之前,主办方和承办单位在郑州黄河风景名胜区中华炎黄坛广场,举行了规模盛大的炎黄二帝塑像落成典礼。拜祖大典期间,还分别在郑州和新郑举办了拜祖大典经贸洽谈暨旅游推介活动。中国国民党荣誉主席连战先生出席了拜祖大典,向中华民族的人文始祖轩辕黄帝表达崇高的敬意,衷心祈福两岸和平稳定繁荣发展。他深情地表示:"轩辕黄帝是中华民族共同的始祖,今天参加拜祖大典,除了向始祖黄帝表达最高的敬意,我们也带来了庄严的承诺:中国国民党一定同心同德、一心一意,为两岸人民的福祉继续努力奋斗,祈求两岸的和平、稳定、繁荣、发展,这是我此行最主要的目的。"

戊子年(2008年)的拜祖大典又增加了千人吟诵经典名篇、"上下五千年"电视诗歌朗诵音乐会、拜祖大典文艺晚会等喜庆而又富有活力的活动形式,拜祖大典期间还举行了2008年国内旅游交易会、世界旅游城市市长论坛、国际旅游小姐冠军总决赛,使拜祖大典的活动从会场内走向了会场外,从而使整个拜祖大典充满魅力与活力,吸引了全国乃至世界华人的眼球,让人们从拜祖大典中感受到了黄帝文化的永久魅力。黄埔军校同学会邀中国台湾及祖国大陆近百名退役将军组成"海峡两岸百名将军黄帝故里拜祖大典"参访团,共同参与黄帝故里拜祖大典,成为拜祖大典一道亮丽的风景。

创新是民族文化永续发展、永葆魅力的动力之源,是一个民族自立于世界民族文化之林的根本所在。弘扬中华文化,建设中华民族共有精神家园,也必须走创新之路。创新是全方位、多层次、多时空的,而承载形式的创新,是其中最为重要的一个方面。文化有其承载形式,有与其思想内容相适应的载体。黄帝故里拜祖大典,就是承载民族文化的一个平台、一种载体、一种形式。在新的时代和新的历史背景下,对这种古已有之的载体和形式既要保持其基本的仪式和程序,又要不断进行创新,使之符合新的时代需要,符合经济、社会、文化建设的需要,符合海内外炎黄子孙维系民族情感、寻求民族认同、寄托民族理想的需要。连续三届的黄帝故里拜祖大典在承载形式方面的创新,以及对如何很好地利用这样一种承载形式进行了积极探索,也为其他类似的节会提供了借鉴。

三、在提升文化内涵上下功夫

具有高度民族认同感、凝聚着海内外炎黄子孙共识的黄帝文化,显然不同于一般意义上的传统文化,它表现出来的创造精神、奋斗精神、和谐精神,以及它所具有的秩序、认同、仁厚、中庸等文化理念,已经深深植根于海内外炎黄子孙的文化基因中,成为中华民族的共识和财富,也是构建中华民族共有精神家园的重要文化内容。黄帝故里拜祖大典,不仅从仪式和程序上唤起了炎黄子孙的历史记忆,通过形式创新葆有其生命力和吸引力,而且还在提升大典的文化内涵上下功夫,以期通过黄帝故里拜祖大典,使炎黄子孙对中华文化的精神、理念和丰富内涵有更多的认识和更深的理解,对中华文化有更为契合的认同感。

提升黄帝故里拜祖大典的文化内涵,不仅是使拜祖大典具有生命力和吸引力的需要,更是把黄帝故里拜祖大典打造成为世界华人寻根拜祖圣地,使之成为构建中华民族共有精神家园的有效形式和承载平台的需要。为此,就必须在不断进行形式创新的同时,不断丰富其文化内涵,提升其文化价值,使之真正成为一个具有丰富内涵的文化品牌,并在不断丰富其文化内涵的基础上增加这一文化品牌的内在价值,借此发挥黄帝文化和中原文化的吸引力、向心力和凝聚力。每届一个主题,显示出主办者在提升拜祖大典文化内涵上所作出的努力。

2006年的拜祖大典以"盛世中国,和谐社会"为主题,着重突出民族大团结及中华民族根脉文化和大河文化,并以拜祖为中心,以黄帝文化为主线,用黄帝文化精神去感染、号召全球华人为实现中华民族的伟大复兴而努力。拜祖大典还举行了千人吟唱黄帝颂歌的活动,通过这一活动,让更多的人了解中华民族的人文始祖黄帝的丰功伟绩。

2007年的拜祖大典,以"和谐中原,和谐中国"为主题,旨在用中华民族的主体文化、根脉文化、源头文化,并以拜祖为中心,以黄帝文化为主线,增强民族亲和力、感召力,推动海内外华人为实现中华民族的伟大复兴而奋斗。在此期间先后举办了中国新郑黄帝文化国际论坛和首届炎黄文化高层论坛;拜祖大典文艺晚会的整场演出,以华语为主,以根文化为脉络,突出了中原文化的厚重特色和新鲜活力;拜祖大典推出的位于新郑市区东北部的黄帝文化苑,具有丰富的黄帝文化遗迹,集中展示出黄帝文化的深厚内涵和独特魅力。

比较而言,2008年的拜祖大典,文化内容更为丰富,文化内涵又有提高。拜祖大典以"共建中华精神家园,祈福北京奥运盛会"为主题,其间举行的"中国郑州炎黄文化周",以"万龙归宗祈福中华"为主题,鲜明地突出了中原文化博大精深的"根文化"和"源文化"特色,黄帝故里文化讲座、黄帝文化国际论坛、非物质文化遗产精品展、"上下五千年"电视诗歌朗诵会等一系列文化活动,对弘扬中华优秀传统文化,增强民族凝聚力和民族自豪感,构建中华民族共有精神家园发挥了重要作用。许海峰、邓亚萍等29名奥运冠军应邀参加拜祖大典,表达了河南人民对第29届北京奥运会成功举办的期盼和祝福。

构建中华民族共有精神家园,需要在弘扬中华优秀文化的基础上寻找有效的承载形式和搭建平台,更需要不断丰富各种承载形式和平台的文化内涵,提升其文化价值和影响力。河南地处中原,是中华文明的发祥地,文化积淀非常深厚,文化资源非常丰富,文化影响力非常巨大,在弘扬中华文化、构建中华民族共有精神家园中肩负着重要使命。河南要充分利用这一有利条件,在努力做好自己的事情的同时,应该在构建海内外中华儿女共有精神家园的伟大事业中发挥特殊的作用。要充分发挥中原文化的资源优势,通过提升其文化内涵,增强其辐射力、吸引力、凝聚力和感召力,架桥梁,结纽带,为构建中华民族共有精神家园作出应有的贡献。

"黄帝所具有的天人合一、和而不同、开拓精神,是中华民族共同的精神财富,更是鼓舞中华民族面向未来的根本动力。"北京大学一位教授在黄帝文化国际论坛上说的这番话,概括地说明了黄帝文化的精髓和价值。河南新郑是黄帝故里,河南人有责任也有能力继承和发扬中华民族共同的精神财富——黄帝文化,并根据时代的需要对黄帝文化进行内容与形式的创新,提升其文化内涵,使之与当代社会相适应,与现代文明相协调,与人们的精神文化需求相一致;凝聚民心,反映民意,寄托民望,畅达民情,使之真正成为海内外炎黄子孙的情感归宿和精神家园。

(原载《理论热点在河南——2008》,河南人民出版社 2008 年 12 月)

建设优秀传统文化传承体系的路径选择
——以老子文化资源的开发利用为例

建设优秀传统文化传承体系,是党的十八大报告提出的建设社会主义文化强国的一项重要任务。要完成这一重要任务,不仅需要将制度设计得更加完善,而且需要选择具有中国特色的现实路径。优秀传统文化是民族血脉的载体,是人们的心灵家园,是建设社会主义文化强国的重要依托。中国是一个有着五千年文明的大国,历史文化悠久厚重、丰富多彩,建设优秀传统文化传承体系任务艰巨。因此,选择适宜的发展路径,就显得至关重要。在这方面,老子文化资源的开发利用可以提供一些有益借鉴。

围绕着老子和《道德经》而形成的老子文化,在中国传统文化中占有重要地位,是建设社会主义文化强国的重要文化资源。对于老子文化,不仅应继承和弘扬其博大精深的思想精华,而且应该对那些与和谐社会建设相一致、在当今社会仍然具有广泛影响的内容进行合理的开发利用。在老子文化资源的开发利用上,活化故事已经成为一种首选方式。无论是电影《老子出关》《华圣·老子大传》,还是卡通片《老子说》、越调《老子》,都试图通过活化故事来再现老子的生平思想和伟大智慧,借助传统文化的现代表达来讲述故事,塑造一个为当代人所接受和喜爱的老子形象,在活化故事方面进行了积极探索,为老子文化资源的开发利用提供了有益借鉴。总结开发利用老子文化资源的经验,有以下几点值得关注。

其一,通过活化故事开发利用老子文化资源,需要对老子文化资源的属性进行科学分析。文化资源是传统文化的存在形式,是民族文化延续的载体,是当今文化建设的重要依托。对这些文化资源进行开发利用,应在对文化资源的历史影响和文化价值进行科学分析的基础上,在遵循国家有关政策的前提下,进行保护性开发。尤其是那些不可移动和不可再生的文化资源,进行开发利用更应该慎之又慎。比如,老子文化资源中的遗迹遗存类都是不可复制的文化资源,必须根据国家的文物保护政策,对相关文化资源进行科学保护,在保护的前提下进行合理开发;对于老子文化中的故事传说、民风民俗、民间技艺等文化资源,则可以根据当代文化建设的需要,通过活化故事和再现场景的方式进行必要的开发利用。

其二,通过活化故事开发利用老子文化资源,需要对老子文化资源的当代价值进行科学评估。老子生于春秋末年,迄今已近2500年。自老子出生开始,围绕老子及其《道德经》,经过历代发展演变形成了极为丰富的老子文化资源。就其形态而言,不仅有文献、故事、传说、神话,而且有遗迹、遗址、庙会、工艺等诸多形式。面对如此之多的老子文化资源,需要进行科学的分析评估,以准确判断哪些资源具有跨越时空的文化价值,符合当代人的思想观念和审美需求,可以为当代文化建设服务,进而从中发现能够推陈出新、古为今用的素材,通过活化故事的方式进行开发利用。如孔子向老子问礼的故事,司马迁的《史记》中已经有记载,后人在《史记》的基础上又加以演绎,使孔子向老子问礼的故事更加丰满,精神意蕴更加深邃。老子和孔子,一个是道家创始人,一个是儒家鼻祖,是中国文化史上可以比肩而立的两个世界级历史文化名人。这样两个人物聚在一起,本身就具有看点,具有戏剧性,值得利用现代表达形式加以新的阐释和叙说。

其三,通过活化故事开发利用老子文化资源,需要对老子民间文化遗产进行重新审视,发现能够为当代文化建设所用的文化元素。老子民间文化遗产非常丰富,尤其是老子被奉为道教祖师和太上老君之后,有关老子的民间传说随着道教的传播越来越丰富,形成了民间文化中的老子现象。譬如老子生日祭典,早在东汉时期,老子故里(今河南鹿邑太清宫镇)就已经开始举办祭祀老子的活动。唐武宗时,以朝廷名义颁旨确定农历二月十五日为老子生日,即所谓的"降圣节"。千百年来,老子的家乡一直保持着老子生日祭典的活动。此外,像老子养生拳以及与老子文化相关的民间绝活、杂技艺术等,迄今在民间仍有很大影响,都可以通过活化故事和其他现代表达方式进行综合开发利用。

其四,通过活化故事开发利用老子文化资源,需要科学分析其思想性、故事性及进行现代表达的可能性。老子文化资源虽然十分丰富,但并不是所有的文化资源都能够进行开发利用,也不是所有的文化资源都适合借助活化故事的形式进行开发利用。文化资源的禀赋和存在形式,不仅决定了其文化价值,而且对采取何种形式开发利用也有不同的要求。比如以庙会、祀典、技艺等形式存在的老子文化,由于空间要求和技术要求的相对固定性,就不太适合用活化故事的形式加以开发利用;但老子文化中的民间故事、神话传说等,就可以通过活化故事的形式赋予它们新的文化内涵,转化为适应当代人审美需求和欣赏情趣的艺术形式。20世纪30年代,鲁迅根据老子出关的传说而创作的小说《出关》是比较成功的活化故事的范例。越调《老子》围绕老子撰写《道德经》这一主线,用戏曲的形式塑造老子形象,表现老子伟大的哲人情怀,也是一种成功的尝试。

其五,通过活化故事开发利用老子文化资源,需要走文化创意与现代科技融合之路。开发利用是传承创新老子文化的内在要求,走文化创意与现代科技融合之路则是传承创新老子文化的现实选择。国内一些影视、动漫等艺术机构,利用现代科技对老子文化进行创意制作,丰富了老子文化的现代表达,让充满哲学意蕴的老子文化走进了当代观众的视野,推动了老子文化的传承、普及和创新。但是,相对于受众对老子文化的多样性需求而言,通过文化创意与现代科技的融合来传承创新老子文化,丰富老子文化的现代表达,还有许多工作要做。譬如诸多与老子和《道德经》有关的故事传说、文学艺术、风土民情、传统技艺等,都可以借助文化创意与现代科技的融合,进行传承创新和开发利用,让富有哲理和睿智的老子文化为构建和谐社会、建设文化强国发挥更大的作用。

建设优秀传统文化传承体系是一项复杂的系统工程。通过活化故事与再现场景等方式对优秀传统文化进行现代表达,对传统文化资源进行开发利用,仅是建设优秀文化传承体系可供选择的路径之一。但毫无疑问,这是最常用最直接也最有效的路径之一。选择这一路径,需要对文化资源属性进行科学分析,对文化资源的当代价值进行科学评估,对其进行现代表达的可能性作出准确判断,在此基础上,通过文化创意与现代科技的融合,推动优秀传统文化的传承创新,丰富优秀传统文化的现代表达,使优秀传统文化借助文化创意和现代科技之翼,进入人们的日常文化生活,让人们在主动欣赏和潜移默化中自觉传承。这也是建设优秀文化传承体系应该追求的最佳效果。

(本文原为提交给老子文化国际学术研讨会的论文,收录时作了必要订正)

河南省公共文化服务体系示范区建设研究

为深入贯彻落实中央《关于加快构建现代公共文化服务体系的意见》精神，不断满足人民群众多样化、多层次的精神文化需求，河南省在郑州市和洛阳市已经完成国家级公共文化服务体系示范区创建、济源市正在开展国家级公共文化服务体系示范区创建的基础上，在全省范围内开展省级公共文化服务体系示范区创建工作，于2014年确定淮阳县、永城市、林州市、洛阳市涧西区、巩义市、焦作市解放区为第一批省级公共文化服务体系示范区创建单位，漯河市郾城区、兰考县、淅川县、灵宝市、南乐县、舞钢市为第二批省级公共文化服务体系示范区创建单位。在各市、县、区党委和政府的积极推进下，12个省级示范区已经基本完成创建工作，一批新建公共文化基础设施投入使用，文化产品供给和服务越来越多样化和便利化，丰富的文化活动和各具特色的文化品牌为示范区创建增添了亮色，示范区创建成果逐渐惠及更多的民众。

一、公共文化服务体系示范区建设现状

自示范区创建以来，各市、县、区认真落实中共中央办公厅、国务院办公厅联合下发的《关于加快构建现代公共文化服务体系的意见》和中共河南省委、河南省人民政府下发的《关于加快构建现代公共文化服务体系的实施意见》，积极完善公共文化服务设施网络，不断丰富文化产品服务供给，着力提升公共文化服务效能，增加公共文化服务发展动力和活力，创建了一批有特色的文化品牌。12个示范区的88项创建指标已经全部落实，不少县市区创建指标优秀率在80%以上，各示范区基本实现特色文化活动的精品化、品牌化，做到"一区一品牌"，很好地发挥了应有的示范作用。

(一)公共文化服务设施网络日臻完善

各示范区创建单位严格按照公共文化服务体系示范区建设的要求,狠抓公共文化服务设施网络建设。目前,在图书馆、文化馆建设方面,淮阳县、永城市、淅川县、灵宝市的图书馆、文化馆已经达到国家一级馆标准,巩义市、兰考县、南乐县、舞钢市四县市的文化馆为国家一级馆;巩义市、洛阳市涧西区、漯河市郾城区、南乐县、舞钢市等五县市区的图书馆为国家二级馆,漯河市郾城区、焦作市解放区、洛阳市涧西区等三个区级文化馆为国家二级馆。

乡镇综合文化站(社区文化服务中心)和村级文化大院是公共文化服务的重要支点,各示范区创建单位高度重视,严格标准,精心选址,注重质量,加快建设。经过两年时间的创建,乡镇综合文化站已全部建成,如淮阳县共建有18个乡镇综合文化站,使用面积均在300平方米以上,具备"四室一厅一广场"的基本功能。全省建设基层综合性文化服务中心456个,满足"三室一广场"基本功能要求,其中永城市和淅川县的做法最值得称道。永城市连续两年实施"三十百"示范工程,即提档升级3个高标准社区文化服务中心,10个高标准综合性文化站,100个高标准村级文化大院,建成标准乡镇文化站29个,达标村级文化大院700多个。淅川县17个乡镇综合文化站设置率100%,面积均达到300平方米,功能完备率80%;全县499个行政村(社区)文化活动室(文化大院)设置率80%,面积达标率60%;全县499个行政村(社区)均建有共享工程基层服务点、图书阅览室,设置率100%,达标率80%。截至目前,12个示范区创建单位乡镇综合文化站建设已经全部实现了"三室一厅一房"的配备要求,设置率100%。(参见表1)

表1 河南省第一、第二批示范区"两馆一站"情况

两馆一站 示范区	图书馆	文化馆	乡镇区综合文化站
淮阳县	国家一级馆	国家一级馆	共有18个乡镇综合文化站,使用面积均在300平方米以上,具备"四室一厅一广场"的基本功能
永城市	国家一级馆	国家一级馆	建成标准乡镇文化站29个,达标村级文化大院700多个

续表

两馆一站 示范区	图书馆	文化馆	乡镇区综合文化站
林州市	国家一级馆		更新文化站配套设施
洛阳市涧西区	达到部颁国家二级馆标准	国家二级馆	建设12个街道综合文化服务中心,面积均达到300平方米,全部具备"三室一厅一房"的功能
巩义市	国家二级馆	国家一级馆	建成19个综合文化站,竹林镇、回郭镇、鲁庄镇、夹津口镇文化站为省级示范文化站
焦作市解放区		国家二级馆	推进"百姓文化超市"建设
漯河市郾城区	国家二级馆	国家二级馆	进行标准化改造,实现"三室一厅一房"齐全
兰考县	河南省先进图书馆	国家一级馆	设有兰考县展览馆、刘岘纪念馆、兰考县民族乐器展示馆、非遗和文化旅游产品展示馆
淅川县	国家一级馆	国家一级馆	17个乡镇综合文化站设置率100%,面积均达到300平方米,功能完备率80%
灵宝市	国家一级馆	国家一级馆	17个乡镇建有综合文化站
南乐县	国家二级馆	国家一级馆	12个乡镇设置有建筑面积300平方米以上的综合文化站
舞钢市	国家二级馆	国家一级馆	8个乡镇全部建成单独设置的综合文化站

注重公共文化服务设施网络的内容建设。舞钢市图书馆现有藏书38万册,全市人均占有藏书1.2册以上,平均每册藏书年流通率0.8次以上,人均年增新书0.03册以上,人均到馆次数0.4次以上;淮阳县图书馆2016年人均藏书0.62册,平均每册藏书每年流通率0.81次,人均年增新书0.045册,人均到馆次数0.41次;淅川县图书馆藏书及电子出版物共计13.6万册(盘),17个乡镇公共图书馆藏书5.1万册,农家书屋藏书84.83万册,公共图书馆人均占有藏书1.5册以上,平均每册藏书年流通0.7次以上,人均年增新书在0.03册以上,人

均到馆次数 0.3 次以上。

(二)公共文化产品服务供给多样化

提供丰富多样的公共文化产品服务,是构建公现代共文化服务体系的重要内容。各县市区以创建示范区为契机,注重提供丰富多样的公共文化产品服务,公共文化产品服务百花齐放,呈现出多样化趋势。

自 2014 年示范区创建至今,淮阳县文化馆每年完成自编自演的文艺活动 360 场(次),每年为群众免费放映公益电影近 6000 场次,"相约龙湖"的周末文化广场活动已成为淮阳古城的文化名片。

林州市组织开展了各类春节文化活动,除了在新年期间举办春节文艺晚会、民间文化汇演、大型灯展等活动,还先后举办了纪念中国人民抗日战争暨世界反法西斯战争胜利 70 周年合唱比赛、庆祝红旗渠通水 50 周年大型文艺晚会等主题性文化活动。在示范区创建的三年内,林州市共举办"林豫杯"青年歌手大奖赛、戏剧大奖赛、民间艺术大赛、太极拳大赛等民间文艺大赛 30 余场。

巩义市 2016 年举办了历时 35 天的"巩义市第四届戏曲文化艺术节",共有 50 多个剧团参演。市文化馆与韩国美术协会及韩国美术学院共同承办"首届中韩著名书法艺术作品交流"活动,展出中韩两国书画作品 150 余件。此外,还举办"庆元旦·邵怀欣书画展""迎新春巩义市金石拓片展""第四届农民书画展"等大型展览 6 次。

焦作市解放区将日常活动、节庆活动与社区活动相结合,使群众文化活动全年不间断,打造"快乐 365"群众文化品牌。目前,解放区每年举办大小型广场文化活动 50 余次,在全区 23 个行政村实施"一村一月一场"的电影放映活动。在主要节庆日期间,组织开展"万人长跑""春满中原""百城万场"优秀节目展演。社区活动方面,坚持每两年举办一届社区文化体育节,至今已成功举办了 10 届社区文化体育节。

洛阳市涧西区积极实施面向基层的文化活动,以政府购买的形式坚持开展农村公益电影放映活动,放映电影近 600 场。每年送戏下乡下基层、开展广场文化演出 100 场以上。

兰考县共开展各类戏曲、文艺下乡演出和文体活动等 2000 余场次;组织举办非物质文化遗产展演、"高雅艺术进校园"、刘岘纪念馆巡展等特色文化活动 200 余场次;各乡镇(街道)每季度举办一次大型文体赛事,已累计举办 48 场次;由文化协管员引导群众组建的文艺队伍达600余支共12000余人。

永城市、漯河市郾城区、淅川县、灵宝市、南乐县、舞钢市示范区着力推行文化服务均等化,积极开展面向基层的群众文化活动。各示范区将特殊人群纳入公共文化服务体系,各类公共文化设施设置有方便残障人士及老年人、少年儿童活动区域,组织开展针对特殊人群的文体活动,努力做到文化共享。

(三)公共文化活动品牌化

各示范区在创建过程中努力打造各自的文化品牌,呈现出公共文化活动品牌化趋势。淮阳县利用中国淮阳非物质文化遗产展演和淮阳龙湖赏荷旅游月等活动,活跃群众文化生活。永城市充分利用庙会、民间腰鼓艺术等传统文化资源,打造了"永城之春"、太丘老君堂庙会、黄口"三月三"庙会、鄚阳民间腰鼓艺术节等一批传统文化活动品牌。林州市培育出"红旗渠工艺品博览会"、"全国收藏品交流大会"、"水墨双年展"、汽车越野赛、全民运动会等多个具有林州特色的品牌赛事和文化旅游节庆活动。在群众文化品牌方面,林州市打造出临淇镇文化艺术节、东岗镇万宝山登山节、临淇镇万泉湖旅游文化节、东姚镇白云山艺术节、合涧镇洪谷山佛教节等具有当地民俗特色的文化品牌。焦作市解放区在示范区创建过程中,成功打造了"百姓文化超市"群众文化服务品牌,以区文化馆为依托,通过线上与线下公共文化服务和配送服务产品的有机结合,对文化服务资源进行梳理归类,形成解放区"百姓文化超市总菜单",采用超市化供应,群众点单、订单式配送,以精准服务满足居民个性化需求。

巩义市的"康百万庄园民俗文化节"、洛阳市涧西区的"书香涧西"、南乐县的"仓颉汉字文化节"、灵宝市的"百姓宣讲直通车"、漯河市郾城区的"戏迷乐园"、舞钢市的"水灯艺术节"、兰考县的"文化礼堂·幸福兰考"、淅川县"渠首情"等都已经成为极具辨识度的公共文化活动品牌。

二、示范区创建工作的主要做法

为按时高质量建成河南省公共文化服务体系示范区,各创建单位按照河南省文化厅、河南省财政厅《关于开展河南省公共文化服务体系示范区(项目)创建工作的通知》和《河南省公共文化服务体系示范区创建工作方案》的要求,从组织领导、规划制定、保障体系、制度研究等方面进行了不懈努力。

（一）加强组织领导

各示范区按照省级示范区创建标准，成立了专门的创建领导小组，定期召开创建工作推进会、协调会、问题分析会，制定督促创建工作方案，确保创建工作扎实开展。各示范区制定了严格的创建工作目标管理责任制，将创建任务进一步实化细化，明确责任单位和完成时限，并将示范区创建工作纳入政府年度目标总体考核之中。如：永城市制定了《永城市创建省级公共文化示范区考核实施细则》，对考核目标、考核程序、考核结果作出明确规定；南乐县将服务基层情况和群众满意度作为考核指标，开展公共文化服务公众满意度测评；淮阳县规定创建时间节点，并与乡镇及县直相关部门签订目标责任书，明确部门职责；漯河市郾城区建立督导检查制度，创建领导小组落实月汇报、季督导、半年评讲、年终总结的方法，开展实地督导、进行专项评估检查。

（二）加大创建力度

各示范区创建单位建立和完善公共文化服务投入机制，加大创建力度和资金投入，为公共文化服务体系示范区创建提供必要的资金支持。淮阳县投资6000万元新建群众文化艺术中心，内设图书馆、文化馆、豫剧艺术中心。永城市投资3亿元，在城区建成体育馆、博物馆、图书馆、科技馆、群艺馆、档案馆、老年活动中心等十大文化场馆和文化广场。林州市投入文化建设资金1.5亿元，兴建村级文化广场400多个，文化戏楼500多个，主题纪念馆4个（红旗渠精神纪念馆、扁担精神纪念馆、谷文昌精神纪念馆、鲁班文化展览馆）、美术展览馆5个。洛阳市涧西区2015年投入文化建设资金200万元，创建经费、文化管理员补贴257.34万元，共计457.34万元；吸引社会力量参与公益性文化事业建设，投入金额已达3000万元以上。漯河市郾城区创建资金管理制度，先后投入财政资金2亿多元，对公共文化活动场所进行全面的升级改造。兰考县在获得示范区创建资格后投入3亿元，用于县城公共文化基础设施新建或扩建。淅川县2014年、2015年分别落实了650万元、730万元的财政投入，用于提高全县公共文化设施水平。灵宝市累计投入资金2.6亿元，用于公共文化服务体系软硬件设施的改造升级。南乐县每年设立文化宣传专项资金400万元，主要用于公共文化基础上的设施维护、设备购置、图书更新、组织公共文化活动等。舞钢市2014年财政投入资金3814万元、2015年财政投入资金3900万元，用于文化建设。

(三) 注重创建宣传

创建省级公共文化服务体系示范区,是一件惠及民生的重大工程,需要广大人民群众的支持和理解。这就需要广泛开展创建宣传工作,让人民群众理解创建,支持创建,动员社会各界力量参与到公益性文化活动中去。淮阳县成立了宣传工作组,制定《淮阳县创建河南省公共文化服务体系示范区宣传工作方案》,印制宣传材料、手册、各类宣传标语累计20多万份,并在淮阳电视台新闻栏目中开设专门版块,对创建工作进行宣传和报道。永城市在日报、网站、电视台等新闻媒体广泛宣传示范区取得的成效,为取得社会各界的大力支持营造良好氛围。林州市充分运用新闻宣传、社会宣传、网络宣传、流动宣传等多种方式,营造"人人知晓,共同创建"的浓郁氛围,全方位调动全民参与创建工作的积极性和主动性。洛阳市涧西区向国内各大新闻媒体宣传涧西区创建情况,各企事业单位临街LED屏24小时滚动播放创建示范区工作内容。焦作市解放区采取设置专栏、开辟文化墙、印制《解放区文化体育设施分布图》等形式,广泛开展示范区创建宣传活动。漯河市郾城区精心策划实施了一系列项目宣传活动,邀请中央、河南省重点新闻媒体进行实地采访报道。南乐县充分利用报刊、网站、微信、电台、电视台等新闻媒体,广泛开展创建宣传活动,在中央、省、市各级媒体发稿800余篇,取得了较好的宣传效果。

三、示范区创建存在的主要问题

经过示范区各创建单位的共同努力,河南省公共文化服务体系示范区创建工作已经取得了明显的成效,示范区创建的各项指标基本完成。但是客观来看,在示范区创建过程中存在着一些带有普遍性的问题,需要引起有关方面的重视。

(一) 资金投入力度仍需加大

自省级公共文化服务体系示范区创建以来,各市、县、区虽然都不同程度地加大资金投入,以确保示范区如期建成。但是,由于历史欠账太多,投入资金大多用于公共文化服务网络设施的改造和维护,在提供多样化的公共文化产品服务方面,经费投入仍是主要制约因素;人均公共文化财政支出偏低,仍是一个亟待解决的问题。以永城市为例,永城市2015年GDP达439.67亿元,在河南省10个直管县中排名第二,在全省149个县市区中亦居前列。但永城市统计局2015年11月份的统计数据显示,永城市人均公共文化财政支出为29.18元,和全面建设小康社会150元的目标值有较大差距。以全面建设小康社会人均公共文化财政支出的目标值为参照,以永城市人口157万计算,那么要达到全面建设小康社会相应的要求,永城市每年的公共文化财政支出应为2.3亿元左右。而永城市2014年公共文化财政支出为4090万元,2015年为4460万元,财政投入显然还有相当大的距离。由于资金投入的限制,各示范区公共文化服务的发展水平和服务效能还不能充分满足人民群众日益增长的文化需求。以兰考县为例,兰考县是国家级贫困县,年财政收入不足10亿元,用于文化建设的资金相对较少,长期以来文化建设经费基数小,近两年来资金投入虽然有所增长,但是总体来说财政投入的增长幅度低于文化发展需求。

(二)发展不平衡问题依然存在

受资金投入不足等因素的制约,各示范区在创建中资金投向偏重于完善市区、城区的文化服务设施网络,而乡镇、农村的文化服务设施网络建设仍然存在不少问题,公共文化服务设施网络建设城乡发展不平衡的现象依然存在。如兰考县,2015年下半年以来用于公共文化服务设施建设和开展文化活动的资金约为13亿元,其中2300万元用于把"三馆两场"打造为"文化创意产业园",2亿元用于兰考县文化交流中心的建设,县城内新建或改扩建13处休闲娱乐广场(景观公园)约10亿元,而用于乡镇和行政村综合性文化服务中心建设的资金则为7000万元。目前兰考县共有451个行政村,仍有75个村没有文化广场或文化广场面积低于200平方米,部分村无文化活动室、健身器材等。灵宝市17个乡镇区综合文化站建成率虽然达到100%,但达到省级标准的仅有5个,个别乡镇文化站还不具备"三室一厅一房"的标准要求;行政村文化大院达到省级标准的有80多个,达到三门峡市级标准的有190多个,相当一部分文化大院还存在设施档次低、功能不健全、文化活动匮乏等问题。

(三)人才队伍专业素质有待提升

提升公共文化服务效能,需要一支专业化、高素质的文化人才队伍。然而现实情况是,农村基层文化人才队伍年龄结构老化、专业素质低、人才断层的现象比较严重。由于文化服务工作者缺乏专业知识,从整体上影响公共文化服务活动的质量,创新性不足的问题影响了社会公众参与公共文化活动的热情。为了解决这一问题,一些县市区在示范区创建中,不得不采取招聘文化协管员的办法。各示范区在创建中虽然都对文化人才队伍进行了培训,使服务水平和效能有了一定程度的提升,但是,文学艺术创作,大型文化活动策划、编导等专业型人才仍然紧缺。现有文化人才队伍年龄结构偏大、文化程度不高,不仅直接导致文化活动缺乏吸引力,而且对社会公众参与公共文化活动的积极性也产生了不利影响,文化活动难以达到一定程度的规模和影响力,客观上造成了文化服务资源的浪费。

(四)乡镇公共文化设施利用率低

在创建单位高度重视和大力推进下,各示范区的公共文化服务设施网络大为改善,很多都达到了国家和省级标准。但是,在一些地方还存在着"重建设轻管理"的问题,一些乡镇文化站、活动中心管理人员服务不到位、服务质量欠佳、设备管理不规范,部分文化场所选址不合理、布局不科学,再加上群众喜爱的文化活动偏少,群众参与文化活动的积极性没有被充分地调动起来,一定程度上削弱了民众参与文化活动的热情,最终造成设备、器材闲置,其本身的服务作用无法发挥。公共文化设施利用率直接体现了公共文化服务体系建设的效果,利用率高说明民众积极参与到公共文化活动中,利用率低表明公共文化设施没有充分发挥其自身的效用,造成公共文化资源的浪费。如何建好、管好、用好基层公共文化服务设施网络,充分发挥其应有的作用,仍是一个亟待解决的问题。

(五)社会力量全面参与动力不足

一些创建单位在创建资金不足的情况下,鼓励并引导社会力量参与公益性文化事业建设,以弥补公共文化服务设施建设资金不足的问题。如淅川县投入公共文化服务的社会资金累计达到 7.724 亿元,建成了南水北调移民生态文化苑、淅川移民民俗馆等场馆,举办了"山水宜城杯""电力杯""福森杯"等大型文艺演出活动。林州市积极引导社会力量以建设文化基础设施和冠名活动等方式进入公共文化服务领域,社会资金投资金额达 1.5 亿元,社会力量参与建设了林州市所有村级文化广场和戏楼。洛阳市涧西区吸纳的社会资金达 3000 万元以上。对于财政收入相对较少的市、县而言,社会资金无疑是一种很好的补充。

吸纳社会资金参与公共文化服务体系建设,一方面可以减轻财政压力,另一方面可以丰富公共文化活动内容。对于社会力量而言,不仅可以享受到政策优惠,同时也能在社会上树立良好的企业形象。这是一项互惠互利的举措,若各示范区能更加注重调动社会力量参与公共文化服务体系建设的积极性,示范区建设的效率将大大提升。

四、优化公共文化服务体系示范区创建的建议

为了更好地建设公共文化服务体系示范区,使全省人民共享文化发展成果,第三、第四批示范区应借鉴前两批示范区建设的成功经验,同时要避免第一、第二批示范区创建过程中曾经出现的共性问题,注重创新工作方法,更好地完成公共文化服务体系示范区的创建工作。

(一)提高认识,高度重视示范区创建工作

创建公共文化服务体系示范区,是一项关系人民群众享受基本文化权益、满足精神文化生活的大事情,是重要的文化民生工作。小康社会能否如期建成,文化高地能否成功打造,公共文化服务水平和质量是重要参考指标。因此,各市县一定要高度重视示范区创建工作,把现代公共文化服务体系建设和示范区创建结合起来,与当地经济社会发展一道,统一谋划,统一部署,统一推进,让广大人民群众在享受经济社会发展成果的同时,更加便捷地享受应有的公共文化权益,更多地从示范区创建中享受更为丰富的文化产品和服务。

(二)加大财政投入,充分吸纳社会力量

完善公共文化投入机制,确保公共文化资金投入与地方经济同步增长。对于国家和地方要求配套的资金,确保足额落实。加大对文化基础设施的投入力度,继续完善市、乡、镇三级公共文化服务网络。同时,各示范区应充分重视社会力量和民间资本在创建过程中的作用,通过制定政策引导和激励机制,吸引社会力量和民间资本参与公共文化服务体系建设。建议采取财政补助、购买服务、贷款贴息等形式,提高社会力量和民间资本参与公共文化服务体系建设的积极性,形成以政府投入为主、社会力量参与、民间资本为辅的公共文化服务体系示范区创建新格局。

（三）统筹城乡，提高公共文化服务水平

创建公共文化服务体系示范区，不仅要按照标准化、便利化的要求加强公共文化服务网络建设，而且要统筹兼顾，让不同区域、不同群体的人们都能够享受到公共文化服务，提高公共文化服务标准化、均等化、便利化水平。要正视城乡差别，加大对乡镇和农村公共文化服务网络设施的投入力度，确保广大农民能够享受日常化、丰富化、精品化的公共文化服务。加大公共文化资源下移力度，为乡镇和农村居民提供更多更好的公共文化服务。进一步提高公共文化服务均等化水平，做到城乡均等、区域均等、群体均等。在文化设施的建设、文化产品和服务的提供等方面，要优先考虑弱势群体和特殊人群的需要，消除他们参与公共文化活动的各种障碍性因素，为他们提供更多的便利。

（四）完善人才培养机制，建立专业人才队伍

无论是公共文化服务设施网络，还是公共文化产品和服务，都需要通过专门的管理人才和服务人才才能发挥效益。而在示范区创建过程中，文化人才不足、服务水平不高则是普遍存在的问题。因此，要进一步完善文化人才培养机制，建设一支专业化、服务水平高、有创造性的人才队伍。要加大基层尤其是农村地区人才队伍的培养，优化人才队伍专业结构和年龄结构，让更多懂专业的年轻人投身公共文化服务体系建设。要注重从基层文化人才队伍中发现那些有一技之长的专门人才，提供必要的生活待遇，激发他们的创造活力，以提供更多更好的公共文化服务，提升基层公共文化活动质量。

（五）强化管理，充分发挥现有文化设施的作用

管理水平是开展公共文化服务活动的有力支撑。加强对文化基础服务设施的运行管理，将有助于提高基础设施使用率，充分发挥现有基础设施的社会效益。强化管理，建立监督反馈机制，一方面可以保证基础设施真正为民所用，另一方面可以促使文化服务人员更加注重提升自身业务水平和服务能力。因此，建立公共文化服务的管理机制，必须尽快制定出台公共文化基础设施管理办法，加强对已经建成并投入使用的各类公共文化设施的管理，对设施流失、闲置的情况集中进行处理，明确监督主体，切实做好服务群众工作。要有效整合地方公共文化资源，充分发挥公共文化设施与场所的功能及其应有的社会效益。

（六）加强制度设计，建立长效机制

制度设计是示范区创建的重要内容，是发挥示范引领作用的关键。公共文化服务体系示范区创建工作是一项长期任务，示范区在建设中应注意总结经验教训，完善长效机制建设，用制度保证创建成果持续和深化。将示范区建设的实践探索以课题研究的形式发表，可以更好地进行经验交流和推广，同时也为政策制定提供科学依据，为示范区创建提供可行性的建议。完善公共文化服务体系制度设计，形成科学合理的政策体系和促进公共文化健康发展的长效机制，为进一步完善现代公共文化服务体系提供政策和机制保障。

（本文与田丹合作，原载《河南文化发展报告（2017）》，社会科学文献出版社 2017 年 7 月）

河南文化建设投融资体系跟踪研究

自河南省第八次党代会提出实现河南由文化资源大省向文化强省的跨越之后,河南加快了建设文化强省的步伐,形成了党委、政府和社会力量共同推进文化建设的新局面。经过多年的努力,如今的河南已经成为有重要影响力的文化大省。河南由文化资源大省向文化强省跨越的发展历程表明,构建支撑文化强省建设的多元投融资体系是一条非常值得重视的经验。

一、多元投融资体系初步形成

投融资体系主要由政府投融资、政策投融资和市场投融资三个部分构成。在社会发展的不同阶段,三个构成部分在投融资体系中所占的分量和所起的作用不尽相同。在计划经济时期,文化建设所需资金全部由政府拨付,投资主体比较单一。改革开放以来,尤其是实行社会主义市场经济以来,文化的双重属性逐步为人们所认识,文化建设包括文化事业和文化产业两个部分逐渐成为人们的共识。党的十七大报告把中国特色社会主义建设概括为经济建设、政治建设、文化建设、社会建设、生态文明建设,明确提出"推动社会主义文化大发展大繁荣"。在十七大精神指引下,全国掀起了文化建设的新高潮,初步形成了政府、政策和市场三位一体的文化建设投融资体系。河南文化建设的投融资体系,正是在这一大的社会文化背景下形成的。

政府投融资是河南文化建设多元投融资体系的主体。河南省八次党代会提出加快河南从文化资源大省向文化强省跨越之后,省级财政加大了对文化强省建设的支持力度。2008年,省级财政投入文化建设的资金主要集中在三个方面。一是促进公益性文化事业发展。省财政落实3.9亿元,支持县级文化馆、图书馆建设和实施农村广播电视村村通、文化信息资源共享、电影放映、"农家书屋"、"舞台艺术送农民"和农民体育健身等惠民文化工程,繁荣农村文化事业;落实4798万元,支持免费开放公益性博物馆、纪念馆;落实3348万元,支持开展全国图书博览会、亚洲艺术节等重大文化经贸活动。二是推进文化产业发展和文化体制改革。省级安排文化产业发展专项资金3000万元,重点支持河南手机报等19个文化产业项目发展;注入资本金1亿元,支持设立省文化产业投资公司,搭建文化产业发展融资平台。三是加大文化基础设施投入。省财政落实2亿元,支持河南艺术中心、体育中心游泳跳水馆、中国文字博物馆、金版大厦等重大文化基础设施建设;落实1.3亿元,支持重点文物单位、大遗址保护和丝绸之路申报世界文化遗产。① 前述三项合计共支出90106万元。2009年,文化体育与传媒支出完成57.7亿元,较上年大幅增长39.1%。其中为支持文化事业发展,全省财政落实4.9亿元,支持文化馆、图书馆建设,实施农村广播电视村村通、文化信息资源共享、电影放映、"农家书屋"、"舞台艺术送农民"和农民体育健身等惠民文化工程,繁荣农村文化事业。支持免费开放公益性博物馆、纪念馆。全面落实文化体制改革财税优惠政策,加快经营性文化事业单位转企改制步伐。② 2010年,省级财政筹措4.4亿元,支持博物馆、纪念馆免费开放,为1万个村建立了"农家书屋",为农民免费放映电影57万多场、送演出2107场,为1840个村通电视、广播;筹措2.8亿元,支持改善图书馆、文化馆(中心)、博物馆等公共文化基础设施条件,加强重点文物单位和大遗址抢救保护,促进优秀文化传承发展。支持中原文化艺术学院如期开工建设,推进经营性文化事业单位转企改制。筹措1.9亿元,支持文化产业投资公司、河南歌舞演艺集团和有线电视网络集团等加快发展,提升文化产业实力。③ 以上三项合计支出达91000万元。另据《关于河南省2010年财政预算执行情况和2011年财政预算(草案)的报告》,2011年,河南省级财政把加快文化强省建设作为年度财政工作重点,对

---

① 以上数据摘自《关于河南省2008年财政预算执行情况和2009年财政预算(草案)的报告》。
② 以上数据摘自《关于河南省2009年财政预算执行情况和2010年财政预算(草案)的报告》。
③ 以上数据摘自《关于河南省2010年财政预算执行情况和2011年财政预算(草案)的报告》。

文化事业发展、文化产业发展和文化体制改革给予有力的支撑。

政策投融资是河南文化建设多元投融资体系的重要支撑。在政策性投融资方面,河南省主要采取了三项措施。一是为加快文化强省建设,河南省在省级财政投融资之外,注重发挥政策投融资的功能和作用,从2006年开始设立河南省文化产业发展专项资金,省级财政每年拿出2000万元,通过补助、贴息、奖励等形式,扶持和引导文化产业发展。自2008年起,该专项资金增加到每年3000万元。郑州市在运用政策性投融资支持文化产业发展方面力度更大,其中文化产业发展专项资金每年3000万元,动漫产业发展专项资金每年5000万元。郑州市下辖的新郑市、金水区、惠济区、郑州高新技术产业开发区等市区县,也都设立了文化产业专项资金,引导资金投入文化产业,促进文化产业发展。二是成立了河南省文化投资有限股份公司。河南省委、省政府为应对2008年爆发的国际金融危机,变危机为机遇,设立了注册资金达20亿元的河南省文化投资有限责任公司,省级财政先期注入资本金1亿元。河南省文化投资公司的设立,为运用政府资本融通社会资金,引领和促进文化产业加快发展,提供了河南省第一个专门从事文化产业资本运作的投融资平台。河南省文投公司成立后,一些地市相继跟进,先后成立了地市财政控股的文投公司,为当地文化产业发展提供资金支持。三是河南省政府与政策性银行积极合作,为文化产业发展提供支持。2009年8月,河南省人民政府与国家开发银行在京签订我国金融业首例支持文化产业发展的合作备忘录,国家开发银行把河南省作为支持文化产业的试点省份,探索开发性金融与支持文化产业发展的新模式和新机制,推动重点文化产业发展,做大做强文化龙头企业,支持文化改革试验区建设,共同设立文化产业引导基金,推动河南文化"走出去",共同推进河南省文化产业又好又快发展。2011年3月29日,河南省文化厅分别与中国工商银行河南省分行、中国农业银行河南省分行、中国建设银行河南省分行签订河南省文化产业政银战略合作协议。根据协议,三家银行将在未来三到五年时间里,为河南的文化产业发展提供300亿元的综合意向授信。上述三项措施,不仅开通了河南文化强省建设的政策性投融资渠道,而且完善了河南省文化建设投融资体系。

市场投融资是河南文化建设多元投融资体系的基础。为调动和鼓励社会资本参与文化强省建设,河南省先后出台了一系列优惠政策,开通市场投融资渠道,鼓励社会资本投入到文化建设之中,完善了多元投融资体系建设。省八次党代会以来,通过市场投融资进入文化建设的资金究竟有多少,一时难以统计。但有几个典型案例很能说明问题。一是《禅宗少林·音乐大典》。大型实景演出《禅宗少林·音乐大典》是由河南兆腾投资有限公司、北京天人文化传播有限公司、广西维尼纶集团和中国嵩山少林寺四家股东组成的郑州市天人文化旅游投资有限公司投资开发,总投资 3.5 亿元。该项目已完成一期投资 1.15 亿元。二是清明上河园。清明上河园是由开封市人民政府与海南置地集团联合投资兴建的大型宋代历史文化主题公园。合资双方组建的开封市清明上河园有限公司在清明上河园推出了大型水上实景演出《大宋·东京梦华》,总投资 1.9 亿多元。该剧于 2008 年 4 月正式公演,2010 年 4 月新版《大宋·东京梦华》隆重推出。三是港中旅(登封)嵩山少林文化旅游有限公司。该公司是一个以港资为主的股份制公司,注册资本金 1 亿元,港中旅占 51% 的股份,登封市政府全资拥有的登封嵩山少林文化旅游集团有限公司占 49% 的股份。四是深圳华强集团有限公司在郑州新区建设的的郑州华强科技文化园。该项目由郑州科幻主题公园、郑州文化产业主题公园、郑州方特影视主题公园三个主题公园组成,计划投资 50 亿元。五是山东泰山志高集团投资建设的鸡公山·志高文化科技动漫产业园。该项目是一处集山地旅游、度假养生、休闲娱乐、购物、酒店于一体的旅游城市综合体,总投资约 60 亿元。此外,还有郑州海洋馆等大型文化产业项目,也是以外资或社会资本为投入主体建设的。这些通过市场投融资建设的文化产业项目,在河南省文化产业布局中占有举足轻重的地位。

二、投融资体系存在的突出问题

多元投融资体系的初步形成,为河南文化强省建设提供了必要的资金支持,有力地促进了河南省文化事业与文化产业的发展繁荣。河南省文化强省建设取得的显著成就,已经证明了这一点。但是,通过对文化建设多元投融资体系三大构成要素的分析可以发现,现有投融资体系还存在着一些突出问题,具体表现在以下三个方面。

一是政府财政投入远远不能适应发展繁荣文化事业和文化产业的需要。省八次党代会以来,河南省级财政加大了对文化建设的支持力度,每年用于文化建设的财政资金都有较大幅度的增长。在2008年文化建设资金大幅增长的基础上,2009年,河南省文化体育与传媒支出完成57.7亿元,增长39.1%,成为历年来政府投资增长最快的年份;2010年,文化支出预算为7655万元,增长4.5%;2011年,文化体育与传媒支出预算为6.3亿元,增加6235万元,增长10.9%。[1]财政投入逐年增加,为公共文化服务体系建设提供了有力的保障,也为一些大型公共文化服务设施建设创造了条件,省文化艺术中心、广播电视发射塔、中国文字博物馆等顺利建成并投入使用,都显示了政府财政投入的重要性。但同时还应看到,在政府财政投入逐年增加的前提下,河南省文化事业各项指标在全国仍处于较为靠后的位次。如最具代表性的人均文化事业费,河南长期居于全国倒数位次,2008年为8.25元,较上年增长40.15%,即便如此,也仅是全国平均水平(18.68元)的44.16%,与河北(7.36元)、安徽(8.30元)排在倒数三名之列。2010年,河南省人均文化事业费为10.12元,仅是全国平均水平(24.11元)的42%,在全国的位次仅略高于河北。之所以会造成这种现象,除河南是人口大省,分母太大外,政府财政投入不足也是一个非常重要的原因。从经济总量上说,河南连续多年位居全国第五,是名副其实的"大块头"。就文化建设的投入总量而论,河南肯定不在倒数的位次,但平均到每个人身上,劣势就显现出来了。要满足人民群众不断增长的精神文化需求,政府财政投入作为文化建设多元投融资体系的主体,必须加大投入,尤其是公共文化服务体系建设,事关民生与和谐社会建设,事关国民素质的提升,政府理应担负更大的职责,政府财政应有必要的增量投入,确保文化建设投入增速不低于经济增长速度。

二是政策性投融资的引领和导向作用没有得到很好的发挥。在政策性投融资方面,河南省三管齐下,通过文化产业发展专项资金、文化投资有限责任公司和政府与国家开发银行的合作,开通了政策性投融资渠道,为河南文化强省建设提供了资金支持。但是,从实践效果来看,政策性投融资的引领和导向作用不是很明显,其应有作用没有得到很好的发挥。譬如省级文化产业发展专项资金,主要是通过补助、贴息、奖励三种形式,支持有产业基础、有市场需求、有

---

[1] 以上数据分别摘自《关于河南省2008年财政预算执行情况和2009年财政预算(草案)的报告》《关于河南省2009年财政预算执行情况和2010年财政预算(草案)的报告》和《关于河南省2010年财政预算执行情况和2011年财政预算(草案)的报告》。

发展前景的文化企业或产业项目。但由于资金数额有限,僧多粥少,难以满足众多文化企业的需求。而获得文化产业专项资金补助、贴息或奖励的项目,同时具备"三有"者却不是很多。这样一来,获得补助、贴息或奖励的文化产业项目就难以产生示范和带动效应,文化产业发展专项资金因而很难发挥引领和导向作用。再如河南省文化投资有限责任公司,在成立之初就肩负着为河南省文化产业发展提供投融资平台,运用政府资金融通社会资本,引领和促进文化产业加快发展等重任。50集电视连续剧《客家人》是公司成立之后的一项重大投资项目。该电视剧在2009年9月8日举行盛大开机仪式之后,迄今已两年有余,却没有见到封镜或上演的消息,其"运用政府资金融通社会资本,引领和促进文化产业加快发展"的作用于此可见一斑。河南省政府与国家开发银行及河南省文化厅与工商银行、农业银行、建设银行河南分行之间的合作,意在探索开发性金融支持文化产业发展的新模式和新机制,推动重点文化产业发展,做大做强文化龙头企业,推进河南省文化产业又好又快发展,为河南发展文化产业创造了良好的投融资环境。在实践层面,银行重点支持的是大型国有文化企业、龙头文化企业或省级重点文化项目,中小文化企业尤其是民营中小型文化企业,获得银行贷款或融资仍然十分困难。笔者多次到省内文化企业调研,企业经营者诉苦最多的就是贷款难和融资难,有了好项目也难以上马。看来,对民营中小型文化企业而言,政策性投融资渠道的畅通仍然是可望而不可即。

三是市场投融资的综合效益还有待进一步提高。实施文化强省战略以来,河南省相继推出了一系列支持文化大发展大繁荣的政策措施,外资和社会资本进入文化产业的大门已经打开,一些由外资、社会资本与当地企业合作的大型文化项目陆续上马,如开封清明上河园、登封《禅宗少林·音乐大典》、郑州海洋馆等大型文化产业项目,都是通过市场投融资建设的,就目前运营来看,经济效益和社会效益都比较显著。但也不可否认,市场投融资还存在着一些不容忽视的问题。首先是缺少深入、细致、科学的论证和规划,一些项目匆忙上马,导致项目进展艰难,有的项目建成后无法发挥应有的作用,更无法产生应有的经济效益和社会效益。其次是有的企业贪多求大,战线拉得过长,而对项目建设的难度又估计不足,对资金需求缺少较为科学的评估,在项目开工之后对源源不断的资金需求及项目进展中遇到的复杂问题缺少应对之策,导致不断变更项目计划,不断延长建设工期,不断推迟竣工时间,致使项目建成遥遥无期。再次是有的企业以投资文化产业或文化项目为名,一面享受文化企业应该享受的优惠政策,一面去搞房地产或其他实业投资。此外,有的企业随意变更文化项目资金用途,把通过市场投融资筹集来的资金挪作他用,丧失了依靠市场投融资进行文化建设的部分功能。总体来看,利用市场投融资进行文化建设成效显著,但存在的问题也不少,尤其是资金利用效率不高和综合效益偏低的问题,还比较普遍,有关方面应予高度重视。

四是投融资体系之间缺少应有的相互协调。政府投融资是主体,主要投向公共文化服务体系建设和公共文化设施建设,以满足人民群众的精神文化需求;政策性投融资具有导向作用,虽然可以对公共文化服务体系建设所需资金给予必要的补充,但主要功能却是引领其他资本投入到文化产业;市场投融资具有逐利性,获取更大回报是其追求的目标,因此,市场投融资不大可能投向公共文化服务建设方面,而只能投向有预期收益的文化产业或文化项目。在实践过程中,三者并非完全独立,而是可以相互协调的。譬如,为推进文化产业成为国民经济支柱性产业,政府投融资在保证人民群众文化权益均等化的同时,可以而且完全可以拿出更多的财政资金转化为政策性投融资,以吸引和引领更多的社会资本进入文化建设领域,为文化强省建设提供更多的资金支持。再如,市场投融资虽然逐利性是其本质,但通过适当的引导,在给予一定形式的激励或奖励的情况下,还是可以把一些通过市场投融资获得的资金转化为公共文化建设资金,以弥补政府投融资的不足。再者,从文化事业与文化产业协调发展、相互促进的角度来看,投融资体系之间也应建立相互促进的协调关系,以推动中国特色社会主义文化大发展大繁荣。

三、构建高效完善的投融资体系

通过对河南实施文化强省战略以来文化建设投融资体系的跟踪研究,大体可以得出如下几点认识:河南初步建立起了与文化强省建设基本相适应的投融资体系,作为投融资体系三大组成部分的政府投融资、政策性投融资和市场投融资,为河南文化强省建设提供了必要的资金支持,在河南由文化资源大省向有影响的文化大省的转变中发挥了重要作用。与此同时,由于文化建设多元投融资体系尚在建设之中,因而在实践层面难免会出现这样那样的问题。为此,必须构建高效完善的投融资体系,以加快中原经济区的文化建设,推动文化大发展大繁荣。

一是要完善政府投融资的体制机制。政府是文化建设的责任主体,政府投融资理应是文化建设投融资体系的主体。为加快中原经济区的文化建设,让人民群众共享文化发展的成果,各级政府有责任有义务加大投融资力度。但是,文化建设不像经济建设那样立竿见影,在当下一些地方尚未改变唯GDP论的情况下,要求政府加大对文化建设的投融资力度,显然会有不小的阻力。因此,在文化建设方面,应像国家重视教育投入那样,根据GDP的增长情况,完善政府投融资的体制机制,确定财政投入比例,按其比例逐年增加。对重大文化项目和重大文化活动,还可通过专项资金给予必要的支持。河南省级财政用于文化建设的资金虽然逐年在增长,但其增长幅度却赶不上GDP的增速。而且,由于用于文化建设的资金原有基数太小,即便有大幅增加,若和其他财政开支相比仍然显得微不足道。因此,应建立和完善文化建设政府投融资的体制机制,使政府用于文化建设的投融资制度化、规范化、常态化,让政府投融资成为名副其实的文化建设投融资体系的主体。

二是要强化政策性投融资的引领和导向作用。政策性投融资作为文化建设投融资体系的重要支撑,其目的是通过政策性投融资对那些有产业基础、产品优势和市场发展前景的文化企业提供资金支持,引导社会资本或产业资本进入符合国家产业政策的重大文化项目,为发展文化产业筹集更多的资金。政策性投融资反映的是地方政府经济、社会、文化发展的政策或意图,具有非常鲜明的引领和导向作用,表明政府支持什么、提倡什么、鼓励什么。应强化政策性投融资的引领和导向作用,通过文化产业发展专项资金、河南省文化投资有限责任公司以及政府与金融机构的合作等形式,把文化强省的政策导向鲜明地表达出来。在扶持性资金的使用上,应向重点文化项目、文化产品和文化企业倾斜,打造和培育有较高知名度的文化品牌、有较强带动力的文化项目和有广泛影响的文化领军人物。

三是要规范和加强市场投融资的基础地位。市场投融资的主体包括社会、企业、个人和外资等,一些企业或个人把有限的资金投向文化建设,不仅因为投资者有满腔热情和强烈责任感,而且因为政府为文化建设提供了较为优厚的财政、税收、土地使用等方面的政策。但也不可否认,有的投资者既要享受文化建设的优惠政策,又不想把资金真正投向周期长、见效慢的文化产业,因此就假借文化建设投资之名,掩盖其真实的投资意图。个别由社会资本投资的重点文化项目,项目主体进展缓慢,建设周期不断延长,背后都或多或少有类似的原因。因此,有必要对市场投融资进行规范,通过对政策、协议、合同、程序等的规范化和精细化,明确规定资金的投向和用途、项目建设周期、后续开发内容、项目实施保障等,在规范中确保市场投融资真正用于文化建设,在规范中加强市场投融资的基础地位。

四是要构建优势互补的文化建设多元投融资体系。完善文化建设的多元投融资体系,就要打破政府投融资、政策性投融资和市场投融资各自为政的局面,在充分发挥各自主体功能的同时,注重优势互补,增进相互协调,加强统一运作,强化市场调节,以建立优势互补的文化建设多元化投融资体系,为中原经济区的文化建设提供更多的资金支持。要注重发挥地方政府投融资平台的作用,拓宽投融资渠道,创新金融模式,通过债券融资、股权融资、上市融资和参股、控股等形式,破解文化建设的资金瓶颈。应遵循量力而行、量入为出的原则,从河南经济、社会、文化发展的实际出发,注重化解金融风险。

五是要切实抓好相关投融资政策的落实。建设文化强省关键在干。文化部产业司副司长李小磊在"第八届中国文化产业新年论坛"的发言很有警醒意义:"2009年以前,其实我们搞了一大堆这个政策,那个文件,都没有落地,很多很多都没有落地,所以可以说2009年以前,在振兴规划以前那些政策,其实基本都是有政策,没有具体的行动。"[①]再宏伟的蓝图,再好的政策,如果不能落到实处,到头来只能是一句空话。构建文化建设多元化投融资体系,必须按照科学发展观的要求,坚持"四个重在"实践要领,坚持"三具两基一抓手",把工作做实做细,讲实效,出实绩,以扎实有效的行动推动文化强省建设,推动文化大发展大繁荣。

(原载《河南文化发展报告(2012)》,社会科学文献出版社2012年1月)

[①] 李小磊:《构建文化产业投融资体系》,引自新浪财经2011年1月9日。

"两大跨越"助推中原崛起

借中央促进中部地区崛起的强劲东风,9700万河南人民在中共河南省委、河南省人民政府的正确领导下,加快"两大跨越",实施"两大工程",扎实推进中原崛起。近年来的实践证明,"两大跨越"符合河南的发展实际,对中原崛起产生了强大的助推作用。

一、两大跨越:发展理念的新变化

改革开放初期,河南背负着人口多、底子薄、基础差的沉重包袱蹒跚起步。如何在改革开放中尽快甩掉贫穷落后的帽子,实现经济、社会的迅速发展,进而实现中原崛起,是摆在河南省委、省政府面前的一个重要而急迫的问题。河南紧紧抓住科学发展这一主题,根据河南的特点和实际情况,先后制定了"一高一低"(经济发展高于全国平均速度,人口增长低于全国平均速度的发展目标)和"两个较高"(较高的质量和效益,较高的发展速度)的发展战略,一心一意谋发展,扎实推进改革开放,在"八五"至"十五"规划期间,实现了多层次全方位快速发展。到2002年即"十五"规划的第二年,河南的GDP总量已达6168亿元,位居全国第5位,占全国GDP总量的6.0%。河南开始跨入经济大省的行列。

2006年是"十一五"规划的开局之年。这一年的3月27日,中央政治局会议就酝酿已久的促进中部地区崛起问题作出决议,指出:"实现中部地区经济社会又快又好发展,事关我国经济社会发展全局,事关全面建设小康社会全局。促进中部崛起,有利于提高我国粮食和能源保障能力,缓解资源约束;有利于深化改革开放、不断扩大内需,培育新的经济增长点;有利于促进城乡区域协调发展,构建良性互动的发展新格局。"在此前召开的全国十届人大四次会议上,温家宝总理的《政府工作报告》把促进中部地区崛起作为促进区域协调发展的一项重要任务,指出:"积极促进中部地区崛起。充分发挥中部区位、资源、产业和人才优势,重点加强现代农业特别是粮食主产区商品粮基地建设,加强能源和重要原材料基地建设,加强现代综合交通运输体系、现代流通体系和现代市场体系建设。支持老工业基地振兴和资源型城市转型,建设现代装备制造基地和高技术产业基地。增强中心城市辐射功能,带动周边地区发展。"4月,中共中央、国务院颁布了《关于促进中部地区崛起的若干意见》,指出要把中部建成全国重要的粮食生产基地、能源原材料基地、现代装备制造与高技术产业基地,以及综合交通运输枢纽,出台了36条政策。这标志着促进中部地区崛起正式进入实施阶段。

河南省委、省政府积极响应中央号召,敏锐地抓住中部崛起的这一历史性机遇,在对河南新时期所处的历史方位作出准确判断的基础上,响亮提出了河南加快经济大省向经济强省跨越和加快文化资源大省向文化强省跨越即"两大跨越"的发展战略。这一发展战略的提出,既是对中央促进中部地区崛起战略决策的积极响应,同时也突出了河南特色,符合河南经济社会发展的实际,符合新时代科学发展的要求,是落实科学发展观的现实之举,是实现中原崛起的必由之路。

如果说改革开放初期提出的"发展是硬道理",是着眼于解决人民群众温饱、为进一步快速发展作必要物质准备的话,那么,当经济、社会发展到一定阶段,历史到达新起点的时候,中央明确提出科学发展观,则是着眼于发展的效益和质量,是为了进一步提高人民群众的生活水平和生活质量,实现真正意义上的小康。发展不是经济的单一发展,也不是财富的简单积累。发展不能以牺牲部分阶层、区域的利益为代价,也不能以生态环境的破坏或恶化为代价。我们所讲的发展,应该是经济、社会、文化、民生的全面、协调、可持续发展,是速度、效益与质量同步协调的发展,是符合科学发展观要求的和谐发展。在经济发展到一定水平、温饱已经基本解决的时候,科学发展就成为一种必然要求。"两大跨越"发展战略就是科学发展观在河南的最新实践形式,它既符合河南的经济、社会、文化、民生的发展现状,符合河南的实际情况和新的时代要求,同时又与河南新时期所处的历史方位相吻合,因而也是一种具有实践性、时代性和前瞻性的战略选择。

省委、省政府提出的"两大跨越",不仅是具有实践性、时代性和前瞻性的战略选择,而且还有其深刻的现实背景。经过改革开放以来的快速发展,河南2002年的GDP总量已跃居全国第5位,成为名副其实的经济大省。同时,河南又是人口大省,若就人均GDP而言,河南的位次仍处于下游。2005年,河南GDP总量超过万亿元,按当年可比价格计算,人均折合1347美元,比全国人均(1700美元)还差353美元,在全国仅排在第19位。在文化方面,河南有着极为丰富的历史文化资源,地下文物居全国之首,地上文物居全国第2位,非物质文化遗产也非常丰富。但文化投入和产出,不仅远远落后于发达省份,就是和中部省份相比,河南也处于落后状态。2005年,河南的文化事业费总量在全国排第13位,人均却是倒数第一。文化事业费占财政支出的比例仅有0.33%,也是排在最后一位。至于文化产业,2005年增加值虽然达339.64亿元,但仅占GDP的3.2%,不及北京、广东等省市的二分之一,比同处于中部的湖南还少了1个百分点。

河南是一个经济大省和文化资源大省,也是一个新兴工业大省。但是,河南人口多、底子薄、基础差的状况还没有得到彻底改变,河南还算不上经济强省和文化强省。要变经济大省为经济强省,变文化资源大省为文化强省,就必须改变发展理念,走科学发展、协调发展、和谐发展之路,加快经济大省向经济强省、文化资源大省向文化强省的历史性跨越,通过双轮驱动,两翼并举,使经济硬实力更硬,文化软实力变硬,以硬实力强化软实力,以软实力促进硬实力,加速实现中原崛起。

二、两大跨越:中原崛起的新成就

"两大跨越"的发展战略提出后,河南推出了一系列卓有成效的重要举措,通过实施"两大跨越",有力地促进了中原崛起。

为了加快经济大省向经济强省的跨越,首先要使硬实力更硬。为此,河南进一步加大了改革开放力度,以大开放促大发展;大力调整经济结构和产业结构,促进国有经济、集体经济、民营经济、股份合作制经济和第一、第二、第三产业协调发展;强力推进中心城市带动战略,做大做强中原城市群;积极实施区域协调发展战略,大力发展县域经济;加快工业化、城镇化进程,推进农业现代化,用工业理念发展农业,推进农业产业化;大力发展现代农业,巩固农业基础地位;发挥河南的区位优势,大力发展交通业和物流业,搞活中原大市场。

文化是软实力,与作为硬实力的经济相辅相成,相得益彰。文化事业与文化产业得到了很好的发展,就会极大地提升文化软实力,进而促进经济、社会的发展。要成为文化强省,就必须把软实力变硬。正是因此,河南省委、省政府像重视经济建设一样重视文化建设,采取一系列行之有效的措施,强化河南的文化软实力,加快文化资源大省向文化强省跨越。具体言之,主要表现在以下五个方面:一是以"三个代表"重要思想和科学发展观为指导,以贯彻落实《中共中央关于构建社会主义和谐社会若干重大问题的决议》和十七大提出的"推动社会主义文化大发展大繁荣"有关精神为契机,努力构建社会主义核心价值体系,提升公民的思想、文化、道德素质,培育文明风尚。二是以让人民群众共享改革开放的文化成果为出发点,深入贯彻落实中共中央办公厅、国务院办公厅联合下发的《关于加强公共文化服务体系建设的若干意见》,加大政府投入力度,增强社会各界的关注度,努力构建为社会大众共享的公共文化服务体系。三是立足河南实际,在摸清河南文化资源家底的基础上,充分发挥历史文化资源的优势,以组建优势文化产业集团为突破口,努力构建具有中原特色的优势文化产业体系。四是在总结经验的基础上,探索河南的文化产业布局,努力构建具有中原特色、突出中原优势的文化产业格局。五是借"中原文化港澳行""中原文化沿海行"等文化推介活动,向海内外强力推介中原文化,宣传河南改革开放的新形象,以增强中原文化的感召力、向心力和影响力。

上述措施的实施,有力地推进了"两大跨越"的现实进程,取得了显著成效。开放带动战略成效明显,经济结构和产业结构调整初见成效,中心城市带动战略有序推进,中原城市群建设初具规模,工业化、城镇化进程明显加快,农业的基础地位得到进一步巩固,农业产业化稳步推进,大交通、大流通、大市场的区位优势得到加强。继 2005 年河南 GDP 总量首次超万亿元之后,2006 年 GDP 总量达 1.2 万亿元,2007 年更高达 1.5 万亿元,连续数年稳居全国第 5 位。由经济大省向经济强省的跨越,已经迈出了坚实而可喜的步伐。

在建设文化强省的实践中,河南的文化软实力明显得到提升,并表现出由软向硬转化的良好发展趋势。从宏观角度而言,这种由软向硬的转化,主要表现为:以建设社会主义核心价值体系为主要内容的思想道德教育取得积极进展;以诚实守信、勤劳朴实、宽容礼让、奋发进取为主要特色的中原文化精神得到了丰富和弘扬;以成就显著、亮点突出、勇于探索、敢为人先为主要标志的河南形象赢得了广泛赞誉;以新形象、新面貌出现的河南文化,在"中原文化港澳行""中原文化沿海行"等一系列推介活动中,迅速走出中原,走出国门,走向世界。

在提升中原文化的软实力进程中,河南的文化建设得到了迅速发展。其一是公共文化服务体系建设成果显著,公益性基础文化建设发展迅速,文化惠民工程稳步推进,标志性文化设施建设进展顺利;其二是文化产业业态较为完备,优势产业初步形成,河南影视、出版、报业、演艺等大型文化产业集团的竞争优势初步显现;其三是形成了一批拿得出、叫得响、走得远的文化品牌,音乐舞蹈剧《禅宗少林·音乐大典》《清明上河图》《河洛风》,豫剧《程婴救孤》《村官李天成》,电视连续剧《快乐星球》《独脚乐园》,电视栏目《梨园春》《武林风》,以及"黄帝故里拜祖大典""国际少林武术节""牡丹花会""菊花花会"等节会,都已经成为河南文化的名片;其四是在大力发展各种文化业态的基础上,新型文化产业布局已具雏形。如今,文化产业已经成为河南新的经济增长点,文化产业增加值连续保持高速增长,总量规模日益扩大,河南的文化软实力正在经历令人振奋的蝶变。

三、两大跨越:未来发展的新思考

"两大跨越"取得了令人瞩目的成就,为中原崛起添注了强大的生机和活力,同时也为建设新河南探索了路径,储备了人才,积累了经验。实践证明,"两大跨越"是实现中原崛起的必由之路。为此,我们必须坚定不移地走中国特色社会主义道路,深入落实科学发展观,紧紧抓住加快发展这一主题,解放思想,实事求是,与时俱进。

"两大跨越"是一项需要通盘考虑的系统工程,是一个需要不断推进的历史进程,不能冀望毕其功于一役。对此,我们必须有清醒的认识。因此,我们既要积极推进"两大跨越",力促中原崛起,又必须在处理好以下两大关系的前提下,选准"两大跨越"的突破口,探索新的发展路径,建立科学的评价体系。

一是要处理好经济发展与文化建设的关系。经济和文化是建设新河南的两大主线,只有真正实现了经济和文化的双重跨越,中原崛起才可能变为现实。一方面,发展是硬道理,经济是硬实力。在发展经济上,必须全力以赴,毫不动摇,确实做到"聚精会神搞建设,一心一意谋发展",通过发展经济带动文化建设,使文化建设的规模、速度与经济发展保持协调。另一方面,要注意发挥河南的文化资源优势,在大力推进公共文化服务体系建设和文化共享工程的同时,通过有效方式和途径,把丰富的中原文化资源转化为强大的文化力量,打造强势中原文化,培育市场竞争主体,进而策应和促进经济的发展。

二是要处理好"两大跨越"与"五位一体"建设的关系。党的十七大报告在论及实现全面建设小康社会奋斗目标的新要求时,把经济、政治、文化、社会民生和生态文明建设作为五个重要的方面提了出来。站在新的历史起点上谈发展,已不是单一的经济发展,而是科学发展、全面发展、协调发展、可持续发展。因此,必须处理好"两大跨越"与"五位一体"建设的关系,在建设经济强省和文化强省的进程中,保持经济、政治、文化、民生和生态文明同步发展,协调推进,让广大人民群众真正享受到中原崛起带来的效益和实惠。

三是要把转变经济发展方式作为加快经济大省向经济强省跨越的助推器。要加快经济大省向经济强省的跨越,必须把转变经济发展方式置于至关重要的地位,变粗放式增长为集约式增长,变能源消耗型为资源节约型,变数量型扩张为质量型发展,变单一追求速度为效益速度并重,尽快完成由片面追求经济增长速度向全面协调可持续发展的转变,把适应时代发展要求的经济发展方式作为经济强省的助推器。

四是要把坚持改革创新作为加快文化资源大省向文化强省跨越的突破口。要以改革创新为突破口,通过体制改革和机制创新,强化文化原动力,提高文化创新力,增强文化发展活力。在文化事业方面,要加大公共文化服务体系建设,加强公民思想道德建设,加强社会主义和谐文化建设;在文化产业方面,要坚持以市场为导向,注重培育竞争主体、文化品牌和消费市场,注重打造产业链、产业基地和产业集群,以重点突破带动全面推进。

五是要为中原崛起建立科学的可操作的评价体系。中原崛起不仅包括"两大跨越",还包括"两大推进"。因此,评价中原是否实现了崛起的目标,要经济、政治、文化、社会统一考虑,要有科学的合乎实际的参照系,有可以量化的考核指标。要坚持以人为本,注重质量和效益,注重可持续发展和协调发展,彻底改变过去那种侧重数量、速度和物质指标的考核方式,使考核体系更加科学,更加符合科学发展观的要求。

(本文原刊于河南省社会科学院主办的《领导参阅》2008年第40期)

对话中原：嵩山论坛的成长与使命

"文明因交流而多彩，文明因互鉴而丰富。文明交流互鉴，是推动人类文明进步和世界和平发展的重要动力。"习近平总书记2014年3月27日在联合国教科文组织总部的演讲，深刻阐明了人类文明交流互鉴的重要意义，对中外文化交流具有很强的指导性。在建设华夏历史文明传承创新区的时代背景下，嵩山论坛秉持推动人类文明交流互鉴的理念，承载着探索华夏文明传承创新路径的使命隆重登场，并在较短时间内建立了华夏文明与世界文明高端对话的机制，开启了华夏历史文明传承创新区建设的征程，在推动中原文化走向世界、推动中外文明交流互鉴方面作出了积极探索和重要贡献。

一、承载使命的嵩山论坛

在当下中国的各种论坛中，最为著名者要数博鳌亚洲论坛和夏季达沃斯论坛。前者是非政府、非营利、开放性的国际会议组织，旨在为亚洲和大洋洲政府、企业与学界提供一个共商经济社会发展的合作交流高端平台；后者被称为世界经济论坛新领军者年会，是世界500强企业与最具发展潜力的企业及相关政府之间的高峰会议。两个论坛一南一北，一个重在商讨国家经济社会发展大计，一个着重探讨企业发展的路径与规律。在当今世界经济一体化的大趋势下，经济文化化和文化经济化已经成为一种大趋势。文化不论作为软实力还是硬实力，都在强国富民和对外交流中发挥着越来越重要的作用。设立高端文化论坛，探索文化交流机制，促进文化创新发展，是时代的呼唤。承载着探索华夏历史文明传承创新区建设路径、推动中外文明交流互鉴使命的嵩山论坛，就是在这一时代背景下敲响了开场锣鼓。

2011年9月,国务院发布的《支持河南省加快建设中原经济区的指导意见》(以下简称《指导意见》)将中原经济区的战略定位明确为:国家重要的粮食生产和现代农业基地,全国工业化、城镇化和现代农业协调发展示范区,全国重要的经济增长板块,全国区域协调发展的战略支点和重要的现代综合交通枢纽,华夏历史文明传承创新区。作为五大战略定位之一的华夏历史文明传承创新区,承载着维护国家文化安全和传承弘扬中原文化的使命。《指导意见》对华夏历史文明传承创新区的功能作了明确定位:"传承弘扬中原文化,充分保护和科学利用全球华人根亲文化资源;培育具有中原风貌、中国特色、时代特征和国际影响力的文化品牌,提升文化软实力,增强中华民族凝聚力,打造文化创新发展区。"[①]在"弘扬中原大文化,增强文化软实力"一节中,《指导意见》把提升中原文化影响力、促进文化产业大发展、提高人力资源开发水平和塑造中原人文精神,作为华夏历史文明传承创新区建设的重要内容,为华夏历史文明传承创新区建设指明了方向。

为把中原经济区的文化定位——华夏历史文明传承创新区建设落到实处,中共河南省委九届二次全会通过的《中共河南省委关于贯彻落实〈中共中央关于深化文化体制改革推动社会主义文化大发展大繁荣若干重大问题的决定〉的实施意见》提出,积极打造华夏历史文明传承创新区,着力提升中原文化软实力,努力把河南建设成为全球华人根亲文化圣地、中国文化遗产保护传承示范基地、全国重要的文化产业基地、现代文化创新发展新高地、中华文化"走出去"的重要基地。[②] 为深入贯彻落实《指导意见》和省委九届二次全会精神,各省辖市结合当地实际,积极寻找在华夏历史文明传承创新区建设中的战略定位。郑州作为河南的省会城市和区域性中心城市,历史文化资源非常丰富,拥有世界文化遗产登封"天地之中"历史建筑群、国家级非物质文化遗产黄帝故里拜祖大典、少林功夫等享誉世界的文化品牌,文化基础优势明显,在华夏历史文明传承创新区建设中可以发挥示范引领作用。登封市是华夏文明的重要发源地之一,五岳之尊的嵩山是儒、释、道三教汇流之地,科技、教育、文学、艺术、建筑等历史

---

① 参见《关于支持河南省加快建设中原经济区的指导意见》(国发〔2011〕32号)。
② 参见《中共河南省委关于贯彻落实〈中共中央关于深化文化体制改革推动社会主义文化大发展大繁荣若干重大问题的决定〉的实施意见》,《党的生活》2012年第4期。

遗存丰富,禅宗祖庭少林寺名扬天下,道教圣地中岳庙广为人知,观星台、法王寺、嵩阳书院、中岳三阙等都具有非常重要的历史文化价值。为充分发挥登封历史文化资源优势和文化交流圣地的作用,2012年9月20日至23日,由北京大学高等人文研究院、河南华夏历史文明传承创新基金会、郑州嵩山文明研究院联合主办的首届嵩山论坛在登封举行。此后每年举办一次,迄今已经连续举办了四届,在国内外产生了广泛影响。

为支持登封市在华夏历史文明传承创新区建设中先行先试,摸索经验,探索路径,河南省人民政府于2014年5月8日发布了《河南省人民政府关于支持登封市建设华夏历史文明传承创新示范工程的指导意见》(豫政〔2014〕41号),明确要把登封市打造成为"具有广泛国际影响的文明对话交流平台。加强华夏历史文明和世界多元文明研究,全方位开展国际性、区域性文化交流活动,搭建世界文明对话和文化交流的重要平台"。建设华夏文明与世界文明高端对话平台和交流展示基地,成为登封市华夏历史文明传承创新示范工程的重要内容之一。应运而生的嵩山论坛历史地承载了"以国际视野和开放思维,高水平、高起点、高标准规划建设华夏文明与世界文明交流展示基地,逐步将其打造成彰显中原文化特色,体现华夏文明内涵,集会务、会展、研究、培训、商务等综合功能于一体的世界文明对话交流平台"的光荣使命。[①]

二、对话交流的嵩山论坛

自2012年首届嵩山论坛开始,华夏文明与世界文明的对话交流就成为主要议题,成为嵩山论坛的光荣使命。承载着这一使命,以促进华夏文明与世界文明的对话交流互鉴为己任,嵩山论坛已经走过了四个年头,在国内外产生了广泛的影响,成为与博鳌论坛、夏季达沃斯论坛相呼应的文化高端论坛。

2012年的首届嵩山论坛,由北京大学高等人文研究院、河南华夏历史文明传承创新基金会、郑州嵩山文明研究院联合主办,登封市人民政府承办。全国

---

① 参见2014年8月4日《郑州日报》刊发的《河南省人民政府关于支持登封市建设华夏历史文明传承创新示范工程的指导意见》。

人大常委会原副委员长、北京师范大学人文宗教高等研究院院长许嘉璐,河南省人民政府副省长张广智,北京大学校务委员会副主任、原常务副校长迟惠生等嘉宾出席。论坛主题是"从轴心文明到对话文明"。"轴心文明"是德国近代哲学家雅斯贝尔斯在其《历史的起源与目标》一书中提出的著名论题。他认为,公元前800年至公元前200年,尤其是公元前600年至公元前300年,是人类文明的"轴心时代"。其发生区域是北纬25°至32°之间。在这一时期这一区域,人类文明获得了重大突破。古代希腊、古代中国、古代印度等文明古国都产生了伟大的思想家,他们提出的思想原则塑造了不同的文化传统,并一直深刻地影响着人类生活。"轴心文明"距离当今社会已经有两千多年,"轴心文明"时代思想家的思想原则和聪明智慧如何为当今社会发展提供借鉴,如何通过中西文明的对话促进不同文化之间的交流,促进世界和谐发展,是首届嵩山论坛关注的主题。论坛秉持"互相尊重、求同存异、革故鼎新、文明对话"的理念,以开放包容、合作共赢的心态,邀请国内外多元文化的学术领袖、文化名人、专家学者,以及各国政要、政府智囊、知名企业等,齐聚嵩山,共襄盛举。来自美国、俄罗斯、新西兰、日本以及中国大陆和香港、澳门、台湾地区的130多位知名学者,围绕"从轴心文明到对话文明"这一年度主题,从"文明对话""世界伦理""价值认同""文化中国"等不同方面进行深度探讨与交流。美国坦普尔大学对话学院院长斯维德勒教授、俄罗斯科学院院士赫鲁济教授等国际知名学者,以及国内的楼宇烈、严绍璗、周生春等知名学者作了专题报告。与会代表的睿智发言闪耀着思想的火花,碰撞出文明的镜鉴,展现出世界文明的多元性,体现出各国人民在文化交流互鉴基础上的相互理解与尊重。嵩山论坛很好地起到了华夏文明与世界文明对话交流重要平台的作用。嵩山论坛组委会经过充分论证,决定在登封建立永久会址,把一年一度的嵩山论坛持续办下去。从此,一个华夏文明与世界文明对话的高端论坛出现在中国的中部,出现在华夏历史文明重要起源地的河南省。

2013年举行的第二届嵩山论坛,由中国国际文化交流中心、河南省华夏历史文明传承创新基金会、北京大学高等人文研究院联合主办,河南省环保联合会、郑州嵩山文明研究院、河南建业集团联合承办。来自美国、俄罗斯、德国、新加坡,以及中国大陆和香港、澳门、台湾地区等地的50多位著名文化学者,国务院参事、两院院士、中央部委领导及120多位国内知名专家学者、80多位重量级企业家参加了这次盛会。论坛以"人文精神与生态意识"为年度主题,设立了三个分论坛。专家学者围绕"人文精神与生态意识",政府政要围绕"生态文明建设",企业家围绕"生态文明与企业家精神",进行了广泛深入的探讨。围绕推进华夏历史文明传承创新区建设,主办方邀请著名经济学家吴敬琏教授,国务院发展研究中心副主任卢中原,中央党校原副校长李君如,北京大学高等人文研究院院长、美国人文科学院院士、国际哲学院院士杜维明教授,中国人民大学环境学院院长马中教授,美国波士顿大学博士、两岸人民服务中心名誉主任冯沪祥等国内外著名学者作了8场系列讲座,让与会代表分享了一场文化盛宴。

2014年举办的第三届嵩山论坛,由中国国际文化交流中心、北京大学高等人文研究院、凤凰卫视、河南省华夏历史文明传承创新基金会联合主办,嵩山论坛秘书处、河南省国际文化交流中心承办。全国人大常委会副委员长张宝文、日本前首相鸠山由纪夫等出席开幕式并发表演讲。韩国国画院院长叶欣、北京大学高等人文研究院院长杜维明、世界哲学团体联合会秘书长卢卡·斯卡兰迪诺等来自世界各地的140多位专家学者齐聚登封,围绕"天人合一与文明多样性"这一年度主题,突出人类文明多样性、文明对话交流的论坛特色,就"在文化多样性中探索共同价值""传统文化与新时代商业文明"等议题进行深度交流,展开热烈研讨。

2015年举办的第四届嵩山论坛,由中国国际文化交流中心、中国文物学会、北京大学高等人文研究院、河南建业集团、华夏历史文明传承创新基金会主办,欧盟中国经济文化委员会、河南日报报业集团协办,嵩山论坛秘书处、河南省国际文化交流中心承办。全国人大常委会副委员长张宝文、河南省人大常委会副主任储亚平、河南省人民政府副省长张广智、意大利科森扎省省长马里奥·奥基乌托、中国国际文化交流中心秘书长丁奎淞等政要出席论坛开幕式,中国文物学会副会长、全国政协委员张廷皓,北京大学高等人文研究院院长、美国人文科学院院士、国际哲学院院士杜维明,建业住宅集团(中国)有限公司董事长胡葆森,国际哲学学院主席、国际哲学团体联合会名誉主席、土耳其马尔提普大学人权研究中心主任约安·娜库苏拉迪教授,国际哲学学院院士、国际哲学学会联合会名誉主席、丹麦奥胡斯大学教授彼得·肯普在开幕式上发表主旨演讲。参加论坛的国内外政要、专家学者、企业家等170多人围绕本届论坛主题"和而不同:共建人类命运共同体"进行深入对话与交流。论坛期间,围绕"一带一路"

倡议,河南省企业界人士与意大利代表团还举行了中意经贸合作研讨会、嵩山论坛生态文化示范区招商推介会等活动。

嵩山论坛从 2012 年开始举办,如今已经举办了四届。四年来,嵩山论坛围绕华夏文明与世界文明的对话交流设立年度主题,从第一届的"从轴心文明到对话文明"、第二届的"人文精神与生态意识",到第三届的"天人合一与文明多样性"、第四届的"和而不同:共建人类命运共同体",无不深深地植入了华夏文明与世界文明对话的基因,表现出人类文明交流互鉴的共同特征,彰显出嵩山论坛的独有特色和价值。

三、收获满满的嵩山论坛

以华夏文明与世界文明对话交流为主旨的嵩山论坛刚刚走过四个春秋,在探索华夏历史文明传承创新区建设路径、加强华夏文明与世界文明交流互鉴、对接"一带一路"建设和推动中原文化"走出去"、增强中原文化软实力等方面,取得了令人瞩目的成就,赢得了广泛的赞誉。

精心打造嵩山论坛,积极探索转型发展之路。华夏历史文明传承创新区是中原经济区的五大战略定位之一,承载了华夏历史文明传承创新的历史使命。登封市精心打造嵩山论坛,推动华夏文明与世界文明的对话交流,探索华夏历史文明传承创新之路,在发挥文化资源优势、打造文化创新发展高地、推动文化旅游快速发展和转型发展等方面进行积极探索。登封市以《河南省人民政府关于支持登封市建设华夏历史文明传承创新示范工程的指导意见》为指导,制定了《登封世界历史文化旅游名城战略规划(2015—2030 年)》,利用嵩山论坛这一高端文化交流平台,精心打造世界知名的文化旅游名市,取得了显著成效。有关报道显示,登封市举办嵩山论坛的四年间,文化旅游快速发展,以文化旅游带动经济转型发展取得了非常明显的效果。2014 年,登封市全年接待游客首次突破千万人次,实现旅游总收入 72 亿元,同比增长 16.1%。登封市被确定为首批"河南省旅游标准化示范县(市)"。2014 年开始建设的天地之中文化旅游专业园区已完成固定资产投资 42.4 亿元,实现主营业务收入 43.6 亿元,并被命名为"河南省文化产业示范园区"。登封市 2014 年第三产业实现增加值 135.6 亿元,增长 10.3%,①高于当年全省增速 0.9 个百分点。

打造高端对话平台,推动文化世界交流互鉴。"文明因交流而多彩,文明因互鉴而丰富。"嵩山论坛自举办之时起,就以打造华夏文明与世界文明交流的高端平台为己任,自觉地承担起推动中华文化与世界文化对话交流的使命。四年的成长历程证明,嵩山论坛很好地发挥了华夏文明与世界文明对话交流高端平台的作用。每一届论坛,都有许多来自世界各地的政府政要、著名学者、文化名人和企业家参与,如全国人大常委会副委员长张宝文、全国人大常委会原副委员长许嘉璐、日本前首相鸠山由纪夫、意大利环境部前部长艾泰罗·马泰奥、意大利科森扎省省长马里奥·奥基乌托等政要,国际哲学学院主席约安·娜库苏拉迪、国际哲学学院院士彼得·肯普、世界哲学团体联合会秘书长卢卡·斯卡兰迪诺、世界著名欧美政治哲学家弗莱德·多勒米尔、印度著名社会思想家阿希斯·南迪、韩国国画院院长叶欣、俄罗斯哲学学会第一副会长亚历山大·尼·丘马科夫、意大利卡拉布里亚大学校长基诺·米诺克·克里希、北京大学高等人文研究院院长杜维明等知名文化学者,以及吴敬琏、卢中原、李君如、单霁翔、张廷皓、童世骏等国内著名学者。嵩山论坛通过大会交流、分论坛研讨、专题交流等形式,依据华夏文明与世界文明的交流互鉴这一论坛主旨,与会专家学者围绕每届确立的主题进行深入广泛的交流,既促进了中外文化的交流互鉴,推动了不同文明之间的互动与融合,又让世界更多地了解中原文化和华夏文明,有力地推动了中原文化和华夏文明走向世界。

以嵩山论坛为纽带,对接"一带一路"建设。"一带一路"倡议是中国发挥地缘政治优势、推进多边跨境贸易、交流合作的重要平台,是中国对外开放转型的重要标志。河南是"一带一路"的重要节点,在实施"一带一路"倡议中可以而且能够发挥更大作用,嵩山论坛就是河南对接"一带一路"建设发挥更大作用的重要平台。在 2015 年的嵩山论坛上,"一带一路"倡议不仅是与会专家学者热议的话题,而且已经付诸实践。意大利是"丝绸之路"的终点,论坛邀请意大利科森扎省省长马里奥·奥基乌托、科森扎省政府秘书长罗伯特·阿尔巴诺、卡拉布里亚大学校长副教务长路易基诺·菲利切等 10 人组成的意大利代表团出席会议,就河南省与意大利科森扎省进行"一带一路"建设合作的必要性与可

---

① 参见《为华夏文明走出去服务 致力共建人类共同体》,《郑州晚报》2015 年 9 月 11 日。

行性进行了探讨。诚如意大利科森扎省省长马里奥·奥基乌托在致辞中所说，通过千年前的丝绸之路，中国向世界展示了开放的发展姿态，如今中国提出"一带一路"倡议，继承了这种自信和开放姿态。中国、意大利都是文明古国，双方合作不仅体现在产品交换、技术共享，还体现在将创新与传统结合，共同打造一条可持续的丝绸之路，意大利期待与中国与河南的合作。① 在本届嵩山论坛上，中国国际文化交流中心与欧盟中国经济文化委员会签署了筹建欧盟中国城市发展联合会意向书，旨在建设一个服务"一带一路"建设和中欧城镇化合作的有效平台。该联合会将在欧盟总部注册成立，并落户郑州；中国国际文化交流中心、欧盟中国经济文化委员会、意大利科森扎省还与河南省登封市及有关企业签署了多项合作意向书，实现了"一带一路"倡议与河南的有效对接。"一带一路"倡议借助嵩山论坛这一平台已经开始开花结果。

借道嵩山论坛，提升中原文化软实力。提升中原文化软实力是国务院《指导意见》对河南的寄望，也是河南省委、省政府努力实现的战略目标。嵩山论坛以文化为主轴，以华夏文明与世界文明的交流互鉴为宗旨，以打造华夏历史文明传承创新示范工程为目标，致力于提升中原文化软实力。论坛自举办以来，每届的议题都和华夏文明紧密相关，不论是 2012 年的"从轴心文明到文明对话"，2013 年的"人文精神与生态意识"，还是 2014 年的"天人合一与文明多样性"，2015 年的"和而不同：构建人类命运共同体"，突出的都是文明主题，展示的都是中原文化的精髓。通过嵩山论坛的研讨、交流、切磋与碰撞，人们不仅对华夏文明与世界文明的交流互鉴有了更多的共识，而且对中原文化和华夏文明有了更为深入的理解和认识。嵩山论坛让中原文化和华夏文明走向世界，进一步拓宽了中原文化走向世界的渠道，提升了中原文化影响力。更为重要的是，嵩山论坛在国内外文化界获得了广泛的认可，成为继博鳌论坛、夏季达沃斯论坛之后崛起于中原的一个世界性的高端文化论坛，成为华夏文明与世界文明交流互鉴的重要平台。正如河南省人民政府副省长张广智指出的："嵩山论坛已历四届，通过对中原文化、华夏文明的发掘和研讨，从中华优秀传统文化中汲取向善、向上的力量，致力于建设中华民族共有的精神家园；始终围绕华夏文明与

---

① 参见《嵩山论坛 2015 年会启幕　专家学者论道华夏文明》，《河南日报》2015 年 9 月 13 日。

世界文明对话主线,为推动世界文明交流、融合与发展提供有益借鉴,为各国文化的和谐发展提供有益帮助,在推动全球多元文明文化对话交流方面发挥了重要作用。"①

四、面向未来的嵩山论坛

嵩山论坛2013年会组委会秘书长孙培新对嵩山论坛的发展目标曾经这样定位:"嵩山论坛的目标是打造成为中原经济区对外交流的窗口、世界文明对话的平台、国际文化交流的重要载体,将嵩山打造成全球专家学者倾慕的学术圣地、全球华人向往的精神家园、新人才新思想新观点诞生的摇篮。"②这一目标包含了两个方面的内容,一是嵩山论坛的发展目标,二是嵩山论坛所在地嵩山的发展目标。中共河南省委九届八次全会通过的《河南省全面建成小康社会加快现代化建设战略纲要》明确要求,到2020年建成华夏历史文明传承创新区。根据这一要求,作为华夏历史文明传承创新龙头示范工程的嵩山论坛,要实现自己的发展目标,在未来的发展中还有许多事情要做。

一是突出中原特色,弘扬华夏文明。探索华夏历史文明传承创新区建设发展路径是嵩山论坛的使命所在。依托中原文化的资源优势,突出嵩山文明的特质内涵,弘扬华夏文明的优秀传统,是嵩山论坛义不容辞的职责。为此,嵩山论坛应该在保护中华文化遗产、弘扬华夏历史文明、创新文化发展模式、增进世界文明交流互鉴、繁荣文化事业和文化产业、促进经济社会发展等方面,大胆先行先试,走出一条具有中国特色、时代特征和中原风貌的文化创新发展之路。

二是突出高端特色,促进文明互鉴。打造中原经济区对外交流窗口、世界文明对话平台、国际文化交流重要载体,是嵩山论坛的发展目标之一。要实现这一目标,必须突出高端特色,包括论坛主题的确定,政要、社会名流及企业家等嘉宾的邀请,与会专家学者的选择,会址、会场及周边环境的设计美化等,都应坚持高端性,尤其是每届论坛的主题,一定要像前四届那样,围绕华夏文明与

---

① 参见《嵩山论坛2015年会闭幕》,《河南日报》2015年9月14日。
② 参见《第二届嵩山论坛大幕开启》,《大河报》2013年9月7日。

世界文明交流互鉴的主旨,既具中原特色,又有世界意义,很好地突出高端特色。在参会政要、社会名流、文化学者及企业家等嘉宾的邀请方面,更应突出高端特色。促进华夏文明与世界文明对话交融,进一步提升论坛的影响力和辐射力。

三是强化智力支撑,推动创新发展。嵩山论坛是高端文化论坛,是华夏文明与世界文明交流互鉴的重要载体,文明交流互鉴是论坛的主轴。与会代表不论是政府政要、社会名流,还是专家学者、企业家,都是文化的拥有者和富有智慧的思想者。论坛应善于借脑借智,凝聚各方智慧,广谋论坛持续健康发展之策,努力把论坛打造成为具有国际影响力的文化品牌。同时,还应借重嵩山论坛这一平台,充分利用论坛集聚各方高端人才的特点,为中原经济区和华夏历史文明传承创新区建设提供智力支撑,弘扬华夏文明,推动文化创新发展。

四是创新运作模式,实现持续发展。嵩山论坛能否成为世界知名的高端文化论坛,关键在于能否实现可持续发展。从四届嵩山论坛的运作情况来看,中国国际文化交流中心、河南省华夏历史文明传承创新基金会、北京大学高等人文研究院作为论坛主办方,大体固定,可以视为论坛的主体;而承办方每届则各不相同,第一届是登封市人民政府承办,第二届是河南省环保联合会、郑州嵩山文明研究院、河南建业集团承办,第三届只有主办方,第四届除主办方外,还有协办方和承办方。由此不难看出,嵩山论坛的运作模式尚在探索之中。嵩山论坛要成为像博鳌论坛和夏季达沃斯论坛那样具有广泛国际影响的论坛,主办方应该基本固定下来,至于承办方,则可以通过出售冠名权、广告拍卖权、名流讲坛门票等形式,实行市场化运作,筹集论坛所需经费,实现可持续发展。

嵩山论坛已经举办了四届,有了一个很好的开端,取得了一些成功经验,但要真正把嵩山论坛办成像博鳌论坛和夏季达沃斯论坛那样有广泛国际影响的论坛,还有很长的路要走,还要付出更多的辛苦和努力。嵩山论坛已经有了一个很好的开端,对嵩山论坛的发展前景,人们有理由期待。

(原载《河南文化发展报告(2016)》,社会科学文献出版社 2016 年 3 月)

推动中原文化"走出去"的调查建议
——以河南杂技为中心的文化考察

推动中原文化"走出去"是一个提升中原文化影响力的系统工程。从主体层面讲,需要政府、企业、社会组织凝聚共识,形成合力,相向而行;从内容层面看,需要文化产品、文化服务、文化贸易、文化交流相互交融,相互协作,同步推进;从渠道平台方面讲,既需要主动融入国家战略,借重国家搭建的渠道平台,又需要发挥主动性,利用河南已有的郑州航空港经济综合实验区、中国(河南)自由贸易试验区、郑洛新国家自主创新示范区及已经开通数年的中欧班列(郑州)等有利条件,积极进取,开拓创新,搭建更多推动中原文化"走出去"的渠道平台。推动中原文化"走出去"是一个涵盖范围甚广的大课题,所以,本调研课题以在推动中原文化"走出去"方面成就较为显著,同时又具有一定典型意义的河南杂技为主要研究对象,通过对河南杂技在推动中原文化"走出去"方面的做法、经验及存在的主要问题进行分析探讨,为推动中原文化"走出去"提供一些有针对性的政策建议,供有关方面参考。

一、河南杂技发展现状分析

河南杂技以其深厚的历史传承和精湛的表演技艺在全国的杂技行业中处于领先地位。河南省杂技院团数量多、从业人员多,各种所有制形式并存,杂技节目深受欢迎,在国内外屡获大奖。河南杂技不仅为繁荣河南文化、推动河南文化产业发展作出了重要贡献,而且在推动中原文化"走出去"方面积累了一些成功经验,值得认真加以分析总结。

（一）河南杂技占全国半壁江山

目前,河南省共有周口市、濮阳市、濮阳市东北庄、宝丰县、开封市等五个市县村荣获中国杂技家协会授予的"中国杂技(魔术)之乡"称号,约占全国总数的一半。据河南省杂技家协会普查数据,截至2016年年底,河南省共有中国杂协会员209人,省杂协会员2004人。全省杂技、魔术、马戏类表演团体有1456个,从业人员41918人。2016年,全省各大杂技团队在国内演出81635场,演出收入7.43亿元;国外演出8370场,演出收入4.37亿元。① 在近年来国内外杂技演出市场出现下滑势头的背景下,河南杂技能够取得这样的成就,实属不易。(参见表1、表2)

表1 2014—2016年河南省杂技、魔术、马戏类表演团体演出、收入基本情况②

时间	国内演出		收入合计（万元）	支出合计（万元）	政府采购的公益演出活动	
	观众人次（万人次）	农村（万人次）			演出场次（万场次）	观众人次（万人次）
2014年	1793.38	619.16	16195.3	12396.9	0.07	73.70
2015年	6712.10	602.15	21198.2	16735.1	0.07	69.38
2016年	556.25	163.46	6478.9	6083.1	0.06	33.07
全国2016年	5711	3926	112323	97978	0.4	235.8

表2 2014—2016年河南省杂技、魔术、马戏类表演团体演出基本情况

时间	剧团数（个）	从业人员（人）	本团原创首演剧目（个）	演出场次（万场次）	国内演出（万场次）	农村（万场次）
2014年	51	1899	2	8.07	8.05	3.17
2015年	60	2463	1	7.44	7.43	5.55
2016年	56	2032	1	6.19	6.17	2.44
全国2016年	803	18225		30.1	29.6	21.8

（二）濮阳、周口杂技领先全省

濮阳杂技和周口杂技在全省乃至全国都有重要地位。这两个市的杂技从

---

① 相关数据由河南省杂技家协会提供。
② 数据依据《河南统计年鉴(2015)》《河南统计年鉴(2016)》《河南统计年鉴(2017)》,由于统计指标的选取标准不同,年鉴的数据与河南杂技家协会的数据有所差异。

业人员众多,占全省行业总人数的八成以上。濮阳有 100 多家杂技团队,约占全省的 40%,从业人员超过 15000 人。此外,与杂技行业相关的道具、服装、音响、灯光、舞台装置、布景、化妆等团队也有 30 多家。周口杂技在全省杂技行业名列前茅,有专业杂技团体 150 多个,约占全省的 42%,其中规模较大的有 30 多个,从业人员 7000 余人,业余杂技团(班)近 700 个,还有众多的杂技户、杂技村、杂技培训班等,从业人员超过万人。

濮阳是河南省确定的杂技改革发展试验区,是河南省杂技文化出口基地、教育基地,肩负着引领杂技发展的重任。近年来,濮阳市委、市政府大力围绕杂技做文章,依托杂技拓展文化旅游产业,建立濮阳杂技文化产业园,推出《水秀》等精品剧目,使濮阳文化旅游的知名度和影响力进一步扩大。濮阳市依托东北庄杂技资源,筹划旅游线路和杂技旅游节庆活动,计划分阶段将东北庄建成中国第一个原生态杂技保护旅游景区、第一个民俗体验杂技旅游基地、第一个杂技农家乐园、第一个杂技旅游文化名城、第一个"活"的杂技文化与技艺展示博物馆。

濮阳杂技教育工作走在了全国前列。1994 年,濮阳市成立了杂技学校,这也是河南省第一所以杂技为主的中专类学校。河南省杂技集团联手新组建的濮阳杂技学校,开启校企合作新模式,实现从培训、创作、演艺到推向市场的一条龙产业链,充分发挥人才优势和市场优势,推动杂技产业实现新的发展。多年来,濮阳的杂技学校为全国的杂技院团培养了众多专业杂技人才,成为全国大规模的杂技人才培训基地之一。杂技学校的成立,使得杂技行业形成教学、演出一体化的链条。1999 年成立的濮阳东北庄杂技学校,负责培养学员、排演节目,另外有演出经纪人负责联络演出市场。杂技学校有四支演出队伍,其中两支队伍在温州和浙江的都市舞台作巡回演出,另外一支则在美国的新墨西哥州进行商业演出。

周口的"余家杂技"被评为河南省非物质文化遗产保护项目,以此为主体组建的项城市越野杂技团,有 7 个演出分团、5 个演出队、1 所专业学校,是豫东地区最大的民营杂技团。以杂技团为依托成立的项城市杂技艺术中等专业学校创建于 2005 年,河南杂技家协会依托该校成立了河南杂技教育基地。学校坚持走"以企养校、以校促企、优势互补"的可持续发展道路,发展十分迅速。此外,周口还成立了占地 50 亩、总投资约 3700 万元的杂技艺术研发中心。中心建有多功能杂技研发厅、排练演艺厅、演艺设备研发制作生产车间、办公楼、餐厅、宿舍等,建筑面积约9000平方米,兼具杂技艺术培训、杂技节目研发、演艺设备研发制作等功能。研发中心投入使用后,年培训人员可增加两倍,可以有效缓解周口地区杂技人才短缺的现状,并可向全国各地的杂技院团输送杂技人才。

(三)各种形式所有制并存不悖

伴随着文化体制改革的深入推进,河南杂技业演出团体大多完成了体制改革。目前,从所有制形式来看,河南杂技院团主要有国有、民营和杂技个体户三种形式。

河南省杂技团原为国有性质的有6个,其中:省级杂技团1个(河南省杂技团,也叫濮阳杂技团),现并入濮阳杂技艺术学校;地市级杂技团5个(郑州、开封、漯河、新乡、驻马店各1个),开封、新乡、驻马店的3个杂技团已改制为国有文化企业,郑州杂技团处于事转企改制中,漯河杂技团目前尚未改制。

河南数量众多的是民营杂技团。此类杂技团多是由股份制或家族式企业等构成,比较有影响的民营杂技团有濮阳杂技艺术中心、周口项城越野杂技马戏团、河南省青年杂技团(南乐县杂技团)等。民营杂技团主要集中在濮阳、周口、南阳等地。这些民营杂技团有的在旅游景区为国内外游客作驻场演出,但更多的则是活跃在茶楼会所、公园景点、城镇庙会、大小商场等基层演出场所,成为丰富群众文化生活、增加城市文化活力的一支重要力量。民营杂技团队伍庞大,演出形式灵活多样,演出范围更为广泛,目前已经成为河南省杂技演出的主要力量。

杂技个体户是国有杂技院团和民营院团的重要补充。那些掌握一些杂技和魔术技艺的演员,或走村串巷,或在农村集市、庙会上演出,用他们的技艺丰富了农村文化生活。除"杂技之乡"濮阳、周口有不少杂技个体户外,"玩猴县"新野、"驯兽之乡"清丰等都是比较有特色的杂技、马戏、魔术集中地,杂技个体户在这些地方也比较活跃。

(四)国内国外两个途径并重

河南杂技院团多,从业人员多,杂技节目具有创新性,在国内外演出市场都有较大影响。在国内,河南杂技团体与上海白玉兰外宾场、方特欢乐世界等机构积极合作,开展驻场演出。除了商业性质的杂技演出,还有公益演出。仅

2016年政府采购的杂技、魔术类公益演出就达600场,观看人数超过33万人次。在杂技之乡濮阳,当地政府聘请杂技演员节假日在公园演出,极大地丰富了当地人民群众的精神文化生活。

河南杂技走出国门的时间很早,早在20世纪20年代,濮阳东北庄乔治清就曾率班众到日本、朝鲜、俄国等国作巡回演出。① 近年来,在文化部组织的赴国外文艺演出活动中,河南杂技作为特色文艺名片也曾多次随河南艺术团在摩洛哥、阿尔及利亚、苏丹等国进行文化交流活动。此外,更多的是商业演出。早在20世纪末,河南很多杂技团体已开始与国外的演出单位合作。河南杂技集团除在杭州宋城集团、濮阳绿色庄园等国内固定场所演出外,在美国玲玲马戏团、美国迪斯尼乐园、日本大阪环球影城、美国百老汇剧院等知名场馆均有驻场演出。2005年成立的濮阳华晨杂技团也先后派出十多支分团到美国、日本、马来西亚、挪威等国进行商业演出,不仅在海外市场逐渐站稳脚跟,而且取得了不错的成绩。近年来,河南杂技乘"一带一路"建设东风,积极拓展海外市场,成效较为明显。在国内杂技市场呈现下滑趋势的2016年,河南杂技的海外演出收入仍能达到4.37亿元,表明河南杂技在"走出去"方面已经取得了可喜的成就。

二、河南杂技"走出去"的主要经验

河南杂技与少林功夫、太极拳等体现中原特色的优秀文化一样,是中原文化"走出去"的排头兵。河南杂技与少林功夫、太极拳"走出去"的路径方式虽然不尽相同,但若放在中原文化"走出去"和中华文化"走出去"的大背景下来看,河南杂技取得的显著成就,是充分发挥政府、企业、社会组织等各方面的积极性,积极融入国家战略,加强渠道平台建设,发挥龙头企业作用,注重艺术创新创造而取得的。其主要经验表现在以下四个方面。

(一)政府主导为主,兼顾多种渠道

河南省委、省政府高度重视中原文化"走出去"。2013年,河南省政府制定了《河南省文化产业发展战略重点方案》,明确提出要扩大文化交流合作,支持

---

① 黄亚琪:《河南东北庄杂技的调查与研究》,硕博研究生论文库。

国家级、省级文化产品出口示范基地建设,重点支持武术、杂技、魔术、演艺、影视作品、工艺品等优秀文化产品和服务出口,并把提升杂技节目《水秀》的品牌价值写进了此方案。2016年河南省文化厅发布了《2016年全省文化工作要点》,提出要积极组织省内文化企业参加中俄文化大集、台湾文化产品手工艺展、深圳文博会等国内外重要文化产业交易活动,鼓励和支持演出剧目、少林功夫、太极、杂技等文化产品"走出去"。《2017年全省文化工作要点》则表示要加强统筹规划,加快中原文化"走出去"步伐。除了落实文化部对外文化交流任务,组织河南文艺团体赴日本、泰国等20个国家开展演出交流,河南省还积极组织文化艺术团体赴意大利、西班牙等国家和地区开展文化交流演出,积极推动中原文化"走出去"。与此同时,河南杂技企业注重发挥市场主体作用,积极拓展"走出去"的渠道,努力开拓国内外市场。2016年8月,河南省杂技集团在美国成立分公司,收购位于美国密苏里州的布兰森国际大剧院,打造美国训演基地。同年9月,河南杂技集团又与温哥华市中国文化中心签署战略合作协议,将在加拿大开展巡回演出。在国内,则加强与方特欢乐世界等国内知名文化企业的合作,通过创新经营模式,更多地占领国内市场。同时,河南杂技团体注重整合资源,畅通"走出去"的渠道平台,探索"走出去"的新模式,在为杂技企业赢得国内外市场的同时,也为推动中原文化"走出去"提供了新的范式和经验。

(二)龙头带动为主,兼顾多轮驱动

杂技龙头企业在推动中原文化"走出去"方面发挥了龙头带动作用。河南省杂技集团与美国迪斯尼乐园签订了长期演出协议,每年向美国输送演员百余人。与日本大阪环球影城签订了常年演出协议。截至目前,该集团已与美国海洋公园、美国布什集团、德国国家马戏团等多家单位达成合作协议,在推动河南杂技"走出去"方面发挥了龙头带动作用。在龙头企业带动下,河南杂技院团在"走出去"方面各显神通。如:濮阳东北庄杂技学校除了负责培养学员、排演节目,还有演出经纪人负责联络演出市场;杂技学校的一支队伍在美国的新墨西哥州进行商业演出。项城市余家杂技有限公司在"走出去"与"引进来"相结合方面大胆创新,不仅多次在美国、加拿大、韩国、俄罗斯、乌克兰等20多个国家演出,还积极融入国家"一带一路"建设,特邀俄罗斯、乌克兰、肯尼亚、埃塞俄比亚等国的知名杂技演员来项城演出,并在周边县市巡回演出,让河南观众在家门口就能够观看到世界级的杂技艺术。这种"走出去"与"引进来"相结合的方式,对推动中原文化"走出去"有积极借鉴意义。

(三)驻场演出为主,兼顾其他形式

河南杂技对外演出的形式,基本是以驻场演出为主,即杂技团体与当地剧院或艺术中心达成合作协议之后,长期在合作场所演出。河南杂技团体在国内外的演出,直至目前仍是以这种驻场演出模式为主。2016年河南省杂技集团收购布兰森国际大剧院,打造杂技文化美国训演基地,在文化"走出去"方面作出了新的探索。在安徽黄山旅游景区,河南省杂技集团与杨丽萍文化传播有限公司联合出品了大型情景剧《黄山映象》。该剧以杂技和舞蹈为主要表现形式,向观众呈现了秀美的黄山风光和动人的爱情故事。为适应人们欣赏习惯与审美需求不断发生的变化,河南杂技的演出形式与时俱进,不断适应新形势、新变化,走出剧场和演艺中心,把度假村、酒店、会所、茶馆、动物园等休闲娱乐场所变为杂技演出场地。近年来,随着各地建设文化产业园区热潮的兴起,河南杂技出现了集杂技表演、观光游览、餐饮住宿等休闲娱乐于一体的杂技产业园区。目前,省内已经投入建设的有濮阳国际杂技文化产业园、周口龙都杂技文化乐园、宝丰赵庄魔术休闲小镇等。这些文化产业园集杂技表演、杂技人才培训、服装道具研发销售、餐饮住宿于一体,形成了一条完整的产业链,对于打造特色文化品牌,推动地方文化产业优化升级,促进中原文化"走出去",具有积极推动作用。

(四)艺术创新为主,兼顾传统节目

杂技是表演艺术。杂技艺术要赢得国内外年轻人的喜爱,就要不断创新,用具有创新性的节目吸引观众。河南杂技院团为了使杂技艺术行稳致远,赢得更多的国内外观众,既注重艺术创新,又兼顾传统节目,通过艺术创新与传统节目的有机结合,使杂技艺术更加符合当下人们的欣赏习惯与审美需求。近年来,河南杂技在国内外杂技赛事中屡获大奖,如《女子柔术》《荡杆飞绳》《草帽》《空中大飞人》《空中圈操》等分别荣获恩斯柯德国际马戏节杂技大赛"金小丑"金奖、蒙特卡洛国际马戏节"铜小丑"奖、中国杂技金菊奖等,魔术节目《鸽影魔影》《天山上的红花》《花海传奇》在中国杂技金菊奖全国魔术比赛和全国杂技大赛中获奖。《蹦床爬杆》将传统杂技中的爬杆和现代体育中的蹦床相结合,突破平面舞台限制,创造出更高的技巧,荣获金菊奖创新奖。这些杂技节目都是

河南杂技人对杂技艺术孜孜不倦探索创新的成果。同时,河南杂技还注重对传统的柔术、平衡、高空、幻术、驯兽等技艺的传承创新,充分运用现代声光电等高新科技,借鉴其他艺术门类的元素,求新求变求美,在观赏性和艺术性方面都达到了很高的水准。对传统杂技节目如车技、顶碗、爬杆、柔术等,也注重在传承基础上的创新,赋予新的时代内容与表现形式,丰富了杂技的文化内涵与审美价值,为杂技艺术能够赢得更多的国内外观众创造了条件。

为推动中原文化"走出去",河南杂技打破了传统杂技都是由单项小节目构成的惯例,用具有叙事功能的杂技剧和杂技主题晚会的形式,丰富杂技的文化内涵,提升杂技的审美价值,彰显杂技的时代精神。河南杂技院团编创了十余部文化内涵丰富、题材多样、综合运用各种艺术手段的杂技剧和杂技主题晚会,如河南省杂技集团有限公司的《水秀》,省杂协会与开封市杂技团打造的杂技剧《槐树爷爷》,濮阳市杂技团的《神龙部落》等,其中《水秀》荣获第八届中国杂技金菊奖优秀剧目奖,《槐树爷爷》获得2017年国家艺术基金项目支持,《追寻太阳》荣获评委会特别奖。

三、从河南杂技看中原文化"走出去"存在的问题

河南杂技凭借其技压群芳的艺术魅力和创新创造精神,在推动中原文化"走出去"方面一直充当着重要角色,在向国内外宣传中原文化、推介中原文化方面发挥着重要作用。但是,不可否认,在推动中原特色文化"走出去"方面,不论是较为成功的功夫文化还是杂技文化,都还面临一些亟待解决的问题。概括而言,主要表现为以下几个方面。

(一)融入国家战略主动性不足

多年来,在中央一系列重大工程的强力推动下,中华文化"走出去"取得了显著成效。如:文化部主导的海外中国文化中心自1988年开始建设以来,已建成运营35个;1999年以来,国务院新闻办公室先后在20多个国家举办了以"感知中国"为主题的系列文化交流活动;2004年国家汉语国际推广领导小组办公室在韩国开设首家孔子学院,此后已经在全世界101个国家建立了300多所孔子学院和400多个孔子课堂;2006年由国务院新闻办公室和新闻出版总署实施

的"中国图书对外推广计划"启动;2007年,商务部、中宣部、文化部等十部委推出了文化产品和服务出口重点企业和重点项目;2009年国务院新闻办又推出了"中国文化著作翻译出版工程"。在这些国家战略中,河南只是参与者角色,被动地按照要求出团队、出节目、出产品。近年来,这种状况在河南有所改变,如中原出版传媒集团组建了中原文化海外发展中心,并在澳大利亚、德国建立了分中心,在吉尔吉斯斯坦建立了中原文化交流中心。另外,中原文化借助建设"一带一路"、郑州航空港经济综合实验区、中国(河南)自由贸易试验区等,在推动中原文化文化"走出去"方面也都作了一些尝试。但是,总体而言,在融入国家战略,借助国家战略推动中原文化"走出去"方面,河南的文化企业和有关方面主动性明显不足,自然也就无法达到预期效果。

(二)渠道平台建设丰富性不足

推动中原文化"走出去",需要国家政策层面的支持,更需要河南主动加强渠道平台建设。只有搭建了丰富畅通的渠道平台,才能使中原文化"走出去"变得更加便捷,更有成效。就目前情况而言,中原文化"走出去"的渠道平台主要有三种。一是海外少林文化中心和太极拳会。据不完全统计,全球自发成立的各种少林文化机构近10万个,有70多个国家和地区建立了太极拳团体组织。二是中原文化海外发展中心等。三是利用国家搭建的渠道平台。由政府文化部门主导的"中原文化海外行",是中原文化"走出去"的一种形式,也是一种行之有效的措施,可惜并没有形成固定的渠道或平台。就渠道平台建设主体来看,则是政府主导居多,企业或社会组织自主搭建的平台较为有限。中原文化"走出去",有政府、企业和社会组织等不同主体,有文化贸易、文化服务、文化交流、文化产品生产等不同类型,有电影、电视、新闻、出版、歌舞、戏曲、杂技、工艺美术等不同部门,搭建中原文化"走出去"的渠道平台,可以而且应该是主体、类型、部门等多管齐下。但是,从目前中原文化"走出去"的渠道平台来看,明显比较单调。

(三)市场主体意识自主性不足

文化"走出去",就是借助文化贸易和文化交流的形式,把本土文化产品和文化服务推向国内外。文化产品和文化服务都是由企业提供的,所以推动中原文化"走出去",除发挥政府部门的主渠道外,作为市场主体的文化企业也担负着非常重要的责任。但是,由于河南的外向型文化企业很少,而且已有的文化企业也大多将目光盯着国内市场,在推动中原文化"走出去"方面主动性不足。以河南杂技为例,虽然河南杂技团体和从业人员占了全国半壁江山,但演出市场主要在国内。从有关数据来看,2016年,河南各大杂技团体在国内演出81635场,国外演出场次仅有8370场。尽管国内外演出每一场次收入差别很大,但是,由于国内市场的拓展相对来说要简单一些,所以许多杂技团体宁愿在国内用相对低廉的场次收入维持运营,也不愿意冒着风险到国外去演出。当然,更多的情况是,有些杂技团体虽然有到国外驻场演出的意愿,却苦于找不到合适的途径和渠道,因而也就放弃了努力。虽有意愿而不主动寻找"走出去"的路径和渠道,因而只好面对国外市场望洋兴叹。这种情况在其他文化企业也较为常见。

(四)如何借力引智创意性不足

推动中原文化"走出去",需要政府、企业和社会组织共同努力。在政府和企业因各种政策原因而受到种种限制的情况下,就需要广开思路,在利用中介组织方面下功夫。随着中外文化贸易和文化交流的需求越来越强烈,社会上有一些专门负责对外文化贸易、文化交流的组织,如对外友协、对外文化交流协会等官方组织,但更多的是民间或社会组织。他们不仅在对外文化贸易与交流方面有自己独特的渠道平台,而且在如何促进文化"走出去"方面积累了不少经验,有较为丰富的人脉资源和社会资源,有富有活力和创意的团队。由于文化"走出去"的渠道平台不够畅通,同时又由于文化企业"走出去"的主动性不够、主体性不强,在引力借智方面,文化企业缺少主动性和创意性,不知道或不愿意借助中介组织的渠道平台和创意团队,帮助文化企业"走出去",因而在推动中原文化"走出去"方面,有的企业显得束手无策,无所适从。

四、推动中原文化"走出去"的政策建议

推动中原文化"走出去"是一项系统工程,需要政府、文化企业和社会组织共同努力,形成"走出去"的合力。应在中华文化"走出去"战略的总体框架下,充分发挥政府的主导作用、文化企业的主体作用、社会组织的引导作用,积极加强渠道平台建设,形成便捷高效的对外文化贸易和文化交流渠道,推动更多的

具有中原特色的文化产品和文化服务"走出去"。

（一）积极融入国家战略

积极融入国家战略，是推动中原文化"走出去"的重要选项。譬如，商务部、中宣部等十部委组织的国家文化出口重点项目和重点企业的评选，其标准和门槛并不是很高。按照2012年修订的标准，传统出版物境外发行重点企业出版单位境外年发行营业额10万美元以上，出版单位版权输出重点企业年出口额3万美元以上或版权输出种类达到30种，电视类重点企业年出口额50万美元以上，演艺及相关服务类重点企业年出口额10万美元以上，动漫类重点企业年出口金额50万美元以上或版权输出金额10万美元以上，皆可入选。对于外向型文化企业来说，达到这些要求并不难。可是，自2007年开始评选以来，河南省入选的重点企业和重点项目不是很多。2015年至2016年，河南省共有6家重点企业、2个重点项目入选；2017年至2018年，河南省共有3家重点企业、3个重点项目入选。对于河南这样一个文化大省来说，这样的成绩单显得有点寒碜。造成这种现象的原因是多种多样的，没能主动融入国家战略是一个重要原因。因此，积极融入国家战略，借助国家战略推动中原文化"走出去"，是文化企业的首选，也是义不容辞的职责。河南也拥有国家战略的便利，如郑州航空港经济综合实验区、中国（河南）自由贸易试验区、郑洛新国家自主创新示范区等，都含有文化方面的内容，在推动中原文化"走出去"方面都有许多可以借力或利用的政策红利。河南文化企业和有关部门应高度重视，积极融入。

（二）加强渠道平台建设

推动中原文化"走出去"需要畅通高效的渠道平台。借助国家的渠道平台固然十分重要，但被动性不言而喻。所以，推动中原文化"走出去"，一定要把握主动权，打好主动仗，切实加强渠道平台建设。一是充分发挥政府在文化"走出去"方面的主导作用，利用政府外事部门沟通文化贸易交流渠道，搭建文化贸易交流平台；二是发挥文化企业市场主体作用，通过并购、重组及与海外文化企业合作等形式，加强渠道平台建设，为文化企业把更多的文化产品和文化服务推向海外市场创造条件；三是发挥中介组织的桥梁纽带作用，利用中介组织与海外企业、社团等建立良好的关系，引导更多的文化企业"走出去"，从而推动中原文化"走出去"；四是充分发挥中国（河南）自由贸易试验区、郑州航空港经济综合实验区等的作用，利用国家给予河南的战略机遇，沟通文化贸易交流渠道，搭建推动中原文化"走出去"的渠道平台。

（三）强化市场主体意识

文化"走出去"，主要是通过文化贸易和文化交流让更多的文化产品和文化服务"走出去"，而文化产品和文化服务主要是市场主体——文化企业提供的。因此，在推动中原文化"走出去"的进程中，一定要充分发挥市场主体的积极性，强化文化企业的主体意识，自觉地把推动中原文化"走出去"作为省内文化企业的责任担当。一是根据海外文化市场的需要，生产外向型文化产品，为中原文化"走出去"提供更多更好的适销产品；二是积极拓展海外文化市场，通过建立海外中原文化中心和文化产品贸易交流基地等形式，为推动中原文化"走出去"提供载体平台；三是在市场机制条件下，通过并购、重组、参股、控股等形式，加强与海外文化企业的合作，形成紧密的合作联盟，发挥海外文化企业在当地的优势，推动中原文化"走出去"；四是强化文化与科技融合发展，通过具有创新性与竞争力的文化产品和文化服务，打造文化品牌，进一步抢占国际国内两个市场，扩大文化产品和文化服务的市场占有率，进而推动中原文化"走出去"。

（四）发挥中原文化优势

中原文化悠久厚重，博大精深。一些中原文化元素，如老子《道德经》、禅宗文化、少林文化、太极文化、陶瓷文化、河南杂技等，在海内外都广有影响。据联合国教科文组织统计，在被译成外文发行量最大的世界文化名著中，老子《道德经》仅次于《圣经》，排名第二；少林禅武文化和太极文化在改革开放之后迅速走出国门，在世界范围内产生了很大影响；陶瓷文化则伴随着钧瓷、汝瓷、北宋官窑的海外巡展，在海外引起了较大反响；美国利用中原文化元素制作的《功夫熊猫》和《花木兰》电影，叫好又叫座，投资商赚得盆满钵满，对包括河南文化企业在内的中国文化企业造成很大冲击，让许多文化人认识到发掘特色文化资源内涵的重要性。因此，推动中原文化"走出去"应充分发挥中原文化优势，在内容和创意上下功夫，譬如，借助老子《道德经》在世界上的广泛影响，拍摄以老子和《道德经》为主要内容的影视产品；借助禅武文化和太极文化的巨大影响，向海外推介与中原功夫文化相关的文化产品和服务；借助杂技剧的形式，把河南杂技推向全球市场；通过创造性发展和创新性转化，把具有世界影响的中原文化元素制作成影视、图书、动画、杂技节目或工艺产品，不断推陈出新，用具有内容优势、创意优势和科技制作优势的文化产品和文化服务，吸引更多的海外读者和观众,从而推动中原文化"走出去"。

(五)发挥中介组织作用

中介组织在拓展海外市场方面有其独特的渠道,可以发挥特殊的作用。许多文化企业往往专注于产品的设计、生产和销售,在拓展海外市场方面,既没有精力,也缺少人才。因此,发挥中介组织的作用就显得尤为重要。中介组织尤其是专门从事对外文化贸易和文化交流的中介组织,长期专注于对外文化贸易和文化交流,大多都建立了自己的渠道平台,有较为丰富的海外人脉资源。如果文化企业与中介组织精诚合作,共谋发展,在推动中原文化"走出去"方面则可以收到更加良好的效果。为更好地发挥中介组织的作用,政府相关部门可以发挥主导作用,经常组织文化企业与中介组织联谊交流,促进文化企业与中介组织相互合作;文化企业和中介组织之间,应把推动中原文化"走出去"作为自己分内的事,放下身段,主动寻求合作,实现互赢多赢。对于在推动中原文化"走出去"方面作出重大贡献的文化企业和中介组织,政府应给予精神鼓励和物质奖励,以更好地调动文化企业和中介组织推动中原文化"走出去"的积极性。

(本文为2017年度河南省社会科学院重点调研课题,作者为课题主持人,课题成果由作者和卢冰博士合作完成。文章原载《河南文化发展报告(2018)》,社会科学文献出版社2018年8月)

"一带一路"背景下中原文化"走出去"研究

自河南省第八次党代会提出建设文化强省的发展战略以来,河南省始终把文化建设作为全面建成小康社会的重要内容,持续不断地推进社会主义核心价值体系建设、现代公共文化服务体系建设和现代文化市场体系建设,使河南完成了从文化资源大省向有影响的文化大省的转变。河南省第十次党代会对河南的文化建设提出了新要求,明确了"加快构筑全国重要的文化高地"的战略目标。要实现这一战略目标,不仅要强力推进"三个体系"建设,而且要积极融入国家"一带一路"建设,加大中原文化"走出去"步伐,以中原文化"走出去"助力"加快构筑全国重要的文化高地"战略目标的实现。

一、中原文化"走出去"的当代实践

为深入贯彻落实党中央推动文化大发展大繁荣、建设社会主义文化强国的战略部署,河南省大力加强文化建设,积极实施中原文化"走出去"战略,中原文化的知名度明显提升,中原文化在海外的影响力显著增强。

改革开放以来,随着电影《少林寺》在海外的上映,许多海外人士通过《少林寺》了解到中国腹地有一个古老的省份河南。但当时人们对河南的认知仅仅停留在以少林武术为代表的中国功夫上。21世纪以来,尤其是河南省第八次党代会以来,为实现建设文化强省的战略目标,河南省大力推动中原文化"走出去",在功夫文化、表演艺术、版权贸易和工艺美术品出口等方面取得了显著成就。

以少林武术和太极拳为代表的中原功夫文化走向世界。少林武术和太极拳是中原文化"走出去"的典型代表。早在20世纪80年代,因《少林寺》的热映,少林武术受到了世界的关注,并从此开始了与世界文化的交流互鉴之旅。

经过近30年的发展,少林寺如今已经在世界各地建立起了少林寺文化中心、少林寺分院或少林功夫研修中心等30多个机构,世界各地自发成立的少林文化机构近10万个,少林功夫学员和少林文化爱好者多达6000万人,包括俄罗斯总统普京在内的世界政要已经成为少林文化的爱好者,少林文化的影响力达到了前所未有的高度。发源于河南温县陈家沟的太极拳,与少林功夫并称中国功夫的"双璧",也是在20世纪80年代开启了与世界文化的交流互鉴之旅。1982年,陈式太极拳大师陈正雷和王西安开始到日本传授拳艺;1987年,陈式太极拳大师陈小旺、王西安分别到东南亚和欧洲传授拳艺。陈式太极拳以其圆融和谐、动静合一、刚柔并济的内涵和简便易学、老少咸宜的特色,深受世人的喜爱,很快在世界各地传播开来。尤其是在2006年太极拳入选首批国家级非物质文化遗产名录之后,河南省加强了对太极拳的宣传推介,太极拳遂与少林武术一道成为中原文化走向世界的两大名片。目前,已经有70多个国家和地区建立了太极拳团体组织,太极拳爱好者近3亿人。以少林功夫和太极拳为代表的功夫文化,让世人见识了中原文化的博大精深,促进了世界人民对中原文化的认识和了解,提升了中原文化的世界影响力。

以杂技和戏曲为代表的演艺文化传递着中原精神和中原技艺。以濮阳杂技和周口杂技为代表的河南杂技艺术,借助商业演出和对外文化交流等渠道,走出国门,走向世界。成立于2005年的濮阳豪艺杂技(集团)有限公司曾先后出访美国、加拿大、新加坡等国家,并拥有美国迪斯尼、海洋公园,日本大阪环球影城,德国国家马戏团等固定演出场所;2005年11月成立的濮阳华晨杂技集团有限公司,曾先后出访美国、俄罗斯、日本、韩国、法国、德国、意大利等40多个国家和地区。这两家公司都被评为"国家重点出口文化企业"。周口杂技近年来亦频频在世界舞台上露面,项城市越野杂技团有限公司从俄罗斯、乌克兰等国家引入专业表演团队和国内业界顶尖人才,融新型杂技与马戏表演为一体,让新型杂技登上了世界杂技舞台。河南是戏曲大省,豫剧、曲剧、越剧等传统剧种至今在省内国内仍有广阔市场。豫剧是河南戏曲走向世界的开路先锋,借助"中国戏剧节""中国文化节"和"中原文化海外行"等渠道,把中原文化传播到世界各地,许多剧目如《清风亭上》《程婴救孤》《朝阳沟》等受到国外观众的热烈欢迎,让世人通过豫剧对中原文化有了进一步的认识和了解。正如有文章指出的那样,"近几年,豫剧跟随河南卫视、河南豫剧院、台湾豫剧团等演出团体走过了世界诸多国家,如到澳大利亚、意大利、法国、加拿大、委内瑞拉、新西兰、德国、英国、美国、泰国、巴基斯坦等国家演出,被西方人称赞是'东方咏叹调''中国歌剧'等"①。

具有浓郁中原文化元素的工艺美术产品行销海外。河南是工艺美术产品大省,以钧瓷、汝瓷、唐三彩、北宋官窑为代表的陶瓷产业,以汴绣、安绣为代表的刺绣产业,以平乐牡丹画、天中麦草画、南乐麦秸画为代表的美术产业,以固始柳编为代表的柳编产业,通过各自富有艺术性的产品制作,把中原文化元素传播到世界各地,加深了世人对中原文化的认识和了解。国家级非物质文化遗产固始柳编,是享誉国内外的工艺美术产品,如今已远销美国、德国、意大利、荷兰等国家,全县柳编企业上百家,其产品年出口创汇3亿元,带动10余万人创业就业。洛阳木质工艺品如相框、画框、屏风等,由于设计新颖、工艺精美而受到海外消费者的喜爱,出口到美国、澳大利亚及欧盟等国家,2014年,仅对美国出口额就达514.9万美元,较2013年大幅增长42.3%。2015年,属于国家文化产品重点出口企业的恒达工艺品公司有700多个产品出口到美国、德国、澳大利亚等56个国家和地区。② 作为钧瓷重要生产地的禹州神垕镇,有钧瓷生产企业80多家,生产的钧瓷精品远销40多个国家和地区。此外,汝瓷、唐三彩、北宋官窑及其他具有中原特色的工艺美术产品也行销国内外,享有较高声誉。

传承弘扬中原优秀文化的豫版图书通过版权贸易走向世界。豫版图书在中国出版界一直保持较高的声誉和很好的发展势头,在推动中原文化"走出去"进程中扮演了重要角色。在2009年的法兰克福书展上,中原出版传媒集团参展的中原文化、中华武术、中医养生等参展图书样书,在图书展结束时被抢购一空。在这次法兰克福书展会期间,中原出版传媒集团共达成版权贸易合同139项,其中输出合同32项,仅河南人民出版社的《陈式太极拳》一书,就分别与法国、德国等5国签订了版权输出协议,创造了超乎以往的最好成绩。③ 中原出版传媒集团于2012年和2013年分别建立了中原文化海外发展澳大利亚中心和柏林中心,2016年又筹建了中亚分中心,通过"中原文化精品海外巡回展"等形式,传播中原文化,推介中原文化,展示新时期的河南形象,努力把中原文化海

---

① 《豫剧走出国门 被西方人称赞"东方咏叹调"》,央广网2016年4月24日。
② 参见温小娟:《固始柳编走出国门闯市场》,《河南日报》2016年6月22日。
③ 参见张体义:《法兰克福书展中原武术受欢迎》,《大河报》2009年10月29日。

外发展中心打造成为传播中原文化的中心、对外文化交流和文化贸易的中心、推动中原文化"走出去"的重要阵地。中原出版传媒集团如今已经与法国达高集团、英国博尼尔出版集团、日本宝库社、澳大利亚孤独星球出版公司等建立起长期战略合作关系。中原出版传媒集团的一些图书通过版权贸易输出到亚洲、欧洲和非洲地区,在推动中原文化"走出去"方面取得了积极成效。

据联合国教科文组织统计研究所发布的《文化贸易全球化:文化消费的转变——2004—2013年文化产品与服务的国际流动》,中国早在2010年就已经是文化产品出口第一大国。2013年中国继续位居文化产品出口榜首。其中,超过六成的文化产品出口到亚洲地区,占出口总量的63%。[1] 而河南也为中国成为文化产品出口第一大国作出了应有的贡献。

二、中原文化"走出去"面临的制约因素

河南在中原文化"走出去"方面作出的成绩有目共睹,但是不论是与博大精深的中原文化相比,还是与河南在华夏历史文明发展史上曾经发挥的重要作用相比,抑或是与河南有影响的文化大省地位相比,中原文化"走出去"的力度、效果和影响还很不够,中原文化的辐射力、影响力还没有充分显现,中原文化的软实力还没有充分发挥出来。究其原因,则是存在着一些制约中原文化"走出去"的现实因素,要而言之,有以下几个方面。

一是渠道不够畅通。目前,中原文化"走出去"的渠道主要有向港澳台地区推介中原文化的"中原文化港澳行""中原文化宝岛行",向世界各国推介中原文化的"中原文化海外行",以及参加国家有关部委在其他国家举办的"中国文化周"等活动。其中由河南主导的中原文化"走出去"活动,只有"中原文化海外行"系列活动,中原文化"走出去"的渠道显得比较单一。

二是载体不够多样。在海外,中原文化"走出去"的载体,目前主要有中原出版传媒集团筹建的中原文化海外发展中心(包括澳大利亚、柏林和筹建中的中亚三个分中心),少林寺主办的少林文化中心或少林分院,陈氏太极拳传人设

---

[1] 《我们的文化产品,比想象中走得远》,《人民日报》2016年5月12日。

立的太极拳馆等,传播的内容主要是豫版图书和中原功夫文化。相对于悠久丰富、博大精深的中原文化来说,中原文化"走出去"的载体平台显然不够丰富。

三是内容不够丰富。从中原文化"走出去"的内容方面来看,目前主要是以少林武术和太极拳为代表的功夫文化,以杂技演艺为代表的杂技和戏曲文化,以钧瓷、汝瓷、柳编为代表的工艺美术产品,部分版权贸易产品,以及中原文物的海外巡回展。和丰富多样的中原文化相比较,这仅仅是很小的一部分,不足以展示中原文化的丰富多彩和博大精深。

四是形式有待创新。中原文化"走出去"采用的形式主要有三种:一是政府或官方主导的文化交流,如戏曲演出的港澳行、宝岛行和海外行,中原出版传媒集团的中原文化海外发展中心等;二是获得政府支持的团体或企业以半官方性质对外进行文化交流或文化贸易,如少林寺海外中心、濮阳杂技和周口杂技等;三是一些民营企业以国家重点文化产品出口企业的身份与国外相关企业进行文化产品贸易,如一些钧瓷、汝瓷和柳编企业等。这些传统的文化交流和文化贸易形式,已经远远不能适应互联网时代的变化,亟待加以创新。

五是力度有待加强。近年来,河南省积极推动中原文化"走出去",取得了显著成效。但是,不可否认,与建设文化强省、打造全国重要的文化发展高地战略目标的要求相比,中原文化"走出去"的力度、密度和强度,都与河南有影响的文化大省地位不相称,与文化强省和文化发展高地应该达到的高度还有较大距离,中原文化的海外影响力、辐射力和知名度还有待进一步提升。

六是创意有待提升。创意是文化之母。中原文化"走出去"需要政策支持,需要好的产品,需要畅通的渠道和丰富的平台,但更需要好的创意。审视中原文化"走出去"的创意活动,总是感觉在创新、创意和创造方面还欠一些火候。即使是在"走出去"方面已经取得明显成就的中原功夫文化和杂技演艺,同样因面临类似的问题而难以实现真正的突破。

三、推动中原文化"走出去"的对策建议

推动中原文化"走出去",是实现中共河南省委、省政府印发的《华夏历史文明传承创新区建设方案》确立的"打造中华文化'走出去'基地"战略任务的必

然要求,也是完成河南省第十次党代会报告提出的"加快构筑全国重要的文化高地"战略目标的必然要求。因此,必须高度重视,统筹谋划,积极实施,强力推进。

一是加强中原文化"走出去"的渠道建设和平台建设。渠道建设和平台建设是推动中原文化"走出去"的基础性工作,也是中原文化"走出去"的主要依托。没有畅通的渠道,没有高效的平台,中原文化"走出去"就缺乏桥梁,缺少通道,中原文化"走出去"就难以实现,因此,必须加强渠道和平台建设。首先是积极参与国家重大对外文化交流活动,利用国家在海外举行的"中国文化艺术节""中国文化年"等活动,广泛开展对外文化交流和文化贸易。其次是加强中原文化海外发展中心建设,把中原文化海外发展中心打造成为中原文化"走出去"的重要平台。再次是发挥文化企业和社会团体的作用,积极拓宽对外合作渠道,搭建合作平台,推动民间对外文化贸易和文化中介服务健康发展。最后是加强对已有平台的建设,发挥好海外少林中心(少林分院)和太极拳馆等的作用,把海外少林中心和太极拳馆建成中原文化"走出去"的重要平台。

二是发挥郑州航空港经济综合实验区的独特优势。经过三年多的建设,郑州航空港经济综合实验区如今已成腾飞之势。据有关报道,截至2016年3月7日郑州航空港综合经济实验区设立三周年之际,郑州机场客运吞吐量突破1700万人次,货邮吞吐量突破40万吨,跃居全国第八位。郑州航空港经济综合实验区的五大定位即国际航空物流中心、以航空经济为引领的现代产业基地、内陆地区对外开放重要门户、现代航空都市、中原经济区核心增长极,已经初见成效。① 郑州航空港经济综合实验区的快速发展,为中原文化"走出去"提供了难得的机遇。建议充分发挥郑州航空港经济综合实验区的独特优势,设立文化产品跨境贸易中心,连通海内外文化企业,增强对外文化交流,扩大对外文化贸易;依托郑州航空港保税区,设立文化产品与服务出口基地基地,推动文化交流贸易和文化中介服务。

三是发挥郑洛新国家自主创新示范区的创新优势。中原文化"走出去",需要用新颖独特的表现形式展现中原文化元素,传递中原人文精神,让"走出去"的文化产品和文化服务给国外观众耳目一新之感,从而通过文化交流和文化贸

---

① 参见《郑州航空港经济综合试验区建设大事要闻录》,华夏经纬网2016年3月7日。

易来扩大中原文化的影响力。这就需要在文化产品的思想内涵和表现形式等方面突出创新意识,丰富文化内涵,创新表现形式,以文化创新推动中原文化"走出去"。2016年3月,郑洛新国家自主创新示范区正式设立。这既是河南自主创新方面的重大机遇,也为中原文化"走出去"提供了强大动力。创新是文化发展的强大动力,也是中原文化"走出去"的强大动力。应充分发挥郑洛新国家自主创新示范区的创新优势,以科技创新为支撑,以文化创新为引领,创新文化产品和服务的内容与形式,创造出更多内容新颖、形式活泼、易于国外观众接受的文化产品,助力中原文化"走出去"。

四是积极融入"一带一路"建设,加强与丝绸之路经济带沿线国家的文化交流和文化贸易。河南是"丝绸之路"的重要发源地,至今还保留有古代"丝绸之路"的诸多相关文化遗迹。郑州、洛阳、开封等是"一带一路"重要的节点城市,在国家"一带一路"建设中具有重要地位。河南应主动融入"一带一路"建设,利用郑州航空港经济综合实验区和中欧班列连通"一带一路"沿线国家的优势,发挥郑州全国性中心城市、洛阳区域性中心城市的经济、文化、交通优势,积极开展与"一带一路"沿线国家的文化交流与文化贸易,把"一带一路"变成中原文化"走出去"的重要通道。

五是大力培育外向型骨干文化企业。中原文化"走出去"是政府的事情,也是社会团体和文化企业的事情。自2007年起,国家商务部、财政部、文化部等部门每两年评选一次国家文化出口重点企业和重点项目。截至2016年,河南省已经有包括中原出版传媒投资控股集团、河南省电影电视制作集团、濮阳市华晨杂技集团有限公司等28家文化企业和7个项目入选。这些文化企业,有的是大型国有文化企业,有的是国有控股文化企业,有的是具有一定规模和影响的民营文化企业,应从中选择一些基础好、影响大、产品适宜出口外销的文化企业加以重点扶持,在资金、项目、税收、渠道建设、平台建设等方面给予重点扶持,支持它们做大做强,努力把这些文化企业培育成为推动中原文化"走出去"的领头雁。

(原载《河南文化发展报告(2017)》,社会科学文献出版社2017年7月)

河南文化产业研究

河南文化产业 10 年回顾与思考

自 2006 年 10 月召开的河南省第八次党代会明确提出加快河南由文化资源大省向文化强省跨越的战略目标以来,河南省按照中央推动文化大发展大繁荣、建设社会主义文化强国的要求,加快文化强省建设步伐,积极推动文化产业成为国民经济支柱性产业。经历了"十一五"和"十二五"两个五年规划的发展历程,河南的文化产业获得了长足发展,实现了质的飞跃,市场主体迅速壮大,文化业态比较齐全,产业规模快速增长,产业地位得到提升,影响力进一步扩大,为河南从文化资源大省向有影响的文化大省的转变作出了重要贡献,为河南到 2020 年全面建成小康社会提供了有力支撑。

一、河南文化产业在发展中起步

河南的文化产业与整个国家的文化产业一样,是在国家大力推动文化产业发展的大背景下逐渐发展壮大起来的。

文化产业在西方发达国家通常被称为文化工业或创意产业。随着工业化进程的快速推进和信息化社会的到来,西方发达国家如美国、英国、法国、德国,东亚的日本、韩国等,都十分重视发展文化产业,这些国家的文化产业走在了世界的前面。在我国,文化产业作为一种产业为人们所认可,也就是最近 10 多年的事情。1998 年,中央政府批准在文化部设立文化产业司,可以看作在体制内对文化产业的正式接纳。而"文化产业"一词首次出现在党中央的文件中,则是 2000 年十五届五中全会通过的《中共中央关于制定国民经济和社会发展第十个五年计划的建议》,其中提出"完善文化产业政策,加强文化市场建设和管理,推动有关文化产业发展",第一次在党中央的文件中提出了"文化产业"的概念。

2002年,党的十六大报告在论及中国特色社会主义文化建设时,把文化建设分为公益性文化事业和经营性文化产业两个部分,从理论上解决了文化的两种属性问题,为文化产业的快速发展奠定了理论基础。2007年,党的十七大报告明确了文化产业在推动社会主义文化大发展大繁荣中的重要地位,提出大力发展文化产业。2009年国务院颁布的《文化产业振兴规划》是我国第一部发展文化产业的专项规划,文化产业发展由此而上升为国家战略。党的十七届五中全会首次提出推动文化产业成为国民经济支柱性产业的战略目标。党的十七届六中全会通过的《中共中央关于深化文化体制改革推动社会主义文化大发展大繁荣若干重大问题的决定》明确指出,"发展文化产业是社会主义市场经济条件下满足人民多样化精神文化需求的重要途径",要推动文化产业跨越式发展,"使之成为新的经济增长点、经济结构战略性调整的重要支点、转变经济发展方式的重要着力点"。党的十八大报告和十八届三中全会通过的《中共中央关于全面深化改革若干重大问题的决定》提出要建立健全现代化市场体系,提高文化产业规模化、集约化、专业化水平,进一步明确了文化体制改革和加快发展文化产业的方向。回顾10多年来我国文化产业发展的历程可以发现,我国文化产业的发展速度与发展效益,与我党对文化的两种属性、两种业态、两个效益的认识逐步深化紧密相连,与对文化产业的意识形态属性和产业属性的清晰界定紧密相连,与各级政府强有力的推进政策紧密相连。

与全国文化产业发展的基本态势相一致,2006年,河南的文化产业还处于刚刚起步阶段,总体表现出小、弱、散的特征。首先,文化企业多为小作坊式,企业规模小,生产总量小,市场份额小。2006年,河南省共有文化产业单位218417个,每个文化产业单位创造的增加值仅有18.08万元,远低于全国2004年46.14万元的平均水平。其次,文化企业实力弱,盈利能力弱,市场竞争力弱,抗风险的本领弱。按当时的文化产业分类,河南省2006年文化产业增加值为395.04亿元,核心层文化产业增加值仅有76.54亿元,外围层有28.59亿元[1],两者合计仅有105亿元。相比当年全省的GDP,这个数字实在太小了。作为文化资源大省和人口大省,这样的数据说明河南省的文化产业整体实力还比较弱。

---

[1] 参见赵霞《河南文化产业发展报告》,载张锐、李庚香主编:《河南文化发展报告(2009)》,社会科学文献出版社,2009年,第156页。

再次,企业分布散,产业链条散,产品生产散,难以形成竞争优势。这样一种现状,造成了河南文化产业知名企业少、知名品牌少、知名产品少的"三少"局面。所以,10年前说起河南的文化产业,不要说局外人说不出什么来,就是业内人士也觉得是乏善可陈,没有多少可说的东西。

河南的文化产业就是在这样一个背景下开始起步,并很快步入快车道。其契机就是2005年河南省委、省政府发布的《河南省建设文化强省规划纲要(2005—2020年)》。纲要对2010年河南省文化产业发展目标作了这样的表述:"文化产业形成规模。文化产业生产、服务、销售网络体系比较完善,国有文化企业为主导、多种所有制共同发展的文化产业格局基本形成,重点产业规模进一步扩大,文化产业的科技含量和资源开发能力、生产服务能力明显提高。"2006年10月召开的河南省第八次党代会报告提出河南省要实现"两大跨越",即加快经济大省向经济强省跨越和加快文化资源大省向文化强省跨越,而"加快发展文化事业和文化产业,在满足人民群众的精神文化需求上取得新进展",则是加快文化资源大省向文化强省跨越的重要内容。在河南省委、省政府的强力推动下,河南文化产业迎来了快速发展期。截至2010年年底,按照新的统计方法,河南全省文化产业法人单位实现增加值367.13亿元,同比增长15.9%,高出同期GDP增速3.7个百分点,占GDP的比重为1.6%;文化产业法人单位17196个,比2008年增加951家;从业人员46.03万人,比2008年增加4.22万人;法人单位从业人员人均实现增加值7.98万元,比2008年增加1.72万元。[①]由于统计口径的调整,很难对2006年和2010年河南文化产业的总量进行对比分析,但"十一五"时期却是河南文化产业发展的关键时期,不仅基本实现了《河南省建设文化强省规划纲要(2005—2020年)》制定的发展目标,而且从体制机制、市场主体、产业形态、市场规模、品牌建设、集聚发展等方面,为"十二五"时期河南文化产业发展奠定了坚实基础。

进入"十二五"时期,伴随着文化体制改革的强力推进,河南文化产业进入了新的发展时期。按照国家统计局公布的《文化及相关产业分类(2012)》新统计标准,文化产业不再分核心层、外围层、相关层,而是分为文化产品的生产和

[①] 参见河南省统计局、河南省文化体制改革和发展工作领导小组办公室编《河南文化产业统计概览(2014)》。

文化相关产品的生产两部分,文化产品的生产分为新闻出版发行服务、广播电影电视服务、文化艺术服务、文化信息传输服务、文化创意设计服务、文化休闲娱乐服务和工艺美术品的生产七个大类,文化相关产品的生产则分为文化产品生产的辅助生产、文化用品的生产和文化专用设备的生产三个大类。按照新的统计标准,河南省2012年共有文化产业法人单位2.45万家,从业人员75.20万人,文化产业法人单位从业人员人均创造增加值8.90万元,比2010年有较大幅度的增长。当年实现增加值670亿元,按同口径现价计算,比上年增长17.5%,高于GDP增速7.4个百分点;占当年GDP的比重为2.26%,比2010年提高了0.67个百分点[1],增速明显加快。2013年,河南省文化产业法人单位实现增加值815.7亿元,占GDP的比重为2.54%,比2012年提高了0.28个百分点。据初步统计,2014年河南省文化产业法人单位实现增加值超过950亿元[2],占GDP的比重在2.7%~2.8%之间。由于国家统计局分别于2010年和2012年调整了文化产业的统计标准,很多数据无法进行比较,但如果把河南省2006年、2010年及2012年以来的相关数据进行一下纵向比较,还是大体可以看出河南省文化产业发展的轨迹。(参见表1)

表1 2006—2014年河南省文化产业相关数据

年份	文化及相关产业增加值(亿元)	占当年生产总值比重(%)	同比增长(%)	生产总值比上年增长(%)
2006	395.04	3.20	16.30	14.1
2007	480.32	3.20	21.58	14.4
2008	249.70	1.39	18.70	20.0
2009	293.62	1.51	17.60	8.1
2010	367.13	1.59	15.90	18.5
2011	454.37	1.69	23.80	16.6

---

[1] 参见河南省统计局、河南省文化体制改革和发展工作领导小组办公室编《河南文化产业统计概览(2014)》。
[2] 参见河南省统计局、河南省文化体制改革和发展工作领导小组办公室编《河南文化产业统计概览(2014)》。

续表

年份	文化及相关产业增加值(亿元)	占当年生产总值比重(%)	同比增长(%)	生产总值比上年增长(%)
2012	670.00	2.26	17.50	9.9
2013	815.70	2.54	16.20	8.6
2014	950(预计)	2.70(预计)	—	—

进入"十二五"时期以后,河南省文化产业快速发展。2011年至2013年,文化产业增加值完成了"三级跳",到2014年已接近1000亿元,年增速都在两位数以上。由于河南省GDP增速一直快于全国平均增速,经济总量多年来在全国一直位居前五,文化产业增加值占GDP的比重提高相对缓慢。但"十二五"期间,文化产业无论是速度、规模还是效益,都比"十一五"期间有显著提升,具体表现为市场主体逐步壮大,品牌建设日见成效,集聚发展成效显著,竞争力和影响力日益增强。纵向比较,河南省文化产业的发展不可谓不快速,距离由文化资源大省向文化强省跨越的目标已经越来越近。

但是,如果放在全国文化产业发展中的大背景下进行考察,如果与文化产业较为先进的省市进行横向比较,河南省文化产业不论在总量上还是在速度、效益上,都还存在不小的差距。与文化发达省市相比,河南文化产业还不够强,河南还不能说是文化强省。这从文化产业增加值总量及占GDP的比重高低可以清楚地看出来。(详见表2)

表2 10省市2007年、2010年、2012年文化产业增加值比较

省市	2007年文化产业增加值(亿元)/占GDP的比重(%)	2010年文化产业增加值(亿元)/占GDP的比重(%)	2012年文化产业增加值(亿元)/占GDP的比重(%)
北京	992/11.2	1697.7/12	1474.9/8.2
上海	683.25/5.69	1673.79/9.5	1188.43/5.91
广东	1291/6.2	2533.39/5.6	2706.5/4.74
浙江	595/3.2	1056.09/3.8	1581.72/4.56
江苏	587.35/2.3	1385.3/3.34	2096.6/4.3
福建	238.5/2.6	601.66/4.2	1000/5

续表

省市	2007年文化产业增加值(亿元)/占GDP的比重(%)	2010年文化产业增加值(亿元)/占GDP的比重(%)	2012年文化产业增加值(亿元)/占GDP的比重(%)
山东	713/2.75	1230/3.12	2720/5.1
湖南	530/5.1	827.56/5.2	804.4/3.63
四川	217/2.07	521/3.03	936.44/3.92
河南	480/3.2	367.13/1.6	670/2.26

北京、上海、江苏、广东、浙江属于文化产业相对发达的省市,文化产业一直走在全国的前列。尽管文化产业统计标准分别于2010年和2012年作过两次调整,但这些省市的文化产业增加值皆已达到或接近国民经济支柱产业的发展水平。属于第二集团的山东、福建等省份,文化产业发展速度也较快,文化产业增加值的总量也已接近国民经济支柱产业水平。而同属于中西部的湖南和四川,都是文化资源大省,在开发利用优势文化资源、大力发展文化产业方面则是不遗余力,文化产业发展也比较快。即使与同处中西部的湖南、四川相比,河南也有不小的差距,亟须奋起直追。

二、河南文化产业在改革中前行

文化体制改革是解放和发展生产力、激发全民族文化创造活力的根本途径,是推动社会主义文化大发展大繁荣的必由之路。早在1996年,文化体制改革就纳入了中国改革开放的大局。党的十四届六中全会提出了文化体制改革的命题,指出文化体制改革要"遵循文化发展的内在规律,让市场机制发挥作用"。此后,文化体制改革一直在探索中推进。党的十六大以来,随着党对文化建设重要性及文化的两种属性认识的进一步深入,文化体制改革被提上了议事日程。2003年6月,开始文化体制改革试点工作。2005年12月,《中共中央国务院关于文化体制改革的若干意见》正式发布,提出要全面推进体制机制创新,解放和发展文化生产力,不断满足人民群众日益增长的精神文化需求。河南的文化体制改革就是在此背景下展开的。

2005年,河南省委、省政府确定河南日报报业集团、河南出版集团等13个单位为第一批文化体制改革试点单位,确定郑州、开封、洛阳、安阳、商丘等5个省辖市为第一批文化体制改革试点地区,拉开了河南省文化体制改革的大幕。2006年,又确定了包括河南日报报业集团采编与经营业务分开、河南出版集团所属事业单位内部三项制度改革等在内的文化体制改革10个重点项目。按照"试点先行,逐步推开"的原则,在公益性文化事业单位内部开展劳动、人事、分配三项制度改革,激发文化创造活力;对经营性文化事业单位则实行转企改制,进行股份制改造,建立现代企业制度,先后组建了河南日报报业集团(有限)公司、河南出版集团、河南文化影视集团、河南电影电视制作集团、河南有线电视网络集团等5家文化企业集团。如河南日报报业集团以经营性资产组建河南日报报业集团(有限)公司,注册为企业法人,公司设立董事会、监事会等机构以及董事长、总经理等职位,形成了现代企业架构。按照中央的要求,河南省在试点的基础上,积极稳妥地推进经营性文化事业单位转企改制,截至2008年,河南省已经有157家经营性文化事业单位完成转企改制。

2009年开始,文化体制改革向纵深推进,经营性出版发行单位、电影公司、电影院和影剧院、文艺院团和非时政类报刊等方面的改革全面铺开。截至2011年年底,全省出版发行、电影制作发行放映、电视剧制作、文化市场综合执法等领域的改革已基本完成,14家经营性出版单位和132家发行单位完成转企改制,河南电影制片厂、省级和18个省辖市50家电影发行放映单位全部完成转企改制,经营性文化事业单位如期完成了转企改制和市场化运作。2012年年底,河南省188家国有文艺院团全部完成改革任务,其中,河南省豫剧一团、二团、三团合并,组建河南省豫剧院,保留事业单位性质;河南省曲剧团、河南省越调剧团转变为非遗传承保护机构,撤销了河南省京剧院和河南省话剧院。全省18个省辖市和158个县市区全部完成文化市场综合执法机构组建工作,9个省辖市和118个县市区实现了文化、广播影视、新闻出版"三局合一",6个省辖市完成电台、电视台合并,18个省辖市有线电视网络完成整合工作。第一批39家非时政类报刊也在2012年上半年完成转企改制工作。与此同时,图书馆、博物馆、文化馆等公益性文化事业单位普遍推行人事、收入分配、社会保障三项制度改革,实行全员聘任,为公益性文化事业单位改革探索了路径。

在深入推进文化体制改革进程中,首批文化体制改革试点城市较好地发挥了探索与示范作用。如商丘演艺集团的改革，在全国创造了"商丘经验"。2005年，商丘市豫剧团与张弓酒业联姻，更名为商丘市豫剧院。张弓酒业不仅为商丘豫剧院提供了必要的演出设备，而且每年还提供20万元的资金支持。2006年下半年，商丘市以豫剧院为龙头，联合21家文化企业组建了跨行业、跨地区的综合性文化经营企业——商丘演艺集团。新组建的商丘演艺集团初步建立了现代企业制度，实行董事会领导下的总经理负责制，大力开拓市场，走出了一条"集团+经纪人+市场"的路子，很快打开了局面。仅2008年上半年，商丘演艺集团就演出1500多场，净收入200多万元。集团在赢得市场、赢得观众的同时，把社会效益放在第一位，注重内容创新和形式创新，2007年，大型古装豫剧《浣纱记》荣获河南省文华大奖、河南省"五个一工程奖"和河南省第四届文学艺术优秀成果奖。2007年全国两会召开期间，集团赴京为河南籍农民工举办了多场义演，为特困学生义演筹资16万元。2008年汶川地震后，集团所属表演团体上街义演，为灾区募集赈灾善款近200万元。集团还积极参加"三下乡"活动，到各地巡回演出，让人民群众在家门口享受高雅艺术。商丘演艺集团的成功经验，成为我国文艺团体改革的范例，其典型经验被中宣部编入《全国文化体制改革70例》一书，加以表彰和推广。成立于2007年的开封县新华农村数字电影院线公司，抓住开封县被确定为全国农村电影改革发展试点县的机遇，以数字化放映为龙头，以体制改革为动力，面向农村广大市场，创新发展理念，转变经营方式，服务新农村建设，走出了一条农村电影改革发展的新路子。仅2008年1月至10月间，该公司就放映数字电影7509场，观众达826万人次。该公司负责管理的全省"数字电影广场"，分布在全省10个省辖市和90个县城，截至2009年，共放映电影17216场，观众达1311万人次，不仅丰富了农村文化生活，而且也为广大农民普及了最新农业科技知识，让不少农民从中学到了科学种田的本领。

党的十八届三中全会通过《中共中央关于全面深化改革若干重大问题的决定》之后，文化体制改革进入新的阶段。河南省委按照中央对文化体制改革的总体要求，结合河南省实际，成立了河南省委文化体制改革专项小组，统筹全省的文化体制改革，出台了《全省深化文化体制改革实施方案》，并于2014年8月5日召开了全省文化体制改革工作会议，对全省新一轮文化体制改革进行动员和部署，按照把握"两个条件"、做到"两个结合"的要求，明确了第一批重点改革工作,确定了三项重点改革事项,即启动全省公共文化服务体系建设试点工作、成立大象融媒体集团有限公司、成立大河网络传媒集团有限公司,并提出了具体工作要求。目前,三项重点改革事项中的第一项正在积极有序推进,后两项已经顺利完成。2015 年,河南省文化体制改革着重从加强社会主义核心价值观建设、完善文化管理体制、构建现代公共文化服务体系、健全现代文化市场体系等方面积极推进,改革的速度和力度都明显提升。

改革解放了文化生产力,激发了文化创造活力,增添了文化产业的内生动力,使河南的文化产业迎来了快速发展期。2006 年至 2015 年的 10 年间,河南省抓住机遇,不断深化文化体制改革,为文化产业发展注入了强大活力,文化产业一直保持在两位数以上的增速,增长速度始终高于 GDP 的增速。文化产业增加值从最初的 300 多亿元,增加到 2014 年的近千亿元。在文化体制改革大潮中,一批文化市场主体迅速成长,形成了以河南日报报业集团、中原出版传媒集团、河南文化影视集团、河南有线电视网络集团、河南影视制作集团、河南演艺集团为代表的国有文化企业,以郑州天人文化旅游有限责任公司、开封清明上河园有限责任公司、郑州小樱桃卡通艺术有限公司等为代表的民营文化企业,以及一批股份制和混合所有制文化企业。这些国有文化企业、民营文化企业和股份制文化企业已经成长为河南文化产业的主力军,为河南文化产业发展作出了重要贡献,在河南省骨干文化企业、重点文化企业和文化产业基地等名单中,时常可见它们的身影。

三、河南文化产业在集聚中壮大

集聚发展是文化产业实现快速发展的重要方式。自 2004 年文化部发布第一批国家级文化产业示范基地和 2007 年发布第一批国家级文化产业示范园区以来,各地都在积极探索文化产业集聚发展的新模式和新途径。党的十七届六中全会通过《中共中央关于深化文化体制改革推动社会主义文化大发展大繁荣若干重大问题的决定》,把"加强文化产业基地规划和建设,发展文化产业集群,提高文化产业规模化、集约化、专业化水平"作为发展文化产业的重要内容。为贯彻落实中央精神,河南省借鉴产业集聚区的发展模式,一方面积极培育和建设各级文化产业示范基地和示范园区,一方面注重发挥河南历史文化资源优势,于2008年国际金融危机之时,设立了10个文化改革发展试验区,积极探索文化改革发展的路子,在文化产业集聚发展方面形成了发展优势,取得了较好的社会效益和经济效益。

文化改革发展试验区探索文化产业集聚发展之路。2008年年底,为探索文化改革发展之路,加快公共文化服务体系建设,推动河南文化产业快速发展,河南省委、省政府发布了《关于设立河南省文化改革发展试验区的通知》(豫文〔2008〕195号),明确开封市、登封市、禹州市、淮阳县、新县、浚县、宝丰县、镇平县为河南省第一批文化改革发展试验区,2009年又增加濮阳市和信阳鸡公山文化旅游综合开发试验区为省级文化改革发展试验区。各个试验区依托自己独有的文化资源优势,突出文化特色,实行差异化发展,走规模化、集约化发展之路,很快形成了各自的发展优势。经过2008年至2010年两年多的实践,一些文化改革发展试验区起到了示范引领作用,成为文化强省建设的排头兵,如开封的文化旅游、禹州的钧瓷工艺、宝丰的民间演艺、镇平的玉文化产业、新县的红色旅游等,都做得有声有色,广有影响。开封的宋都古城文化产业园、镇平石佛寺的玉文化产业园、禹州神垕的钧瓷文化产业园,被评为河南省首批文化产业示范园区。开封的宋都古城文化产业园2010年共接待游客3469万人次,实现旅游综合收入128.4亿元,同比分别增长12.1%和18.8%;实现文化产业增加值36.6亿元,增速高达32.6%。文化改革发展试验区为河南省文化产业集聚发展探索了路径,摸索了经验,对河南省文化产业集聚发展起到了积极的推动作用。

文化产业示范园区(基地)引领文化产业集聚发展。河南省在借鉴产业集聚区发展经验的基础上,加强文化产业园区建设,推动文化产业走规模化、集约化、专业化发展之路。2008年,河南省文化厅下发了《河南省文化产业示范园区评选办法》,按照发展速度快、社会效益和经济效益好、在省内乃至国内外有重要影响、对全省文化产业发展有示范带动作用的要求,对全省文化产业园区进行评选。2010年,省文化厅与省发改委联合开展第一批省级文化产业示范园区评选活动,开封宋都古城文化产业园区、郑州嵩山文化产业园区、镇平县石佛寺镇玉文化产业园区、洛阳龙门文化旅游园区、社旗县赊店商埠文化产业园区和禹州市(神垕)钧瓷文化产业园区等6个文化产业园区榜上有名。经过多年的努力,河南现已拥有1个国家级文化产业示范园区——开封宋都古城文化产业园区,1个国家级动漫产业基地——郑州动漫产业基地,1个国家级文化与科技融合发展示范基地——洛阳市文化和科技融合发展示范基地,9个国家级文化产业示范基地——河南省文化集团、焦作云台山旅游发展有限公司、郑州市天人文化旅游有限责任公司、郑州中远演艺娱乐有限公司、开封清明上河园股份有限公司、镇平石佛寺珠宝玉雕有限公司、项城市汝阳刘笔业有限公司、禹州市神垕孔家钧窑有限公司、河南安绣文化产业有限公司。以国家级文化产业示范园区(基地)为龙头,以省级文化产业示范园区(基地)为羽翼,河南省大力推动文化产业集聚发展,使文化产业连续多年保持两位数增长速度,文化产业增加值的增长速度每年都高于GDP的增长速度。文化产业在保障人民群众基本文化权益、促进经济社会发展方面发挥了不可替代的作用,已经成为河南省调整经济结构、转变经济发展方式的着力点和突破口。

"双十工程"力促文化产业集聚发展。为进一步壮大文化市场主体,提升河南文化产业集聚发展水平,增强文化产业整体实力和核心竞争力,2013年6月,河南省人民政府批转了河南省文化体制改革和发展工作领导小组办公室制定的《河南省文化产业"双十工程"实施方案》。该方案计划从全省选出10个重点文化产业园区和10家重点文化企业给予培育和扶持,争取到2015年形成年营业收入超百亿元文化企业1个、超50亿元文化企业2个、超20亿元文化企业7个,形成主导产业突出、产业链条健全、服务设施完善、经济效益明显的重点文化产业园区10个;到2020年,形成一批在全国有影响的重点文化企业和文化产业园区,有2~3家文化企业进入全国文化企业30强,文化产业法人单位增加值占全省GDP的比重在5%左右。在当年启动的"双十工程"评选活动中,不少文化企业和文化产业园区积极申报,争当河南文化产业发展的排头兵。在各地区、各有关部门申报、实地考察和专家评审的基础上,省政府最终确定了3个文化产业园区和10家文化企业入选河南省文化产业首批"双十工程"。从入选的重点文化产业园区来看,开封宋都古城文化产业园是国家级文化产业示范园区,在文化旅游、文化创意和工艺美术等方面具有独特的优势,清明上河园、实景演出《大宋·东京梦华》、大型室内剧《千回大宋》以及汴绣、朱仙镇木版年画等广有影响;许昌钧瓷文化创意产业园和镇平县玉文化产业园,则分别依托传统的钧瓷烧制和玉雕技艺,在其所在行业一枝独秀,成为河南文化产业的名片。

入选的 10 家重点文化企业,堪称不同行业的领军企业。报刊业有河南日报业集团有限公司和洛阳日报报业集团,出版发行业有中原出版传媒投资控股集团有限公司,网络电视业有河南省网络电视集团有限公司,影视制作发行放映业有河南文化影视集团有限公司,文化创意产业有郑州华强文化科技有限公司,文化旅游业有开封清明上河园股份有限公司和焦作云台山旅游发展有限公司,工艺美术业有河南大宋官窑瓷业有限公司,文化产品出口有河南森润工艺品有限公司。这些文化企业主业突出、特色明显、体量较大、带动力强、辐射面广,在集聚发展方面有很强的示范作用,对河南文化产业持续健康发展将产生很好的示范带动效应。

四、河南文化产业在拼搏中进取

河南文化企业深知品牌就是企业形象,品牌就是市场竞争力,品牌就是两个效益。做企业,做产品,更要注重打造文化品牌。因为,有了知名文化品牌,就可能做大一个企业,畅销一个产品,带动一个行业。所以,河南文化产业一开始就高度重视品牌建设,注重培育和打造文化品牌,通过品牌带动战略促进文化产业发展,扩大中原文化影响力,同时也为河南文化产业赢得了荣誉。

从市场主体来看,河南文化企业非常注重企业形象塑造,努力塑造企业品牌,扩大企业市场影响力。以河南日报报业集团、中原出版传媒集团、河南文化影视集团、河南网络电视集团、河南演艺集团等为代表的国有文化企业,坚持把社会效益放在首位,社会效益和经济效益相统一,注重激发企业员工创造活力,健全和完善现代企业制度,社会影响和市场份额逐步扩大,已经形成了品牌效应。2013 年开始的文化产业"双十工程",对打造企业品牌起到了积极推动作用。2014 年评选出的 3 家重点文化产业园区和 10 家重点文化企业,在省内均有较大影响,在省外也有一定的知名度,具有一定的品牌效应。中原出版传媒集团 2012 年在全国出版行业 10 强中位居第五,2013 年年底,资产总额达到 116.83 亿元,实现营业收入 113.44 亿元,超额完成了"双百亿"发展目标。中原出版传媒集团还入选第二届全国文化企业 30 强,第七届全国文化企业 30 强提名第一,在国内外享有广泛的知名度。

从文化产品来看,10年间,河南已经形成了一批有广泛影响力的文化品牌。如报刊业的《大河报》和《销售与市场》,在业界和广大消费者中有很大的影响力。河南报业集团主办的《大河报》是中国都市文化类报纸的翘楚,据世界品牌实验室发布的《中国500最具价值品牌》数据,自2006年至2015年,《大河报》作为河南省唯一入选的传媒类品牌,其品牌价值持续提升,从2006年的8.82亿元,排名第444位,提升到2015年的73.28亿元,排名351位。10年之间,品牌价值增加了7.3倍,名次前进了93位。对于一份地方都市文化类报纸来说,这样的成绩着实来之不易。(详见表3)从其发展轨迹来看,《大河报》品牌的提升,有三个显著节点。一是2008年,品牌价值突破10亿元,达到13.09亿元,在500个最具价值品牌中的位次由2006年的444位提升到420位;二是2011年,品牌价值突破20亿元,位次首次进入前400位;三是2013年,品牌价值突破40亿元,首次进入前350位。短短几年间实现了"三级跳"。中原出版传媒集团主办的《销售与市场》被誉为"中国营销第一刊",是河南省第一批文化体制改革试点单位。主办者坚持走市场化办刊的路子,把杂志当作一个企业、一个产品、一个品牌来经营,从一本期刊发展为"四刊一网",很快闯出了市场,扩大了影响,树立起良好的市场形象,杂志发行量和刊发文章转载率都稳居同类期刊前列,长期稳坐中国营销类期刊的头把交椅。其他文化产品如影视业的《梨园春》和《武林风》电视栏目,演艺业的实景演出《禅宗少林·音乐大典》《大宋·东京梦华》、大型剧场演出《千回大宋》、杂技《水秀》等,工艺美术业的钧瓷、汝瓷、唐三彩、汴绣、安绣等,都已成为河南的知名文化品牌,在省内外甚至国内外都有广泛影响。

表3 2006—2015年《大河报》品牌价值与位次

年份	品牌价值(亿元)	价值增长(亿元)	在500品牌位次	较上年提升位次
2006	8.82	1.62	444	−2
2007	9.97	1.15	433	11
2008	13.09	3.12	420	13
2009	15.03	1.94	414	6
2010	17.1	2.07	412	2
2011	23.86	6.76	394	18

续表

年份	品牌价值(亿元)	价值增长(亿元)	在500品牌位次	较上年提升位次
2012	28.63	4.77	391	3
2013	46.45	17.82	350	39
2014	55.58	9.13	350	0
2015	73.28	17.7	351	−1

从文化产业细分行业看,河南特色文化产业10年来涌现出来不少知名品牌。民权王公庄画虎、孟津平乐牡丹画、兰考堌阳民族乐器制作、固始柳编等,都是河南特色文化产业的品牌,具有很高的知名度。王公庄画虎村被称为"中国画虎第一村",该村农民画的老虎图远近驰名,受到广泛赞誉;平乐村牡丹画声名远播,平乐村因此被称为"中国牡丹画第一村";兰考县堌阳镇利用当地盛产泡桐的优势,制作古筝、琵琶、扬琴、二胡等民族乐器,产品远销海内外,目前已经成为国内最大的民族乐器生产基地之一,在市场上闯出了一片天地,被称为"中国民族乐器之乡";固始是中国柳编之乡,柳编技艺已经有上百年的历史,其柳编产品多次荣获国家级和省级金奖,固始县的华源、恒达、华丰等工艺品公司还被确定为2013—2014年度国家文化出口重点企业。河南文化企业在各级党委、政府的领导下,注重发挥市场配置资源的决定性作用,开发市场,打造品牌,在文化品牌建设方面取得了显著成就,进一步扩大了中原文化影响力,提高了河南文化软实力。

五、河南文化产业10年发展的经验启示

"十一五"至"十二五"期间,河南的文化产业能够取得如此令人瞩目的成就,除党和政府把文化建设作为"五位一体"中国特色社会主义重要组成部分而大力推进,省委、省政府和各级党委、政府深入贯彻落实中央精神,高度重视文化建设,有关部门积极推动外,市场主体发挥了关键作用。他们在文化产业园地深耕细作,在传统文化产业、特色文化产业和新兴文化产业等方面拿出了不俗的成绩单,让人们对10年来河南文化产业发展成就刮目相看。河南文化产业10年发展呈现出来的经验和特点,对"十三五"时期乃至更长一个时期的文

化产业发展,都具有借鉴和启示意义,值得认真总结,并应引起高度重视。

一是传统文化产业继续领跑。在文化产业格局方面,河南与全国一样,一直以出版、影视、演艺传统文化产业为主导,不论创造的增加值还是法人单位数、从业人数,都占据了半壁江山。体量较大的文化企业,基本上都集中在传统文化产业方面,如河南省排名靠前的文化企业,基本上被国有文化企业包揽。这从河南省文化产业"双十工程"入选企业可以得到证明。其中排名前四位的河南日报报业集团有限公司、中原出版传媒投资控股集团有限公司、河南有限电视网络集团有限公司和河南文化影视集团有限公司,有3家属于传统文化产业;排名第七的洛阳日报报业集团也属于传统文化产业。这4家企业虽然只占总数的40%,但资产总量、经营收入、利税总额等指标在10家重点文化企业中均在70%以上。河南日报报业集团和中原出版传媒投资控股集团是河南省目前资产总量、经营收入和利税总额居前的文化企业。以2012年文化产业数据而论,广播电影电视服务和新闻出版发行服务分别实现增加值30.3亿元和41.2亿元,单位平均增加值在文化产业10个大类主要指标中位居第二和第三,人均增加值位居第二和第九。而同样属于传统文化产业的文化休闲娱乐服务和文化艺术服务则分别创造增加值73.6亿元和37.5亿元,占当年文化产业增加值总量的11%和5.6%。加上广播电影电视服务和新闻出版发行服务,合计占当年文化产业增加值的28.4%。如果再加上文化产品生产的辅助生产、文化用品的生产和文化专用设备的生产创造的增加值,这一比例将高达70.7%。从当年创造的文化产业增加值总量来看,传统文化产业创造的增加值占了总量的70%以上。这一数据表明,传统文化产业不仅领跑河南的文化产业,而且在整个文化产业中继续占据主导地位。

二是特色文化产业风头正劲。河南是文化资源大省,也是特色文化产业大省。各地充分发掘特色文化资源,在特色文化产业上大做文章,使整个特色文化产业风生水起,有声有色。在陶瓷烧制业方面,名列北宋五大名窑的钧瓷、汝瓷、官瓷和唐三彩在继承传统技艺的基础上不断进行创新,保持着良好的发展态势和市场占有率;绞胎瓷、鹤壁窑等古窑烧制技术得到恢复和传承,闯出了各自的市场;同时,洛阳牡丹瓷、郑商瓷等在陶瓷市场上也有一席之地。在刺绣业方面,与苏绣、湘绣、粤绣、蜀绣并称中国五大名绣的汴绣,近些年发展起来的安绣,以及禹州顺店刺绣,都以各自独特的刺绣艺术赢得了市场的青睐。在柳编、草编业方面,固始柳编、南乐草编等不仅畅销省内外,而且走出了国门,成为出口创汇产品。在特色美术产业方面,民权王公庄画虎和孟津平乐牡丹画各领风骚,在省内外广有影响。以专门从事工艺发条、化纤发条、人发假发生产的河南瑞贝卡发制品股份有限公司,在特色文化产业发展方面具有典型性。该公司自2003年上市以来,专注于发艺制品,努力拓展国内外市场,2007年公司实现销售收入13.6亿元,2013年实现营业收入21.29亿元,2015年中期实现营业收入10.42亿元,呈现良好的发展态势。仍以2012年的文化产业数据而论,以特色文化产业为主的工艺美术品的生产实现文化产业增加值116.6亿元,占当年文化产业增加值的17.4%。由于特色文化产业有不少都属于家庭作坊式,而家庭作坊无法计入法人单位,按照文化产业新的统计口径和方法,其创造的文化产业增加值无法纳入统计范围。从河南省社会科学院文化产业调研组调研的情况看,河南许多村镇都有特色文化产业,其产品各有特色,各有市场。如伊川青铜器仿古工艺制作在全国很有名气,每年创造的产值都很可观,但由于大多是一家一户作坊式生产,不是法人单位,创造的产值就无法纳入统计范围。所以,河南省特色文化产业创造的增加值要远远大于按照法人单位统计得来的数据。

　　三是新兴文化产业快速发展。新兴文化产业是指利用数字技术、互联网、云计算等现代科技而形成的新的文化业态,具体包括文化创意、数字出版、移动多媒体、动漫游戏等。2012年颁布的《国家"十二五"时期文化改革发展规划纲要》明确提出,要积极发展和壮大出版发行、影视制作、印刷、广告、演艺、娱乐、会展等传统文化产业,加快发展文化创意、数字出版、移动多媒体和动漫游戏等新兴文化产业。在国家政策引导和河南有关部门的强力推动下,河南新兴文化产业在过去的10年里得到迅速发展。其一,文化创意创造经典。郑州天人文化有限公司推出的大型实景剧《禅宗少林·音乐大典》,清明上河园有限公司推出的大型水上实景演出《大宋·东京梦华》,开封一成宋韵文化发展有限公司打造的大型多媒体歌舞秀《千回大宋》等,都是富有创意的演艺剧目,展示了河南文化创意产业的发展水平。其二,动漫产业发展势头强劲。河南动漫产业起步较早,郑州小樱桃卡通公司、河南天乐动画公司、漫画月刊杂志社等率先试水,"十一五"初期就在动漫游戏产业开疆拓土,积极向新兴文化业态进军。2008年,由郑州市负责建设和运营,郑州小樱桃卡通公司具体实施的国家动漫产业基地(河南基地)在郑州挂牌成立,有力地推动了河南动漫产业的发展。2008年,郑州小樱桃卡通公司制作的《小樱桃》(第一部)和河南天乐动画公司制作的《独脚乐园》动画片在中央电视台隆重推出,在业界引起了强烈反响。郑州索易动画有限公司和河南日报报业集团《漫画月刊》等动漫游戏公司,在"十一五"期间也崭露头角,表现出不俗的态势。"十二五"时期,河南动漫游戏业迅猛发展,动漫游戏公司、动漫游戏制作产品及动漫游戏市场占有率等都有较大幅度提升。截至2013年年底,郑州市就有动漫企业98家,占全省动漫企业的95%,企业总数是2008年年底的10倍,从业人员从2008年的不到500人增加到4000多人;生产电视动画片15部,时长达6310分钟,在全国排第8位。目前,河南已经形成了国家动漫产业基地(河南基地)和郑州动漫产业基地两大动漫产业集聚区,通过国家动漫企业认定的企业达到21家,在全国排第10位,显示了河南动漫产业的实力。① 2014年9月8日,河南约克信息技术股份有限公司在全国中小企业股份转让系统挂牌,顺利实现了企业在新三板上市。其三,移动多媒体风头正劲。河南日报报业集团和中国移动通信集团河南有限公司合作开发的《河南手机报》曾经风靡一时,用户最多时高达百万人,加上体验用户达120万人。其四,数字出版发展良好。中原出版传媒集团大力实施出版数字化,积极推进内容资源数字化和内容资源数字出版,努力实现印刷产业数字化转型,强力推进发行网络化平台,在数字化出版方面迈出了坚实的步伐。

四是文化产业园区担纲大任。文化产业园区是河南文化产业的孵化器,也是河南发展传统文化产业、特色文化产业和新兴文化产业的重要基地。自2004年文化部开始评选国家级文化产业示范基地以来,河南省一直按照中央的要求,积极通过文化产业园区(基地)推进文化产业发展,先后培育和建设了一批省级文化产业园区和文化产业基地,一些文化企业能够从小弱散的状态中走出来,成长为有影响的骨干文化企业或龙头文化企业,文化产业园区(基地)发挥了非常重要的载体平台作用和支撑作用。比如同为河南省首批重点文化产业园区的开封宋都古城文化产业园、镇平县玉文化产业园和许昌钧瓷文化创意产业园,园区文化企业数量少则四五十家,多则几百家,占园区企业总数的比例都

---

① 李孟舜:《2014年河南省动漫产业发展报告》,参见卫绍生主编《河南文化发展报告(2015)》,社会科学文献出版社,2015年,第156页。

在66%以上,非文面积比例则都在20%以下。营业收入多者如开封宋都古城文化产业园在百亿元以上,其他园区也在十几亿元和几十亿元之间。从河南省有一定规模且发展较好的20家文化产业园区来看,主业为文化旅游休闲娱乐和工艺美术的文化产业园区,占了总数的90%。如开封宋都古城文化产业园、洛阳龙门文化旅游产业园、周口伏羲文化产业园、焦作陈家沟太极拳文化产业园等,都是以文化旅游休闲娱乐作为主业。这一方面表明,河南省在文化旅游休闲娱乐开发方面成效较为显著;另一方面也表明,河南省文化产业园区存在着同质化现象,差异化、个性化和特色化不足。虽然如此,文化产业园区对河南文化产业的贡献仍不可小觑,可以说,正是各种不同类型的文化产业园区奠定了河南文化产业的基石,支起了河南文化产业的梁柱,提升了河南文化产业的效益,加快了河南文化产业发展的速度。文化产业园区在河南文化产业发展中已经并将继续担纲大任。

五是市场主体日益发展壮大。企业是文化产业发展的主体,也是推动文化产业发展的决定性力量。河南认真贯彻落实中共中央繁荣发展社会主义文化的重大战略决策,注重发挥市场配置资源的决定性作用和政府有形之手的作用,文化市场主体在10年的发展中日益壮大。2013年,规模以上文化及相关产业企业达1638家。这1638家规模以上文化及相关产业企业资产总计1980.3亿元,营业总收入2287.5亿元,利润总额220.1亿元,税收总额75.1亿元。按平均值计算,这1638家规模以上文化及相关产业企业资产和营业收入都在亿元以上,显示出一定的规模效应。其中,文化制造业规模以上企业844家,资产总计1201.3亿元,营业收入1761.5亿元,利润总额164.4亿元,税金合计57.6亿元;文化批零业424家,资产总计170.2亿元,营业收入269.0亿元,利润总额15.0亿元,税金总计6.8亿元;文化服务业370家,资产总计608.5亿元,营业收入257.0亿元,利润总额37.8亿元,税金总计10.7亿元。2014年,全省规模以上文化及相关产业法人单位增长迅速,达2174家,比上年增长32.7%;全省规模以上文化及相关产业法人单位从业人员43.1万人,居全国第6位,比上年增长15.6%;资产规模进一步扩大,资产总计2431.8亿元,比上年增长22.8%。全省规模以上文化及相关产业法人单位实现营业收入2741.8亿元,比上年增长19.9%;实现利润231.9亿元,比上年增长5.3%。从行业分类来看,文化制造类企业和文化服务类企业规模相对较大,盈利能力较强,市场影响力较大。经过

10年的发展,河南文化市场主体虽然在逐步壮大,但横向比较,尤其是与文化发达省份比较,河南还缺少在全国有重要影响的文化企业。为推动河南文化产业健康发展,促进河南文化企业做大做强,河南省政府于2013年开始实施河南省文化产业"双十工程",在全省选择10个重点文化产业园区和10家重点文化企业,进行重点扶持和培育。经过组织申报、实地考察、专家评审等环节,评选出河南省首批10家重点文化企业。入选的10家重点文化企业中,资产总额和营业收入过百亿元的企业有1家(中原出版传媒集团),资产总额和营业收入过50亿元的企业有2家,基本上实现了"双十工程"的近期目标。

  回顾10年来河南文化产业的发展历程,会得到一些有益的启示。其最主要者有以下五个方面。其一,高度的文化自觉是推动文化产业快速发展的思想基础。提起文化,过去很多人都认为文化建设就是"烧钱"。这是很大的偏见。文化是软实力,文化也是硬实力。尤其是文化产业,不仅能够生产产品、创造价值,满足人们的精神文化需求,提供发展动力,而且还能带动相关产业发展,促进经济社会和谐发展。所以,只有认识到位了,思想提升了,自觉地按照中央精神和省委、省政府的要求理直气壮地抓文化建设,抓文化产业,文化产业才能有大的发展,才可能实现跨越。其二,推动文化产业发展关键靠真抓实干。现在一些地方,文化产业说起来重要,安排起来次要,干起来不要。文化产业发展如果只是停留在会议布置或文件中,怎么可能有大的发展?天上不会掉馅饼,没有真抓实干,一切都等于零。只有拿出抓铁有痕、踏石有印的真功夫,文化产业才可能有大发展。要像开封市那样,把文化建设列入市委、市政府的重要议事日程,市委常委会定期听取汇报,安排部署文化建设重大事项,文化建设领导小组每周召开碰头会,了解重大项目推进情况,抓紧督促落实。开封宋都古城文化产业园区能够成为河南省迄今为止唯一一个国家级文化产业示范园区,很大程度上得力于开封市委、市政府对文化产业常抓不懈,大力推进。其三,集聚发展是推动文化产业快速发展的有效途径。河南省的文化企业普遍存在小弱散的问题,用常规方法推动文化产业很难取得明显效果。因此,利用国家级文化产业园区和文化产业基地,集聚文化生产要素,凝聚园区主业,形成产业链条,加强基础服务,就成为推动文化产业快速发展的有效途径。从河南文化产业10年发展历程来看,国家级和省级文化产业园区及文化产业基地,在推动文化产业快速高效发展的进程中发挥了重要作用。其四,紧紧把握文化与科技融合发展的大趋势。现代科技已经成为推动经济社会发展的重要动力。推动文化产业快速发展,也必须借重现代科技的力量。以互联网技术和数字技术为代表的现代科技成果的运用,极大地促进了文化产业的发展。如深圳华强文化科技集团,以文化为核心,以科技为依托,形成了以主题公园、动漫游戏、特种电影、主题演艺、文化衍生品等为主要内容的文化科技产业链,在业界具有广泛影响。借鉴国内外文化科技融合发展的成功经验,加强文化科技融合,是推动河南文化产业快速发展的不二之选。其五,牢固树立文化产业"创意为王"的理念。文化产业是内容产业。把具有正能量的思想内容,通过好的创意和适宜的表现形式表现出来,它就会成为大众喜爱的文化产品。国产电影《人在旅途之泰囧》票房能够超过10亿元,关键就在于有一个好的创意。因此,在坚持把社会效益放在首位、社会效益与经济效益相统一的前提下,在戏曲演艺、动漫游戏、新闻出版、影视制作、艺术设计、工艺美术、文化旅游等细分行业强化文化创意的作用,牢固树立"创意为王"的理念,以富有创新精神的文化创意促进文化产业快速健康发展。

六、推动"十三五"时期文化产业快速发展的建议

回顾"十一五"和"十二五"时期河南文化产业的发展历程,总结河南文化产业10年发展的成功经验,发现存在的主要问题,目的是鉴往知来,加快"十三五"时期文化产业发展,使文化产业尽快成为国民经济支柱性产业,成为华夏历史文明传承创新区建设和文化强省建设的重要驱动力,成为河南省全面建成小康社会的新的增长极。

一是推出一批重大文化项目。加快"十三五"时期河南文化强省建设步伐,需要集中力量推出一批具有示范带动作用和影响力的重大标志性文化项目。围绕"十三五"时期河南文化发展的战略目标,通过科学论证、市场调研,确立一批关系"十三五"时期河南文化发展的重大文化项目,集中人力、物力和财力,抓紧立项,积极推进,尽快见成效。各省辖市要切实结合自身实际,依托当地优势文化资源,经过充分论证,明确发展重点,开发一批市场前景好、综合竞争能力强、辐射带动作用大的重点文化项目。

实施重大文化产业项目带动战略。围绕"十三五"时期河南文化发展的战略目标,集中力量抓一批具有示范效应和产业拉动作用的重大文化产业项目,推动文化产业快速发展。利用中央财政支持、河南省投融资平台,多渠道筹措资金,规划兴建一批辐射带动力强、投资在 10 亿元以上的重大文化产业项目,增强文化产业的整体实力和竞争力。重点抓好中原国际演艺中心、大河文化物流园、中原国际创意港(郑州航空港区)、华夏文明全媒体出版工程、中华姓氏文化产业园、中原影视城、焦作影视城、方特梦幻王国、郑州海洋生物博物馆、国际太极拳交流中心、影视精品制作工程等重大项目建设。加大项目推介力度,充分利用国内外大型经贸文化活动,通过集群招商、委托招商、代理招商等现代招商方式,实现"大招商、招大商"。鼓励社会资本参与重大文化产业项目建设,鼓励国内外大型文化企业在河南建立地区总部、文化产品生产基地、研发和营销中心。加快特色文化产业发展,重点支持平乐牡丹画村、王公庄画虎村、朱仙镇木版年画、兰考堌阳镇中国乐器城、顺店镇刺绣等具有产业基础和发展潜力的特色文化村镇。力争到"十三五"末完成 100 个省级重大文化产业项目建设任务。建立和完善重大项目联动推进机制,及时协调解决重大项目建设中遇到的困难和问题,为项目建设创造良好条件。建立和完善"河南省文化产业重点项目库",增强文化产业可持续发展能力。

建设一批有中原特色的标志性文化项目。发挥河南历史文化资源优势,围绕"十三五"时期河南文化发展的战略目标,谋划实施事关河南经济社会文化发展全局、社会效益经济效益明显、带动能力突出的重大项目,实施好一系列重大标志性文化基础设施工程,推动具有中原特色的标志性文化项目建设。加快中原考古博物院、省图书馆新馆、省科技馆新馆、二里头夏文化遗址博物馆和省直文艺院团新建剧场等重大项目建设。充分挖掘中华姓氏、文字沿革、功夫文化、轩辕故里、客家文化之源等根亲祖地文化资源优势,规划建设一批凸显华夏历史文明符号,突出根亲主题,融教育、纪念、展示为一体的根亲文化主题基地。依托伏羲故都、黄帝故里、客家祖地等优势文化资源,建设中华姓氏文化园和人文始祖拜谒苑等文化项目,为全球华人来河南寻根谒祖提供精神寄托的载体;发挥河南是中华姓氏重要起源地的优势,建设不同姓氏起源纪念地;依托丰富而独特的汉字文化资源,建设中华汉字文化主题文化园;依托少林武术和太极拳,建设中华武术展示体验园;依托纳入国家规划的"两片、三线、十六处大遗址",建设一批国家考古遗址公园。

二是培育一批骨干文化企业。实现"十三五"时期河南文化发展的战略目标,不仅需要政府文化部门和社会组织积极参与,而且需要一大批有实力、有影响、有担当的文化企业积极参与。因此,采取有力措施,培育一批有竞争力、影响力的骨干文化企业,是"十三五"时期河南文化产业发展的重要任务之一。

做大做强一批国有龙头文化企业。龙头文化企业是实现"十三五"时期河南文化发展的战略目标的主力军,对提高文化产业发展速度、增强文化强省建设力度具有举足轻重的影响。要着力培育一批有实力、有影响、负责任的国有龙头文化企业,增强河南文化产业的整体实力和竞争力。进一步做大做强河南日报报业集团、中原出版传媒集团、河南文化影视集团、河南电影电视制作集团、河南有线电视网络集团、河南省演艺集团、河南文投公司等大型国有文化产业集团。建立健全企业法人治理结构,鼓励和支持企业以资本为纽带,以市场为导向,实行跨行业跨地区兼并重组,进行混合所有制改造,形成3~5个年营业收入超过100亿元的大型文化企业或企业集团,若干个年营业收入超过50亿元的龙头文化企业。引导有条件的文化企业面向资本市场融资,重点推进中原出版传媒集团整体上市,积极支持河南日报报业集团、河南有线电视网络集团、河南文化影视集团、开封清明上河园股份有限公司、焦作云台山旅游发展有限公司、郑州天人文化发展有限公司等文化企业(集团)上市融资,形成资本市场的"河南文化板块"。到"十三五"末,形成超百亿重点文化企业3个,上市文化企业8家,有1~2家企业进入全国文化企业30强。

支持一批民营文化企业做大做强。重点支持民营文化企业,支持鼓励许昌瑞贝卡、河南小樱桃动漫集团、安阳凯瑞数码、濮阳豪艺杂技集团、郑州天人文化旅游有限股份公司、开封清明上河园、河南约克信息等民营文化企业发展,帮助它们尽快成长壮大起来,形成一批民营龙头文化企业。坚持政府引导、市场运作、科学规划、合理布局的原则,选择一批成长性好、竞争力强的民营文化企业,加大政策扶持力度,推动民营文化企业跨地区、跨行业联合重组,推进资源整合和结构调整,提高集约化经营水平;实施规模化、集约化、集团化发展战略,支持民营文化企业跨地区、跨行业、跨媒体经营,培育发展一批行业独特、实力雄厚、具有较强竞争力和影响力的民营文化企业集团。以重大项目为纽带,以产业园区为平台,以具有核心竞争力的民营文化企业为主体,联合产业上下游企业,形成产业链条和产业集团,增强骨干企业对文化产业的集聚引领作用,提升文化企业综合实力,增加河南龙头文化企业数量。重点支持市场前景好、综合竞争力强、辐射带动作用大的民营文化企业,着力打造民营文化企业龙头,形成一个带动一批、一批带动一片的生动局面。积极筛选、储备一批规模大、前景好、带动性强的中小文化企业,以企业聚要素,以企业添动力,以企业促发展,增强文化产业发展后劲。

三是建设一批重点文化园区。文化园区是华夏历史文明传承创新区的重要载体,也是文化强省的重要载体。应依托现有文化产业园区,科学评估其基础优势与发展优势,选择一批具有示范性和带动力的文化园区,予以重点扶持,加大建设力度,使之成为华夏历史文明传承创新区的重要载体和亮丽名片。坚持走规模化、集约化发展之路,以特色化、差异化形成竞争优势,努力建设一批主导产业清晰、产业链条健全、服务设施完善、经济效益明显的知名文化产业园区。

着力打造国家级文化产业示范园区。河南省现有开封宋都古城文化产业园区、洛阳文化与科技融合示范基地、国家动漫产业基地(河南基地)等3个国家级文化产业园区(基地)。要倍加珍惜国家级文化园区的称号,充分发挥当地文化资源优势,集聚文化生产要素,形成文化产业链条。要通过重点项目、重点产业提升文化园区质量,促使其上规模、上效益、出影响,把这些国家级文化产业园区基地打造成为河南文化产业园区的排头兵,努力跻身国家级文化产业园区基地前列。与此同时,要像打造国家级文化产业园区那样,着力打造河南省现有9个国家级文化产业发展示范基地,使之成为河南文化发展的亮丽名片。

重点建设省级重点文化产业园区。2013年开始实施的河南省文化产业"双十工程"已初见成效,评选出开封宋都古城文化产业园区、许昌钧瓷文化创意产业园、镇平县玉文化产业园等3家省级重点文化产业园区。这些文化产业园区基础好,主业突出,资源优势明显,发展势头强劲。应切实落实文化产业"双十工程"的有关优惠政策,进一步优化市场环境,在资金、项目等方面加大对省级重点文化产业园区的支持力度,使之尽快成为国内知名的文化产业园区品牌,为晋升为国家级文化产业园区打下坚实基础。

积极培育具有竞争优势的文化产业园区。文化产业园区是文化发展的平台和载体,应按照"十三五"时期河南文化发展的战略目标,兼顾空间布局、项目布局和产业布局,在文化资源优势明显、有一定的文化基础优势、具有联动周边效应的地区,建设新的文化产业园区,以期形成突破一点、联动周边的生动局面。对新设立的文化产业园区,要积极加以培育和扶持,促使其尽快形成产业优势和竞争优势,尽快做大做强,进而形成新的知名文化产业园区品牌,为华夏历史文明传承创新区建设和文化强省建设提供新的载体。

四是打造一批知名文化品牌。文化竞争力和影响力很大程度上来源于拥有的文化品牌的数量、知名度与影响力。"十三五"时期河南文化强省建设要达到预期目标,文化品牌的竞争力和影响力是重要指标。"十三五"时期,应把打造知名文化品牌放在更加突出的位置,以文化品牌建设推动华夏历史文明传承创新区和文化强省建设。

着力打造具有中原特质的文化品牌。品牌是生产力,也是竞争力和影响力。"十三五"时期文化建设要达到预期目标,必须着眼于具有区域文化特色的文化品牌建设。要充分发挥中原文化资源优势,着力打造以龙门石窟、安阳殷墟和登封"天地之中"历史建筑群为代表的世界文化遗产品牌,以伏羲、女娲、黄帝等为代表的中华人文始祖品牌,以老子、庄子、张衡、张仲景、吴道子、韩愈、朱载堉等为代表的中原历史文化名人品牌,以钧瓷、汝瓷、北宋官窑、洛阳唐三彩为代表的陶瓷工艺品牌,以少林功夫和太极拳为代表的中原功夫文化品牌,以新郑黄帝故里拜祖大典、洛阳牡丹文化节、开封菊花文化节、信阳国际茶文化节、中国(固始)根亲文化节等为代表的文化节会品牌,以鹤壁民俗文化节、淮阳非物质文化遗产展演、宝丰马街书会、南阳龙舟文化节为代表的民间民俗文化品牌。要着眼于华夏历史文明传承创新,着力打造近些年涌现出来的新兴文化品牌,如以《禅宗少林·音乐大典》《大宋·东京梦华》《千回大宋》《风中少林》《水秀》等为代表的演艺品牌,以《梨园春》《武林风》《大河报》《小小说选刊》等为代表的现代传媒出版品牌,以朱仙镇木版年画、民权虎画、孟津平乐牡丹画、汴绣、安绣等为代表的工艺美术品牌,以小樱桃、雪孩子、小破孩等为代表的动漫品牌。对于已经具有良好社会效益和经济效益且具有广泛影响的文化品牌,要继续大力跟进,加大扶持力度,强化品牌包装,加强市场营销,进一步扩大文化品牌在消费市场中的占有率,使之成为促进河南文化发展的重要载体,成为华夏历史文明传承创新区和文化强省建设的亮丽名片。要认真研究消费市场特点,把握消费心理,突出品牌特色,策划和开发适合文化消费市场的文化产品和服务,打造新的文化品牌,通过文化品牌创造名片效应,产生驱动效应,实现辐射效应,推进河南文化产业更好更快发展。

着力打造知名文化企业品牌。河南现有六大国有文化企业和不少国内知名的股份制及民营文化企业。但是,迄今为止还没有一家像华强、宝利、万达那样国内知名的文化企业。对省内已经上规模、上档次的文化企业,不仅要着眼于做大、做优、做强,更要着眼于打造国内著名、国际知名的文化企业品牌,将其打造成为有深远影响力的"百年老店"。要依托中原出版传媒集团、河南日报报业集团、河南有线电视网络集团等河南省重点文化企业,充分利用现有文化企业良好的市场基础,积极培育企业文化品牌,着力提升企业文化品牌,切实保护企业文化品牌。通过文化企业品牌的市场占有率和影响力,整合相关行业和产业,实现多元化经营下品牌对市场的最大开发和最优影响,为文化产业发展创造良好的发展氛围,为"十三五"时期文化强省建设增添新的发展动力。

五是提高对外文化开放水平。持续加大文化对外开放力度,推动文化领域更高水平、更多领域、更大范围对外开放,构建适应全球经济文化一体化新趋势的对外开放文化体系。积极融入国家"一带一路"建设,密切与丝绸之路沿线中心城市和海上丝绸之路战略支点的文化联系,增强文化交流合作,构建文化交流合作新平台,形成文化交流合作新格局,全面提高中原文化"走出去"水平。

加强文化交流平台建设。围绕"十三五"时期河南文化发展战略目标,加强对外文化交流平台建设,开展多层次、多渠道的对外宣传与交流。持续开展"中原文化行"系列活动,精心打造文化交流品牌,通过不断深化和丰富文化内涵,把"中原文化行"系列活动打造成为与国外和港澳台地区文化合作交流的重要平台。继续开展"港澳媒体看河南""省外媒体中原行"等集中采访活动,举办"老家河南""根在河南"等系列宣传活动,把这些具有影响力的活动打造成为让世界了解河南建设新成就的有效平台。加强河南日报报业集团、河南电台、河南电视台、大河网、映象网、大象融媒体等重点新闻媒体的对外文化传播平台建设,探索新媒体发展和管理新模式,整合对外传播资源,做大做强新媒体。加强与国际主流传媒合作,支持省属主要媒体与省外媒体和机构交流合作,积极推进河南电视台国际频道海外落地传播,加强外宣网站、官方微博、境外媒体采访基地建设,打造全方位多渠道的对外文化交流平台。

加强对外文化交流合作。充分发挥河南历史文化资源优势,加强文化企业和中介组织的对外文化交流活动,坚持"走出去"和"请进来"相结合,拓宽交流途径,创新交流模式,增进文化了解。积极参与国家"中华文化走出去工程"建设和"央地合作"计划等国家重大对外文化交流项目,借助国家在海外举办"中国文化年""中国文化周""中国文化艺术节""欢乐春节"等活动,组织开展具有中原特色的对外文化交流活动,不断拓展对外文化交流的广度和深度。开展"中原文物海外展"系列活动,扩大中原文物外展的数量和规模。利用河南省与外国省(州)建立的友好关系,在友好省(州)举办经贸洽谈会、中原文化展演等活动,展示具有中原特色的文化产品和文化品牌。积极参与国际著名艺术节、博览会、大型赛事等活动,推介中原文化品牌,提升中原文化影响力。实施"两岸互派戏剧艺术人才培训计划",继续举办"海峡两岸河洛文化暨豫剧发展论坛"。加强对外文化交流机构的建设与管理,推动少林功夫、太极拳、老子文化等民间文化机构在海外发展,推动成立少林文化基金会和太极文化交流中心,支持民营文化团体赴海外展演,提升中原文化影响力。

扩大对外文化贸易。完善对外文化贸易激励机制,加强对具有中原特色的文化产品与服务"走出去"的政策支持。积极培育外向型骨干文化企业,支持国家重点文化出口企业、国家重点文化出口项目及省级文化产品出口示范基地建设。依托郑州航空港经济综合实验区,建设河南高端文化产品与服务贸易区,打造中原文化产品国际交易平台,大力发展跨境文化服务贸易。重点扶持以杂技魔术、少林功夫、太极拳等为主要内容的文化产品和文化服务的出口,支持钧瓷、汝瓷、唐三彩、彩陶、汴绣、安绣、通草浮雕、麦秆画、木版年画、农民画、柳编等彰显中原特色的工艺美术品的出口贸易,扶持具有一定出口贸易规模和影响的文化企业申报国家和省级重点文化出口企业。鼓励具有中原文化元素的电影、动漫、游戏、电子出版物等新兴文化产品的出口。扶持重点文化企业海外发展,支持中原出版传媒集团的中原文化海外发展中心建设,鼓励有实力的文化企业在境外兴办实体和投资。积极发展对外文化中介机构,支持文化企业与国际知名中介机构或经纪人开展合作,进一步扩大对外文化贸易份额,提升中原文化的海外影响力。

(原载《河南文化发展报告(2016)》,社会科学文献出版社 2016 年 3 月)

推动河南文化产业大发展的思考与建议

2005年7月,中共河南省委、河南省人民政府出台《关于大力发展文化产业的意见》(豫发〔2005〕14号),提出"充分发挥我省文化资源优势,大力发展文化产业,实现从文化资源大省向文化产业大省、文化大省向文化强省的跨越";2005年9月,中共河南省委、河南省人民政府同意印发的《河南省建设文化强省规划纲要》,提出"把我省由文化资源大省建设成为文化产业大省,实现文化大省向文化强省的跨越"的战略目标。河南的文化产业经历了一个由理论到实践、由规划到实施、由局部试点到全面推进的历程。在六年多的文化强省建设实践中,河南省按照中央提出的深化文化体制改革、推动社会主义文化大发展大繁荣、建设社会主义文化强国的要求,大力发展文化产业,加快文化强省步伐,文化产业呈现出持续、健康、快速发展的势头,在"十一五"期间增加值保持年均18%以上的增长速度,对经济社会发展的支撑带动作用越来越突出,越来越明显。文化产业正在成为河南经济新的增长点、经济结构战略调整的重要支撑点和转变经济发展方式的重要着力点。

一、河南文化产业发展的主要特点

文化产业在西方又称"文化工业"(Culture Industry),是文化经济化和经济文化化时代的产物,也是现代服务业的重要表现形式。文化产业是一种低碳、低污染产业,属于公认的朝阳产业和绿色产业。它不仅担负着满足人民群众日益增长的精神文化需求的重任,而且在调整经济结构、转变经济增长方式和促进社会进步的历史进程中,具有非常重要的地位和作用。河南省重视发展文化产业,符合时代发展大趋势,与中央促进文化大发展大繁荣、建设文化强国的要求相一致,同时表现出鲜明的河南特色。

重大项目带动初见成效。河南省每年确定一批重点文化产业项目,以此为依托,融合资源、市场、资本、技术等要素,推动文化产业快速发展。比如,获得重点支持的大型实景演出项目《禅宗少林·音乐大典》、《大宋·东京梦华》、杂技情景剧《水秀》、郑州华强文化科技产业基地和国家动漫产业发展基地(河南基地)等一批重大文化产业项目,已经形成了一定的产业带动力和辐射力,成效初步显现。

实施集团化战略成效显著。河南省按照中央加快经营性文化单位转企改制的要求,积极实施集团化战略,把经营性文化单位转企改制和兼并重组结合起来,支持国有大型文化企业跨地区、跨行业、跨媒体经营,培育发展了一批实力雄厚、具有较强竞争力和影响力的文化企业集团,形成了河南日报报业集团、中原出版传媒集团、河南文化影视集团、河南影视制作集团、河南有线电视网络集团、河南歌舞演艺集团等六大文化企业集团。其中,河南日报报业集团在"十一五"期间经营收入比"十五"时期翻了一番多,综合经济效益在全国名列前茅,利润总额位居全国第五,总体经济规模位居第九。《大河报》进入世界日报发行百强,日发行量超过100万份。中原出版传媒集团旗下的刊物《销售与市场》在美国成功上市,销售收入突破1亿元,被称为"中国营销第一刊"。中原出版传媒集团所属的大地传媒成功借壳上市,实现了河南文化产业类公司在国内股市上市零的突破。河南文化影视集团、河南影视制作集团、河南有线电视网络集团获得长足发展,2010年总收入超过了20亿元。

文化产业集聚发展态势良好。2008年下半年,为应对世界经济危机,河南省委、省政府作出了设立文化改革发展试验区的决定,选取开封市、登封市、禹州市等10个文化特色优势明显、文化产业发展基础好的市县,建立文化改革发展试验区,以文化体制改革和文化产业发展为切入点,进行综合改革试验,以带动各项文化事业全面发展,推动文化产业集聚发展。目前已形成浚县石雕产业集聚区、禹州钧瓷产业园区、镇平国际玉城、淮阳伏羲文化旅游产业集聚区等一批以文化产业为主导产业的文化产业园区和集聚区。截至2011年,河南已建成1个国家级文化产业示范园区(开封宋都古城文化产业园区)、7个国家级文化产业示范基地。文化产业集聚发展态势良好。

特色文化产业发展势头正盛。河南是文化资源大省,文化资源厚重悠久,丰富多彩。河南注重发挥文化资源优势,着力发展特色文化产业,目前已经涌现出宝丰魔术、民权画虎、平乐牡丹画等一批文化强县、文化强村,形成了富有活力的特色文化产业集群。宝丰县拥有民间艺术表演团体1400多家,从业人员5万多人,被中宣部和文化部称为"宝丰文化现象";民权县王公庄"画虎村"远近闻名,销售额达到2500多万元,被誉为"中国画虎第一村";孟津县平乐村现有农民牡丹画家500多人、专业画家100多人,2010年创作销售牡丹画13万幅,实现经济收入1500多万元;禹州顺店大力促进刺绣产业发展,精心打造"中国民间文化艺术之乡",目前刺绣经营户已达3700多户,就业人员1.3万多人,是长江以北最大的刺绣生产基地;兰考县固阳镇民族乐器产业基地,拥有51家乐器生产企业,目前是全国最大的民族乐器生产基地之一。

提升产业发展层次效果明显。在做大做强传统文化产业的同时,河南大力发展新兴文化产业,提升文化产业发展层次,形成了国家动漫产业发展基地(河南基地)、郑州动漫产业基地、华强文化科技产业基地等动漫产业基地。2010年河南动画片产量达到13部,位居中部第一,在全国的位次由2009年的第13位跃居第8位;动漫产品畅销全国各地和20多个国家和地区,动漫衍生品突破2000个品种。2011年,河南动漫产业发展势头良好,动漫企业数量突破100家,动画片产量首次突破1万分钟大关,动漫精品不断涌现。《独脚乐园》《小樱桃》等一批动漫原创作品在中央电视台播放,被评为"优秀国产动画片","天乐"荣膺中国动漫产业十大标志性品牌。手机报、移动电视、手机广播电视等新媒体发展迅速,市场份额快速扩张。河南手机报用户超过150万,位居全国省级手机报前列。

二、河南文化产业存在的突出问题

2005年以来,在各级党委、政府的正确领导和相关部门的积极努力下,河南的文化产业取得了长足的发展,市场主体逐步壮大,产业体系初步形成,特色产品不断涌现,品牌影响正在增强,形成了一些值得推广的成功经验。但同时也应该看到,河南的文化产业也存在着一些突出问题,概括表现为"八多八少"。

一是文化资源数量多开发少。河南是文化资源大省,可资利用且有重大影响的文化资源很多,但是进行深度开发利用的却比较少,开发之后经济效益比较好的就更少。比较有影响力的,如开封宋都文化、登封《禅宗少林·音乐大典》等,都是结合河南的特色文化资源进行开发的。遗憾的是,像这样的成功例子还比较少。特色文化资源的开发利用,至今没有找到科学的路径。

二是文化产业企业多品牌少。据统计,2010年,河南文化产业法人单位17196个,比2008年增加951家。与如此之多的文化企业相比,河南的文化品牌有较大影响且能够产生重大经济社会效益的有多少,恐怕就很难说清楚了。《大河报》与《销售与市场》是知名品牌,《禅宗少林·音乐大典》和《大宋·东京梦华》也可以说是品牌。《梨园春》和《武林风》是知名品牌,但它们不属于文化产业类。除此之外,能够称得上知名文化品牌的还有多少?一个企业或一个产业的发展壮大,除了依靠企业经营理念和法人治理结构,最主要的就是依靠质量过硬的产品获得高份额市场占有率,而市场占有率则取决于消费者对产品的信任度,消费者的信任度则来自品牌影响力和市场声誉。在这个产销链条上,品牌是关键环节之一。反观河南的文化品牌,目前在国内外有影响力、知名度和美誉度的实在是少之又少,这已经成为河南发展文化产业的最大问题之所在。

三是文化产品复制多创新少。文化产业是创意产业,通过创意赋予文化产品灵魂和生命。这就要求文化生产要有创新意识,要借助文化创意不断推出新产品。但是,一些文化企业满足于对某些文化产品的复制,缺少创新意识,推出的产品停留在对既有产品形制和工艺的复制上。青铜器的复制就很典型。作者到洛阳看过一个仿制青铜器的乡镇,有很多都是民间作坊,产品全是历代各种青铜器的仿制品,形制无变化,工艺无创新,而且尚未形成规模效应。这种满足于对传统有影响的东西进行复制而不思创新的现象,在一些地方还比较普遍。

四是节庆会展花钱多收益少。会展经济作为一种新兴经济形态,在我国的经济发展中曾经发挥并将继续发挥其重要作用。河南各地市都看中了会展经济这个大蛋糕,都在做节庆会展,有的是一年一届,有的是两年一届,有的地市推出若干个节庆会展。实际效果怎样?一些节庆会展专题调研得出的结论,就是节庆会展在宣传当地社会经济成就和凝聚人气方面发挥了重要作用,但是会展的投入与产出不成正比。

五是工艺美术作坊多集约少。工艺美术是河南文化的亮点,其中以汝瓷、钧瓷和北宋官窑为代表的瓷器工艺最有特色,在中国的瓷器工艺中占有重要地位。另外,洛阳唐三彩也是中国工艺名品。河南现在有许多作坊在从事瓷器和唐三彩的烧制,不少企业对未来发展的信心很足。但是从实际效果来看,目前他们选择的发展道路恐怕有一些问题。工艺美术制作技艺大多是私相授受,秘不外传,现在很多工艺美术也是这样,整个工艺制作传播有严格限制,所以就造成了目前这种作坊式、个体经营式的行业发展现状,集约经营的很少。这就很难把产品优势转化为竞争优势。

六是武术杂技分散多整合少。这也是限于行业特点,因为武术杂技都属于特殊行业。武术分门派,门派与门派之间界限分明,戒律森严。杂技也是这样。这就造成了分散多整合少的现象。但有些是可以进行整合的,如濮阳杂技和周口杂技,这两个地方杂技团很多,杂技市场发展很快,如果能够进行有效整合的话,将来会发展得更快,规模效应会更明显。

七是文化发展说得多投入少。自2005年河南省出台《关于大力发展文化产业的意见》以来,发展文化产业被提上了重要的议事日程。但是,发展文化产业不仅需要政策支持,更需要资金支持。这些年,河南文化发展资金增长与财政收入增长不成比例,就拿文化产业发展专项资金来说,河南2006年开始设立的时候是2000万元,到2008年增加到3000万元,之后一直都是3000万元。当时,有的省份还没有设立这个专项资金,有的省份甚至没有提"文化强省"这个口号,但是,他们非常重视对文化事业的资金支持,设立的文化发展专项资金,数目远比河南多得多。比如河北,2010年财政收入2400亿元,仅文化发展专项资金一项就高达2亿元。江苏、山东等省份的文化产业发展专项资金也远远超出河南(详见下表)。

2010年河南省与其他省份文化产业发展专项资金比较

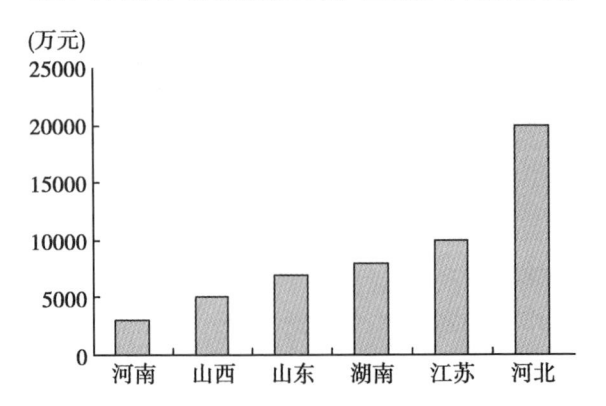

省份	专项资金(万元)
河南	3000
山西	5000
山东	7000
湖南	8000
江苏	10000
河北	20000

八是文化强省开花多结果少。从2005年实施文化强省战略以来,河南的文化强省建设确实取得了很大成绩,河南艺术中心、中原福塔、安阳文字博物馆以及文化惠民工程等,都是可见的实际成效。但是,文化产业的发展却不尽如人意。从河南省统计局每年公布的文化产业统计数据不难看出,这些年河南的文化产业增加值每年都在增长,增速要高出GDP的增速,但文化产业增加值占GDP的比重却始终在3.1%至3.3%之间徘徊。这还不算2010年文化产业统计口径的变化因素。如果按2010年的统计数据,河南文化产业增加值占GDP的比重仅是1.9%,距成为国民经济支柱性产业还有很远很远的距离。

三、河南发展文化产业亟待突破的六大瓶颈

河南文化产业之所以存在"八多八少"的现象,在于存在着诸多制约文化产业发展的因素,存在着一些亟待突破的发展瓶颈。概括起来,主要表现在以下六个方面。

一是文化自觉和文化自信高度不够。片面政绩观引起的对GDP的高度热衷和关注,使得部分领导干部对党的十七大提出的中国特色社会主义"五大建设"认识不足,对文化建设在中国特色社会主义建设中的重要地位和作用认识不到位,缺少必要的文化自觉和文化自信,因此,部分领导干部在推动文化产业发展上表现出等、靠、要等消极态度,缺少推动文化产业大发展的主动性和积极性,存在着推一推动一动,甚至是推而不动的现象。这是制约我省文化产业大发展的思想认识瓶颈。

二是文化资源产业化程度不高。河南是文化资源大省,可资开发利用的有重大影响的特色文化资源很多,但从总体上看,对文化资源挖掘深度不够,开发水平不高,利用效果不明显,文化资源优势还没有充分转化为产品优势、产业优势和发展优势。如何通过文化创意实现文化与科技的融合,提升产业层级,实现优势资源的产业化,是一个亟须解决的重要问题。

三是文化产业自主创新能力不足。文化产业自主创新能力不足,文化企业和文化产品科技含量偏低、附加值偏低、市场竞争能力不强,是制约河南文化产业发展的瓶颈之一。在文化体制上,尚未按照市场经济的要求,形成市场有效

配置资源的管理体制;在运行机制上,尚未形成适应社会主义市场经济的文化运行机制,市场化水平低,文化消费难以启动,多元化投资渠道还不十分畅通;在文化业态上,文化创意、数字出版、移动多媒体、动漫游戏、网上书店等新兴文化业态的培育和发展还比较缓慢,远远不能适应文化产业发展的新要求;在文化产品上,富有创意的原创作品和知名文化品牌都太少。

四是高层次文化人才比较紧缺。文化产业是内容产业,也是创意产业。不论内容还是创意,都需要专门的文化人才,尤其是高层次文化人才。现实情况是,许多文化企业都缺乏既懂经营又擅长创意的高层次文化人才,一是缺少在全国有重要影响的文化名家、大家和文化领军人物,二是缺少一流的文化创意人才和复合型人才,三是缺少高层次的产业经营管理人才和策划人才。目前河南文化产业迅速发展的形势与相关人才总量不足和结构失衡的矛盾比较突出,文化经营管理人才、技术开发人才、市场营销人才,尤其是既懂文化又懂经营的复合型高级人才缺口很大。这已经成为制约河南文化产业发展的主要瓶颈之一。

五是文化产品核心竞争力不强。自主创新能力不足,文化创意人才缺乏,必然导致文化产品缺少核心竞争力。河南的一些文化企业体量大而效益不高,与产品缺少竞争力有很大关系。自2008年光明日报社和经济日报社联合推出"全国文化企业30强"评选活动以来,该项评选活动已经进行了三届,一些边远省市都有企业上榜,而河南省只有一届一家榜上有名(中原出版传媒集团入选2010年第二届"全国文化企业30强")。这种情况从一个侧面反映出河南省文化企业及其文化产品的核心竞争力,还存在着很大的提升空间。

六是政府对文化产业的投入不足。文化产业,尤其是动漫、网游、数字化出版等新兴文化业态,大多属于高投入高产出的产业。没有相应的投入,就不可能有相应的产出。河南经济总量虽然多年稳居全国第五位,但财政收入并不高,可用于文化的投入也比较有限,用于新兴文化业态发展和文化产业研发的投入更加有限。文化产业投融资平台的缺位,也在一定程度上突出了政府对文化产业投入不足的问题。这在很大程度上制约了文化产业的发展。

四、推动河南文化产业大发展的政策建议

推动河南文化产业大发展,要按照项目带动、品牌带动、重点突破、集聚发展的基本思路,继续实施重大项目带动战略,培育骨干文化企业,培育知名文化品牌,加快广播影视、演艺娱乐、动漫游戏、文化创意等重点文化产业发展,推动文化发展方式转变,不断增强文化产业的整体实力和竞争力,推动文化产业成为国民经济支柱性产业,努力把河南打造成为全国重要的文化产业基地。

一是树立高度的文化自觉和文化自信。各级领导干部应认真学习、深刻领会中共十七届六中全会决定和中共河南省九次党代会报告精神,充分认识社会主义市场经济条件下发展文化产业的重要性,以高度的文化自觉和文化自信推进文化体制改革,创新文化发展理念,推动文化产业健康快速发展,以满足人民群众日益增长的多样化精神文化需求。

二是实施一批重大文化产业项目。按照构建华夏历史文明传承创新区的总体要求和文化强省建设的总目标,规划和实施一批具有带动力和影响力的重大文化产业项目,推出和扶持一批具有中原风貌、中国特色、国家水准和示范作用的重大文化项目,以重大项目为载体,积极开展招商引资活动,引进战略投资者,积极稳妥地推进重大文化产业项目建设。同时,要建立和完善重大文化产业项目推进机制,确保重点项目顺利实施,早见成效。

三是培育一批骨干龙头文化企业。加大对已经实行转企改制的河南日报报业集团、中原出版传媒集团、河南影视制作集团、河南有线电视网络集团、河南文化影视集团、河南歌舞演艺集团等骨干龙头文化企业的支持力度,从政策、资金、技术、人才等方面给予全方位支持,使之进一步做大做强,力争在最近两三年内有二至三家跨入全国文化企业30强行列。支持郑州天人文化旅游有限公司、开封清明上河园有限公司等民营文化企业进一步发展壮大。整合现有文化资源,鼓励有条件的文化企业进行跨地区、跨行业兼并重组,组建新的文化企业集团,强化文化企业的市场竞争力。

四是打造一批有竞争力的文化品牌。产品和产业的竞争,说到底是品牌的竞争。河南发展文化产业,应凸显中原文化特色,着力发展具有地方特色、民族

特色和艺术特色的文化产业,走特色文化产业发展之路。要在对特色文化产业进行深入研究的基础上,凝练一批具有中原文化特色的文化符号,打造一批有较强竞争力和广泛影响力的文化品牌,努力提高中原文化品牌的市场占有率,提升其竞争力和影响力。

五是建设一批有带动力的产业集聚区。集聚发展是现代产业发展的一条成功之路。要借鉴其他产业集聚发展的成功经验,依托河南省现有文化改革发展试验区和各级各类文化产业园区、文化产业示范区和文化产业基地,通过要素流动和产业集聚,推动文化产业集聚发展,打造一批有带动力和影响力的文化产业集聚区。要认真总结已经推出的10个文化改革发展试验区建设的经验和不足,加强对各级各类文化产业园区、文化产业示范区和文化产业基地的统筹规划,积极推进数字出版基地、动漫基地等重要文化产业基地建设。

六是推动文化企业与科技融合发展。文化与科技的融合发展,是实现文化产业化和产业文化化的重要途径。支持文化企业与高等院校和科研院所联姻,实行产学研携手联合,推动文化产业与科技融合发展;支持文化企业吸引文化科技人才,通过文化科技人才促进文化与科技的融合发展;要建立必要的政策激励机制,对文化企业建设科技研发平台给予政策和资金支持,对文化与科技融合的优秀产品进行奖励,对运用高新技术的文化企业实行税收优惠政策,支持文化产业领域先进技术的推广应用。

七是建立支持文化产业发展的投融资平台。发挥财政资金的引导作用,设立文化产业发展基金、文化产业投资基金和风险投资基金,鼓励引导金融机构和社会资金深度介入文化产业;组建文化投资公司,对有产业基础和市场发展前景的文化企业给予资金支持,通过控股、分红等形式壮大文化投资公司实力;支持符合条件的文化企业上市融资和通过债券市场融资。组建中原文化产权交易所,打造文化产权专业化市场平台。广泛吸纳社会资本,加快形成多元投入机制,为各类文化企业健康发展提供财政和资金支持。

八是建立支持文化产业发展的人才保障机制。人才是推动文化产业大发展的根本保障。要建立有效的文化人才培养、选拔、使用和引进机制,妥善处理用人与育人、引才与引智、激励与自励的关系,通过必要的政策机制,保障大力发展文化产业所急需的各级各类人才,为文化产业大发展提供人才支撑。

推动文化产业大发展,努力使文化产业成为国民经济支柱性产业,是十七届六中全会对文化产业提出的新要求。推动河南文化产业大发展,必须以邓小平理论和"三个代表"重要思想为指导,深入贯彻落实科学发展观和十七届六中全会精神,坚持重在持续、重在提升、重在统筹、重在为民的实践要领,坚持社会效益与经济效益相统一,充分发挥中原文化"深、厚、重、实"的优势,以打造华夏历史文明传承创新区为契机,以实现文化强省为目标,整合文化资源与要素市场,构建现代文化产业体系,培育一批核心竞争力较强的国有或国有控股大型文化企业集团,大力发展民营文化企业,健全现代文化市场体系,培育一批具有中原风貌、中国特色、时代特征和国际影响力的文化品牌,为推进中原经济区建设提供强大动力和文化支撑,为推动文化大发展大繁荣作出应有贡献。

(原刊于《河南教育学院学报》2012年第3期)

推动河南文化产业集聚发展研究

党的十八届三中全会通过的《中共中央关于全面深化改革若干重大问题的决定》明确指出,要"提高文化产业规模化、集约化、专业化水平",为文化产业集聚发展指明了方向。近年来,河南省依托丰富的文化资源优势,加大文化资源的现代转化,以强有力的政策引导,积极推动文化产业集聚发展,取得了显著成就。但由于河南文化产业集聚发展尚处于起步阶段,发展中仍然面临不少问题。这就需要结合河南省文化产业发展实际,总结已有成功经验,发现存在的普遍性问题,推动文化产业朝着规模化、集约化、专业化方向发展,进一步提升河南省文化产业的创新力、驱动力与竞争力,助力"文明河南"建设。

一、河南文化产业集聚发展现状分析

党的十七大以来,河南省委、省政府积极推进文化强省建设,通过深化文化体制改革,大力发展文化产业,着力培育文化市场主体,加强文化产业园区(基地)建设,推动文化产业集聚发展,文化产业创新力、驱动力和竞争力显著提升。文化产业总体规模持续扩大,文化市场主体不断发展,优势行业初步显现,文化产业园区提档升级。宋都古城国家级文化产业示范园区和许昌钧瓷文化创意产业园、镇平县玉文化产业园等省级重点文化产业示范园区发展势头强劲,文化产业园区的示范效应、带动效应开始显现,中原文化影响力持续扩大。河南省文化产业发展速度快、态势好,文化竞争力持续提升。但就现有文化产业园区来看,发展水平参差不齐,一些园区问题比较突出。河南省文化产业园区发展态势,表现出以下几个方面的特征。

(一)文化产业增速较快,但增加值占比偏小

文化产业园区在河南文化产业发展中占有举足轻重的地位,文化产业增加值的贡献度逐年提高。2010年,全省文化产业法人单位实现增加值367.13亿元,高于同期GDP增速3.7%,高出第三产业增速5.4%,占河南省GDP的1.6%;2011年,全省文化产业法人单位实现增加值454.37亿元,高于GDP增速7.2%,高于第三产业增速2.9%,文化产业占GDP的比重为1.69%;2012年,全省文化产业法人单位实现增加值670.00亿元,高于GDP增速7.4%,高于全国文化产业法人单位增加值增速1%,全省文化产业法人单位增加值占GDP的比重为2.26%,比上年提高0.14个百分点。从上述统计数据可以看出,2010年以来,河南省文化产业增加值的增速都高于GDP的增速。但是值得注意的是,文化产业虽然增速较快,但文化产业增加值占GDP的比重却不及3%,距成为国民经济支柱性产业还有较大距离。2012年全省文化产业法人单位实现增加值占全省GDP的2.26%,比全国水平(3.48%)低1.22个百分点,对全省当年经济总量增长的贡献率为3.7%,比全国水平(5.5%)低1.8个百分点。全省文化产业法人单位增加值占GDP的比重在中部六省之中排在倒数第二,仅高于山西,远低于广东、北京、上海等文化产业发展先进地区。

(二)文化企业总量不少,但规模以上企业偏少

截至2012年年底,全省文化产业法人单位2.45万家,但规模以上企业偏少,部分行业如文化艺术服务、专业化设计、软件开发、会展服务、动漫等行业,单位少、总量小。课题组在地市调研时发现,许多地市文化企业数量不少,但大多是家庭作坊式的,不论从从业人数、资产规模,还是从营业收入、税后利润等指标来看,真正上规模、上档次的文化企业很少。规模以上文化企业大多集中在郑汴洛等中心城市。从全国看,河南省文化产业法人单位数位居第10位,从绝对数量看,河南与中部省份湖南相差不远,但从骨干企业数量看,湖南有1636家,河南只有1265家,差距较大。河南骨干企业占比为5.1%,湖南为11.4%,比湖南低了6.3个百分点。从省内分布看,部分市文化产业法人单位数量较少。①

---

① 骨干企业,是指从业人数在50人及以上或营业收入在500万元及以上的服务业企业、主营业务收入在2000万元及以上的工业企业、主营业务收入在2000万元及以上的批发企业或主营业务收入在500万元及以上的零售企业。

2012年,全省规模以上文化制造业企业708家,占全部文化法人单位数的比重仅为2.9%。骨干企业数量少、规模以上企业比重偏低,表明河南省文化产业集聚发展能力较弱。

（三）中心城市发展较快,但其他地区发展缓慢

根据河南省社会科学院发布的《河南省区域文化竞争力分析评价报告》分析评价的结果,河南省文化产业竞争力排名前六的地市依次为郑州、开封、许昌、焦作、南阳和新乡。文化竞争力综合排名前六的地市依次为郑州、洛阳、许昌、开封、焦作和新乡。（见表1）

表1 2012年河南省区域文化产业得分排名表

排名	城市	得分（分）
1	郑州	34.03
2	开封	26.70
3	许昌	25.63
4	焦作	22.11
5	南阳	22.05
6	新乡	22.01
7	信阳	21.61
8	洛阳	20.88
9	濮阳	20.69
10	安阳	19.65
11	平顶山	19.27
12	鹤壁	19.14
13	周口	18.83
14	驻马店	18.79
15	商丘	18.46
16	漯河	18.42
17	三门峡	18.39
18	济源	17.83

从上表可以看出,河南省各地市文化产业发展水平强弱不均。以文化产业增加值而论,2012年,文化产业法人单位增加值最高的是郑州,为173亿元,占郑州市当年GDP的比重为3.12%。文化产业增加值占GDP比重最高的是开封市,达到5.49%。其次是许昌市,文化产业增加值占GDP的比重达到4.22%。其他地市多在1%~2%之间。鹤壁市最低,文化产业增加值仅有3亿多元,占鹤壁市当年GDP的比重仅为0.66%,几乎可以忽略不计。从排名位次来看,排名第一的郑州市得分为34.03分,排名最后的济源市仅有17.83分,仅是郑州市得分的二分之一多一点。这表明各地市文化产业发展水平差距很大。

(四)文化产业势头强劲,但科技创新能力较弱

随着文化强省战略目标的推进和华夏历史文明传承创新建设被提上议事日程,各地市不断优化文化产业结构,积极推动文化产业集聚发展,文化产业整体实力和竞争力明显提升,文化产业已经成为一些地市经济发展的新亮点、经济结构调整的重要着力点和提供就业机会的重要行业,但是一个非常突出的问题是,文化企业科技创新能力还比较弱。按照《2010年全国31个省市区文化产业综合竞争力排名》结果,文化产业发展中居核心地位的主因子"市场需求及创新",河南省在全国的排名仅位居第20位。这表明,河南省文化产业在"市场需求及创新"等方面存在着非常明显的短板。从河南省文化产业发展实际来看,这些短板已经成为制约河南省文化产业发展的关键因素。以文化制造业为例,企业创新能力较弱。从企业研究与试验发展(简称R&D)活动情况来看,2012年全省规模以上文化制造业企业R&D经费支出占其同期主营业务收入的0.47%,低于全省规模以上工业企业0.50%的平均水平;全省规模以上文化制造业企业每万名从业人员中参与研发活动的人员为215人,少于全省规模以上工业企业241人的平均水平;全省规模以上文化制造业企业开展研发活动项目158项,其中与国内高校和独立研究机构合作项目18项,产学研合作项目占11.4%,低于全省规模以上工业企业16.0%的水平。(见表2)全省文化制造业企业研发经费投入不足,研发人力投入偏弱,产学研合作程度较低,研发成果占比较小,已经成为制约河南省文化产业发展的重要因素。

表 2　规模以上企业 R&D 活动情况

	规模以上文化制造业企业	规模以上工业企业
R&D 经费支出占主营业务收入比例	0.47%	0.50%
每万名从业人员中的研发人员数	215	241
产学研合作项目占比	11.4%	16.0%

二、河南文化产业集聚发展态势分析

近年来,河南省高度重视文化产业园区和基地建设,在文化产业集聚发展方面进行了有益探索,集聚发展呈现出良好势头,表现出以下几个显著特点。

(一)文化产业集聚发展已经形成趋势

截至 2014 年,河南已拥有开封宋都古城 1 家国家级文化产业示范园区,拥有郑州市天人文化旅游有限责任公司、郑州中远演艺娱乐有限公司、开封清明上河园股份有限公司、镇平石佛寺珠宝玉雕有限公司、项城市汝阳刘笔业有限公司、禹州市神垕镇孔家钧窑有限公司、河南安绣文化产业有限公司等 9 家国家级文化产业示范基地,以及一批省级文化产业示范园区和示范基地。这些文化产业园区(基地)涵盖了文化创意、艺术设计、影视制作、实景演出、文化旅游、工艺品生产与销售等领域,总体发展势头良好。此外,国家动漫产业发展基地(河南基地)和郑州动漫产业基地,已经成为中部省份动漫制作重镇,目前已经入驻的动漫企业超过 80 家,占郑州市动漫企业总数 90%以上,集聚效应开始显现;开封形成了以《大宋·东京梦华》《千回大宋》《银基 O 秀》为代表的大型文艺演出秀,在省内外产生了巨大影响;许昌已经形成钧瓷产业、生态文化产业、发制品产业和传媒创意四大文化产业集群,钧瓷产业蓬勃发展,2013 年年底,禹州钧瓷生产 220 万件(套),产值达 13.6 亿元,实现利税 2 亿元。

(二)文化产业"双十工程"取得实效

河南省政府 2013 年批转的《河南省文化产业"双十工程"实施方案》,决定从全省选择 10 个重点文化产业园区和 10 个重点文化企业,予以重点培育和扶持,以期形成主导产业突出、产业链条健全、服务设施完善、经济效益明显的重点文化产业园区和文化企业。在各地、各有关部门申报、实地考察、专家评审的基础上,省政府授予开封宋都古城文化产业园、许昌钧瓷文化创意产业园、镇平县玉文化产业园区为"河南省重点文化产业园区"称号,授予中原出版传媒投资控股集团有限公司、河南日报报业集团有限公司、河南有线电视网络集团有限公司、河南文化影视集团有限公司等10家企业成为"河南省重点文化企业"称号。这些重点文化产业园区和重点文化企业,是河南省文化产业发展的排头兵和领军企业,在文化产业集聚发展方面都可圈可点,代表了河南省文化产业集聚发展的成就和方向。

(三)文化产业集聚发展观念有待加强

河南省各类文化产业园区(基地)已有几十家,但产业集聚效应比较好的却不是很多,第一次省级重点文化产业园区评选仅评选出3家,已经很能说明问题。究其原因,主要是一些地方领导对设立文化产业园区的重要意义认识不到位,对文化产业集聚发展的规律认识不到位,对如何推动文化产业园区实现集聚发展缺少清晰的思路。文化产业集聚发展,重要的是产业要素集聚、产业形态集聚和服务平台集聚,而不是简单的"拢摊",不是一股脑儿把所有的文化企业聚合在一起,任其自由发展。政府应在尊重市场机制的基础上,为文化产业特别是主导文化产业的发展提供政策支持和方向引导,把符合园区发展要求和符合产业发展方向的产业要素、文化业态、市场主体集聚起来,形成上下游产业联动的发展模式,实现文化产业规模化、集约化、专业化发展,最大限度地提高集聚效益。以产业园的方式推动文化产业的集群化发展,一定要树立正确的观念,走出那种以为文化产业集聚发展就是建园区、盖高楼的认识误区。

(四)文化产业集聚发展效应还不明显

河南现有的国家级和省级文化产业示范园区(基地),有一些比较注重生产要素的集聚和产业形态集聚,依托园区的人才、资本和技术优势,使园区成为文化企业孵化地和文化创意孵化器,培育了新兴文化业态,催生了新型文化产品,锻造出知名文化品牌,扩大了河南文化产业园区的影响,在国内享有较高的知名度。但也有一些文化产业园区(基地)仅仅是完成了形式上的空间集聚,除办公楼和一些厂房外,偌大一个园区空落落的,见不到几家企业,更不要说实现人才、资本和技术等生产要素和文化业态的集聚了。个别文化园区(基地)打的是文化牌,却是进行地产或商业开发,园区的地圈起来了,楼盖起来了,商家招来了,但以文化产业为主或与文化产业相关的企业却不多,没有形成文化产业要素集聚、业态集聚、产品集聚、服务集聚,没有发挥文化产业园区(基地)的文化企业孵化地和文化创意孵化器的作用,文化产业集聚发展的效应不够明显。

三、河南文化产业集聚发展问题分析

党的十六大以来,随着文化的两种属性逐渐明确,文化事业与文化产业成为中国特色社会主义文化建设的两大组成部分。这一变化为文化产业带来了前所未有的发展机遇。河南省的文化产业就是在这种背景下发展起来的。经过近些年的发展,河南省文化产业取得了长足进步,但文化企业小、弱、散和文化竞争力不强、影响力不大的现象并没有根本改观。其原因主要表现为以下几个方面。

(一)发展文化产业自觉性不够

党的十七届六中全会决定提出了推动文化产业成为"国民经济支柱性产业"的要求,党的十八大提出要扎实推进社会主义文化强国建设。河南省委、省政府乘中原经济区建设之势,大力推动华夏历史文明传承创新区建设和"文明河南"建设,先后出台了一些促进文化产业健康发展的指导性文件。但是,也有部分地市、部分领导和文化主管部门,对发展文化产业的重要性缺乏必要的认识,缺少发展文化产业的自觉性、紧迫感和责任感,不同程度地存在着重经济发展轻文化产业的倾向。有些地方领导对文化的认识仍然停留在计划经济时代,缺少市场经济概念,对文化的两种业态、两种属性、两个效益缺少基本的了解,片面地认为文化是公益事业、是花钱的事,对文化产业发展少重视、少关心、少支持;一些领导干部虽然认识到发展文化产业的重要性,但在推动文化产业发展上不够积极,缺少主动性,存在着依赖思想,表现出等、靠、要等消极态度;有些文化主管部门对于文化产业是说起来重要,做起来不重要,存在着推一推动一动,甚至是推而不动的现象。

(二)文化资源产业化程度不高

中原是中华文明的摇篮,中华民族的发祥地。得天独厚的历史文化条件和地理优势,使河南具有非常深厚的文化底蕴,拥有非常丰富的文化资源。但由于缺乏科学规划与系统整合,缺少具有时代感和创新性的文化创意,加之文化与科技融合发展不足,所以从总体上看,文化资源挖掘深度不够,文化创意水平不高,现代转化率不够,开发利用效果不明显,文化资源优势仍然仅仅停留在书面上或口头上,没有真正转化为文化产品优势和产业优势,因而难以形成规模效益。有的虽然进行了开发利用,但也是只有产品而不成产业,无法把资源优势转化为市场优势,特别是一些国家级和省级非物质文化遗产,生存和保护现状堪忧,更不用说从资源优势转化为产业优势了。优势文化资源如何开发利用,如何进行产业化,需要深入研究,认真解决。

(三)文化企业核心竞争力不强

河南省文化产业门类比较齐全,新兴文化业态发展也比较迅速,文化产品比较丰富,一些文化企业体量也比较大,但文化企业核心竞争力不强,也是不争的事实。光明日报社和经济日报社联合推出的"全国文化企业30强"评选活动,迄今已经进行了六届。非常遗憾的是,在这六届评选中,河南省只有中原出版传媒集团入选第二届"全国文化企业30强",其他各届评选,河南省皆是名落孙山。而一些经济总量远不及河南的省份,甚至一些边远省份都有文化企业上榜。如第六届"全国文化企业30强"中,与河南毗邻的安徽省就有2家企业上榜。文化企业缺少核心竞争力已经成为制约河南文化产业发展的重要瓶颈之一。

(四)文化产业自主创新力不足

文化产业是内容产业,也是创意产业。所以,创新对文化产业发展至关重要,从河南省文化产业发展现状来看,创新能力不足是一个普遍现象。首先是市场主体创新能力不足。不少文化企业都属于传统产业和特色产业,固守本业、安于现状成为较为普遍的现象。其次是文化产品缺少创意,原创作品和知名文化品牌比较少,难以形成市场竞争优势。再次是一些文化业态科技创新能力不足,对最新科技成果的运用缺少主动性,导致整个业态科技含量偏低,难以形成市场竞争优势;体制机制创新能力不足,市场主体难以适应瞬息万变的市场变化,时常有捉襟见肘之感。最后是创新力度不够,综合创新能力较弱。如河南动漫产业,依托国家动漫产业基地(郑州)和郑州市动漫产业基地优势,近些年发展较快,但是真正有影响、有竞争力的动漫产品和品牌却不多。造成这种现象的原因很多,但最主要的是创新力不足,从创意到剧本到制作,再到市场推介,创新能力不足已经成为最大的制约因素。

(五)高层次文化人才相对紧缺

文化产业,创意为王。创意对于文化产业来说,是灵魂,也是根本,而文化创意需要既熟悉文艺创作,又了解文化市场行情,了解大众的文化心理与文化需求的高层次人才。有人说文化产业是文化名人产业和文化艺术大师产业。此话虽然有些偏颇,但的确说明了高层次文化人才对文化产业的重要性。名人和大师就是旗帜,能够带动一种产品或一个行业的发展。同时,文化产业与其他产业相比有其自身的特殊性,需要既懂经营管理,又熟悉和把握文化产品生产规律的复合型人才。对于具体文化产品的生产创作而言,行家里手和高技术人才则是不可或缺。而现实情况是,文化产业一般性人才并不缺乏,甚至还有些过剩,真正缺乏的是高层次文化人才、复合型人才和文化名人与艺术大师。文化产业高层次人才总量不足和人才结构性失衡的矛盾比较突出,这对河南省文化产业的发展形成很大制约。

四、推动河南文化产业集聚发展的对策建议

深入贯彻落实党的十八大和十八届三中全会精神,以现有国家级和省级文化产业园区(基地)为依托,结合河南文化产业发展实际,积极推动文化产业集聚发展。以促进生产要素集聚为基础,以促进形成产业链条为重点,以促进项目集聚为关键,以提升政府部门服务集聚为保障,不断提高河南文化产业集聚发展水平,进一步提升河南省文化产业的竞争力和影响力。

(一)提高文化产业集聚发展的认识水平

要进一步提高文化产业集聚发展水平,就必须进一步提高政府和文化产业主管部门的思想认识水平,转变发展观念,确立发展文化产业是硬道理、硬功夫,也是硬任务、硬指标的思想观念,真正把文化产业发展作为科学发展的着力点、未来发展的制高点、服务民生的新亮点、提高软实力的切入点,作为推动河南文化产业集聚发展、转变经济增长方式的重要途径,作为拉动河南经济发展的绿色引擎,强力推进加快发展。应充分认识文化产业集聚发展的重要意义,

发挥文化产业园区的集聚功能,注重发掘当地文化资源内涵,突出特色文化优势,充分利用已有文化产业园区(基地),做好文化产业园区的"硬功",编好文化产业园区的"软件",真正从思想上认识上解决推动文化产业聚集发展的问题,从行动上支持文化产业集聚发展。

(二)提升文化产业生产要素集聚能力

深入贯彻党的十八届三中全会《中共中央关于全面深化改革若干重大问题的决定》精神,充分发挥市场配置资源的决定性作用,提升文化产业园区(基地)集聚文化市场要素的能力。进一步深化文化体制改革,加快土地、资本、人才、技术、知识产权等文化产业生产要素市场建设,促进文化市场要素向文化产业园区(基地)集聚;按照建立现代文化市场体系的要求,培育和建立文化产业生产要素市场,构建文化生产要素流通体系,引导文化生产要素科学有序高效集聚;通过有偿使用、土地流转、占补平衡等方式,积极化解文化产业园区的用地瓶颈;通过培育文化生产所需的资本市场,引导资本向最有效率、最有竞争力的文化企业流动,解决文化企业融资难、重组难、扩张难等问题;通过培育人才资源市场,实现文化生产所需要专门人才和通用人才跨地区、跨部门、跨行业有效配置,充分发挥人才是第一生产力的竞争优势;要完善现代流通体制,构建文化产品流通网络,加快文化产业物流基地建设,为文化产业生产要素的集聚与流通建立快速通道。

(三)聚合上下游企业形成完整生产链条

一个发展良好的产业集群必然有着相对明确的结构划分,它应该是同一行业内部不同子行业及各关联行业的综合与联合,最终形成一个完整的从设计、生产、销售、物流等环节结合在一起的产业航母。文化产业园区就应该是这样的产业航母。文化产业园区不能是"大杂烩",不能"挖到篮里都是菜"。对于进入园区的企业或产业,应该有所选择,要有所为有所不为。应着眼于产业链条的内部构成,注重上下游企业的衔接与合作,以产业集聚的形式降低生产成本,提高生产效率,扩大生产规模,获取最大利润。聚合上下游企业,形成较为完整的产业链条,是文化产业园区集聚发展的重要一环。只有文化产业园区(基地)内的各个企业彼此之间形成上下游的链条关系,形成相互依存、相互补充、相互借鉴、共同发展的共生共荣关系,才能促成产业集聚与业态集聚,才能实现文化产业集聚发展的目的。所以要积极推动文化产业园区产业链上游项目向下游延伸,下游项目向上游拓展,促进上下游产业有机结合、共同发展,从而实现园区内关联产业的良性互动。

(四)以龙头文化企业带动集聚发展

充分发挥龙头文化企业的作用,以龙头文化企业带动相关产业发展,带动相关小微文化企业发展,通过龙头文化企业的带动示范和引领作用,实现文化产业集聚发展。鉴于河南省目前有带动力、影响力的龙头文化企业还比较少的现实,首先应发挥市场的作用,通过重组并购等形式,着力培育一批有竞争力和影响力的龙头文化企业。其次,要引入竞争机制,通过政策引导和扶持,吸引龙头文化企业入驻文化产业园区,利用文化产业园区集聚市场要素、重大项目、重点产品等优势,通过龙头文化企业孵化和带动一批小微文化企业发展。再次,对于那些产业基础好、人才储备丰、产品有市场的中小文化企业,应给予更多的关注,进行重点扶持和培育,使之尽快成长壮大,成为新的龙头文化企业。最后,龙头文化企业之间应摒弃门户之见,消除行业壁垒,注重优势互补、资源共享,携手推进文化产业集聚发展。

(五)以富有影响力的品牌促进集聚发展

文化品牌是文化发展繁荣的重要标志,是地区文化软实力、竞争力的具体体现,具有极大的辐射力、吸引力和提升力,对文化产业集聚发挥着至关重要的作用。要认真研究文化消费市场特点,把握消费心理,突出产品特色,策划和开发适合文化消费市场的文化产品和服务,通过挖掘文化内涵、凝练文化符号、推介产品 logo 等形式,努力打造有影响力和竞争力的文化品牌,产生"驱动效应",实现辐射效应,推动文化产业集聚发展;要从战略高度重视文化企业品牌建设,克服急功近利心理,消除短视行为,从企业文化、经营理念、管理模式、人才队伍、产品结构等方面,全力打造"百年老店",树立企业品牌;重视文化产业园区建设,珍惜国家级、省级文化产业园区和文化产业基地的荣誉,加强园区硬件建设和软件建设,使文化产业园区真正成为企业之家、职工之家、文化艺术工作者之家,成为优质文化产品和服务的供给地,为文化产业集聚发展提供强大的品牌支撑。

(六)以文化与科技融合创新引领集聚发展

以互联网、云计算、数字技术、大数据和 3D 打印为代表的现代科技,对文化产业发展具有重要影响。发挥文化产业园区科技研发、生产服务等创新载体的集聚作用,充分利用最新科技成果,通过文化与科技的融合,发展现代文化产业。文化与科技融合是发展文化产业的必由之路。为了推动这项工作,国家科技部、文化部等部门启动了国家级文化与科技融合示范基地评选工作。在第二批评选中,洛阳成功入选国家级文化与科技融合示范基地。如今,一些具有较高科技含量的文化企业已入驻文化与科技融合示范基地,借助基地的科技平台和服务平台,发展高新文化产业。同时,基地利用科技优势,强化科技文化服务,较好地发挥了文化科技企业孵化器的作用。应借鉴洛阳文化与科技融合发展的成功经验,利用现有文化产业园区,提升园区科技含量与科技水平,加快发展文化科技中介服务,建设以公司和企业为主、以政府和社会为辅的多种文化科技中介服务机构体系;加快对中小企业的孵化培育,通过技术攻关、联合开发等形式,占领文化科技制高点,以科技创新引领文化产业集聚发展。

(七)以财税金融投资政策促进集聚发展

充分利用中原经济区"先行先试"历史机遇,以打造华夏历史文明传承创新区为契机,建立高效便捷的文化产业投融资机制,积极引进战略投资者,拓宽投融资渠道,寻求内外部资源合作途径,促进文化产业集聚发展。一是加大财政资金引导力度,提高文化产业发展专项资金额度,把好钢用在刀刃上;二是制定优惠的产业政策吸引投融资,为社会资本快速集聚于文化产业提供政策支持;三是放开民间资本和外资进入文化产业的准入限制,引导民间资本和外资进入文化产业领域;四是建立健全金融支持文化企业发展的体制机制,对吸纳就业多、市场前景广阔、科技含量高、经济社会效益好的文化企业给予重点支持,并给予必要的奖励;五是文化产业园区可以根据需要设立文化产业风险投资基金和风险补偿基金,对园区内有发展前景的文化企业给予资金支持,对金融支持文化产业项目贷款造成的损失,通过补助、贴息、奖励等形式予以必要补偿,以财政金融投资政策促进文化产业集聚发展。

(八)以强有力的服务保障推动集聚发展

文化产业要实现集聚发展,政府部门的服务保障是关键。河南省的文化产业园区和基地,算起来已经不少,但能较好地发挥集聚作用的文化产业园区还不是很多,其中主要原因之一,就是政府部门的服务保障没有跟上。有的文化产业园区就是政府划拨一块土地,甚至连起码的"三通一平"都没有做到就交给开发商去开发,其结果自然不难想象。园区建起来了,政府部门的相关保障不仅要跟得上,而且要有超前性和预见性。应根据入驻企业的业态构成、产品形态、品牌价值、员工多少等因素,在搞好园区基础设施建设的基础上,强化科技研发、信息交流、人才培训、市场营销等方面的服务;要加强公共技术服务平台和基本公共服务综合平台建设,创新服务方式,提升服务水平,为进入园区的文化企业提供专业化、个性化服务;积极创造条件,通过税收减免、财政扶持、银行贷款、土地使用等优惠政策,加大对园区内的重点文化企业和重大文化项目给予重点支持,通过重点企业和重大项目带动文化产业集聚发展。

(本文是作者主持的调研课题成果,原载《河南文化发展报告(2015)》,社会科学文献出版社2015年3月)

文化产业：供给侧结构性改革的发力点

无论是从文化产品生产，还是从文化产品有效供给角度来看，文化产品的结构性过剩和人民群众对文化产品多样化、多层次、多功能需求的矛盾，都已经表现得非常明显。在文化产品的供给方面，同样存在着增加优质供给、扩大有效供给、减少无效供给、提高文化产品供给的针对性和适应性的问题。就此而论，文化产业已经成为供给侧结构性改革的重要发力点之一。

一、文化产品结构性过剩与有效供给不足

文化产品结构性过剩的现象已经相当突出。文化产品的结构性过剩，不是表现在某一品种或某些方面，而是一个较为普遍的现象。就与大众欣赏最为接近的电影、电视剧、动漫和图书而论，结构性过剩的现象较为惊人。2014年，我国共生产国产故事片618部，而能够拿到电影院上映，包括"一日游"的只有259部，另有超过58%的电影被尘封起来，多少投资都打了水漂。至于国产电视剧，早就有我国每年有上万集电视剧无法播出的报道。动漫与电视剧的情况很相似，每年有七成的国产动漫产品无法播出。2011年，国家广电总局向全国电视播出机构推荐播出的优秀国产动画片，仅占当年总产量的21%。图书出版的产品过剩现象同样触目惊心，2005年到2011年，图书销售额从403.95亿元增长到653.59亿元，而库存码洋则从482.92亿元增加到804.05亿元，增幅超过了66%。电影、电视剧和图书是人民群众日常需求量最大的文化产品，其结构性过剩的情况尚且如此，至于其他文化产品的情况就可想而知了。

文化产品有效供给不足的现象也十分明显。一边是文化产品的结构性过剩，一边则是有效供给严重不足。以电影而论，每年生产的电影总数都在几百

部,但叫好又叫座的作品少得可怜;电视剧每年虽然都会推出几部口碑比较好、收视率又比较高的作品,但相对于每年近两万集的电视剧制作来说,比例实在太小了,而所谓的"神剧""雷人剧""穿越剧"则"乱花渐欲迷人眼",以至于许多观众看一眼就忍不住要更换频道。而像《渴望》《编辑部的故事》《潜伏》那样曾经轰动一时的贴近生活、贴近群众、贴近现实的电视剧,则是千呼万唤出不来,成为电视荧屏上的"稀罕物"。国产动漫每年的生产量也相当大,2012年国产电视动画片395部222938分钟,2013年358部204733分钟,但是能够得到国家新闻出版广电总局推荐的优秀电视动画片比例很小,而能够为少年儿童所喜爱的作品就更少了,而像《喜羊羊与灰太狼》那样叫好又叫座的电视动画片则给人可遇不可求之感。因《印象·刘三姐》《印象·丽江》等大型实景演出的成功而一拥而上的各种实景演出和大型剧场演出,已呈现后继乏力的现象,一些剧目勉力支撑,一些剧场已关门大吉。至于戏剧、音乐等舞台艺术,"双效"作品不多,有效供给不足的现象十分明显。文化产品结构性过剩与有效供给不足的现象不仅仍在持续,而且呈现愈演愈烈之势。

二、产业体系不完善与产业结构不合理

文化产业与其他产业不同,它提供的是文化产品,尤其是内容为主的文化产品则具有两种属性和两个效益。在把社会效益放在首位、实现社会效益与经济效益相统一的前提下,文化产品的生产与其他产品一样,应是以需定产,即按照人民群众多样化、多层次、多功能的文化需求进行文化产品的生产。然而,由于文化产业体系不完善和文化产业结构不合理,造成了文化产品的结构性过剩与文化产品有效供给不足的矛盾。

在健全的文化产业体系中,文化产业应该是文化生产要素、文化产品生产和文化产品销售三者形成的科学合理的内在结构,且能够在市场机制的作用下,自我调节,协调发展。但现在的情况是文化产业要素市场还不完善,文化产品销售终端不够顺畅,文化产品生产出现了较为明显的"肠梗阻"。文化产业属于内容产业,文化内容更多地依靠创意,所以业界有"文化产业创意为王"之说。但好的文化创意如果不能通过文化要素市场进行充分的交流,就很难转化为具

有双效益的文化产品生产。再好的文化创意,如果只是停留在创意层面,而不能进入文化产品生产环节,就不可能转化为大众所喜爱的文化产品,当然也就不可能实现其应有的社会效益和经济效益,其审美价值、教育价值和娱乐价值也就无从谈起。比如一部思想内容、情节结构、艺术水平俱佳的剧本或小说,如果不能通过影视制作公司或出版社等市场主体将其转化为文化产品,那么,即使它可能非常适合观众或读者的需要,但它却因不能及时转化为文化产品而无法实现其价值,自然也就不能转化为有效供给。所以,文化产品结构性过剩的问题,虽然表现在文化产品的销售终端,但根本却出在文化生产的要素市场。

与文化产业体系不够健全相比较,文化产业结构不合理的现象更为突出。影视制作、出版发行等传统文化产业的"虚胖"现象由来已久,不少文化企业资产总量、从业人数都很可观,生产总值也不小,但利润总额不大,有不少甚至长期亏损。造成这种现象的原因固然很多,但产品结构不合理是重要原因。比如有一些出版社,除中小学教材教辅外,就是一些中外文化经典,而本版书则是出一本赔一本,畅销书没有,常销书也不多见,结果造成图书大量积压,库存码洋大幅增加。电视剧制作的情况与此十分相似,某一题材的作品走俏,制作商立马蜂拥而上,题材相似、情节雷同甚至撞车的现象都出现了。这样的作品不要说本来就是粗制滥造,就是精雕细刻的上乘之作,能不让观众审美疲劳吗?特色文化产业同样存在产品结构不合理的问题,比如瓷器业,早在北宋时期我国就有五大名窑之说,可以说是典型的特色文化产业。但现在除了烧制技艺和色彩各有所长,在器形、功用等方面,基本上走的都是生活瓷、礼品瓷、收藏瓷的路子,几乎没有大的差别。如此一来,必然是产品过剩,销售难。以互联网和数字技术为主要科技支撑的新兴文化产业,是新世纪以来逐渐发展起来的,按常理来讲,似乎不应该出现产品过剩的问题,但由于产业结构不合理,产品结构性过剩的现象依然比较严重。以动漫为例,2006年国务院办公厅转发了财政部等10部门制定的《关于推动我国动漫产业发展的若干意见》之后,许多省市都设立了动漫产业园,我国动漫产业发展进入了快车道。但是,经过近十年的发展,动漫产业结构性过剩的现象已经比较突出,选题随意化、内容老旧化、制作粗糙化、产品低端化的现象比较普遍,造成了一方面是大量动漫产品无法播出,一方面是以少年儿童为主体的动漫观众无优秀动漫产品可看。文化产业发展的实际情况表明,对文化产业结构不合理的现象进行调整已经是当务之急。

三、文化产业是供给侧结构性改革的重要发力点

文化产业是朝阳产业、绿色产业,也是高成长服务业的核心产业。在调整产业结构、转变经济发展方式、提高发展质量和效益方面,文化产业具有不可替代的作用。在深入贯彻创新、和谐、绿色、开放、共享五大发展理念的当下,文化产业既是落实五大发展理念的着力点,也是供给侧结构性改革的重要发力点。

文化产业是内容产业。既然是内容产业,创意和创新就成为文化产业的灵魂。要有效破解文化产品结构性过剩和有效供给不足的矛盾,必须深入贯彻五大发展理念。其一,要坚持创新发展,把创意和创新放在首位。要以理念创新为统领,以现代科技为支撑,在内容、形式、方式、方法、载体、平台等方面全面推进创新发展,强化创意在文化产业发展中的决定性作用,以文化创意和文化创新推动文化产业发展和文化产品的生产,真正使文化产业成为供给侧结构性改革的重要发力点。其二,要牢固树立协调发展的理念,不断完善现代文化产业体系,使文化产品的生产要素、生产过程和产品销售形成科学合理的内在发展机制,通过市场机制的调节而形成协调发展的局面,避免文化产业体系"肠梗阻"现象的发生;要着力化解文化产业结构不合理现象,使传统文化产业、特色文化产业和新兴文化产业能够互为促进,共同发力,协调发展。在文化产业结构调整方面,既要消除传统文化产业的"虚胖",强健特色文化产业的"筋骨",又要化解新兴文化产业的"内火",按照供给侧结构性改革的要求,理顺文化产业结构,通过文化产品供给侧结构性改革,增加优质供给,扩大有效供给,减少无效供给,消化过剩产能,减少产品库存,使文化产业结构在供给与需求上实现协调发展,进而以产业结构协调发展推动供给侧结构性改革。其三,文化产业是绿色产业,是"无烟工业",在转方式、调结构、去库存方面能够发挥更大的作用。要做好"文化+"这篇大文章,通过文化与科技、旅游、互联网等的融合发展,促进文化产业绿色发展。要发挥文化产业在绿色发展方面的引领带动作用,让文化产业成为绿色发展的典范。其四,要加大文化对外开放力度,讲好中国故事,用富有中国文化元素的文化产品,传递中国声音,传播中华理念,让世人通过我们的文化产品了解开放的中国、友好的中国、崛起的中国;要加强对外文化

贸易和文化交流,化解文化产品结构性过剩的矛盾,通过开放推动中华文化"走出去",促进中外文化交流互鉴。其五,在共享发展方面,要牢固树立以人民为中心的文化发展理念,坚持文化发展为了人民,文化发展依靠人民,文化发展成果由人民共享。只有把人民群众作为文化产品生产的出发点和落脚点,才能把文化产业供给侧结构性改革落到实处,从根本上化解文化产品结构性过剩和有效供给不足的矛盾。

(原刊于《中国社会科学报》2016年8月4日,发表时题目为《文化产业供给侧结构性改革》)

河南省新兴文化产业发展研究

信息技术、网络技术、数字化技术和通信技术等现代科技的迅猛发展,给文化产业带来了革命性的变化,催生了一批以新媒体、网络游戏、动漫、数字出版等为代表的新兴文化产业。文化产业面临着战略调整和重新布局。正是因此,党的十七届六中全会通过的《中共中央关于深化文化体制改革推动社会主义文化大发展大繁荣若干重大问题的决定》特别提出,要"加快发展文化创意、数字出版、移动多媒体、动漫游戏等新兴文化产业"。顺应文化产业发展的新趋势,近年来,河南省采取有力措施,大力发展新兴文化产业,河南的新兴文化产业从无到有、从小到大,成绩显著,在某些方面还走在了全国的前列。但总体来看,新兴文化产业还存在着区域发展不平衡,规模化、集约化程度不高,对文化产业增加值的贡献率不大,在全国的地位和影响力还有待提高等问题。新兴文化产业是最具活力的文化产业,也是河南优化文化产业结构、提升文化产业发展水平的重要切入点。应切实加大政策支持,调动各方积极性,发挥市场作用,积极推动新兴文化产业快速发展。

一、河南新兴文化产业发展现状分析

新世纪以来,随着信息技术、网络技术、数字化技术和通信技术等现代科技的发展,新兴文化产业迅速崛起。2006年发布的《国家"十一五"时期文化发展规划纲要》首次提出"积极发展以数字化生产、网络化传播为主要特征的数字内容产业。加快发展民族动漫产业,大幅度提高国产动漫产品的数量和质量。积极发展网络文化产业,鼓励扶持民族原创的、健康向上的网络文化产品的创作和研发,拓展民族网络文化发展空间"。2012年发布的《国家"十二五"时期文化改革发展规划纲要》提出"加快发展文化创意、数字出版、移动多媒体、动漫游戏等新兴文化产业",明确了文化数字化建设工程,包括文化资源数字化、文化产业数字化和文化传播数字化。在国家大力支持新兴文化产业发展的宏观背景下,河南采取一系列措施,加快发展新兴文化产业,文化创意、动漫网游、数字化出版、移动多媒体等产业获得了长足发展,取得了可喜的成就。

文化创意展示大手笔。文化创意又称文化创意产业,是指利用个人智慧、知识、技能、技巧创造文化产品、提供文化服务的产业,包括表演艺术、视觉艺术、影视制作、艺术设计、景观设计、动漫产品开发以及用于文化产品和服务的软件开发等。文化创意是文化产业的灵魂,是现代文化产业的领跑者。正是因此,河南省发展文化产业,十分重视发展文化创意产业,重视用文化创意引领文化产业发展。2009年8月,由河南省创意产业协会、河南省工业设计协会等直接指导,中创国基(北京)文化发展有限公司投资,河南弘驰实业发展有限公司建设的金水文化创意园(又称107创意工厂),在郑州市金水区开工兴建,一期工程占地12亩,投资4000万元。该园区集聚创意设计、动漫游戏、现代传媒等产业,提供物业和平台服务,开展文化创意交流活动,寻求对外合作经营。该园区是河南省首个文化创意产业园区,也是我国中部地区第一个以时尚创意设计为主导的创意产业园区。现已有艺术设计、动漫游戏、网络设计、工艺美术、影视制作等66家企业入驻,年产值8亿元左右,形成了文化创意园区的领先优势。2010年11月,在北京第五届中国创意产业年度大奖颁奖典礼上,金水文化创意园荣获"2010中国创意产业最佳园区奖";2011年10月,荣获中国文博会"中国创意产业十大园区"称号,并被命名为"河南省文化产业示范基地"。此外,郑州华强文化科技产业基地也包含了文化创意内容,在计划建设的四个基地中,创意基地和数字动漫基地占了半壁江山。其一期工程投资约50亿元,主要建设科幻体验区和中国文化体验区。目前,科幻体验区即第四代主题公园——郑州方特欢乐园已经投入运营,取得了很好的经济效益和社会效益。

动漫产业超常规发展。动漫是河南新兴文化产业发展最快的产业之一。以2009年国家动漫产业发展基地(河南基地)落户郑州高新区为标志,河南的动漫产业迎来了快速发展时期,仅2009年,河南动画片总产量近9000分钟,是2008年河南生产动画片总产量的12倍,至2011年,则首次突破10000分钟。2012年,河南制作电视动画片14部,总计8995分钟,居全国第七位,居中部六省第二位。河南动漫产业从无到有,实现了跨越式发展,动漫企业在产业发展中快速成长,截至2013年7月,河南省通过认定的动漫企业有河南小樱桃动漫集团有限公司、河南天乐动画影视有限公司、河南麦草动漫科技有限公司、郑州索易动画有限公司、河南升环影视有限公司等15家,其中不少动漫企业在全国同行业中都有较大影响。随着动漫产业的发展,动漫基地建设也在提速。继国家动漫产业基地(河南基地)在郑州高新技术开发区开建之后,郑州、洛阳、开封等也相继启动了市级动漫产业基地建设,郑州动漫产业基地建设于2010年年底完工,2011年就有10多家动漫企业入驻。洛阳在动漫基地建设方面也展现出大手笔,中国动漫之都(洛阳)产业园项目一期规划投资23亿元,占地500亩,先期开工建设的洛阳动漫创意学院已于2012年9月正式开学。当然,河南动漫产业最值得骄傲的,还是企业和动漫产品的影响力在不断增强,《小樱桃》《少林海宝》《独角乐园》《少年司马光》等一批动漫精品获得了很好的社会效益和经济效益,在业界产生了较大反响,《小樱桃》《少年司马光》《虫虫计划》等一批动画被国家广电总局推荐为优秀国产动漫,《独角乐园》被国家广电总局认定为重点动漫产品,2010年登陆美国汉天卫视,成为河南省首部在北美播出的三维动画片。国家动漫产业发展基地(河南基地)建设取得明显成效,2011年荣获第六届中国创意产业年度大奖"中国创意产业最佳园区奖"。

移动多媒体发展迅速。早在2006年5月15日,河南日报报业集团就与中国移动通信集团河南有限公司联合推出河南省首家彩信版手机媒体——《河南手机报》。这是平面媒体和现代移动通信技术进行结合的尝试,每天除了播报国内外新闻、财经、体育、星闻等最新资讯外,还有汽车、消费、楼市、生活服务等各类生活信息,以及重大新闻、突发事件、热点赛事等,深得用户喜爱,还得到了时任河南省委书记徐光春的高度赞扬:"这是河南领风气之先的创造性作为。希望加强指导,积极探索,充分发挥新兴媒体的优势,造福国家,造福人民。"①《河南手机报》问世之后,迅速得到广大用户的认可和接受,用户以几何速度增长,2007年8月15日用户数突破10万,2008年3月31日用户数突破30万,2008年5月26日用户数突破50万大关,到2008年12月12日,用户数首次突破百万,加上体验用户,达120万,高居全国各省级手机报发行量首位。2009

---

① 刘洁:《徐光春盛赞河南手机报领风气之先》,《人民邮电报》2007年3月16日。

年,河南日报报业集团和河南移动乘《河南手机报》突破百万用户的东风,又联合推出了《河南手机报》3G 客户端,用户可以无线上网,阅读《河南日报》电子版,浏览大河网,进行视频通话,让手机报用户成了真正的 MO 客,充分体验利用手机阅读本地报纸、杂志、网站内容和各类服务信息的便利。为了更好地为读者服务、吸引更多的用户,《河南手机报》在 2013 年 9 月 25 日大河网十五周年庆典仪式上,还组织了最具影响力读者和最佳豫员评选,对《河南手机报》的进一步发展起到了积极作用。各地市借鉴《河南手机报》的成功经验,发展自己的手机报和 3G 终端,也都取得了不错的成绩。

  数字化出版势头强劲。数字化出版是继纸介质出版之后,利用数字技术和现代通信技术而形成的一种新的出版模式,它是指信息提供者把自己或他人创作的作品,经过选择、编辑和数字化制作,登载在互联网上,或通过互联网发送到读者终端,供读者阅读、浏览或下载的传播行为。作为河南出版界的领军者,中原出版传媒集团在数字化出版方面抢抓机遇,重点发展数字出版、数字印刷、数字发行和电子商务,促进集团产业转型升级。一是谋划全媒体出版工程,依托传统出版的优势,实现传统出版与数字出版的有机融合,积极探索多媒体、多介质、全终端、全覆盖的数字化出版新路径。二是积极开发网络资源,为数字化出版提供载体和平台,开发了中国教育出版网、戏曲出版网、"云书网"电子商务网站和第一营销网等网站,加强数字图书的网络销售。三是抓好具体项目,做好数字教材的研发、电子书包的设计与研发、数字阅读的体验式推广与专业数据库建设等工作,通过具体的数字化出版项目,"实现数字产品与纸介质互动,图文影音互动,传统组稿方式与数字内容的组合方式互动,传统发行与数字发行方式互动,传统阅读方式与数字阅读方式互动"[①]。在基础设施建设方面,建筑面积达 39 万平方米的河南出版产业基地三期数字化出版中心,于 2011 年 9 月全面开工。基地建成后,将成为河南数字化出版的重要载体和平台。

---

① 韩为卿:《中原大地传媒数字出版提速》,《中国新闻出版报》2012 年 11 月 1 日。

二、河南发展新兴文化产业的经验与困境

河南新兴文化产业在新世纪以来快速发展,成就显著,不仅得力于国家实施文化强国战略、推动社会主义文化大发展大繁荣、大力发展文化产业的大环境大趋势,同时更得力于河南省委、省政府认真贯彻落实中央精神,深入推进文化体制改革,较早提出了实现由文化资源大省向文化强省跨越的战略目标,推出了一系列加快文化产业发展的政策措施,对文化产业发展给予强有力的政策支持。

加强宏观规划和指导。2005年以来,河南省委、省政府先后出台了《关于大力发展文化产业的意见》和《河南省建设文化强省实施纲要》等文件,大力推动文化强省建设。2007年,河南省开始设立文化发展专项资金,每年3000万元(自2012年起每年5000万元),采取资助、贴息、奖励等方式,引导文化产业健康发展。2008年,世界性的金融危机爆发后,河南省委、省政府审时度势,先后出台了《关于设立河南省文化改革发展试验区的通知》和《河南省人民政府关于支持省级文化改革发展试验区建设的若干意见》,设立开封市、登封市、禹州市、淮阳县、镇平县等10个市县为文化改革发展试验区,进一步深化文化体制改革,推动文化产业快速发展。为促进新兴文化产业发展,河南省政府于2011年5月出台了《关于促进动漫产业发展的意见》,从完善产业链条、培育产业集群、构建公共平台等方面,提出了推进动漫产业发展的政策措施,为动漫产业发展营造良好的社会环境和政策环境。

加强载体和平台建设。为促进新兴文化产业发展,有关方面积极创造条件,搭建载体和平台。如创造条件争取国家动漫产业基地在郑州落户,在郑州高新技术开发区建成了国家动漫产业基地(河南基地),为动漫产业发展提供了载体,使该基地成为河南动漫企业的孵化器。郑州市在惠济区建设了占地20亩、投资1亿元的郑州动漫产业基地,设立企业孵化中心、研发制作中心、展示交易中心,采取优惠政策,吸引外地动漫企业入驻。有关方面和文化企业还积极创造条件,申报国家文化产业示范园区和示范基地,截至2013年,河南省共有国家文化产业示范园区1个、示范基地7个,省级文化产业示范园区6个、示

范基地52个。文化产业园区和基地建设,不仅为河南文化产业快速发展提供了有效载体,也为河南新兴产业发展提供了平台和机遇。

加强资金支持和引导。为支持动漫等新兴文化产业发展,河南省政府出台的《关于促进动漫产业发展的意见》明确规定,自2012年至2016年,每年从省级文化发展专项资金中安排1000万元,设立动漫产业发展专项资金,用于支持动漫产业发展。郑州市作为省会城市,一直是河南文化产业发展的排头兵,作为国家动漫产业基地(河南基地)所在地,对动漫产业支持力度更大,从2008年开始,设立动漫产业发展专项资金,每年5000万元,用于扶持动漫产业发展。郑州市高新技术开发区是国家动漫基地(河南基地)所在地,惠济区是郑州动漫产业园所在地,为支持动漫产业发展,从2009年起,高新技术开发区和惠济区每年各拨付3000万元,用于支持区内动漫企业发展。开封、洛阳、新乡等地对新兴文化产业,注重加强资金引导和支持,有力地促进了新兴文化产业发展。

但是,客观地说,河南省新兴文化产业发展速度、发展水平和竞争力、影响力,与文化发达省市相比还有很大差距。现以河南新兴文化产业发展最快、影响力最大的动漫产业为例,不要说与位居三甲的浙江、江苏、广东相比,就是与同处中部的安徽相比,河南也不具备竞争优势。2010年,河南生产的电视动画片13部,6280分钟,国家广电总局推荐播出的优秀动画片4部;安徽生产的电视动画片17部,6237分钟,国家广电总局推荐播出的优秀动画片2部,两省相差不多。但到了2011年,安徽电视动画制作突飞猛进,制作电视动画片21部,7729分钟,国家广电总局推荐播出的优秀动画片5部,而同期河南省制作电视动画片10部,6188分钟,国家广电总局推荐播出的优秀动画片2部,与安徽的距离明显拉大了。① 和中部地区相比,河南新兴文化产业发展算是比较快的,但和发达省市相比,河南的新兴文化产业面临着强者不强、弱者真弱的局面。之所以出现这种现象,是因为存在着一些制约发展的瓶颈或短板,概括起来,主要有以下几个方面。

内容形式创新有待加强。文化产业属于内容产业,内容为王,这是文化产业发展的要义,也是新兴文化产业发展的要义。河南是文化资源大省,可以开

---

① 以上数据引自卢斌等主编《中国动漫产业发展报告(2011)》之《2010年中国电视动画片发展报告》和《中国动漫产业发展报告(2012)》之《2011年中国动画电视片发展报告》。

发利用的区域文化资源和特色文化资源非常丰富。但是,由于观念守旧,视野不够开阔,再加上人才、技术等限制,新兴文化产业虽然在观念创新、内容创新、形式创新、载体创新等方面进行了一些探索,也取得了一些成绩,但总体来说创新性不强,尤其是在内容和形式创新方面,与新兴文化产业对内容创新和形式创新的要求还有不小距离。许多富有思想性、观赏性和影响力的文化资源都没有进入新兴文化产业开发利用的视野,而进行开发的一些文化资源,不是文化内涵发掘不够,就是现代表达有诸多欠缺,产品缺少吸引力和竞争力。

集约化经营程度不高。集约化经营是指以经济效益和社会效益为根本,对经营诸要素进行重组,以最小的投资成本获取最大的投资回报。目前,河南省有动漫企业近百家,通过认定的企业有15家,但在诸如资本、土地、劳动力、信息、技术等经营资源要素的组合,以及技术水平、管理水平、服务水平和市场开发等方面,还有很大的提升空间。文化创意、数字化出版和移动多媒体等新兴文化产业,也面临着同样的问题。

市场化开发相对滞后。新兴文化产业与传统文化产业、特色文化产业一样,其产品和服务的价值最终还是要通过市场来实现,通过市场获取经济和社会效益。河南是一个一亿多人口的大省,市场空间很大。但是,看一看电影院、电视、平板电脑和手机里面的动漫、游戏、影视、艺术表演和数字化内容,有多少是河南文化企业制作的呢?这至少从一个方面说明,河南新兴文化产业在开发文化产品的同时,市场开发没有同步跟上,形成了有产品无市场或市场份额很小的局面,这种情况在动漫产品生产方面表现得尤为突出。

内涵式发展有待提升。内涵式发展是指以事物的内部因素作为动力和资源的发展模式,其关键在于内部要素的配置、整合与提升。但是,从目前情况来看,一些新兴文化企业忙于铺摊子、占地盘、搞连锁,贪大求全,抢上规模,实际上走的是外延式发展之路。在企业发展之初,追求规模效应是可以理解的,也是必需的,但是如果一味地追求规模效应而忽视企业内部资源整合,不注重发掘潜力、技术改造和管理提升,其结果可能适得其反。一些新兴文化企业大而不强、效益不佳,难以适应激烈的市场竞争,重要的原因就在这里。

三、加快发展河南新兴文化产业的建议

新近颁布的《国务院关于促进信息消费扩大内需的若干意见》,明确要大力发展数字出版、互动新媒体、移动多媒体等新兴文化产业,促进动漫游戏、数字音乐、网络艺术品等数字文化内容的消费。这为河南新兴文化产业的发展提供了重大契机。应牢牢抓住促进信息消费这一历史机遇,针对河南新兴文化产业存在的问题,采取切实有力的措施,积极促进新兴文化产业发展,为人民群众提供更多更好的文化产品和精神食粮。

更新思想观念,提高创新力。发展新兴文化产业,应着眼一个"新"字,树立新思维、新观念,拓展新视野,寻找新路径。不仅要用新的眼光和思维去审视固有的文化资源,更要用新的眼光和思维去看待新技术、新潮流、新需求。发展新兴文化产业,最忌讳的就是抱残守缺,因循守旧,不愿意接受新思想、新事物、新技术,不愿意正视新潮流和新需求。譬如,数字化出版已经成为不可逆转之趋势,如果意识不到,或者不愿承认,而是仍然坚持传统的出版模式,不愿意接受数字化出版这一新生事物,那么,在不远的将来就会被淘汰。只有更新观念,大胆地接受新事物,迎接新挑战,以创新精神发展新兴文化产业,为新兴文化产业注入创新活力,才能适应新兴文化产业发展的新形势,引领新兴文化产业发展。

推进集聚发展,提高竞争力。城镇化进程和工业经济的发展已经证明,集聚发展是各种生产要素通过空间上的集聚,实现节约资源、合理利用资源和提高生产效率的发展模式。文化产业发展应该借鉴工业经济发展的成功经验,通过集聚发展来提高生产效率,增强产品的市场竞争力。在这方面,国内外已经有许多成功的案例,美国的好莱坞是电影电视业集聚发展的成功范例。我国的文化产业也正在探索集聚发展的路子,北京的798艺术区、上海张江文化科技创意产业基地、杭州高新(滨江)国家动画产业基地等,在文化产业集聚发展方面,都显示出强劲的发展势头。河南应加强现有国家级、省级文化产业示范区和文化产业基地建设,在要素集聚、链条延伸、节约集约等方面加大整合力度,提高集聚发展程度,增强企业、园区和产品竞争力。

注重内涵发展,增强内生力。推进文化产业集聚发展,固然需要延伸产

链条,实行必要的外延式发展,但集聚发展的目的不是盲目扩张,而是实现节约资源、合理利用资源、提高生产效率,进而提高企业和产品的竞争力。进入现有文化产业园区和基地的企业,不能仅仅满足于入驻园区(基地),以享受园区提供的优惠条件和待遇,而应在入驻之后强练内功,提升企业发展质量和水平,提高产品水平和档次,优化企业内部管理,借助产业园区的发展平台,挖掘内部潜力,增强内生动力。因此,应着力提升文化产业园区(基地)企业的资源利用效率和管理水平,以内涵式发展提升园区和企业发展水平和市场竞争力。

强化融合发展,增强持续力。推进文化产业集聚发展,需要强化文化产业与科技、资本、创意等的融合,走融合发展之路。文化产业发展的实践证明,现代科技、资本、创意等于文化产业的融合,可以极大地提升文化产业的发展水平与管理水平,转变发展方式,改善产业结构,优化产品档次,推进企业可持续发展。尤其是现代通信技术、网络技术、数字化技术等高新技术与文化产业的融合,不仅可以提升企业发展水平,提高产品档次,而且可以促进产业转型升级,培育新的经济增长点,从而提升园区集聚发展的水平和能力,为企业带来可持续增长的动力。

注重市场开发,提高影响力。文化产品不同于一般的商品,尤其是满足人们精神文化生活需求类的文化产品,同时又具有意识形态属性,应坚持社会效益优先的原则。但是作为产业,文化产业与其他产业一样应该以市场为导向,追求市场最大化和效益最大化,应在社会效益优先的前提下,高度重视经济效益。以文化产品的意识形态属性保障文化产品应有的社会属性,同时,以市场最大化和经济效益最大化促进文化产品社会效益的实现,提高文化产品的市场占有率。因此,推进文化产业集聚发展,必须高度重视文化产品的市场开发,使之能够为更多的消费者所接受,进而走进更多消费者的精神文化生活。唯有如此,才能实现其社会价值和经济价值,也才能实现以文化人,发挥其应有的社会影响力。

(原载《河南文化发展报告(2014)》,社会科学文献出版社 2014 年 1 月)

河南省动漫产业发展现状、问题及对策研究

顺应国家推动文化大发展大繁荣和建设文化强国的需要,2004年国家广电总局颁发了《关于发展我国影视动画产业的若干意见》,以行政手段加大发展动漫产业的力度,并陆续出台了推动中国动漫产业发展的一系列政策措施。此后,各省市动漫教育和人才培养、动漫产业基地建设、动漫国际交流等都驶入快车道,动漫产业持续保持快速发展势头。河南动漫产业就是在这样的文化和政策背景下迅速发展起来的。

一、河南动漫产业的发展现状

河南动漫产业在全国动漫产业中起步较晚,但近几年显示出后来居上的良好发展势头。2011年10月出台的《国务院关于支持河南省加快建设中原经济区的指导意见》明确指出要"加快广播影视、演艺娱乐、新闻出版、动漫游戏、文化创意等重点文化产业发展,推进数字出版基地和动漫基地建设"。该文件为河南动漫产业指出了未来的发展方向,有力地促进了河南动漫产业发展。

(一)基地建设点面结合

产业基地建设是河南动漫产业集聚发展的重要形式。目前河南已经形成以国家动漫产业发展基地(河南基地)和郑州市动漫产业基地为主的两大动漫产业聚集区。动漫产业基地积极落实各级政府关于推动动漫产业发展的举措,在制定战略规划、完善服务设施、吸引动漫企业、培养动漫人才等方面取得了突出的成绩。国家动漫产业发展基地(河南基地)位于郑州高新技术开发区,由企业孵化中心、产学研平台、动漫影院等组成。附近有国家863软件孵化器等软件园区,环境优势也为动漫基地的发展提供了必要的人才保障和技术支持。经

过四年的建设,基地的集聚效应和品牌效应得到了稳固性发展。位于郑州市惠济区的郑州动漫产业基地主要功能为企业孵化、研发制作、展示交易、教育培训、公共服务、技术支持、动漫体验等。作为较早投入使用的产业基地,郑州动漫产业基地为入驻的中小企业提供了质优价廉的技术和设备支持,扶持政策优厚,属于中小企业孵化型的平台型动漫基地。河南动漫基地整体发展势头良好,龙头企业带动效应显著。目前动漫基地已经汇聚了以小樱桃动漫集团为核心的一批正在发展壮大并具有抗市场风险能力的优秀动画、漫画、游戏、研发、项目经营的企业。这些企业通过基地的聚集性良性竞争、优势互补合作等形式,使得基地企业的整体实力、经济效应得到了明显提高,为企业的可持续性发展奠定了良好的市场经济基础,基本实现了大企业战略品牌经济结构。

(二)产业布局全面开花

2008年以来,河南各级政府出台的政策对推动河南动漫产业合理布局,实现产业发展的整体性、协调性和可持续性具有重要意义。2011年5月河南省政府《关于促进动漫产业发展的意见》出台,从完善产业链条、培育产业集群、构建公共平台、支持产品出口、增加财政投入、强化投融资支持、落实税收优惠、加强人才培养、营造良好环境等九个方面提出促进河南动漫产业发展的政策措施。该文件指出了河南动漫产业的发展思路,明确应按照政府引导和市场运作相结合、自主创新和引进吸收相结合、发挥集群优势和培育龙头企业相结合、中华文化的弘扬和传承相结合的原则,形成规划科学、布局合理、特色鲜明、技术先进、竞争有序的动漫产业发展格局。河南努力打造动漫高速路网,动漫产业链条不断完善,取得初步成效。动漫高速路网的搭建不但能大大加强河南本土动漫企业之间的交流与协作,大大降低各企业的运行成本,减少资源浪费,更重要的是,它将真正逐步促进动漫行业的细分,实现资源的整合与最优化配置,为河南动漫产业的发展构建科学合理的框架,真正实现布局合理的产业格局。

(三)龙头企业展现魅力

在河南动漫产业化的过程中,龙头企业起到了重要的带动作用。近年来,随着动漫产业的快速发展,动漫企业也在利用各自优势,寻找最适合自己的发展模式。不同的企业因自身优势与产业资源的差异而采取不同的发展路径,不约而同地随着发展壮大开始逐步向产业的其他领域延伸,起到了加速产业融合的突出作用。2011年,河南小樱桃动漫集团有限公司正式成立,这也是国内首家跨地区、跨行业、跨媒体、跨所有制的省级动漫集团。依托河南小樱桃动漫集团有限公司及其控股参股企业，动漫产业集群着力打造动画、漫画、出版物、消费品、国家动漫基地等五大板块业务，构建起互为支撑、协同发展的产业格局。省级动漫集团的成立是加快河南动漫产业规模化、集约化、集团化发展的有益尝试，对促进中原经济区动漫产业资源共享和深度整合，凸显河南动漫在全国的重要地位和作用，促进新兴文化业态快速发展具有重要的意义。2012年，河南日报报业集团所属的河南省漫画时代传媒有限公司入选国家重点动漫企业，公司经营的《漫画月刊》杂志被评为国家重点动漫作品，是全国重点动漫作品中唯一的一个动漫类期刊。

除了动漫产业的龙头企业，河南动漫还形成了一些优势明显、各有侧重的骨干企业。河南麦草动漫科技有限公司与"起点创业营"签订合约，开发"二兔邮包"综合项目；河南智睿动漫制作的3D动画片《山海奇谭》与法国亚欧洲际影视制作传媒签约，开创了河南动漫走向欧洲的先河；华豫兄弟动画公司打造的芭迪动漫体验馆年接待消费者百万人次，该公司还获得了"2012中国动漫十大企业"的殊荣；谷晶动画公司创新商业模式推出了小谷小晶动漫主题商城；索易动画公司投资1.5亿元在客属文化中心建设索易城堡；漂亮宝贝动漫公司致力于营销网络建设，在全国开设了连锁门店达300多家，直营店近百家，研发的网络营销平台也上线运营，形成了覆盖全国的动漫衍生品营销网络。

（四）品牌打造不遗余力

河南动漫经过数年发展创造了小樱桃、大河小子、二兔、马达、雪花等一系列令人耳熟能详的本土动漫形象。目前小樱桃、少林海宝等动漫品牌已经逐渐向品牌授权、衍生品开发等方面进行探索，在包装形象上凸显独特的产品个性，打造以品牌为核心的营销体系，完善推介宣传体系，力争在多个层面形成消费者对产品品牌的认可，拓宽动漫产业的盈利模式。河南麦草动漫公司原创的动漫形象二兔入围"2012中国动漫十大形象"，公司CEO黄涛入围"2012中国动漫十大人物"；包括小樱桃在内的20个优秀动漫作品入选动漫品牌，也入选了2012年全国动漫品牌建设和保护计划名单，这些成绩也说明河南动漫业在品牌打造方面不遗余力。此外，河南动漫产业的品牌打造从单一产品的品牌打造，逐渐走向复合型的品牌营销。以小樱桃为例，小樱桃公司和有"中国第一幽默女生"美誉的小樱桃人物都是动漫品牌，而麦草动漫公司的CEO黄涛入选

"2012中国十大动漫人物"也说明河南动漫产业的品牌发展正在向包括创作者、品牌在内的多元领域拓展。

(五)产业链条基本形成

河南动漫在产业集聚发展方面已经完成了省级动漫集团的组建,依托小樱桃动漫集团有限公司及其控股参股企业,着力打造漫画、动画、出版物、消费品和国家级动漫基地五大板块业务。其他一些动漫企业,如天乐动漫、索易动漫、华豫兄弟、麦草动漫等,在专注于动漫产品研发生产的同时,努力形成自己的产业链条,在漫画、动画、游戏、出版物、玩具和衍生品开发、自主品牌开发等方面,积极探索,上联下引,取得了显著成效。这一现象表明,河南动漫产业链上的漫画、动画、游戏和玩具等环节已经开始互动,上下游产业已经开始联合。尽管产业版权和产品专利的延伸拓展环节还不完善,但产业链条基本形成,产业融合已初步完成。

(六)精品力作不断涌现

从2012年开始,河南动漫界围绕中原经济区建设,积极实施华夏历史文明传承创新动漫工程。动漫企业深入挖掘中原历史文化资源,引入中原文化元素,丰富动漫产品文化内涵,开始创作或制作《愚公移山》《盘古开天》《字圣许慎》等一批具有中原精神、中国气派的精品漫画、动画。事实证明,河南动漫产业向传统文化汲取养分的成效正逐渐凸显,原创漫画《小樱桃·拯救天使》斩获第9届金龙奖最佳儿童漫画奖,《河南"三平"精神》《乡土童年红旗渠》《少林海宝》《太昊伏羲》等反映中原人文精神的动漫影视作品大量涌现。同时,《少林海宝》《俺的铁蛋俺的娃》《盘古开天》《太极魂》等更多挖掘中原传统历史文化的动漫影视作品也广受好评。

二、河南省动漫产业存在的主要问题

作为转变经济发展方式的战略性产业,动漫产业在北京、江苏、广东等一些先进地区已经成为当地的支柱性产业,对推动当地经济社会发展、提高区域竞争力起到了重要作用。河南动漫产业与先进地区相比还存在产业转型缓慢、集聚方式单一、行业协作不强等突出问题,制约了河南动漫产业的转型提升,也制约了河南动漫产业的进一步发展。

（一）产业转型缓慢

河南动漫产业近些年发展迅速，在郑州、洛阳等中心城市已经形成了相当的规模，并且已经初步形成了产业集聚效应，具备了一定的产业格局。但总体来看，动漫产业的发展也面临着产业转型问题。虽然有些动漫企业已经意识到了这一问题的重要性，但因各种因素所限，始终难以解决产业规模偏小、产值规模偏低等问题，产业转型步伐缓慢，产业结构"两头小中间大"，资本和人才在制作环节形成"拥堵"，而创意和衍生品环节投入偏低。产业转型缓慢，不仅直接导致产业原创能力萎缩、推广营销与市场需求脱节，而且造成了许多动漫企业效益低下，靠政策过日子，以至于举步维艰，难以持续发展。

（二）集聚方式单一

河南动漫的产业集聚多以动漫产业基地为依托，以政策扶持为引导，集聚方式较为单一，在集聚方式上缺乏从专业化与分工、产业分化与产业链的构建与完善，缺乏从政府政策扶持与企业区位选择的互动、地区经济发展与社会文化、价值观的嵌入等方面的综合考量。不可否认的是，区域经济实力很大程度上也决定了动漫产业的集聚程度和市场规模。江苏、广东等动漫强省经过多年发展已经先行一步促成了产业集聚，且效果显著。随着长三角地区动漫产业的持续发展，产业正在自主地向效率和效益高的地区转移集聚，这也给河南动漫产业的集聚发展带来了挑战和启示。

（三）行业协作不强

河南动漫产量高，但创造的经济价值却不能与产量成正比。究其原因，首先，动漫产业链条上的各环节协作不强，不少作品营销理念弱，缺乏资源整合能力，无法有效地对接发行放映渠道。尽管河南动漫产业已初步形成了从上游创意制作、中游内容传播和下游衍生商品开发销售的产业链条，但整体发展上仍缺乏产业化运作的系统理念，也缺乏市场化开发运营的成熟环境。其次，动漫企业受到传统经营模式影响，投资人往往既当创作者又做经营者，眉毛胡子一把抓，进一步导致了缺少必要的协作和盈利模式不清晰等问题。

（四）动漫品牌稀缺

原创动漫品牌是动漫产业的核心竞争力，尽管早在2011年河南动画片制作数量已超过10000分钟，但80%以上的原创动漫企业却只能在亏损的泥潭中挣扎,品牌稀缺是造成盈利能力差的主要原因之一。目前河南动漫企业的收益仍主要来自电视播映权收益和政府的资金扶持与配套奖励,一些已经具有知名度的河南动漫品牌,也因为衍生品开发不够,品牌价值正在流失,无法与"喜羊羊""蓝猫"等国内著名动漫品牌的品牌价值相提并论。河南动漫企业整体实力较弱,在全国范围内的影响力还比较有限,缺乏市场上的话语权。这一现状与中原地区所积淀的丰厚历史文化资源并不相称,河南动漫产业在打造民族动漫品牌,弘扬中华优秀传统文化的道路上还需要继续努力。

(五)资源发掘不深

动漫产业的资源发掘不深,主要表现在历史文化资源发掘不深,现实生活题材关注不够。尽管动漫产业生存发展的根本是企业和市场,但动漫作为文化创意产业的重要组成部分,其核心还是文化。可以说,文化是动漫产业可持续发展的源泉和动力。动漫产业的核心竞争力来自对中华民族丰厚的历史文化资源的深层挖掘和凝练。增强动漫产业原创能力,绝不能忽略传统文化的资源宝库。在中国动画生产的历史经验中,能经受时间考验,历久弥新的经典作品,不仅在画面、声音等元素的运用上极为巧妙精致,最重要的是动画片创作与具有民族特色的古典名著、戏曲艺术等实现了完美结合。

(六)创新力度不够

河南动漫产业的创新力度不够主要表现在两个方面,一是文化创新不够,二是技术创新不够。首先,文化创新不够导致创作者对历史文化的理解存在一定偏差。一些动漫作品虽然吸纳了历史文化元素,但没有用现今的审美观、价值观和主流意识去加工、改造,仅限于历史典故、传说故事的动画表现,在主旨提炼、角色塑造上缺乏耐心打磨的过程,因而无法引起观众的共鸣。其次,在艺术表现手段上因循守旧,缺乏创新。动漫发展与媒体技术的进步密不可分,随着动漫的传统工艺向高科技手段的过渡,动漫产业的从业者不得不对原有的艺术进行不断开拓创新才会产生旺盛的艺术生命力。新媒体动漫时代的到来,对具有"中原制造"特色的民族动漫产品提出了更高要求,不仅具有历史文化底蕴,表达中原人文精神,还要充分体现中国文化元素的思想性、艺术性和时代性。

(七)市场意识不强

河南动漫产业市场意识不强主要表现在创作观念落后、市场化机制不完善以及版权保护不够。首先,当今环境中,动漫、漫画的题材不再仅仅是编剧的个人创作,更要考虑市场、商业的需求。河南动漫产品的定位以少年儿童为主,题材方面偏向于青少年教育,创作观念较为陈旧落后。其次,目前河南动漫产业对市场机制、市场竞争等因素缺乏清晰的把握,对政策扶持依赖较大,导致河南动漫业与市场无法有效地接轨。再次,产权意识不强,盗版现象严重。尤其是网络的出现,很难对动漫作品的传播设置有效的版权保护,盗版现象严重破坏了市场的运作程序,影响了产业的健康发展。

(八)政策依赖过多

动漫企业对政府的扶持依赖度较大,同时由于对市场机制、市场竞争等因素缺乏清晰的把握,导致河南动漫业与市场无法有效地接轨,从而影响了经济价值的产出。动漫产品投入高、制作周期长,因此更需要在进入制作阶段前对市场进行详细评估及调研。动漫项目的运作资金,除政府扶持之外,主要来自于企业投资,项目失败将直接影响企业的投资信心,进而导致整个动漫行业在投资市场融资困难。除此之外,市场机制不完善有可能造成动漫企业过于依赖政策扶持,影响动漫企业的能动性和创造力。

三、推动河南动漫产业发展的对策建议

华夏历史文明传承创新区不仅是中原经济区的五大定位之一,也为河南动漫产业提供了前所未有的历史机遇。处于快速发展期的河南动漫业,已成为中原经济区文化建设不可或缺的重要组成部分。"十二五"期间,河南动漫产业要牢牢抓住建设文化强国、打造华夏历史文明传承创新区、建设文化强省等重大历史机遇,采取有效措施,实现持续健康发展。

(一)加快产业转型

动漫产业的提升是一个系统工程,要按照动漫产业发展规律全方位制定发展战略。动漫产业发展潜力巨大,对于转变经济增长方式,优化产业结构具有重要意义。成熟的产业链包括动漫图书出版发行、影视动画片的制作生产、电视台和电影院的播出和放映、音像制品的发行、形成版权的授权代理以及衍生产品开发和营销等环节。动漫产品运作的真正成功,在于其产业链的整体规

划、合理布局以及协同调配。因此需要从加快产业转型、延长产业链条的角度入手,寻找提升动漫产业竞争力的潜在契机,通过产业集聚,完成人才、资金、技术、设备等生产要素的整合,以实现互惠互利、资源共享的"洼地效应"。

(二)加速产业融合

完善动漫产业链,需同时考虑产业链延伸与各个环节的耦合度。做好市场调研,根据市场需求完善产品的创意、策划、开发环节,在产业链上游有效聚合产业要素,化解投资风险;在产业的中心环节——产品制作方面,要作好充分的市场调研,兼顾社会效益和经济效益;应进一步拓宽传播渠道,充分利用各种技术手段不断开发新的传播渠道与宣传平台,增强品牌影响力;在产业链下游,应加强动漫品牌授权与衍生品开发,促进动漫企业与图书、音像、玩具、服装、食品等传统行业的资源整合,实现衍生品的轮次开发和深度挖掘,促进动漫产业的可持续发展。

(三)加强行业协作

加强动漫行业内协作与行业外协作,是推动动漫产业进一步发展的必然选择。行业内的协作主要在于互通有无,以资源共享与信息共享来降低制作成本和市场风险。应树立"大动漫产业观",需要整体规划、合理布局、协同调配产业链各环节,通过产业集聚,完成人才、资金、技术、设备等生产要素的整合,实现资源共享的"洼地效应"。加速动漫产业与其他产业的融合,使动漫创意、制作、传播、消费、服务和应用构成完整的产业体系,逐渐形成相互合作、相互促进的生态系统,全面步入"大动漫时代"。动漫既是内容,也是手段,因而可以和其他行业加强协作。以动漫为元素,通过动漫这种形式,可以和体育、旅游、餐饮、娱乐、教育等行业进行对接与融合,为其他行业的发展提供新的手段,也为动漫产业的发展赢得更大空间。

(四)强化品牌培育

动漫品牌建设除了鲜活的动画形象和完善的故事,尤其要重视品牌战略的规划。在品牌建设的过程中,第一,在创作过程中无论是以动漫人物还是以作品创作者为品牌,都应尽早确定品牌的基本形式,从而制定相应的品牌开发策划方案;第二,应注重培育品牌的基础受众群体,通过成本较低的新媒体先期进行品牌宣传、广告投放;第三,围绕品牌的核心理念进行分阶段、多层次的宣传推介和市场营销,宣传推介的投入甚至应该优先于产品制作环节;第四,应不断提升动漫品牌的延伸能力,开拓创新传播渠道,以品牌带动衍生品的销售,通过衍生品使动漫品牌持续增值。

(五)发掘资源内涵

正如《国务院关于支持河南省加快建设中原经济区的指导意见》所指出的,提升中原文化影响力,要创新文化传播内容和形式,进一步推动中原文化"走出去",扩大对外文化贸易。中原文化中体现普世价值的精神资源越来越受到世界的重视,因此如何从中原优秀传统文化中提炼素材,将动漫艺术与中原文化相结合,也是河南由动漫大省向动漫强省跨越的突破口之一。动漫产业是中原文化传承创新的重要载体,要充分发挥动漫在文化传承创新中的作用,探索中原人文精神的现代表达,要不断增强动漫产业原创能力,注重中原文化素养提升,增强动漫产业的文化自觉、自信、自强,回归现实生活,凸显时代精神。

(六)加大创新力度

创新是文化发展的不竭动力,也是推动河南动漫产业发展的主要途径。第一,要树立创新意识,增强动漫产业原创能力,注重中原文化元素的凝练与提升,讲好中原文化故事,为动漫产品注入具有中原特色、时代风貌与中国气魄的文化内涵。第二,应针对中国人的审美情趣、文化特质和社会发展规律,诠释和弘扬优秀的中华传统文化,促进中华文化与海外的交流和传播。第三,要增强文化与科技的融合发展,致力于向动漫产业纵深掘进,创新动漫的表达方式,将动漫产业与移动通信、个人数字化处理系统、互联网等高科技手段相结合,注重发展网络游戏、手机动漫、动漫戏剧等新兴业态。

(七)直面市场挑战

动漫产业链包括创作、发行、播出、授权、产品开发等各环节,动画片光靠播出根本无法得到相应的资金回报,必须通过衍生产品的开发才能实现盈利。动漫企业应着力扭转"重制作轻市场"的现状,从题材选择、剧情安排、角色道具设定、动画制作、特效处理、后期合成,再到节目发行、品牌建设、产品开发、品牌授权等各个环节,都要针对市场需求,制定具有针对性的产品开发方案,明确市场开发目标、方向和战略战术,做好包括资金规划、人才规划、制作计划、发行计划、渠道建设规划等在内的系列规划,不打无把握之仗。政府扶持动漫产业的思路应该呼应企业发展的需求,逐步引导企业与市场有效对接,打破"闭门造车"的困境,使优秀动漫企业和动漫产品真正在市场上脱颖而出。

(八)完善政策体系

加强政府对动漫产业的规划和引导,优化产业结构,健全动漫产业的市场机制,避免企业政策依赖。动漫产业属于高投入、高回报的文化创意产业,但与此同时投资风险也不言而喻。政府应通过合理的产业政策,鼓励支持大企业投资参与动漫产业,发挥龙头企业的引领带动作用。建立产权融资制度,优化金融服务模式,为中小动漫企业提供资金支持,创造良好的产业环境。加强动漫企业与图书、音像等传统行业的交流合作,推动动漫产业价值链上各个环节的整合,利用产品的市场盈利支持动漫项目继续成长。强化动漫产业人才支撑,创新人才培养模式,提升人才发展软环境,把引人与引智、人才培养与产业发展相结合,实现人才培养与人才需求相适应。

(本文为作者主持的2013年度河南社科规划决策咨询课题成果,与李孟舜合作,原载《河南文化发展报告(2014)》,社会科学文献出版社2014年1月)

2012年河南会展业发展态势分析

会展业起源于西方,1851年伦敦举行的首届万国工业博览会,成为近代会展业的开端。进入现代社会,以德国为代表的西方发达国家,会展业发展十分迅速,已经成为重要的经济增长点。在我国自20世纪80年代开始,会展业作为新兴服务行业走进了人们的经济社会文化生活,会展经济受到越来越多的重视。据统计,我国的会展经济以年均20%的速度增长,成为增长最快的行业之一。在此背景下,河南的会展业从20世纪80年代的全国糖烟酒订货会起步,经过近30年的快速发展,如今已经成为河南经济的重要增长点和对外宣传的重要窗口,对河南的经济社会发展起到了积极推动作用。

一、2012年河南会展业发展态势

2012年,河南会展业保持良好发展态势,文化节、博览会、旅游节、贸易洽谈会等会展形式争奇斗艳,好戏连台。会展业成为河南经济社会发展的新引擎,会展经济效益显著,有力地促进了贸易交流,很好地展示了河南形象,推动了河南经济社会的发展,在中原经济区建设中显示出独特作用。

(一)文化节争奇斗艳,硕果累累

文化节是河南会展业的主要形式。其中河南最早也是最有影响的三大文化节——郑州国际少林武术节、洛阳牡丹文化节和开封菊花文化节,都是始于上个世纪的文化节。中国洛阳牡丹文化节原名洛阳牡丹花会,始于1983年,2011年升格为国家级节会,更名为中国洛阳牡丹文化节,由文化部和河南省人民政府主办。2012年4月5日,第30届中国洛阳牡丹文化节隆重开幕,共接待中外游客1965万人次。中国开封菊花文化节原名开封菊花花会,始于1983

年,2000年升格为省级文化节会。2012年10月18日,第30届中国开封菊花文化节隆重开幕,全国政协和河南省委、省人大、省政府、省政协的领导出席了开幕式。始于1991年的郑州国际少林武术节,次年即升格为国家级武术节,由河南省政府和全国武术协会联合举办。2004年改为首届世界传统武术节,由国际武术联合会、中国武术协会和河南省人民政府主办。2010年,恢复郑州国际少林武术节,接续之前的届次,举办了第八届郑州国际少林武术节。2012年10月21日,第九届国际少林武术节盛大开幕,来自73个国家和地区的1500多名选手齐聚中原,以武会友,切磋技艺。此外,黄帝故里拜祖大典、中国姓氏文化节、信阳国际茶文化节、焦作国际太极拳年会、濮阳中国龙文化节、中国鹿邑老子国际文化节等文化节会,都是具有连续性和影响力的文化节会。这些文化节会充分展示了中原文化悠久厚重、多姿多彩的特色,在推介河南、宣传河南、让世人更多地了解中原的同时,也带来了巨大的经济效益。如壬辰年(2012年)黄帝故里拜祖大典,迎来海内外嘉宾10000余人,近4000名客商莅临盛会,签下3000多亿元大单。第30届中国洛阳牡丹文化节接待游客1965万人次,对外经济技术合作项目签约117个,总投资超千亿元;第20届信阳国际茶文化节暨2012中国国际茶业博览会,签约合作项目90个,总投资额达269.12亿元。

(二)博览会百业并举,收获多多

河南地处祖国腹地,八方辐辏,十省通衢,地理位置优越,交通十分便利,各种博览会云集河南,云集郑州,使2012年的河南博览会显得十分热闹。博览会包括农业、工业和服务业三次产业,涉及农产品加工贸易洽谈会、花木交易博览会等农业博览会,工业装备博览会、印刷包装产品博览会、照明博览会、房地产博览会、家具展览会、服装服饰博览会、裤业博览会、汽车博览会、体育运动用品博览会等工业博览会,以及以郑州商品交易会为主包括产业博览会、食品博览会、金融博览会、创意产业博览会、玉文化博览会、特色产品博览会在内的服务业博览会。其中郑州全国商品交易会、农洽会、食博会、家具展览会、工业装备博览会、中原花木博览会等,都是有广泛影响的博览会。始办于1995年的郑州全国商品交易会,是河南会展业的重头戏,也是商务部重点扶持的博览会。2012年第18届郑州全国商品交易会暨日用消费品博览会于10月12日至14日在郑州国际会展中心举办。据报道,第18届郑交会组团数及参展企业数都创下历史之最,除12个省内城市和15个国内友好城市外,泰国、老挝、马来西亚、越南、缅甸、津巴布韦、韩国等国家和地区也组团参展,参展企业达132家,参展展位310个。展会共设1438个标准展位和51个特装展位。参展企业涉及生活家居、渔具和户外用品、汽车、汽车用品、孕婴童用品等。短短三天时间,参展人员就达40多万人次。5月16日至18日举办的第十届中国(漯河)食博会,是国内有影响的食博会。包括可口可乐、茅台、统一、康师傅、汇源等世界500强企业、中国食品百强企业在内的1056家企业参展,涉及美国、德国、意大利等12个国家和地区以及全国27个省(区、市),178位大型企业高管和世界500强、国内500强及行业百强的高管应邀出席。签约项目投资额271.6亿元,贸易采购额286亿元。2012年全国农产品加工业投资贸易洽谈会,9月6日至8日在驻马店隆重召开。来自全国30个省区市、国内外161个代表团的17000多名客商组团参会,参会企业达4000多家,仅国内外500强企业就有54家之多。会议期间,签约重点项目188个,投资总额479.8亿元,其中亿元以上项目106个。发布最新科研成果300多项,签约科研成果转化项目170多个。5月10日至12日在郑州国际会展中心举办的第二届中国郑州国际家具展览会,吸引了400多家国内外企业参展,省内外众多龙头企业参展亮相,为期三天的展会现场人流量达6万人次,参展商数量、展出规模、专业观众数量等各项指标均创造了中部家具展会的最高历史纪录。据不完全统计,展会期间总成交额(包括意向成交额)达6亿元。

(三)旅游节增添亮色,助推发展

包括文化旅游在内的各类旅游节,不仅推动了河南旅游业的发展,为河南经济社会发展带来了活力,同时也是河南会展业的重要组成部分。2012年,一些有重要影响的旅游节相继举办,如9月26日开幕的2012年中国(郑州)世界旅游城市市长论坛,有近100个国内外城市市长抵达参与盛会,共同探讨"旅游·城市活力之源"这一主题。本次论坛,增加了世界旅游城市博览会、河南省情说明会暨旅游产业洽谈会及欢乐大巡游三项内容。世界旅游城市市长论坛已成为向世界宣传河南旅游的一张名片、向全球展示河南文化魅力的一大舞台,吸引着越来越多的国内外旅游城市的市长和重要旅游组织的官员们前来参加。中国洛阳河洛文化旅游节是河南省比较有影响的文化旅游节,2012年河洛文化旅游节于9月22日至10月10日举行,共接待境内外游客733.54万人次,旅游总收入37.01亿元。其中,接待国内游客731.44万人次,国内旅游收入

36.65亿元;接待入境游客2.1万人次,旅游创汇598.35万美元。全市各主要旅游景区(点)共接待游客586.83万人次,门票收入8087.84万元。中国(三门峡)国际黄河旅游节是一个传统旅游节,已经举办了17届。2012年第18届中国(三门峡)国际黄河旅游节于5月18日至22日举行,先后举办11项经贸活动,参与客商1236人,共签订77个项目,签约金额711.7亿元,签约金额创历届黄河旅游节之最。此外,还有一些较有影响的旅游文化节,如2012中国·安阳殷商文化旅游节、2012中国·新乡第一届旅游节、2012中国·南阳诸葛亮文化旅游节、老君山文化旅游节、2012"5A嵩县"旅游节暨"白云山杯"第八届伏牛山旅游登山节等旅游文化节,这对推动河南文化旅游的发展都发挥了重要作用。

(四)会展业蓬勃发展,会展经济效益显著

在经济增速放缓、各项经济指标趋弱的宏观背景下,河南会展业依然保持蓬勃发展的态势。据河南省会展业商会发布的信息,2011年,河南省共举办各种形式的展览会467个,来自世界各地的400多万名客商来中原参加会展,洽谈合作,寻求商机,进行贸易交流。全年各类会展收入超百亿元,各类会展活动拉动经济增长在500亿元以上。2012年,河南会展业继续保持强劲发展势头。一些在全国有重要影响的会展,继续保持强劲影响力,无论是参加会展的人数、企业、展台、展品,还是会展创造的经济效益都显著提升。以郑州市为例,2012年上半年共举办展览79场,同比增长2.6%,完成全年目标的51.3%;展览面积93.16万平方米,同比增长53.38%,完成全年目标的54.8%。举办全国性流动展会3个,同比增长50%,展览面积9.6万平方米,同比增长18倍;新创办展会4个,同比增长100%,展览面积7.7万平方米,同比增长285%。举办3万平方米以上的大型展会5个,同比增长150%,展览总面积39.35万平方米,同比增长129%。会展业各项指标全面增长,呈现出良好发展态势,会展业已经成为河南经济社会发展的新引擎。

二、河南会展业主要特点及存在问题分析

会展业属于新兴服务产业,属于城市经济的一部分。在北京、上海、广州、深圳等地,会展业已经成为支柱性产业,对当地经济社会发展起到了重要推动

作用。即使是在成都、武汉、杭州、西安、南京等城市,会展业发展也很迅速,会展经济占GDP的比重也在显著提升。河南地处中原,得天独厚的地理条件为河南发展会展业提供了很大的便利。改革开放以来,河南会展业有了长足发展,取得了显著成就,对河南经济社会发展起到了积极推动作用,但也存在思想观念落后、缺少会展品牌、会展集聚效应不太明显、软件水平有待提升等突出问题,制约了河南会展业的进一步发展。

(一)瞄准市场路子正确,思想观念尚需转变

会展业虽然属于服务业,但它涉及的产业门类很多,三次产业的产品都可以通过会展形式进入市场,进入寻常百姓家。正是因此,会展业的发展一直瞄准市场,向市场要发展,向市场要速度,向市场要效益。应该说,会展业的市场化取向是正确的,效果也很明显。一次次会展取得骄人的成绩,很能说明问题。如2012年黄帝故里拜祖大典迎来海内外各界嘉宾万余人齐聚中原,近4000名客商赴会觅商机,签下3006亿元大单;第30届中国洛阳牡丹文化节接待游客1965万人次,同期举行的投洽会收获项目117个,总投资超千亿元;第20届中国·信阳国际茶文化节暨2012中国国际茶业博览会,签约合作项目90个,总投资额达269.12亿元。但不可否认,一些会展主办者的思想观念还停留在改革开放之初所谓"文化搭台,经贸唱戏"的思维套路上,搭好了会展的"台",却没有唱好经贸的"戏"。有的甚至为办会而办会,精力放在会展的"门面"和影响上,很少考虑会展的实际效果。有的文化节和旅游节没能把会展与当地经济、社会、文化发展有机地结合起来,没能与当地发展实际相结合,结果是花钱赚吆喝,"面子"上好看,实际上亏损。究其原因,主要在于思想观念比较陈旧,过于注重所谓的"政绩"和"形象",而没有彻底转变到市场经济上来。

(二)会展品种多种多样,主打品牌尚待开发

虽然河南会展业与北京、上海、广州等地相比处于落后地位,但就会展品种而言,河南会展业涉及三次产业,具体品种全面开花,涉及许多行业。其中有一些已经形成规模效应的连续性节会,如已经举办了18届的中国郑州全国商品交易会,举办了30届的中国洛阳牡丹文化节和中国开封菊花文化节,以及连续举办多届的中国(三门峡)国际黄河旅游节、中国漯河食博会、中原花木博览会、郑州国际少林武术节、焦作太极拳年会,等等。有些会展虽然不是连续性的,但社会影响广泛,经济效益明显,如2008年在郑州国际会展中心举办的第18届

全国图书交易博览会和第 10 届亚洲艺术节,都是在河南举办的有广泛影响的会展。客观地说,河南的会展业虽然已经经历了较长一段时间的发展历史,但迄今为止还没有形成真正有影响力的品牌,缺少在全国有广泛影响的博览会,缺少具有中原风貌、河南特色的主打品牌。郑州全国商品交易会算是有些年头的会展了,但不论其社会影响还是其经济效益,都与广交会不可同日而语。每年的会展虽然都是以自主品牌唱主角,但这些自主品牌仅仅是主角而已,还称不上名角,更算不上大腕,因而其市场效应和经济效益还都比较有限。深圳是会展业的后起之秀,深圳文博会已经成为具有广泛影响的文化产品博览会,成为全国会展业的著名品牌。正是由于其所具有的巨大影响力,才促成了 2012 年第 8 届深圳文博会招商项目和合同成交额大幅提升,共有 3319 个文化产业项目参与招商,总成交额达 1432.90 亿元,比上一届增加 187.41 亿元,同比增长 15.05%。其中,合同成交首次远超意向成交,成交额达 875.62 亿元,占总成交额 61.11%,同比增长 45.82%。深圳文博会虽然仅有短短 8 年时间,但已经作出了品牌,作出了影响,作出了效益,其经验值得借鉴。

(三)会展经济增长强劲,带动效应还不明显

河南会展业发展迅速,会展经济增长强劲。据河南会展业协会提供的数据,2011 年河南共举办各类会展 467 个,直接带动旅游、餐饮、住宿、交通、娱乐等相关产业收入近 500 亿元。省会郑州市是河南会展业的排头兵,"十一五"期间,郑州市累计办展 441 场,展览面积 572 万平方米,3 万平方米以上大型展会 57 场。其中全国大型流动展举办的数量和频次在省会城市领先。会展业主要指标以年均 20% 以上的速度增长,成为增长最快的行业之一。2011 年展览项目达 141 个,展览面积 155 万平方米,分别同比增长 38.2% 和 17.6%。参会客商 260 万人次,会展业直接带动旅游、餐饮、住宿、娱乐、交通等相关产业收入 130 亿元左右。① 2012 年,郑州会展业发展以市场化、国际化、品牌化、专业化为导向,全面推进中部会展产业带龙头城市建设,全年列入计划的展会已达 155 个,总展览面积 170 万平方米,预计拉动经济社会效益 143 亿元。2012 年上半年,郑州会展业在面临经济增速下滑的严峻形势下,各项指标依然保持增长势头,

---

① 参见《2011 郑州办会展 141 个 会展业拉动相关收入 130 亿元》,人民网河南频道 2012 年 1 月 17 日。

共举办展览79场,同比增长2.6%;展览面积93.16万平方米,同比增长53.38%;新创办展会4个,同比增长100%;展览面积7.7万平方米,同比增长285%。①从各项主要指标来看,河南的会展业发展不可谓不迅速,会展经济增长不可谓不强劲。按照通行的理论,会展业具有1∶9的带动效应,尤其是对旅游、餐饮、住宿、娱乐、交通等相关行业具有很强的带动作用,但对与展会内容直接相关的产业来说,带动效应并不明显。除一些具有河南地方特色的会展(如中国漯河食博会、信阳国际茶文化节、中原花木博览会等)之外,不少会展搭好展台,迎接宾客,只是为省内外或国外的产品和商品作宣传促销。其优点是扩大了河南的对外交流,为河南的消费者带来了更多的选择,但不足之处也很明显,那就是对河南相关产业的发展缺少带动作用,没有很好地发挥会展业应有的技术扩散功能和产业联动功能。

(四)会展硬件得以加强,软件水平亟待提升

经过多年的发展,河南会展业的硬件建设得到了显著提升。河南目前已建成并投入使用的会展场馆有12个,分别是郑州国际会展中心、中原国际博览中心、洛阳中原物流国际会展中心、洛阳恒和会展中心、新乡会展展览中心、许昌文化会展中心、驻马店国际会展中心、安阳会展中心、漯河科教文化艺术中心、信阳百花会展中心、三门峡文化体育中心、鄢陵花木博览园,可供使用的室内展览面积有50多万平方米。另有开封市会展中心和鹤壁市会展中心正在建设中。其中,郑州国际会展中心是河南目前最具现代化水平的会展场馆。它由会议中心和展览中心两部分组成。会议中心建筑面积达6.08万平方米,由容纳5000人的多功能厅、1200人的国际报告厅、两个400人的会议厅及十几个中小型会议室组成。展览中心分室内外两部分,展览面积达10.2万平方米,室内可设置3560个国际标准展位。这些会展中心为河南会展业的发展提供了良好的硬件设施和基础条件,河南会展业的快速发展很大程度上得力于这些会展场馆的建设与使用。但是,相比于河南会展业的硬件建设,河南会展业的软件水平却不太相称。这主要表现在会展策划服务公司的策划服务能力和会展从业人员的队伍建设两个方面。据《2010年河南会展业发展报告》提供的数据,2010年,河南展览公司已达89个,其中专业从事展览企业67个,相关从业人员达到

---

① 参见《以郑州为核心的中部会展产业带正在形成》,《郑州晚报》2012年7月27日。

40多万人。有研究表明,仅郑州市目前就有专业展览公司 70 多家,但从业人员不足千人。① 以此来推算,每个展览公司总人数平均仅 10 多人。在从 2012 年已经举办的会展来看,承办会展的展览公司,有不少都是外地的知名公司,如由香港世博展览集团有限公司主办、上海东信会展服务有限公司承办的 2012 年中国国际裤业博览会,千秋展览策划有限公司承办的"2012 昆明泛亚石博览会郑州展暨郑州国际玉文化博览会"。而河南本地公司,只有河南中昊文化传播有限公司、河南东智文化传播有限公司、河南天行健创意策划有限公司、郑州方圆会展策划有限公司、郑州海名汇博会展策划有限公司、郑州奥中海会展有限公司、郑州品智会展服务有限公司等承办了一些大型会展。虽然会展业展出的都是展品,但如何让展品赢得观展商和众多观众却是一个创意问题。所以,会展业的发展需要更多地借重会展策划公司,需要他们根据会展内容和特点对不同的会展进行创意,使会展取得最大的社会效益和经济效益。对河南的会展业来说,培育知名会展策划公司,增强其创意能力和市场竞争力,比增加几个会展场馆更为急迫,也更为重要。

三、推动河南会展业健康发展的对策建议

河南具有非常明显的区位和交通优势。促进现代物流业发展,形成全国重要的现代综合交通枢纽和物流中心,不仅是中原经济区建设的任务之一,也为河南发展会展业提供了历史机遇。要抓住中原经济区建设这一历史机遇,采取得力措施,推动河南会展业快速发展。

(一)转变思想观念,担当会展主角

河南会展业要取得更大的发展,就应转变单纯办会展的观念,提高对会展业的认识,把会展业作为促进河南经济、文化、社会发展的新引擎,推动中原经济区建设的新平台。传统的会展业理念,就是为参展商和客商提供一个交流交易的平台。在这样一种理念支配下,会展组织者的职责似乎就是搭好舞台,请

---

① 参见连建功《郑州市会展业人才现状及培养策略研究》,中国会展经济研究会网 2012 年 5 月 11 日。

来演员,吆喝一下请人们来观看演出。会展组织者和承办者的主要任务局限于"服务"二字,为主办方服务,为参展商服务,为客商服务。但是,在会展业竞争日趋激烈的背景下,政府部门和行业组织则不能像会展组织者那样仅仅满足于服务,而应扮演伯乐的角色,去寻找和发现能够在会展中充当主角的企业或行业,让地方企业在会展中唱主角,真正让会展业成为促进地方经济、社会、文化发展的新引擎。一些主题会展,如中原花木博览会、信阳国际茶文化节、洛阳牡丹文化节、河洛文化旅游节等,都是河南的企业在唱主角。在其他一些综合性会展中,河南的企业也应该这样做。比如河南有双汇集团、三全食品、思念集团、众品食业、白象食品、杜康控股、华英农业等众多知名食品企业,完全可以在每年一届的中国·漯河食博会上唱主角,借助食博会宣传河南的食品企业,把河南的知名食品推向全国,推向世界。只有河南的企业不再满足一般的参与,不再甘于当"看客",而是积极主动地在各类会展中充当主角,河南的会展业才会有质的飞跃,才能迎来更加美好的明天。

(二)突出中原特色,培育会展品牌

做企业就是做品牌,会展业同样如此。品牌是会展业的信誉,也是会展业的生命。一种会展一旦做成了品牌,为参展商和客商所接受和认可,其所蕴含的无形资产价值就会发挥最大的效应,为拥有者带来巨大的财富。所以,会展业要想获得更大发展和较高收益,必须注重突出地方特色,培育会展品牌,用叫得响的品牌赢得客户,赢得市场。经过多年的发展,河南会展业在品牌培育上取得了显著成就,以郑州全国商品交易会、漯河食博会为代表的博览会、展销会品牌,以洛阳牡丹文化节、开封菊花文化节、郑州国际少林武术节为代表的文化节会,以中国(三门峡)黄河国际旅游节、河洛文化旅游节为代表的旅游节会,都是突出中原特色办会展,彰显优势办会展,已经成为河南会展的知名品牌,可谓声名远播。但是,与河南拥有的优势资源相比,河南会展业的知名品牌还不多,尤其是在全国乃至世界有较大影响力的会展业品牌,河南还比较缺乏。因此,应注重挖掘河南的优势资源,加大会展品牌的培育,以形成具有中原风貌、河南特色、时代特征的会展品牌。在这方面,深圳的会展经验值得借鉴。深圳是改革开放之后形成的新兴沿海城市,他们充分利用特区这一优势,打造了中国高新技术成果交易会和中国国际文化产业博览交易会两个国家级会展,形成了两大会展品牌,产生了广泛影响力,创造了巨大的社会效益和经济效益。河南应充分发挥文化资源悠久厚重和现代文化产业门类较为齐全的优势,抓住建设华夏历史文明传承创新区这一历史机遇,打造河南的文博会,形成自己的文化会展品牌。

(三)建立市场机制,寻求更大商机

会展业属于新兴服务业,而服务业的最大商机就在市场。河南会展业要有更大的发展,就必须面向市场寻求商机,向市场要规模,向市场要效益。因此,必须尊重市场规律,用市场机制推动会展业发展。首先,会展主办方要放弃大包大揽的习惯思维,利用市场机制,充分调动会展组织者和承办者的积极性,向市场要效益。其次,会展组织者要丢掉对主办单位的依赖性,切实负起组织者的责任,积极主动地开拓市场,组织参展商,广开客源,做好会展的宣传和推介,搞好会展服务。再次,会展承办者要按照主办方和组织者的要求,在搞好市场调研的基础上,做好会展策划、创意和布展,针对参展商和客户需求,突出会展的特点、重点和卖点,增加会展的吸引力,发挥会展的社会效益和经济效益。最后,会展组织者和承办者要利用一些知名会展的影响力,主动与市场对接,扩大会展的影响力,争取会展效益的最大化。比如,河南的一些文化节,都是由当地政府主办、相关职能部门承办,政府办会展的情况还比较普遍,会展市场化程度不高。也可以通过市场机制引进与文化节、博览会、旅游节相关的文化、旅游、广告设计、高新技术、数字多媒体等企业,相互借重,优势互补,实现双赢和多赢。至于一些已经形成品牌效应的会展,更应该借助市场机制,发挥会展的品牌效应,向市场要效益,向市场要影响,进一步做大做强。应通过市场机制形成会展要素的集聚,把参展商、会展参观者及会展主办者和承办者的利益协调起来,以谋求会展各方效益的最大化。

(四)扶持会展公司,优化会展环境

会展公司是会展的具体承办者。会展公司的素质与质量,直接关系到会展的成败,关系到会展的经济效益和社会效益,关系到会展业和会展经济的发展水平与发展速度。就数量而言,河南的会展策划服务公司已经有七八十家,数量不算少,但是看一看他们承办的会展尤其是大型会展的数量,就不容乐观了。以 2012 年上半年举办的大型会展为例,仅有数家公司参与承办。如郑州宏伟会展服务有限公司承办的中国(郑州)户外体育运动用品博览会,河南中昊文化传播有限公司、河南东智文化传播有限公司和河南天行健创意策划有限公司承

办的中国郑州国际创意产业博览会,郑州方圆会展策划有限公司承办的第二届中国中原国际茶业博览会,郑州海名汇博会展策划有限公司承办的第七届中国郑州机床及工模具展览会暨第七届中国郑州工业装备博览会和第七届中国郑州照明博览会,郑州奥中海会展有限公司承办的2012(中国)郑州国际品牌服装服饰博览会,郑州品智会展服务有限公司承办的中国郑州婚博会。作为专业会展策划公司,承办会展是他们的主业,理应有更多的会展由他们来承办。但实际情况是,由会展策划公司承办的会展并不多,而大量的会展却是由政府和政府相关部门承办。这不仅造成了政府行政资源的浪费,而且对本省会展策划公司的发展也将造成不利影响。要把会展业打造成为经济发展的新引擎,就应进一步优化会展环境,为会展业的发展创造良好条件。应高度重视会展策划公司的培育,注重培育本土知名会展策划公司,打造本土会展策划公司品牌,为会展业的发展提供良好的发展环境。一些由政府或政府部门承办的会展,可以交给有承办大型会展经验的会展策划公司承办,既可以调动会展策划公司的积极性,又可以让他们接受大型会展的历练,促使他们尽快成长为有影响力的知名会展策划公司。

2012年,河南会展业保持了强劲发展势头,各项主要指标都有进一步提升。郑州市作为河南省会和区域性中心城市,会展业持续高速发展的态势成为经济发展的新引擎,在河南会展业发展中起到了龙头带动作用。展望2013年,河南会展业在全国经济增长趋稳的宏观背景下,一些有影响的、连续性的品牌会展将会继续举办,会展规模和影响将进一步扩大;会展经济将继续保持增长势头,对河南经济社会发展的拉动作用将日趋明显,对河南形象的提升作用将日趋明显,在中原经济区建设中的重要作用将日趋明显。但会展数量和会展经济的增速将会放缓,连续多年的高速增长已不可期待。因此,政府有关部门和相关会展单位应及早作出应对之策,争取主动,促进河南会展业持续健康发展。

(原载《河南文化发展报告(2013)》,社会科学文献出版社2013年1月)

河南发展文化旅游的几点思考

旅游与文化从来是密不可分的。山水景物和自然风光是旅游的物质载体,文化则是旅游的灵魂。具有文化内涵的旅游景区,在给人以审美享受的同时,也可以增加人们的文化知识,净化人们的心灵,陶冶人们的情操,给人们带来另一层面的审美愉悦。没有文化内涵的景区,虽然山水景物和自然风光也很美,但对于游客来说,总是少了一点吸引力。另外,从文化产业发展的角度看,文化与旅游的融合发展,不仅是一种趋势,而且必然是双赢或多赢的事情。从这个意义上说,河南大力发展文化旅游是一条双赢和多赢之路。

一、发展文化旅游的战略意义

自 2005 年 9 月河南省委、省政府颁布《河南省建设文化强省规划纲要》以来,尤其是 2006 年 10 月河南省第八次党代会提出"两大跨越"战略目标以来,在省委、省政府的正确领导下,乘十七大发出的"掀起社会主义文化建设新高潮"伟大号召的强劲东风,全省上下共同努力,文化强省建设在短短几年间取得了令人瞩目的成就,河南实现了由文化资源大省向有影响的文化大省的转变。这是一件可喜可贺的事情。但是,应该看到,河南还不是文化强省,与文化强省还有很大距离。在发展文化事业方面,财政投入依然欠账太多,河南的人均文化事业费连续多年倒数第一,2008 年,在人均文化事业费较上年大幅增加 40.15%,达到人均 8.25 元的情况下,位次仅上升了一位,首次超过河北,排倒数第二。① 在文化产业方面,河南的短板非常明显,譬如文化产业增加值占GDP的比重还不够高,文化产业核心层及其创造的增加值所占的比例还不够大,有广泛影响和较高市场占有率的文化品牌还不够多,文化创意产业及文化园区的发展还不够快,等等。所有这些,都制约着河南由文化大省向文化强省的跨越。

实现河南由有影响的文化大省向文化强省的跨越,需要文化事业与文化产业双轮驱动,两翼并举,需要文化事业的繁荣与文化产业的跨越发展,这是没有任何异议的。但是,从近些年文化强省的实践来看,河南的文化强省建设若想杀出重围,异军突起,必须拿出非凡的胆气,推出非常的举措,才能求得非同寻常的效果。河南省委、省政府清醒地认识到了这一点,于2008年年底发出了《关于设立河南省文化改革发展试验区的通知》,决定在全省推出8个文化改革发展试验区,为文化强省建设寻求新的突破。2009年5月,中共河南省委、河南省人民政府下发了《关于实施"旅游立省"战略,加快发展旅游产业的意见》(以下简称《意见》),明确把"旅游立省"作为河南的发展战略。这两项大的举措,突出了文化和旅游在河南经济、社会、文化发展中的重要地位,鲜明地打出了发展文化旅游的旗号,正式把文化旅游推向了前台。

文化与旅游是相互联系、密不可分的,是有机的融合体,是一种自然而然的状态。诚如河南省委书记徐光春在河南省旅游产业发展大会上的讲话指出的那样:"旅游是文化的载体,文化是旅游的灵魂,两者共生共荣。"②以人文景观为主的旅游,文化自然成为旅游的主体和灵魂。以自然风光为主的山水游,同样也少不了文化这一灵魂。关于这一点,只要看一看许多著名的旅游风景区都在通过挖掘历史文化资源来充实其文化内涵,这一问题就很清楚了。但是,长期以来,在文化与旅游的融合上,许多地方都处于自在自为的状态,而没有转化为自觉的有意识的行动。《意见》结合河南的实际,明确提出要大力发展文化旅游业,做好文化与旅游融合这篇大文章,既符合河南实际,又抓住了文化与旅游发展的关键。发展文化旅游,是全面落实科学发展观的必然要求,是实现中原崛起的必然选择,是实施"旅游立省"战略的重要举措,是河南应对国际金融危

---

① 中华人民共和国文化部网站《2008年全国人均文化事业费为18.68元——2008年全国文化数据统计分析报告之三》,2009年6月16日。
② 《中国旅游报》2009年6月5日。

机、实现"弯道超车"和跨越发展的创新之举。发展文化旅游,必将为河南经济、社会、文化的发展增添助推器和加速器,为河南保持良好发展态势、实现新的跨越提供一条新的快速通道。

二、发展文化旅游的现实依托

发展文化旅游,必须有文化资源和旅游资源作依托。文化资源是历史积淀下来的,是在社会长期发展过程中逐渐形成的。没有丰富的文化资源,就无法发展文化旅游。一些沿海或边缘省份,文化积淀不多,人文资源较少,如果打出文化旅游的旗号,肯定底气不足,也缺乏号召力。没有那么多引人入胜的文化资源,文化怎么与旅游结合?不要说游客不来,就是来了,让他们看什么?河南就不同了,河南是中华文明的发祥地,历史文化悠久,文化底蕴深厚,人文资源丰富,人文景观众多,依托丰富的文化资源发展文化旅游,底气足,思路清,方向明,路子对,大有可为。

不论就理论上还是就实践上来讲,文化资源和文化旅游都不是同一个层面的问题。有的文化资源,如出土文物和不具有开发价值的遗址、遗迹,非物质文化遗产中的民间故事传说、民间技艺、传统工艺,等等,都不具备转化为文化旅游的条件。经过适当开发可以转化为文化旅游的,毕竟只是文化资源中富有文化内涵、最具吸引力且又比较容易与旅游资源相结合的那一部分。就此而论,河南具有其他省份不可比拟的优势,具体表现在以下几个方面。

世界文化遗产双峰并峙。河南拥有两大世界文化遗产——洛阳龙门石窟和安阳殷墟遗址。龙门石窟位于洛阳市城南12公里处伊河两岸的崖壁上,凿刻有北魏孝文帝至北宋400年间的窟龛2345个,题记和碑刻2680余品,佛塔70座,造像10余万尊,是我国石刻艺术的典范之作,与敦煌莫高窟、大同云冈石窟并称中国三大艺术宝库。这里山清水秀,风光旖旎,"龙门山色"曾为洛阳八景之冠。安阳殷墟位于安阳市西北的小屯村一带,纵跨安阳洹河南北两岸,现存有宫殿遗址、王陵遗址、聚落遗址和家族墓地群等,是中国历史上第一个有文献可考并为甲骨文和考古发掘所证实的商代都城遗址。在安阳马氏庄园、袁林及洹河风光的烘托下,安阳殷墟更加显示出其独具的魅力。

少林禅武文化名扬四海。坐落在少室山下的少林寺,是中国佛教禅宗祖庭,天下武术正宗,融禅武为一体,扬名天下。少室山所在的嵩山为五岳名山,早在北朝时期就已经成为儒释道三教汇流之地,文化氛围极为浓厚。这里有汉代嵩山三阙、北魏嵩岳寺塔、元代观星台、中岳庙、嵩阳书院、法王寺塔等著名人文景观。2004年,嵩山被评选为"世界地质公园"。近年来,有关方面依托具有深厚文化底蕴的嵩山和少林禅武文化,积极对少林禅武文化进行深度开发,使少林禅武文化旅游成为河南文化旅游的经典范例。

大型文化节会争奇斗艳。改革开放以来,河南举办了许多大型文化节会,一些文化节会举办之初或许仅仅是为了吸引外资,扩大开放,促进当地的经济发展,但随着文化节会的逐步完善,近年来,一些较有影响的文化节会都采取了"文化节会+经济、贸易、旅游"的"1+3"模式,文化旅游已经成为节会的重要内容。如郑州国际少林武术节、洛阳牡丹节和开封菊花花会,都是把当地的文化资源与旅游资源相结合,三市的文化旅游开展得有声有色,效果非常明显。近年来异军突起的新郑黄帝故里拜祖大典、淮阳伏羲姓氏文化节、安阳殷商文化节、商丘华商文化节和许昌三国文化节等,都在文化旅游方面作了一些有益的尝试。

文化内涵提升景区价值。随着文化旅游成为许多游客的共识,一些著名风景区在让游客饱览景区壮美风光的同时,注重挖掘景区具有的文化内涵,让文化与旅游更好地融合,进一步提升景区的文化价值。如修武县对云台山茱萸峰的开发,就是巧妙地利用了唐代诗人王维《九月九日忆山东兄弟》"独在异乡为异客,每逢佳节倍思亲。遥知兄弟登高处,遍插茱萸少一人"的诗意,丰富了景区的文化内涵;魏晋时期,"竹林七贤"在云台山留下了许多故事传说和文化遗迹,修武县注重发掘这一历史文化的当代价值,实现文化与旅游的有机融合,先后两次邀请海内外学者就此问题进行研讨,收到了很好的效果。其他一些景区在借助文化内涵提升景区价值方面,也进行了有益探索。

认真梳理一下那些既富有文化内涵和吸引力,又比较容易与旅游资源相结合的文化资源,人们不禁会感慨:河南的文化资源真是一座蕴含丰富的宝藏。这一宝藏既是历史对河南的眷顾和厚爱,又是河南发展文化旅游的现实依托。有了这一依托,河南的文化旅游就有了坚实的基础,有了可靠的保证,有了广阔的用武之地。

三、发展文化旅游的基本原则

改革开放以来,领文化旅游风气之先的是深圳锦绣中华。投资方在原本没有任何旅游资源的深圳湾畔,大手笔修建了占地450亩的大型主题公园——锦绣中华,浓缩了中国版图上的重要景观,令游客在一天之内可以领略中华五千年的历史风云,畅游祖国大江南北锦绣河山。1989年,景区开放之初,游人如织,一票难求。时至今日,锦绣中华仍然是深圳最具魅力的文化旅游景区。深圳锦绣中华的成功,有力地证明了在缺少文化资源和旅游资源的地方发展文化旅游是一条可行之路。但是,锦绣中华的成功是不可复制的。拥有丰富文化资源和旅游资源的河南,完全没有必要复制他人。只要找准了发展路径,河南的文化旅游同样可以带给人们新的惊喜,期待新的辉煌。

发展文化旅游是一项具有战略意义的重大举措,是推动河南实现新跨越的一条重要通道。但是,在发展文化旅游产业方面,绝不能一哄而上,更不能变成"拍脑袋"工程。发展文化旅游必须慎思慎行,遵循发展文化旅游的基本规律,本着高效快捷、统筹规划、绿色环保三个原则,稳步发展,积极推进。

高效快捷是发展文化旅游的首要原则。文化旅游投资大,风险也大,所以发展文化旅游,必须遵守高效快捷的原则。为确保项目获得预期的成功,必须自始至终贯彻高效快捷的原则。在项目立项和开工之前,应邀请有关专家和业界人士进行充分论证,包括可行性论证和不可行性论证,没有通过可行性论证的项目,坚决不能立项。同时,还要进行广泛的市场调研,对项目的市场前景和持续发展能力进行科学预测,对项目的投资收益率和资产回报率进行准确评估,真正做到有投入就有回报,有大投入就要有大回报。应坚决避免建设周期太久、战线拉得太长、产生效益太慢的现象发生,一旦发生这样的现象,不仅有可能坐失良机,而且会给发展文化旅游造成更大的被动。发展文化旅游的高效快捷原则,还体现在景区布点和旅游服务上。旅游是人们出于休闲、观光和娱乐目的,为寻求精神愉悦和快感体验而进行的旅行和游乐活动。人们外出旅游,常常是在有限的时间内,实现休闲、观光和娱乐的目的,完成精神愉悦和快感体验的旅行和娱乐活动,因此,高效快捷就成了游客的基本要求。文化旅游必须适应当代人快捷多变的生活节奏和生活习惯,为游客提供高效快捷的服务。同时,在文化旅游景区的布点上,要能够体现"高效快捷"的要求,布点不能太散、太乱、太远,否则无法满足游客高效快捷的要求,令游客望而却步,因而也就无法实现文化旅游的真正目的。

统筹规划是关系发展文化旅游成功与否的关键所在。同一地区,文化资源有许多相近或相似的内容,有些原本就属于同一内容。如易学文化,淮阳、汤阴、孟津、巩义、洛宁等市县,都保留有相关的文化遗迹;又如三国文化,许昌、洛阳、郑州等市也都有很多相关的文化遗迹;再如近年来颇为热络的寻根文化,河南作为中华文明的发祥地,有70多个大姓根在河南。对这么多可以开发利用的文化资源,如果不进行统筹规划,有关市县一拥而起,一哄而上,不仅会造成文化旅游项目的重复建设,造成严重的资源和资金浪费,而且会给发展文化旅游造成难以估计的后果。在文化旅游的景区布局上,应坚持统筹规划原则,充分发挥专家学者的聪明才智,发挥文化界、旅游界和相关人士的主动性,调动有关方面和地方的积极性,经过科学论证和友好协商,充分考虑同一主题文化资源的集中度,文化资源与旅游资源的协调度,以及文化旅游的整体布局,统筹协调,谋划全局,慎重确定文化旅游项目的选点和布局。"不谋全局者,不足以谋一域。"发展文化旅游必须有全局眼光,必须把河南的文化旅游作为一盘棋,统筹规划,全盘布局。这是发展文化旅游的关键,也是高效快捷发展文化旅游的重要原则和前提。

绿色环保是保证文化旅游可持续发展的重要原则。在人们的观念中,文化旅游属于绿色产业,不会造成环境的破坏和污染。其实不然,文化旅游既是文化的旅游化,又是旅游的文化化,是文化与旅游的融合。融合不是形式,不是走过场,而是实实在在的活动,这就需要基本的文化建设和景点建设,需要交通、宾馆、管理设施等基本建设。所有这些建设势必会对环境造成某种程度的影响,因此,在进行建设之前应进行必要的科学的环境测评,以确保文化旅游符合绿色环保的要求,不能贻害地方,贻害子孙。另一方面,在文化旅游的内容与创意方面,应以先进文化为引导,以传统文化为主体,以现代文化为核心,以民俗文化为基础,展现精华,剔除糟粕,坚持有益无害的基本要求。在发展文化旅游时,应对景区的文化景点进行必要的审查,凡涉及黄、赌、毒及宣扬封建迷信的内容、创意、雕塑等,要坚决取缔,确保文化旅游在思想内容上的"绿色环保"。

四、发展文化旅游的路径选择

发展文化旅游,其实就是实现文化与旅游的融合。一方面通过提升文化含量赋予旅游景区和景点新的文化价值与精神内涵,使之更具吸引力和号召力,另一方面通过景区文化景点的建设扩大中原文化的影响力和美誉度。文化旅游是否能够搞好,是否能够取得预期效果,是否能够为中原崛起增添强大助推力,关键要看文化与旅游怎么融合,路径选择是否正确。以河南这样一个拥有丰富文化资源和旅游资源的省份来说,发展文化旅游,实现文化与旅游的融合,应该从以下几个方面着手。

一是发挥已有文化旅游产业的优势,把现有的文化旅游业做大做强。在近年来的文化强省建设中,河南的文化旅游业获得了长足发展,取得了显著成就,积累了一定的经验。如大型实景演出《禅宗少林·音乐大典》和《大宋·东京梦华》,借助音乐、舞美、表演艺术与声光电等现代科技的巧妙结合,在文化与旅游的融合上进行了成功的尝试,走出了一条河南发展文化旅游的路子。与之相类似的《君山追梦》也有不俗的表现。《禅宗少林·音乐大典》等文化表现形式与少林寺、嵩山旅游景区的结合,《大宋·东京梦华》展现的宋代文化与以清明上河园为代表的宋代文化古迹的结合,《君山追梦》对老子《道德经》的演绎与老君山旅游风景区的结合,既展示了河南在文化旅游业方面的积极探索,又展示了河南文化旅游业的优势。此外,河南一些旅游景区在文化与旅游的融合上,也都作了积极探索,优势开始显现。河南应充分发挥这些优势,把已有的文化旅游业做大做强,为进一步快速发展文化旅游业蹚出一条新路。

二是进一步丰富旅游品牌的文化价值,依托著名风景旅游区,形成中原文化旅游新格局。河南的旅游品牌有不少已经具有较高的知名度和影响力,如郑州少林寺、嵩山,洛阳龙门石窟、白马寺,安阳殷墟、红旗渠、太行大峡谷,焦作云台山,信阳鸡公山、南湾水库,开封龙亭、大相国寺、清明上河园,等等,在国内外都享有很高的知名度,深受游客的喜爱。河南要实施"旅游立省"战略,要大力发展文化旅游,仅靠这些知名品牌还远远不够,应采取有力措施,挖掘旅游品牌的文化内涵,丰富旅游品牌的文化价值,提升旅游品牌的社会知名度,逐步形成以知名品牌为龙头,以一大批具有较高知名度的文化旅游品牌为羽翼,以著名风景旅游区为纽带的文化旅游新格局。

三是强化文化与旅游的深度融合,拉长文化旅游产业链条。发展文化旅游,关键看文化与旅游是否能够进行深度融合、有机融合。文化与旅游如果仅仅是表面的粘连,文化与旅游两张皮、两股劲,就很难达到发展文化旅游的预期效果。在文化与旅游的融合方面,融合不够深、不够精、不够细的现象普遍存在,这在一定程度上制约了具有较高知名度文化旅游品牌的形成。因此,必须强化文化与旅游的深度融合,大力推进文化资源旅游化和旅游资源文化化,创新文化载体,丰富旅游资源,通过演艺、影像、雕塑、绘画、节会和主题公园等新的载体,把既具有中原特色又具有较高知名度和广泛影响力的文化资源形象化、系统化、通俗化和大众化,与旅游资源进行活性嫁接和深度融合,在文化资源与旅游资源的活性嫁接和深度融合的过程中,丰富旅游内涵,提升旅游品位,拓展旅游空间,进一步拉长旅游产业链条,实现文化旅游效益的最大化。

四是挖掘具有文化旅游价值的文化资源与旅游资源,培育新的文化旅游品牌。发展文化旅游,要在挖掘文化资源与旅游资源上下功夫,在文化与旅游的深度融合上下功夫,在培育新的文化旅游品牌上下功夫。河南的一些旅游景区,在省内有一定的知名度,在省外却缺少号召力和吸引力,原因之一,就是其文化资源没有得到充分利用,文化价值没有得到提升,文化影响力没有宣传出去。譬如神农山、王屋山、万仙山、云梦山、嵖岈山、玉皇山等,或是山清水秀,或是巍峨雄伟,或是峻峭挺拔,到处是动人景色,无一不是休闲旅游的好去处,可是河南省内的人知道它们的就不是很多,省外游客知道它们的人就更少了。再如我省的历史名镇开封朱仙镇、淅川紫荆关镇、新安铁门镇、孟津会盟镇等,文化内容丰富,文化积淀深厚,至今仍保留了一些历史文化遗迹和可以观赏的景点,但同样是知名度不高,游客寥寥。类似这样的情况还有不少。反思一下原因,除宣传不够、开发不力外,其文化旅游价值没有得到很好的挖掘也是非常重要的原因。这些景区、景点都有很多动人的故事,有许多美丽的传说,有不少值得深度挖掘的文化内容。发展文化旅游就是要深度挖掘这些景区、景点的文化资源,通过文化资源与旅游资源的融合与开发,培育新的文化旅游品牌,不断丰富和拓展我省的文化旅游时空,吸引更多的省内外游客,领略中原壮美秀丽的自然风光和深厚广博的文化魅力。

"文化河南·壮美中原。"中原的魅力不仅在于山水壮美,更在于文化的悠久深厚、博大精深与绚丽多彩。河南实施"旅游立省"战略,大力发展文化旅游,就是要更好地发挥河南的文化与旅游的优势,通过文化与旅游的深度融合,发展文化旅游产业,助推中原崛起,实现新的跨越。我们深信,只要原则明确,规划科学,路径正确,措施得力,河南的文化旅游产业一定会有大的发展和质的飞跃。

(原载《河南文化发展报告(2010)》,社会科学文献出版社 2010 年 1 月)

河南省文化产业投融资现状及实践问题研究

2010年中宣部等9部门《关于金融支持文化产业振兴和发展繁荣的指导意见》实施以来,河南省积极贯彻中央精神,发挥政策的引导和支撑作用,推动文化产业与金融业对接,进一步扩大文化产业投融资渠道,支持文化企业进行投融资的改革和发展。文化产业有了较快发展。但由于文化产业的特殊性,配套投融资政策尚不完善,加之相关投融资政策在落实过程中不同程度地存在着政策"棚架"等问题,使得河南省文化产业在投融资实践方面面临着诸多制约,需要引起有关方面的注意,并结合实际情况加以解决。

一、河南省文化产业投融资现状及实践分析

当前,我国文化产业的投资主体主要有政府、企业、银行、民间、社会和外资等。政府财政投资主要是以文化产业发展专项资金的形式,通过项目补助、贷款贴息、保费补贴、绩效奖励等,对符合文化产业发展政策、有市场发展前景的文化企业和项目予以引导和支持。但政府财政投资数量有限,主要是发挥引导和鼓励作用,真正的投资主体则是各类文化企业,尤其是大型文化企业仍然是投资主体,社会资本和民间资本则是必要的补充,风险投资亦开始尝试进入文化产业领域。近些年,社会资本和民间资本进入文化产业领域的速度在加快,而风险投资对文化产业的投资还很有限。

(一)财政专项资金是引导

近年来,河南省各级财政部门认真落实国家和省委、省政府的决策部署,通过财政专项资金,引导、推动了河南文化产业的健康快速发展。

一是设立专项资金引导文化产业发展。2006年起,河南省设立省级文化产

业发展专项资金3000万元,采取补助、贴息、奖励等方式,扶持有市场、有前景、有竞争力的文化产业项目和重点文化企业,引导和带动社会力量兴办文化产业。2012年,文化产业发展专项资金从最初的每年3000万元增加到5000万元,对文化产业发展的引导支持力度进一步加大。"十一五"期间,省财政累计筹措文化产业发展专项资金2亿元,重点支持广播电视网络升级改造等236个文化产业项目,促进了文化产业规模化、集约化、专业化发展。从2012年起,省级财政每年设立1000万元的动漫产业发展专项资金,以奖励、资助、贷款贴息、资本金(股本金)投入等方式,加大对河南动漫产业发展的扶持力度。2014年至2018年,河南省财政将设立每年2000万元的新型文化业态专项资金,用于支持动漫、文化创意等新型文化业态发展。① 郑州、洛阳、开封等市每年也从本级财政中安排一定资金,设立市级文化产业发展专项资金,支持本地文化产业项目建设和文化企业出精品、创品牌。

二是搭建投融资平台,为文化企业提供资金支持。2008年,省财政拨付3亿元支持组建河南省文化产业投资公司,运用政府资金融通社会资本,搭建省级文化产业融资平台。省文投成立以来,在动漫制作、影视剧投资等文化产业领域发挥了积极作用。省文投与中国电视艺术委员会共同创办《中国电视动画》杂志,省文投的全资子公司河南省太极道文化产业有限责任公司与东上海影视传播有限公司、温县人民政府联合投资摄制电视剧《太极·道》之《太极宗师》,作为股东方出资组建中央电视台新科动漫频道;独家出资6000万元组建河南省中视新科文化产业有限公司。许多地市也组建了文投公司,支持本地文化产业发展。

河南省和各地市在财政资金并不宽裕的情况下,拿出一部分资金作为文化产业发展专项资金,扶持和引导文化产业发展,既注重扶优助强,支持大型骨干文化企业做大做强,又强调雪中送炭,扶持小微文化企业健康发展,对河南文化产业发展起到了很好的引领示范作用。但财政资金毕竟只是引导资金,具有导向性而不具备普惠性,无法满足文化企业的资金需求。

---

① 此批专项资金是河南省在原扶持动漫产业发展专项资金的基础上,扩大了规模和支持范围,主要用于支持河南的动漫游戏及软件设计、数字内容服务、文化创意、新型文化休闲娱乐、新型演艺及中央和省政府确定支持的其他新型文化业态。

（二）企业自主投资是主体

文化企业自主投资是河南省文化产业主要的投资形式。尤其是大型国有文化企业，如河南日报报业集团、中原出版传媒集团、河南文化影视集团、河南电影电视制作集团、河南有线电视网络集团、河南歌舞演艺集团等六大国有独资或国有控股的文化企业集团，在做大做强主业的同时，以自有资金持续投入新兴文化业态，抢占文化产业发展的制高点。河南省新华书店控股的天乐动画影视发展有限公司，在动画影视制作方面积极探索，成就斐然。公司制作的《独角乐园》动画影视作品，取得了良好的社会效益和经济效益。河南日报报业集团依托所属的《漫画月刊》进军动漫产业，制作出《少林海宝》和《俺的铁蛋俺的娃》等动漫作品，在动漫界产生了广泛影响。中原出版传媒集团控股的中原大地传媒股份有限公司持续推进数字化发展，全产业链转型初具规模。在实施内容资源数字化的基础上，加快推进内容资源数字化出版和印刷产业数字化转型，通过云书网电子商务平台的建设，强力推动发行网络平台化。中原大地传媒股份有限公司还通过出版社申报、专家评审、集团公司领导层研究等程序，筛选有社会效益和经济效益的图书出版项目，运用自有资金予以资助，有效引导所属出版社在图书出版方面形成各自特色，扩大市场份额，争取更大效益。

（三）民间资本与社会资本是补充

按照国家的文化产业政策，各地市主动引导民间资本和社会资本进入文化产业领域。文化企业融通社会资本的典型案例，是中原大地传媒股份有限公司的借壳上市。中原出版传媒投资控股集团控股的中原大地传媒股份有限公司借壳焦作鑫安科技股份有限公司，于 2011 年 12 月 2 日以"大地传媒"之名在深交所正式复牌交易，成功实现借壳上市。大地传媒的成功上市，为河南省出版行业通过上市发行股票、借力资本市场进行向社会融资打通了渠道。河南有线电视网络集团通过引进其他社会资本投入的方式来进行并购重组，实现做大做强，也是成功范例。2006 年，河南有线电视网络集团引进战略合作伙伴中信集团，以现金收购方式，整合省辖市有线电视网络。目前，为加快县级有线电视网络整合，河南有线电视网络集团还将引入浙江华数集团等战略投资者。河南科技厅所属的《创新科技》杂志社转企改制后，引入河南天冠集团注资 1000 万元，组建河南科技期刊传媒集团。借助文化节会平台吸引社会资本投入文化产业，是行之有效的方式。2011 年，在河南—港澳经贸交流活动文化产业项目签约仪式上,有 12 个文化产业项目现场签约,投资总额达 220.72 亿元。其中包括香港动漫画联会与郑州小樱桃卡通有限公司合作投资 0.5 亿元的"豫港动漫产业战略合作协议";台湾动漫文化创意产业发展协会与河南省动漫产业协会合作投资 0.7 亿元的"豫台动漫产业战略合作协议";新西兰河南商会、浙商集团与开封市人民政府合作投资 120 亿元的"朱仙镇文化产业聚集区综合开发建设项目",以及拉脱维亚爱诺丁公司与登封嵩韵滑雪滑草场合作投资 5.8 亿元的"嵩山爱诺丁国家极限运动休闲基地项目"等。2014 年,河南省文化产业投资贸易洽谈会上,美国、加拿大、韩国以及北京、上海等地的客商共签约 91 个项目,签约金额 1500 多亿元,涉及广播电视电影、新闻出版发行、文化信息传输服务、文化创意和设计服务等领域。其中,项目签约金额最高的开封大龙亭主题园区,拟投资 120 亿元用于宋代园林、皇家风俗街市建设等。另外,河南风险资本在文化产业上也有所动作,已经有一些成功的范例。但总体来说,风险资本在文化产业上的投资总额还不大,投资领域还不宽。据了解,河南首家风险投资机构河南华夏海纳创业投资集团有限公司已开始进行尝试性投资。

在文化企业融资方面,银行贷款是主要融资渠道,尤其是大中型文化企业的主要融资方式。而小微文化企业则由于资产规模小,产品市场份额少,企业有产品无品牌,导致缺少市场竞争力,缺少可以抵押的资产和品牌。因此,小微企业向银行融资无一不是困难重重,往往只有通过私人借贷和地下钱庄来解决融资难的问题。但私人借贷和地下钱庄的高利率以及由此产生的信贷危机,不仅加剧了小微企业的融资难问题,而且也加大了小微文化企业的破产风险。概言之,河南省文化企业融资实践主要有以下四种形式:

各类银行是目前河南文化企业最主要的融资渠道。2009 年 8 月 12 日,河南省人民政府与国家开发银行在京签订我国金融业支持文化产业发展的首个合作备忘录,标志着金融业支持文化产业发展进入新阶段。根据合作备忘录,国家开发银行将把河南省作为支持文化产业发展的试点省份,探索开发性金融支持文化产业发展的新模式和新机制。2011 年,河南省文化厅分别与中国工商银行河南省分行、中国农业银行河南省分行、中国建设银行河南省分行签订战略合作协议。此后三年到五年,签约的 3 家银行将为河南省文化产业发展提供 300 亿元的综合意向授信,为河南省的文化企业提供了有效的信贷融资平台。目前省内银行业对文化产业的金融服务主要有"广电传输网络建设的项目贷款""文化产业示范园区(基地)建设的项目贷款"以及"新闻出版产业园建设项目贷款"等。在文化产业项目方面,省内已经出现了一些银企合作的成功案例。例如开封清明上河园打造的《大宋·东京梦华》演出项目,就获得了中国工商银行7500万元的项目贷款。

民间集资是河南小微型文化企业的重要融资方式。由于银行贷款门槛高,河南小微文化企业的融资渠道主要是内源融资,主要包括业主自有资金、向亲友借贷的资金、风险投资以及企业营业后积累的资金等,信贷、合资、投资等其他融资方式利用较少。其实,小微企业融资难、贷款更难的现象在全国其他行业普遍存在。目前小微企业的贷款规模仅占银行信贷总额的10%左右,全国乡镇企业、个体私营企业、"三资"企业的短期贷款仅占银行短期贷款的14.4%。河南的小微文化企业在此问题上表现得更为突出,由于小微文化企业固定资产数额较小,从事的文化产业项目缺乏可持续性,产品市场份额无法准确评估,难以准确把控未来收益预期,其拥有或将拥有的版权、专利等无形资产存在资产估值困难、专业性要求高等问题,再加上目前银行作为企业融资主要渠道存在"嫌贫爱富"的观念,因此,银行贷款对小微文化企业的门槛较高,大多数小微文化企业几乎很难获得银行贷款。这些企业大多是通过非正规的方式进行融资,主要通过创业者个人的储蓄、亲朋好友的借贷、企业职工的内部集资等方式,有的甚至走向高利贷市场。

文化产业投资基金是拓宽融资渠道的有益尝试。设立文化产业投资基金是解决文化产业投资难的重要途径。以中国文化产业投资基金的设立为标志,目前国内已设立类似的投资基金数十家。有报道显示,自2007年中国媒体基金设立以来,至2013年5月,国内累计成立文化产业基金92只,其中已经募集完成者有56只,32只基金正在募集。这些基金涉及18个省(市、自治区),其中北京、上海、浙江、广东等省市设立的文化产业基金最多,达到48只,超过已设立的文化产业基金总数的50%。河南省文化产业投资基金设立较晚,2014年才有所动作,有的开始募集成立,有的开始设立,有的已经建立了管理团队。8月,由大河传媒投资有限公司发起设立,天伦投资控股公司、上海秉益投资公司、四川赢越投资公司等参股的大河南基金管理有限公司正式注册挂牌成立,并募集资金规模为2亿元的股权+债权的夹层基金。河南省的文化产业投资基金正式开始了破冰之旅。

债券是河南文化企业有待发展的融资方式。银行间债券市场是今后文化企业债券融资的发展趋势,发行债券种类包括中期票据、短期融资券、超短期融资券、中小企业集合票据等。文化企业通过发行企业债券,可以有效地解决融资难的问题。多个文化企业联合发行集合票据,可以解决单个中小企业债券发行规模小、费率高的问题。2010年,由北京银行主承销的北京市石景山区文化创意中小企业集合票据,通过成本分摊、各级财政补贴,最终3家联合发行企业承担的成本连发行债的利率都不到。据中国银行间市场交易商协会初步统计,文化企业债券融资平均发行利率为6.17%,低于同期银行贷款利率8.53%,已累计为发债的文化企业节省资金30亿元。以西安曲江集团为例,通过发债,其综合融资成本降低了42.16%,而深圳华强集团综合融资成本更是降低了64.85%。债券发行,为文化企业在银行信贷外多了一个直接融资的新渠道,使企业能够更便捷、更便宜地融资。但由于河南在企业债券发行方面比较滞后,河南文化企业通过发行债券进行融资的情况迄无先例。这也是河南进一步拓展文化产业投融资渠道应予重点推进的方向之一。

二、河南省文化产业投融资政策分析

2005年以来,国务院和中央有关部委为了推动文化产业发展繁荣,先后出台了一系列支持文化产业的财政、金融、税收等政策。2005年12月23日,中共中央、国务院颁布《关于深化文化体制改革的若干意见》,首次允许转制为企业的文化单位,可以吸收部分社会资本,进行投资主体多元化的股份制改革。国务院《关于非公有资本进入文化产业的若干决定》,使得非公有制资本进入文化产业有了依据。2005年7月6日,文化部、国家发改委等部门联合出台的《关于文化领域引进外资的若干意见》,就外资进入文化及传媒领域作出了明确规定。2006年《国家"十一五"时期文化发展规划纲要》发布,指出:"充分利用国内外资本市场,拓宽文化产业投融资渠道。鼓励文化企业通过发行公司股票,企业债券在资本市场直接融资。完善文化企业间接融资制度,通过创新信贷担保手段和担保办法,为文化企业向金融机构借款提供便利条件。"2011年,党的十七届六中全会审议通过了《中共中央关于深化文化体制改革推动社会主义文化大发展大繁荣若干重大问题的决定》,指出要"创新投融资体制,支持国有文化企业面向资本市场融资,支持其吸引社会资本进行股份制改造"。2012年2月《国家"十二五"时期文化改革发展规划纲要》发布,提出"加大财政、税收、金融、用地等方面对文化产业的政策扶持力度,对文化内容创意生产、非物质文化遗产项目经营实行税收优惠","落实和完善金融支持文化产业发展政策,加强和改善对文化企业的金融服务。发挥文化产业投资基金的引导作用,吸引金融资本和其他社会资本进入文化产业。完善文化市场准入政策,吸引社会资本投资文化产业"。2013年,党的十八届三中全会通过的《中共中央关于全面深化改革若干重大问题的决定》指出,要建立多层次文化产品和要素市场,鼓励金融资本、社会资本、文化资源相结合,为金融支持文化产业发展、破解文化产业发展的资金难题指明了方向。

按照中央推动社会主义文化大发展大繁荣、建设社会主义文化强国的要求,河南省委、省政府结合省情制定了建设文化强省、打造华夏历史文明传承创新区、建设文明河南等文化发展的战略目标,陆续出台了一系列支持文化产业发展的政策措施,对河南文化产业发展起到了积极的推动作用。近些年来,河南文化产业由小到大、由弱趋强,形成了以河南日报报业集团、中原出版传媒集团等六大文化产业集团为主体,以众多中小文化企业为辅翼,传统产业、特色产业、新兴产业协同发展的新格局。目前,河南文化产业各行业业态逐步完善,竞争力明显增强,中原文化影响力进一步扩大。这些成就的取得,中央和河南省已经出台的文化产业投融资政策发挥了非常重要的作用。

但是,无论就文化产业相关政策的落实情况而言,还是就相关政策的协调配套性而言,目前已经出台的文化产业投融资政策,在一定程度上存在着与河南文化产业发展实际结合不紧、实践性不够强,宏观指导性居多、微观操作层面较少等问题。政策操作性不强,相关政策协调性不够,就必然导致政策落实难,更难以形成政策叠加效应。如经营性文化事业单位转企改制之后5年内免征企业所得税,月销售额不超过2万元的小微文化企业免征增值税和营业税,以及小微文化企业免征减征税费等相关政策,具体执行起来都有一定的难度。从政策执行效果来看,国家及河南省出台的支持文化产业发展的一些财政和税收优惠政策尚未完全落到实处,受惠面和惠及力度都比较有限。此外,政策"棚架"现象比较明显,政策执行不力和政策协调性不够,以及政策不到位的现象也比较普遍。这些问题的存在,某种程度上消解了相关文化产业财政税收政策的正效应,需要引起有关方面的高度重视。

表1 国家及河南省出台的文化产业投融资政策要览

时间	发布机关	文件名称
2005年4月13日	国务院	国务院关于非公有资本进入文化产业的若干决定
2005年7月6日	文化部、国家广电总局、新闻出版总署、发改委、商务部	关于文化领域引进外资的若干意见
2007年2月6日	财政部、国家税务总局	关于宣传文化所得税优惠政策的通知
2007年7月17日	财政部、国家税务总局	关于扶持动漫产业发展有关税收政策问题的通知
2009年4月27日	商务部、文化部、广电总局、新闻出版总署、进出口银行	关于金融支持文化出口的指导意见
2010年3月19日	中宣部、中国人民银行、财政部、文化部、广电总局、新闻出版总署等	关于金融支持文化产业振兴和发展繁荣的指导意见
2010年12月29日	保监会、文化部	关于保险业支持文化产业发展有关工作的通知
2011年4月11日	文化部	文化部关于推进文化企业境内上市有关工作的通知
2011年12月7日	财政部、国家税务总局	关于继续执行宣传文化增值税和营业税优惠政策的通知
2011年12月27日	财政部、国家税务总局	关于扶持动漫产业发展增值税和营业税优惠政策的通知
2012年4月24日	财政部	关于贯彻落实十七届六中全会精神 做好财政支持文化改革发展工作的通知
2014年4月8日	财政部、国家税务总局	关于小型微利企业所得税优惠政策有关问题的通知
2014年5月31日	财政部、发改委、国家税务总局、新闻出版广电总局等	关于支持电影发展若干经济政策的通知

三、河南省文化产业投融资实践问题分析

由于产业特点和体制机制的约束限制,目前河南还没有实现文化产业与金融及资本市场的有效对接,发展资金不足是文化企业的普遍问题。这不仅影响了文化企业做大做强,影响到部分文化企业的生存发展,而且也制约了河南文化产业持续健康发展,使得文化产业成为河南省国民经济支柱性产业的目标更难实现。

(一)文化企业投融资渠道单一

文化产业的发展要求建立多元化的投融资体系,但现实是河南文化企业的融资模式比较单一,间接融资占比重过大。由于银行贷款比风险投资更安全,比社会资金更实惠,因此银行贷款成为文化企业融资的主要途径。在我国其他行业融资中都有这个特点,间接融资特别是银行信贷融资占90%以上,在文化企业里面间接融资占比更大。虽然随着融资渠道的拓展,有更多的社会资本进入到河南文化产业中来,但是相比其他文化产业比较发达的省市区,河南文化产业的融资方式比较传统和单一,民间资本、社会资本和外资进入文化产业领域的份额还不够大,私募基金、风险投资、债券融资、网络融资等,都还处于尚待试验探索阶段。而发达国家则通过多层次的投融资体制发展文化产业,以美国的电影业为例,华尔街的私募基金用电影投资基金的方式投资到电影制作,投资银行以影片的DVD销售收入和票房收入为基础资产向投资者发行证券化产品,充分利用国际直接投资,这种多元化的投融资体系为美国电影产业的繁荣提供了强有力的资金支持。但目前河南文化产业投融资渠道狭窄,银行信贷作为主要融资方式,不仅太过单一,而且与文化企业巨大的资金需求相比,资金投入显得严重不足,民间资本、社会资本和外资参与度较低,河南文化产业发展面临的资金严重短缺的问题仍将持续。

(二)小微文化企业普遍存在融资难

尽管小微文化企业已成为河南文化产业的生力军,但是由于小微文化企业规模小,缺少土地、房产等有效抵押的不动产,银行贷款难,又很难以包含版权在内的知识产权等无形资产认定、确权、抵押、投资等方式进行投融资,因此

目前融资难、资金短缺已成为小微企业最希望政府及相关部门解决的首要问题。

课题组深入文化企业调研,听到最多的呼声就是希望金融机构在投融资问题上既要锦上添花,更要雪中送炭。小微文化企业融资难与当前的银行信贷机制有关。自1995年金融体制改革以来,国有商业银行实行股份制改造,为股东追求利益最大化是各种商业银行的目标。为保证资金安全和保值增值,商业银行已经成为注重信用成本与资金安全回收的商业化金融机构。这些商业银行从自身经济利益出发,必然偏爱大中型企业,忽视小微企业,偏爱技术创新成熟企业,忽视传统创业起步企业,这也是小微企业融资难问题得不到根本解决的主要原因之一。虽然现在一些金融机构开始为小微文化企业提供资金支持,但大多成本较高,不少企业难以承受。据课题组到一些地市调研,中小文化企业的贷款融资成本大多偏高,不少都在12%至15%之间,超出商业银行实际贷款利率的2倍还要多。如此之高的贷款融资成本,使得许多中小文化企业不敢贷、贷不起。这就更加造成了中小文化企业的贷款难和融资难,由此而形成了恶性循环。由于缺乏资金投入,小微文化企业只能靠自身"滚雪球"的办法来壮大自己的企业,但这个"雪球"何时能够滚大,中小文化企业家们心里没有底。这种现象无疑制约了小微文化企业的进一步发展。

(三)民间资本和社会资本进入限制多

由于市场体系不健全,金融市场不完善,一方面民间资本和社会资本存在着闲置、浪费的现象;另一方面由于进入门槛限制,民间资本和社会资本在文化领域的投入渠道非常有限。许多门类和行业对民间资本和社会资本的进入有非常严格的限制。以电影业为例,要求从事电影摄制业务的企业必须是"有符合国务院广播电影电视行政部门认定的主办单位及其主管机关",这就限制了社会资本从事电影制作。在外资引进和使用上,也有一定的政策和地域限制。受目前国内整个文化投融资环境的影响,河南文化产业利用民间资本和社会资本的数额非常有限。至于通过私募基金和企业债券等形式投入文化企业,则由于私募基金、风险投资和企业债券在河南省尚属于空白,所以,对许多中小文化企业来说只能是望梅止渴。而西方文化产业发达国家则十分注重利用民间资本和社会资本发展文化产业,如美国对特定文化活动的捐助资金是政府资金的二到三倍,民间资本和社会资本在推动文化产业发展方面扮演着主力军角色。

因此,在推动民间资本和社会资本进入文化产业方面,则需要进一步深化文化体制改革,按照法无禁止即可为的原则,积极引导民间资本和社会资本投入文化产业,从根本上解决发展文化产业资金难的问题。

四、破解河南文化产业投融资难问题的政策建议

要破解目前河南文化产业投融资方面存在的突出问题,需要进一步深化文化体制改革,营造良好的投融资环境,加大财政资金引导力度,发挥财政、企业、社会三方的积极性。同时,应创新投融资机制,创新投融资模式,积极引导民间资本和社会资本进入文化产业,为河南文化产业发展提供强大的资金支持。

(一)进一步落实文化产业财政税收政策

全面落实国家、省里有关文化产业发展的财政、税收、金融等政策,强化对文化企业的税收支持。根据河南文化产业的发展情况,及时发现河南文化产业发展过程中出现的新情况、新问题,科学合理地制定完善发展文化产业的各项财税政策。加大省级重点文化产业园区和重点文化企业(文化产业"双十工程")支持力度,重点支持一批具有广阔市场前景的文化产业项目,落实文化企业增值税、营业税、文化事业费等减征免征政策,切实为文化企业减负增效。对国家和河南省鼓励发展的文化产品实行出口退税政策,推动河南的文化企业积极开拓国际文化市场。

(二)发挥市场配置资源的决定性作用

资本是重要的生产要素。要深入贯彻落实十八届三中全会精神,进一步发挥市场配置资源的决定性作用,依靠市场这只无形之手和政府有形之手,引导金融资本进入文化产业,为文化产业发展提供金融支撑。确立金融机构的市场主体地位,明确政府职权的领域和边界,对于能由市场来解决的事情就"放手"交给市场,交给市场主体,让文化企业与金融机构有效对接,根据市场供求关系的变化合理配置金融资源。进一步放宽文化产业的准入门槛,吸引民间资本和社会资本进入文化产业,形成多元、竞争、有序、合理的文化金融市场体系。

(三)进一步拓宽文化产业投融资渠道

除信贷投入外,河南还要积极支持文化企业通过股票、债券、保险、信托、金

融租赁、创业投资、股权投资等方式融资,特别是推动优秀文化企业通过上市、发行债务融资工具、引进私募股权基金和风险投资基金等方式拓宽融资渠道。在政策允许的范围内,鼓励、支持和引导境内外资本以多种形式参与项目建设。积极开展信托计划、融资租赁以及文化产业项目未来收益证券化等融资工作,吸引符合条件的保险公司到河南设立文化产业投资基金。选择一些实力强、信誉好的保险公司开展信用保险业务,弥补现行的文化产业融资信用担保体制的不足。

(四)以机制创新进一步拓展金融服务

鼓励金融机构根据不同类型、规模、资产结构的文化企业的资金需求特点,在授信审批、信用评级、金融产品和服务模式方面进行创新。探索推出"大师贷",即对于省市级以上工艺美术大师、非遗传承人等用于工艺美术行业需求的贷款无须担保、抵押,大师和传承人凭其工艺美术大师、非遗传承人资格可获得相应额度贷款。积极扩大抵(质)押范围,探索推广知识产权、专利权、商标权、电影制作权、著作权、版权等无形资产抵押贷款等信贷模式,降低文化企业特别是中小文化企业融资门槛。鼓励和支持银行金融机构与非银行金融机构加强合作,综合利用多种金融服务和金融产品,做好文化企业从初创期到成熟期各发展阶段的融资方式对接。创新推广企业联保、组建行业协会、设立产业园区担保公司等模式,支持文化产业示范园区(基地)健康发展。

(五)发挥文投公司的投融资平台作用

应进一步发挥河南省文投公司和各地市文投公司的作用,整合河南丰富的优势文化资源,通过实施重大项目战略,对发展前景看好的重点文化资源进行深度开发,对优势资源进行产业化的重点项目,可以在进行充分论证的基础上,借助网络游戏、动漫、创意设计等新兴文化产业项目进行示范性投资,把分散的文化资源转化为文化资本。搭建多元化的投融资平台,探索设立文化创意投资公司、文化旅游小额贷款公司、文化产业投融资担保公司等,利用固定资产投资、企业债券、以商招商等多种手段盘活有限的资金,实现文化资本的保值增值。

(六)增强大型文化企业的投融资能力

尽管目前河南已经有符合条件的文化企业上市融资,但总体来看,企业上市的数量和融资规模仍然较少。今后,河南应该积极利用资本市场的投融资平台,加快做强做大一批具有竞争优势的国有大型文化企业集团、民营文化企业和混合经济文化企业,鼓励符合条件的大型文化企业进入资本市场,发行企业债券和通过发行股票融资。另外,大型文化企业可以通过直接投资来实现资本增值。如洛阳日报报业集团控股洛阳一家占有90%市场份额的民营楼宇电视公司,参股成立了一家户外广告公司和洛阳市第一家互联网金融公司,与汝阳县政府合作组建了大虎岭农业公园投资管理公司等,在大型文化企业多元化经营、多途径投资等方面作出了积极探索。应鼓励大型文化企业积极探索混业经营之路,以进一步增强大型文化企业的投融资能力,争取早日跻身全国文化企业30强行列。

(本文为作者主持的2014年度河南省社科规划委托项目成果,与郭艳合作,原载《河南文化发展报告(2015)》,社会科学文献出版社2015年3月)

豫北四市文化产业发展比较研究

在党的十七大"推动文化大发展大繁荣"精神指引下,河南省委、省政府积极推进河南由文化资源大省向文化强省的跨越。在此背景下,河南各地市根据各自的文化资源状况,实施文化强市战略,积极繁荣文化事业,大力发展文化产业,各项文化建设在"十一五"期间都取得了显著成就。位于河南北部的安阳、濮阳、鹤壁和新乡四市,注重发挥各自的文化资源优势,采取得力措施,强力推进文化产业发展,取得了很好的效果,在区域文化发展中展示出勃勃生机。

一、豫北四市文化产业发展概述

豫北四市位于黄河以北、太行山以东,属于华北平原。北与河北省邯郸市接壤,东与山东聊城、菏泽相邻,曾经是1949年华北人民政府通令成立的原平原省的主体区。总面积22027平方公里,约占全省国土面积的13.6%。人口1600多万,约占全省总人口的16%。豫北四市是河南文化产业的重镇,在全省的文化产业发展中具有举足轻重的地位。在2009年河南省18个地级市文化产业增加值排序中,新乡市位居第6位,达30.05亿元;安阳市位居第10位,达17.84亿元;濮阳市位居第12位,达16.61亿元;鹤壁市是一个仅有146万多人、区域总面积2182平方公里的地级市,文化产业增加值为5.35亿元,在全省排第17位。豫北四市2009年文化产业增加值总计为69.86亿元,占全省文化产业增加值的11.2%。与2008年的64.98亿元相比,增加了4.88亿元。其中安阳市和鹤壁市的实际增长分别为17.2%和17.8%,新乡市和濮阳市的实际增长则超过了19%,分别是19.1%和19.7%,增长速度皆远远超出各市同期GDP的增长速度,也超过了河南省15.13%的平均增速。

总结河南省实施文化强省战略以来豫北四市文化产业发展的成就,主要可以概括为以下几个方面:

一是文化产业显示出较好的发展势头。豫北四市文化产业呈现出全面发展的态势,不论核心层、相关层还是外围层,都有了长足的发展。譬如新乡市,2009年广播电视电影服务业全年实现增加值10775万元,同比增长71.6%;网络文化服务业全年实现增加值427万元,比上年增长67.1%,二者都呈现出超常规增长的态势。安阳市的河南凯瑞数码公司,2009年实现销售收入36354万元,出口创汇4761万美元,已成为目前国内最具竞争力的可录类光盘生产企业。鹤壁市的百运佳印务有限公司(大豆油墨生产)已发展成为国内唯一具有自主知识产权的环保节能大豆油墨生产基地,年产值2000万元,利税500万元;天章纸业是国内办公及商业信息记录纸品的重要生产厂家之一,年销售收入超亿元。

二是推出了一批重大文化产业项目。豫北四市发展文化产业注重项目带动,先后上马了一批具有区域带动力的文化产业项目。除前述河南凯瑞数码公司、百运佳印务有限公司、天章纸业等具有规模效应的文化产业项目外,濮阳市历时三年、总投资5500余万元精心打造的大型国际精品剧目《水秀》,于2009年成功推出,已累计演出70余场,接待观众8万余人次,获得了良好的经济效益和社会效益。新乡市重点打造印刷包装业基地:新引进的现代包装有限公司总投资30亿元BOPP生产线项目,一期投资5亿元;雯德翔川油墨有限公司生产油墨供应《人民日报》《光明日报》等中央级媒体,年产值2亿元;瑞丰化工的无碳复写显色剂专利技术填补了国内空白,产品占据国内市场半壁江山;新亚集团机制纸年销售额39亿元。

三是文化产业增加值占GDP的比重逐步提高。安阳市2008年文化产业增加值为15.82亿元,占全市GDP的比重为1.53%。2009年文化产业增加值为17.84亿元,占全市GDP的比重为1.61%,提高了0.08个百分点。濮阳市2008年文化产业增加值为14.5亿元,占全市GDP的比重为2.21%。2009年文化产业增加值为16.61亿元,占全市同期GDP的2.47%,较上年提高了0.26个百分点。鹤壁市2008年文化产业增加值为4.7亿元,占全市GDP的比重为1.38%。2009年文化产业增加值为5.35亿元,占全市GDP的比重为1.42%,提高了0.04个百分点。新乡市2008年的文化产业增加值为29.94亿元,占全市GDP的比重为 3.15%。2009 年文化产业增加值为 34.05 亿元,占全市 GDP 的比重为 3.21%,提高了 0.06 个百分点。

四是培育出一批具有地方特色的文化品牌。豫北四市都比较注重文化品牌的培育,目前较为著名的文化品牌主要有安阳殷墟、中国文字博物馆,濮阳市以杂技演艺为主的《水秀》《神龙部落》,新乡市的电视剧《大国医》,鹤壁市的百运佳印务、天章纸业,等等,都在其所在领域或行业有较大影响。如投资 5.375 亿元的安阳中国文字博物馆,虽然属于公益性文化设施建设,但它与安阳殷墟、袁林、天宁寺、马氏庄园等相互呼应与映衬,有力地助推了安阳文化旅游业的发展。

五是文化竞争力明显增强。经过近年来的快速发展,豫北四市的文化实力显著增强,文化竞争力和影响力逐步提升。如濮阳杂技,年演出场次 6419 场,观众人数近 1200 万人次。濮阳豪艺杂技(集团)有限公司已形成了美国奥兰多迪斯尼、日本大阪环球影城、德国国家马戏大棚、杭州宋城集团、中原绿色庄园等 6 个固定演出场地。濮阳华晨杂技集团有限公司被国家商务部等四部委命名为"2009—2010 年度国家重点文化出口企业",成为河南省唯一一家国家重点和全国优秀出口文化企业。杂技艺术的深度开发,极大地提升了濮阳中国杂技之乡的知名度和影响力。

二、豫北四市文化产业发展比较分析

豫北四市同处于黄河以北、太行山以东的华北大平原上,面临的发展文化产业的自然条件和人文环境大体相同,但是在文化产业发展的路径选择上,四市却是根据各自拥有的有限的文化资源作出了不同的选择,在差异化发展中走出了一条特色产业之路。

安阳市:文化旅游走在前列。安阳是"八大古都"之一,文化底蕴非常深厚。安阳殷墟是世界文化遗产,中国文字博物馆在全国独一无二,此外还有袁林、马氏庄园、林县红旗渠、羑里城等景观。在发展文化产业的路径选择上,安阳注重文化与旅游相结合,重点发展文化旅游业,相继推出了一批既能够满足广大人民群众多样化文化需求,又能够适应市场发展需要的文化产业项目,如小屯·

殷墟国家大遗址公园规划建设、内黄二帝陵和三杨庄遗址公园建设、马氏庄园扩建工程项目等。同时,注重发展为安阳所独有的殷商文化优势,深度开发殷商文化艺术等民间工艺品,形成独特的产业发展优势。在文化与科技的结合上,安阳凯瑞数码公司已经在可录光盘研发制作方面形成了优势。

濮阳市:杂技之乡谱新篇。濮阳市充分发挥杂技艺术之乡的优势,集中人力、财力、物力打造杂技精品,把杂技文化产业做大做强,培育出濮阳豪艺杂技(集团)有限公司和华晨杂技集团有限公司等有实力、有影响力的文化企业,成功推出了《水秀》《神龙部落》等杂技演艺剧目,已经初步形成品牌效应。

新乡市:着重打造"三个基地"。新乡市着力打造文化旅游业基地、印刷包装业基地和工艺品制作业基地。其中印刷包装业基地已经形成整体效应,新机彩印设备制造、成林纸业、瑞丰化工物探复写显色剂、新亚复印纸生产、怡达印务等一批文化产业项目,从印刷设备的制造和销售、文化用纸制造、无碳复写显色剂的研发、设计包装到图书文化产品销售等环节,形成了一条完整的印刷包装产业链,产业优势初步显现。

鹤壁市:注重非物质文化遗产的开发利用。鹤壁市历史文化积淀厚重,非物质文化遗产丰富,为文化产业发展提供了资源优势。鹤壁注重发挥资源优势,依托浚县民间社火和浚县泥咕咕等国家级非物质文化遗产,大力发展庙会产业和工艺美术产业,全市乡村庙会达300余场次,计千余天。每年的庙会商品交易额达5亿元。其中,浚县正月古庙会为华北四大庙会之一,在国内外享有极高声誉,规模大,会期长,吸引周边5省80多个市县300多万游客,商品交易额达2亿元。

但是,应该看到,豫北四市在依托各自优势、走差异化发展文化产业之路的同时,还存在着一些不容忽视的问题。主要表现为文化产业结构不尽合理,具有带动力和影响力的大企业、大项目还不多,科技创新能力不够强,文化产业增加值存在"两个偏低"现象。

文化产业结构不尽合理。从四市文化产业增加值的构成来看,相关层(文化用品、设备及相关产品的生产与销售)占到了80%以上,而属于核心层和外围层的内容产业和创意产业,则皆处于比较弱化的状态。尤其是文化创意产业,四市都投入了大量的人力、物力和财力,试图在文化创意产业方面有更大的发展。从其结果来看,应该说收到了一定的效果和效益。但是,就新兴文化业态的培育与扶持,以及其市场运行而言,与预期效果还是有很大的距离。投入大产出小,甚至花钱赚吆喝的情况,都程度不同地存在着。

具有带动力和影响力的大企业、大项目比较少。豫北四市在发展文化产业方面,比较重视培育大型文化企业,通过大型文化产业项目带动相关产业发展。如安阳凯瑞数码公司实际投资已达9亿元,濮阳市精心打造的大型杂技精品剧目《水秀》投资5500多万元,新乡市新引进的现代包装有限公司总投资30亿元BOPP生产线项目,一期投资就高达5亿元。但总的来说,年产值(或销售收入)超亿元的大型文化企业还不多,真正有带动力、影响力的大型文化产业项目还比较少。与此相联系,许多文化企业和文化产品尚未形成品牌效应。

科技创新能力还不够强。从四市文化产业结构来看,传统工艺品制造、文体用品制造、印刷包装等行业占了相当大的比重,而诸如文化科技、工艺设计、影视制作、动漫网游、艺术品制作、信息技术等科技含量高、文化附加值高、市场效益高的企业和产品却比较少。究其原因,则是文化产业领域高端文化人才的极度匮乏,导致不论企业还是整个产业,都缺乏自主创新能力。

文化产业增加值存在着"两个偏低"。文化产业增加值是衡量一个地区文化产业发展水平的主要指标。考察豫北四市文化产业增加值,可以发现存在着核心层占文化产业增加值的比重偏低和文化产业增加值占GDP的比重偏低的现象。即以豫北四市文化产业发展较快的新乡而论,2009年全市文化产业增加值达34.05亿元,在全省排第6位,而核心层实现增加值仅有3.55亿元,占全市文化产业增加值的10.4%;外围层实现增加值3.18亿元,占全市文化产业的比重为9.3%。两者合计尚不及20%。而文化产业相关层则主要以文化用纸生产为主,实现增加值27.32亿元,占全市文化产业增加值的80.2%。三者结构比例为10.4∶9.3∶80.2,核心层和外围层的比重明显偏低,相关层所占比例明显偏高。其文化产业增加值占全市GDP的比重为3.21%,与2009年全省文化产业增加值所占河南省国民经济总产值的比重大体相同。但是若在全省范围内进行比较,其文化产业增加值占GDP的比重不仅远低于排名前四的郑州、南阳、许昌和开封,而且低于排名第9位的漯河市。至于安阳、濮阳和鹤壁三市,类似问题更为明显,文化产业增加值所占全市GDP的比重更低。2009年,安阳市文化产业增加值占全市GDP的比重是1.61%,鹤壁是1.42%,濮阳是2.47%,远远低于全省的3.2%。

豫北四市文化产业的发展有思路、有特色、有成就。纵向比较,其所取得的成就非常可喜。但是,如果放在全省文化产业发展的坐标中进行横向考察,就会发现其文化产业总量依然很小。2008年,四市文化产业增加值总量为64.98亿元,2009年为69.86亿元,还不及南阳和许昌一个市的文化产业增加值,甚至还不到郑州市文化产业增加值的一半。仅就豫北四市来看,也呈现出发展不平衡状态。比如安阳和新乡,基本情况大体相同,而且人口总数和文化产业从业人数都很接近,但安阳的文化产业增加值仅是新乡的一半多一点。因此,豫北四市有必要针对存在的问题,采取有力措施,切实推动文化产业大发展。

三、对豫北四市发展文化产业的几点建议

党的十七届五中全会通过的《中共中央关于制定国民经济和社会发展第十二个五年规划的建议》明确提出,要推动文化大发展大繁荣,推动文化产业成为国民经济支柱性产业。根据五中全会精神,按照省委、省政府构建中原经济区的统一部署,建议豫北四市在文化产业发展方面坚持特色化发展之路,在差异化发展中找准定位,加快转变文化发展方式,变小、散、全式的发展为高、精、尖式的发展,以此在文化产业发展中寻求突破,实现集约化、跨越式发展。

坚持特色发展,走差异化发展之路。豫北四市文化资源现状及优势文化资源虽然有所不同,但发展文化产业的基础条件没有太大的差异,所处的发展环境基本相同。为避免重复发展和同业竞争,应坚持走差异化发展之路,发挥各自的特色和优势,在各自拥有的优势上做大文章。安阳市应走文化与旅游相结合的发展道路,充分发挥文化资源和旅游资源丰富且易于实现文化与旅游结合的优势,大力发展文化旅游业。新乡市应坚持着力打造"三个基地",尤其是要充分发挥印刷包装业方面已经形成的优势,把新乡打造成全省乃至全国的印刷包装业基地。濮阳市要精心打造"濮阳杂技"这一文化名牌,尽快形成杂技演出、培训、教育及杂技演出用品生产的产业链条。鹤壁市拥有丰富的非物质文化遗产,应在保护其所具有的原生态的前提下,予以合理开发,深度开发,尤其是浚县民间社火和浚县古庙会,应探索在固定会期之外利用春秋两季农闲时间对社火表演和庙会予以延展的可能性与可行性,通过社火表演和庙会促进文

产品的生产与交易,进而带动文化消费和其他生活用品的消费。

强化科技创新,大力发展文化创意产业。发达国家和国内文化产业发展较好的省市,发展文化产业的成功经验之一,就是强化科技创新,加大文化产品的科技含量,增加文化产品的科技附加值,通过具有独特创意的产品来吸引消费者,进而引导文化消费。经验证明,科技创新是推动文化产业大发展的强大动力,文化创意是推动文化产业大发展的重要着力点。文化产业要获得大发展,就必须强化科技创新,大力发展文化创意产业。但是,从豫北四市文化产业增加值的构成来看,文化创意产业所占的比重还很小,有些新兴文化业态还处于空白状态。科技创新和文化创意,成为豫北四市文化产业发展的短板。因此,有必要结合各自的发展实际,加大科技创新力度,积极培育新兴文化业态,通过创新和创意推动文化产业大发展。

培育市场主体,推出有带动力、影响力的大项目。文化产业的发展,关键还是要依靠企业和项目,有一批大型文化企业,有若干具有现实基础和发展前景的大项目,发展文化产业就有了依托和保障。目前,豫北四市的文化企业数量虽然不算少,但大型文化企业和有带动力、影响力的大项目却不是很多,尤其是产值(或营业额)超亿元的大型文化企业还不多,市场占有率较高且又具有良好发展前景的大项目也不多。因此,有必要采取切实可行的措施,借助财政、金融、信贷、税收等手段,着力培育大型文化企业,努力推出一批有发展前景的大项目。与此同时,还必须注重文化品牌的培育,以质量上乘的产品打造文化品牌,用具有市场影响力的品牌带动文化产品的生产,努力形成文化产品与文化品牌相互促进共创辉煌的新局面。

豫北四市的文化产业已经有了很好的发展基础,各市在发展文化产业的实践中初步探索出了一些具有地方特色的发展文化产业的方法和路径,取得了可喜的成绩。相信在党的十七届五中全会精神指引下,切实按照"推动文化大发展大繁荣"的要求,坚持走特色发展之路,以科技创新为先导,以文化创意为重点,以文化企业为主体,以重大项目为引领,培正固本,扶强补弱,豫北四市一定能够在推动文化产业大发展大繁荣的历史进程中取得新的更大的成就。

(原载《河南文化发展报告(2011)》,社会科学文献出版社 2011 年 1 月)

提升济源旅游产业发展水平的思考与建议

济源市地处河南西北部,背依巍巍太行山,南临滔滔黄河,西与山西垣曲接壤,东面是古河内之地。这里山环水绕,林木葱郁,人文底蕴厚重,旅游资源丰富,可谓好山好水好人文。慕其山水人文之佳,笔者曾多次去那里的风景名胜考察旅游。最近两年,因为工作需要,先后多次赴济源,对王屋山、小浪底、黄河三峡、五龙口、九里沟等著名风景区进行实地调研和考察。此次撰写"济源蓝皮书",得到了济源方面及济源市旅游局的热情帮助。从他们提供的文字资料中,笔者对济源旅游产业有了更多更全面的了解,并结合自己对济源市旅游产业的感性认识,对济源市旅游产业的发展现状、重点难点、制约因素等进行了深入思考。现就进一步提升济源市旅游产业发展水平谈一点个人看法,以期对济源市旅游产业发展有所裨益。

一、济源旅游产业发展现状分析评价

济源市山多川少,山地丘陵约占济源市总面积的80%。独特的地理位置和山水风貌,赋予济源市旅游产业资源优势、区位优势和特色优势,为济源市发展旅游产业奠定了坚实基础。近年来,济源市委、市政府高度重视旅游产业,注重发挥现有优势,采取一系列措施推动旅游产业发展。如今,旅游产业已经成为济源市第三产业的领跑者。

济源旅游产业资源优势明显。济源市拥有独特的旅游资源优势,拥有的风景名胜之多,远非其他地市所能比。在济源市1931平方公里区域内,拥有王屋山、黄河三峡、小浪底、五龙口、九里沟等著名风景名胜。有道教"第一洞天"之称的王屋山,是道教名山、国家重点风景名胜区和4A级景区。王屋山主峰天坛山,相传是华夏始祖轩辕黄帝设坛祭天之所。王屋山景区因《列子》的寓言故事和毛泽东的《愚公移山》而闻名天下;位于济源和洛阳之间黄河段上的小浪底水利枢纽工程,不仅营造出"高峡出平湖"的奇观,而且使这里成为中国北方最具特色的水上游览区。因小浪底水利枢纽工程而形成的黄河三峡景区,已成为济源最热门的旅游景区。位于济源市东北 15 公里处的五龙口是国家级太行猕猴自然保护区,也是国家 4A 级景区。位于济源市西部 15 公里的九里沟景区,不仅有奇峰飞瀑,更有道教文化和茶文化为之增添文化内涵。济源市文化旅游资源丰富,具有旅游价值的古代建筑位居全省之首。位于济源市区的济渎庙,是古四渎之一的济水发源地,现为全国重点文物保护单位。这里有宋元明清各代古建筑 26 座,是河南省现存最大的古建筑群落,被誉为"中原古代建筑博物馆"。坐落于市内荆梁北街的奉仙观,其主体建筑三清殿系用荆木作梁,故俗称荆梁殿,在河南现存古代建筑中木构纯度最高。此外,位于济源市南轵城村的大明寺、王屋山景区的阳台宫、五龙口景区的盘古寺、九里沟景区的灵都观,众多的历史文化名人和文化遗址,邵原神话故事传说等,都具有丰富的历史文化价值,为济源市的旅游资源增添了深厚的人文内涵。济源的山水自然景观因这些历史文化资源的滋润而鲜活起来。

济源所处区位交通优势独特。其一是区位优势明显,济源市位于河南西北部,西与山西运城接壤,北与山西晋城山水相连,与陕西、河北两省的距离都在最佳旅程之内。中原经济区上升为国家战略之后,济源市在对接同属中原经济区的山西运城、晋城和长治 3 市,促进豫晋经济融合发展中,具有不可替代的地位。其二是交通优势明显,长济高速和二广高速在济源市交会,成为济源市连接东西南北的大通道。其三是从旅游发展角度来看,济源市周边的郑州、焦作、洛阳、晋城等皆属于旅游强市,济源市位于 4 市的接合部,既连接周边,又日益被周边所辐射,拥有非常明显的区位优势。

济源旅游产业发展较为迅速。近年来,济源市紧紧抓住建设中原经济区的历史机遇,站在中原经济区"三化"协调发展先行区的高度,重新审视旅游产业面临的形势,采取一系列行之有效的措施,推动中国休闲文化旅游名城建设,加快旅游产业跨越式发展。2011 年至 2013 年,济源市旅游产业实现了三级跳,年接待游客、景区收入、旅游收入等旅游产业主要指标,年均增长都在 20%以上。年接待游客由 2011 年的 453.34 万人次,增加到 2013 年的 695 万人次;景区收入由 2011 年的 3377.93 万元,增加到 2013 年的 6788.83 万元;旅游收入由 2011 年的 19.78 亿元增加到 2013 年的 30.9 亿元,年均增长分别是 28%、36.77% 和 31.6%(见下表)。①

2011—2013 年济源市旅游业发展情况

年份	接待游客（万人次）	同比增长（%）	景区收入（万元）	同比增长（%）	旅游收入（亿元）	同比增长（%）
2011	453.34	35.1	3377.93	33	19.78	38.3
2012	581.50	28.3	6034.17	64.2	25.90	31.2
2013	695	20.6	6788.83	13.1	30.90	25.3

快速发展的旅游产业已经成为济源市的支柱产业。2011 年,旅游收入占济源市第三产业的比重为 25.72%,占 GDP 的比重为 5.29%;2012 年,旅游收入占济源市第三产业的比重为 30.30%,占 GDP 的比重为 6%。预计 2013 年济源市旅游收入占第三产业的比重仍将保持在 30% 以上,占 GDP 的比重在 6.5% 左右。旅游产业已经成为济源市支柱产业和第三产业领跑者。

同时也应看到,济源市旅游产业也存在着一些不容忽视的问题。首先是重视程度不够。济源市是典型的工业城市,工业增加值 2011 年为 262.27 亿元,2012 年为 307.93 亿元,对当年 GDP 的贡献率分别是 70.24% 和 71.46%,超出全省 9.04 个百分点和 11.66 个百分点。② 济源经济发展对工业的依赖程度由此可见一斑。对工业的高度重视,使得一些人对发展旅游产业既不看好,又缺乏积极性,因而重视不够。由此而导致以下三个问题。一是经济效益不如预期。济源好山好水,交通便利,但旅游产业发展却没有达到应有水平。和近邻焦作相比,济源市全部景区的收入,尚不及焦作云台山景区门票收入的二分之一。二是环境有待改善。除小浪底景区外,济源市景区的软硬件环境都有很大的改进余地,尤其是景区内部环境,进一步提升空间很大。三是景区影响尚待扩大。济源市许多景区资源优势明显,如王屋山作为愚公移山故事的发源地,曾经广为人知,但作为旅游景区,知名度与影响力却不相匹配,还有待进一步提升。

---

① 此处引用的接待游客、景区收入和旅游收入数据,来自济源市旅游局提供的报表数据。
② 济源市 2011 年和 2012 年工业增加值数据分别来源于《河南统计年鉴(2012)》和《河南统计年鉴(2013)》。

二、提升济源旅游产业的重点难点

在推进中原经济区建设的宏观背景下,济源市确立了建设中原经济区"三化"协调发展先行区的战略目标。为实现这一战略目标,进一步提升济源市旅游产业发展水平是当务之急。为此,应明确提升济源市旅游产业的重点与难点,针对济源市旅游产业存在的深层次问题,有的放矢,在解决重点与难点方面求得突破。结合济源市旅游产业发展现状与存在问题,根据多次调研的感性认识,建议提升济源市旅游产业发展水平,应着重在以下四个方面求得突破。

一是如何进一步彰显景区文化内涵。人们游览山川美景不仅是为了饱览祖国秀美山河,而且也是要通过旅游来丰富阅历、颐养性情、增加知识。对于旅游景区来说,山川美景是载体,文化内涵才是灵魂。没有文化内涵的景区,很难给游客留下深刻印象。有了文化内涵,尤其是具备了独特的文化内涵,会加深游客对景区的印象,给游客留下美好的记忆。济源的旅游景区,如王屋山、五龙口、九里沟等,有许多文物古迹,文化内涵丰富。如何结合景区特色和现有文物古迹,进一步丰富景区文化内涵,彰显景区文化特色,让游客在游山玩水、观览美景的同时,留下深刻而美好的文化记忆,进一步提升景区的吸引力,扩大景区的影响力,是必须破解的难题之一。

二是如何进一步改善旅游软硬件环境。旅游产业要健康发展,吃、住、行、游、购、娱等服务项目和服务设施必须相互协调,统筹跟进,营造良好的软硬件环境,让游客感到舒心满意,使旅游变成愉快之旅。要达到这一要求,济源市旅游的软硬件环境还有很大的改进空间。在硬件建设方面,景区设施老化、旅游交通可进入性差、旅游餐饮住宿设施不足、旅游购物场所较少、旅游产品匮乏等问题比较突出;在软环境方面,服务态度、服务质量、导游水平及后续服务等,都有进一步提升的空间。对济源市旅游产业来说,加大旅游基础设施建设,形成可进入、可停留、可观赏的旅游服务体系,已经成为进一步提升济源市旅游产业发展水平的重中之重。

三是如何进一步优化景区景点布局。旅游景区景点,尤其是以山水风光游为主的景区景点,大多是天然天成,有各自不同的自然禀赋,所以,许多地方在发展旅游时,都是按照自然生成的景区景点安排旅游线路。从便利、节约的角度看,这样做没什么不对。但对于景区比较集中的地区来说,尤其是像济源这样风景名胜区比较集中的地方,不能放任自然,而要把景区景点优化布局,作为进一步提升旅游产业发展水平的重要问题来对待。济源市风景名胜众多,怎样通过景区景点的优化布局,形成整体优势,吸引游客、方便游客、留住游客,让游客在吃、住、行、游、购、娱等方面都得到最大的满足,进而提高行业效益与整体水平,需要统筹规划,逐步加以解决。

四是如何进一步强化景区整体推介。济源拥有众多的知名风景名胜区,旅游资源非常丰富,风景旅游规划面积占区域国土总面积的30%。小浪底、王屋山和五龙口等特色景区,不论在河南还是在北方都具有唯一性和不可替代性。济源市的一些旅游景区,山水景色和人文内涵都有很大的竞争优势。但是客观地说,济源旅游产业发展却不如预期,不论是门票收入还是综合收益,还有很大提升潜力。原因之一,就是景区的整体推介力度还不够。如何进一步强化景区的整体推介,彰显济源旅游的整体优势,突出济源旅游的山水和人文特色,也是济源旅游产业亟待解决的重点问题之一。

三、提升济源旅游产业发展水平的对策建议

提升济源旅游产业发展水平,推动济源旅游产业大发展,需要进一步提升对旅游产业发展的认识水平,高度重视旅游产业在济源经济社会发展中的重要地位和作用,针对旅游产业发展的重点、难点问题,采取有效措施,突破瓶颈制约。应进一步提高对发展旅游产业的认识,强化文化与旅游融合发展,突出人文特色,彰显景区优势,加大资金投入,凝练济源符号,进一步提升济源旅游产业发展水平,扩大济源旅游的知名度和影响力。

一是把旅游产业摆在更加重要的位置。旅游产业是无污染、低消耗、高收益的绿色产业和朝阳产业,是调整经济结构、转变经济发展方式的切入点,是提升经济发展质量和发展水平的支撑点。对于旅游规划面积占到区域国土面积30%的济源来说,发展旅游产业至关重要。政府有关方面和部门应高度重视旅游产业,提高对发展旅游产业的认识水平,把旅游产业发展摆在更加重要的位

置。济源工业基础很好,工业是推动济源经济社会发展的重要引擎,工业增加值在 GDP 中占比在 70%以上,这一方面说明工业在济源经济社会发展中的重要地位,但同时也说明济源对工业依赖度较高。应按照调整经济结构、转变经济发展方式的要求,推动工业调结构、上台阶。与此同时,应高度重视旅游产业发展,注重发挥济源的旅游资源优势,把旅游产业作为调整经济结构、转变经济发展方式的切入点,作为济源"三化"协调发展先行区的重要支点。只有人们对发展旅游产业的认识水平提高了,有关方面和部门真正把旅游产业摆在了应有的位置,才能为济源旅游产业大发展奠定坚实的思想基础。

二是做好济源旅游产业整体发展规划。济源风景名胜众多,拥有 4A 级景区 4 处,国家级风景名胜区 2 处,世界地质公园 1 处,此外还有多处知名景区。像济源这样旅游资源丰富的地区,旅游产业不能无序发展,更不能搞无序竞争、恶性竞争,而应牢固树立"一盘棋"意识,把旅游产业作为一个整体,切实做好发展规划。值得欣喜的是,济源市有关方面已经在旅游产业整体发展规划方面做了许多卓有成效的工作,先后制定了《济源市旅游发展总体规划》《济源市旅游产业发展三年行动计划》和《济源市"十二五"旅游产业发展规划》等。尤其是后者,明确了济源市"十二五"旅游产业发展的指导思想、发展目标、工作重点和保障措施等,对济源旅游产业发展作了比较全面的规划,对实现济源市旅游产业发展新跨越具有战略意义。但是,从目前济源市旅游产业发展的实际情况来看,规划的一些内容还停留在书面上和文件中,规划中的"一核两带三区"旅游布局虽然已具雏形,但与要求还有很大距离。因此,不论是旅游产业规划的完善还是进一步落实,都还有很大的空间。需要按照规划要求,进一步狠抓落实,把蓝图变成现实。

三是进一步加大对旅游产业的资金投入。济源市要大力发展旅游产业,面临着软硬件建设滞后的问题。这实际上也是制约济源市旅游产业发展的瓶颈之一。要进一步提升济源市旅游产业发展水平,必须加大投入,下决心优化旅游环境,解决景区基础设施老化和落后、景区交通可进入性较差、旅游接待能力不足、旅游产品和旅游购物场所较少,以及旅游服务质量不高、人才队伍结构不合理、服务旅游发展的意识不强等问题。因此,有必要加大投入,尽快改变济源市旅游产业软硬件建设滞后的问题,改善旅游产业发展环境,提升旅游产业服务质量,壮大旅游产业人才队伍。同时,还可以通过招商引资、合作开发以及混合所有制经济等形式,多渠道筹措旅游建设资金,使《济源市"十二五"旅游产业发展规划》中确定的一些重大旅游项目,如城市休闲游憩和综合提升项目、南太行山水文化带项目和黄河休闲精品度假、亲水游乐带综合项目等能够尽快落地,尽快成为济源市旅游产业新的增长点。

四是提炼和培育济源旅游产业代表性符号。济源的旅游资源,不论在山水景色还是人文内涵等方面,都具有鲜明的地方特色,具有可以与许多著名景区一争高下的实力。如有道教"第一洞天"之誉的王屋山景区,有"北方三峡"之美誉的小浪底景区,都具有非常明显的竞争优势。但是,这些景区的效益不仅没有实现最大化,而且甚至没有达到其应有水平。原因之一,就是济源市的旅游产业还没有形成有竞争力的品牌。要弥补这一短板,应结合济源旅游资源特色优势,挖掘愚公移山、邵原神话群等人文资源的文化内涵,通过文化与旅游的结合,为济源好山好水注入文化内涵,丰富济源旅游资源的文化价值,提炼和培育具有中原风貌和济源特色的旅游文化符号,打造具有影响力和竞争力的旅游品牌。从济源市现有优势旅游资源来看,以王屋山为代表的南太行山水文化带,可以主打道教文化品牌,以愚公移山故事和邵原神话群为辅翼,提炼和培育道教文化旅游品牌,与湖北武当山南北呼应,与四川青城山、江苏茅山成鼎足之势;以小浪底和黄河三峡为代表的黄河休闲度假亲水游乐带,可以依托小浪底和黄河三峡等著名旅游景区,主打黄河文化,培育休闲度假游品牌。济源中心城区则可以依托济渎庙等文化古迹,主打"济水之源"品牌。从营销角度看,王屋山道教文化游和小浪底黄河文化游更具品牌推介价值。建议强化文化与旅游的深度融合,着力培育王屋山道教文化游和小浪底黄河文化游,采取更为有力的措施予以强力推介,以期打造成具有影响力和竞争力的国内外知名旅游品牌。

五是发挥区位优势加强毗邻区域协作联动。济源市位于河南省西北部,与山西东南部接壤,是中原经济区连接山西运城、晋城、长治三市的重要纽带。南太行山水使济源与晋城山水相连,滔滔东去的黄河水则把济源与运城紧密地联系在一起。济源市注重发挥纽带作用,加强与运城、晋城和长治三市的战略合作,于2011年10月与三市签订了战略合作框架协议,明确四市将以项目规划、交通、能源、工业、旅游、金融、人才、科技交流等领域为突破口,不断拓宽并加强文化、教育、医疗、社会保障、社会治安及环境保护等领域交流合作。2011年3

月,济源市王屋山风景管理局宣布,为了增强济源与运城两地游客的互动,特别向运城市民推出优惠政策——2011年内享受半价游览王屋山景区。2012年9月,中原经济区西北四市重大项目对接暨战略合作研讨会在郑州召开,河南、山西两省和济源、运城、晋城、长治四市领导及有关专家参加了研讨会。在这次会议上,旅游合作成为讨论的热点话题之一。济源应进一步发挥区位优势,在加强与省内毗邻区域协作的同时,加强与山西、陕西、河北等近邻的联系,通过战略合作等形式增强游客的互动,实现合作共赢。

提升济源旅游产业发展水平是一项系统工程,既需要提高认识,统筹谋划,更需要通力合作,强力推进。一打宣言抵不上一个行动,再好的规划也需要落实。推动济源旅游产业大发展,需要发扬愚公移山精神,从景区景点做起,从具体项目做起。只要坚持不懈,持之以恒,真抓实干,务求实效,一步一个脚印,济源市旅游产业一定能够迎来辉煌的明天。

(原载《济源经济社会发展报告(2014)》,社会科学文献出版社2014年4月)

巩义市文化旅游产业创新发展研究

位于郑州和洛阳之间的巩义市是中国有名的"百强县",也是中国优秀旅游城市。近年来,巩义市抓住推进经济转型发展的契机,按照创新、协调、开放、绿色、共享的发展理念,在巩固传统产业优势、推进产业转型升级的同时,依托独特的自然和文化资源,大力发展文化旅游产业,取得了显著成效,文化旅游的产业基础、产业结构和综合效益都有大的发展和提升。与此同时,制约巩义市文化旅游业进一步发展的短板依然存在。巩义市文化旅游业要想在登封、洛阳、焦作等旅游强市的包围下强势突围,必须走出自己的发展创新之路。

一、巩义文化旅游产业发展现状分析

巩义市文化旅游资源极为丰富。为了把文化旅游资源优势转化为发展优势,实现由文化资源大市向文化强市的跨越,巩义市委、市政府抓住促进经济转型发展的机遇,把文化旅游业发展摆上了重要的议事日程,取得了很好的成效,推动巩义市文化旅游业发展上了一个新台阶。

(一)描绘大愿景

推动经济发展方式转变,促进产业转型升级,是科学发展的内在要求,也是全面落实创新、协调、开放、绿色、共享发展理念的必由之路。巩义市委、市政府在推动经济转型发展的同时,把属于朝阳产业的文化旅游业作为战略突破口,进行顶层设计和战略规划,描绘了巩义市文化旅游发展的大愿景。一是按照省政府出台的《省直管试点县市"六城"联创活动方案》要求,制定出台了巩义市《创建全国旅游标准化试点县(市)实施方案》。2014年,巩义市被河南省旅游局正式确定为第二批全省旅游标准化试点单位。对巩义市文化旅游发展具有指导意义的《巩义市旅游产业总体规划》正在编制中。与此同时,一些重点景区的旅游规划,如《河南嵩顶国际文化旅游基地概念性规划》《杨家寨景区旅游总体规划》《河洛石窟文化旅游区总体规划》《华园梦·印象洛河项目规划方案》和《康百万庄园创5A级景区提升方案》等,或已编制完毕,或正在修改完善之中。这些有关巩义市文化旅游的规划方案,从不同层级、不同角度为巩义市文化旅游描绘了发展愿景,对巩义市文化旅游业大发展将发挥积极的引导作用。

(二)发展大转型

巩义市是河南工业强市。在三次产业结构中,工业一直占有较大比重,农业和服务业占比一直比较小。比较一下2012年至2014年巩义市三次产业结构与全省三次产业结构的构成比例,不难看出工业在巩义市国民生产总值中所占的分量有多么重。2012年,巩义市国民生产总值为527.8亿元,三次产业结构比是1.9∶70.8∶27.3;2013年生产总值为581.2亿元,三次产业结构比是1.9∶70.2∶27.9;2014年生产总值为607.6亿元,三次产业结构比是1.8∶65.4∶32.8。而同期河南省三次产业结构比分别是2012年为12.7∶56.3∶30.9,2013年为12.6∶55.4∶32.0,2014年为11.9∶51.2∶36.9。不要说与文化发达省市相比,就是放在全省经济社会发展的大盘子中进行比较,巩义市包括文化旅游在内的服务业发展也是相对滞后的。(详见表1)。

表1 2012—2014年巩义市与河南省三次产业结构比比较

三次产业结构比较	2012年		2013年		2014年	
	河南省	巩义市	河南省	巩义市	河南省	巩义市
第一产业	12.7	1.9	12.6	1.9	11.9	1.8
第二产业	56.3	70.8	55.4	70.2	51.2	65.4
第三产业	30.9	27.3	32.0	27.9	36.9	32.8

从上表可以看出,巩义市第一产业保持平稳状态,占比很小。第三产业的占比逐年在提升,2013年较2012年提升0.6个百分点,2014年比2013年提高4.9个百分点,增幅与河南省第三产业增幅达到了同步。这是一个了不起的进步,表明巩义市自2014年开始,经济转型发展的力度在加大,效益在提升。在巩义市经济转型发展进程中,文化旅游业作为巩义市第三产业的支柱产业,为巩义市转型发展作出了重要贡献。

(三)投入大手笔

为转变经济发展方式,实现经济转型升级,巩义市把文化旅游业作为实现经济转型发展的战略突破口,不断加大对文化旅游产业的投入力度,以提升巩义市文化旅游产业的硬件设施和服务质量。近年来,巩义市投资2亿元建设河洛汇流文化园,投资1亿元修建河洛康家景区,投资3亿元开发青龙山慈云寺景区,投资2亿元建设杜甫故里景区……截至2013年,巩义市文化旅游重点项目累计完成投资9亿元。2014年,巩义市文化旅游产业投入持续加大,浮戏山旅游综合开发项目完成投资1.1亿元,竹林寺长寿山景区开发项目完成投资9000万元,青龙山旅游综合保护开发项目完成投资3.1亿元,青龙山慈云寺旅游开发项目完成投资3200万元,五指山景区完成投资400万元,康百万庄园完成投资170万元……当年全市文物保护和旅游项目建设共完成投资6.3亿元。2015年,巩义市确定旅游突破重点工作及重点项目15项,包括旅游景区改造、续建项目、新建项目和招商项目等,计划年度投资8亿元。一个工业大市以如此大的手笔投入文化旅游产业,在巩义市是空前的,在全省也是罕见的。这不仅表明巩义市委、市政府高度重视文化旅游产业发展,文化旅游业迎来黄金发展期,而且显示出作为绿色产业和朝阳产业的文化旅游产业有可能成为巩义市经济转型发展的战略突破口。

(四)效益大提升

大投入带来大发展,大投入带来大效益。巩义市在文化旅游产业方面的大手笔投入,为巩义市文化旅游产业带来了立竿见影的效益,带来了文化旅游产业的高速增长。有关统计数据显示,2012年,巩义市文化旅游业共接待游客376万人次,比上年增长23%,旅游收入2.8亿元,比上年增长7.6%;2013年,共接待游客620万人次,比上年增长20.8%,旅游收入7.4亿元,比上年增长21.3%;2014年共接待游客650万人,比上年增长4.8%,旅游收入8.5亿元,比上年增长15.0%。(详见表2[①])从2012年的旅游收入2.8亿元,到2014年的8.5亿元,三年时间,巩义市文化旅游业收入增加了两倍还要多。虽然文化旅游业收入在巩义市国民生产总值中的占比还很小,但如此高的增长速度,不仅表明巩义市文化旅游业有很大的发展潜力,而且为巩义市经济转型发展带来了更

---

① 表2中的数据全部来源于《巩义市国民经济与社会发展统计公报》。

大的发展空间和回旋余地。

表2 2012—2014年巩义市游客与旅游收入增长情况①

年份	游客人数(万人次)	较上年增长(%)	旅游收入(亿元)	较上年增长(%)
2012	376	23	2.8	7.6
2013	620	20.8	7.4	21.3
2014	650	4.8	8.5	15.0

二、巩义文化旅游产业发展优势分析

巩义市发展文化旅游业,拥有得天独厚的自然风光资源和历史文化资源,尤其是历史文化资源,有许多都具有内涵丰富、价值厚重、影响广泛等特点。从其景区特点来看,历史文化资源与自然风光相互融合,交相辉映;从分布情况来看,明显形成北部沿河洛邙岭形成的历史文化旅游带,南部依托嵩阴自然风光形成的自然景观与人文资源旅游带。而巩义市四通八达的交通,则可以让游客享受到巩义市立体化交通的方便快捷。所有这些既为巩义市发展文化旅游提供了很好的基础条件,又是巩义市发展文化旅游业的显著优势。

(一)资源丰富厚重

巩义市共有旅游景点18个,风景名胜区1个。其中,河洛康家为4A级景区,浮戏山雪花洞、石窟寺、竹林长寿山、青龙山慈云寺和杨树沟景区为3A级景区,杜甫故里正在按照4A级景区的标准打造。在一个县级市区域内,能够拥有如此之多的4A和3A级景区,文化旅游资源如此丰富,即使是在全省能够与之相比的也不是很多。更为重要的是,这些景区都具有深厚的历史文化内涵,文化非常厚重。如青龙山慈云寺,始建于东汉明帝年间,建寺时间仅比洛阳白马寺稍晚一些。始建于北魏孝文帝时期的石窟寺位于河洛交汇处,背依邙山,面临洛河,风光旖旎。有"诗圣"之誉的杜甫,是河南巩义人,其故居是古今文人墨客向往的地方。宋陵是我国目前现存最大、地面遗址最完整的皇帝陵群。这里埋葬着北宋除徽钦二帝之外的7个皇帝和赵匡胤的父亲,号称"七帝八陵",见

---

① 2013年比2012年游客及旅游收入增长幅度数据显然不符,但原文数据如此,故特作说明。

证着北宋曾经的辉煌。位于洛河北岸的河洛康家,兴于明,盛于清,不仅见证着一个家族的兴衰,而且见证着明清以来中原历史的演进。所有这些都赋予了巩义市文化旅游深厚的文化底蕴。

(二) 影响声名远播

巩义市文化旅游资源不仅内涵丰富,底蕴深厚,而且具有广泛的影响力。位于巩义市笔架山下的杜甫故居,是中国古代与李白齐名的大诗人杜甫诞生地。杜甫一生创作了1400多首诗歌,其诗歌忧国忧民,诗风沉郁顿挫。其诗歌被称为"诗史",其人被称为"诗圣",在中外诗歌史和文化史有广泛影响。1962年,世界和平理事会将杜甫列为世界文化名人。杜甫故里及杜甫诞生窑因此而具有极高的文化价值。巩义石窟寺规模虽然不及云冈石窟、敦煌石窟和龙门石窟,但其艺术价值和历史价值却可以相媲美,尤其是巩义石窟寺中的《帝后礼佛图》和《飞天图》,为中国石窟艺术所罕见,堪称石窟艺术中的精品。散布于巩义市西村、芝田等地的北宋皇陵,是一个规模宏大的皇帝陵群,陵墓规制严整,石雕精美,堪称露天艺术博物馆,在中国古代皇帝陵群中有崇高地位,在中外皇帝陵群中也有很高的知名度。此外,河洛康家、洛汭、慈云寺、浮戏山等也有很高的知名度和影响力。

(三) 南北分布明显

从地理分布来看,巩义市的文化旅游资源及景区景点明显呈现南北分布的格局。北部景区景点以人文景观为主,沿黄河、洛河呈东西带状分布,较为著名者有杜甫故里、河洛康家、石窟寺、刘镇华庄园及河洛汇流处等。其中河洛康家是4A级景区,石窟寺为3A级景区,杜甫故里正在按照4A级标准打造。北部景区景点依托洛河和东西蜿蜒的邙岭,背依滔滔黄河,形成两水夹一岭的基本布局;南部景区景点以自然景观为主,沿嵩阴呈东西方向分布,较为著名的有浮戏山雪花洞、竹林长寿山、青龙山慈云寺、杨树沟4个3A级景区以及其他一些自然景观。近年来,巩义市加大文化旅游开发力度,注重挖掘南部景区景点的人文资源内涵,强化景区景点与巩义市历史文化资源的内在联系,赋予自然风景区文化之魂,增添了南部各风景区的人文魅力。

(四) 交通非常便利

巩义市位于郑州市与洛阳市之间,交通十分便捷。陇海铁路、连霍高速和国道310穿境而过,沿黄快速通道自郑州惠济区江山路直达巩义市石河路,郑州中原路西延工程从上街区峡窝镇西延至巩义市境内,与省道237相衔接。至于南北方向,则有焦桐高速穿境而过,把黄河南北连接在一起。巩义市着力发展大交通,用大交通带动大物流,以大物流促进大发展。为此,巩义市在县域交通方面启动了"九横十纵"计划,以形成立体化、快速化的大交通格局。在这一大交通格局中,沿黄通道、南部山区通道、南山旅游通道、省道234杨涉路连接连霍高速至巩登旅游通道、米河至浮戏山桃花峪通道、站街经七大路和南山旅游路至巩密关通道等,都是巩义市大力发展文化旅游的基础性工程。巩义市"九横十纵"大交通体系形成后,游客不论是从郑州、洛阳、焦作三市还是从其他地方出发,进入巩义市的各个景区景点都将十分方便快捷。

三、巩义文化旅游产业发展的制约因素

近年来,巩义市委、市政府强力推进经济转型发展,加大对文化旅游业的支持力度,高起点规划,大手笔投入,促进了文化旅游业的快速发展,巩义市的文化旅游优势得到一定程度的彰显。但是不可否认,与所拥有的文化旅游资源的丰富性和知名度相比,巩义市文化旅游业的发展水平显然还不相称,文化旅游业的发展潜力依然很大。究其原因,则存在着诸多制约巩义市文化旅游业发展的不利因素。需要利用巩义市经济转型发展之契机,创新发展理念,着力加以破解。

一是缺少总体规划。为了推动巩义市文化旅游业发展,近年来巩义市出台了一些有关景区景点的具体规划,但是作为全市文化旅游发展的总体规划至今没有出台。这就好比是一个人体雕塑,身子、胳膊、腿等都雕塑好了,可人的头部还是石头一块。如果想要使整个雕塑保持和谐完整的话,其结果必然是头部要适应身子。这就有些本末倒置。按照制定规划的一般原则,总规在前,详规在后。总规出台了,详规才有遵循。如今总规没有出来,一些详规却出台了,总规如何统领?详规遵循什么?详规如果和后出的总规有了冲突,该如何化解?这些都是巩义市发展文化旅游业不得不考虑的问题。

二是缺少主打品牌。巩义市文化旅游资源非常丰富,单独来看,个个都很厚重,都很了不起,都有相当的影响力。如杜甫故里、石窟寺、河洛康家、宋陵和

慈云寺等,任何一个拿出去都是响当当的。但是,这些响当当的文化旅游资源,既没有形成综合效应,也没有形成主打品牌。文化旅游资源大市却面临着缺少主打品牌的尴尬。这实际上也是一个普遍现象。有影响力的文化资源多了,不知道如何选择是好。哪一个都很有影响,哪一个都舍不得往后放,想齐头并进却是力有所不逮,势有所不容。但是,如果想把巩义市的文化旅游产业做大做强,必须处理好"舍"与"得"的关系,尽快把主打品牌确定下来。

三是缺少龙头带动。与主打品牌相关的是龙头带动问题。要想把一个产业做大做强,不仅需要集聚产业要素,健全产业链条,而且需要有产业龙头,借助产业龙头的带动力和影响力推动整个产业的发展,进而形成产业优势,扩大产业影响,增加产业效益。文化旅游产业也是这样,如焦作的云台山、登封的少林寺、洛阳的龙门石窟,都是当地文化旅游的龙头,发挥了很好的带动作用。龙头动起来了,文化旅游这条"龙"就能整体动起来,就能形成整体优势。巩义市文化旅游产业目前的现状是不乏"龙珠",却缺少"龙头"。缺少龙头,文化旅游产业这条龙要舞起来难度不小。

四是缺少相互配合。巩义市的文化旅游景区景点都非常有看点,有吸引游客的景观和内涵。一个县级市竟然拥有 1 个 4A 级景区、5 个 3A 级景区,就是最好的证明。但是,游客到任何一个景区,都看不到其他景区景点的影子,看不到有关其他景区景点的宣传推介,更听不到导游在做完本景区景点的讲解之后,说一句"欢迎到其他景区景点继续参观游览"的话语。这是典型的各自为战,以邻为壑。各个景区景点之所以这样做,也许有不得已的原因,但正是在这不经意间透露出巩义市文化旅游业缺少相互配合的深层次问题。缺少相互配合,整个文化旅游产业想有大的发展,显然很困难。

五是缺少整体推介。巩义市单个景区景点的宣传推介力度不算小。如青龙山景区结合国家"一带一路"倡议,于 2015 年 1 月在北京人民大会堂河南厅举办了《中国梦旅游梦——青龙山旅游战略发布》揭幕仪式暨中国旅游产业跨界融合创新发展论坛,提出了打造文化旅游综合体的设想,产生了较大影响。河洛康家、石窟寺、浮戏山、慈云寺等景区景点也各有不同的宣传推介活动。但是,这些宣传推介活动规模小,影响有限,且难以形成整体效应和轰动效应,对巩义市文化旅游整体效益的提升效果自然也就很有限。

四、巩义文化旅游产业创新发展的建议

巩义市文化旅游业有非常好的基础,资源丰富,知名度高,交通便捷,领导重视,等等,都为巩义市文化旅游业快速发展提供了很好的条件。如何抓住巩义市经济转型发展的历史性机遇,发挥文化资源优势,做大做强文化旅游业,实现巩义市由文化旅游资源大市向文化强市的转变,是个综合性课题。这里仅巩义市文化旅游的优势与存在的制约因素,对促进巩义市文化旅游产业创新发展,提出一些建议,谨供有关方面参考。

(一)加强整体规划。科学的、合乎实际的发展规划,是指导当地经济社会发展的纲领性文件。巩义市文化旅游业要随着经济转型发展获得创新性发展,制定科学的合乎实际的发展规划是当务之急。文化旅游产业如何优化布局,如何实现突破,如何强基固本,如何培育龙头,如何打造知名品牌,如何加强整体推介,等等,都需要在《巩义市文化旅游产业发展总体规划》中加以解决。要改变目前这种自下而上、各自为政的制定规划的局面,尽早出台《巩义市文化旅游产业"十三五"发展规划》,为巩义市文化旅游产业发展提供路径和指导,避免盲目无序的发展,避免消耗有限的文化旅游资源。

(二)明确发展路径。巩义市文化旅游业如何发展,选择什么样的路径发展?是继续目前这种各自为战、齐头并进、以邻为壑式的发展,还是把巩义市文化旅游产业作为一个整体,突出重点、以点带面、点面结合、整体推进?是继续目前这种浅层化、粗放式的发展,还是走精细化、内涵式发展之路?是继续目前这种安于现状、故步自封的发展,还是走开放式、创新性发展之路?答案是显而易见的。因此,应结合巩义市文化旅游业发展现状,进一步明确巩义市文化旅游业发展路径,坚持走突出重点、整体推进之路,走精细化、内涵式发展之路,走开放式、创新性发展之路。

(三)突出主打品牌。巩义市的许多旅游景区景点历史悠久,文化内涵都很丰富。如何选择具有较高知名度和广泛影响力的景区景点作为龙头进行培育,进而形成巩义市文化旅游的主打品牌,是促进巩义市文化旅游创新发展亟须解决的问题。文化旅游需要走差异化经营之路,不仅需要人无我有,人有我精,而

且需要有大格局、大气魄,需要有广泛号召力和影响力。按照这样一个思路,仔细分析巩义市现有文化旅游资源,只有河洛汇流与杜甫故里具有这样的基础条件。应经过科学论证,尽快明确巩义市文化旅游的主打品牌,加以重点培育,增加游览式和体验式内容,强化游客参与的积极性,以期形成龙头带动效应,形成有广泛影响力的文化旅游主打品牌。

(四)强化两线联系。巩义市的文化旅游景区景点明显分为南北两线,南部嵩阴山区以自然景观为主,北部沿河洛邙岭分布的景区景点以人文景观为主,宋陵则散布于南北两线之间。对于面积只有1041平方公里的巩义市来说,这样的布局可以说是天之所赐。巩义市如今正在构建"九横十纵"的大交通体系,将为加强南北两线联系提供很好的交通条件。但景区景点的联系不仅仅是道路的畅通便捷,更重要的是需要相应的景观配置,而分布其间的宋陵则可以承担这样的功能。游客游览过南北两线中的任何一线,再到有厚重文化底蕴的宋陵看一看,这样不知不觉中就进入了另一旅游线路,文化旅游资源的效能就可以得到最大限度的发挥。居于南北两线之间的宋陵,具有连接南北两线的作用,不仅不可忽略,而且必须加强,使之成为连接南北两线的纽带。

(五)加强整体推介。在当今互联网和自媒体的时代,对产品的宣传推介尤为重要。过去有句俗话叫"酒香不怕巷子深",在当今社会,则是酒香也怕巷子深。你有好酒,别人也有好酒,人家的好酒就在眼前,买酒者为何要走许多冤枉路到深巷子里去买你的酒呢?所以,对产品推介来说,吆喝是必不可少的,也是自古以来最有效的推介方式。对于巩义市的文化旅游业来说,加强整体推介与加强软硬件建设一样,是当务之急,刻不容缓。每一个景区景点的自我推介固然需要,但整体宣传推介更为急需。在这方面,在中央电视台播出的各地文化旅游景区景点的整体推介,就是很好的借鉴。巩义市应加大区域内景区景点的宣传策划与整合,加强整体宣传推介,把一个充满活力、富有情趣的文化巩义、美丽巩义、灵动巩义、神奇巩义宣传推介出去,让更多的人喜欢巩义,热爱巩义,到巩义来进行游览式或体验式旅行,从而推动巩义市文化旅游业有更大的发展。

(原载《巩义经济社会发展报告(2016)》,社会科学文献出版社2016年4月)

偃师市文化旅游产业发展研究

偃师位于华夏文明腹地,历史悠久,文化底蕴深厚。偃师之名与武王伐纣有关。据《元和郡县志》记载,武王伐纣得胜而回,路经此地,于此筑城,以"息偃戎师",后人因此名之为偃师。秦王嬴政十二年(前235)置偃师县。这里有号称"华夏第一王都"的二里头遗址,有殷商早期的都邑西亳,是西晋末年中原士族南迁的出发地,也是《西游记》人物唐僧原型玄奘故里。这里遍布文化遗迹,积淀着深厚的历史人文资源,为偃师发展文化旅游产业提供了坚实的资源支撑。近年来,偃师在大力发展工业经济的同时,利用现有文化资源发展文化旅游产业,文化旅游开发初见成效。但是,与丰富而深厚的历史文化资源相比,偃师文化旅游产业还有很大的发展空间。偃师应抓住供给侧结构性改革和经济转型发展的历史机遇,乘势而上,加大文化旅游产业发展力度,把文化旅游打造成为偃师新的经济增长点。

一、偃师文化旅游产业发展现状分析

如果从1985年偃师商城博物馆建成开放之时算起,偃师文化旅游产业已经有三十多年的发展历史了。但是,由于文化旅游是近些年兴起的产业,其关键点在文化资源与旅游要素相结合,从而形成新的经济增长点。所以,依此而论,偃师文化旅游产业的兴起,仅是最近十多年的事情。盘点偃师文化旅游产业的发展现状可以发现,偃师文化旅游产业表现为资源较为丰富、开发初见成效、发展潜力巨大等特点。

(一)历史文化资源较为丰富。偃师北枕东西横亘的邙岭,南面是嵩山余脉万安山,中间是伊洛河冲积平原。这里历史文化资源丰富,有全国重点文物保护单位11处,省级文物保护单位12处,洛阳市级文物保护单位18处,馆(库)藏文物4万余件。古都文化、名人文化、客家始发地文化和古代丝绸之路文化等熠熠生辉。

古都文化资源地位显赫。1959年,著名考古学家徐旭生率领考古队在豫西勘查夏墟,在偃师县城西南伊洛河交汇处的洛河南岸发现了被称为"华夏第一王都"的二里头遗址。这里有迄今为止中国最早的宫城、最早的大型宫殿遗址、最早的青铜器礼器群等。其宫城规矩方正,各种建筑沿中轴线规划,对中国古代的宫城建筑产生了深远影响。1983年,考古学家在偃师市区西边1千米处发现了商代早期都邑商城遗址。商城遗址由宫城、小城、大城三重城垣及各种宫殿遗址构成。其平面呈长方形,南北长约1700米,中部宽约1120米,城墙总长约5400米,有7座城门。城内有王城、府库、兵营等建筑遗址。偃师商城建成年代大约在公元前16世纪至公元前14世纪,被考古学界确定为商代早期都邑。

名人文化资源非常丰富。偃师历史文化名人众多。唐朝初年,偃师人陈祎因家境贫寒,13岁时就出家为僧,法名玄奘,开始研习佛经。贞观三年(629),28岁的玄奘独自西行,赴天竺求法。贞观十九年(645),玄奘带着他从天竺取回的657部佛经回到长安,完成了西天取经的壮举。他把西行途中的所见所闻、风土人情、历史文化等记录下来,创作了著名的《大唐西域记》,为后人了解唐代中国与西亚的文化交流提供了宝贵的史料。"生于苏杭,死葬北邙",偃师北部的邙岭是两汉、魏晋和北朝帝王将相的安葬地,有不少王侯将相陵墓,如秦朝宰相吕不韦、唐朝武则天长子李弘、"诗圣"杜甫、著名书法家颜真卿、清代大书法家王铎等的墓葬,都在偃师境内,有的就在北邙山上。

偃师是最早的客家人始发地。客家人是由中原人南迁江西、福建、广东等地并在那里客居而形成的。历史上,中原人经历了几次大规模的南迁,其中西晋末年"永嘉之乱"造成的大批中原士族南迁,是中原人大规模南迁的第一次。当时的偃师是汉魏故城所在地(汉魏故城遗址大部分在今偃师境内),当时居住在京城的中原士族,大多数人从汉魏故城的东南城门清阳门出发南下,而该遗址则在今偃师境内。2007年8月,偃师被历史考古学家和客家学专家认定为中原客家先民首次南迁出发地;2009年,"中原客家先民南迁圣地纪念碑"在偃师虎头山下落成,并举行了落成典礼。这标志着偃师作为客家先民南迁纪念地得到了广泛的认可。

偃师还是古代丝绸之路的重要起点地之一。中国古代丝绸之路始于西汉张骞,经东汉班超、唐代玄奘、明代郑和等持续不断的拓展,形成了陆路与海上两条丝绸之路。玄奘作为唐代中国与西亚交流的开拓者,在古代丝绸之路发展史上有重要地位。

(二)文化旅游开发初见成效。文化旅游是经济转型发展的切入点,也是绿色发展的重要途径。偃师是经济强市,工业经济相对比较发达,经济实力一直居全省前列。偃师市对发展文化旅游也一直比较重视,在文化资源的开发利用方面下了不少功夫,譬如在商城遗址的基础上建设了占地面积16000平方米、建筑面积3100平方米的商城博物馆。该博物馆主体建筑为四阿重屋式仿古宫殿,两侧廊庑相连。馆藏文物近万件,主要是商城遗址和二里头遗址的出土文物,有青铜器、玉器、象牙器、骨器、金银器、漆器、陶器等,有绿松石微雕近千件,有很高的历史文化价值。位于偃师城西首阳山的杜甫墓,经初步开发,已经初具规模,成为人们凭吊"诗圣"杜甫的一个所在。位于偃师缑氏镇陈村景山脚下的玄奘故里,已经开发成为知名的文化旅游景区,这里不仅有陈家花园、玄奘纪念馆、晾经台等与玄奘有关的文化景观,还有唐中宗为纪念玄奘而颁旨修建的佛光寺等。小说《西游记》的流行,电视剧《西游记》的热播,以及国家"一带一路"倡议的实施,使玄奘这位唐代"丝绸之路"的先行者广为人知,从而带动了玄奘故里的文化旅游,促进了偃师文化旅游的深度开发。

经过持续开发,偃师文化旅游产业已经初具规模,不仅突出了当地文化资源特色,而且形成了一些亮点,引起了省内外游客的关注,取得了不俗的成绩,产生了较大影响。有资料显示,"十二五"期间,偃师市共接待海内外游客882.8万人次,同比增长12%;旅游总收入16.77亿元,同比增长16%。这一成绩和旅游大县(市)相比,也许差距很大,但纵向比较,偃师旅游业总收入能够取得16%的增长,已属不易。

(三)文化旅游面临发展机遇。在经济发展处于新常态的当下,适应供给侧结构性改革、经济转型发展和绿色发展的要求,文化旅游产业成为转变经济发展方式的重要抓手,文化旅游产业正面临着难得的发展机遇。首先,国家为转变经济发展方式、建设文化强国而大力发展文化旅游产业。2009年,国务院发布的《关于加快发展旅游产业的意见》提出"把提升文化内涵贯穿到吃住行游购娱各环节和旅游业发展全过程","发挥文化资源优势,推出具有地方特色和民族特色的演艺、节庆等文化旅游产品";2013年国务院办公厅发布的《国民旅游休闲纲要(2013—2020年)》提出要加强国民旅游休闲产品开发,大力发展红色旅游,开发适合老人、妇女、儿童等不同人群的旅游休闲产品,开发农村居民喜闻乐见的文化演艺、科普教育等旅游休闲产品,开发旅游演艺等旅游休闲产品;2014年国务院颁布的《关于促进旅游业改革发展的若干意见》,把旅游业的改革发展提升到创新发展理念、转变发展方式的高度,明确指出要积极发展休闲度假旅游、大力发展乡村旅游、大力发展老年旅游、创新文化旅游产品,为旅游产业改革发展指明了方向。其次,为贯彻落实中央精神,河南省把发展文化旅游置于重要地位。2014年河南省人民政府出台了《关于加快旅游产业转型升级的意见》,提出要巩固发展中原文化游、大力发展休闲度假旅游、积极发展现代都市游、大力培育生态旅游、加快发展乡村旅游、大力培育旅游娱乐业,其中许多内容都与文化旅游有关。最后,国家提倡绿色发展为推动文化旅游发展提供了历史机遇。绿色发展是五大发展理念的重要内容,文化旅游产业不仅低耗能、低污染,而且对自然环境、社会环境和人居环境都有一定的美化作用。发展文化旅游产业,既可以让人民群众在旅游休闲中欣赏美、感受美,又能在文化旅游中增长文化知识,接受美的熏陶,丰富个人知识和阅历,传承弘扬优秀传统文化。大力发展文化旅游产业,不仅符合经济转型发展的大趋势,而且有利于丰富人民群众的精神文化生活,可谓正当其时。

(四)文化旅游发展潜力巨大。偃师文化资源非常丰富,尤其是历史文化资源,可谓得天独厚。号称"华夏第一王都"的二里头遗址,是夏朝的都邑,在中国文明史和文化史上都具有非常重要的地位。商城遗址是商朝早期的都邑,见证了商朝在中原的发展,同样具有非常重要的历史文化价值。在河南加快构筑全国重要的文化高地、打造华夏历史文明传承创新区的当下,二里头遗址和商城遗址越发显示出其不可替代的巨大历史文化价值。偃师作为西晋末年中原士族南迁的出发地,是客家人寻根谒祖之地,在中原移民史上有非常重要的地位。玄奘故里作为唐代中西文化交流的始发地,在国家实施"一带一路"倡议的当下,开发玄奘故里,加强与"一带一路"沿线国家的文化交流,亦是恰逢其时。此外,"诗圣"杜甫墓、恭陵、滑国故城、刘国故城等,都有很高的历史文化价值。在推动供给侧结构性改革,调整经济结构、转变经济发展方式的大背景下,偃师文化旅游产业不仅可以成为转方式、促发展的重要抓手,而且潜力巨大,有很好的发展前景。

二、偃师文化旅游产业存在问题分析

偃师市发展文化旅游产业取得了一定的成就,一些景区已经有了较高的知名度,但是不论就全省还是就洛阳市范围而言,偃师市文化旅游产业发展都是相对滞后的。究其原因,除了认识不到位、重视不够等主观因素外,还存在一些亟待解决的实际问题。

(一)重点景区开发难度较大。偃师市文化资源最为著名的是二里头遗址、商城遗址和汉魏故城遗址。三者不仅是国家重点文物保护单位,还列入了国家大遗址保护规划。另外,像恭陵、邙山陵墓群、刘国故城、滑国故城等,都属于全国重点文物保护单位,历史文化价值高,知名度也高。按照《中华人民共和国文物保护法》,国有文物所有权受法律保护,保护第一,在此前提下方可适当开发利用。所以,对于国家级和省级重点文物保护单位,重点在保护。这就为偃师文化旅游开发带来了很大难度。一边是价值极大、知名度很高的历史文化资源,一边却是守着"金饭碗"而找不到开发利用的途径,如何破解这一难题,需要进一步深入研究,寻找合适的路径和方式。

(二)景点之间相互配合较少。偃师历史文化资源颇为丰富,有国家级重点文物保护单位11处,省级文物保护单位12处,此外还有市级、县级文物保护单位35处。这些文物保护单位主要集中在伊洛河与北邙之间,且大多数是在地下,很少能够形成文化旅游景区或景点。现有一些景区或景点,如杜甫墓和商城博物馆,一在首阳山上,一在县城西南,虽然都在偃师县城附近,但难以形成相互呼应的景区。至于玄奘故里,则位于县城东南,距县城有十几公里。这些景区或景点虽然都属于历史文化范畴,但相互间关联度小,难以形成有效配合,在一定程度上制约了偃师文化旅游产业的发展。

(三)景区文化内涵缺少提炼。文化旅游,文化是魂,旅游则是载体和形式。提炼景区景点具有特色的文化内涵,通过形象化展示和表现,给予游客美的享受和文化熏陶,是发展文化旅游的关键。偃师的一些景区景点,如商城博物馆等以出土文物展示为主,提炼文化内涵有一定难度。有些景区,如杜甫墓和玄奘故里等,在文化内涵提炼方面虽然做了一些工作,但还远远不够。譬如位于偃师城西首阳山的杜甫墓,偌大一个杜甫陵园里,除了一座石砌墓基的杜甫墓和省级重点文物保护单位"杜甫墓"碑、乾隆五十三年(1788)立的"唐工部拾遗少陵杜文贺公之墓"碑、2005年偃师市人民政府立的"唐杜公审言之墓"碑外,可供游客凭吊观赏的东西,就不是很多了。作为中国古代最伟大的现实主义和爱国主义诗人,杜甫的伟大之处在哪里,杜甫为何被人们尊为"诗圣",杜甫与偃师究竟有怎样的关系,游客游览之后,皆不得而知。至于颜真卿墓等景点,开发现状尚不及杜甫墓,至于其文化内涵的提炼就更是难得一见了。

(四)景区景点建设较为粗放。偃师市文化旅游景区景点比较粗放,有的景点就是一座陵墓,一块墓碑,粗放有余,精细不足,简朴有余,美感不足,给人过于凄凉凋敝之感。譬如玄奘故里,基本设施建设虽然初具规模,但给人的感觉依然是过于粗放。文化旅游与山水风景旅游一样,要的就是那种置身其间的美感和快感,以及美的享受和文化熏陶。游客如果在景区景点不能得到美的享受,找不到旅游的快乐,谁还愿意多在景区景点停留?谁还愿意再次光顾?如果游客把他们的切身感受分享给他人,又会影响多少人?文化旅游虽然不同于山水风景游,但其基本要素是相同的,游客的需求是相同的。文化旅游景区景点搞粗放式经营,很难有大的发展。

(五)文化资源转化缺少路径。把文化资源优势转化为发展优势,是发展文化旅游的根本路径。文化资源优势如何才能转化为发展优势,这一问题不论从理论层面还是从实践层面来看,都没有得到很好的解决。在文化资源优势转化为发展优势的问题上,没有一成不变的模式,各地可以根据文化资源状况因地制宜。那些具有重大历史文化价值的资源,通过怎样的途径与手段加以有效转化,进而形成发展优势,偃师市文化旅游产业不仅面临这样一个问题,而且还没有找到具有偃师特色的发展路径。相对于偃师这样一个地下文物资源较为丰富而又缺少相应的自然山水景观配合的特殊地方,要发展文化旅游,寻找文化资源的转化路径就显得更为急迫了。

(六)景区景点缺少知名品牌。文化旅游与其他商品一样,要做大做强,就一定要做品牌,通过知名品牌扩大景区景点的知名度和影响力,从而产生更多更大的经济和文化效益。所以,发展文化旅游产业,一定要有品牌意识,要注重打造知名品牌,通过品牌的知名度和影响力来带动文化旅游发展。偃师市目前的文化旅游是有说头儿,没看头儿,缺少具有较高知名度的文化旅游品牌。这是偃师文化旅游的"短板",也是偃师推动文化旅游发展需要重点解决的问题。

三、推动偃师文化旅游产业发展的建议

偃师发展文化旅游产业,优势与劣势同在,机遇与挑战并存。如何发挥既有优势,抓住发展机遇,破解发展瓶颈,补齐发展短板,需要结合偃师经济、社会、文化发展现状进行统筹谋划。在经济发展新常态下,如何抓住供给侧结构性改革和经济转型发展的历史性机遇,充分发挥偃师历史文化资源优势,推动偃师文化旅游产业快速发展,是一项系统工程。需要针对存在问题,多措并举,多方发力,点面结合,重点突破。

(一)统一规划,重点开发。偃师既有厚重而丰富的历史文化资源,又有一些山水自然景观,这些为偃师的旅游业提供了比较好的现实基础。同时,偃师的文化旅游已经有了一定的基础,具备了大力发展的条件。应抓住经济转型发展的历史性机遇,及时制定偃师旅游业发展规划,统筹考虑偃师旅游业发展。要把文化旅游纳入偃师旅游业发展规划之中,对偃师山水景观游、历史文化游、休闲农业游等进行统一规划,并结合偃师现有旅游资源特点,重点开发以古都文化、名人文化、客家起源地文化、丝绸之路文化等为代表的文化旅游产业,把文化旅游产业作为经济转型升级的突破口,努力打造偃师新的经济增长点。

(二)统筹协调,注重配合。在文化旅游开发中,应注重统筹协调,既注重山水景观游、历史文化游、休闲农业游等景区景点布局的统筹协调,又要注重景区景点的相互配合。偃师的历史文化资源主要集中在北部邙岭和中部的伊洛河流域,自然山水景观则集中在偃师南部的嵩阴地区,主要包括鸡鸣山、马鞍山、黄龙洞山、小槐树山、大风门山等。北邙是历史文化旅游带,中部是休闲农业旅游带,南部是自然山水旅游带。三者之间,有较好基础和一定知名度的是历史文化游。因此,偃师应舞起文化旅游的龙头,以自然山水游和休闲农业游为辅翼,以文化旅游带动偃师的自然山水游和休闲农业游,以自然山水游和休闲农业游促进文化旅游。三者只有统筹协调,相互配合,才能共同支撑起偃师旅游

业,推动偃师旅游业大发展。同时,在景区景点的布局上也要加强协调,搞好配合,形成特色,相互促进。譬如玄奘故里景区和唐恭陵景区距离较近,又同属于唐代文化,可以在相互配合上作些文章;玄奘故里也可以和登封少林寺、洛阳白马寺,在佛教文化旅游方面开展跨地区合作。

(三)挖掘内涵,注重提升。文化旅游,文化是主体,是灵魂;旅游是载体,是形式。文化旅游,一定要把文化的丰富内涵挖掘出来,把文化精神彰显出来,把文化品位提升起来。偃师要推动文化旅游大发展,就应注重发掘现有文化资源的历史文化价值及其丰富内涵,从而发现具有开发潜力和市场价值的优势资源,借助艺术手段和现代科技,进行艺术展示或全方位表现,在让游客得到视觉和听觉享受的同时,得到审美享受和精神享受。譬如玄奘故里,应把玄奘西天取经故事、《西游记》故事和当下非常热络的"一带一路"倡议联系起来,发掘玄奘西天取经与"一带一路"沿线国家文化交流之间的广泛关系,丰富其内涵,提升其价值。同时,玄奘故里的景区建设也应加快提升,尤其是佛光寺景区,已经初具规模,若能加快建设,对玄奘故里景区的提升将会发挥更大的作用。再如商城博物馆,除展示夏商文化方面的文物外,还应着重发掘其与华夏文明起源、国家起源、古都起源之间的内在联系,突出它们在文明起源、国家起源和古都起源中的重要价值,打好偃师古都文化这张牌,以古都文化促进偃师文化旅游发展。

(四)突出主题,形成链条。文化旅游一定要彰显主题,要让游客明白你到这里来看什么,能够得到什么样的文化艺术享受。现在一些景区的演艺节目,大多是通过文艺演出来突出景区的文化主题,如桂林山水实景演出《印象·刘三姐》、杭州宋城的《大宋千古情》、登封的《禅宗少林·音乐大典》、开封的《大宋·东京梦华》等。偃师文化旅游的主题是什么,应该尽快确定下来。这样不仅便于开发,也便于宣传推介,便于打造文化旅游品牌。二里头遗址、商城遗址等夏商时期的都邑文化固然十分重要,但受国家文物保护相关法律法规的限制,很难进行商业化开发,也很难进行旅游开发。另外可供选择的,只有玄奘故里和客家人始发地。偃师作为客家人的始发地,是西晋末年的事情,此时的中原士族南迁,主要是迁往湖北、江西、江苏和浙江。而客家人比较认可的则是唐代陈政、陈元光父子和晚唐五代的王审知,而其出发地,则对光州固始更为认可。所以,比较分析,在国家大力实施"一带一路"倡议背景下,突出玄奘故里主题,主打"丝绸之路唐代始发地"牌,是最有优势的现实选择。建议以玄奘故里为依托,围绕"丝绸之路唐代始发地"这一主题,整合偃师相关文化旅游资源,对偃师文化旅游相关资源进行深度开发,形成完整的产业链条,从而推动偃师文化旅游快速发展。

(五)注重转化,打造品牌。文化旅游要有大的发展,必须注重资源转化。偃师拥有的历史文化资源非常丰富,如何把文化资源优势转化为发展优势,形成有影响有市场的文化旅游产业,确实是一个大题目。这就需要在摸清文化资源家底的基础上,对资源的历史文化价值、资源转化的可能行、资源转化之后的市场前景等作出科学的分析预测,从中选取若干能够支撑和带动偃师文化旅游产业发展的资源,运用艺术的和科技的手段,着力加以打造,以期形成知名文化旅游品牌。偃师市已经确定的重点文化旅游项目玄奘故里文化旅游区和台湾生态农业科技园,一南一北,布局合理,如果打造成功,将对偃师的文化旅游产业发展产生积极影响。玄奘故里文化旅游区,偃师市已经将其列入重点旅游项目,计划与凤凰卫视合作建设玄奘之路体验式文化旅游度假区,与洛阳市旅发集团合作开发隋唐风景园。广东佛山市今日景艺生物科技有限公司投资建设的台湾生态农业科技园,规划面积1400亩,总投资4.5亿元。这两个景区,一个是以历史文化旅游为主题,一个是以生态农业旅游为主题,内容上可以互补,形式上可以互鉴。应采取得力措施,通过内容提炼、主体塑造、景点安排、景区建设、宣传营销、市场推介等途径,努力把两个园区打造成为偃师乃至河南省的文化旅游品牌。

(原载《偃师经济社会发展报告(2017)》,社会科学文献出版社2017年7月)

附录

作者出版著作目录

一、著作独著类

1.《美哉·悲哉·壮哉——中国五大美女传》,中州古籍出版社1990年版,署名夏炜。

2.《中国古代占卜术》,中州古籍出版社1991年初版,1993年再版。

3.《解开风水之谜》,中州古籍出版社1996年版。

4.《神秘文化与中国人》,河南人民出版社1996年版。

5.《经典元曲100首》,海燕出版社1998年版。

6.《中华经典古诗诵读》(小学生本),中州古籍出版社1999年版。

7.《精彩酒令》,中州古籍出版社2002年版。

8.《魏晋文学与中原文化》,学苑出版社2004年版。

9.《神秘与迷惘:中国古代方术阐释》,河南人民出版社2006年版。

10.《百孝图记》,河南人民出版社2007年版。

11.《六言诗体研究》,社会科学文献出版社2010年版。

12.《出神入化阴阳家》,湖北人民出版社2011年版。

13.《魏晋文学的多维观照》,河南人民出版社2014年版。

14.《神怪世界的万千气象:漫话〈搜神记〉》,海燕出版社2015年版。

15.《竹林七贤研究》,社会科学文献出版社2016年版。

16.《〈三国演义〉与中国古典小说研究》,大象出版社2017年版。

17.《罗贯中与〈三国演义〉》,中州古籍出版社2018年版。

18.《名节重谈"月旦评"——汝南乡贤许劭》,大象出版社2018年版。

二、著作合著类

1.《人才与谋略——〈三国演义〉启示录》,与胡世厚合著,中州古籍出版社1989年版。

2.《〈三国演义〉与人才学》,与胡世厚合著,巴蜀书社1993年版。

3.《少读元曲三百首》,与胡世厚合著,河北美术出版社1994年版。

4.《〈三国〉启示录:人才与谋略》,与胡世厚合著,台湾书泉出版社1994年版。

5.《文化视野中的陶渊明》,与王守国合著,中州古籍出版社1999年版。

6.《中国古典小说的人文精神与艺术风貌》,与毛德富、闵虹合著,巴蜀书社2002年版。

7.《新编古文观止:明清精致小品》,与徐潜合著,吉林文史出版社2002年版。

8.《小学生必背古诗词》,与袁勇合著,中州古籍出版社2002年版。

9.《魏晋文学与政治的文化观照》,与闵虹合著,中州古籍出版社2005年版。

10.《酒文化与艺术精神》,与王守国合著,河南大学出版社2006年版。

11.《中原文化大典·文学卷》,与王永宽合著,中州古籍出版社2008年版。

12.《中国十大古典喜剧故事》,与王永宽等合著,中州古籍出版社2010年版。

13.《中原文化通史》第四卷,与程有为合著,河南人民出版社2019年版。

三、古籍整理类

1.《痴花鬘》校注,署名苇海,与杨海中合作校注,中州古籍出版社1987年版。

2.《皇极经世书》校理,中州古籍出版社1993年版。

3.《康节说易》(甲乙),中州古籍出版社1993年版。

4.丛书集成珍库《术数全书》,中州古籍出版社1994年版。

5.《贾谊新书》校译,安徽文艺出版社1996年版。

6.《三刻拍案惊奇》,与张建航合作点校,中州古籍出版社1996年。

7.《说岳全传》,中州古籍出版社1998年版。

8.《隋唐演义》,中州古籍出版社1998年版。

9.《陶庵梦忆》译评,吉林文史出版社2001年版。

10.《三国演义》改写,吉林文史出版社2001年版。

11.《龙文鞭影》注解,与陆秋玲合著,中州古籍出版社2004年版。

12.《皇极经世书》校注,中州古籍出版社2007年版。

13.《娑罗馆清言·围炉夜话》注译,与祈文洁合著,中州古籍出版社2008年版。

14.《韩愈集》注译,与杨波合著,中州古籍出版社2010年版。

15.《柳宗元集》注译,中州古籍出版社2010年版。

16.《弟子规·弟子职·朱子治家格言》注译,中州古籍出版社2010年版。

17.《陶庵梦忆·西湖梦寻》注,中华工商联合出版社2016年版。

18.《〈竹林七贤集〉辑校》,中州古籍出版社2018年版。

19.《三国戏曲集成·鼎峙春秋》,复旦大学出版社2018年版。

20.《三国戏曲集成·清代花部集》,与胡世厚、杨波合著,复旦大学出版社2018年版。

四、主编著作类

1.《老子文化及其当代价值》,主编之一,社会科学文献出版社2011年版。
2.《华夏历史文明传承创新研究》,主编,河南人民出版社2012年版。
3.《河南文化发展报告(2012)》,主编之一,社会科学文献出版社2012年版。
4.《走向世界的中原功夫文化》,执行主编,河南人民出版社2013年版。
5.《河南文化发展报告(2013)》,主编,社会科学文献出版社2013年版。
6.《中原文化干部读本》,主编,大象出版社2014年版。
7.《河南文化发展报告(2014)》,主编,社会科学文献出版社2014年版。
8.《中华郑姓源流与荥阳堂研究》,主编,大象出版社2015年版。
9.《中华姜姓源流与太公文化研究》,主编,大象出版社2015年版。
10.《河南文化发展报告(2015)》,主编,社会科学文献出版社2015年版。
11.《河南文化发展报告(2016)》,主编,社会科学文献出版社2016年版。
12.《中华孙姓源流暨孙姓文化研究》,主编,大象出版社2017年版。
13.《河南文化发展报告(2017)》,主编,社会科学文献出版社2017年版。
14.《乡贤文化丛书》(第一辑),主编之一,大象出版社2018年版。